NEUE ZÜRCHER
EVANGELIEN-SYNOPSE

T0162898

Neue Zürcher Evangeliensynopse

Erarbeitet
von Kilian Ruckstuhl

Herausgegeben und eingeleitet
von Hans Weder

THEOLOGISCHER VERLAG
ZÜRICH

Der Abdruck des Textes der Zürcher Bibel erfolgt mit
freundlicher Genehmigung des Verlags der Zürcher
Bibel aus:

Die Evangelien nach Matthäus, Markus, Lukas, Johannes.
Die Psalmen. – Fassung 1996. – Zürich : Verlag der
Zürcher Bibel, 1996
© 1996 Genossenschaft Verlag der Zürcher Bibel

Der Abdruck der apokryphen Stücke im Anhang
erfolgt mit freundlicher Genehmigung des Verlags
Mohr Siebeck aus:

Neutestamentliche Apokryphen : in deutscher
Übersetzung / hrsg. von Wilhelm Schneemelcher.
Von Edgar Hennecke begr. Sammlung. – Tübingen :
Mohr. – Bd. 1. Evangelien. – 6. Aufl. – 1990
[Abdruck von:]
S. 98–113 (Das Thomasevangelium)
S. 185–188 (Das Petrusevangelium)
S. 353–359 (Kindheitserzählung des Thomas)
© 1990 Verlag Mohr Siebeck

Für grosszügige Satz- und Druckkostenzuschüsse
danken wir der
Schweizerischen Reformationsstiftung
und der Evangelisch-reformierten Kirche Basel-Stadt

Schrift, Gestaltung und Satz: Collage, Aldeboarn NL
Lektorat: Matthias Osthof, Zürich
Druck: Druckerei Sommer, Feuchtwangen
Buchbinder: Thomas – Buchbinderei, Augsburg

Die deutsche Bibliothek – CIP-Einheitsaufnahme
Neue Zürcher Evangelien-Synopse / erarb. von
Kilian Ruckstuhl. Hrsg. und eingeleitet von
Hans Weder. – Zürich : Theol. Verl., 2001

ISBN 3-290-17204-X (kartoniert)
ISBN 3-290-17313-5 (Hardcover)

Inhaltsverzeichnis

Einleitung VII
Hinweise zur Benutzung XI

Synopse 1

Das Thomasevangelium A–1
Kindheitserzählung des Thomas A–10
Das Petrusevangelium A–16

Parallelenverzeichnis A–21

Einleitung

Die Evangelien synoptisch zu lesen ist keine Selbstverständlichkeit. Selbstverständlich ist vielmehr, dass man ein Buch – also beispielsweise das Matthäusevangelium – von vorne bis hinten durchliest. Auf diese Weise lernt man die Perspektive kennen, welche der betreffende Evangelist auf das Leben und Sterben des Jesus von Nazareth gewählt hat. Man erfährt etwas über die Bedeutung, die er diesem Menschen gibt, und über die Tiefe, die er in diesem Leben ausgelotet hat.

Die vorliegende Synopse verhindert die kursorische Lektüre eines Evangeliums nicht. Aber sie ermöglicht eine andere, eben eine synoptische Lektüre. Sie ermöglicht es den Leserinnen und Lesern, mehrere Perspektiven nebeneinander zur Kenntnis zu nehmen. Manche Erzählungen finden sich in vier, manche auch nur in drei oder zwei Evangelien. Diese 'zusammenschauend' (was das griechische Wort synoptisch bedeutet) zu lesen heisst, die verschiedenen Gesichtspunkte und Lesarten auf ihre Gemeinsamkeiten und Unterschiede hin zu betrachten. Jede synoptische Lektüre beginnt damit, dass man – etwa durch Unterstreichung mit verschiedenen Farben – genau festhält, was die verschiedenen Versionen gemeinsam haben und worin sie sich voneinander unterscheiden.

Was ist der Gewinn einer solchen Lektüre? Zunächst einmal kommt einem zu Bewusstsein, dass jedes Evangelium das Wirken und Lehren Jesu von Nazareth auf eine bestimmte Weise vergegenwärtigt und interpretiert.

Es kommt einem zu Bewusstsein, dass gerade das Zentrum des christlichen Glaubens, der Christus, nicht in Reinkultur oder im Sinne eines vermeintlich objektiven Protokolls zu haben ist, sondern dass er sich nur in einer menschlichen Sicht erschliesst, die ihn auf eine bestimmte Weise erscheinen lässt. So wird unmittelbar klar, was im Gedanken der Inkarnation impliziert ist: Das Wort ist Fleisch geworden und hat in der Gestalt eines leibhaftigen Menschen unter den Menschen gewohnt. Der Christus, der Inbegriff göttlicher Zuwendung zur Welt, hat sich in die Hände der Menschen begeben; so sehr hat er sich in menschliche Hände begeben, dass er dann auch den Händen der Henker nicht zu entkommen vermochte. Deshalb liegt es auch in den Händen der Menschen, ihn so zu vergegenwärtigen, dass die Wahrheit seines Lebens aufscheint.

Genau dies haben die vier Evangelisten nach ihren besten Kräften versucht. Und wer die Evangelien synoptisch liest, kann gleichsam Zeuge dieser Versuche werden. Es ist keineswegs ein Nachteil, dass das menschgewordene Wort nur in menschlicher Perspektive zur Wahrnehmung kommt. Denn zum Wohnen unter den Menschen gehört, dass beides von nun an zusammengehört: Das In-die-Welt-Kommen Gottes und dessen Aufgenommen-Werden in menschlichen Händen. Wer es mit diesem Wort zu tun bekommt, kann sich selbst nicht draushalten. Eben dies wird dokumentiert durch die Tatsache, dass das göttliche Wort nur in der Gestalt menschlicher Wörter zur Welt kommt und dann auch zur Welt gehört. Durch die Tatsache, dass das Bild Christi uns nicht anders als in menschlichen Bildern von ihm zugänglich ist.

Die synoptische Lektüre macht klar, dass die Evangelisten Jesus von Nazareth mit ihren je eigenen Augen gesehen haben. Und je genauer man ihrer konkreten Gestaltung auf die Spur kommt, desto besser kann man ermessen, wie der wirkliche Mensch Jesus gewesen sein mag und was der jeweilige Evangelist in ihn hineingesehen haben mag. Gewiss kann man die Wirklichkeit nicht gleichsam pur erfassen, gewiss ist die Wirklichkeit des Jesus Christus nur in menschlicher Perspektive zu erfassen, aber je besser man die Eigenschaften dieser Perspektive kennen lernt, desto besser kann man sich vorstellen, wie Jesus wirklich gewesen sein mag. Oder in einem Bild gesprochen: Gewiss kann man nie direkt auf historische Wirklichkeit blicken, man kann sie nie anders erblicken als durch einen Vorhang, den Vorhang der Quellen und ihrer Sichtweise, der ein bestimmtes Muster über die Wirklichkeit legt. Aber je genauer man dieses Muster kennen lernt, desto besser kann man die wahre Gestalt des Dargestellten erahnen. Gewiss sehen die Evangelisten Jesus mit eigenen Augen; aber das hindert niemanden daran, ihn ebenfalls mit eigenen Augen zu sehen, im Gegenteil, es ermutigt alle, einen eigenen Blick auf diesen interessanten Menschen zu werfen. Die Augen der Evangelisten sind nicht mehr die heutigen; aber wer es wagt, mit eigenen Augen auf Jesus von Nazareth zu blicken, dem wird vieles aufgehen, das die Evangelisten noch gar nicht sehen konnten. Der unerschöpfliche Prozess der Interpretation Jesu Christi geht auf diese Weise weiter und verspricht Einsichten, die es wert sind, gewonnen zu werden.

Die synoptische Lektüre ermöglicht freilich noch mehr. Vor allem dann, wenn man das historische Verhältnis der Evangelien zueinander berücksichtigt. In einem hohen Masse gesichert ist die Annahme, dass die beiden Evangelisten Matthäus und Lukas auf mindestens zwei Quellen beruhten: Einerseits auf dem Markusevangelium, andererseits auf einer nicht mehr erhaltenen Quelle, die vornehmlich Jesusworte enthielt (die sogenannte Logienquelle oder Quelle Q). Während die Rekonstruktion der Logienquelle grössere Fachkenntnisse verlangt, liegt das Markusevangelium ja vor, und eine synoptische Lektüre kann leicht nachprüfen, inwiefern Matthäus und Lukas dieser Quelle gefolgt sind.

Diese Konstellation ermöglicht eine weitere interessante Perspektive. Bei antiken Texten wissen wir häufig nicht, wie sie von Zeitgenossen verstanden worden sind. Dies ist hier anders: Wir haben in der Gestalt der beiden grossen Evangelien zwei verschiedene Belege dafür, wie das Markusevangelium von ungefähr gleichzeitig lebenden Christen verstanden worden ist. Denn sie haben das Markusevangelium nicht einfach abgeschrieben, sondern es in ihr Buch aufgenommen, indem sie durch Hinzufügen von Sätzen oder durch eine andere Wortwahl ihr eigenes Verständnis der Erzählung durchschimmern liessen. Dieser Blick auf zeitgenössische Verstehensweisen des ältesten Evangeliums ist für dessen Interpretation von grösstem Interesse. Auch dort, wo Matthäus und Lukas der Logienquelle folgten, gibt es bemerkenswerte Beobachtungen zu machen. Methodisch geht man am besten so vor, dass man zunächst wiederum die genauen Übereinstimmungen und Differenzen feststellt. In einem zweiten Arbeitsgang versucht man, die je eigene Prägung zu beschreiben, welche eine Erzählung in den beiden Evangelien erhalten hat. Betrachten wir als Beispiel das Gleichnis vom Verlorenen

Schaf (Lk 15,3–7 par Mt 18,12–14). Dies ist ein Gleichnis aus der Logienquelle, dessen genaue Rekonstruktion jetzt auf sich beruhen bleiben kann. Schon ein auf das Wichtigste beschränkter Vergleich der beiden Versionen zeigt, dass das Gleichnis in der Logienquelle die Gestalt einer rhetorischen Frage gehabt haben muss: Wenn jemand hundert Schafe hat und davon eines verliert, wird er nicht die neunundneunzig zurücklassen und dem Verlorenen nachgehen, bis er es findet? Und wenn er es findet, freut er sich über dieses mehr als über die neunundneunzig nicht verlorenen. So weit der Grundstock, den Mt und Lk gemeinsam haben. Der synoptische Vergleich zeigt nun, dass beide Evangelisten unterschiedliche Akzente gesetzt haben.

Der Evangelist Lukas unterstreicht besonders die Freude, welche sich beim Finden einstellt. Zu diesem Zweck nimmt er eine Aussage herein (V. 6), die viel besser zum Gleichnis von der Verlorenen Drachme passt, welches unmittelbar auf dasjenige vom Verlorenen Schaf folgt: Der Hirt ruft seine Nachbarn zusammen (was bei einem auf dem Feld lebenden Hirten viel ungewöhnlicher ist als bei der Frau, die im Haus eine Drachme verloren hat) und macht ein Freudenfest mit ihnen. Lukas kommt es also besonders auf die Freude an, die sich beim Finden einstellt. Dazu passt die Anwendung, die er dem Gleichnis folgen lässt: „So wird Freude sein im Himmel über einen Sünder, der umkehrt, mehr als über neunundneunzig Gerechte, die Umkehr nicht nötig haben„ (V. 7). Für Lukas antworten die Gleichnisse vom Verlorenen auf den Einspruch der Pharisäer und Schriftgelehrten dagegen, dass Jesus mit den Zöllnern und Sündern an einen Tisch sitzt (Lk 15,1f). Die Pharisäer protestieren gegen die Nähe Jesu zu ihnen; sie wollen die Sünder gar nicht umkehren lassen, indem sie

diese auf ihre Gottferne festlegen. Diese harte Position will Jesus nach Lukas aufweichen, indem er im Gleichnis an die grosse Freude erinnert, welche im Himmel über einen umkehrenden Sünder entsteht. Die Freude, welche sich beim Finden eines Verlorenen einstellt, soll die Protestierenden dazu bewegen, ihre eigene Distanz zu den Zöllnern und Sündern aufzugeben und diese also heimkehren lassen zum Vater, so wie der Verlorene Sohn heimkehrt ins Elternhaus (vgl Lk 15,11–32).

Matthäus setzt einen andern Akzent. Man wird schon anhand eines unscheinbaren Details darauf aufmerksam: Während Lukas durchgehend vom Verlorenen spricht, verschiebt Matthäus die Wortwahl leicht, indem er vom Schaf redet, das sich verirrt hat. Diesem Verirrten geht der Hirt nach, bis er es findet, und freut sich (ein gemeinsamer Zug), wenn er das Verirrte gefunden hat. Die Anwendung bei Matthäus trägt dementsprechend einen anderen Akzent: 'So ist es nicht der Wille eures Vaters im Himmel, dass eines von diesen Kleinen verlorengehe' (V. 14). Mit den 'Kleinen' sind bei Matthäus die Gemeindeglieder gemeint. Und bei diesen kam es vor, dass sie sich 'verirrten', indem sie der Gemeinde den Rücken kehrten. Für Matthäus hat das Gleichnis vom Verlorenen Schaf den Sinn, die Mitglieder der Gemeinde zu veranlassen, denen geduldig und mit Beharrlichkeit nachzugehen, welche davongegangen sind. Dazu passt es sehr gut, dass Matthäus das Gleichnis im Zusammenhang mit einer Gemeindeordnung (Kp 18) erzählt.

Welches ist die wahre Auslegung des Gleichnisses? Das Wichtigste an dieser Frage ist, dass sie gestellt wird; man wird sie nicht ohne weiteres beantworten können. Der springende Punkt eines Gleichnisses ist es ja, eine beinahe unerschöpfliche Sinnfülle aus sich zu entlassen. Beide besprochenen

Auslegungen entdecken wichtige Aspekte dieses Sinnpotenzials. Eine synoptische Lektüre ermutigt dazu, das eröffnete Sinnpotenzial weiter auszuschöpfen. Ist das eine Preisgabe des Gleichnisses an die Beliebigkeit? Dem ist nicht so, wie ein Vergleich mit der Version im Thomasevangelium zeigt, welche ja ebenfalls abgedruckt ist. Dort ist es das grösste Schaf, das verloren geht. Während es bei Matthäus und Lukas nur einen einzigen Grund dafür gibt, dass das eine Schaf gesucht wird, nämlich dass der Hirt es verloren hat, rechtfertigt das Thomasevangelium die Suche damit, dass es das grösste gewesen ist. Dazu passt, dass nach dem Thomasevangelium nicht die Freude im Augenblick des Findens im Vordergrund steht, sondern der höhere Wert des Schafes: Dich liebe ich mehr als die neunundneunzig, sagt dort der Hirt zum gefundenen Schaf. Bei Matthäus und Lukas erhält das Schaf seinen Wert dadurch, dass es vom Hirten unendlich wichtig genommen wird, während es beim Thomasevangelium seinen Wert in seiner eigenen Grösse hat. Es bleibt den Interpretierenden überlassen sich zu fragen, ob mit dieser Verschiebung der Boden der wahren Interpretation des Jesusgleichnisses verlassen ist oder nicht.

Wie dem auch sei. Die synoptische Lektüre macht auf eine perspektivische Vielfalt in jenen Texten aufmerksam, die wegen ihres unerschöpflichen Sinngehalts für uns Wort Gottes sind, eine Vielfalt, welche ihrerseits zur vielfältigen Wahrnehmung und Auslegung jener alten Texte dient. Auf diese Weise eröffnet sie auch heute bereichernde Perspektiven.

Zürich, im Februar 2001

Hans Weder

Hinweise zur Benutzung

Eine Evangelien-Synopse ermöglicht in einer Zusammenschau (griechisch: synopsis) die vergleichende Lektüre der Übereinstimmungen und der Unterschiede zwischen den vier Evangelien. Damit jedes Evangelium fortlaufend gelesen und mit den Parallelstellen der anderen verglichen werden kann, müssen die Texte zum Teil mehrfach abgedruckt werden (siehe unter Textsorten).

Der Übersichtlichkeit halber ist jedem Evangelium ein eigene, gleichbleibend breite Spalte zugewiesen: Die erste Spalte enthält Matthäus, die zweite Markus, die dritte Lukas, die vierte Johannes. Ausnahmen gibt es dann, wenn ein Evangelium eine Doppelüberlieferung enthält.

Beispiel: Zweimal berichtet Lukas von einer Heilung am Sabbat. In Nr. 47, Seite 48, findet sich der zweite Bericht in der sonst für Johannes reservierten Spalte, der zu dieser Überlieferung keine Parallele bietet.

Textsorten

Die Synopse unterscheidet drei Textsorten: Den für die fortlaufende Lektüre des jeweiligen Evangeliums massgeblichen Haupttext, die Hauptparallele und die Nebenparallele. Um welche Textsorte es sich jeweils handelt, ist an der Art der Spaltenüberschrift erkennbar: Haupttitel sind in Normalgrösse und ohne Klammern gesetzt, Hauptparallelen ebenfalls in Normalgrösse, jedoch in eckigen Klammern, Nebenparallelen klein und in eckigen Klammern.

Beispiel: In Nr. 33, Seite 36, kennzeichnet die Spaltenüberschrift 'Lukas 4,16–30' den Haupttext, '[Markus 6,1– 6a]' und '[Matthäus 13,53–58]' die Hauptparallelen und '[Joh 7,15; 6,42; 4,44; 10,39]' die Nebenparallelen. Der Text einer Nebenparallele ist immer *kursiv* gesetzt.

Textanordnung

Die Einteilung der Sinnabschnitte (Perikopen) folgt jener der Synopse des griechischen Urtexts von K. Aland, Synopsis Quattuor Evangeliorum, Deutsche Bibelgesellschaft, Stuttgart, 15. Auflage 1996.

Am Anfang und am Ende eines jeden Haupttextes findet sich der Hinweis, wo der jeweilige Evangelist zuletzt Haupttext war bzw. das nächste Mal Haupttext ist.

Beispiel: In Nr. 30, Seite 32, Spalte Lukas bedeutet der Hinweis '▲ (Nr. 20 — 1,12–13 — S. 22)' dass Lukas zuletzt in Nr. 20 auf Seite 22 Haupttext war, und zwar mit dem Abschnitt Lukas 4,1–13. '▼ (Nr. 32 — 1,14b–15 — S. 35)' am Schluss dieses Abschnittes bedeutet entsprechend, dass Lukas in Nr. 32, Seite 35, das nächste Mal Haupttext sein wird.

Die genannten Hinweise müssen nicht zwingend unmittelbar unterhalb einer Spaltenüberschrift bzw. am Anfang einer Spalte stehen. Beginnt eine Spalte mit Nebenparallelen, so erscheint der Hinweis erst zu Beginn des Haupttextes (Beispiel: Nr.32, Seite 35, Matthäus-Spalte und Markus-Spalte).

Beginnt man also bei Nr. 1, Seite 1, und folgt den Hinweisen in der Spalte eines Evangelisten, so erlaubt dies die fortlaufende Lektüre eines ganzen Evangeliums (jeder Abschnitt aller Evangelien ist in der Synopse einmal Haupttext).

Die Klammerangaben bei den Spaltenüberschriften von Hauptparallelen nennen den Ort, an welchem die jeweilige Hauptparallele Haupttext ist.

Beispiel: Nr. 33, Seite 36: Matthäus 13,53–58 ist in Nr. 139 Haupttext.

Der Navigation durch die Synopse dient sowohl das Verzeichnis der Parallelstellen (S. A–21 im Anhang), als auch die Gestaltung der Kolumnentitel über den Spalten am Kopf der Seite. Findet sich dort eine Stellenangabe, so bedeutet das, dass die Seite in der betreffenden Spalte Haupttext enthält. Enthält eine Spalte auf einer Seite keinen Haupttext, dann verweist ▲ mit nachfolgender Nummer auf diejenige Nummer, in der für das betreffende Evangelium letztmals Haupttext zu finden ist.

Beispiel: Wer, beginnend bei den Seligpreisungen, das Matthäusevangelium im Zusammenhang lesen will, wird schon beim Durchblättern des Buches über die Stellenangaben in der Matthäusspalte auf Seite 52 fündig, wer sie im Zusammenhang des Lukasevangeliums lesen will, entsprechend auf Seite 71.

Apparat

Neben den oben erwähnten Verweisen sind am Schluss einer Perikope in den einzelnen Spalten die Zitate nachgewiesen (im Text mit Anführungszeichen markiert). In Nebenparallelen enthaltene Zitate sind nicht ausgewiesen.

Ebenfalls im Apparat finden sich Hinweise zu weiteren (u.U. mehreren) Nebenparallelen zu einer Perikope, die jedoch im Unterschied zu den im Wortlaut aufgeführten Nebenparallelen zu keinem Haupttext in der jeweiligen Perikope Nebenparallele sind (Nebenparallele zweiten Grades).

Der Apparat enthält auch zu einer Perikope passende Texte aus den übrigen Schriften des Neuen und des Alten Testaments sowie des Thomas-Evangeliums.

Evangelien-Synopse

I   *Eingang*

EINLEITUNG

Matthäus 1,1

1 Stammbaum Jesu Christi, des Sohnes Davids, des Sohnes Abrahams.

▼ *(Nr. 6 — 1,2–17 — S. 8)*

Markus 1,1

1 Anfang des Evangeliums von Jesus Christus, dem Sohne Gottes.

▼ *(Nr. 13 — 1,2–6 — S. 16)*

Lukas 1,1–4

1 Schon viele haben es unternommen, einen Bericht abzufassen über die Ereignisse, die unter uns zur Erfüllung gekommen sind, 2 wie sie uns die überliefert haben, die von Anfang an Augenzeugen und Diener des Wortes waren. 3 So beschloss auch ich, nachdem ich allem von Anfang an sorgfältig nachgeforscht habe, es der Reihe nach für dich aufzuschreiben, verehrter Theophilus, 4 damit du die Zuverlässigkeit der Lehren erkennst, in denen du unterrichtet wurdest.

Johannes 1,1–18

1 Im Anfang war das Wort, und das Wort war bei Gott, und das Wort war Gott. 2 Dieses war im Anfang bei Gott. 3 Alles ist durch es geworden, und ohne es wurde auch nicht eines von dem, was geworden ist. 4 In ihm war Leben, und das Leben war das Licht der Menschen. 5 Und das Licht scheint in der Finsternis, und die Finsternis hat es nicht ergriffen. 6 Es trat ein Mensch auf, von Gott gesandt, sein Name war Johannes. 7 Dieser kam zum Zeugnis, um Zeugnis abzulegen von dem Licht, damit alle durch es zum Glauben kämen. 8 Er war nicht das Licht, sondern er sollte Zeugnis ablegen von dem Licht. 9 Es war das wahre Licht, das jeden Menschen erleuchtet, der zur Welt kommt. 10 Es war in der Welt, und die Welt ist durch es geworden; und die Welt erkannte es nicht. 11 Es kam in das Seine, und die Seinen nahmen es nicht auf. 12 Wie viele es aber aufnahmen, ihnen gab es Vollmacht, Gottes Kinder zu werden, denen, die an seinen Namen glauben, 13 die nicht aus Blut noch aus Fleischeswillen, noch aus Manneswillen, sondern aus Gott gezeugt sind. 14 Und das Wort wurde Fleisch und wohnte unter uns, und wir sahen seine Herrlichkeit, eine Herrlichkeit, wie sie ein Einziggeborener vom Vater hat, voll Gnade und Wahrheit. 15 Johannes legt Zeugnis ab von ihm, er hat gerufen: Dieser war es, von dem ich gesagt habe: Der nach mir kommt, ist vor mir gewesen, denn er war eher als ich. 16 Denn aus seiner Fülle haben wir alle empfangen, Gnade um Gnade. 17 Denn das Gesetz wurde durch Mose gegeben, die Gnade und die Wahrheit ist durch Jesus Christus

Apg 1,1–2: Den ersten Bericht, o Theophilus, habe ich verfasst über alles,
was Jesus zu tun und zu lehren begonnen hat 2 bis zu dem Tage, an dem er
[in den Himmel] emporgehoben wurde, nachdem er den Aposteln, die er
erwählt hatte, durch den heiligen Geist Auftrag gegeben.

II

Vorgeschichte

2

ANKÜNDIGUNG DER GEBURT
DES JOHANNES

[Matthäus]   [Markus]

geworden. 18 Niemand hat Gott je gesehen. Ein Einziggeborener, Gott, der an der Brust des Vaters ist, er hat Kunde gebracht.

▼ (Nr. 13 — 1,19–23 — S. 16)

Lukas 1,5–25

5 In den Tagen des Herodes, des Königs von Judäa, gab es einen Priester mit Namen Zacharias aus der Wochenabteilung des Abija; der hatte eine Frau von den Töchtern Aarons, und ihr Name war Elisabet. 6 Sie waren beide gerecht vor Gott, da sie untadelig wandelten in allen Geboten und Satzungen des Herrn. 7 Und sie hatten kein Kind, weil Elisabet unfruchtbar war, und beide waren schon betagt. 8 Und es geschah, als seine Abteilung an der Reihe war und er seinen Priesterdienst vor Gott verrichtete, 9 da wurde er nach dem Brauch der Priesterschaft durch das Los dazu bestimmt, das Räucheropfer darzubringen; und er ging in den Tempel des Herrn, 10 und die ganze Volksmenge betete draussen zur Stunde des Räucheropfers. 11 Da erschien ihm ein Engel des Herrn, der auf der rechten Seite des Räucheraltars stand. 12 Und als Zacharias ihn sah, war er verwirrt, und Furcht befiel ihn. 13 Der Engel aber sprach zu ihm: Fürchte dich nicht, Zacharias! Denn deine Bitte ist erhört worden, und Elisabet, deine Frau, wird dir einen Sohn gebären, und du sollst ihm den Namen Johannes geben.

[Johannes]

Mt ▲ 1

Mk ▲ 1

14 Und Freude und Jubel wird dir zuteil werden, und viele werden sich freuen über seine Geburt. 15 Denn er wird gross sein vor dem Herrn, «und Wein und Bier wird er nicht trinken,» und schon im Mutterleib wird er erfüllt werden mit heiligem Geist, 16 und viele von den Söhnen Israels wird er zurückführen zu dem Herrn, ihrem Gott, 17 und er wird vor ihm hergehen in Elias Geist und Kraft, die Herzen der Väter zu den Kindern zurückzuführen und Ungehorsame zur Gesinnung Gerechter, um dem Herrn ein wohlversehenes Volk zu bereiten. 18 Und Zacharias sprach zu dem Engel: Woran soll ich das erkennen? Denn ich bin alt, und meine Frau ist schon betagt. 19 Und der Engel antwortete ihm: Ich bin Gabriel, der vor Gott steht; und ich wurde gesandt, um zu dir zu reden und dir dies als gute Botschaft zu bringen. 20 Und siehe, du wirst stumm sein und nicht reden können bis zu dem Tag, an dem dies geschieht, weil du meinen Worten nicht geglaubt hast, die erfüllt werden zu ihrer Zeit. 21 Und das Volk wartete auf Zacharias, und sie wunderten sich, da er so lange im Tempel verweilte. 22 Als er aber heraustrat, konnte er nicht zu ihnen reden. Und sie merkten, dass er im Tempel eine Erscheinung gehabt hatte. Und er gab ihnen Zeichen und blieb stumm. 23 Und es geschah, als die Tage seines Priesterdienstes zu Ende waren, da kehrte er nach Hause zurück. 24 Nach diesen Tagen aber wurde Elisabet, seine Frau, schwanger, und sie zog sich für fünf Monate zurück und sagte: 25 Dies hat der Herr an mir getan in den Tagen, als er darauf bedacht war, meine Schande unter den Menschen hinwegzunehmen.

15: Num 6,3

3   ANKÜNDIGUNG DER GEBURT JESU

[Matthäus]   [Markus]

Lukas 1,26–38

[Johannes]

26 Im sechsten Monat aber wurde der Engel Gabriel von Gott in eine Stadt in Galiläa mit Namen Nazaret gesandt, 27 zu einer Jungfrau, die verlobt war mit einem Mann, der Josef hiess, aus dem Hause Davids; und der Name der Jungfrau war Maria. 28 Und er trat bei ihr ein und sprach: Sei gegrüsst, du Begnadete, der Herr ist mit dir! 29 Sie aber war sehr verwirrt durch dieses Wort und sann darüber nach, was für ein Gruss das sei. 30 Und der Engel sprach zu ihr: Fürchte dich nicht, Maria, denn du hast Gnade gefunden bei Gott. 31 Und siehe, du wirst schwanger werden und einen Sohn gebären, und du sollst ihm den Namen Jesus geben. 32 Dieser wird gross sein und Sohn des Höchsten genannt werden, und Gott, der Herr, wird ihm den Thron seines Vaters David geben, 33 und er wird König sein über das Haus Jakob in Ewigkeit, und seine Herrschaft wird kein Ende haben. 34 Da sprach Maria zu dem Engel: Wie soll das geschehen, da ich doch von keinem Manne weiss? 35 Und der Engel antwortete ihr: Heiliger Geist wird über dich kommen, und Kraft des Höchsten wird dich überschatten. Darum wird auch das Heilige, das gezeugt wird, Sohn Gottes genannt werden. 36 Und siehe, Elisabet, deine Verwandte, auch sie hat einen Sohn empfangen in ihrem Alter; und dies ist der sechste Monat für sie, die als unfruchtbar galt. 37 Denn von Gott her ist kein Ding unmöglich. 38 Da sagte Maria: Siehe, des Herrn Magd; mir geschehe, wie du gesagt hast! Und der Engel verliess sie.

4   M A R I A   B E I   E L I S A B E T

[Matthäus]   *[Markus]*

Lukas 1,39–56

[Johannes]

39 Maria aber machte sich auf in diesen Tagen und ging eilends ins Bergland in eine Stadt in Juda; 40 und sie trat in das Haus des Zacharias ein und grüsste Elisabet. 41 Und es geschah, als Elisabet den Gruss Marias vernahm, da hüpfte das Kind in ihrem Leib; und Elisabet wurde mit heiligem Geist erfüllt 42 und rief mit lauter Stimme: Gesegnet bist du unter den Frauen, und gesegnet ist die Frucht deines Leibes! 43 Wie geschieht mir, dass die Mutter meines Herrn zu mir kommt? 44 Denn siehe, als der Klang deines Grusses an mein Ohr drang, hüpfte das Kind vor Freude in meinem Leib. 45 Und selig, die geglaubt hat, dass in Erfüllung geht, was ihr vom Herrn gesagt ist. 46 Und Maria sprach:

Meine Seele erhebt den Herrn,
47 und mein Geist jubelt über Gott, meinen Retter:
48 Er hat die Niedrigkeit seiner Magd angesehen.
Denn siehe, von nun an werden mich selig preisen alle Geschlechter,
49 denn Grosses hat der Mächtige an mir getan.
Und heilig ist sein Name,
50 und von Geschlecht zu Geschlecht wird sein Erbarmen denen zuteil, die ihn fürchten.
51 Er hat Gewaltiges vollbracht mit seinem Arm,
zerstreut hat er, die hochmütig gesinnt sind im Herzen,
52 Mächtige hat er vom Thron gestürzt
und Niedrige erhöht,
53 Hungrige hat er gesättigt mit Gutem,

5   DIE GEBURT DES JOHANNES

[Matthäus]   [Markus]

und Reiche hat er leer ausgehen
lassen.

54 Er hat sich Israels, seines Knechtes, angenommen,

und seines Erbarmens gedacht,

55 wie er geredet hat zu unseren
Vätern,

zu Abraham und seinen Nachkommen in Ewigkeit.

56 Maria aber blieb etwa drei Monate
bei ihr und kehrte dann nach Hause
zurück.

Lukas 1,57–80

[Johannes]

57 Für Elisabet aber kam die Zeit, da sie
gebären sollte, und sie brachte einen
Sohn zur Welt. 58 Und ihre Nachbarn
und Verwandten hörten, dass der Herr
ihr so grosses Erbarmen erwiesen hatte, und sie freuten sich mit ihr. 59 Und
es geschah am achten Tag, da kamen
sie, um das Kind zu beschneiden, und
wollten ihm den Namen seines Vaters
Zacharias geben. 60 Da entgegnete seine Mutter und sagte: Nein, Johannes
soll er heissen! 61 Und sie sagten zu
ihr: Es gibt niemanden in deiner Ver-
wandtschaft, der diesen Namen trägt.
62 Und sie fragten seinen Vater durch
Handzeichen, wie er ihn genannt haben wolle. 63 Und er verlangte eine
kleine Tafel und schrieb: Sein Name ist
Johannes. Und alle wunderten sich.
64 Und auf der Stelle wurde sein Mund
aufgetan und seine Zunge gelöst; und
er redete und pries Gott. 65 Und Furcht
befiel alle ihre Nachbarn, und alle diese
Begebenheiten sprachen sich im ganzen Bergland von Judäa herum; 66 und
alle, die davon hörten, behielten es im
Herzen und sagten: Was wird wohl aus
diesem Kind werden? Und die Hand
des Herrn war mit ihm. 67 Und sein

Mt ▲ 1

Mk ▲ 1

Vater Zacharias wurde mit heiligem
Geist erfüllt und weissagte:

68 Gepriesen sei der Herr, der Gott
Israels!
Denn er hat nach seinem Volk
geschaut und ihm Erlösung verschafft,
69 und er hat uns aufgerichtet ein
Horn des Heils
im Hause Davids, seines Knechtes,
70 wie er geredet hat durch den
Mund seiner heiligen Propheten
von Ewigkeit her,
71 zur Rettung vor unseren Feinden
und aus der Hand aller, die uns
hassen,
72 Erbarmen zu erweisen unseren
Vätern
und seines heiligen Bundes zu
gedenken,
73 des Eides, den er unserem Vater
Abraham geschworen hat, uns zu
geben,
74 dass wir, errettet aus der Hand
der Feinde,
ihm ohne Furcht dienen
75 in Heiligkeit und Gerechtigkeit
vor ihm in allen unseren Tagen.
76 Und du, Kind, wirst Prophet des
Höchsten genannt werden.
Denn du wirst vor dem Herrn hergehen, um seine Wege zu bereiten,
77 Erkenntnis der Rettung zu geben
seinem Volk
durch die Vergebung ihrer Sünden,
78 wegen des grossen Erbarmens
unseres Gottes,
mit dem das aufgehende Licht aus
der Höhe nach uns schauen wird,
79 zu leuchten denen, die in Finsternis und Todesschatten sitzen,
zu lenken unsere Füsse auf den Weg
des Friedens.
80 Das Kind aber wuchs heran und
wurde stark im Geist. Und er war in
der Wüste bis zu dem Tag, an dem er
vor Israel treten sollte.

▼ (Nr. 7 — 2,1–7 — S. 10)

6   DER STAMMBAUM JESU
                        (vgl. Nr. 19)

Matthäus 1,2–17	*[Markus]*

▲ *(Nr. 1 — 1,1 — S. 1)*
2 Abraham zeugte Isaak,
Isaak zeugte Jakob,
Jakob zeugte Juda und seine Brüder.
3 Juda zeugte Perez und Serach mit Tamar,
Perez zeugte Hezron,
Hezron zeugte Ram,
4 Ram zeugte Amminadab,
Amminadab zeugte Nachschon,
Nachschon zeugte Salmon,
5 Salmon zeugte Boas mit Rahab,
Boas zeugte Obed mit Rut,
Obed zeugte Isai,
6 Isai zeugte den König David.
David zeugte Salomo mit der Frau des Urija,
7 Salomo zeugte Rehabeam,
Rehabeam zeugte Abija,
Abija zeugte Asaf,
8 Asaf zeugte Joschafat,
Joschafat zeugte Joram,
Joram zeugte Usija,
9 Usija zeugte Jotam,
Jotam zeugte Ahas,
Ahas zeugte Hiskija,
10 Hiskija zeugte Manasse,
Manasse zeugte Amon,
Amon zeugte Joschija,
11 Joschija zeugte Jechonja und seine Brüder zur Zeit der babylonischen Verbannung.
12 Nach der babylonischen Verbannung zeugte Jechonja Schealtiel,
Schealtiel zeugte Serubbabel,
13 Serubbabel zeugte Abihud,

[Lukas 3,23–38]
(Nr. 19, S. 20)

23 Und als Jesus zu wirken begann, war
er etwa dreissig Jahre alt. Er war, wie
man annahm, ein Sohn des Josef,
(umgekehrte Reihenfolge)
(Abraham) der war Sohn des Eli,
(Isaak) 24 der war Sohn des Mattat,
(Jakob) der war Sohn des Levi,
(Juda) der war Sohn des Melchi,

(Perez) der war Sohn des Jannai,
(Hezron, Arni) der war Sohn des Josef,
(Admin) 25 der war Sohn des Mattatias,
(Amminadab) der war Sohn des Amos,
(Nachschon) der war Sohn des Nahum,
(Salmon) der war Sohn des Hesli,
(Boas) der war Sohn des Naggai,
(Obed) 26 der war Sohn des Maat,
(Isai) der war Sohn des Mattatias,
(David) der war Sohn des Semein,

(Natam) der war Sohn des Josech,
(Mattata) der war Sohn des Joda,
(Menna) 27 der war Sohn des Johanan,
(Melea) der war Sohn des Resa,
(Eljakim) der war Sohn des Serubbabel,
(Jonam) der war Sohn des Schealtiel,
(Josef) der war Sohn des Neri,
(Juda) 28 der war Sohn des Melchi,
(Simeon) der war Sohn des Addi,
(Levi) der war Sohn des Kosam,
(Mattat) der war Sohn des Elmadam,
(Jorim) der war Sohn des Er,
(Elieser, Jesus) 29 der war Sohn des Je-
sus,
(Er, Elmadam) der war Sohn des Elieser,
(Kossam, Addi) der war Sohn des Jorim,
(Melchi, Neri) der war Sohn des Mattat,
(Schealtiel) der war Sohn des Levi,
(Serubbabel) 30 der war Sohn des Si-
meon,

[Johannes]

Abihud zeugte Eljakim,
Eljakim zeugte Azor,
14 Azor zeugte Zadok,

Zadok zeugte Achim,

Achim zeugte Eliud,

15 Eliud zeugte Eleasar,

Eleasar zeugte Mattan,

Mattan zeugte Jakob,
16 Jakob zeugte Josef, den Mann Marias; von ihr wurde Jesus geboren,
welcher der Christus genannt wird.

(Resa, Johanan) der war Sohn des Juda,
(Joda, Josech) der war Sohn des Josef,
(Semein, Mattatias) der war Sohn des Jonam,
(Maat, Naggai) der war Sohn des Eljakim,
(Hesli, Hesli) 31 der war Sohn des Melea,
(Amos, Mattatias) der war Sohn des Menna,
(Josef, Jannai, Melchi, Levi) der war Sohn des Mattata,
(Mattat, Eli) der war Sohn des Natam,
(Josef) der war Sohn des David,
(Jesus) 32 der war Sohn des Isai,
der war Sohn des Obed,
der war Sohn des Boas,
der war Sohn des Salmon,
der war Sohn des Nachschon,
33 der war Sohn des Aminadab,
der war Sohn des Admin,
der war Sohn des Arni,
der war Sohn des Hezron,
der war Sohn des Perez,
der war Sohn des Juda,
34 der war Sohn des Jakob,
der war Sohn des Isaak,
der war Sohn des Abraham,
der war Sohn des Terach,
der war Sohn des Nahor,
35 der war Sohn des Serug,
der war Sohn des Regu,
der war Sohn des Peleg,
der war Sohn des Eber,
der war Sohn des Schelach,
36 der war Sohn des Kainam,
der war Sohn des Arpachschad,
der war Sohn des Sem,
der war Sohn des Noah,
der war Sohn des Lamech,
37 der war Sohn des Metuschelach,
der war Sohn des Henoch,
der war Sohn des Jered,
der war Sohn des Mahalel,
der war Sohn des Kenan,
38 der war Sohn des Enosch,
der war Sohn des Set,
der war Sohn des Adam,
der war Sohn Gottes.

17 Im Ganzen also sind es vierzehn Generationen von Abraham bis David,
vierzehn Generationen von David bis
zur babylonischen Verbannung und
vierzehn Generationen von der babylonischen Verbannung bis zum Christus.

1.Chr 2,1–15 | Rut 4,12–22 | 1.Chr 3,5–24

7   DIE GEBURT JESU

Matthäus 1,18–25   *[Markus]*

18 Mit der Geburt Jesu Christi aber ver-
hielt es sich so: Maria, seine Mutter,
war mit Josef verlobt; noch bevor sie
zusammengekommen waren, zeigte es
sich, dass sie schwanger war vom Heiligen Geist. 19 Josef aber, ihr Mann, der
gerecht war und sie nicht blossstellen
wollte, erwog, sie in aller Stille zu entlassen. 20 Während er noch darüber
nachdachte, siehe, da erschien ihm ein
Engel des Herrn im Traum und sprach:
Josef, Sohn Davids, fürchte dich nicht,
Maria, deine Frau, zu dir zu nehmen,
denn was sie empfangen hat, ist vom
Heiligen Geist. 21 Sie wird einen Sohn
gebären, und du sollst ihm den Namen
Jesus geben, denn er wird sein Volk
von ihren Sünden retten. 22 Dies alles
ist geschehen, damit erfüllt werde, was
vom Herrn durch den Propheten gesagt
ist:

    23 Siehe, die Jungfrau wird schwan-
    ger werden und einen Sohn gebä-
    ren, und man wird ihm den Namen
    Immanuel geben,
das heisst übersetzt «Gott mit uns»
24 Als Josef vom Schlaf erwachte, tat er,
wie der Engel des Herrn ihm befohlen
hatte, und nahm seine Frau zu sich.
25 Er erkannte sie aber nicht, bis sie
einen Sohn geboren hatte; und er gab
ihm den Namen Jesus.

23: Jes 7,14

Lukas 2,1–7

[Johannes]

▲ *(Nr. 5 — 1,57–80 — S. 6)*

1 Es geschah aber in jenen Tagen, da
ging ein Erlass aus vom Kaiser Augus-
tus, alle Welt solle sich in Steuerlisten
eintragen lassen. 2 Dies war die erste
Erhebung; sie wurde durchgeführt, als
Quirinius Statthalter in Syrien war.
3 Und alle machten sich auf den Weg,
um sich eintragen zu lassen, jeder in
seine Heimatstadt. 4 Und auch Josef
ging von Galiläa aus der Stadt Nazaret
nach Judäa hinauf in die Stadt Davids,
die Betlehem heisst, weil er aus dem
Hause und Geschlecht Davids stammte,
5 um sich eintragen zu lassen mit Maria, seiner Verlobten, die schwanger
war. 6 Und es geschah, während sie
dort waren, da kam die Zeit, da sie gebären sollte. 7 Und sie gebar ihren ersten Sohn und wickelte ihn in Windeln
und legte ihn in eine Futterkrippe,
denn in der Herberge war kein Platz
für sie.

8   ANBETUNG DES KINDES

Matthäus 2,1–12   *[Markus]*

1 Als Jesus in Betlehem in Judäa zur Zeit
des Königs Herodes geboren worden
war, siehe, da kamen Sterndeuter aus
dem Morgenland nach Jerusalem 2 und
fragten: Wo ist der neugeborene König
der Juden? Denn wir haben seinen
Stern aufgehen sehen und sind gekommen, ihm zu huldigen. 3 Als der König
Herodes davon hörte, geriet er in Aufregung und ganz Jerusalem mit ihm.
4 Und er liess alle Hohenpriester und
Schriftgelehrten des Volkes zusam-
menkommen und erkundigte sich bei
ihnen, wo der Christus geboren werden solle. 5 Sie antworteten ihm: In
Betlehem in Judäa, denn so steht es
durch den Propheten geschrieben:
     6 Und du, Betlehem, Land Juda,
     bist nicht etwa die geringste unter
     den Fürstenstädten Judas; denn aus
     dir wird ein Fürst hervorgehen, der
     mein Volk Israel weiden wird.
7 Darauf rief Herodes die Sterndeuter
heimlich zu sich und wollte von ihnen
genau erfahren, wann der Stern erschienen war. 8 Und er schickte sie
nach Betlehem mit den Worten: Geht
und forscht dem Kinde nach! Sobald
ihr es gefunden habt, meldet es mir,
damit auch ich hingehe und ihm huldi-
ge. 9 Auf das Wort des Königs hin
machten sie sich auf den Weg, und siehe, der Stern, den sie hatten aufgehen
sehen, zog vor ihnen her, bis er über
dem Ort stehen blieb, wo das Kind war.
10 Als sie den Stern sahen, überkam sie
grosse Freude. 11 Und sie gingen ins
Haus und sahen das Kind mit Maria,
seiner Mutter; da fielen sie vor ihm
nieder und huldigten ihm, öffneten ihre Schatztruhen und brachten ihm Ge-
schenke dar: Gold, Weihrauch und

Lukas 2,8–20

[Johannes 7,41–42]
(Nr. 241, S. 226)

8 Und Hirten waren in jener Gegend auf freiem Feld und hielten Wache in der Nacht bei ihrer Herde. 9 Und ein Engel des Herrn trat zu ihnen, und der Glanz des Herrn umleuchtete sie, und grosse Furcht kam über sie. 10 Da sprach der Engel zu ihnen: Fürchtet euch nicht! Denn siehe, ich verkündige euch grosse Freude, die dem ganzen Volk zuteil werden wird:
11 Euch wurde heute der Retter geboren, welcher ist Christus, der Herr, in der Stadt Davids. 12 Und dies sei euch das Zeichen: Ihr werdet ein neugeborenes Kind finden, das in Windeln gewickelt ist und in einer Futterkrippe liegt. 13 Und auf einmal war bei dem Engel die Menge der himmlischen Heerscharen, die Gott lobten und sprachen:

　　14 Ehre sei Gott in der Höhe
　　und Friede auf Erden
　　unter den Menschen seines Wohlgefallens.

15 Und es geschah, als die Engel von ihnen weggingen in den Himmel zurück, da sagten die Hirten zueinander: Wir wollen nach Betlehem gehen und dieses Ereignis sehen, das der Herr uns kundgetan hat! 16 Und sie gingen eilends und fanden Maria und Josef und das neugeborene Kind, das in der Futterkrippe lag. 17 Und als sie es sahen, taten sie das Wort kund, das zu ihnen über dieses Kind gesagt worden war. 18 Und alle, die es hörten, staunten über das, was ihnen von den Hirten gesagt wurde. 19 Maria aber behielt alle diese Worte und bewegte sie in ihrem Herzen. 20 Und die Hirten kehrten zurück und priesen und lobten Gott für alles, was sie gehört und gesehen hat-

41 Andere sagten: Das ist der Christus. Wieder andere sagten: Kommt denn der Christus etwa aus Galiläa? 42 Sagt nicht die Schrift, dass der Christus aus dem Geschlecht Davids und aus Betlehem kommt, dem Dorf, wo David war?

Myrrhe. 12 Weil aber ein Traum sie angewiesen hatte, nicht zu Herodes zurückzukehren, zogen sie auf einem anderen Weg in ihr Land zurück.

▼ (Nr. 10 — 2,13–21 — S. 13)

6: Mi 5,1.3 · 2.Sam 5,2; 1.Chr 11,2

9   DIE BESCHNEIDUNG JESU
              DARBRINGUNG IM TEMPEL

[Matthäus]   [Markus]

ten, so wie es zu ihnen gesagt worden war.

_____

Lukas 2,21–38

[Johannes]

21 Und als acht Tage vergangen waren und er beschnitten werden sollte, da wurde ihm der Name Jesus gegeben, der von dem Engel genannt worden war, bevor er im Mutterleib empfangen wurde. 22 Und als die Tage vergangen waren, die vom Gesetz des Mose für ihre Reinigung vorgeschrieben sind, brachten sie ihn nach Jerusalem hinauf, um ihn dem Herrn zu weihen, 23 wie es im Gesetz des Herrn geschrieben steht: «Alles Männliche, das den Mutterschoss öffnet, soll als dem Herrn geheiligt gelten.» 24 Auch wollten sie Opfer darbringen nach dem, was im Gesetz des Herrn gesagt ist, ein Paar Turteltauben oder zwei junge Tauben. 25 Und siehe, es gab in Jerusalem einen mit Namen Simeon, und dieser Mensch war gerecht und gottesfürchtig; er wartete auf die Tröstung Israels, und heiliger Geist ruhte auf ihm. 26 Und ihm war vom Heiligen Geist geweissagt, er werde den Tod nicht sehen, bevor er den Gesalbten des Herrn gesehen habe. 27 Und vom Geist geführt kam er in den Tempel. Und als die Eltern das Kind Jesus hereinbrachten, um mit ihm zu tun, was nach dem Gesetz Brauch ist, 28 da nahm er es auf die Arme und pries Gott und sprach:

29 Nun lässt du deinen Diener
gehen, Herr,
in Frieden, wie du gesagt hast,
30 denn meine Augen haben das

10   FLUCHT NACH ÄGYPTEN
                KINDERMORD IN BETLEHEM
                RÜCKKEHR AUS ÄGYPTEN

Matthäus 2,13–21   *[Markus]*

▲ *(Nr. 8 — 2,1–12 — S. 11)*

13 Als sie aber fortgezogen waren, siehe, da erscheint dem Josef ein Engel
des Herrn im Traum und sagt: Steh auf,
nimm das Kind und seine Mutter, flieh
nach Ägypten und bleibe dort, bis ich es
dir sage! Denn Herodes wird das Kind
suchen, um es umzubringen. 14 Da
stand er auf in der Nacht, nahm das

Rettende gesehen,
31 das du vor den Augen aller Völker
bereitet hast,
32 ein Licht zur Offenbarung für die
Völker
und zur Ehre deines Volkes Israel.
33 Und sein Vater und seine Mutter
staunten über das, was über ihn gesagt
wurde. 34 Und Simeon segnete sie und
sagte zu Maria, seiner Mutter: Siehe,
dieser ist bestimmt zu Fall und Auf-
stieg vieler in Israel und zu einem Zeichen, dem widersprochen wird – 35 ja,
auch durch deine Seele wird ein
Schwert dringen –, damit die Gedanken aus vielen Herzen offenbar werden.
36 Und da war eine Prophetin, Hanna,
eine Tochter Phanuels, aus dem Stam-
me Asser. Diese war schon betagt. Nach
ihrer Zeit als Jungfrau war sie sieben
Jahre verheiratet 37 und war danach
Witwe bis zum Alter von vierundacht-
zig Jahren. Sie verliess den Tempel
nicht, weil sie mit Fasten und Beten
Gott diente Tag und Nacht. 38 Und zur
selben Stunde trat sie herzu und pries
Gott und redete von ihm zu allen, die
auf die Erlösung Jerusalems warteten.
▼ (Nr 11 — 2,39–40 — S. 14)
23: Ex 13,2.12.15 | 24: Lev 12,8

[Lukas]   [Johannes]

Kind und seine Mutter und zog fort
nach Ägypten. 15 Dort blieb er bis zum
Tod des Herodes, damit erfüllt werde,
was vom Herrn durch den Propheten
gesagt ist: «Aus Ägypten habe ich meinen Sohn gerufen». 16 Als Herodes
nun sah, dass er von den Sterndeutern
hintergangen worden war, geriet er in
Zorn und liess alle Knaben bis zum Alter von zwei Jahren umbringen in Betlehem und der ganzen Umgebung, entsprechend der Zeit, die er von den
Sterndeutern erfragt hatte. 17 Da wurde erfüllt, was durch den Propheten Jeremia gesagt ist:

> 18 «Ein Geschrei war in Rama zu
> hören», lautes «Weinen und Weh-
> klagen, Rahel weinte um ihre Kin-
> der und wollte sich nicht trösten
> lassen, denn da sind keine mehr».

19 Als Herodes gestorben war, siehe, da
erscheint dem Josef in Ägypten ein Engel des Herrn im Traum 20 und sagt:
Steh auf, nimm das Kind und seine
Mutter und geh in das Land Israel.
Denn die dem Kind nach dem Leben
trachteten, sind tot. 21 Da stand er auf,
nahm das Kind und seine Mutter und
zog in das Land Israel.

15: Hos 11,1 | 18: Jer 31,15

11   DIE KINDHEIT JESU IN NAZARET

Matthäus 2,22–23   *[Markus]*

22 Als er aber hörte, dass Archelaus an-
stelle seines Vaters Herodes König
war über Judäa, fürchtete er sich, dorthin
zu gehen. Weil aber ein Traum ihn angewiesen hatte,
zog er sich in die Gegend von Galiläa
zurück
23 und liess sich in einer Stadt namens
Nazaret nieder; so sollte erfüllt werden,
was durch die Propheten gesagt ist: Er
wird Nazarener genannt werden.

▼ *(Nr. 13 — 3,1–6 — S. 16)*

Lukas 2,39–40

[Johannes]

▲ *(Nr. 9 — 2,21–38 — S. 12)*
39 Und als sie alles getan hatten, was
das Gesetz des Herrn vorschreibt,

kehrten sie nach Galiläa

in ihre Stadt Nazaret zurück. 40 Das
Kind aber wuchs heran und wurde
stark und mit Weisheit erfüllt, und
Gottes Gnade ruhte auf ihm.

12   DER ZWÖLFJÄHRIGE IM TEMPEL

[Matthäus]   [Markus]

Lukas 2,41–52

[Johannes]

41 Und seine Eltern zogen jedes Jahr
am Passafest nach Jerusalem. 42 Und
als er zwölf Jahre alt war, gingen sie
hinauf, wie es Brauch war beim Fest,
43 und verbrachten die Tage dort. Als
sie heimkehrten, blieb der Knabe Jesus
in Jerusalem zurück, und seine Eltern
merkten es nicht. 44 Da sie aber meinten, er befinde sich unter den Reisen-
den, gingen sie eine Tagereise weit und
suchten ihn unter den Verwandten und
Bekannten. 45 Und als sie ihn nicht
fanden, kehrten sie nach Jerusalem zurück, um ihn zu suchen. 46 Und es geschah nach drei Tagen, da fanden sie
ihn, wie er im Tempel mitten unter den
Lehrern sass und ihnen zuhörte und
Fragen stellte. 47 Alle aber, die ihm zuhörten, waren ausser sich über seinen
Verstand und seine Antworten. 48 Und
als sie ihn sahen, waren sie bestürzt,
und seine Mutter sprach zu ihm: Kind,
warum hast du uns das angetan? Siehe,
dein Vater und ich haben dich mit
Schmerzen gesucht. 49 Und er sprach
zu ihnen: Warum habt ihr mich gesucht? Wusstet ihr nicht, dass ich unter
denen sein muss, die zu meinem Vater
gehören? 50 Und sie verstanden das
Wort nicht, das er zu ihnen sagte.
51 Und er zog mit ihnen hinab und
kam nach Nazaret und war ihnen ge-
horsam. Und seine Mutter behielt alle
diese Worte in ihrem Herzen. 52 Und
Jesus nahm zu an Weisheit und Alter
und Gnade bei Gott und den Menschen.

III   *Vorbereitung*

13   AUFTRETEN DES TÄUFERS

Matthäus 3,1–6   *Markus 1,2–6*
[11,10]

11,10 (Nr. 107, S. 102)   ▲ (Nr. 1 — 1,1 — S. 1)
10 Er ist es, von dem geschrieben steht: 2 Wie geschrieben steht beim Prophe-
                                              ten Jesaja:

Siehe, ich sende meinen Boten vor dir her,   «Siehe, ich sende meinen Boten vor
der vor dir deinen Weg bereiten wird.   dir her, der» deinen «Weg bereiten
                                                  wird.
                                                  3 Stimme eines Rufers in der Wüs-
                                                  te:
                                                  Bereitet den Weg des Herrn,
                                                  macht gerade» seine «Strassen!»

▲ (Nr. 11 — 2,22–23 — S. 14)
1 In jenen Tagen aber

tritt Johannes der Täufer auf und ver-   4 So trat Johannes der Täufer auf in der
kündigt in der judäischen Wüste: Wüste

2 Kehrt um! Denn nahe gekommen ist   und verkündigte eine Taufe der Um-
das Himmelreich.   kehr zur Vergebung der Sünden.
3 Denn er ist es, von dem durch den
Propheten Jesaja gesagt ist:
    «Stimme eines Rufers in der Wüste:

    Bereitet den Weg des Herrn,
    macht gerade» seine «Strassen!»

Lukas 3,1–6
[7,27]

7,27 (Nr. 107, S. 102)
27 Er ist es, von dem geschrieben steht:

Siehe, ich sende meinen Boten vor dir her,
der vor dir deinen Weg bereiten wird.

Johannes 1,19–23

1 Im fünfzehnten Jahr der Regierung des Kaisers Tiberius – als Pontius Pilatus Statthalter von Judäa war und Herodes Tetrarch von Galiläa, sein Bruder Philippus Tetrarch von Ituräa und der Trachonitis, Lysanias Tetrarch von Abilene, 2 unter dem Hohenpriester Hannas und Kajafas –
erging das Wort Gottes an Johannes, den Sohn des Zacharias, in der Wüste.
3 Und er zog durch die ganze Gegend am Jordan
und verkündigte eine Taufe der Umkehr zur Vergebung der Sünden,
4 wie geschrieben steht im Buch der Worte des Propheten Jesaja:
  «Stimme eines Rufers in der Wüste:

  Bereitet den Weg des Herrn,
  macht gerade» seine «Strassen.
  5 Jede Schlucht soll aufgefüllt
  und jeder Berg und jeder Hügel soll
  eingeebnet werden;
  und was krumm ist, soll gerade
  werden,
  und was uneben ist, soll zu ebenen
  Wegen werden.
  6 Und jedes Lebewesen wird die
  rettende Tat Gottes sehen.»

▲ (Nr. 1 — 1,1–18 — S. 1)
19 Und dies ist das Zeugnis des Johannes, als die Juden aus Jerusalem Priester und Leviten zu ihm sandten, um ihn zu fragen: Wer bist du? 20 Und er bekannte und leugnete nicht, er bekannte: Ich bin nicht der Christus. 21 Und sie fragten ihn: Was dann? Bist du Elia? Und er sagt: Ich bin es nicht. Bist du der Prophet? Und er antwortete: Nein. 22 Da sagten sie zu ihm: Wer bist du? Damit wir denen eine Antwort geben können, die uns gesandt haben. Was sagst du über dich selbst?
23 Er sagte: Ich bin

«die Stimme eines Rufers in der Wüste:
Macht gerade den Weg des Herrn!»,

4 Er aber, Johannes, trug ein Kleid aus Kamelhaaren und einen ledernen Gürtel um seine Hüften; seine Nahrung waren Heuschrecken und wilder Honig.

5 Da zogen Jerusalem, ganz Judäa und die ganze Umgebung des Jordan hinaus zu ihm. 6 Und sie liessen sich von ihm taufen im Jordan und bekannten ihre Sünden.

5 Und das ganze judäische Land und alle Bewohner Jerusalems zogen hinaus zu ihm. Und sie liessen sich von ihm taufen im Jordan und bekannten ihre Sünden.

6 Und Johannes trug ein Gewand aus Kamelhaaren und einen ledernen Gürtel um seine Hüften und ass Heuschrecken und wilden Honig.

▼ (Nr. 16 — 1,7–8 — S. 18)

3: Jes 40,3

4,17 (Nr. 32, S. 35)

2: Ex 23,20; Mal 3,1 | 3: Jes 40,3

1,14–15 (Nr. 30.32, S. 32 . 35)

14   GERICHTSPREDIGT DES TÄUFERS

Matthäus 3,7–10

7 Als er aber sah, dass sich viele Pharisäer und Sadduzäer bei ihm zur Taufe einfanden, sprach er zu ihnen: Schlangenbrut! Wer machte euch glauben, dass ihr dem kommenden Zorn entgehen werdet?

8 Bringt also Frucht, die der Umkehr entspricht! 9 Und meint nicht, ihr könntet sagen: Wir haben Abraham zum Vater. Denn ich sage euch: Gott kann dem Abraham aus diesen Steinen Kinder erwecken. 10 Schon ist die Axt an die Wurzel der Bäume gelegt: Jeder Baum, der nicht gute Frucht bringt, wird gefällt und ins Feuer geworfen.

▼ (Nr. 16 — 3,11–12 — S. 18)

23,33 (Nr. 284, S. 274)

7,19 (Nr. 73, S. 67)

[Markus]

wie der Prophet Jesaja gesagt hat.

▼ *(Nr. 16 — 1,24–28 — S. #)*

4–6: Jes 40,3–5

23: Jes 40,3

Lukas 3,7–9

7 Da sprach er zu den Scharen, die hinauszogen, um sich von ihm taufen zu lassen: Schlangenbrut! Wer machte euch glauben, dass ihr dem kommenden Zorn entgehen werdet?

8 Bringt also Früchte, die der Umkehr entsprechen! Und fangt nicht an, euch zu sagen: Wir haben Abraham zum Vater. Denn ich sage euch: Gott kann dem Abraham aus diesen Steinen Kinder erwecken. 9 Schon ist die Axt an die Wurzel der Bäume gelegt: Jeder Baum, der nicht gute Frucht bringt, wird gefällt und ins Feuer geworfen.

[Johannes]

15   FRÜCHTE DER UMKEHR

[Matthäus]   [Markus]

_____   _____
_____   _____
_____   _____
_____   _____
_____   _____
_____   _____
_____   _____
_____   _____
_____   _____
_____   _____
_____   _____
_____   _____

16   DAS ZEUGNIS DES TÄUFERS

Matthäus 3,11–12   Markus 1,7–8

_____   _____
_____   _____
_____   _____
_____
_____   ▲ (Nr. 13 — 1,2–6 — S. 16)
▲ (Nr. 14 — 3,7–10 — S. 17)   7 Und er verkündigte:
11 Ich taufe euch mit Wasser zur Um-
kehr;   _____
der aber nach mir kommt, ist stärker   Nach mir kommt, der stärker ist als
als ich; ich bin nicht gut genug,   ich; ich bin nicht gut genug, mich zu
                       bücken
ihm die Schuhe zu tragen.   und ihm die Riemen seiner Schuhe zu
                       lösen. 8 Ich habe euch mit Wasser ge-
                       tauft,
Er wird euch mit heiligem Geist und   er aber wird euch mit heiligem Geist
mit Feuer taufen. 12 In seiner Hand ist   taufen.
die Worfschaufel, und er wird seine   ▼ (Nr. 18 — 1,9–11 — S. 19)
Tenne säubern. Seinen Weizen wird er
in die Scheune einbringen, die Spreu

Lukas 3,10–14

10 Und die Leute fragten ihn: Was also sollen wir tun? 11 Er aber antwortete ihnen: Wer zwei Hemden hat, teile mit dem, der keines hat, und wer zu essen hat, tue desgleichen. 12 Es kamen aber auch Zöllner, um sich taufen zu lassen, und sagten zu ihm: Meister, was sollen wir tun? 13 Er aber sprach zu ihnen: Treibt nicht mehr ein, als euch vorgeschrieben ist! 14 Es fragten ihn aber auch Soldaten: Was sollen wir denn tun? Und zu ihnen sprach er: Misshandelt niemanden, erpresst niemanden und begnügt euch mit eurem Sold.

[Johannes]

Lukas 3,15–18

15 Als aber das Volk voll Erwartung war und sich alle über Johannes Gedanken machten in ihren Herzen, ob nicht etwa er der Christus sei,

16 da antwortete Johannes ihnen allen: Ich taufe euch mit Wasser;

es kommt aber einer, der stärker ist als ich; ich bin nicht gut genug,

ihm die Riemen seiner Schuhe zu lösen.

Er wird euch mit heiligem Geist und mit Feuer taufen. 17 In seiner Hand ist die Worfschaufel; er wird seine Tenne säubern und den Weizen in seine Scheune einbringen; die Spreu aber

Johannes 1,24–28

▲ *(Nr. 13 — 1,19–23 — S. 16)*

24 Sie waren von den Pharisäern geschickt worden. 25 Und sie fragten ihn und sagten zu ihm: Warum taufst du denn, wenn du nicht der Christus bist, nicht Elia und nicht der Prophet? 26 Johannes antwortete ihnen: Ich taufe mit Wasser. Mitten unter euch steht der, den ihr nicht kennt, 27 der nach mir kommt; ich bin nicht würdig,

die Riemen seiner Schuhe zu lösen.

aber wird er in unauslöschlichem
Feuer verbrennen.

▼ *(Nr. 18 — 3,13–17 — S. 19)*

Apg 13,24–25: 24 ... nachdem Johannes vor dessen Auftreten dem ganzen
Volk Israel gepredigt hatte, man sollte sich taufen lassen auf Grund der
Busse. 25 Als aber Johannes der Vollendung seines Laufes nahe war, sprach
er: Wofür ihr mich halten möchtet, das bin ich nicht, sondern siehe, es
kommt einer nach mir, dem ich nicht würdig bin, die Schuhe von den
Füssen loszubinden.

17 GEFANGENNAHME DES TÄUFERS

(vgl. Nr. 144)

[Matthäus 14,3–4]   *[Markus 6,17–18]*
(Nr. 144, S. 140)   *(Nr. 144, S. 140)*

3 Herodes hatte nämlich Johannes   17 Herodes selbst hatte nämlich Johan-
gefangen nehmen, in Ketten legen und   nes gefangen nehmen und ihn in
einkerkern lassen   Ketten legen lassen
wegen Herodias, der Frau seines   wegen Herodias, der Frau seines Bru-
Bruders Philippus.   ders Philippus, weil er sie geheiratet
                                          hatte.

4 Denn Johannes hatte zu ihm gesagt: 18 Denn Johannes hatte zu Herodes
Es ist dir nicht erlaubt, sie zu haben.   gesagt: Es ist dir nicht erlaubt, deines
                                          Bruders Frau zu haben.

18 DIE TAUFE JESU

Matthäus 3,13–17   *Markus 1,9–11*

▲ *(Nr. 16 — 3,11–12 — S. 18)*   ▲ *(Nr. 16 — 1,7–8 — S. 18)*

13 Zu jener Zeit kommt Jesus von Ga-   9 Und es geschah in jenen Tagen, da
liläa an den Jordan zu Johannes, um   kam Jesus aus Nazaret in Galiläa
sich von ihm taufen zu lassen. 14 Jo-
hannes aber wollte ihn davon abhalten
und sprach: Ich habe nötig, dass ich
von dir getauft werde, und du kommst
zu mir? 15 Jesus entgegnete ihm: Lass
es jetzt zu! Denn so sollen wir alle Ge-

wird er in unauslöschlichem Feuer ver-
brennen. 18 Mit noch vielen anderen
Ermahnungen verkündigte er dem
Volk das Evangelium.

28 Das geschah in Betanien jenseits des
Jordan, wo Johannes taufte.

▼ *(Nr. 18 — 1,29–34 — S. 19)*

Lukas 3,19–20   *[Johannes]*

19 Herodes aber, der Tetrarch,
der von ihm zurechtgewiesen wurde

wegen der Sache mit Herodias, der Frau
seines Bruders, und
wegen aller Schandtaten, die er, Herodes, begangen hatte, 20 fügte allem
auch noch dies hinzu: Er sperrte Johannes in den Kerker.

Lukas 3,21–22   *Johannes 1,29–34*

▲ *(Nr. 16 — 1,24–28 — S. 18)*

21 Es geschah aber, als das ganze Volk
getauft worden war,

29 Am Tag darauf sieht er Jesus auf sich
zukommen, und er sagt: Siehe, das
Lamm Gottes, das die Sünde der Welt
trägt. 30 Dieser ist es, von dem ich gesagt habe: Nach mir kommt ein Mann,
der vor mir gewesen ist, denn er war
eher als ich. 31 Und ich kannte ihn
nicht. Aber er sollte Israel offenbart

rechtigkeit erfüllen. Da liess er ihn gewähren.

16 Als Jesus getauft worden war,

und liess sich von Johannes im Jordan taufen.

stieg er sogleich aus dem Wasser. Und siehe, da tat sich ihm der Himmel auf, und er sah den Geist Gottes wie eine Taube herabschweben und auf ihn kommen.

10 Und sogleich, als er aus dem Wasser stieg, sah er den Himmel sich teilen und den Geist wie eine Taube auf sich herabschweben.

17 Und siehe, eine Stimme aus dem Himmel sprach:

11 Und eine Stimme kam aus dem Himmel:

Das ist mein geliebter Sohn, an dem ich Wohlgefallen habe.

▼ *(Nr. 20 — 4,1–11 — S. 22)*

17,5 *(Nr. 161, S. 159)*

Du bist mein geliebter Sohn, an dir habe ich Wohlgefallen.

▼ *(Nr. 20 — 1,12–13 — S. 22)*

9,7 *(Nr. 161, S. 159)*

19   DER STAMMBAUM JESU
        (vgl. Nr. 6)

[Matthäus 1,1–17]

(Nr. 1 . 6, S. 1 . 8)

(umgekehrte Reihenfolge)

1 Stammbaum Jesu Christi, des Sohnes Davids, des Sohnes Abrahams.
(Joseph)
2 Abraham zeugte Isaak, (Jakob)
Isaak zeugte Jakob, (Mattan)
Jakob zeugte Juda und seine Brüder.
(Eleasar)
3 Juda zeugte Perez und Serach mit Tamar, (Eliud)
Perez zeugte Hezron, (Achim)
Hezron zeugte Ram, (Zadok)
4 Ram zeugte Amminadab, (Azor)
Amminadab zeugte Nachschon, (Eljakim)
Nachschon zeugte Salmon, (Abihud)
5 Salmon zeugte Boas mit Rahab,
Boas zeugte Obed mit Rut,
Obed zeugte Isai,
6 Isai zeugte den König David.

[Markus]

werden; darum kam ich und taufte mit
Wasser.

da liess sich auch Jesus taufen, und
während er betete,

tat sich der Himmel auf, 22 und der
Heilige Geist schwebte in Gestalt einer
Taube auf ihn herab,

und eine Stimme kam aus dem Himmel:

32 Und Johannes legte Zeugnis ab und
sagte:
Ich habe den Geist wie eine Taube vom
Himmel herabkommen sehen, und er
blieb auf ihm. 33 Und ich kannte ihn
nicht. Aber der mich gesandt hat, mit
Wasser zu taufen, er sprach zu mir: Auf
wen du den Geist herabkommen und
auf ihm bleiben siehst, der ist es, welcher mit heiligem Geist tauft. 34 Und
ich habe gesehen und bezeugt:
Dieser ist der Sohn Gottes.

Du bist mein geliebter Sohn, an dir habe ich Wohlgefallen.

▼ *(Nr. 21 — 1,35–51 — S. 24)*

9,35 (Nr. 161, S. 159)

12,28–30 (Nr. 302, S. 295)

Lukas 3,23–38

[Johannes]

23 Und als Jesus zu wirken begann, war
er etwa dreissig Jahre alt. Er war, wie
man annahm, ein Sohn des Josef,
der war Sohn des Eli,
24 der war Sohn des Mattat,

der war Sohn des Levi,

der war Sohn des Melchi,
der war Sohn des Jannai,
der war Sohn des Josef,
25 der war Sohn des Mattatias,

der war Sohn des Amos,
der war Sohn des Nahum,
der war Sohn des Hesli,
der war Sohn des Naggai,
26 der war Sohn des Maat,
der war Sohn des Mattatias,

David zeugte Salomo mit der Frau des
Urija,
7 Salomo zeugte Rehabeam,
Rehabeam zeugte Abija,
Abija zeugte Asaf,
8 Asaf zeugte Joschafat,
Joschafat zeugte Joram, (Serubbabel)
Joram zeugte Usija, (Schealtiel)
9 Usija zeugte Jotam, (Jechonja)
Jotam zeugte Ahas,
Ahas zeugte Hiskija,
10 Hiskija zeugte Manasse,
Manasse zeugte Amon,
Amon zeugte Joschija,
11 Joschija zeugte Jechonja und seine
Brüder zur Zeit der babylonischen
Verbannung. (Joschija)
12 Nach der babylonischen Verbannung
zeugte Jechonja Schealtiel, (Amon, Ma-
nasse)
Schealtiel zeugte Serubbabel, (Hiskija)
13 Serubbabel zeugte Abihud, (Ahas)
Abihud zeugte Eljakim, (Jotam)
Eljakim zeugte Azor, (Usija)
14 Azor zeugte Zadok, (Joram)
Zadok zeugte Achim, (Joschafat)
Achim zeugte Eliud, (Asaf)
15 Eliud zeugte Eleasar, (Abija)
Eleasar zeugte Mattan, (Rehabeam)
(Salomo)
Mattan zeugte Jakob, (David)
16 Jakob zeugte Josef, den Mann Ma-
rias; (Isai)
von ihr wurde Jesus geboren, welcher
der Christus genannt wird. (Obed)
(Boas)
(Salmon)
(Nachschon)
(Amminadab)
(Ram)

(Hezron)
(Perez)
(Juda)
(Jakob)
(Isaak)
(Abraham)

der war Sohn des Semein,
der war Sohn des Josech,
der war Sohn des Joda,
27 der war Sohn des Johanan,
der war Sohn des Resa,
der war Sohn des Serubbabel,
der war Sohn des Schealtiel,
der war Sohn des Neri,
28 der war Sohn des Melchi,
der war Sohn des Addi,
der war Sohn des Kosam,
der war Sohn des Elmadam,
der war Sohn des Er,
29 der war Sohn des Jesus,

der war Sohn des Elieser,
der war Sohn des Jorim,

der war Sohn des Mattat,
der war Sohn des Levi,
30 der war Sohn des Simeon,
der war Sohn des Juda,
der war Sohn des Josef,
der war Sohn des Jonam,
der war Sohn des Eljakim,
31 der war Sohn des Melea,
der war Sohn des Menna,
der war Sohn des Mattata,
der war Sohn des Natam,
der war Sohn des David,

32 der war Sohn des Isai,

der war Sohn des Obed,
der war Sohn des Boas,
der war Sohn des Salmon,
der war Sohn des Nachschon,
33 der war Sohn des Amminadab,
der war Sohn des Admin,
der war Sohn des Arni,
der war Sohn des Hezron,
der war Sohn des Perez,
der war Sohn des Juda,
34 der war Sohn des Jakob,
der war Sohn des Isaak,
der war Sohn des Abraham,
der war Sohn des Terach,
der war Sohn des Nahor,

17 Im ganzen also sind es vierzehn Generationen von Abraham bis David, vierzehn Generationen von David bis zur babylonischen Verbannung und vierzehn Generationen von der babylonischen Verbannung bis zum Christus.

1.Chr 1,1–34 | 1.Chr 2,1–15 | 1.Chr 3,5–19 | Rut 4,18–22 |
Gen 11,10–26 | Gen 5,1–32

20   DIE VERSUCHUNG JESU

Matthäus 4,1–11   *Markus 1,12–13*

▲ *(Nr. 18 — 3,13–17 — S. 19)*
1 Danach wurde Jesus vom Geist in die Wüste geführt, um vom Teufel versucht zu werden.
2 Als er vierzig Tage und vierzig Nächte gefastet hatte,

hungerte ihn schliesslich.
3 Da trat der Versucher herzu und sprach zu ihm:
Wenn du Gottes Sohn bist, dann sage, dass die Steine hier zu Broten werden.

▲ *(Nr. 18 — 1,9–11 — S. 19)*
12 Und sogleich treibt ihn der Geist in die Wüste hinaus.

13 Und er war vierzig Tage in der Wüste und wurde vom Satan versucht. Und er war bei den wilden Tieren,

35 der war Sohn des Serug,
der war Sohn des Regu,
der war Sohn des Peleg,
der war Sohn des Eber,
der war Sohn des Schelach,
36 der war Sohn des Kainam,
der war Sohn des Arpachschad,
der war Sohn des Sem,
der war Sohn des Noah,
der war Sohn des Lamech,
37 der war Sohn des Metuschelach,
der war Sohn des Henoch,
der war Sohn des Jered,
der war Sohn des Mahalalel,
der war Sohn des Kenan,
38 der war Sohn des Enosch,
der war Sohn des Set,
der war Sohn des Adam –
der war Sohn Gottes.

Lukas 4,1–13   *[Johannes 1,51]*
(Nr. 21, S. 24)

1 Jesus aber, erfüllt vom Heiligen Geist,
kehrte vom Jordan zurück und wurde
vom Geist in der Wüste umhergeführt,

2 wo er während vierzig Tagen vom
Teufel versucht wurde.

Und an diesen Tagen ass er nichts, und
als sie vollendet waren, hungerte ihn.
3 Der Teufel aber sprach zu ihm:

Wenn du Gottes Sohn bist, dann sage
diesem Stein, er solle zu Brot werden.

4 Er aber entgegnete: Es steht geschrieben:
«Nicht vom Brot allein lebt der Mensch, sondern von jedem Wort, das aus Gottes Mund kommt.»

5 Dann nimmt ihn der Teufel mit in die Heilige Stadt, und er stellte ihn auf die Zinne des Tempels. 6 Und er spricht zu ihm: Wenn du Gottes Sohn bist, dann stürze dich hinab. Denn es steht geschrieben:
«Seine Engel ruft er für dich herbei,»

und «sie werden dich auf Händen tragen,
damit du deinen Fuss nicht an einen Stein stösst.»
7 Da spricht Jesus zu ihm: Es steht wiederum geschrieben:
«Du sollst den Herrn, deinen Gott, nicht versuchen.»
8 Wieder nimmt ihn der Teufel mit auf einen sehr hohen Berg und zeigt ihm alle Königreiche der Welt und ihre Pracht.
9 Und er sprach zu ihm: Dies alles werde ich dir geben,

wenn du dich niederwirfst und mich anbetest.
10 Da spricht Jesus zu ihm: Fort mit dir, Satan. Denn es steht geschrieben:
«Den Herrn, deinen Gott, sollst du anbeten und ihm allein dienen.»

4,5–7
5 Dann nimmt ihn der Teufel mit in die Heilige Stadt, und er stellte ihn auf die Zinne des Tempels. 6 Und er spricht zu ihm: Wenn du Gottes Sohn bist, dann stürze dich hinab. Denn es steht geschrieben: Seine Engel ruft er für dich herbei,

und sie werden dich auf Händen tragen, damit du deinen Fuss nicht an einen Stein stösst.

4 Und Jesus entgegnete ihm: Es steht
geschrieben:
«Nicht vom Brot allein lebt der
Mensch.»

4,9–12
9 Und er führte ihn nach Jerusalem
und stellte ihn auf die Zinne des Tempels
und sprach zu ihm: Wenn du Gottes Sohn
bist, dann stürze dich von hier hinab.
10 Denn es steht geschrieben:

Seine Engel ruft er für dich herbei, dich zu
behüten,
11 und: Auf Händen werden sie dich tragen,

damit du deinen Fuss nicht an einen Stein
stösst.
12 Und Jesus entgegnete ihm: Es ist gesagt:

Du sollst den Herrn, deinen Gott, nicht ver-
suchen.
5 Und er führte ihn hinauf
und zeigte ihm alle Königreiche der
Welt in einem Augenblick.

6 Und der Teufel sprach zu ihm: Dir
werde ich ihre Pracht und all diese
Macht geben, denn mir ist sie übergeben, und ich gebe sie, wem ich will.
7 Wenn du nun niederkniest vor mir,
dann wird sie ganz dein sein.
8 Und Jesus entgegnete ihm:
Es steht geschrieben:
«Den Herrn, deinen Gott, sollst du anbeten und ihm allein dienen.»

9 Und er führte ihn nach Jerusalem
und stellte ihn auf die Zinne des Tempels und sprach zu ihm: Wenn du Gottes Sohn bist, dann stürze dich von hier
hinab. 10 Denn es steht geschrieben:
«Seine Engel ruft er für dich herbei,
dich zu behüten,»
11 und:
«Auf Händen werden sie dich tragen,
damit du deinen Fuss nicht an einen
Stein stösst.»

7 Da spricht Jesus zu ihm: Es steht wiederum geschrieben:
Du sollst den Herrn, deinen Gott, nicht versuchen.

11 Da lässt der Teufel von ihm ab.

Und siehe, Engel traten herzu und   und die Engel
dienten ihm.   dienten ihm.

▼ (Nr. 30 — 4,12 — S. 32)   ▼ (Nr. 30 — 1,14a — S. 32)

4: Dtn 8,3 | 6: Ps 91,11–12 | 7: Dtn 6,16 | 10: Dtn 6,13;
10,20

IV   *Erste Wirksamkeit Jesu*
         (nach Johannes)

21   BERUFUNG DER ERSTEN JÜNGER

[Matthäus 4,18–22; 16,17–18]   [Markus 1,16–20; 3,16]

12 Und Jesus entgegnete ihm: Es ist gesagt:
«Du sollst den Herrn, deinen Gott, nicht versuchen.» 13 Und als der Teufel jegliche Versuchung vollendet hatte, liess er von ihm ab bis zu gelegener Zeit.

▼ (Nr. 30 — 4,14a — S. 32)

4: Dtn 8,3 | 8: Dtn 6,13; 10,20 | 10: Ps 91,11 | 11: Ps 91,12 | 12: Dtn 6,16

51 Und er spricht zu ihm: Amen, amen, ich sage euch: Ihr werdet «den Himmel» offen sehen «und die Engel Gottes aufsteigen und niedersteigen» auf dem Menschensohn.

5,1–11 (Nr. 41, S. 42)

1 Es geschah aber, als die Menge sich um ihn drängte und das Wort Gottes hörte, da stand er am See Gennesaret 2 und sah zwei Boote am Ufer liegen. Die Fischer aber waren ausgestiegen und wuschen die Netze. 3 Er aber stieg in eines der Boote, das Simon gehörte, und bat ihn, ein wenig vom Land wegzufahren. Er setzte sich und lehrte die Menge vom Boot aus. 4 Als er aufgehört hatte zu reden, sprach er zu Simon: Fahr hinaus ins Tiefe, und werft eure Netze zum Fang aus! 5 Und Simon entgegnete: Meister, die ganze Nacht hindurch haben wir gearbeitet und nichts gefangen; aber auf dein Wort hin werde ich die Netze auswerfen. 6 Das taten sie und fingen eine grosse Menge Fische; ihre Netze aber begannen zu reissen. 7 Und sie winkten den Gefährten im anderen Boot zu, sie sollten kommen und mit ihnen Hand anlegen. Und die kamen, und sie füllten beide Boote, so dass sie tief im Wasser lagen. 8 Als Simon Petrus das

▲ (Nr. 18 — 1,29–34 — S. 19)

35 Am Tag darauf stand Johannes wieder da, und zwei seiner Jünger. 36 Und als Jesus vorübergeht, richtet er seinen Blick auf ihn und sagt: Siehe, das Lamm Gottes. 37 Und die beiden Jünger hörten ihn so reden und folgten Jesus nach. 38 Als Jesus sich umwendet und sie nachfolgen sieht, spricht er zu ihnen: Was sucht ihr? Sie aber sagten zu ihm: Rabbi – das heisst übersetzt: Meister –, wo wohnst du? 39 Er spricht zu ihnen: Kommt, und ihr werdet sehen! Da kamen sie und sahen, wo er wohnt, und sie blieben an jenem Tag

4,18–22 (Nr. 34, S. 38)

18 Als Jesus am See von Galiläa entlang-
ging, sah er zwei Brüder, Simon, der Petrus
heisst, und seinen Bruder Andreas, wie sie
die Netze auswarfen in den See; sie waren
nämlich Fischer. 19 Und er spricht zu
ihnen: Kommt, mir nach! Ich werde euch zu
Menschenfischern machen. 20 Sie aber liessen auf der Stelle die Netze liegen und folgten ihm nach. 21 Und er ging von dort weiter und sah zwei andere Brüder:
Jakobus, den Sohn des Zebedäus, und seinen Bruder Johannes, die mit ihrem Vater
Zebedäus im Boot ihre Netze herrichteten;
und er rief sie. 22 Sie aber liessen auf der
Stelle das Boot und ihren Vater zurück
und folgten ihm nach.

16,17–18 (Nr. 158, S. 156)

17 Da entgegnete ihm Jesus: Selig bist du,
Simon Barjona, denn nicht Fleisch und Blut
hat dir das offenbart, sondern mein Vater
im Himmel. 18 Und ich sage dir: Du bist
Petrus, und auf diesem Fels werde ich meine
Kirche bauen, und die Tore des Totenreichs
werden sie nicht überwältigen.

1,16–20 (Nr. 34, S. 38)

16 Und als er am See von Galiläa entlang-
ging, sah er Simon und Andreas, den Bruder
des Simon, auf dem See die Netze auswerfen; sie waren nämlich Fischer. 17 Und Jesus
sprach zu
ihnen: Kommt, mir nach! Ich werde euch zu
Menschenfischern machen. 18 Auf der Stelle
liessen sie die Netze liegen und folgten ihm
nach. 19 Und als er ein wenig weiterging,
sah er
Jakobus, den Sohn des Zebedäus, und seinen Bruder Johannes – auch sie im Boot –
die Netze herrichten. 20 Und sogleich rief er
sie. Und sie liessen ihren Vater Zebedäus
mit den Tagelöhnern im Boot zurück
und gingen fort, hinter ihm her.

3,16 (Nr. 49, S. 50)

16 Und er bestimmte die Zwölf: Simon, dem
er den Namen Petrus gab,

sah, fiel er Jesus zu Füssen und sagte: Geh weg von mir, Herr, denn ich bin ein sündiger Mensch. 9 Denn Schrecken packte ihn und alle mit ihm über diesen Fang, den sie getan hatten; 10 so auch den Jakobus und den Johannes, die Söhne des Zebedäus, die Simons Gefährten waren. Da sprach Jesus zu Simon:
Fürchte dich nicht! Von jetzt an wirst du Menschen fangen.

bei ihm. Das war um die zehnte Stunde. 40 Andreas, der Bruder des Simon Petrus, war einer von den beiden, die auf Johannes gehört hatten und Jesus nachgefolgt waren. 41 Dieser findet zuerst seinen Bruder Simon und sagt zu ihm: Wir haben den Messias gefunden – das heisst übersetzt: Gesalbter. 42 Er führte ihn zu Jesus.

11 Und sie brachten die Boote an Land, liessen alles zurück
und folgten ihm nach.
6,14a (Nr. 49, S. 50)
14 Simon,

Jesus sah ihn an und sprach:
Du bist Simon, der Sohn des Johannes,

den er auch Petrus nannte,

du sollst Kefas genannt werden – das bedeutet: Fels.

43 Am Tag darauf wollte er nach Galiläa aufbrechen, und er findet Philippus. Und Jesus spricht zu ihm: Folge mir nach! 44 Philippus aber war aus Betsaida, aus der Stadt des Andreas und Petrus. 45 Philippus findet Natanael und sagt zu ihm: Der, von dem Mose im Gesetz geschrieben hat und auch die Propheten, den haben wir gefunden, Jesus, den Sohn Josefs, aus Nazaret. 46 Und Natanael sagte zu ihm: Kann aus Nazaret etwas Gutes kommen? Philippus sagt zu ihm: Komm und sieh! 47 Jesus sah Natanael auf sich zukommen, und er sagt von ihm: Siehe, in Wahrheit ein Israelit, an dem kein Falsch ist. 48 Natanael sagt zu ihm: Woher kennst du mich? Jesus entgegnete ihm: Bevor Philippus dich rief, habe ich dich gesehen, als du unter dem Feigenbaum warst. 49 Natanael antwortete ihm: Rabbi, du bist der Sohn

22   DIE HOCHZEIT IN KANA

[Matthäus]   [Markus]

Gottes, du bist der König Israels. 50 Jesus entgegnete ihm: Weil ich dir gesagt habe, dass ich dich unter dem Feigenbaum sah, glaubst du? Grösseres als das wirst du sehen. 51 Und er spricht zu ihm: Amen, amen, ich sage euch: Ihr werdet «den Himmel» offen sehen «und die Engel Gottes aufsteigen und niedersteigen» auf dem Menschensohn.

51: Gen 28,12

[Lukas]

Johannes 2,1–11

1 Und am dritten Tag war eine Hochzeit in Kana in Galiläa, und die Mutter Jesu war dort. 2 Aber auch Jesus und seine Jünger waren zur Hochzeit geladen. 3 Und als es keinen Wein mehr gab, sagt die Mutter Jesu zu ihm: Sie haben keinen Wein. 4 Und Jesus spricht zu ihr: Was habe ich mit dir zu schaffen, Frau? Meine Stunde ist noch nicht da. 5 Seine Mutter sagt zu den Dienern: Was immer er euch sagt, das tut. 6 Es standen dort aber sechs steinerne Wasserkrüge, wie es die Reinigung der Juden vorschreibt, die fassten je zwei bis drei Metreten. 7 Jesus spricht zu ihnen: Füllt die Krüge mit Wasser! Und sie füllten sie bis oben. 8 Und er spricht zu ihnen: Schöpft jetzt und bringt dem Speisemeister davon. Sie brachten es. 9 Als aber der Speisemeister das Wasser kostete, das zu Wein geworden war, und nicht wusste, woher es war – die Diener aber, die das Wasser geschöpft hatten, wussten es –, da ruft der Speisemeister den Bräutigam 10 und sagt zu ihm: Jedermann setzt zuerst den guten Wein vor, und wenn sie betrunken sind, den schlechteren. Du hast den guten Wein bis jetzt zurückbehalten. 11 Das tat Jesus als Anfang der Zeichen in Kana in Galiläa, und er offenbarte

_____

23   AUFENTHALT IN KAFARNAUM

[Matthäus]   [Markus]

_____

24   ERSTE REISE NACH JERUSALEM

[Matthäus]   [Markus]

_____

25   DIE TEMPELREINIGUNG
                    (vgl. Nr. 273 · 276)

[Matthäus 21,12–13]   [Markus 11,15–17]
[21,23–27; 26,60b–61]   [11,27–33; 14,57–58]

                                        11,15–17 (Nr. 273, S. 261)

21,12–13 (Nr. 271, S. 260)   15 Und sie kommen nach Jerusalem.
12 Und Jesus ging in den Tempel hinein Und als er in den Tempel hineinging,
und trieb alle hinaus, die im Tempel   begann er, alle hinauszutreiben, die im
verkauften und kauften, und die Tische Tempel verkauften und kauften. Die Ti-
der Geldwechsler und die Stände der   sche der Geldwechsler und die Stände
Taubenverkäufer stiess er um,   der Taubenverkäufer stiess er um
                                        16 und liess nicht zu, dass jemand ir-
                                        gendetwas über den Tempelplatz trug.
13 und er sagt zu ihnen: Es steht ge-   17 Und er lehrte sie und sprach: Steht
schrieben: nicht geschrieben:
«Mein Haus soll Haus des Gebets heis-   «Mein Haus soll Haus des Gebets heissen,» ihr aber macht es zu «einer Räu- sen für alle Völker?» Ihr aber habt es zu
berhöhle.»   einer «Räuberhöhle» gemacht!

seine Herrlichkeit, und seine Jünger
glaubten an ihn.

Johannes 2,12

12 Danach zog er nach Kafarnaum hinab, er und seine Mutter und seine
Brüder und seine Jünger. Und sie blieben dort einige Tage.

Johannes 2,13

13 Das Passa der Juden war nahe, und
Jesus zog nach Jerusalem hinauf.

[Lukas 19,45–46]   Johannes 2,14–22
[20,1–8]

19,45–46 (Nr. 273, S. 261)   14 Und im Tempel traf er die Verkäufer
45 Und er ging in den Tempel und be-   von Rindern, Schafen und Tauben an,
gann, die Verkäufer hinauszutreiben,   auch die Wechsler, die dasassen. 15 Da
                                         machte er eine Peitsche aus Stricken
                                         und trieb alle aus dem Tempel hinaus,
                                         auch die Schafe und die Rinder, und das
                                         Geld der Wechsler schüttete er aus, die
                                         Tische stiess er um; 16 und zu den Tau-
                                         benverkäufern sprach er:
46 und sprach zu ihnen: Es steht ge-   Schafft das fort von hier,
schrieben:
«Mein Haus soll ein Haus des Gebets
sein,» ihr aber habt es zu einer «Räu-   macht das Haus meines Vaters nicht
berhöhle» gemacht.   zur Markthalle. 17 Da dachten seine
                                         Jünger daran, dass geschrieben steht:
                                         «Der Eifer für dein Haus wird mich
                                         verzehren.»

21,23–27 (Nr. 276, S. 264)
23 Und als er in den Tempel hineingegangen war und lehrte, traten die Hohepriester und die Ältesten des Volkes zu ihm und sprachen: Aus welcher Vollmacht tust du das, und wer hat dir diese Vollmacht gegeben?

11,27–33 (Nr. 276, S. 264)
27 Und sie kommen wieder nach Jerusalem. Und während er im Tempel umhergeht, treten die Hohepriester, Schriftgelehrten und Ältesten zu ihm, 28 und sie sagten zu ihm: Aus welcher Vollmacht tust du dies, oder wer hat dir diese Vollmacht gegeben, dass du dies tust?

26,60b–61 (Nr. 332, S. 326)
60b ... Zuletzt aber traten zwei auf
61 und sprachen:
Dieser hat gesagt: Ich kann den Tempel Gottes niederreissen und in drei Tagen aufbauen.

14,57–58 (Nr. 332, S. 326)
57 Und einige traten auf und legten falsches Zeugnis ab gegen ihn und sprachen:
58 Wir haben ihn sagen hören: Ich werde diesen Tempel, der mit Händen gemacht ist, niederreissen und in drei Tagen einen anderen aufbauen, der nicht mit Händen gemacht ist.

24 Jesus aber antwortete ihnen: Auch ich will euch eine einzige Frage stellen; wenn ihr mir darauf antwortet, werde auch ich euch sagen, aus welcher Vollmacht ich das tue.
25 Die Taufe des Johannes – woher stammte sie? Vom Himmel oder von Menschen?

29 Jesus aber sprach zu ihnen: Ich will euch eine einzige Frage stellen; antwortet mir, dann werde ich euch sagen, aus welcher Vollmacht ich dies tue.
30 Die Taufe des Johannes – war sie vom Himmel, oder war sie von Menschen? Antwortet mir!

Sie überlegten bei sich und sagten: Sagen wir: Vom Himmel, so wird er uns sagen: Warum habt ihr ihm dann nicht geglaubt? 26 Sagen wir aber: Von Menschen, so müssen wir uns vor dem Volk fürchten, denn sie alle halten Johannes für einen Propheten. 27 Und sie antworteten Jesus: Wir wissen es nicht. Da sagte auch er zu ihnen: Dann sage ich euch auch nicht, aus welcher Vollmacht ich dies tue.

31 Da besprachen sie sich: Sagen wir: Vom Himmel, so wird er sagen: Warum habt ihr ihm dann nicht geglaubt? 32 Sagen wir aber: Von Menschen – sie fürchteten das Volk, denn alle hielten Johannes wirklich für einen Propheten. 33 Und sie antworten Jesus: Wir wissen es nicht. Da spricht Jesus zu ihnen: Dann sage ich euch auch nicht, aus welcher Vollmacht ich dies tue.

13: Jes 56,7 · Jer 7,11

17: Jes 56,7 · Jer 7,11

26   JESUS AUF DEM PASSAFEST

[Matthäus]

[Markus]

20,1–8 (Nr. 276, S. 264)

1 Und es geschah an einem der Tage, als er das Volk im Tempel lehrte und das Evangelium verkündigte, da traten die Hohepriester und Schriftgelehrten mit den Ältesten herzu 2 und sagten zu ihm: Sag uns, aus welcher Vollmacht du das tust oder wer es ist, der dir diese Vollmacht gegeben hat.

18 Da entgegneten ihm die Juden: Welches Zeichen kannst du uns vorweisen, dass du dies tun darfst?

19 Jesus entgegnete ihnen: Brecht diesen Tempel ab, und in drei Tagen werde ich ihn aufrichten.

3 Er aber antwortete ihnen: Auch ich will euch eine Frage stellen; sagt mir:

4 Die Taufe des Johannes – war sie vom Himmel, oder war sie von Menschen?

5 Sie aber besprachen sich miteinander: Sagen wir: Vom Himmel, so wird er sagen: Warum habt ihr ihm nicht geglaubt? 6 Sagen wir: Von Menschen, so wird uns das ganze Volk steinigen; denn es ist überzeugt, dass Johannes ein Prophet war. 7 Und sie antworteten, sie wüssten nicht woher. 8 Da sprach Jesus zu ihnen: Dann sage ich euch auch nicht, aus welcher Vollmacht ich dies tue.

20 Da sagten die Juden: Sechsundvierzig Jahre wurde an diesem Tempel gebaut, und du willst ihn in drei Tagen aufrichten? 21 Er aber sprach von seinem Leib als dem Tempel. 22 Als er dann von den Toten auferstanden war, erinnerten sich seine Jünger, dass er dies gesagt hatte, und sie glaubten der Schrift und dem Wort, das Jesus gesprochen hatte.

46: Jes 56,7 · Jer 7,11

17: Ps 69,10

[Lukas]

Johannes 2,23–25

23 Als er aber beim Passafest in Jerusalem war, kamen viele zum Glauben an seinen Namen, da sie die Zeichen sahen, die er tat. 24 Jesus selbst aber vertraute sich ihnen nicht an, denn er kannte sie alle 25 und brauchte von

27   JESUS UND NIKODEMUS

[Matthäus]   [Markus]

niemandem ein Zeugnis über den Menschen; denn er wusste, was im Menschen war.

[Lukas]

Johannes 3,1–21

1 Es war aber einer unter den Pharisäern, sein Name war Nikodemus, einer vom Hohen Rat der Juden. 2 Dieser kam zu ihm bei Nacht und sagte zu ihm: Rabbi, wir wissen, dass du als Lehrer von Gott gekommen bist; denn niemand kann diese Zeichen tun, die du tust, wenn nicht Gott mit ihm ist. 3 Jesus entgegnete ihm: Amen, amen, ich sage dir: Wenn jemand nicht von neuem geboren wird, kann er das Reich Gottes nicht sehen. 4 Nikodemus sagt zu ihm: Wie kann ein Mensch geboren werden, wenn er alt ist? Er kann doch nicht ein zweites Mal in den Bauch der Mutter gelangen und geboren werden? 5 Jesus antwortete: Amen, amen, ich sage dir: Wenn jemand nicht aus Wasser und Geist geboren wird, kann er nicht in das Reich Gottes gelangen. 6 Was aus dem Fleisch geboren ist, ist Fleisch, und was aus dem Geist geboren ist, ist Geist. 7 Wundere dich nicht, dass ich dir gesagt habe: Ihr müsst von neuem geboren werden. 8 Der Wind weht, wo er will, und du hörst sein Sausen, weisst aber nicht, woher er kommt und wohin er geht. So ist es mit jedem, der aus dem Geist geboren ist. 9 Nikodemus entgegnete ihm: Wie kann dies geschehen? 10 Jesus antwortete ihm: Du bist der Lehrer Israels, und du verstehst das nicht? 11 Amen, amen, ich sage dir: Was wir wissen, sagen wir, und was wir gesehen haben, bezeugen wir, und unser Zeugnis nehmt ihr nicht an. 12 Wenn ich vom Irdischen zu euch rede und ihr glaubt nicht, wie werdet ihr glauben, wenn ich zu euch vom Himm-

22,16 (Nr. 280, S. 269)   12,13–14 (Nr. 280, S. 269)
18,3 (Nr. 166, S. 164)   10,15 (Nr. 253, S. 239)

28   REISE NACH JUDÄA

[Matthäus]   [Markus]

lischen rede? 13 Und niemand ist in
den Himmel hinaufgestiegen, ausser
dem, der aus dem Himmel herabgestie-
gen ist, der Menschensohn. 14 Und wie
Mose in der Wüste die Schlange erhöht
hat, so muss der Menschensohn erhöht
werden, 15 damit jeder, der an ihn
glaubt, ewiges Leben hat. 16 Denn so
hat Gott die Welt geliebt, dass er den
einzigen Sohn gab, damit jeder, der an
ihn glaubt, nicht verloren gehe, sondern ewiges Leben habe. 17 Denn Gott
hat den Sohn nicht in die Welt gesandt,
damit er die Welt richte, sondern damit die Welt durch ihn gerettet werde.
18 Wer an ihn glaubt, wird nicht gerichtet; wer aber nicht glaubt, ist schon
gerichtet, weil er nicht an den Namen
des einzigen Sohnes Gottes geglaubt
hat. 19 Dies aber ist das Gericht: Das
Licht ist in die Welt gekommen, und
die Menschen liebten die Finsternis
mehr als das Licht, denn ihre Werke
waren böse. 20 Denn jeder, der Böses
tut, hasst das Licht und kommt nicht
zum Licht, damit seine Werke nicht
aufgedeckt werden. 21 Wer aber die
Wahrheit tut, kommt zum Licht, damit
seine Werke offenbar werden, dass sie
in Gott gewirkt sind.

20,20–21 (Nr. 280, S. 269)
18,17 (Nr. 253, S. 239)

[Lukas]

Johannes 3,22

22 Danach ging Jesus mit seinen Jüngern in das judäische Land hinaus; und
dort hielt er sich mit ihnen auf und
taufte.

29   DER TÄUFER UND DER MESSIAS

[Matthäus]   [Markus]

9,15 (Nr. 94, S. 88)   2,19–20 (Nr. 45, S. 46)

[Lukas]

Johannes 3,23–36

23 Aber auch Johannes taufte, in Ainon, nahe bei Salim, weil es dort viel Wasser gab; und die Leute kamen und liessen sich taufen. 24 Johannes war nämlich noch nicht ins Gefängnis geworfen worden. 25 Da kam es zwischen den Jüngern des Johannes und einem Juden zum Streit über die Reinigung. 26 Und sie gingen zu Johannes und sagten zu ihm: Rabbi, der bei dir war jenseits des Jordan, für den du Zeugnis abgelegt hast, siehe, der tauft, und alle laufen ihm zu. 27 Johannes entgegnete: Kein Mensch kann sich etwas nehmen, wenn es ihm nicht vom Himmel gegeben ist. 28 Ihr seid meine Zeugen, dass ich gesagt habe: Ich bin nicht der Christus, sondern ich bin vor ihm her gesandt. 29 Wer die Braut hat, der ist der Bräutigam. Der Freund des Bräutigams aber, der dabeisteht und auf ihn hört, freut sich von Herzen über die Stimme des Bräutigams. Diese meine Freude ist nun erfüllt. 30 Jener muss grösser werden, ich aber geringer. 31 Wer von oben her kommt, der ist über allem; wer von der Erde ist, ist von der Erde und redet von der Erde her. Wer vom Himmel kommt, der ist über allem. 32 Er bezeugt das, was er gesehen und gehört hat, und niemand nimmt sein Zeugnis an. 33 Wer sein Zeugnis angenommen hat, der hat bestätigt, dass Gott wahr ist. 34 Denn der, den Gott gesandt hat, redet die Worte Gottes; denn ohne Mass gibt er den Geist. 35 Der Vater liebt den Sohn, und er hat alles in seine Hand gegeben. 36 Wer an den Sohn glaubt, hat ewiges Leben; wer aber dem Sohn nicht vertraut, wird das Leben nicht sehen, sondern der Zorn Gottes bleibt auf ihm.

5,34–35 (Nr. 45, S. 46)

V   *Wirksamkeit in Galiläa*

30   REISE NACH GALILÄA

Matthäus 4,12   *Markus 1,14a*

▲ *(Nr. 20 — 4,1–11 — S. 22)*

12 Als er aber hörte, dass Johannes gefangen genommen war, zog er sich
nach Galiläa zurück.

▼ *(Nr. 32 — 4,13–17 — S. 35)*

▲ *(Nr. 20 — 1,12–13 — S. 22)*

14 Nachdem aber Johannes gefangen
genommen war, kam Jesus nach Galiläa

▼ *(Nr. 32 — 1,14b–15 — S. 35)*

31   GESPRÄCH MIT DER SAMARITERIN
WIRKSAMKEIT IN SAMARIEN

[Matthäus]   *[Markus]*

Lukas 4,14a

▲ *(Nr. 20 — 4,1–13 — S. 22)*
14 Und in der Kraft des Geistes kehrte Jesus nach Galiläa zurück.

▼ *(Nr. 32 — 4,14b–15 — S. 35)*

Johannes 4,1–3

1 Als nun Jesus erfuhr, dass die Pharisäer gehört hatten, Jesus gewinne und taufe mehr Jünger als Johannes 2 – allerdings taufte Jesus nicht selbst, sondern seine Jünger –, 3 verliess er Judäa und ging wieder nach Galiläa.

[Lukas]

Johannes 4,4–42

4 Er musste aber durch Samaria hindurchziehen. 5 Nun kommt er in die Nähe einer Stadt in Samarien namens Sychar, nahe bei dem Grundstück, das Jakob seinem Sohn Josef gegeben hatte. 6 Dort aber war der Brunnen Jakobs. Jesus war müde von der Reise, und so setzte er sich an den Brunnen; es war um die sechste Stunde. 7 Eine Frau aus Samaria kommt, um Wasser zu schöpfen. Jesus spricht zu ihr: Gib mir zu trinken! 8 Seine Jünger waren nämlich in die Stadt gegangen, um Essen zu kaufen. 9 Die Samariterin nun sagt zu ihm: Wie kannst du, ein Jude, von mir, einer Samariterin, zu trinken erbitten? Juden verkehren nämlich nicht mit Samaritern. 10 Jesus antwortete ihr: Kenntest du die Gabe Gottes und wüsstest, wer es ist, der zu dir sagt: Gib mir zu trinken, so würdest du ihn bitten, und er gäbe dir lebendiges Wasser. 11 Die Frau sagt zu ihm: Herr, du hast kein Schöpfgefäss, und der Brunnen ist

Mt ▲ 30   Mk ▲ 30

tief. Woher also hast du das lebendige Wasser? 12 Bist du etwa grösser als unser Vater Jakob, der uns den Brunnen gegeben hat? Und er selbst hat aus ihm getrunken, er und seine Söhne und sein Vieh. 13 Jesus entgegnete ihr: Jeder, der von diesem Wasser trinkt, wird wieder Durst haben. 14 Wer aber von dem Wasser trinkt, das ich ihm geben werde, der wird in Ewigkeit nicht Durst haben, sondern das Wasser, das ich ihm geben werde, wird in ihm zu einer Quelle werden, deren Wasser ins ewige Leben sprudelt. 15 Die Frau sagt zu ihm: Herr, gib mir dieses Wasser, damit ich nicht mehr Durst habe und hierher kommen muss, um zu schöpfen. 16 Er spricht zu ihr: Geh, rufe deinen Mann und komm hierher! 17 Die Frau entgegnete ihm: Ich habe keinen Mann. Jesus spricht zu ihr: Du hast zu Recht gesagt: Einen Mann habe ich nicht. 18 Denn fünf Männer hast du gehabt und der, den du jetzt hast, ist nicht dein Mann. Damit hast du Wahres gesagt. 19 Die Frau sagt zu ihm: Herr, ich sehe, du bist ein Prophet. 20 Unsere Väter haben auf diesem Berg angebetet; und ihr sagt, in Jerusalem sei der Ort, wo man anbeten muss. 21 Jesus spricht zu ihr: Glaube mir, Frau, die Stunde kommt, da ihr weder auf diesem Berg noch in Jerusalem den Vater anbeten werdet. 22 Ihr betet an, was ihr nicht kennt; wir beten an, was wir kennen, denn die Rettung kommt von den Juden. 23 Aber die Stunde kommt, und sie ist jetzt da, in der die wahren Anbeter den Vater anbeten werden in Geist und Wahrheit; denn auch der Vater sucht solche, die ihn auf diese Weise anbeten. 24 Gott ist Geist, und die ihn anbeten, müssen in Geist und Wahrheit anbeten. 25 Die Frau sagt zu ihm: Ich weiss, dass der Messias kommt, den man den Christus nennt; wenn jener kommt, wird er uns alles kundtun. 26 Jesus spricht zu ihr: Ich bin es, ich, der mit dir spricht. 27 Un-

ThEv 13: Jesus sagte zu seinen Jüngern: Vergleicht mich, sagt mir, wem ich gleiche. Simon Petrus sagte zu ihm: Du gleichst einem gerechten Engel.

terdessen kamen seine Jünger und wunderten sich, dass er mit einer Frau redete. Niemand freilich sagte: Was hast du im Sinn? oder: Was redest du mit ihr? 28 Die Frau liess nun ihren Wasserkrug stehen und ging weg in die Stadt, und sie sagt zu den Leuten: 29 Kommt, da ist einer, der mir alles gesagt hat, was ich getan habe. Sollte dieser gar der Christus sein? 30 Sie gingen aus der Stadt hinaus und kamen zu ihm. 31 Inzwischen baten ihn die Jünger: Rabbi, iss! 32 Er aber sprach zu ihnen: Ich habe eine Speise zu essen, die ihr nicht kennt. 33 Nun sagten die zueinander: Hat ihm etwa jemand zu essen gebracht? 34 Jesus spricht zu ihnen: Meine Speise ist es, den Willen dessen zu tun, der mich gesandt hat, und sein Werk zu vollenden. 35 Sagt ihr nicht: Es sind noch vier Monate, dann kommt die Ernte? Siehe, ich sage euch: Erhebt eure Augen und seht die Felder an, sie sind weiss zur Ernte. 36 Schon empfängt der Erntende Lohn und sammelt Frucht zu ewigem Leben, damit der Säende sich freue mit dem Erntenden. 37 Denn darin ist das Wort wahr: Einer ist es, der sät, und ein anderer, der erntet. 38 Ich habe euch gesandt, um zu ernten, wofür ihr nicht gearbeitet habt; andere haben gearbeitet, und ihr seid in ihre Arbeit eingetreten. 39 Aus jener Stadt aber kamen viele Samariter zum Glauben an ihn auf das Wort der Frau hin, die bezeugte: Er hat mir alles gesagt, was ich getan habe. 40 Als nun die Samariter zu ihm kamen, baten sie ihn, bei ihnen zu bleiben; und er blieb dort zwei Tage. 41 Und noch viel mehr Leute kamen zum Glauben auf sein Wort hin, 42 und sie sagten zu der Frau: Wir glauben nicht mehr auf dein Reden hin, denn wir haben selbst gehört und wissen, dass dieser in Wahrheit der Retter der Welt ist.

Matthäus sagte zu ihm: Du gleichst einem weisen Philosophen. Thomas
sagte zu ihm: Meister, mein Mund wird es absolut nicht zulassen, dass ich
sage, wem du gleichst. Jesus sagte: Ich bin nicht dein Meister, denn du hast
dich berauscht an der sprudelnden Quelle, die ich hervorströmen liess (?).
Und er nahm ihn (und) zog sich zurück (und) sagte ihm drei Worte. Als
Thomas aber zu seinen Gefährten zurückgekehrt war, fragten sie ihn: Was
hat dir Jesus gesagt? Thomas sagte zu ihnen: Wenn ich euch eines der
Worte sage, die er mir gesagt hat, werdet ihr Steine nehmen (und) sie
gegen mich werfen, und ein Feuer wird aus den Steinen hervorkommen
(und) euch verbrennen.

32   WIRKSAMKEIT IN GALILÄA

Matthäus 4,13–17	*Markus 1,14b–15*
[13,57b]	[6,4; 1,21]

13,57b (Nr. 139, S.133)

*Jesus aber sprach zu ihnen: Nirgends gilt
ein Prophet so wenig wie in seiner Vaterstadt und in seinem Haus.*

6,4 (Nr. 139, S.133)

*4 Doch Jesus sprach zu ihnen: Nirgends gilt
ein Prophet so wenig wie in seiner Vaterstadt und bei seinen Verwandten und in
seinem Haus.*

▲ (Nr. 30 — 4,12 — S. 32)

13 Und er verliess Nazaret und liess
sich in Kafarnaum am See nieder, im
Gebiet von Sebulon und Naftali, 14 damit erfüllt werde, was durch den Propheten Jesaja gesagt ist:

    15 «Land Sebulon» und «Land
    Naftali,
    zum Meere gelegen, jenseits des
    Jordan,
    Galiläa der Völker,
    16 das Volk, das in der Finsternis
    sass,
    hat ein grosses Licht gesehen,
    und» denen, die «im Schattenreich
    des Todes sassen,
    ist ein Licht erschienen.»
17 Von da an begann Jesus
zu verkündigen und sagte:

1,21 (Nr. 35, S.39)

*21 Und sie gehen nach Kafarnaum hinein.
Und gleich am Sabbat ging er in die Synagoge und lehrte.*

▲ (Nr. 30 — 1,14a — S. 32)

14b und verkündigte das Evangelium
Gottes:

Lukas 4,14b–15
[4,24; 4,31]

Johannes 4,43–46a
[2,12]

43 Nach den zwei Tagen aber ging er
von dort weg nach Galiläa.
44 Jesus selbst hat bezeugt, ein Prophet
gelte nichts in seinem Vaterland.

4,24 (Nr. 33, S. 36)
24 Er sprach: Amen, ich sage euch: Kein
Prophet ist willkommen in seiner Vaterstadt.

▲ *(Nr. 30 — 4,14a — S. 32)*
14b Und die Kunde von ihm verbreitete sich in der ganzen Umgebung.

45 Als er nun nach Galiläa kam, nahmen ihn die Galiläer auf, denn sie hatten alles gesehen, was er in Jerusalem
auf dem Fest getan hatte, denn auch sie
waren zum Fest gegangen.

4,31 (Nr. 35, S. 39)
31 Und er ging hinab nach Kafarnaum, einer Stadt in Galiläa. Und dort lehrte er sie
am Sabbat.

2,12 (Nr. 23, S. 27)
12 Danach zog er nach Kafarnaum hinab,
er und seine Mutter und seine Brüder und
seine Jünger. Und sie blieben dort einige
Tage.

15 Und er lehrte in ihren Synagogen
und wurde von allen gepriesen.

Kehrt um! Denn nahe gekommen ist das Himmelreich.

▼ *(Nr. 34 — 4,18–22 — S. 38)*

15 Erfüllt ist die Zeit, und nahe gekommen ist das Reich Gottes. Kehrt um und glaubt an das Evangelium!

▼ *(Nr. 34 — 1,16–20 — S. 38)*

15–16: Jes 8,23–9,1
3,1–2 (Nr. 13, S. 16)

1,4 (Nr. 13, S. 16)

ThEv 31: Jesus sagte: Kein Prophet wird in seinem Dorf aufgenommen, kein Arzt heilt die, die ihn kennen.

33   PREDIGT UND VERWERFUNG IN NAZARET
(vgl. Nr. 139)

[Matthäus 13,53–58]
(Nr. 139, S. 133)

[Markus 6,1–6a]
(Nr. 139, S. 133)

53 Und es geschah, als Jesus diese Gleichnisse vollendet hatte, da zog er von dort weg.
54 Und als er in seine Vaterstadt kam,

lehrte er sie in ihrer Synagoge,

1 Und er ging weg von dort.

Und er kommt in seine Vaterstadt, und seine Jünger folgen ihm nach.
2 Und als es Sabbat war, begann er, in der Synagoge zu lehren.

46 Nun kam er wieder nach Kana in Galiläa, wo er das Wasser zu Wein gemacht hatte.

▼ *(Nr. 85 — 4,46b–54 — S. 78)*

3,2b–3 (Nr. 13, S. 16)

Lukas 4,16–30　　　　　　*[Johannes 7,15; 6,42; 4,44; 10,39]*

16 Und er kam nach Nazaret, wo er aufgewachsen war, und ging nach seiner Gewohnheit am Sabbattag in die Synagoge und stand auf, um vorzulesen.
17 Und man reichte ihm das Buch des Propheten Jesaja. Und als er das Buch auftat, fand er die Stelle, wo geschrieben stand:
18 «Der Geist des Herrn ruht auf mir,
weil er mich gesalbt hat,
Armen das Evangelium zu verkündigen.
Er hat mich gesandt,
Gefangenen Freiheit
und Blinden das Augenlicht zu verkündigen,
Geknechtete in die Freiheit zu entlassen,»
19 «zu verkündigen ein Gnadenjahr des Herrn.»
20 Und er tat das Buch zu, gab es dem Diener zurück und setzte sich. Und in der Synagoge waren aller Augen auf

so dass sie ausser sich gerieten
und sagten:

Woher hat der diese Weisheit und diese Kräfte?

55 Ist das nicht der Sohn des Zimmer-
manns? Heisst seine Mutter nicht Maria, und sind nicht Jakobus, Josef, Simon und Judas seine Brüder? 56 Und
leben nicht alle seine Schwestern bei
uns? Woher also hat der das alles?
57 Und sie nahmen Anstoss an ihm.

Jesus aber sprach zu ihnen: Nirgends
gilt ein Prophet so wenig wie in seiner
Vaterstadt und in seinem Haus.

58 Und er tat dort nicht viele Wunder

wegen ihres Unglaubens.

Und viele, die zuhörten,
gerieten ausser sich
und sagten:

Woher hat der das, und was ist das für
eine Weisheit, die ihm gegeben ist?
Und solche Wunder geschehen durch
seine Hände?
3 Ist das nicht der Zimmermann,
der Sohn Marias, der Bruder des Jakobus, des Jose, des Judas und des Simon,
und leben nicht seine Schwestern hier
bei uns?

Und sie nahmen Anstoss an ihm.

4 Doch Jesus sprach zu ihnen: Nirgends gilt ein Prophet so wenig wie in
seiner Vaterstadt und bei seinen Verwandten und in seinem Haus.

5 Und er konnte dort kein einziges
Wunder tun, ausser dass er einigen
Kranken die Hand auflegte und sie
heilte.
6 Und er wunderte sich über ihren
Unglauben.

ihn gerichtet. 21 Da fing er an, zu ihnen
zu reden: Heute ist dieses Schriftwort
erfüllt vor euren Ohren.
22 Und alle bezeugten ihm das
und staunten über die Worte der Gnade, die aus seinem Mund kamen, und
sagten:

7,15 (Nr. 240, S. 224)
*15 Da staunten die Juden und sagten: Wie
kann dieser die Schriften kennen, ohne unterrichtet worden zu sein?*

6,42 (Nr. 149, S. 145)
42 und sie sagten:

Ist das nicht der Sohn Josefs?

*Ist das nicht Jesus, der Sohn Josefs, dessen
Vater und Mutter wir kennen? Wie kann er
jetzt sagen: Ich bin vom Himmel herabgekommen?*

23 Und er sprach zu ihnen: Gewiss werdet ihr mir das Sprichwort sagen: Arzt,
heile dich selbst! Wir haben gehört,
was in Kafarnaum geschehen ist. Tu
solches auch hier in deiner Vaterstadt!   4,44 (Nr. 32, S. 35)
24 Er sprach: Amen, ich sage euch: Kein   *44 Jesus selbst hat bezeugt, ein Prophet gel-
Prophet ist willkommen in seiner Va-   te nichts in seinem Vaterland.*
terstadt.

25 Der Wahrheit gemäss aber sage ich
euch: Viele Witwen gab es in Israel in
den Tagen Elias, als der Himmel drei
Jahre und sechs Monate verschlossen
war, so dass eine grosse Hungersnot
über das ganze Land kam. 26 Aber zu
keiner von ihnen wurde Elia geschickt,
ausser zu einer Witwe nach Sarepta bei
Sidon. 27 Und viele Aussätzige gab es
in Israel zur Zeit des Propheten Elisa,
doch keiner von ihnen wurde rein gemacht, ausser Naaman, der Syrer.

28 Und alle in der Synagoge wurden
mit Wut erfüllt, als sie das hörten.
29 Und sie standen auf und trieben ihn
aus der Stadt hinaus und führten ihn

34   BERUFUNG DER ERSTEN JÜNGER
                      (vgl. Nr. 41)

Matthäus 4,18–22   Markus 1,16–20

▲ *(Nr. 32 — 4,13–17 — S. 35)*

18 Als Jesus am See von Galiläa entlang-
ging, sah er zwei Brüder, Simon, der
Petrus heisst, und seinen Bruder Andreas, wie sie die Netze auswarfen in
den See; sie waren nämlich Fischer.
19 Und er spricht zu ihnen: Kommt,
mir nach! Ich werde euch zu Menschenfischern machen. 20 Sie aber liessen auf der Stelle die Netze liegen und

▲ *(Nr. 32 — 4,14b–15 — S. 35)*

16 Und als er am See von Galiläa ent-
langging, sah er Simon und Andreas,
den Bruder des Simon, auf dem See die
Netze auswerfen; sie waren nämlich Fischer.
17 Und Jesus sprach zu ihnen: Kommt,
mir nach! Ich werde euch zu Menschenfischern machen. 18 Auf der Stelle
liessen sie die Netze liegen und folgten

bis zum Abhang des Berges, auf dem ihre Stadt gebaut war, um ihn hinab-
zustürzen. 30 Er aber schritt mitten
durch sie hindurch und ging seines
Weges.

▼ (Nr. 35 — 4,31–32 — S. 39)
18–19: Jes 58,6; 61,1–2

10,39 (Nr. 257, S. 244)
39 Da suchten sie ihn wiederum festzunehmen, aber er entkam ihrer Hand.

[Lukas 5,1–11]
(Nr. 41, S. 42)

[Johannes 1,35–51]
(Nr. 21, S. 24)

1 Es geschah aber, als die Menge sich um
ihn drängte und das Wort Gottes hörte, da
stand er am See Gennesaret 2 und sah zwei
Boote am Ufer liegen. Die Fischer aber waren ausgestiegen und wuschen die Netze.
3 Er aber stieg in eines der Boote, das Simon
gehörte, und bat ihn, ein wenig vom Land
wegzufahren. Er setzte sich und lehrte die
Menge vom Boot aus. 4 Als er aufgehört
hatte zu reden, sprach er zu Simon: Fahr hinaus ins Tiefe, und werft eure Netze zum
Fang aus! 5 Und Simon entgegnete: Meister, die ganze Nacht hindurch haben wir gearbeitet und nichts gefangen; aber auf dein
Wort hin werde ich die Netze auswerfen.
6 Das taten sie und fingen eine grosse Menge Fische; ihre Netze aber begannen zu reissen. 7 Und sie winkten den Gefährten im
anderen Boot zu, sie sollten kommen und
mit ihnen Hand anlegen. Und die kamen,
und sie füllten beide Boote, so dass sie tief
im Wasser lagen. 8 Als Simon Petrus das
sah, fiel er Jesus zu Füssen und sagte: Geh
weg von mir, Herr, denn ich bin ein sündiger Mensch. 9 Denn Schrecken packte ihn
und alle mit ihm über diesen Fang, den sie
getan hatten; 10 so auch den Jakobus und
den Johannes, die Söhne des Zebedäus, die
Simons Gefährten waren.
Da sprach Jesus zu Simon: Fürchte dich
nicht! Von jetzt an wirst du Menschen fangen.

35 Am Tag darauf stand Johannes wieder
da, und zwei seiner Jünger. 36 Und als Jesus
vorübergeht, richtet er seinen Blick auf ihn
und sagt: Siehe, das Lamm Gottes. 37 Und
die beiden Jünger hörten ihn so reden und
folgten Jesus nach. 38 Als Jesus sich umwendet und sie nachfolgen sieht, spricht er zu
ihnen: Was sucht ihr? Sie aber sagten zu
ihm: Rabbi – das heisst übersetzt: Meister –,
wo wohnst du? 39 Er spricht zu ihnen:
Kommt, und ihr werdet sehen! Da kamen
sie und sahen, wo er wohnt, und sie blieben
an jenem Tag bei ihm. Das war um die
zehnte Stunde. 40 Andreas, der Bruder des
Simon Petrus, war einer von den beiden, die
auf Johannes gehört hatten und Jesus nachgefolgt waren. 41 Dieser findet zuerst seinen
Bruder Simon und sagt zu ihm: Wir haben
den Messias gefunden – das heisst übersetzt: Gesalbter. 42 Er führte ihn zu Jesus. Jesus sah ihn an und sprach: Du bist Simon,
der Sohn des Johannes, du sollst Kefas genannt werden – das bedeutet: Fels. 43 Am
Tag darauf wollte er nach Galiläa aufbrechen, und er findet Philippus. Und Jesus

folgten ihm nach. 21 Und er ging von
dort weiter und sah zwei andere Brüder: Jakobus, den Sohn des Zebedäus,
und seinen Bruder Johannes, die mit
ihrem Vater Zebedäus
im Boot ihre Netze herrichteten;

und er rief sie. 22 Sie aber liessen auf
der Stelle das Boot und ihren Vater
zurück
und folgten ihm nach.

▼ (Nr. 40 — 4,23 — S. 42)

ihm nach. 19 Und als er ein wenig weiterging, sah er
Jakobus, den Sohn des Zebedäus, und
seinen Bruder Johannes

– auch sie im Boot – die Netze herrichten.
20 Und sogleich rief er sie. Und sie liessen ihren Vater Zebedäus mit den Tagelöhnern im Boot zurück
und gingen fort, hinter ihm her.

---

35   LEHRVORTRAG IN DER SYNAGOGE
            ZU KAFARNAUM

[Matthäus 4,13; 7,28–29]

4,13 (Nr. 32, S. 35)
13 Und er verliess Nazaret und liess sich in
Kafarnaum am See nieder, im Gebiet von
Sebulon und Naftali,

7,28–29 (Nr. 76, S. 69)
28 Und es geschah, als Jesus diese Rede vollendet hatte,
da gerieten die Leute ausser sich über seine
Lehre. 29 Denn er lehrte sie wie einer, der
Vollmacht hat, und nicht wie ihre Schriftgelehrten.

Markus 1,21–22

21 Und sie gehen nach Kafarnaum hinein. Und gleich am Sabbat ging er in
die Synagoge und lehrte.

22 Und sie gerieten ausser sich über
seine Lehre; denn er lehrte sie wie einer, der Vollmacht hat, und nicht wie
die Schriftgelehrten.

spricht zu ihm: Folge mir nach! 44 Philippus aber war aus Betsaida, aus der Stadt des
Andreas und Petrus. 45 Philippus findet Natanael und sagt zu ihm: Der, von dem Mose
im Gesetz geschrieben hat und auch die
Propheten, den haben wir gefunden, Jesus,
den Sohn Josefs, aus Nazaret. 46 Und Nata-

11 Und sie brachten die Boote an Land, liessen alles zurück

nael sagte zu ihm: Kann aus Nazaret etwas
Gutes kommen? Philippus sagt zu ihm:
Komm und sieh! 47 Jesus sah Natanael auf

und folgten ihm nach.

sich zukommen, und er sagt von ihm: Siehe,
in Wahrheit ein Israelit, an dem kein Falsch
ist. 48 Natanael sagt zu ihm: Woher kennst
du mich? Jesus entgegnete ihm: Bevor Philippus dich rief, habe ich dich gesehen, als
du unter dem Feigenbaum warst. 49 Natanael antwortete ihm: Rabbi, du bist der
Sohn Gottes, du bist der König Israels. 50 Jesus entgegnete ihm: Weil ich dir gesagt habe, dass ich dich unter dem Feigenbaum
sah, glaubst du? Grösseres als das wirst du
sehen. 51 Und er spricht zu ihm: Amen,
amen, ich sage euch: Ihr werdet «den Himmel» offen sehen «und die Engel Gottes
aufsteigen und niedersteigen» auf dem
Menschensohn.

Lukas 4,31–32

[Johannes 2,12; 7,46]

▲ (Nr. 33 — 4,16–30 — S. 36)

31 Und er ging hinab nach Kafarnaum,
einer Stadt in Galiläa. Und dort lehrte
er sie am Sabbat.

2,12 (Nr. 23, S. 27)

12 Danach zog er nach Kafarnaum hinab,
er und seine Mutter und seine Brüder und
seine Jünger. Und sie blieben dort einige
Tage.

7,46 (Nr. 241, S. 226)

32 Und sie gerieten ausser sich über
seine Lehre, denn sein Reden geschah
in Vollmacht.

46 Die Diener antworteten: Noch nie hat
ein Mensch so geredet.

36   HEILUNG DES BESESSENEN
              IN DER SYNAGOGE

[Matthäus]   *Markus 1,23-28*

23 Und da war in ihrer Synagoge einer
mit einem unreinen Geist, der schrie
laut:
24 Was haben wir mit dir zu schaffen,
Jesus von Nazaret! Bist du gekommen,
uns zu vernichten? Ich weiss, wer du
bist: der Heilige Gottes! 25 Und Jesus
herrschte ihn an und sprach: Verstumme und fahre aus von ihm! 26 Und der
unreine Geist zerrte ihn hin und her,
schrie mit lauter Stimme
und fuhr aus von ihm.

27 Und sie entsetzten sich alle, so dass
einer den anderen fragte: Was ist das?
Eine neue Lehre aus Vollmacht? Selbst
den unreinen Geistern gebietet er, und
sie gehorchen ihm. 28 Und die Kunde
von ihm ging sogleich hinaus überall-
hin in die ganze Umgebung in Galiläa.

37   HEILUNG DER SCHWIEGERMUTTER
              DES PETRUS
              (vgl. Nr. 87)

[Matthäus 8,14-15]   *Markus 1,29-31*
(Nr. 87, S. 81)

14 Und als Jesus in das Haus des Petrus   29 Und bald verliessen sie die Synago-
kam,   ge und gingen mit Jakobus und Johan-
                                          nes in das Haus des Simon und des
                                          Andreas.
sah er, dass dessen Schwiegermutter   30 Die Schwiegermutter des Simon
im Fieber lag.   aber lag fieberkrank im Bett; und so-
                                          gleich erzählen sie ihm von ihr. 31 Und
                                          er trat herzu,
15 Und er nahm ihre Hand,   ergriff ihre Hand und richtete sie auf.
und das Fieber wich von ihr; und sie   Da wich das Fieber von ihr, und sie bestand auf und bewirtete ihn.   wirtete sie.

Lukas 4,33–37

[Johannes]

33 In der Synagoge war einer, der den
Geist eines unreinen Dämons hatte,
der schrie mit lauter Stimme:
34 He, was haben wir mit dir zu
schaffen, Jesus von Nazaret! Bist du gekommen, uns zu vernichten? Ich weiss,
wer du bist: der Heilige Gottes! 35 Und
Jesus herrschte ihn an und sprach: Verstumme und fahre aus von ihm! Und
der Dämon riss ihn in die Mitte

und fuhr aus von ihm, ohne ihm Schaden zuzufügen.
36 Und Entsetzen packte alle, und einer
sagte zum anderen: Was ist das für ein
Reden? In Vollmacht und Kraft gebietet
er den unreinen Geistern, und sie fahren aus. 37 Und die Kunde von ihm
ging hinaus an jeden Ort der Umgebung.

Lukas 4,38–39

[Johannes]

38 Er stand aber auf und ging von der
Synagoge hinaus in das Haus des Simon.

Die Schwiegermutter des Simon aber
war von hohem Fieber befallen, und sie
baten ihn ihretwegen. 39 Und er trat
herzu, beugte sich über sie,
herrschte das Fieber an,
und es wich von ihr. Und sofort stand
sie auf und bewirtete sie.

38   HEILUNGEN BEI KAFARNAUM
(vgl. Nr. 88)

[Matthäus 8,16–17]
(Nr. 88, S. 81)

16 Am Abend aber

brachten sie viele Besessene zu ihm;

und er trieb die Geister aus durch die
Macht des Wortes und heilte alle Kranken.

17 So sollte erfüllt werden, was durch
den Propheten Jesaja gesagt ist:
  «Er nahm unsere Schwachheit auf
  sich,
  und unsere Krankheiten trug er.»
17: Jes 53,4
4,24 (Nr. 50, S. 51)
12,15b–17 (Nr. 113, S. 108)

Markus 1,32–34

32 Am Abend aber,
 als die Sonne untergegangen war,
brachten sie alle Kranken und Besessenen zu ihm.
33 Und die ganze Stadt war vor der Tür
versammelt.
34 Und er heilte viele, die an mancherlei Krankheiten litten, und trieb viele
Dämonen aus;

und die Dämonen liess er nicht reden,
weil sie ihn kannten.

3,10–12 (Nr. 48, S. 49)

39   AUFBRUCH AUS KAFARNAUM

[Matthäus]

Markus 1,35–38

35 Und in der Frühe, als es noch ganz
dunkel war, stand er auf, ging hinaus
und begab sich an einen einsamen Ort,
und dort betete er.
36 Simon aber und seine Gefährten
gingen ihm nach. 37 Und sie fanden
ihn, und sie sagen zu ihm: Alle suchen
dich! 38 Und er spricht zu ihnen: Lasst
uns anderswohin gehen, in die benach-
barten Ortschaften, damit ich auch
dort verkündige. Denn dazu bin ich gekommen.
1,45b (Nr. 42, S. 43)

Lukas 4,40–41   *[Johannes]*

40 Als aber die Sonne unterging,
brachten sie alle ihre Kranken mit den
verschiedensten Gebrechen zu ihm.

Einem jeden von ihnen legte er die
Hände auf und heilte sie. 41 Von vielen
fuhren auch Dämonen aus, die schrien:
Du bist der Sohn Gottes! Doch er
herrschte sie an und liess sie nicht reden, weil sie wussten, dass er der
Christus ist.

Lukas 4,42–43   *[Johannes]*

42 Doch als es Tag wurde,
 ging er hinaus an einen einsamen Ort;

und die Leute suchten ihn, bis sie ihn
fanden, und sie wollten ihn zurückhal-
ten, damit er nicht von ihnen weggin-
ge. 43 Er aber sprach zu ihnen: Ich
muss auch den anderen Städten das
Evangelium vom Reich Gottes verkündigen, denn dazu bin ich gesandt worden.

5,16 (Nr. 42, S. 43)

40   REISETÄTIGKEIT IN GALILÄA

Matthäus 4,23   *Markus 1,39*

▲ *(Nr. 34 — 4,18–22 — S. 38)*

23 Und er zog in ganz Galiläa umher,
lehrte in ihren Synagogen, verkündigte
das Evangelium vom Reich und heilte
jede Krankheit und jedes Leiden im
Volk.

▼ *(Nr. 50 — 4,24–5,2 — S. 51)*

9,35 *(Nr. 98, S. 92)*

39 Und er ging hin
und verkündigte in ihren Synagogen in
ganz Galiläa und trieb die Dämonen
aus.

▼ *(Nr. 42 — 1,40–45 — S. 43)*

6,6b *(Nr. 142, S. 138)*

41   BERUFUNG DES PETRUS
                          (vgl. Nr. 34)

[Matthäus 13,1–3a; 4,18–22]   *[Markus 4,1–2; 1,16–20]*

13,1–3a *(Nr. 122, S. 117)*   4,1–2 *(Nr. 122, S. 117)*

1 An jenem Tag verliess Jesus das Haus und   *1 Und wieder fing er an, am See zu lehren.*
setzte sich an den See.

2 Und es versammelte sich viel Volk um ihn,   *Und es versammelt sich eine sehr grosse*
so dass er in ein Boot stieg   *Menge um ihn, so dass er in ein Boot stieg*

und sich setzte;   *und sich setzte auf dem See;*
und die ganze Menge stand am Ufer.   *und die ganze Menge war am Ufer des Sees.*
3 a Und er sagte ihnen vieles in Gleichnis-   *2 Und er lehrte sie vieles in Gleichnissen*
sen: ...   *und sagte ihnen in seiner Lehre: ...*

Lukas 4,44

44 Und er verkündigte in den Synagogen Judäas.

8,1 (Nr. 115, S. 111)

[Johannes]

Lukas 5,1–11

1 Es geschah aber, als die Menge sich um ihn drängte und das Wort Gottes hörte, da stand er am See Gennesaret 2 und sah zwei Boote am Ufer liegen. Die Fischer aber waren ausgestiegen und wuschen die Netze.
3 Er aber stieg in eines der Boote, das Simon gehörte, und bat ihn, ein wenig vom Land wegzufahren.
Er setzte sich

und lehrte die Menge vom Boot aus. 4 Als er aufgehört hatte zu reden, sprach er zu Simon: Fahr hinaus ins Tiefe, und werft eure Netze zum Fang aus! 5 Und Simon entgegnete: Meister, die ganze Nacht hindurch haben wir gearbeitet und nichts gefangen; aber auf dein Wort hin werde ich die Netze auswerfen. 6 Das taten sie und fingen eine grosse Menge Fische; ihre Netze aber begannen zu reissen. 7 Und sie winkten den Gefährten im anderen Boot zu, sie sollten kommen und mit ihnen Hand anlegen. Und die kamen, und sie füllten beide Boote, so dass sie

[Johannes 21,1–11]
(Nr. 360, S. 355)

1 Danach zeigte sich Jesus den Jüngern noch einmal, am See Tiberias. Er zeigte sich aber auf diese Weise: 2 Simon Petrus und Thomas, der Didymus genannt wird, und Natanael aus Kana in Galiläa und die Söhne des Zebedäus und zwei andere von seinen Jüngern waren beisammen. 3 Simon Petrus sagt zu ihnen: Ich gehe fischen. Sie sagen zu ihm: Wir kommen auch mit dir. Sie gingen hinaus und stiegen in das Boot, und in jener Nacht fingen sie nichts. 4 Als es aber schon gegen Morgen ging, trat Jesus ans Ufer; die Jünger wussten aber nicht, dass es Jesus war. 5 Da spricht Jesus zu ihnen: Kinder, ihr habt wohl keinen Fisch zum Essen? Sie antworteten ihm: Nein. 6 Er aber sprach zu ihnen: Werft das Netz auf der rechten Seite des Bootes aus, und ihr werdet guten Fang machen. Da warfen sie es aus, und vor lauter Fischen vermochten sie es nicht mehr einzuziehen. 7 Da sagt jener Jünger, den Jesus liebte, zu Petrus: Es ist der Herr. Als nun Simon Petrus hörte, dass es der Herr sei, legte er sich das Obergewand um, denn er war nackt, und warf sich ins Wasser. 8 Die anderen Jünger aber kamen mit dem Boot –

4,18–22 (Nr. 34, S. 38)

18 Als Jesus am See von Galiläa entlang-
ging, sah er zwei Brüder, Simon, der Petrus
heisst, und seinen Bruder Andreas, wie sie
die Netze auswarfen in den See; sie waren
nämlich Fischer.

19 Und er spricht zu ihnen: Kommt, mir
nach! Ich werde euch zu Menschenfischern
machen.

20 Sie aber liessen auf der Stelle die Netze
liegen und folgten ihm nach.

21 Und er ging von dort weiter und sah zwei
andere Brüder: Jakobus, den Sohn des Zebedäus, und seinen Bruder Johannes, die mit
ihrem Vater Zebedäus im Boot ihre Netze
herrichteten;

und er rief sie.

22 Sie aber liessen auf der Stelle das Boot
und ihren Vater zurück und folgten ihm
nach.

1,16–20 (Nr. 34, S. 38)

16 Und als er am See von Galiläa entlang-
ging, sah er Simon und Andreas, den Bruder
des Simon, auf dem See die Netze auswerfen; sie waren nämlich Fischer.

17 Und Jesus sprach zu ihnen: Kommt, mir
nach! Ich werde euch zu Menschenfischern
machen.

18 Auf der Stelle liessen sie die Netze liegen
und folgten ihm nach.

19 Und als er ein wenig weiterging, sah er
Jakobus, den Sohn des Zebedäus, und seinen Bruder Johannes

– auch sie im Boot – die Netze herrichten.

20 Und sogleich rief er sie.
Und sie liessen ihren Vater Zebedäus mit
den Tagelöhnern im Boot zurück und gingen fort, hinter ihm her.

42   HEILUNG EINES AUSSÄTZIGEN
(vgl. Nr. 84)

[Matthäus 8,1–4]
(Nr. 84, S. 77)

1 Als er vom Berg herabstieg, folgte ihm
viel Volk.

2 Und siehe, ein Aussätziger kam auf
ihn zu, warf sich vor ihm nieder und
sagte:
Herr, wenn du willst, kannst du mich
rein machen!

3 Und er streckte die Hand aus, berührte ihn und sprach:

Ich will. Sei rein! Und auf der Stelle
wurde er von seinem Aussatz rein.

4 Und Jesus spricht zu ihm: Gib acht,

Markus 1,40–45

▲ (Nr. 40 — 1,39 — S. 42)

40 Und es kommt ein Aussätziger zu
ihm, fällt auf die Knie, bittet ihn und
sagt zu ihm:
Wenn du willst, kannst du mich rein
machen.

41 Und von Mitleid ergriffen streckte
er seine Hand aus und berührte ihn,
und er spricht zu ihm:
Ich will. Sei rein! 42 Und auf der Stelle
wich der Aussatz von ihm, und er wurde rein. 43 Und er fuhr ihn an und
schickte ihn auf der Stelle weg,
44 und er spricht zu ihm: Gib Acht,

tief im Wasser lagen. 8 Als Simon Petrus das sah, fiel er Jesus zu Füssen und sagte: Geh weg von mir, Herr, denn ich bin ein sündiger Mensch. 9 Denn Schrecken packte ihn und alle mit ihm über diesen Fang, den sie getan hatten; 10 so auch den Jakobus und den Johannes, die Söhne des Zebedäus, die Simons Gefährten waren. Da sprach Jesus zu Simon: Fürchte dich nicht! Von jetzt an wirst du Menschen fangen.

_____

_____

_____

_____

_____

_____

11 Und sie brachten die Boote an Land, liessen alles zurück und folgten ihm nach.

sie waren nämlich nicht weit vom Ufer entfernt, sondern nur etwa zweihundert Ellen – und schleppten das Netz mit den Fischen. 9 Als sie nun an Land gingen, sehen sie ein Kohlenfeuer am Boden und Fisch darauf liegen und Brot. 10 Jesus spricht zu ihnen: Bringt von den Fischen, die ihr gerade gefangen habt. 11 Da stieg Simon Petrus aus dem Wasser und zog das Netz an Land, voll von hundertdreiundfünfzig grossen Fischen. Und obwohl es so viele waren, riss das Netz nicht.

_____

_____

_____

_____

_____

_____

_____

_____

Lukas 5,12–16

12 Und es geschah, als er in einer der Städte war,
siehe, da war ein Mann voller Aussatz.
Als der Jesus sah, fiel er auf sein Angesicht nieder und bat ihn:
Herr, wenn du willst, kannst du mich rein machen.
13 Und er streckte die Hand aus, berührte ihn und sprach:

_____

Ich will. Sei rein! Und auf der Stelle wich der Aussatz von ihm.

_____

_____

14 Und er befahl ihm:

[Lukas 17,11–19]
(Nr. 233, S. 218)

*11 Und es geschah, während er nach Jerusalem unterwegs war, da zog er durch das Grenzgebiet von Samaria und Galiläa. 12 Und als er in ein Dorf hineinging, kamen ihm zehn aussätzige Männer entgegen. Sie blieben in der Ferne stehen 13 und erhoben ihre Stimme und riefen: Jesus, Meister, erbarme dich unser! 14 Und als er sie sah, sprach er zu ihnen: Geht und zeigt euch den Priestern!
Und es geschah, als sie hingingen, da wurden sie rein. 15 Einer von ihnen aber kehrte zurück, als er sah, dass er geheilt worden war, und pries Gott mit lauter Stimme 16 und fiel auf das Angesicht ihm zu Füssen*

sage niemandem etwas, sondern geh, zeige dich dem Priester und

sage niemandem etwas, sondern geh, zeige dich dem Priester, und für deine Reinigung

bringe die Opfergabe dar, die Mose angeordnet hat, ihnen zum Zeugnis.

bringe als Opfer dar, was Mose angeordnet hat, ihnen zum Zeugnis. 45 Der aber ging hin und fing an, viel davon zu reden und die Sache bekannt zu machen, so dass Jesus nicht mehr öffentlich in eine Stadt hineingehen konnte,

sondern draussen an abgelegenen Orten blieb.
Und sie kamen zu ihm von überall her.

1,35 (Nr. 39, S. 41)

---

43   HEILUNG EINES GELÄHMTEN

(vgl. Nr. 92)

[Matthäus 9,1–8]
(Nr. 92, S. 85)

Markus 2,1–12

1 Da stieg er in ein Boot, fuhr über den See und kam in seine Heimatstadt.

1 Und als er nach einigen Tagen wieder nach Kafarnaum hineinging, wurde bekannt, dass er im Hause sei. 2 Und viele versammelten sich, so dass nicht einmal mehr vor der Tür Platz war. Und er sagte ihnen das Wort.

2 Und siehe, da brachten sie einen Gelähmten zu ihm, der auf einem Bett lag.

3 Da kommen einige, die einen Gelähmten zu ihm bringen, von vieren getragen.

4 Und weil sie ihn wegen der Menge nicht bis zu ihm hin bringen konnten, deckten sie dort, wo er war, das Dach ab, rissen es auf und liessen die Bahre hinunter, auf der der Gelähmte lag.

Und als Jesus ihren Glauben sah, sprach er zu dem Gelähmten: Sei getrost, Kind, dir sind die Sünden vergeben.

5 Und als Jesus ihren Glauben sieht, spricht er zu dem Gelähmten: Kind, dir sind die Sünden vergeben!

3 Und siehe, einige der Schriftgelehrten dachten bei sich:
Dieser lästert!

6 Es sassen dort aber einige von den Schriftgelehrten, die dachten in ihren Herzen: 7 Was redet der so? Er lästert! Wer kann Sünden vergeben ausser Gott allein?

Sage niemandem etwas, sondern geh, zeige dich dem Priester, und für deine Reinigung
bringe eine Opfergabe dar, wie Mose angeordnet hat, ihnen zum Zeugnis.
15 Aber die Kunde von ihm breitete sich immer weiter aus, und viel Volk strömte zusammen, um ihn zu hören und von ihren Krankheiten geheilt zu werden.
16 Er aber zog sich immer wieder in einsame Gegenden zurück und betete.

4,42 (Nr. 39, S. 41)

und dankte ihm. Und das war ein Samariter. 17 Jesus aber antwortete: Sind nicht alle zehn rein geworden? Wo aber sind die anderen neun? 18 Hat sich keiner gefunden, der zurückgekehrt ist, um Gott die Ehre zu geben, ausser diesem Fremden? 19 Und er sprach zu ihm: Steh auf und geh! Dein Glaube hat dich gerettet.

Lukas 5,17–26

17 Und es geschah an einem der Tage, als er lehrte, da sassen Pharisäer und Gesetzeslehrer da, die aus allen Dörfern Galiläas und aus Judäa und aus Jerusalem gekommen waren. Und die Kraft des Herrn war wirksam, so dass er heilte.
18 Und siehe, Männer brachten auf einem Bett einen Menschen, der gelähmt war; sie suchten ihn hereinzutragen und ihn vor ihn hinzulegen.
19 Und da sie wegen der Menge keinen Weg fanden, ihn hineinzutragen, stiegen sie auf das Dach und liessen ihn mitsamt dem Bett durch die Ziegel hinab in die Mitte, vor Jesus.
20 Und als Jesus ihren Glauben sah, sprach er: Mensch, dir sind deine Sünden vergeben.

21 Und die Schriftgelehrten und Pharisäer begannen zu überlegen und sagten: Wer ist der, dass er solche Lästerrede führt? Wer kann Sünden vergeben ausser Gott allein?

[Johannes 5,1–7 . 8–9 a]
(Nr. 140 . 141, S. 135 . 135)

1 Danach war ein Fest der Juden, und Jesus zog hinauf nach Jerusalem. 2 In Jerusalem beim Schaftor ist ein Teich mit fünf Hallen, der auf hebräisch Betesda heisst. 3 In den

4 Und da Jesus um ihre Gedanken wusste, sprach er:	8 Und sogleich erkennt Jesus in seinem Geist, dass sie solches bei sich denken, und spricht zu ihnen:
Warum denkt ihr Böses in euren Herzen? 5 Was ist leichter, zu sagen:	Warum denkt ihr das in euren Herzen? 9 Was ist leichter, zu dem Gelähmten zu sagen:
Dir sind die Sünden vergeben, oder zu sagen: Steh auf und geh umher?	Dir sind die Sünden vergeben, oder zu sagen: Steh auf, nimm deine Bahre und geh umher?
6 Damit ihr aber wisst, dass der Menschensohn Vollmacht hat, auf Erden Sünden zu vergeben – spricht er zu dem Gelähmten: Steh auf, nimm dein Bett und geh nach Hause! 7 Und der stand auf	10 Damit ihr aber wisst, dass der Menschensohn Vollmacht hat, auf Erden Sünden zu vergeben – spricht er zu dem Gelähmten: 11 Ich sage dir, steh auf, nimm deine Bahre und geh nach Hause! 12 Und der stand auf, nahm sogleich die Bahre und ging vor aller Augen hinaus,
und ging nach Hause. 8 Als die Leute das sahen, erschraken sie und priesen Gott, der den Menschen solche Vollmacht gegeben hat.	so dass alle sich entsetzten und Gott priesen
	und sagten: Nie haben wir solches gesehen!

44   NACHFOLGE DES LEVI
(vgl. Nr. 93)

[Matthäus 9,9–13]	Markus 2,13–17
	13 Und er ging wieder hinaus, dem See entlang, und alles Volk kam zu ihm, und er lehrte sie.
9,9–13 (Nr. 93, S. 87) 9 Und als Jesus von dort weiterzog, sah er einen Mann, der Matthäus hiess, am Zoll sitzen.	14 Und im Vorübergehen sah er Levi, den Sohn des Alfäus, am Zoll sitzen.
Und er spricht zu ihm: Folge mir nach! Und der stand auf und folgte ihm nach.	Und er spricht zu ihm: Folge mir nach! Und der stand auf und folgte ihm nach.

22 Jesus aber durchschaute ihre Überlegungen und antwortete ihnen:

Was denkt ihr in euren Herzen? 23 Was ist leichter, zu sagen:

Dir sind deine Sünden vergeben, oder zu sagen: Steh auf und geh umher?

24 Damit ihr aber wisst, dass der Menschensohn Vollmacht hat, auf Erden Sünden zu vergeben – sprach er zu dem Gelähmten: Ich sage dir,
steh auf, nimm dein Bett und geh nach Hause!
25 Und der stand sogleich auf

vor ihren Augen, nahm sein Lager, ging nach Hause und pries Gott.
26 Und Entsetzen packte alle, und sie priesen Gott, und sie wurden von Furcht erfüllt
und sprachen: Unglaubliches haben wir heute gesehen.

Hallen lag eine Menge von Kranken, Blinden, Lahmen, Verkrüppelten. 5 Dort war aber ein Mensch, der achtunddreissig Jahre an seiner Krankheit gelitten hatte. 6 Als Jesus diesen liegen sieht und erkennt, dass er schon eine lange Zeit leidet, spricht er zu ihm: Willst du gesund werden? 7 Der Kranke antwortete ihm: Herr, ich habe keinen Menschen, der mich in den Teich trägt, sobald das Wasser aufgewühlt wird; und suche ich selbst hinzukommen, steigt ein anderer vor mir hinein.
8 Jesus spricht zu ihm:
Steh auf, nimm deine Bahre und geh umher!
9 Und sogleich wurde der Mensch gesund,
nahm seine Bahre
und ging umher.

3: Verschiedene Handschriften haben den folgenden Zusatz: «(, Gelähmten), die auf die Bewegung des Wassers warteten. Denn ein Engel (des Herrn) stieg von Zeit zu Zeit in den Teich hinab und wühlte das Wasser auf. Wer nun als erster hineinstieg nach dem Aufwallen des Wassers, wurde gesund, mit welcher Krankheit er auch behaftet war.»

Lukas 5,27–32

[Lukas 19,1–10]
(Nr. 265, S. 252)

27 Und danach ging er hinaus

1 Und er kam nach Jericho und zog durch die Stadt.

und sah einen Zöllner mit Namen Levi am Zoll sitzen

2 Und siehe, da war ein Mann, der Zachäus hiess; der war Oberzöllner, und er war reich.
3 Und er suchte zu sehen, wer dieser Jesus sei, konnte es aber wegen der Menge nicht, denn er war klein von Gestalt. 4 Da lief er voraus und stieg auf einen Maulbeerfeigen-

und sprach zu ihm: Folge mir nach!
28 Und der liess alles zurück, stand auf und folgte ihm nach.

10 Und es geschah, als er im Haus zu Tische lag, siehe, da kamen viele Zöllner und Sünder und lagen zusammen mit Jesus und seinen Jüngern zu Tische.

11 Als die Pharisäer das sahen,

sagten sie zu seinen Jüngern: Warum isst euer Meister mit den Zöllnern und Sündern? 12 Er aber hörte es und sprach: Nicht die Gesunden brauchen einen Arzt, sondern die Kranken.

13 Geht aber und lernt, was es heisst: «Erbarmen will ich und nicht Opfer.»

Denn ich bin nicht gekommen, Gerechte zu rufen, sondern Sünder.

13: Hos 6,6

13,1–2a (Nr. 122, S. 117)

12,7 (Nr. 111, S. 106)

15 Und es geschieht, dass er in seinem Haus zu Tische liegt. Und viele Zöllner und Sünder lagen zusammen mit Jesus und seinen Jüngern zu Tische. Es waren nämlich viele, und sie folgten ihm nach.

16 Und als die Schriftgelehrten der Pharisäer sahen, dass er mit den Sündern und Zöllnern isst,

sagten sie zu seinen Jüngern: Mit den Zöllnern und Sündern isst er!

17 Und als Jesus das hört, spricht er zu ihnen: Nicht die Gesunden brauchen einen Arzt, sondern die Kranken.

Ich bin nicht gekommen, Gerechte zu rufen, sondern Sünder.

4,1a (Nr. 122, S. 117)

---

45   DIE FRAGE NACH DEM FASTEN
(vgl. Nr. 94)

[Matthäus 9,14–17]
(Nr. 94, S. 88)

Markus 2,18–22

14 Da treten die Jünger des Johannes zu ihm und sagen: Warum fasten wir und die Pharisäer, deine Jünger aber fasten nicht?
15 Da sprach Jesus zu ihnen: Können die Hochzeitsgäste etwa trauern, solange der Bräutigam bei ihnen ist?

Doch es werden Tage kommen, da ihnen der Bräutigam entrissen wird, und dann werden sie fasten.

18 Und die Jünger des Johannes und die Pharisäer waren wieder am Fasten. Und sie kommen und sagen zu ihm: Warum fasten die Jünger des Johannes und die Jünger der Pharisäer, deine Jünger aber fasten nicht?
19 Da sprach Jesus zu ihnen: Können die Hochzeitsgäste etwa fasten, während der Bräutigam bei ihnen ist? Solange sie den Bräutigam bei sich haben, können sie nicht fasten.
20 Doch es werden Tage kommen, da ihnen der Bräutigam entrissen wird, und dann werden sie fasten an jenem Tag.

29 Und Levi gab ein grosses Gastmahl für ihn in seinem Haus. Und eine grosse Schar von Zöllnern und anderen Leuten war da, die mit ihnen zu Tische lagen.

baum, um ihn zu sehen; denn dort sollte er vorbeikommen. 5 Und als Jesus an die Stelle kam, schaute er hinauf und sprach zu ihm: Zachäus, steig schnell herab, denn heute muss ich in deinem Hause einkehren.
6 Und er stieg schnell herab und nahm ihn voller Freude auf. 7 Und als sie es sahen, murrten sie alle

30 Da murrten die Pharisäer und ihre Schriftgelehrten

und sagten zu seinen Jüngern: Warum esst und trinkt ihr mit den Zöllnern und Sündern? 31 Und Jesus entgegnete ihnen: Nicht die Gesunden brauchen einen Arzt, sondern die Kranken.

und sagten:
Bei einem sündigen Mann ist er eingekehrt, um Rast zu machen. 8 Zachäus aber trat hin und sprach zum Herrn: Siehe, die Hälfte meines Vermögens gebe ich den Armen, Herr, und wenn ich von jemandem etwas erpresst habe, gebe ich es vierfach zurück.
9 Da sprach Jesus zu ihm: Heute ist diesem Hause Rettung widerfahren, denn auch er ist ein Sohn Abrahams.

32 Ich bin nicht gekommen, Gerechte zu rufen, sondern Sünder zur Umkehr.

10 Denn der Menschensohn ist gekommen, zu suchen und zu retten, was verloren ist.

15,1–2 (Nr. 219, S. 209)

Lukas 5,33–39

[Johannes 3,29–30]
(Nr. 29, S. 31)

33 Sie aber sagten zu ihm: Die Jünger des Johannes fasten oft und beten viel, ebenso auch die der Pharisäer, deine aber essen und trinken.
34 Jesus antwortete ihnen: Könnt ihr etwa die Hochzeitsgäste zum Fasten bringen, während der Bräutigam bei ihnen ist?

29 Wer die Braut hat, der ist der Bräutigam. Der Freund des Bräutigams aber, der dabeisteht und auf ihn hört, freut sich von Herzen über die Stimme des Bräutigams. Diese meine Freude ist nun erfüllt. 30 Jener muss grösser werden, ich aber geringer.

35 Doch es werden Tage kommen, da ihnen der Bräutigam entrissen wird; dann werden sie fasten, in jenen Tagen.

36 Er sagte ihnen auch ein Gleichnis:

16 Niemand näht ein Stück neuen Stoff auf einen alten Mantel; denn der Flicken reisst etwas ab von dem Mantel, und es entsteht ein schlimmerer Riss.

21 Niemand näht ein Stück neuen Stoff auf einen alten Mantel; sonst reisst der Flicken etwas von ihm ab, das Neue vom Alten, und es entsteht ein schlimmerer Riss.

17 Auch füllt man nicht neuen Wein in alte Schläuche; sonst zerreissen die Schläuche, der Wein läuft aus, und die Schläuche sind unbrauchbar. Nein, neuen Wein füllt man in neue Schläuche, so bleibt beides erhalten.

22 Auch füllt niemand neuen Wein in alte Schläuche; sonst wird der Wein die Schläuche zerreissen, und der Wein geht verloren und die Schläuche auch. Nein, neuen Wein in neue Schläuche!

ThEv 47: Jesus sagte: Es ist nicht möglich, dass ein Mensch zwei Pferde besteigt, (noch dass) er zwei Bogen spannt; und es ist nicht möglich, dass ein Diener zwei Herren dient, es sei denn, er ist ehrerbietig gegenüber dem einen, und den anderen verhöhnt er. Niemand trinkt alten Wein und wünscht sofort, neuen Wein zu trinken. Und man giesst nicht neuen Wein in alte Schläuche, damit sie nicht verderben; und man giesst nicht alten Wein in einen neuen Schlauch, damit er ihn nicht verdürbe. Man näht nicht einen alten Flecken auf ein neues Gewand, denn es würde ein Riss entstehen.

ThEv 104: Sie sagten [zu ihm]: Komm, lass uns heute beten und fasten. Jesus sagte: Welches ist denn die Sünde, die ich begangen habe, oder in was bin ich besiegt worden? Aber wenn der Bräutigam aus der Brautkammer hinausgegangen sein wird, dann lasst sie fasten und beten.

46　　　　　　　ÄHRENRAUFEN AM SABBAT

(vgl. Nr. 111)

[Matthäus 12,1–8]
(Nr. 111, S. 106)

Markus 2,23–28

1 Zu jener Zeit ging Jesus am Sabbat durch die Kornfelder. Und seine Jünger wurden hungrig und begannen, Ähren abzureissen und zu essen.
2 Als die Pharisäer das sahen, sagten sie zu ihm: Siehe, deine Jünger tun, was am Sabbat zu tun nicht erlaubt ist! 3 Da sagte er zu ihnen: Habt ihr nicht gelesen, was David getan hat, als er hungrig wurde, er und seine Gefährten,
4 wie er in das Haus Gottes hineinging

und wie sie die Schaubrote assen, die zu essen weder ihm noch seinen Gefährten erlaubt war, sondern nur den Priestern?

23 Und es geschah, dass er am Sabbat durch die Kornfelder ging, und unterwegs begannen seine Jünger, Ähren abzureissen.
24 Und die Pharisäer sagten zu ihm: Siehe, warum tun sie am Sabbat, was nicht erlaubt ist? 25 Und er spricht zu ihnen: Habt ihr nie gelesen, was David getan hat, als er Mangel litt und hungrig wurde, er und seine Gefährten,
26 wie er in das Haus Gottes hineinging zur Zeit des Hohepriesters Abiatar und wie er die Schaubrote ass, die zu essen niemandem erlaubt ist ausser den Priestern, und wie er auch seinen Gefährten davon gab?

Niemand reisst ein Stück von einem
neuen Mantel ab und setzt es auf einen
alten Mantel, sonst zerreisst er auch
den neuen, und zum alten passt das
Stück vom neuen nicht.
37 Und niemand füllt neuen Wein in
alte Schläuche; sonst zerreisst der neue
Wein die Schläuche und läuft aus, und
die Schläuche gehen verloren. 38 Nein,
neuen Wein muss man in neue
Schläuche füllen!
39 Und niemand, der alten trinkt, will
neuen; denn er sagt: Der alte ist gut.

Lukas 6,1–5   [Johannes]

1 Es geschah aber, dass er an einem Sabbat durch die Kornfelder ging; und seine Jünger rissen Ähren ab, zerrieben
sie mit den Händen und assen sie.
2 Einige von den Pharisäern aber sagten: Warum tut ihr, was am Sabbat
nicht erlaubt ist? 3 Und Jesus antwortete ihnen: Habt ihr denn nicht gelesen,
was David getan hat, als er hungrig
wurde, er und seine Gefährten,
4 wie er in das Haus Gottes hineinging

und die Schaubrote nahm und ass und
seinen Gefährten davon gab, die Brote,
die zu essen niemandem erlaubt ist
ausser den Priestern allein?

5 Oder habt ihr nicht im Gesetz gelesen, dass die Priester im Tempel am
Sabbat den Sabbat entweihen, ohne
sich schuldig zu machen? 6 Ich aber sage euch: Hier ist Grösseres als der Tempel! 7 Hättet ihr begriffen, was es
heisst: «Erbarmen will ich und nicht
Opfer,» so hättet ihr die Unschuldigen
nicht verurteilt.

27 Und er sprach zu ihnen: Der Sabbat
ist um des Menschen willen geschaffen
und nicht der Mensch um des Sabbats
willen.

8 Denn der Menschensohn ist Herr
über den Sabbat.

28 So ist der Menschensohn Herr auch
über den Sabbat.

7: Hos 6,6
9,13 (Nr. 93, S. 87)

---

47   HEILUNG AM SABBAT
                        (vgl. Nr. 112)

[Matthäus 12,9–14]
(Nr. 112, S. 107)

Markus 3,1–6

9 Und er ging von dort weiter und kam
in ihre Synagoge.

1 Und er ging wieder
in die Synagoge.

10 Und siehe, da war einer mit einer
lahmen Hand. Da fragten sie ihn, ob es
am Sabbat erlaubt sei, zu heilen,

Und dort war einer mit einer lahmen
Hand. 2 Und sie beobachteten ihn genau, ob er ihn am Sabbat heilen würde,

damit sie ihn anklagen könnten.

damit sie ihn anklagen könnten.

3 Und er spricht zu dem Menschen mit
der lahmen Hand: Steh auf, tritt in die
Mitte!

11 Er aber sprach zu ihnen: Ist etwa jemand unter euch, der ein Schaf besitzt
und es, wenn es am Sabbat in eine Grube gefallen ist, nicht packen und herausziehen würde? 12 Wie viel mehr ist
nun ein Mensch wert als ein Schaf.

4 Und er spricht zu ihnen:

5 Und er sprach zu ihnen:

Der Menschensohn ist Herr über den
Sabbat.

Lukas 6,6–11

[Lukas 14,1–6]
(Nr. 214, S. 204)

6 Es geschah aber an einem anderen
Sabbat, dass er in die Synagoge ging
und lehrte.
Und dort war einer, dessen rechte
Hand lahm war. 7 Die Schriftgelehrten
und Pharisäer aber beobachteten ihn
genau, ob er am Sabbat heilen würde,
damit sie einen Grund fänden, ihn anzuklagen. 8 Er aber kannte ihre Gedanken,
doch sprach er zu dem Mann mit der
lahmen Hand: Steh auf und stell dich in
die Mitte! Und der stand auf und stellte
sich hin.

1 Und es geschah, als er an einem Sabbat in
das Haus eines der Oberen der Pharisäer
kam, um zu essen,

da beobachteten sie ihn genau. 2 Und siehe,
da stand ein wassersüchtiger Mensch vor
ihm.

9 Jesus aber sprach zu ihnen: Ich frage
euch,

3 Und Jesus entgegnete den Gesetzeslehrern
und Pharisäern:

Also ist es erlaubt, am Sabbat Gutes zu tun.	Ist es erlaubt, am Sabbat Gutes zu tun oder Böses zu tun, Leben zu retten oder zu töten? Sie aber schweigen. 5 Und voller Zorn schaut er sie einen nach dem andern an, betrübt über die Verstocktheit ihres Herzens, und spricht zu dem Menschen:
13 Dann spricht er zu dem Menschen: Strecke deine Hand aus! Und der streckte sie aus, und sie war wiederhergestellt, gesund wie die andere.	Strecke deine Hand aus! Und der streckte sie aus, und seine Hand war wiederhergestellt.
14 Die Pharisäer aber gingen hinaus und fassten den Beschluss gegen ihn, ihn umzubringen.	6 Da gingen die Pharisäer hinaus und fassten sogleich mit den Herodianern den Beschluss gegen ihn, ihn umzubringen.

48   ANDRANG DES VOLKES
(vgl. Nr. 113)

[Matthäus 4,24–25; 12,15–16]	Markus 3,7–12
4,24–25 (Nr. 50, S. 51)	
24 Und die Kunde von ihm verbreitete sich in ganz Syrien. Und man brachte alle Kranken zu ihm, von den verschiedensten Gebrechen und Beschwerden Gezeichnete: Besessene, Mondsüchtige und Gelähmte; und er heilte sie.	7 Und Jesus zog sich mit seinen Jüngern an den See zurück,
25 Und es folgte ihm viel Volk aus Galiläa, der Dekapolis, aus Jerusalem und Judäa und von jenseits des Jordan.	und eine grosse Menge aus Galiläa folgte; auch aus Judäa 8 und aus Jerusalem, aus Idumäa und von jenseits des Jordan und aus der Gegend um Tyrus und Sidon kam eine grosse Menge zu ihm, als sie hörten, was er tat.
12,15–16 (Nr. 113, S. 108)	
15 Als aber Jesus davon erfuhr, zog er sich von dort zurück. Und viel Volk folgte ihm, und er heilte sie alle.	9 Und er sagte zu seinen Jüngern, ein Boot solle für ihn bereitliegen wegen des Volkes, damit es ihn nicht bedränge. 10 Denn er heilte viele, so dass alle, die von Leiden geplagt waren, sich auf ihn stürzten, um ihn zu berühren.
	11 Und die unreinen Geister warfen sich vor ihm nieder, sobald sie ihn sahen, und schrien: Du bist der Sohn Gottes!

ist es erlaubt, am Sabbat Gutes zu tun
oder Böses zu tun, Leben zu retten oder
zu vernichten? 10 Und er schaute alle
an, einen nach dem andern,

*Ist es erlaubt, am Sabbat zu heilen oder
nicht?*

4 Sie aber schwiegen.

und sprach zu ihm:
Streck deine Hand aus! Und der tat es,
und seine Hand war wiederhergestellt.

11 Da packte sie der Unverstand, und
sie beredeten miteinander,
was sie Jesus antun wollten.

▼ (Nr. 49 — 6,12–16 — S. 50)
13,10–16 (Nr. 208, S. 200)

*Und er fasste ihn an, heilte ihn und entliess
ihn. 5 Und zu ihnen sprach er: Wer von
euch, dessen Sohn oder dessen Ochse in einen Brunnen fällt, wird ihn am Tag des
Sabbats nicht sogleich herausziehen?
6 Und sie vermochten nichts dagegen einzuwenden.*

[Lukas 6,17–19]
[4,41]

[Johannes]

6,17–19 (Nr. 77, S. 70)
17 Und er stieg mit ihnen hinab und
trat auf ein ebenes Feld.
Und eine grosse Schar seiner Jünger
und eine grosse Menge des Volkes aus
ganz Judäa und Jerusalem und aus dem
Küstenland von Tyrus und Sidon war
da. 18 Die kamen, um ihn zu hören und
von ihren Krankheiten geheilt zu werden;

auch die von unreinen Geistern Ge-
quälten wurden geheilt.
19 Und alles Volk suchte ihn zu berühren, denn eine Kraft ging von ihm aus
und heilte alle.

4,41 (Nr. 38, S. 41)
*41 Von vielen fuhren auch Dämonen aus,
die schrien: Du bist der Sohn Gottes!*

16 Und er gebot ihnen streng, sie sollten ihn nicht offenbar machen.	12 Und er herrschte sie heftig an, sie sollten ihn nicht offenbar machen.

14,35–36 (Nr. 148, S. 144) 6,54–56 (Nr. 148, S. 144)

9,20–21 (Nr. 95, S. 89) 5,27–28 (Nr. 138, S. 131)

1,34 (Nr. 38, S. 41)

49   AUSWAHL DER ZWÖLF
(vgl. Nr. 99)

[Matthäus 10,1–4] Markus 3,13–19
[5,1]

5,1 (Nr. 50, S. 51)

1 *Als er aber die Leute sah, stieg er auf den* | 13 Und er steigt auf den Berg
Berg; und als er sich gesetzt hatte, traten
seine Jünger zu ihm.

Mt 10,1–4 (Nr. 99, S. 93)

1 Und	und
er rief	ruft die zu sich, die er wollte; und sie
seine zwölf Jünger herbei	traten zu ihm hin. 14 Und er bestimmte zwölf, die er auch Apostel nannte, dass sie mit ihm seien und dass er sie aussende zu verkündigen 15 und mit
und gab ihnen Vollmacht, unreine Geister auszutreiben und jede Krankheit und jedes Leiden zu heilen.	Vollmacht die Dämonen auszutreiben.
2 Dies sind die Namen der zwölf Apostel:	16 Und er bestimmte die Zwölf:
zuerst Simon, der Petrus heisst,	Simon, dem er den Namen Petrus gab,
und Andreas, sein Bruder, und Jakobus, der Sohn des Zebedäus, und Johannes, sein Bruder,	17 und Jakobus, den Sohn des Zebedäus, und Johannes, den Bruder des Jakobus, denen er den Namen Boanerges gab, das bedeutet Donnersöhne, 18 und Andreas
3 Philippus und Bartolomäus, Thomas und Matthäus, der Zöllner, Jakobus, der Sohn des Alfäus, und Thaddäus, 4 Simon der Kananäer	und Philippus und Bartolomäus und Matthäus und Thomas und Jakobus, den Sohn des Alfäus, und Thaddäus und Simon Kananäus,

*Doch er herrschte sie an und liess sie nicht
reden, weil sie wussten, dass er der Christus
ist.*

8,44 (Nr. 138, S.131)

Lukas 6,12–16

[Johannes 1,42]
(Nr. 21, S. 24)

▲ (Nr. 47 — 6,6–11 — S. 48)
12 Es geschah aber in diesen Tagen,
dass er hinausging auf den Berg, um zu
beten. Und er verbrachte die ganze
Nacht im Gebet zu Gott.

13 Und als es Tag wurde,
rief er seine Jünger herbei
und wählte zwölf von ihnen aus, die er
auch Apostel nannte:

14 Simon,
den er auch Petrus nannte,
und Andreas, seinen Bruder,
und Jakobus
und Johannes

42 Er führte ihn zu Jesus. Jesus sah ihn an
und sprach: Du bist Simon, der Sohn des Johannes, du sollst Kefas genannt werden –
das bedeutet: Fels.

und Philippus
und Bartolomäus
15 und Matthäus
und Thomas
und Jakobus, den Sohn des Alfäus,
und Simon, genannt der Eiferer,
16 und Judas, den Sohn des Jakobus,

und Judas Iskariot, der ihn dann aus-
lieferte.

19 und Judas Iskariot, der ihn dann aus-
lieferte.

▼ (Nr. 116 — 3,20–21 — S. 111)

6,6b–7 (Nr. 142, S. 138)

16,17–18 (Nr. 158, S. 156)

Apg 1,13: Und als sie hineingekommen waren, gingen sie hinauf in das
Obergemach, wo sie sich aufzuhalten pflegten, Petrus und Johannes und
Jakobus und Andreas, Philippus und Thomas, Bartholomäus und Matthäus,
Jakobus, der Sohn des Alphäus, und Simon der Eiferer und Judas, der Sohn
des Jakobus.

VI

Die Bergpredigt
(nach Matthäus)

50

EINLEITUNG

(vgl. Nr. 77)

Matthäus 4,24–5,2

[Markus 3,7–13a]

(Nr. 48 . 49, S. 49 . 50)

▲ (Nr. 40 — 4,23 — S. 156)
24 Und die Kunde von ihm verbreitete
sich in ganz Syrien. Und man brachte
alle Kranken zu ihm, von den verschiedensten Gebrechen und Beschwerden
Gezeichnete: Besessene, Mondsüchtige
und Gelähmte; und er heilte sie.
25 Und es folgte ihm viel Volk aus Galiläa, der Dekapolis, aus Jerusalem und
Judäa und von jenseits des Jordan.

7 Und Jesus zog sich mit seinen Jüngern an den See zurück,
und eine grosse Menge aus Galiläa
folgte; auch aus Judäa 8 und aus Jerusalem, aus Idumäa und von jenseits des
Jordan und aus der Gegend um Tyrus
und Sidon kam eine grosse Menge zu
ihm, als sie hörten, was er tat.

9 Und er sagte zu seinen Jüngern, ein
Boot solle für ihn bereitliegen wegen
des Volkes, damit es ihn nicht bedränge.
10 Denn er heilte viele, so dass alle, die
von Leiden geplagt waren, sich auf ihn
stürzten, um ihn zu berühren. 11 Und
die unreinen Geister warfen sich vor
ihm nieder, sobald sie ihn sahen, und
schrien: Du bist der Sohn Gottes!

und Judas Iskariot, der zum Verräter
wurde.

▼ (Nr. 77 — 6,17–20a — S. 70)

9,1–2 (Nr. 142, S. 138)

_____
_____
_____
_____

[Lukas 6,17–20a]   [Johannes]

(Nr. 77, S. 70)

17 Und er stieg mit ihnen hinab und
trat auf ein ebenes Feld.
Und eine grosse Schar seiner Jünger
und eine grosse Menge des Volkes aus
ganz Judäa und Jerusalem und aus dem
Küstenland von Tyrus und Sidon war
da. 18 Die kamen, um ihn zu hören und
von ihren Krankheiten geheilt zu werden;

auch die von unreinen Geistern Ge-
quälten wurden geheilt. 19 Und alles
Volk suchte ihn zu berühren, denn eine
Kraft ging von ihm aus und heilte alle.

	12 Und er herrschte sie heftig an, sie sollten ihn nicht offenbar machen.
1 Als er aber die Leute sah, stieg er auf den Berg; und als er sich gesetzt hatte, traten seine Jünger zu ihm. 2 Und er tat seinen Mund auf und lehrte sie:	13 Und er steigt auf den Berg ...
8,16–17 (Nr. 88, S. 81)	*1,32–34 (Nr. 38, S. 41)*
14,35–36 (Nr. 148, S. 144)	*6,54–56 (Nr. 148, S. 144)*

51   SELIGPREISUNGEN
(vgl. Nr. 78)

Matthäus 5,3–12   [Markus]

3 Selig die Armen im Geist –
ihnen gehört das Himmelreich.
4 Selig die Trauernden –
sie werden getröstet werden.
5 Selig die Sanften –
sie werden das Land erben.
6 Selig, die hungern und dürsten
nach der Gerechtigkeit –
sie werden gesättigt werden.

7 Selig die Barmherzigen –
sie werden Barmherzigkeit erfahren.
8 Selig, die reinen Herzens sind –
sie werden Gott schauen.
9 Selig, die Frieden stiften –
sie werden Söhne Gottes genannt
werden.
10 Selig, die verfolgt sind um der
Gerechtigkeit willen –
ihnen gehört das Himmelreich.
11 Selig seid ihr,

wenn sie euch schmähen und
verfolgen und euch das Ärgste
nachsagen um meinetwillen und
dabei lügen.
12 Freut euch und jubelt, denn euer
Lohn im Himmel ist gross. Denn so

20 Und er richtete die Augen auf seine
Jünger und sprach:

4,40–41 (Nr. 38, S. 41)

6,12 (Nr. 49, S. 50)

[Lukas 6,20b–23] (Nr. 78, S. 71)   [Johannes]
[6,24–26] (Nr. 79, S. 72)

    20b Selig ihr Armen –
    euch gehört das Reich Gottes.
    [24 Doch wehe euch, ihr Reichen –
    ihr habt euren Trost empfangen.]

    21 Selig, die ihr jetzt hungert –

    ihr werdet gesättigt werden.
    [25 Wehe euch, die ihr jetzt satt seid –
    ihr werdet hungern.]
    Selig, die ihr jetzt weint –
    ihr werdet lachen.
    [Wehe euch, die ihr jetzt lacht –
    ihr werdet trauern und weinen.]

    22 Selig seid ihr, wenn euch die
    Menschen hassen
    und wenn sie euch ächten, schmä-
    hen und euren Namen verwerfen
    um des Menschensohnes willen.

23 Freut euch an jenem Tag und tanzt!
Denn siehe, euer Lohn im Himmel ist

haben sie auch die Propheten vor
euch verfolgt.

1.Petr 3,14: Doch wenn ihr auch leiden solltet um der Gerechtigkeit willen,
selig seid ihr!

1.Petr 4,14: Wenn ihr um des Namens Christi willen geschmäht werdet, selig
seid ihr; denn der Geist der Herrlichkeit und Gottes ruht auf euch.

ThEv 54: Jesus sagte: Selig sind die Armen, denn euer ist das Himmelreich.

ThEv 68: Jesus sagte: Selig seid ihr, dass man euch hassen wird und dass man
euch verfolgen wird, und sie werden keinen Platz finden, wo man euch verfolgt hat.

ThEv 69: Jesus sagte: Selig sind die, die man verfolgt hat in ihrem Herzen; es
sind diese, die den Vater in Wahrheit erkannt haben. Selig sind die Hungrigen, denn man wird den Bauch dessen, der (es) wünscht, füllen.

52　　　　　　　G L E I C H N I S　V O M　S A L Z
(vgl. Nr. 218)

Matthäus 5,13

[Markus 9,49–50]
(Nr. 168, S. 166)

49 Denn jeder wird mit Feuer gesalzen
werden.

13 Ihr seid das Salz der Erde. Wenn aber
das Salz fade wird, womit soll man salzen?
Es taugt zu nichts mehr, als hinausgeworfen und von den Leuten zertreten
zu werden.

50 Das Salz ist etwas Gutes. Wenn aber
das Salz salzlos wird, womit wollt ihr
es wieder salzig machen?

Habt Salz bei euch, und haltet Frieden
untereinander!

53　　　　　　　G L E I C H N I S　V O M　L I C H T
(vgl. Nr. 125 . 192)

Matthäus 5,14–16

[Markus 4,21]
(Nr. 125, S. 121)

14 Ihr seid das Licht der Welt. Eine
Stadt, die oben auf einem Berg liegt,
kann nicht verborgen bleiben.
15 Man zündet auch nicht ein Licht an

21 Und er sprach zu ihnen:
Kommt etwa das Licht, damit es unter

gross. Denn ebenso haben ihre Väter
den Propheten getan.

> [26 Wehe, wenn alle Menschen gut von
> euch reden,
> denn ebenso haben ihre Väter den
> falschen Propheten getan.]

[Lukas 14,34–35]
(Nr. 218, S. 208)

34 Das Salz ist etwas Gutes. Wenn aber
auch das Salz fade wird, womit kann es
wieder salzig gemacht werden?
35 Es ist weder für den Acker noch für
den Misthaufen zu gebrauchen; man
wirft es fort.

Wer Ohren hat zu hören, der höre!

[Lukas 8,16]
(Nr. 125, S. 121)

16 Niemand aber zündet ein Licht an

[Johannes]

[Johannes 8,12]
(Nr. 243, S. 228)

*12 Da redete Jesus wieder zu ihnen: Ich bin
das Licht der Welt. Wer mir nachfolgt, wird
nicht in der Finsternis wandeln, sondern er
wird das Licht des Lebens haben.*

und stellt es unter den Scheffel,	den Scheffel oder unter das Bett gestellt werde?
sondern auf den Leuchter; dann leuchtet es allen im Haus. 16 So soll euer Licht leuchten vor den Menschen, damit sie eure guten Werke sehen und euren Vater im Himmel preisen.	Nein, damit es auf den Leuchter gestellt werde!

ThEv 32: Jesus sagte: Eine Stadt, die auf einem Berg gebaut ist, erhöht und befestigt, kann nicht fallen, noch kann sie verborgen werden.
ThEv 33: Jesus sagte: Das, was du mit deinem Ohr (und) mit dem anderen Ohr hörst, verkünde es auf euren Dächern. Denn niemand zündet eine Lampe an, um sie unter den Scheffel zu stellen noch um sie an einen verborgenen Ort zu stellen; sondern man stellt sie auf einen Leuchter, damit jeder, der eintritt und hinausgeht, ihr Licht sieht.

54   GESETZ UND GERECHTIGKEIT

(vgl. Nr. 226)

Matthäus 5,17–20   **[Markus]**

17 Meint nicht, ich sei gekommen, das Gesetz oder die Propheten aufzulösen. Nicht um aufzulösen, bin ich gekommen, sondern um zu erfüllen.

18 Denn amen, ich sage euch: Bis Himmel und Erde vergehen, soll vom Gesetz nicht ein Jota oder ein Häkchen vergehen, bis alles geschieht. 19 Wer also auch nur eines dieser Gebote auflöst, und sei es das kleinste, und die Leute so lehrt, der wird der Kleinste sein im Himmelreich. Wer sie aber tut und lehrt, der wird gross sein im Himmelreich. 20 Denn ich sage euch: Wenn eure Gerechtigkeit die der Schriftgelehrten und Pharisäer nicht bei weitem übertrifft, so werdet ihr nicht in das Himmelreich hineinkommen.

24,35 (Nr. 293, S. 284)   13,31 (Nr. 293, S. 284)

ThEv 11: Jesus sagte: Dieser Himmel wird vergehen. Und derjenige, der darüber ist, wird vergehen, und die, die tot sind, sind nicht lebendig, und die, die lebendig sind, werden nicht sterben. In den Tagen, in denen ihr esst von dem, was tot ist, macht ihr daraus, was lebendig ist. Wenn ihr Licht sein werdet,

und deckt es mit einem Gefäss zu oder
stellt es unter ein Bett.
Vielmehr stellt man es auf einen Leuchter,
damit die Eintretenden das Licht sehen.

11,33 (Nr. 192, S. 185)

[Lukas 16,16–17]   [Johannes]
(Nr. 226, S. 214)

16 Das Gesetz und die Propheten reichen bis zu Johannes; von da an wird
das Evangelium vom Reich Gottes verkündigt, und jeder drängt mit Gewalt
hinein.
17 Es ist aber leichter,
dass Himmel und Erde vergehen, als
dass vom Gesetz auch nur ein Häkchen
wegfällt.

21,33 (Nr. 293, S. 284)

was werdet ihr tun? An dem Tag, da ihr eins gewesen seid, seid ihr zwei geworden. Aber wenn ihr zwei geworden seid, was werdet ihr tun?

55   VOM TÖTEN UND VON DER VERSÖHNUNG

Matthäus 5,21–26   *[Markus 11,25]*
                                                    (Nr. 275, S. 263)

21 Ihr habt gehört, dass zu den Alten
gesagt wurde: «Du sollst nicht töten!»
Wer aber tötet, der sei dem Gericht
übergeben. 22 Ich aber sage euch: Jeder,
der seinem Bruder zürnt, sei dem Gericht übergeben. Und wer zu seinem
Bruder sagt: Dummkopf, der sei dem
Hohen Rat übergeben. Und wer sagt:
Narr, der sei der Feuerhölle übergeben.
23 Wenn du nun deine Opfergabe zum   *25 Und wenn ihr steht und betet,*
Altar bringst und dir dort einfällt, dass
dein Bruder etwas gegen dich hat, 24 so
lass deine Gabe dort vor dem Altar lie-
gen und geh, versöhne dich zuerst mit   *so vergebt, wenn ihr etwas gegen jemanden*
deinem Bruder; dann komm und brin-   *habt, damit auch euer Vater im Himmel*
ge deine Gabe dar.   *euch eure Verfehlungen vergibt.*

25 Verständige dich mit deinem Prozessgegner unverzüglich, solange du
mit ihm unterwegs bist,
damit er dich nicht dem Richter übergebe und der Richter dem Gerichtsdiener und man dich ins Gefängnis werfe.

26 Amen, ich sage dir: Du wirst von
dort nicht herauskommen, bis du den
letzten Rappen bezahlt hast.
21: Ex 20,13; Dtn 5,17

56   VOM EHEBRUCH UND VON DER EHESCHEIDUNG

Matthäus 5,27–32   *[Markus 9,43–48]*
[18,8–9]   *(Nr. 168, S. 166)*

27 Ihr habt gehört, dass gesagt wurde:
«Du sollst nicht ehebrechen!» 28 Ich
aber sage euch: Jeder, der eine Frau an-

[Lukas 12,57–59]   [Johannes]
(Nr. 206, S. 199)

57 Warum aber urteilt ihr nicht auch
von euch aus, was Recht ist?
58 Denn wenn du mit deinem Prozessgegner vor Gericht gehst, dann gib dir
unterwegs Mühe, ihn loszuwerden,
damit er dich nicht vor den Richter ziehe und der Richter dich dem Gerichtsdiener übergebe und der Gerichtsdiener dich ins Gefängnis werfe.
59 Ich sage dir: Du wirst von dort nicht
herauskommen, bis du auch den letzten Rappen bezahlt hast.

[Lukas 16,18]   [Johannes]
(Nr. 227, S. 214)

sieht und sie begehrt, hat in seinem
Herzen schon Ehebruch mit ihr begangen. 29 Wenn dein rechtes Auge dich
zu Fall bringt, reiss es aus und wirf es
von dir. Denn es ist besser für dich,
wenn nur eines deiner Glieder verloren geht, als dass dein ganzer Leib in
die Hölle geworfen wird.

30 Und wenn deine rechte Hand dich
zu Fall bringt, hau sie ab und wirf sie
von dir. Denn es ist besser für dich,
wenn nur eines deiner Glieder verloren geht, als dass dein ganzer Leib zur
Hölle fährt.

18,8–9 (Nr. 168, S. 166)

*8 Wenn aber deine Hand oder dein Fuss
dich zu Fall bringt, hau sie ab und wirf sie
von dir. Es ist besser für dich, verstümmelt
oder lahm in das Leben einzugehen, als mit
beiden Händen oder beiden Füssen in das
ewige Feuer geworfen zu werden.*

*9 Und wenn dein Auge dich zu Fall bringt,
reiss es aus und wirf es von dir.
Es ist besser für dich, einäugig in das Leben
einzugehen, als mit beiden Augen in die
Feuerhölle geworfen zu werden.*

31 Es wurde aber gesagt: Wer seine Frau
entlässt, soll ihr einen Scheidebrief geben. 32 Ich aber sage euch:
Jeder, der seine Frau entlässt – ausser
sie sei der Unzucht schuldig –, treibt
sie in den Ehebruch.
Und wer eine entlassene Frau heiratet,
bricht die Ehe.

43 Und wenn dich deine Hand zu Fall
bringt, hau sie ab. Es ist besser für dich,
verstümmelt in das Leben einzugehen,
als mit beiden Händen zur Hölle zu
fahren, ins unauslöschliche Feuer.

45 Und wenn dich dein Fuss zu Fall
bringt, hau ihn ab. Es ist besser für
dich, lahm in das Leben einzugehen,
als mit beiden Füssen in die Hölle geworfen zu werden.

47 Und wenn dein Auge dich zu Fall
bringt, reiss es aus.
Es ist besser für dich, einäugig in das
Reich Gottes einzugehen, als mit beiden Augen in die Hölle geworfen zu
werden,
48 wo «ihr Wurm nicht stirbt und das
Feuer nicht erlischt.»

27: Ex 20,14; Dtn 5,18

48: Jes 66,24

43: Verschiedene Handschriften haben als Zusatz
(wohl aus V. 48): «44 wo ihr Wurm nicht stirbt und
das Feuer nicht erlischt.»
45: Verschiedene Handschriften haben als Zusatz
(wohl aus V. 43 und V. 48): «ins unauslöschliche
Feuer, 46 wo ihr Wurm nicht stirbt und das Feuer
nicht erlischt.»

19,7–9 (Nr. 252, S. 237)   10,3–4.11–12 (Nr. 252, S. 237)

1.Kor 7,10–16: 10 Den Verheirateten aber gebiete nicht ich, sondern der Herr,
dass eine Frau sich von ihrem Manne nicht trennen soll – 11 wenn sie sich

18 Jeder, der seine Frau entlässt und eine andere heiratet, bricht die Ehe.

Auch wer eine heiratet, die von ihrem Mann entlassen worden ist, bricht die Ehe.

aber doch getrennt hat, so bleibe sie unverheiratet oder versöhne sich
wieder mit ihrem Manne – und dass ein Mann seine Frau nicht entlassen
soll. 12 Den übrigen aber sage ich, nicht der Herr: Wenn ein Bruder eine
ungläubige Frau hat, und diese lässt es sich gefallen, mit ihm zusammen-
zuleben, so soll er sie nicht entlassen. 13 Und wenn eine Frau einen
ungläubigen Mann hat, und dieser lässt es sich gefallen, mit ihr zusam-
menzuleben, so soll sie den Mann nicht entlassen. 14 Denn der ungläubige
Mann ist durch die Frau geheiligt und die ungläubige Frau ist durch den
Bruder geheiligt. Sonst wären ja eure Kinder unrein: in Wirklichkeit aber
sind sie heilig. 15 Trennt sich aber der ungläubige Teil, so trenne er sich.
Der Bruder oder die Schwester ist in solchen Fällen nicht geknechtet;
vielmehr in Frieden [zu leben] hat uns Gott berufen. 16 Denn was weisst
du, Frau, ob du deinen Mann retten wirst? Oder was weisst du, Mann, ob
du deine Frau retten wirst?

57   VOM SCHWÖREN

Matthäus 5,33–37   *[Markus]*

33 Weiter habt ihr gehört, dass zu den
Alten gesagt wurde: Du sollst keinen
Meineid schwören, sondern du sollst
dem Herrn deine Eide einlösen. 34 Ich
aber sage euch: Ihr sollt überhaupt
nicht schwören. Nicht beim Himmel,
denn er ist Gottes Thron, 35 nicht bei
der Erde, denn sie ist der Schemel seiner Füsse, nicht bei Jerusalem, denn sie
ist die Stadt des grossen Königs, 36 und
auch bei deinem Haupt sollst du nicht
schwören, denn es steht nicht in deiner
Macht, auch nur ein Haar weiss oder
schwarz werden zu lassen. 37 Eure Rede sei Ja für Ja, Nein für Nein. Jedes
weitere Wort ist vom Übel.

Jak 5,12: 10 Vor allen Dingen aber, meine Brüder, schwört nicht, weder
beim Himmel noch bei der Erde, noch mit irgendeinem anderen Eid;
sondern euer Ja sei ein [einfaches] Ja und euer Nein sei ein [einfaches]
Nein, damit ihr nicht unter ein Gericht fallt!

58   VON DER VERGELTUNG

Matthäus 5,38–42   *[Markus]*

38 Ihr habt gehört, dass gesagt wurde:
«Auge um Auge» und «Zahn um
Zahn.» 39 Ich aber sage euch: Leistet
dem Bösen keinen Widerstand! Son-

[Lukas]   [Johannes]

[Lukas 6,29–30]   [Johannes]
(Nr. 80, S. 72)

dern:

Wer dich auf die rechte Backe schlägt,
dem biete auch die andere. 40 Und wer
dich vor Gericht ziehen will, um dein
Gewand zu nehmen, dem lass auch den
Mantel.

41 Und wer dich nötigt, eine Meile mit-
zugehen, mit dem geh zwei.

42 Wer dich bittet, dem gib; und wer
von dir borgen will, von dem wende
dich nicht ab.

38: Ex 21,24; Lev 24,20; Dtn 19,21

Apg 20,35: 35 In allen Stücken habe ich euch gezeigt, dass man so arbeiten
und sich [dann] der Schwachen annehmen und der Worte des Herrn Jesus
eingedenk sein müsse, dass er [nämlich] selbst gesagt hat: Geben ist seliger
als nehmen.

ThEv 95: [Jesus sagte:] Wenn ihr Geld habt, verleiht es nicht mit Wucher,
sondern gebt […] dem, von dem [ihr] es nicht wiederbekommen werdet.

59   VON DER FEINDESLIEBE

Matthäus 5,43–48   *[Markus]*

43 Ihr habt gehört, dass gesagt wurde:
«Du sollst deinen Nächsten lieben»
und deinen Feind hassen.

44 Ich aber sage euch: Liebt eure Feinde

und betet für die, die euch verfolgen,
45 so werdet ihr Söhne eures Vaters im
Himmel; denn er lässt seine Sonne aufgehen über Böse und Gute und lässt
regnen über Gerechte und Ungerechte.
46 Denn wenn ihr die liebt, die euch
lieben, welchen Lohn habt ihr da? Tun
das nicht auch die Zöllner?

47 Und wenn ihr nur eure Brüder
grüsst, was tut ihr da Ausserordentliches? Tun das nicht auch die Heiden?

29 Wer dich auf die eine Backe schlägt,
dem halte auch die andere hin; und wer
dir den Mantel nimmt, dem verweigere auch das Gewand nicht.

30 Jedem, der dich bittet, dem gib; und
wer dir das Deine nimmt, von dem fordere es nicht zurück.

[Lukas 6,27–28.32–36]
(Nr. 80, S. 72)

[Johannes]

27 Euch aber, die ihr zuhört, sage ich:
Liebt eure Feinde! Tut wohl denen, die
euch hassen! 28 Segnet die, welche
euch verfluchen!
Betet für die, welche euch misshandeln!

32 Und wenn ihr die liebt, die euch lieben, was für einen Dank habt ihr da?
Auch die Sünder lieben ja die, welche
sie lieben.
33 Und wenn ihr denen Gutes tut, die
euch Gutes tun, was für einen Dank
habt ihr da? Dasselbe tun auch die Sünder. 34 Und wenn ihr denen leiht, von
denen ihr etwas zu erhalten hofft, was
für einen Dank habt ihr da? Auch Sünder leihen Sündern, um ebenso viel
zurückzuerhalten. 35 Vielmehr liebt

48 Ihr sollt also vollkommen sein, wie euer himmlischer Vater vollkommen ist.

43: Lev 19,18

ThEv 95: [Jesus sagte:] Wenn ihr Geld habt, verleiht es nicht mit Wucher, sondern gebt [...] dem, von dem [ihr] es nicht wiederbekommen werdet.

60   VOM ALMOSENGEBEN

Matthäus 6,1–4   [Markus]

1 Hütet euch, dass ihr eure Gerechtigkeit nicht vor den Leuten übt, um von ihnen gesehen zu werden. Wenn nicht, so habt ihr keinen Lohn bei eurem Vater im Himmel. 2 Wenn du nun Almosen gibst, so posaune es nicht aus, wie es die Heuchler tun in den Synagogen und auf den Strassen, um von den Leuten gepriesen zu werden. Amen, ich sage euch: Sie haben ihren Lohn empfangen. 3 Wenn du aber Almosen gibst, lass deine Linke nicht wissen, was die Rechte tut, 4 damit dein Almosen im Verborgenen bleibt. Und dein Vater, der ins Verborgene sieht, wird es dir vergelten.

ThEv 62: Jesus sagte: Ich sage meine Geheimnisse denen, die [würdig sind meiner] Geheimnisse. Was deine Rechte tut, deine Linke soll nicht wissen, was sie tut.

61   VOM BETEN

Matthäus 6,5–6   [Markus]

5 Und wenn ihr betet, sollt ihr es nicht wie die Heuchler tun; denn sie stehen gern in den Synagogen und an den

eure Feinde und tut Gutes und leiht,
wo ihr nichts zurückerhofft. Dann wird
euer Lohn gross sein, und ihr werdet
Söhne des Höchsten sein, denn er ist
gütig gegen die Undankbaren und Bösen.
36 Seid barmherzig, wie euer Vater
barmherzig ist!

[Lukas]

[Johannes]

[Lukas]

[Johannes]

Strassenecken und beten, um sich den
Leuten zu zeigen. Amen, ich sage euch:
Sie haben ihren Lohn empfangen.
6 Wenn du aber betest, geh in deine
Kammer, schliess die Tür und bete zu
deinem Vater, der im Verborgenen ist.
Und dein Vater, der ins Verborgene
sieht, wird es dir vergelten.

62　　　　　　　　　　DAS UNSERVATER

(vgl. Nr. 185)

Matthäus 6,7–15　　　　　　　*[Markus 11,25]*

(Nr. 275, S. 263)

7 Wenn ihr aber betet, sollt ihr nicht
plappern wie die Heiden; sie meinen
nämlich, sie werden durch ihre vielen
Worte erhört. 8 Tut es ihnen nicht
gleich! Euer Vater weiss, was ihr nötig
habt, noch ehe ihr ihn bittet.

9 So sollt ihr beten:

　　Unser Vater im Himmel.
　　Dein Name werde geheiligt.
　　10 Dein Reich komme.
　　Dein Wille geschehe,
　　wie im Himmel, so auf Erden.
　　11 Gib uns heute unser tägliches
　　Brot!
　　12 Und vergib uns unsere Schuld,
　　wie auch wir vergeben haben
　　unsern Schuldigern.
　　13 Und führe uns nicht in Versu-
　　chung,
　　sondern erlöse uns von dem Bösen.
14 Denn wenn ihr den Menschen ihre
Verfehlungen vergebt, so wird euer
himmlischer Vater auch euch vergeben. 15 Wenn ihr aber den Menschen
nicht vergebt, so wird auch euer Vater
eure Verfehlungen nicht vergeben.

25 Und wenn ihr steht und betet, so
vergebt, wenn ihr etwas gegen jemanden habt, damit auch euer Vater im
Himmel euch eure Verfehlungen vergibt.

[Lukas 11,1–4]   [Johannes]
(Nr. 185, S. 180)

1 Und es geschah, dass er an einem Ort
betete; und als er aufhörte, sagte einer
seiner Jünger zu ihm: Herr, lehre uns
beten, wie auch Johannes seine Jünger
gelehrt hat.
2 Da sprach er zu ihnen: Wenn ihr betet, so sprecht:
    Vater,
    Dein Name werde geheiligt.
    Dein Reich komme.

3 Gib uns Tag für Tag unser tägliches Brot.
4 Und vergib uns unsere Sünden;
denn auch wir vergeben jedem, der
an uns schuldig wird.
Und führe uns nicht in Versuchung.

13: Die wichtigsten Handschriften bieten nur den oben wiedergegebenen Text. Die meisten Handschriften fügen jedoch an: «Denn dein ist das Reich und die Kraft und die Herrlichkeit in Ewigkeit. Amen»

6,31–32 (Nr. 67, S. 63)

18,35 (Nr. 173, S. 169)

25: Viele Handschriften haben hier (wohl nach Mt 6,15) den Zusatz: «26 Wenn ihr aber nicht vergebt, so wird auch euer Vater im Himmel eure Verfehlungen nicht vergeben.» Die wichtigsten Handschriften enthalten den Vers aber nicht.

63   VOM FASTEN

Matthäus 6,16–18   [Markus]

16 Wenn ihr aber fastet, macht kein saures Gesicht wie die Heuchler; denn sie entstellen ihr Gesicht, um den Leuten zu zeigen, dass sie fasten. Amen, ich sage euch: Sie haben ihren Lohn empfangen. 17 Wenn du aber fastest, salbe dein Haupt und wasche dein Gesicht, 18 damit du nicht den Leuten zeigst, dass du fastest, sondern deinem Vater, der im Verborgenen ist. Und dein Vater, der ins Verborgene sieht, wird es dir vergelten.

ThEv 27: ‹Jesus sagte:› Wenn ihr nicht fastet gegenüber der Welt, werdet ihr das Königreich nicht finden; wenn ihr den Sabbat nicht feiert wie den Sabbat, werdet ihr den Vater nicht sehen.

64   VOM SCHÄTZESAMMELN
(vgl. Nr. 202)

Matthäus 6,19–21   [Markus]

19 Sammelt euch keine Schätze auf Erden, wo Motte und Rost sie zerfressen, wo Diebe einbrechen und stehlen. 20 Sammelt euch vielmehr Schätze im Himmel, wo weder Motte noch Rost sie zerfressen, wo keine Diebe einbrechen und stehlen. 21 Denn wo dein Schatz ist, da ist auch dein Herz.

19,21 (Nr. 254, S. 240)   10,21 (Nr. 254, S. 240)

12,29–30 *(Nr. 201, S. 193)*

[Lukas]   [Johannes]

[Lukas 12,33–34]   [Johannes]
(Nr. 202, S. 194)

33 Verkauft euren Besitz und gebt Almosen!

Macht euch Geldbeutel, die nicht ver-
schleissen, einen unerschöpflichen
Schatz im Himmel, wo kein Dieb naht
und keine Motte frisst. 34 Denn wo
euer Schatz ist, da ist auch euer Herz.

16,9 *(Nr. 222, S. 212)*
18,22 *(Nr. 254, S. 240)*

ThEv 76: Jesus sagte: Das Königreich des Vaters ist gleich einem Kaufmann,
der eine Ware hatte (und) der eine Perle fand. Dieser Kaufmann war weise.
Er verkaufte die Ware, er kaufte die Perle allein. Sucht auch ihr den Schatz,
der nicht aufhört und dauert, dort, wo die Motte nicht hinkommt, um zu
fressen, und (wo) auch kein Wurm zerstört.

65   VOM AUGE ALS DEM LICHT DES LEIBES

(vgl. Nr. 193)

Matthäus 6,22–23   [Markus]

22 Das Auge ist das Licht des Leibes.
Wenn dein Auge lauter ist, wird dein
ganzer Leib licht sein. 23 Wenn dein
Auge böse ist, wird dein ganzer Leib
finster sein. Wenn nun das Licht, das
in dir ist, Finsternis ist, wie gross ist
dann die Finsternis!

ThEv 24: Seine Jünger sagten: Belehre uns über den Ort, an dem du bist,
denn es ist eine Notwendigkeit für uns, dass wir ihn suchen. Er sagte zu
ihnen: Wer Ohren hat, der höre! Es ist Licht im Inneren des Menschen des
Lichts, und er erleuchtet die ganze Welt. Wenn er nicht scheint, das ist die
Finsternis.

66   VOM DIENST ZWEIER HERREN

(vgl. Nr. 224)

Matthäus 6,24   [Markus]

24 Niemand kann zwei Herren dienen.
Denn entweder wird er den einen hassen und den andern lieben, oder er
wird sich an den einen halten und den
andern verachten. Ihr könnt nicht Gott
dienen und dem Mammon.

ThEv 47: Jesus sagte: Es ist nicht möglich, dass ein Mensch zwei Pferde
besteigt, (noch dass) er zwei Bogen spannt; und es ist nicht möglich, dass
ein Diener zwei Herren dient, es sei denn, er ist ehrerbietig gegenüber dem
einen, und den anderen verhöhnt er. Niemand trinkt alten Wein und
wünscht sofort, neuen Wein zu trinken. Und man giesst nicht neuen Wein

[Lukas 11,34–36]
(Nr. 193, S. 185)

34 Das Auge ist das Licht des Leibes.
Wenn dein Auge lauter ist, ist auch
dein ganzer Leib licht. Wenn es aber
böse ist, ist auch dein Leib finster.
35 Gib also Acht, dass das Licht in dir
nicht Finsternis ist.

36 Wenn nun dein ganzer Leib licht ist
und keinen finsteren Teil hat, dann
wird er ganz licht sein, wie wenn das
Licht dich mit seinem Schein erhellt.

[Johannes]

[Lukas 16,13]
(Nr. 224, S. 213)

13 Kein Knecht kann zwei Herren dienen. Denn entweder wird er den einen
hassen und den anderen lieben, oder er
wird sich an den einen halten und den
anderen verachten. Ihr könnt nicht
Gott dienen und dem Mammon.

[Johannes]

in alte Schläuche, damit sie nicht verderben; und man giesst nicht alten
Wein in einen neuen Schlauch, damit er ihn nicht verdürbe. Man näht
nicht einen alten Flecken auf ein neues Gewand, denn es würde ein Riss
entstehen.

6 7   WARNUNG VOR DER SORGE
                              (vgl. Nr. 201)

Matthäus 6,25–34   [Markus]

25 Darum sage ich euch: Sorgt euch
nicht um euer Leben, was ihr essen
werdet, noch um euren Leib, was ihr
anziehen werdet. Ist nicht das Leben
mehr als die Nahrung und der Leib
mehr als die Kleidung? 26 Schaut auf
die Vögel des Himmels:
Sie säen nicht, sie ernten nicht, sie
sammeln nicht in Scheunen, und euer
himmlischer Vater ernährt sie. Seid ihr
nicht mehr wert als sie?
27 Wer von euch vermag durch Sorgen
seiner Lebenszeit auch nur eine Elle
hinzuzufügen?

28 Und was sorgt ihr euch um die Kleidung?
Lernt von den Lilien auf dem Feld, wie
sie wachsen: sie arbeiten nicht und
spinnen nicht. 29 Ich sage euch aber:
Selbst Salomo in seiner ganzen Pracht
war nicht gekleidet wie eine von diesen. 30 Wenn aber Gott das Gras des
Feldes, das heute steht und morgen in
den Ofen geworfen wird, so kleidet,
wie viel mehr dann euch, Kleingläubige!
31 Sorgt euch also nicht und sagt nicht:
Was werden wir essen? oder: Was werden wir trinken? oder: Was werden wir
anziehen?
32 Denn nach all dem trachten die Heiden. Euer himmlischer Vater weiss
nämlich, dass ihr dies alles braucht.
33 Trachtet aber zuerst nach seinem
Reich und seiner Gerechtigkeit,

[Lukas 12,22–32]   [Johannes]
(Nr. 201, S. 193)

22 Er sprach aber zu seinen Jüngern:
Darum sage ich euch: Sorgt euch nicht
um das Leben, was ihr essen werdet,
noch um den Leib, was ihr anziehen
werdet. 23 Denn das Leben ist mehr als
die Nahrung und der Leib mehr als die
Kleidung. 24 Achtet auf die Raben:

Sie säen nicht, sie ernten nicht, sie haben weder Vorratskammer noch Scheune, und Gott ernährt sie. Wie viel mehr
seid ihr wert als die Vögel!
25 Wer von euch vermag durch Sorgen
seiner Lebenszeit auch nur eine Elle
hinzuzufügen?
26 Wenn ihr also nicht einmal das Geringste vermögt, was sorgt ihr euch um
das Übrige?
27 Achtet auf die Lilien, wie sie wachsen: Sie arbeiten nicht und spinnen
nicht. Ich sage euch aber: Selbst Salomo
in seiner ganzen Pracht war nicht gekleidet wie eine von diesen. 28 Wenn
aber Gott das Gras, das heute auf dem
Felde steht und morgen in den Ofen
geworfen wird, so kleidet, wie viel
mehr dann euch, Kleingläubige!

29 Und ihr – trachtet nicht danach, was
ihr essen und trinken werdet, und lasst
euch nicht irre machen.

30 Denn nach all dem trachten die Völker der Welt. Euer Vater aber weiss,
dass ihr dies braucht.
31 Trachtet vielmehr nach seinem
Reich,

dann wird euch dies alles dazugegeben werden.

34 Sorgt euch also nicht um den morgigen Tag; denn der morgige Tag wird für sich selber sorgen. Jeder Tag hat genug an eigener Last.

10,29–31 (Nr. 101, S. 98)

6,7–8 (Nr. 62, S. 60)

ThEv 36: Jesus sagte: Sorgt euch nicht vom Morgen bis zum Abend und vom Abend bis zum Morgen, mit was ihr euch bekleiden werdet.

68   VOM RICHTEN
(vgl. Nr. 81)

Matthäus 7,1–5
[13,12]

[Markus 4,24–25]
(Nr. 125, S. 121)

1 Richtet nicht, damit ihr nicht gerichtet werdet! 2 Denn so wie ihr richtet, werdet ihr gerichtet werden,

24 Und er sprach zu ihnen: Gebt Acht auf das, was ihr hört!
Mit dem Mass, mit dem ihr messt, wird euch gemessen werden, und es wird euch noch dazugegeben werden.

und mit dem Mass, mit dem ihr messt, wird euch gemessen werden.

13,12 (Nr. 123, S. 118)
12 Denn wer hat, dem wird gegeben werden, und er wird im Überfluss haben. Wer aber nicht hat, dem wird auch das genommen werden, was er hat.

25 Denn wer hat, dem wird gegeben werden; und wer nicht hat, dem wird auch das genommen werden, was er hat.

dann werden euch diese Dinge dazugegeben werden.
32 Fürchte dich nicht, kleine Herde,
denn es hat eurem Vater gefallen, euch
das Reich zu geben.

12,6–7 (Nr. 196, S. 190)

[Lukas 6,37–42]
[8,18b]

6,37–42 (Nr. 81, S. 74)
37 Richtet nicht, und ihr werdet nicht
gerichtet.

Verurteilt nicht, und ihr werdet nicht
verurteilt. Lasst frei, und ihr werdet
freigelassen! 38 Gebt, und euch wird
auch gegeben werden: ein gutes, fest-
gedrücktes, gerütteltes und übervolles
Mass wird man euch in den Schoss
schütten.

Denn mit dem Mass, mit dem ihr
messt, wird auch euch gemessen werden.
8,18b (Nr. 125, S. 121)
*Denn wer hat, dem wird gegeben werden,
und wer nicht hat, dem wird auch das genommen werden, was er zu haben meint.*

39 Er sagte ihnen aber auch ein Gleichnis: Kann etwa ein Blinder einen Blinden führen? Werden sie nicht beide in
die Grube fallen? 40 Kein Jünger steht
über dem Meister. Jeder aber wird,
wenn er ausgebildet ist, wie sein Meister sein.

[Johannes {7,53–8,11}]
(Nr. 242, S. 227)

{53 Und sie gingen, jeder in sein Haus.
8,1 Jesus aber ging zum Ölberg. 2 Am frühen
Morgen war er wieder im Tempel, und das
ganze Volk kam zu ihm. Und er setzte sich
und lehrte sie. 3 Da bringen die Schriftge-
lehrten und die Pharisäer eine Frau, die
beim Ehebruch ertappt worden ist, stellen
sie in die Mitte 4 und sagen zu ihm: Meis-
ter, diese Frau ist beim Ehebruch auf fri-
scher Tat ertappt worden. 5 Im Gesetz aber
hat Mose uns vorgeschrieben, solche Frauen
zu steinigen. Was also sagst du dazu?
6 Dies sagten sie aber, um ihn zu versuchen,
damit sie einen Grund hätten, ihn anzukla-
gen. Jesus aber bückte sich und schrieb mit
dem Finger auf die Erde. 7 Als sie aber nicht
nachliessen, ihn zu fragen, richtete er sich
auf und sprach zu ihnen: Wer unter euch
ohne Sünde ist, werfe als erster einen Stein
auf sie! 8 Und er bückte sich wieder und
schrieb auf die Erde. 9 Die aber hörten es
und gingen einer nach dem andern weg, die
Ältesten voran, und er blieb allein zurück
mit der Frau, die in der Mitte stand. 10 Jesus
aber richtete sich auf und sprach zu ihr:
Frau, wo sind sie? Hat keiner dich verur-
teilt? 11 Sie aber sagte: Keiner, Herr. Da
sprach Jesus: Auch ich verurteile dich nicht.

3 Was siehst du den Splitter im Auge
deines Bruders, den Balken in deinem
Auge aber bemerkst du nicht?
4 Oder wie kannst du zu deinem Bruder sagen: Lass, ich will den Splitter aus
deinem Auge herausziehen, und siehe,
in deinem Auge ist der Balken?

5 Heuchler! Zieh zuerst den Balken aus
deinem Auge. Dann wirst du klar genug sehen, um den Splitter aus dem
Auge deines Bruders herauszuziehen.

Röm 2,1–3: 1 Daher kannst du dich nicht entschuldigen, o Mensch, der du
richtest, wer du auch sein magst; denn indem du den andern richtest,
verdammst du dich selbst; denn du, der du richtest, verübst ebendasselbe.
2 Wir wissen aber, dass das Gericht Gottes der Wahrheit gemäss über die
ergeht, die solches verüben. 3 Meinst du denn aber, o Mensch, der du die
richtest, die solches verüben, und dasselbe tust, dass du dem Gericht Gottes
entrinnen werdest?
ThEv 26: Jesus sagte: Den Splitter, der im Auge deines Bruders ist, siehst du;
aber den Balken, der in deinem Auge ist, siehst du nicht. Wenn du den Balken aus deinem Auge gezogen hast, dann wirst du (klar) sehen, um den
Splitter aus deines Bruders Auge zu ziehen.
ThEv 34: Jesus sagte: Wenn ein Blinder einen Blinden führt, fallen sie beide
hinunter in eine Grube.
ThEv 41: Jesus sagte: Wer in seiner Hand hat, dem wird gegeben werden;
und dem, der nicht hat, wird man auch das wenige, das er hat, nehmen.

69   VON DER ENTWEIHUNG DES HEILIGEN

Matthäus 7,6   *[Markus]*

6 Gebt das Heilige nicht den Hunden
und werft eure Perlen nicht vor die
Schweine, damit diese nicht mit den
Füssen auf ihnen herumtreten und sich
umwenden und euch in Stücke reissen.

ThEv 93: <Jesus sagte:> Gebt nicht, was heilig ist, den Hunden, damit sie es
nicht auf den Misthaufen werfen. Werft keine Perlen vor die Schweine,
damit sie sie nicht [...] machen.

41 Was siehst du den Splitter im Auge deines Bruders, den Balken aber im eigenen Auge bemerkst du nicht?
42 Wie kannst du zu deinem Bruder sagen: Bruder, lass, ich will den Splitter in deinem Auge herausziehen, während du den Balken in deinem Auge nicht siehst?
Heuchler! Zieh zuerst den Balken aus deinem Auge. Dann wirst du klar genug sehen, um den Splitter im Auge deines Bruders herauszuziehen.

Geh, und sündige von jetzt an nicht mehr!}

53: Die wichtigsten Handschriften enthalten Joh 7,53–8,11 nicht. Die entsprechenden Verse gehören nicht zum ursprünglichen Text des Johannesevangeliums.

[Lukas]

[Johannes]

70   BITTEN UND EMPFANGEN
                           (vgl. Nr. 187)

Matthäus 7,7–11   [Markus]

7 Bittet, so wird euch gegeben; sucht,
so werdet ihr finden; klopft an, so wird
euch aufgetan. 8 Denn wer bittet, der
empfängt; wer sucht, der findet; wer
anklopft, dem wird aufgetan.
9 Oder ist unter euch jemand, der seinem Sohn einen Stein gibt, wenn er
ihn um Brot bittet,
10 und wenn er ihn um einen Fisch bittet, eine Schlange?

11 Wenn also ihr, die ihr böse seid, euren Kindern gute Gaben zu geben
wisst, wie viel mehr wird euer Vater im
Himmel denen Gutes geben, die ihn
bitten.

> *ThEv 2:* Jesus sagte: Wer sucht, soll nicht aufhören zu suchen, bis er findet;
> und wenn er findet, wird er bestürzt sein; und wenn er bestürzt ist, wird er
> verwundert sein, und er wird über das All herrschen.
> *ThEv 92:* Jesus sagte: Sucht, und ihr werdet finden; aber was ihr mich in
> diesen Tagen gefragt habt und was ich euch nicht gesagt habe, jetzt gefällt
> es mir, es zu sagen, und ihr fragt nicht danach.
> *ThEv 94:* Jesus [sagte]: Wer sucht, der wird finden, [und der, der anklopft] an
> das Innere, dem wird geöffnet werden.

71   DIE GOLDENE REGEL

Matthäus 7,12   [Markus]

12 Also: Was immer ihr wollt, dass euch
die Leute tun, das tut auch ihnen. Denn
das ist das Gesetz und die Propheten.

[Lukas 11,9–13]
(Nr. 187, S. 181)

9 Und ich sage euch:
Bittet, so wird euch gegeben; sucht, so
werdet ihr finden; klopft an, so wird
euch aufgetan. 10 Denn wer bittet, der
empfängt; wer sucht, der findet; wer
anklopft, dem wird aufgetan.
11 Wer von euch gibt seinem Sohn,

wenn der ihn, seinen Vater, um einen
Fisch bittet, statt des Fisches eine
Schlange, 12 oder wer gibt, wenn er ihn
um ein Ei bittet, einen Skorpion?
13 Wenn also ihr, die ihr böse seid, euren Kindern gute Gaben zu geben
wisst, wie viel mehr wird der Vater den
Heiligen Geist vom Himmel herab denen geben, die ihn bitten.

[Johannes 16,24; 14,13–14; 15,7]

16,24 (Nr. 327, S. 319)
24 Bis jetzt habt ihr nie um etwas in meinem Namen gebetet. Bittet, und ihr werdet
empfangen, damit eure Freude vollkommen
sei.

14,13–14 (Nr. 317, S. 311)
13 Und was ihr in meinem Namen erbitten
werdet, das werde ich tun, damit der Vater
durch den Sohn verherrlicht werde.
14 Wenn ihr mich in meinem Namen um
etwas bitten werdet, ich werde es tun.

15,7 (Nr. 320, S. 315)
7 Wenn ihr in mir bleibt und meine Worte
in euch bleiben, dann bittet, um was ihr
wollt, und es wird euch zuteil werden.

[Lukas 6,31]
(Nr. 80, S. 72)

31 Und wie ihr wollt, dass euch die Leute tun, so tut auch ihnen.

[Johannes]

72   DIE ENGE TÜR

Matthäus 7,13–14   [*Markus*]

13 Tretet ein durch die enge Tür! Denn
weit ist das Tor und breit der Weg, der
ins Verderben führt, und viele sind es,
die durch es hineingehen. 14 Wie eng
ist die Tür und wie schmal der Weg, der
ins Leben führt, und wenige sind es,
die ihn finden.

73   AN IHREN FRÜCHTEN
             SOLLT IHR SIE ERKENNEN
                    (vgl. Nr. 82)

Matthäus 7,15–20   [*Matthäus 12,33–35*]

15 Hütet euch vor den falschen Propheten, die in Schafspelzen zu euch kommen, darunter aber sind reissende
Wölfe!

16 An ihren Früchten werdet ihr sie erkennen. Lassen sich etwa Trauben ernten von Dornen oder Feigen von Disteln?
17 So bringt jeder gute Baum gute
Früchte, jeder faule Baum aber bringt
schlechte Früchte.

18 Ein guter Baum kann nicht schlechte
Früchte bringen, und ein fauler Baum
kann nicht gute Früchte bringen.
19 Jeder Baum, der nicht gute Frucht
bringt, wird gefällt und ins Feuer geworfen.

12,33–35 (Nr. 118, S. 113)
33 Entweder der Baum ist gut, dann ist
auch seine Frucht gut! Oder der Baum
ist faul, dann ist auch seine Frucht faul!

[Lukas 13,23–24]   [Johannes]
(Nr. 211, S. 202)

23 Da sagte einer zu ihm: Herr, ob es
wohl wenige sind, die gerettet werden?
Er aber sprach zu ihnen:
 24 Kämpft darum, dass ihr durch die
enge Tür eintretet! Denn viele, sage ich
euch, werden einzutreten trachten und
werden es nicht vermögen.

[Lukas 6,43–45]   [Johannes]
(Nr. 82, S. 75)

43 Denn es gibt keinen guten Baum,
der faule Frucht bringt, und wiederum
keinen faulen Baum, der gute Frucht
bringt.
44 Denn jeden Baum erkennt man an
seiner Frucht. Denn von Dornen erntet
man keine Feigen, und vom Dornbusch
liest man keine Trauben.

20 So werdet ihr sie an ihren Früchten erkennen.

Denn an der Frucht erkennt man den Baum.

34 Schlangenbrut! Wie könnt ihr Gutes reden, die ihr böse seid? Spricht doch der Mund nur aus, wovon das Herz überquillt.

35 Der gute Mensch holt aus dem Schatz des Guten Gutes hervor, der böse Mensch holt aus dem Schatz des Bösen Böses hervor.

3,10 (Nr. 14, S. 17)

ThEv 45: Jesus sagte: Man erntet nicht Trauben von Dornsträuchern, noch pflückt man Feigen von Weissdornsträuchern, sie geben keine Frucht. [Denn ein gu]ter Mensch bringt Gutes aus seinem Schatz hervor; ein böser Mensch bringt böse Dinge aus seinem Schatz hervor, der sein Herz ist, und er sagt böse Dinge, denn aus dem Überfluss des Herzens bringt er böse Dinge hervor.

74   VOM HERR-HERR-SAGEN

Matthäus 7,21–23   [Markus]

21 Nicht jeder, der zu mir sagt: Herr, Herr!, wird ins Himmelreich hineinkommen, sondern wer den Willen meines Vaters im Himmel tut.

22 Viele werden an jenem Tag zu mir sagen: Herr, Herr, haben wir nicht in deinem Namen als Propheten geredet, in deinem Namen Dämonen ausgetrieben und in deinem Namen viele Wunder getan?

23 Dann sollen sie es von mir hören: Ich habe euch nie gekannt! Geht weg von mir, die ihr gesetzlos handelt!

23: Ps 6,9

25,10–12 (Nr. 298, S. 290)

25,41 (Nr. 300, S. 293)

45 Der gute Mensch bringt aus dem
guten Schatz seines Herzens das Gute
hervor, der böse bringt aus dem bösen
das Böse hervor.
Spricht doch sein Mund nur aus, wovon das Herz überquillt.
3,9 (Nr. 14, S. 17)

[Lukas 6,46; 13,25–27]   [Johannes]

6,46 (Nr. 83, S. 76)
46 Was nennt ihr mich Herr, Herr!,

und tut nicht, was ich sage?

13,25–27 (Nr. 211, S. 202)
25 Wenn der Hausherr aufgestanden
ist und die Tür verschlossen hat und
wenn ihr erst dann draussen steht und
anfangt, an die Tür zu klopfen und zu
sagen: Herr, öffne uns!, dann wird er
euch antworten: Ich weiss nicht, woher
ihr seid! 26 Dann werdet ihr anfangen
zu sagen: Wir haben vor deinen Augen
gegessen und getrunken, und du hast
auf unseren Strassen gelehrt.
27 Und er wird zu euch sagen: Ich
weiss nicht, woher ihr seid. «Weg von
mir, all ihr Übeltäter!»
27: Ps 6,9

75   VOM HAUS AUF DEM FELSEN
(vgl. Nr. 83)

Matthäus 7,24–27	*[Markus]*
24 Jeder, der diese meine Worte hört und sie tut,	
wird einem klugen Mann gleich sein, der sein Haus auf Fels gebaut hat.	
25 Da gingen Regengüsse nieder, Sturzbäche kamen, und Winde wehten und prallten gegen das Haus, und es stürzte nicht ein. Denn Fels war sein Fundament. 26 Und jeder, der diese meine Worte hört und sie nicht tut, wird einem törichten Mann gleich sein, der sein Haus auf Sand gebaut hat. 27 Da gingen Regengüsse nieder, Sturzbäche kamen, Winde wehten und schlugen gegen das Haus, und es stürzte ein, und sein Sturz war gross.	

ThEv 32: Jesus sagte: Eine Stadt, die auf einem Berg gebaut ist, erhöht und
befestigt, kann nicht fallen, noch kann sie verborgen werden.

76   DIE WIRKUNG DER BERGPREDIGT

Matthäus 7,28–29	*[Markus 1,21–22]*
	(Nr. 35, S. 39)
28 Und es geschah, als Jesus diese Rede vollendet hatte,	21 Und sie gehen nach Kafarnaum hinein. Und gleich am Sabbat ging er in die Synagoge und lehrte.
da gerieten die Leute ausser sich über seine Lehre. 29 Denn er lehrte sie wie einer, der Vollmacht hat, und nicht wie ihre Schriftgelehrten.	22 Und sie gerieten ausser sich über seine Lehre; denn er lehrte sie wie einer, der Vollmacht hat, und nicht wie die Schriftgelehrten.

▼ (Nr. 84 — 8,1–4 — S. 77)

[Lukas 6,47–49]

(Nr. 83, S. 76)

47 Jeder, der zu mir kommt und meine Worte hört und sie tut – ich will euch zeigen, wem er gleich ist.
48 Er ist einem Menschen gleich, der, als er ein Haus baute, tief aushob und das Fundament auf Fels legte.
Als dann Hochwasser kam, riss die Flut an jenem Haus,
und sie vermochte es nicht zu erschüttern, weil es gut gebaut war.
49 Wer aber hört und nicht tut, ist einem Menschen gleich, der ein Haus auf den Erdboden baute ohne Fundament.
Als dann die Flut daran riss,

stürzte es sogleich ein, und der Einsturz jenes Hauses war gross.

[Johannes]

[Lukas 7,1; 4,32]

[Johannes 7,46]

(Nr. 241, S. 226)

7,1 (Nr. 85, S. 78)

1 Nachdem er alle seine Worte vor den Ohren des Volkes vollendet hatte, ging er nach Kafarnaum hinein.

4,32 (Nr. 35, S. 39)

32 Und sie gerieten ausser sich über seine Lehre, denn sein Reden geschah in Vollmacht.

46 Die Diener antworteten: Noch nie hat ein Mensch so geredet.

VII

Die Feldrede
(nach Lukas)

77   EINLEITUNG
                                (vgl. Nr. 50)

[*Matthäus 4,24–5,2*]   [*Markus 3,7–13a*]
(Nr. 50, S. 51)   (Nr. 48.49, S. 49 . 50)

24 Und die Kunde von ihm verbreitete
sich in ganz Syrien. Und man brachte
alle Kranken zu ihm, von den verschiedensten Gebrechen und Beschwerden
Gezeichnete: Besessene, Mondsüchtige
und Gelähmte; und er heilte sie.   7 Und Jesus zog sich mit seinen Jün-
25 Und es folgte ihm viel Volk aus Gali- gern an den See zurück,
läa, der Dekapolis, aus Jerusalem und   und eine grosse Menge aus Galiläa
Judäa und von jenseits des Jordan.   folgte; auch aus Judäa 8 und aus Jerusa-
                                          lem, aus Idumäa und von jenseits des
                                          Jordan und aus der Gegend um Tyrus
                                          und Sidon kam eine grosse Menge zu
                                          ihm, als sie hörten, was er tat.

                                          9 Und er sagte zu seinen Jüngern, ein
                                          Boot solle für ihn bereitliegen wegen
                                          des Volkes, damit es ihn nicht bedrän-
                                          ge.
                                          10 Denn er heilte viele, so dass alle, die
                                          von Leiden geplagt waren, sich auf ihn
                                          stürzten, um ihn zu berühren. 11 Und
                                          die unreinen Geister warfen sich vor
                                          ihm nieder, sobald sie ihn sahen, und
                                          schrien: Du bist der Sohn Gottes!
                                          12 Und er herrschte sie heftig an, sie
                                          sollten ihn nicht offenbar machen.
5,1 Als er aber die Leute sah, stieg er auf 13 Und er steigt auf den Berg ...
den Berg; und als er sich gesetzt hatte,
traten seine Jünger zu ihm. 2 Und er tat
seinen Mund auf und lehrte sie:

14,36 (Nr. 148, S. 144)   5,56 (Nr. 148, S. 144)

Lukas 6,17–20a   *[Johannes]*

▲ (Nr. 49 — 6,12–16 — S. 50)

17 Und er stieg mit ihnen hinab und
trat auf ein ebenes Feld.
Und eine grosse Schar seiner Jünger
und eine grosse Menge des Volkes aus
ganz Judäa und Jerusalem und aus dem
Küstenland von Tyrus und Sidon war
da. 18 Die kamen, um ihn zu hören und
von ihren Krankheiten geheilt zu werden;

auch die von unreinen Geistern Ge-
quälten wurden geheilt. 19 Und alles
Volk suchte ihn zu berühren, denn eine
Kraft ging von ihm aus und heilte alle.

20 Und er richtete die Augen auf seine
Jünger und sprach:

78   SELIGPREISUNGEN
                      (vgl. Nr. 51)

[Matthäus 5,3–12]   **[Markus]**
(Nr. 51, S. 52)

3 Selig die Armen im Geist –
ihnen gehört das Himmelreich.
4 Selig die Trauernden –
sie werden getröstet werden.
5 Selig die Sanften –
sie werden das Land erben.
6 Selig, die hungern und dürsten
nach der Gerechtigkeit –
sie werden gesättigt werden.

7 Selig die Barmherzigen –
sie werden Barmherzigkeit erfahren.
8 Selig, die reinen Herzens sind –
sie werden Gott schauen.
9 Selig, die Frieden stiften –
sie werden Söhne Gottes genannt
werden.
10 Selig, die verfolgt sind um der
Gerechtigkeit willen –
ihnen gehört das Himmelreich.
11 Selig seid ihr,

wenn sie euch schmähen und
verfolgen und euch das Ärgste
nachsagen um meinetwillen und
dabei lügen.
12 Freut euch und jubelt, denn euer
Lohn im Himmel ist gross. Denn so
haben sie auch die Propheten vor
euch verfolgt.

1.Petr 4,14: Wenn ihr um des Namens Christi willen geschmäht werdet, selig
seid ihr; denn der Geist der Herrlichkeit und Gottes ruht auf euch.
ThEv 54: Jesus sagte: Selig sind die Armen, denn euer ist das Himmelreich.

Lukas 6,20b–23
[6,24–26] (Nr. 79, S. 72)

    20b Selig ihr Armen –
euch gehört das Reich Gottes.
[24 Doch wehe euch, ihr Reichen –
ihr habt euren Trost empfangen.]

21 Selig, die ihr jetzt hungert –

ihr werdet gesättigt werden.
[25 Wehe euch, die ihr jetzt satt seid –
ihr werdet hungern.]
Selig, die ihr jetzt weint –
ihr werdet lachen.
[Wehe euch, die ihr jetzt lacht –
ihr werdet trauern und weinen.]

22 Selig seid ihr, wenn euch die
Menschen hassen
und wenn sie euch ächten, schmähen und euren Namen verwerfen
um des Menschensohnes willen.

23 Freut euch an jenem Tag und tanzt!
Denn siehe, euer Lohn im Himmel ist
gross. Denn ebenso haben ihre Väter
den Propheten getan.
    [26 Wehe, wenn alle Menschen gut von
euch reden,
denn ebenso haben ihre Väter den
falschen Propheten getan.]

[Johannes]

ThEv 68: Jesus sagte: Selig seid ihr, dass man euch hassen wird und dass
man euch verfolgen wird, und sie werden keinen Platz finden, wo man
euch verfolgt hat.

ThEv 69: Jesus sagte: Selig sind die, die man verfolgt hat in ihrem Herzen;
es sind diese, die den Vater in Wahrheit erkannt haben. Selig sind die
Hungrigen, denn man wird den Bauch dessen, der (es) wünscht, füllen.

79   WEHERUFE

[Matthäus]   [Markus]

80   VON DER FEINDESLIEBE
(vgl. Nr. 58.59)

[Matthäus 5,38–48]   [Markus]
[7,12]

Lukas 6,24–26   [Johannes]
[6,20b–23] (Nr. 78, S. 71)

24 Doch wehe euch, ihr Reichen –
ihr habt euren Trost empfangen.
[20b Selig ihr Armen – euch gehört das
Reich Gottes.]
25 Wehe euch, die ihr jetzt satt seid
– ihr werdet hungern.
[21a Selig, die ihr jetzt hungert – ihr
werdet gesättigt werden.]
Wehe euch, die ihr jetzt lacht – ihr
werdet trauern und weinen.
[21b Selig, die ihr jetzt weint – ihr werdet lachen.]
26 Wehe, wenn alle Menschen gut
von euch reden, denn ebenso haben
ihre Väter den falschen Propheten
getan.
[22 Selig seid ihr, wenn euch die Menschen hassen und wenn sie euch ächten,
schmähen und euren Namen verwerfen
um des Menschensohnes willen.
23 Freut euch an jenem Tag und tanzt!
Denn siehe, euer Lohn im Himmel ist
gross. Denn ebenso haben ihre Väter den
Propheten getan.]

Lukas 6,27–36   [Johannes]

27 Euch aber, die ihr zuhört, sage ich:
Liebt eure Feinde! Tut wohl denen, die
euch hassen! 28 Segnet die, welche

5,38–48 *(Nr. 58.59, S. 57 . 58)*

38 Ihr habt gehört, dass gesagt wurde:
«Auge um Auge» und «Zahn um
Zahn.» 39 Ich aber sage euch: Leistet
dem Bösen keinen Widerstand! Sondern:
Wer dich auf die rechte Backe schlägt,
dem biete auch die andere. 40 Und wer
dich vor Gericht ziehen will, um dein
Gewand zu nehmen, dem lass auch den
Mantel.
41 Und wer dich nötigt, eine Meile mit-
zugehen, mit dem geh zwei.
42 Wer dich bittet, dem gib; und wer
von dir borgen will, von dem wende
dich nicht ab.

7,12 *(Nr. 71, S. 66)*

12 *Also: Was immer ihr wollt, dass euch die
Leute tun, das tut auch ihnen. Denn das ist
das Gesetz und die Propheten.*

43 Ihr habt gehört, dass gesagt wurde:
«Du sollst deinen Nächsten lieben»
und deinen Feind hassen.
44 Ich aber sage euch: Liebt eure Feinde und betet für die, die euch verfolgen, 45 so werdet ihr Söhne eures Vaters im Himmel; denn er lässt seine
Sonne aufgehen über Böse und Gute
und lässt regnen über Gerechte und
Ungerechte.
46 Denn wenn ihr die liebt, die euch
lieben, welchen Lohn habt ihr da? Tun
das nicht auch die Zöllner? 47 Und
wenn ihr nur eure Brüder grüsst, was
tut ihr da Ausserordentliches? Tun das
nicht auch die Heiden?

euch verfluchen!
Betet für die, welche euch misshandeln!

29 Wer dich auf die eine Backe schlägt, dem halte auch die andere hin; und wer dir den Mantel nimmt, dem verweigere auch das Gewand nicht.

30 Jedem, der dich bittet, dem gib; und wer dir das Deine nimmt, von dem fordere es nicht zurück.

31 Und wie ihr wollt, dass euch die Leute tun, so tut auch ihnen.

32 Und wenn ihr die liebt, die euch lieben, was für einen Dank habt ihr da? Auch die Sünder lieben ja die, welche sie lieben. 33 Und wenn ihr denen Gutes tut, die euch Gutes tun, was für einen Dank habt ihr da? Dasselbe tun auch die Sünder. 34 Und wenn ihr denen leiht, von denen ihr etwas zu erhalten hofft, was für einen Dank habt ihr da? Auch Sünder leihen Sündern, um ebenso viel zurückzuerhalten. 35 Vielmehr liebt eure Feinde und tut Gutes und leiht, wo ihr nichts zurückerhofft. Dann wird euer Lohn gross sein, und ihr werdet Söhne des Höchsten sein, denn er ist gütig gegen die

48 Ihr sollt also vollkommen sein, wie euer himmlischer Vater vollkommen ist.

38: Ex 21,24; Lev 24,20; Dtn 19,21 / 43: Lev 19,18

Apg 20,35: 35 In allen Stücken habe ich euch gezeigt, dass man so arbeiten und sich [dann] der Schwachen annehmen und der Worte des Herrn Jesus eingedenk sein müsse, dass er [nämlich] selbst gesagt hat: Geben ist seliger als nehmen.

ThEv 95: [Jesus sagte:] Wenn ihr Geld habt, verleiht es nicht mit Wucher, sondern gebt [...] dem, von dem [ihr] es nicht wiederbekommen werdet.

81   VOM RICHTEN
                                (vgl. Nr. 68)

[Matthäus 7,1–5]   *[Markus 4,24–25]*

[12,36–37; 15,14; 10,24–25]   *(Nr. 125, S. 121)*

7,1–5 (Nr. 68, S. 64)

1 Richtet nicht, damit ihr nicht gerichtet werdet! 2 Denn so wie ihr richtet, werdet ihr gerichtet werden,

12,36–37 (Nr. 118, S. 113)

36 Ich sage euch aber: Über jedes unnütze Wort, das die Menschen reden, werden sie Rechenschaft ablegen müssen am Tag des Gerichts. 37 Denn auf Grund deiner Worte wirst du gerechtfertigt werden, und auf Grund deiner Worte wirst du verurteilt werden.

und mit dem Mass, mit dem ihr messt, wird euch gemessen werden.

24 Und er sprach zu ihnen: Gebt Acht auf das, was ihr hört! Mit dem Mass, mit dem ihr messt, wird euch gemessen werden, und es wird euch noch dazugegeben werden. 25 Denn wer hat, dem wird gegeben werden; und wer nicht hat, dem wird auch das genommen werden, was er hat.

15,14 (Nr. 150, S. 147)

14 ... Sie sind blinde Führer. Wenn aber ein Blinder einen Blinden führt, werden beide in die Grube fallen.

10,24–25 (Nr. 100, S. 96)

24 Ein Jünger steht nicht über dem Meister und ein Knecht nicht über seinem Herrn.

Undankbaren und Bösen.
36 Seid barmherzig, wie euer Vater
barmherzig ist!

14,12–14 (Nr. 215, S. 204)

Lukas 6,37–42   *[Johannes 13,16; 15,20a]*

37 Richtet nicht, und ihr werdet nicht
gerichtet.

Verurteilt nicht, und ihr werdet nicht
verurteilt. Lasst frei, und ihr werdet
freigelassen! 38 Gebt, und euch wird
auch gegeben werden: ein gutes, fest-
gedrücktes, gerütteltes und übervolles
Mass wird man euch in den Schoss
schütten.

Denn mit dem Mass, mit dem ihr
messt, wird auch euch gemessen werden.

39 Er sagte ihnen aber auch ein Gleichnis: Kann etwa ein Blinder einen Blinden führen? Werden sie nicht beide in
die Grube fallen?

40 Kein Jünger steht über dem Meister.

13,16 (Nr. 309, S. 303)
16 Amen, amen, ich sage euch: Ein Knecht
ist nicht grösser als sein Herr und ein Bote

25 *Es genügt dem Jünger, dass er wie sein*
Meister wird, und dem Knecht, dass er wie
sein Herr wird.

3 Was siehst du den Splitter im Auge
deines Bruders, den Balken in deinem
Auge aber bemerkst du nicht?
4 Oder wie kannst du zu deinem Bruder sagen: Lass, ich will den Splitter aus
deinem Auge herausziehen, und siehe,
in deinem Auge ist der Balken?
5 Heuchler! Zieh zuerst den Balken aus
deinem Auge. Dann wirst du klar genug sehen, um den Splitter aus dem
Auge deines Bruders herauszuziehen.

Röm 2,1–3: 1 Daher kannst du dich nicht entschuldigen, o Mensch, der du
richtest, wer du auch sein magst; denn indem du den andern richtest, verdammst du dich selbst; denn du, der du richtest, verübst ebendasselbe.
2 Wir wissen aber, dass das Gericht Gottes der Wahrheit gemäss über die
ergeht, die solches verüben. 3 Meinst du denn aber, o Mensch, der du die
richtest, die solches verüben, und dasselbe tust, dass du dem Gericht Gottes
entrinnen werdest?
ThEv 26: Jesus sagte: Den Splitter, der im Auge deines Bruders ist, siehst du;
aber den Balken, der in deinem Auge ist, siehst du nicht. Wenn du den Balken aus deinem Auge gezogen hast, dann wirst du (klar) sehen, um den
Splitter aus deines Bruders Auge zu ziehen.
ThEv 34: Jesus sagte: Wenn ein Blinder einen Blinden führt, fallen sie beide
hinunter in eine Grube.
ThEv 41: Jesus sagte: Wer in seiner Hand hat, dem wird gegeben werden;
und dem, der nicht hat, wird man auch das wenige, das er hat, nehmen.

82   VOM TUN DES GUTEN
                               (vgl. Nr. 73)

[*Matthäus 7,15–20; 12,33–35*]   [*Markus*]

7,15–20 (Nr. 73, S. 67)
15 Hütet euch vor den falschen Propheten, die in Schafspelzen zu euch kommen, darunter aber sind reissende
Wölfe!
16 An ihren Früchten werdet ihr sie erkennen. Lassen sich etwa Trauben ern-

Jeder aber wird, wenn er ausgebildet ist, wie sein Meister sein.

nicht grösser als der, der ihn gesandt hat.

20 ... Ein Knecht ist nicht grösser als sein Herr.

41 Was siehst du den Splitter im Auge deines Bruders, den Balken aber im eigenen Auge bemerkst du nicht?
42 Wie kannst du zu deinem Bruder sagen: Bruder, lass, ich will den Splitter in deinem Auge herausziehen, während du den Balken in deinem Auge nicht siehst? Heuchler! Zieh zuerst den Balken aus deinem Auge. Dann wirst du klar genug sehen, um den Splitter im Auge deines Bruders herauszuziehen.

Lukas 6,43–45

[Johannes]

43 Denn es gibt keinen guten Baum, der faule Frucht bringt, und wiederum keinen faulen Baum, der gute Frucht bringt.

44 Denn jeden Baum erkennt man an seiner Frucht. Denn von Dornen erntet

ten von Dornen oder Feigen von Disteln?
17 So bringt jeder gute Baum gute
Früchte, jeder faule Baum aber bringt
schlechte Früchte. 18 Ein guter Baum
kann nicht schlechte Früchte bringen,
und ein fauler Baum kann nicht gute
Früchte bringen. 19 Jeder Baum, der
nicht gute Frucht bringt, wird gefällt
und ins Feuer geworfen. 20 So werdet
ihr sie an ihren Früchten erkennen.

12,33–35 (Nr. 118, S. 113)

33 Entweder der Baum ist gut, dann ist
auch seine Frucht gut! Oder der Baum
ist faul, dann ist auch seine Frucht faul!
Denn an der Frucht erkennt man den
Baum.
34 Schlangenbrut! Wie könnt ihr Gutes
reden, die ihr böse seid? Spricht doch
der Mund nur aus, wovon das Herz
überquillt.
35 Der gute Mensch holt aus dem
Schatz des Guten Gutes hervor, der böse Mensch holt aus dem Schatz des Bösen Böses hervor.

*ThEv 45: Jesus sagte: Man erntet nicht Trauben von Dornsträuchern, noch
pflückt man Feigen von Weissdornsträuchern, sie geben keine Frucht.
[Denn ein gu]ter Mensch bringt Gutes aus seinem Schatz hervor; ein böser
Mensch bringt böse Dinge aus seinem Schatz hervor, der sein Herz ist, und
er sagt böse Dinge, denn aus dem Überfluss des Herzens bringt er böse
Dinge hervor.*

83   VOM HAUS AUF DEM FELSEN
                                   (vgl. Nr. 75)

[Matthäus 7,21–27]   *[Markus]*
(Nr. 74.75, S. 68 . 69)

21 Nicht jeder, der zu mir sagt: Herr,
Herr!, wird ins Himmelreich hineinkommen, sondern wer den Willen meines Vaters im Himmel tut. 22 Viele
werden an jenem Tag zu mir sagen:
Herr, Herr, haben wir nicht in deinem
Namen als Propheten geredet, in dei-

man keine Feigen, und vom Dornbusch
liest man keine Trauben.

45 Der gute Mensch bringt aus dem
guten Schatz seines Herzens das Gute
hervor, der böse bringt aus dem bösen
das Böse hervor. Spricht doch sein
Mund nur aus, wovon das Herz überquillt.

Lukas 6,46–49   [Johannes]

46 Was nennt ihr mich Herr, Herr!,

und tut nicht, was ich sage?

nem Namen Dämonen ausgetrieben
und in deinem Namen viele Wunder
getan? 23 Dann sollen sie es von mir
hören: Ich habe euch nie gekannt!
«Geht weg von mir, die ihr gesetzlos
handelt!»
24 Jeder, der diese meine Worte hört
und sie tut,

wird einem klugen Mann gleich sein,
der sein Haus auf Fels gebaut hat.

25 Da gingen Regengüsse nieder, Sturzbäche kamen, und Winde wehten und
prallten gegen das Haus, und es stürzte
nicht ein. Denn Fels war sein Fundament. 26 Und jeder, der diese meine
Worte hört und sie nicht tut, wird einem törichten Mann gleich sein, der
sein Haus auf Sand gebaut hat. 27 Da
gingen Regengüsse nieder, Sturzbäche
kamen, Winde wehten und schlugen
gegen das Haus,
und es stürzte ein, und sein Sturz war
gross.

23: Ps 6,9
12,50 (Nr. 121, S. 116)   3,35 (Nr. 121, S. 116)

ThEv 32: Jesus sagte: Eine Stadt, die auf einem Berg gebaut ist, erhöht und
befestigt, kann nicht fallen, noch kann sie verborgen werden.

VIII   Weitere Wirksamkeit
in Galiläa

84   HEILUNG EINES AUSSÄTZIGEN
                          (vgl. Nr. 42)

Matthäus 8,1–4   [Markus 1,40–45]
                                        (Nr. 42, S. 43)

▲ (Nr. 76 —7,28–29 — S. 69)
1 Als er vom Berg herabstieg, folgte ihm
viel Volk. 2 Und siehe, ein Aussätziger   40 Und es kommt ein Aussätziger zu
kam auf ihn zu, warf sich vor ihm nie-   ihm, fällt auf die Knie, bittet ihn und

47 Jeder, der zu mir kommt und meine Worte hört und sie tut – ich will euch zeigen, wem er gleich ist.
48 Er ist einem Menschen gleich, der, als er ein Haus baute, tief aushob und das Fundament auf Fels legte. Als dann Hochwasser kam, riss die Flut an jenem Haus, und sie vermochte es nicht zu erschüttern, weil es gut gebaut war.
49 Wer aber hört und nicht tut, ist einem Menschen gleich, der ein Haus auf den Erdboden baute ohne Fundament. Als dann die Flut daran riss,

stürzte es sogleich ein, und der Einsturz jenes Hauses war gross.

▼ (Nr. 85 — 7,1–10 — S. 78)

[Lukas 5,12–16]
(Nr. 42, S. 43)

12 Und es geschah, als er in einer der Städte war, siehe, da war ein Mann voller Aussatz. Als der Jesus sah, fiel er auf

[Lukas 17,11–19]
(Nr. 233, S. 218)

11 Und es geschah, während er nach Jerusalem unterwegs war, da zog er durch das Grenzgebiet von Samaria und Galiläa.

der und sagte: Herr, wenn du willst, kannst du mich rein machen!

sagt zu ihm: Wenn du willst, kannst du mich rein machen.

3 Und
er streckte die Hand aus, berührte ihn und sprach:

41 Und von Mitleid ergriffen streckte er seine Hand aus und berührte ihn, und er spricht zu ihm:

Ich will. Sei rein!
Und auf der Stelle wurde er von seinem Aussatz rein.

Ich will. Sei rein!
42 Und auf der Stelle wich der Aussatz von ihm, und er wurde rein. 43 Und er fuhr ihn an und schickte ihn auf der Stelle weg,

4 Und Jesus spricht zu ihm: Gib acht, sage niemandem etwas, sondern geh, zeige dich dem Priester und bringe die Opfergabe dar, die Mose angeordnet hat, ihnen zum Zeugnis.

44 und er spricht zu ihm: Gib Acht, sage niemandem etwas, sondern geh, zeige dich dem Priester, und für deine Reinigung bringe als Opfer dar, was Mose angeordnet hat, ihnen zum Zeugnis.
45 Der aber ging hin und fing an, viel davon zu reden und die Sache bekannt zu machen, so dass Jesus nicht mehr öffentlich in eine Stadt hineingehen konnte,
sondern draussen an abgelegenen Orten blieb.
Und sie kamen zu ihm von überall her.
1,35 (Nr. 39, S. 41)

85   DER HAUPTMANN VON KAFARNAUM

Matthäus 8,5–13

[Markus 2,1]
[7,30]

2,1 (Nr. 43, S. 44)

5 Als er aber nach Kafarnaum hineinkam,
trat ein Hauptmann zu ihm und bat ihn: 6 Herr, mein Knecht liegt gelähmt im Haus und wird von furchtbaren Schmerzen gequält.

1 Und als er nach einigen Tagen wieder nach Kafarnaum hineinging, wurde bekannt, dass er im Hause sei.

sein Angesicht nieder und bat ihn:
Herr, wenn du willst, kannst du mich
rein machen.
13 Und
er streckte die Hand aus, berührte ihn
und sprach:

*12 Und als er in ein Dorf hineinging, kamen
ihm zehn aussätzige Männer entgegen. Sie
blieben in der Ferne stehen 13 und erhoben
ihre Stimme und riefen: Jesus, Meister, erbarme dich unser! 14 Und als er sie sah,
sprach er zu ihnen: Geht und zeigt euch den
Priestern!*

Ich will. Sei rein!
Und auf der Stelle wich der Aussatz von
ihm.

*Und es geschah, als sie hingingen, da wur-
den sie rein.*
*15 Einer von ihnen aber kehrte zurück, als
er sah, dass er geheilt worden war, und pries
Gott mit lauter Stimme 16 und fiel auf das
Angesicht ihm zu Füssen und dankte ihm.
Und das war ein Samariter. 17 Jesus aber
antwortete: Sind nicht alle zehn rein geworden? Wo aber sind die anderen neun?
18 Hat sich keiner gefunden, der zurückgekehrt ist, um Gott die Ehre zu geben, ausser
diesem Fremden? 19 Und er sprach zu ihm:
Steh auf und geh! Dein Glaube hat dich gerettet.*

14 Und er befahl ihm: Sage niemandem
etwas, sondern geh, zeige dich dem
Priester, und für deine Reinigung bringe eine Opfergabe dar, wie Mose angeordnet hat, ihnen zum Zeugnis.
15 Aber die Kunde von ihm breitete
sich immer weiter aus, und viel Volk
strömte zusammen, um ihn zu hören
und von ihren Krankheiten geheilt zu
werden.
16 Er aber zog sich immer wieder in
einsame Gegenden zurück und betete.

4,42 (Nr. 39, S. 41)

Lukas 7,1–10
[13,28–29]

▲ *(Nr. 83 — 6,46–49 — S. 76)*
1 Nachdem er alle seine Worte vor den
Ohren des Volkes vollendet hatte, ging
er nach Kafarnaum hinein.
2 Der Knecht eines Hauptmanns aber,
der diesem lieb und teuer war, war auf
den Tod krank.
3 Als der nun von Jesus hörte, sandte er
Älteste von den Juden zu ihm und liess
ihn bitten, er möge kommen und seinen Knecht retten.
4 Als diese zu Jesus kamen, baten sie
ihn inständig und sagten: Er ist es
wert, dass du ihm dies gewährst.

Johannes 4,46b–54

▲ *(Nr. 32 — 4,43–46a — S. 35)*
46b Und in Kafarnaum war ein könig-
licher Beamter, dessen Sohn krank war.

47 Als der hörte, dass Jesus von Judäa
nach Galiläa gekommen sei, ging er zu
ihm und bat, er möge herabkommen
und seinen Sohn heilen, denn der lag
im Sterben.

7 Und er spricht zu ihm: Ich werde
kommen und ihn heilen.

8 Da entgegnete der Hauptmann:

Herr, ich bin nicht gut genug, dass du
eintrittst unter mein Dach.

Doch sprich nur ein Wort, so wird
mein Knecht gesund. 9 Denn auch ich
bin einer, der unter Befehlsgewalt
steht, und ich habe Soldaten unter mir.
Sage ich zu einem: Geh, so geht er; sage
ich zu einem anderen: Komm, so
kommt er, und sage ich zu meinem
Knecht: Tu das, so tut er es.
10 Als Jesus das hörte, staunte er und
sprach zu denen, die ihm nachfolgten:
Amen, ich sage euch: Einen solchen
Glauben habe ich bei niemandem in Israel gefunden.

11 Ich aber sage euch: Viele werden aus
Osten und Westen kommen und mit
Abraham, Isaak und Jakob zu Tische liegen im Himmelreich.
12 Die Söhne des Reichs aber werden in
die äusserste Finsternis hinausgeworfen werden; dort wird Heulen und Zähneklappern sein.
13 Und Jesus sprach zum Hauptmann:
Geh! Dir geschehe, wie du geglaubt
hast.

7,30 (Nr. 151, S. 150)
30 Da ging sie nach Hause
und fand das Kind auf dem Bett liegen,
und der Dämon war ausgefahren.

Und in derselben Stunde wurde der
Knecht gesund.

▼ (Nr. 87 — 8,14–15 — S. 81)

5 Denn er liebt unser Volk, und er hat uns die Synagoge gebaut.
6 Da machte sich Jesus mit ihnen auf den Weg. Als er aber nicht mehr fern von dem Hause war, schickte der Hauptmann Freunde und liess ihm sagen:
Herr, bemühe dich nicht, denn ich bin nicht gut genug, dass du eintrittst unter mein Dach. 7 Deshalb habe ich mich auch nicht für würdig gehalten, selbst zu dir zu kommen.
Aber sprich ein Wort, so wird mein Knecht gesund. 8 Denn auch ich bin einer, der unter Befehlsgewalt steht, und ich habe Soldaten unter mir. Sage ich zu einem: Geh, so geht er; sage ich zu einem anderen: Komm, so kommt er; und sage ich zu meinem Knecht: Tu das, so tut er es.
9 Als Jesus das hörte, staunte er über ihn, wandte sich um und sprach zu der Menge, die ihm nachfolgte: Ich sage euch, selbst in Israel habe ich einen solchen Glauben nicht gefunden.

13,28–29 (Nr. 211, S. 202)
28 Dort wird Heulen und Zähneklappern sein, wenn ihr Abraham, Isaak und Jakob und alle Propheten im Reich Gottes sehen werdet, euch aber hinausgeworfen. 29 Und sie werden kommen von Osten und Westen und von Norden und Süden und zu Tische liegen im Reich Gottes.

7,10
10 Und als die Boten ins Haus zurückkehrten, fanden sie den Knecht gesund.

48 Da sprach Jesus zu ihm: Wenn ihr nicht Zeichen und Wunder seht, glaubt ihr nicht.
49 Der königliche Beamte sagt zu ihm:

Herr, komm herab,

bevor mein Kind stirbt!

50 Jesus spricht zu ihm: Geh, dein Sohn lebt. Der Mann glaubte dem Wort, das Jesus zu ihm gesprochen hatte, und ging fort.
51 Und noch während er hinabging, kamen ihm seine Knechte entgegen und sagten, dass sein Knabe lebe. 52 Da erkundigte er sich bei ihnen nach der Stunde, in der es besser geworden war mit ihm. Da sagten sie zu ihm: Gestern in der siebten Stunde ist das Fieber von

86 DER JÜNGLING VON NAIN

[Matthäus]

[Markus]

ihm gewichen. 53 Nun erkannte der Vater, dass es zu jener Stunde war, in der Jesus zu ihm gesagt hatte: Dein Sohn lebt; und er kam zum Glauben, er und sein ganzes Haus. 54 Dies wiederum war das zweite Zeichen, das Jesus tat, als er von Judäa nach Galiläa gekommen war.

▼ (Nr. 140 —5,1 — S. 135)

Lukas 7,11–17

11 Und danach geschah es, dass er in eine Stadt mit Namen Nain zog; und seine Jünger und eine grosse Menge zog mit ihm. 12 Als er sich dem Stadttor näherte, siehe, da wurde ein Toter herausgetragen, der einzige Sohn seiner Mutter, und sie war eine Witwe. Und eine stattliche Zahl von Leuten aus der Stadt war bei ihr. 13 Und als der Herr sie sah, hatte er Mitleid mit ihr und sprach zu ihr: Weine nicht! 14 Und er trat herzu und fasste den Sarg an. Da blieben die Träger stehen, und er sprach: Jüngling, ich sage dir: Steh auf! 15 Und der Tote richtete sich auf und begann zu reden. Und er gab ihn seiner Mutter wieder. 16 Furcht packte alle, und sie priesen Gott und sagten: Ein grosser Prophet ist erweckt worden unter uns, und: Gott hat nach seinem Volk geschaut. 17 Und die Kunde von ihm verbreitete sich in ganz Judäa und in der ganzen Umgebung.

▼ (Nr. 106 —7,18–23 — S. 101)

[Johannes]

87   HEILUNG DER SCHWIEGERMUTTER DES PETRUS
(vgl. Nr. 37)

Matthäus 8,14–15	[Markus 1,29–31]
	(Nr. 37, S. 40)
▲ *(Nr. 85 — 8,5–13 — S. 78)* 14 Und als Jesus in das Haus des Petrus kam,	29 Und bald verliessen sie die Synagoge und gingen mit Jakobus und Johannes in das Haus des Simon und des Andreas.
sah er, dass dessen Schwiegermutter im Fieber lag.	30 Die Schwiegermutter des Simon aber lag fieberkrank im Bett; und sogleich erzählen sie ihm von ihr.
15 Und er nahm ihre Hand, und das Fieber wich von ihr; und sie stand auf und bewirtete ihn.	31 Und er trat herzu, ergriff ihre Hand und richtete sie auf. Da wich das Fieber von ihr, und sie bewirtete sie.

88   HEILUNGEN BEI KAFARNAUM
(vgl. Nr. 38)

Matthäus 8,16–17	[Markus 1,32–34]
	(Nr. 38, S. 41)
16 Am Abend aber	32 Am Abend aber, als die Sonne untergegangen war,
brachten sie viele Besessene zu ihm;	brachten sie alle Kranken und Besessenen zu ihm.
	33 Und die ganze Stadt war vor der Tür versammelt.
und er trieb die Geister aus durch die Macht des Wortes und heilte alle Kranken.	34 Und er heilte viele, die an mancherlei Krankheiten litten, und trieb viele Dämonen aus;
	und die Dämonen liess er nicht reden, weil sie ihn kannten.
17 So sollte erfüllt werden, was durch den Propheten Jesaja gesagt ist: «Er nahm unsere Schwachheit auf sich, und unsere Krankheiten trug er.»	

17: Jes 53,4

4,24 *(Nr. 50, S. 51)*

12,15b–16 *(Nr. 113, S. 108)*   3,10–12 *(Nr. 48, S. 49)*

[Lukas 4,38–39]
(Nr. 37, S. 40)

38 Er stand aber auf und ging von der
Synagoge hinaus in das Haus des Simon.

Die Schwiegermutter des Simon aber
war von hohem Fieber befallen, und sie
baten ihn ihretwegen.
39 Und er trat herzu, beugte sich über
sie, herrschte das Fieber an, und es
wich von ihr. Und sofort stand sie auf
und bewirtete sie.

[Johannes]

[Lukas 4,40–41]
(Nr. 38, S. 41)

40 Als aber die Sonne unterging,
brachten sie alle ihre Kranken mit den
verschiedensten Gebrechen zu ihm.

Einem jeden von ihnen legte er die
Hände auf und heilte sie. 41 Von vielen
fuhren auch Dämonen aus, die schrien:
Du bist der Sohn Gottes! Doch er
herrschte sie an und liess sie nicht reden, weil sie wussten, dass er der
Christus ist.

[Johannes]

89   MENSCHENSOHN UND NACHFOLGE
(vgl. Nr. 176)

Matthäus 8,18–22	*[Markus 4,35]* *(Nr. 136, S. 128)*
18 Als aber Jesus die Menge um sich herum sah, befahl er, ans andere Ufer zu fahren.	35 *Und er sagt zu ihnen am Abend dieses Tages: Lasst uns ans andere Ufer fahren.*
19 Da trat ein Schriftgelehrter herzu und sprach zu ihm: Meister, ich will dir nachfolgen, wohin du auch gehst.	
20 Jesus spricht zu ihm: Die Füchse haben Höhlen, und die Vögel des Himmels haben Nester, der Menschensohn aber hat keinen Ort, wo er sein Haupt hinlegen kann.	
21 Ein anderer aber von den Jüngern sprach zu ihm: Herr, erlaube mir, dass ich zuerst heimgehe und meinen Vater begrabe.	
22 Jesus aber sagt zu ihm: Folge mir nach! Und lass die Toten ihre Toten begraben.	

1.Kön 19,19–21
ThEv 86: Jesus sagte: [Die Füchse haben Höhlen] und die Vögel haben [ihr]
Nest, aber der Sohn des Menschen hat keinen Ort, wo er sein Haupt hin-
legen [und] sich ausruhen kann.

90   DER STURM AUF DEM SEE
(vgl. Nr. 136)

Matthäus 8,23–27 *[8,18]*	*[Markus 4,35–41]* *(Nr. 136, S. 128)*
8,18 (Nr. 89, S. 82) 18 *Als aber Jesus die Menge um sich herum sah, befahl er, ans andere Ufer zu fahren.*	35 *Und er sagt zu ihnen am Abend dieses Tages: Lasst uns ans andere Ufer fahren.*

[Lukas 9,57–62]

[Johannes]

(Nr. 176, S. 172)

_____

_____

_____

_____

57 Und als sie so ihres Weges zogen,
sagte einer zu ihm: Ich will dir nachfolgen, wohin du auch gehst.
58 Jesus sprach zu ihm: Die Füchse haben Höhlen, und die Vögel des Himmels haben Nester, der Menschensohn
aber hat keinen Ort, wo er sein Haupt
hinlegen kann.
59 Zu einem anderen sprach er: Folge
mir nach! Der aber sagte: Herr, erlaube
mir, dass ich zuerst heimgehe und meinen Vater begrabe.
60 Er aber sprach zu ihm: Lass die Toten ihre Toten begraben. Du aber geh
und verkündige das Reich Gottes.
61 Wieder ein anderer sagte: Ich will
dir nachfolgen, Herr; zuerst aber erlaube mir, Abschied zu nehmen von denen, die zu meinem Haus gehören.
62 Jesus aber sprach zu ihm: Niemand,
der die Hand an den Pflug legt und zurückschaut, taugt für das Reich Gottes.

[Lukas 8,22–25]

[Johannes]

(Nr. 136, S. 128)

23 Dann stieg er in das Boot, und seine Jünger folgten ihm.

36 Und sie liessen die Leute gehen und nahmen ihn, wie er war, im Boot mit; auch andere Boote waren bei ihm.

24 Und siehe, ein grosser Sturm erhob sich auf dem See, so dass das Boot von den Wellen überflutet wurde; er aber schlief.
25 Da traten sie herzu,
weckten ihn und sprachen: Herr, rette uns, wir gehen zu Grunde. 26 Und er sagte zu ihnen: Warum seid ihr so furchtsam, Kleingläubige!
Dann stand er auf und herrschte die Winde an und den See;

da trat eine grosse Windstille ein.

27 Die Menschen aber wunderten sich und sprachen: Was ist das für einer, dem selbst Wind und Wellen gehorchen?

37 Da erhebt sich ein grosser Sturmwind, und die Wellen schlugen ins Boot, so dass sich das Boot schon füllte.
38 Er aber schlief hinten im Boot auf dem Kissen.
Und sie wecken ihn und sagen zu ihm: Meister, kümmert es dich nicht, dass wir untergehen?

39 Da stand er auf, herrschte den Wind an und sprach zum See: Schweig, verstumme! Da legte sich der Wind, und es trat eine grosse Windstille ein.
40 Und er sprach zu ihnen: Was seid ihr so furchtsam? Habt ihr noch keinen Glauben?
41 Und sie gerieten in grosse Furcht, und sie sagten zueinander: Wer ist denn dieser, dem selbst Wind und Wellen gehorchen?

91　　　　DIE BESESSENEN VON GADARA
(vgl. Nr. 137)

Matthäus 8,28–34

[Markus 5,1–20]
(Nr. 137, S. 129)

28 Als er zum andern Ufer kam, in das Gebiet der Gadarener,

1 Und sie kamen ans andere Ufer des Sees in das Gebiet der Gerasener.

2 Und kaum war er aus dem Boot gestiegen,
kam ihm sogleich von den Gräbern her einer entgegen mit einem unreinen Geist.

kamen ihm zwei Besessene entgegen, die aus den Grabhöhlen hervorkamen.

Die sahen so furchterregend aus,

3 Der hatte seine Wohnung in den Grabhöhlen, und niemand konnte ihn mehr fesseln, auch nicht mit einer Ket-

22 Es geschah aber an einem jener Tage,
dass er mit seinen Jüngern in ein Boot
stieg und zu ihnen sprach: Lasst uns
ans andere Ufer des Sees fahren. Und
sie stiessen ab. 23 Während der Fahrt
aber schlief er ein.
Da fuhr ein Sturmwind auf den See
herab, das Boot füllte sich mit Wasser,
und sie gerieten in Gefahr.

24 Da traten sie herzu,
weckten ihn und sagten: Meister, Meister, wir gehen unter!

Er aber stand auf, herrschte den Wind
an und die Wogen des Wassers. Und
sie legten sich,
und es trat eine Windstille ein.
25 Da sprach er zu ihnen:
Wo ist euer Glaube?

Sie aber fürchteten und verwunderten
sich und sagten zueinander: Wer ist
denn dieser, dass er selbst dem Wind
und dem Wasser gebietet und sie ihm
gehorchen?

[Lukas 8,26–39]
(Nr. 137, S. 129)

[Johannes]

26 Und sie fuhren
in das Gebiet der Gerasener, das Galiläa
gegenüber liegt.
27 Als er aber an Land ging,

kam ihm ein Mann aus der Stadt entgegen, der Dämonen hatte. Und seit langer Zeit trug er keine Kleider mehr und
hielt sich auch nicht in einem Haus
auf, sondern in den Grabhöhlen.

Mt 8,28–34	Mk ▲ 49
	te. 4 Denn oft war er in Fussfesseln und Ketten gelegt worden, doch die Ketten wurden von ihm zerrissen und die
dass niemand auf dem Weg gehen konnte, der dort vorbeiführte.	Fussfesseln zerrieben, und niemand war stark genug, ihn zu bändigen.
	5 Und die ganze Zeit, Tag und Nacht, war er in den Grabhöhlen und auf den Bergen, schrie und schlug sich mit Steinen.
29 Und siehe,	6 Und als er Jesus von ferne sah, lief er auf ihn zu
	und warf sich vor ihm nieder
sie schrien:	7 und schrie mit lauter Stimme:
Was haben wir mit dir zu schaffen, Sohn Gottes? Bist du hergekommen, um uns zu quälen, bevor es Zeit ist?	Was habe ich mit dir zu schaffen, Jesus, Sohn des höchsten Gottes? Ich beschwöre dich bei Gott: Quäle mich nicht!
	8 Denn er sagte zu ihm: Fahre aus, unreiner Geist, aus dem Menschen!
	9 Und er fragte ihn: Wie heisst du? Und er sagt zu ihm: Legion heisse ich, denn wir sind viele.
	10 Und sie flehten ihn an, sie nicht aus der Gegend zu vertreiben.
30 Weit weg von ihnen aber weidete eine grosse Herde Schweine. 31 Da baten ihn die Dämonen:	11 Nun weidete dort am Berg eine grosse Schweineherde. 12 Da baten sie ihn:
Wenn du uns austreibst, dann schicke uns in die Schweineherde.	Schicke uns in die Schweine, damit wir in sie hineinfahren!
32 Er sprach zu ihnen: Fort mit euch! Da fuhren sie aus und fuhren in die Schweine, und siehe, die ganze Herde stürzte sich den Abhang hinunter in den See	13 Und er erlaubte es ihnen. Da fuhren die unreinen Geister aus und fuhren in die Schweine hinein. Und die Herde stürzte sich den Abhang hinunter in den See, an die zweitausend;
und kam im Wasser um.	und sie ertranken im See.
33 Die Hirten aber	14 Und ihre Hirten
ergriffen die Flucht, eilten in die Stadt und erzählten alles, und was mit den Besessenen geschehen war.	ergriffen die Flucht und erzählten es in der Stadt und auf den Gehöften.
34 Und siehe, die ganze Stadt zog hinaus, Jesus entgegen, und als sie ihn sahen,	Und sie kamen, um zu sehen, was geschehen war. 15 So kommen sie zu Jesus und sehen den Besessenen, der die

28 Als er aber Jesus sah, schrie er auf,

warf sich vor ihm nieder
und rief mit lauter Stimme:
Was habe ich mit dir zu schaffen, Jesus,
Sohn des höchsten Gottes? Ich bitte
dich: Quäle mich nicht!

29 Er hatte nämlich dem unreinen
Geist geboten, von dem Menschen aus-
zufahren. Denn dieser hatte ihn seit
langer Zeit in seiner Gewalt. Und er
war in Ketten und Fussfesseln gelegt
und in Gewahrsam gehalten, doch er
zerriss die Fesseln und wurde vom Dämon in die Wüste getrieben.
30 Da fragte ihn Jesus: Wie heisst du?
Er aber sagte: Legion! Denn viele Dämonen waren in ihn gefahren.
31 Und sie baten ihn, er möge ihnen
nicht befehlen, zur Hölle zu fahren.
32 Nun weidete dort auf dem Berg eine
grosse Herde Schweine. Und sie baten
ihn,
dass er ihnen erlaube, in diese hinein-
zufahren.
Und er erlaubte es ihnen. 33 Da fuhren
die Dämonen aus dem Menschen und
fuhren in die Schweine hinein. Und die
Herde stürzte sich den Abhang hinunter in den See
und ertrank.
34 Als nun die Hirten sahen, was geschehen war,
ergriffen sie die Flucht und erzählten
es in der Stadt und in den Gehöften.

35 Da gingen sie hinaus, um zu sehen,
was geschehen war. Und sie kamen zu
Jesus und fanden den Menschen, aus

| | Legion gehabt hatte, bekleidet und vernünftig dasitzen; |
| da fürchteten sie sich. |
| 16 Und die es gesehen hatten, erzählten ihnen, wie es dem Besessenen ergangen war und von den Schweinen. |
| 17 Da fingen sie an, |
| baten sie ihn, ihr Gebiet zu verlassen. | ihn zu bitten, er möge aus ihrem Gebiet weggehen. |
| 18 Und als er ins Boot stieg, |

bat ihn der Besessene, dass er bei ihm bleiben dürfe.
19 Aber er liess ihn nicht, sondern sagt zu ihm:
Geh nach Hause zu den Deinen und erzähle ihnen,
was der Herr an dir getan und wie er sich deiner erbarmt hat. 20 Und er ging fort und fing an, in der Dekapolis zu verkündigen, was Jesus an ihm getan hatte. Und alle staunten.

92   HEILUNG EINES GELÄHMTEN
                              (vgl. Nr. 43)

Matthäus 9,1–8   *[Markus 2,1–12]*
                                          (Nr. 43, S. 44)

1 Da stieg er in ein Boot, fuhr über den   1 Und als er nach einigen Tagen wieder
See und kam in seine Heimatstadt.   nach Kafarnaum hineinging, wurde bekannt, dass er im Hause sei. 2 Und viele
                                               versammelten sich, so dass nicht einmal mehr vor der Tür Platz war. Und er
                                               sagte ihnen das Wort.

2 Und siehe, da brachten sie einen   3 Da kommen einige, die einen
Gelähmten zu ihm, der auf einem Bett   Gelähmten zu ihm bringen, von vieren
lag.   getragen.

                                               4 Und weil sie ihn wegen der Menge
                                               nicht bis zu ihm hin bringen konnten,
                                               deckten sie dort, wo er war, das Dach
                                               ab, rissen es auf und liessen die Bahre
                                               hinunter, auf der der Gelähmte lag.

dem die Dämonen ausgefahren waren,
bekleidet und vernünftig Jesus zu Füssen sitzen; da fürchteten sie sich.
36 Die es aber gesehen hatten, erzählten ihnen, wie der Besessene gerettet
worden war. 37 Und die ganze Menge
aus dem Gebiet der Gerasener
bat ihn, er möge von ihnen weggehen,
denn grosse Furcht hatte sie gepackt.
Da stieg er in ein Boot und fuhr zurück.
38 Der Mann aber, von dem die Dämonen ausgefahren waren, bat ihn, bei
ihm bleiben zu dürfen.
Doch er schickte ihn weg und sprach:

39 Kehre in dein Haus zurück und
erzähle,
was Gott an dir getan hat.
Und er ging fort und verkündigte in
der ganzen Stadt, was Jesus an ihm getan hatte.

[Lukas 5,17–26]
(Nr. 43, S. 44)

17 Und es geschah an einem der Tage,
als er lehrte, da sassen Pharisäer und
Gesetzeslehrer da, die aus allen Dörfern Galiläas und aus Judäa und aus Jerusalem gekommen waren. Und die
Kraft des Herrn war wirksam, so dass
er heilte.
18 Und siehe, Männer brachten auf einem Bett einen Menschen, der gelähmt
war; sie suchten ihn hereinzutragen
und ihn vor ihn hinzulegen.
19 Und da sie wegen der Menge keinen
Weg fanden, ihn hineinzutragen, stiegen sie auf das Dach und liessen ihn
mitsamt dem Bett durch die Ziegel hinab in die Mitte, vor Jesus.

[Johannes 5,1–7 . 8–9a]
(Nr. 140 . 141, S. 135 . 135)

Und als Jesus ihren Glauben sah, sprach er zu dem Gelähmten: Sei getrost, Kind, dir sind die Sünden vergeben.

3 Und siehe, einige der Schriftgelehrten dachten bei sich:
Dieser lästert!

5 Und als Jesus ihren Glauben sieht, spricht er zu dem Gelähmten: Kind, dir sind die Sünden vergeben!

6 Es sassen dort aber einige von den Schriftgelehrten, die dachten in ihren Herzen: 7 Was redet der so? Er lästert!

Wer kann Sünden vergeben ausser Gott allein?

4 Und da Jesus um ihre Gedanken wusste, sprach er:

8 Und sogleich erkennt Jesus in seinem Geist, dass sie solches bei sich denken, und spricht zu ihnen:

Warum denkt ihr Böses in euren Herzen? 5 Was ist leichter, zu sagen: Dir sind die Sünden vergeben, oder zu sagen: Steh auf und geh umher?

Warum denkt ihr das in euren Herzen? 9 Was ist leichter, zu dem Gelähmten zu sagen: Dir sind die Sünden vergeben, oder zu sagen: Steh auf, nimm deine Bahre und geh umher?

6 Damit ihr aber wisst, dass der Menschensohn Vollmacht hat, auf Erden Sünden zu vergeben – spricht er zu dem Gelähmten:
Steh auf, nimm dein Bett und geh nach Hause!
7 Und der stand auf und

10 Damit ihr aber wisst, dass der Menschensohn Vollmacht hat, auf Erden Sünden zu vergeben – spricht er zu dem Gelähmten: 11 Ich sage dir, steh auf, nimm deine Bahre und geh nach Hause!
12 Und der stand auf, nahm sogleich die Bahre und

ging nach Hause.
8 Als die Leute das sahen, erschraken sie und priesen Gott, der den Menschen solche Vollmacht gegeben hat.

ging vor aller Augen hinaus,
so dass
alle sich entsetzten und Gott priesen und sagten:

Nie haben wir solches gesehen!

20 Und als Jesus ihren Glauben sah, sprach er: Mensch, dir sind deine Sünden vergeben.

21 Und die Schriftgelehrten und Pharisäer begannen zu überlegen und sagten: Wer ist der, dass er solche Lästerrede führt?
Wer kann Sünden vergeben ausser Gott allein?

22 Jesus aber durchschaute ihre Überlegungen und antwortete ihnen:

Was denkt ihr in euren Herzen?
23 Was ist leichter, zu sagen: Dir sind deine Sünden vergeben, oder zu sagen: Steh auf und geh umher?

24 Damit ihr aber wisst, dass der Menschensohn Vollmacht hat, auf Erden Sünden zu vergeben – sprach er zu dem Gelähmten: Ich sage dir, steh auf, nimm dein Bett und geh nach Hause!
25 Und der stand sogleich auf

vor ihren Augen, nahm sein Lager, ging nach Hause und pries Gott.
26 Und Entsetzen packte alle, und sie priesen Gott, und sie wurden von Furcht erfüllt und sprachen: Unglaubliches haben wir heute gesehen.

5,1–7 . 8–9 a (Nr. 140 . 141, S. 135 . 135)
1 Danach war ein Fest der Juden, und Jesus zog hinauf nach Jerusalem. 2 In Jerusalem beim Schaftor ist ein Teich mit fünf Hallen, der auf hebräisch Betesda heisst. 3 In den Hallen lag eine Menge von Kranken, Blinden, Lahmen, Verkrüppelten. 5 Dort war aber ein Mensch, der achtunddreissig Jahre an seiner Krankheit gelitten hatte. 6 Als Jesus diesen liegen sieht und erkennt, dass er schon eine lange Zeit leidet, spricht er zu ihm: Willst du gesund werden? 7 Der Kranke antwortete ihm: Herr, ich habe keinen Menschen, der mich in den Teich trägt, sobald das Wasser aufgewühlt wird; und suche ich selbst hinzukommen, steigt ein anderer vor mir hinein.

8 Jesus spricht zu ihm:
Steh auf, nimm deine Bahre und geh umher!
9 Und sogleich wurde der Mensch gesund, nahm seine Bahre und ging umher.

3: Verschiedene Handschriften haben den folgenden Zusatz: «(, Gelähmten), die auf die Bewegung des Wassers warteten. 4 Denn ein Engel (des Herrn) stieg von Zeit zu Zeit in den Teich hinab und wühlte das Wasser auf. Wer nun als erster hineinstieg nach dem Aufwallen des Wassers, wurde gesund, mit welcher Krankheit er auch behaftet war.»

93   BERUFUNG DES MATTHÄUS
                        (vgl. Nr. 44)

Matthäus 9,9–13   *[Markus 2,13–17]*
                                     (Nr. 44, S. 45)

                                     13 Und er ging wieder hinaus, dem See
                                     entlang, und alles Volk kam zu ihm,
                                     und er lehrte sie.

9 Und als Jesus von dort weiterzog, sah   14 Und im Vorübergehen sah er Levi,
er einen Mann, der Matthäus hiess, am   den Sohn des Alfäus, am Zoll sitzen.
Zoll sitzen.
Und er spricht zu ihm: Folge mir nach!   Und er spricht zu ihm: Folge mir nach!
Und der stand auf und folgte ihm nach.   Und der stand auf und folgte ihm nach.

10 Und es geschah, als er im Haus zu   15 Und es geschieht, dass er in seinem
Tische lag, siehe, da kamen viele Zöll-   Haus zu Tische liegt. Und viele Zöllner
ner und Sünder und lagen zusammen   und Sünder lagen zusammen mit Jesus
mit Jesus und seinen Jüngern zu Tische.   und seinen Jüngern zu Tische. Es waren
                                           nämlich viele, und sie folgten ihm
                                           nach.

11 Als die Pharisäer das sahen,   16 Und als die Schriftgelehrten der Pha-
                                           risäer sahen, dass er mit den Sündern
                                           und Zöllnern isst,

sagten sie zu seinen Jüngern: sagten sie zu seinen Jüngern:
Warum isst euer Meister mit den Zöll-   Mit den Zöllnern und Sündern isst er!
nern und Sündern? 12 Er aber hörte es   17 Und als Jesus das hört, spricht er zu
und sprach: ihnen:
Nicht die Gesunden brauchen einen   Nicht die Gesunden brauchen einen
Arzt, sondern die Kranken. 13 Geht   Arzt, sondern die Kranken.
aber und lernt, was es heisst: «Erbar-
men will ich und nicht Opfer.» Denn

ich bin nicht gekommen, Gerechte zu   Ich bin nicht gekommen, Gerechte zu
rufen, sondern Sünder.   rufen, sondern Sünder.
13: Hos 6,6
13,1–2a (Nr. 122, S. 117)   *4,1a (Nr. 122, S. 117)*
12,7 (Nr. 111, S. 106)

[Lukas 5,27–32]

(Nr. 44, S. 45)

27 Und danach ging er hinaus

und sah einen Zöllner mit Namen Levi
am Zoll sitzen

und sprach zu ihm: Folge mir nach!
28 Und der liess alles zurück, stand auf
und folgte ihm nach.
29 Und Levi gab ein grosses Gastmahl
für ihn in seinem Haus. Und eine grosse Schar von Zöllnern und anderen
Leuten war da, die mit ihnen zu Tische
lagen.

30 Da murrten die Pharisäer und ihre
Schriftgelehrten

und sagten zu seinen Jüngern:
Warum esst und trinkt ihr mit den
Zöllnern und Sündern? 31 Und Jesus
entgegnete ihnen:
Nicht die Gesunden brauchen einen
Arzt, sondern die Kranken.

32 Ich bin nicht gekommen, Gerechte
zu rufen, sondern Sünder zur Umkehr.

15,1–2 (Nr. 219, S. 209)

[Lukas 19,1–10]

(Nr. 265, S. 252)

*1 Und er kam nach Jericho und zog durch
die Stadt.*

*2 Und siehe, da war ein Mann, der Zachäus
hiess; der war Oberzöllner, und er war reich.
3 Und er suchte zu sehen, wer dieser Jesus
sei, konnte es aber wegen der Menge nicht,
denn er war klein von Gestalt. 4 Da lief er
voraus und stieg auf einen Maulbeerfeigenbaum, um ihn zu sehen; denn dort sollte er
vorbeikommen. 5 Und als Jesus an die Stelle
kam, schaute er hinauf und sprach zu ihm:
Zachäus, steig schnell herab, denn heute
muss ich in deinem Hause einkehren.
6 Und er stieg schnell herab und nahm ihn
voller Freude auf. 7 Und als sie es sahen,
murrten sie alle*

*und sagten:
Bei einem sündigen Mann ist er eingekehrt,
um Rast zu machen. 8 Zachäus aber trat
hin und sprach zum Herrn: Siehe, die Hälfte
meines Vermögens gebe ich den Armen,
Herr, und wenn ich von jemandem etwas
erpresst habe, gebe ich es vierfach zurück.
9 Da sprach Jesus zu ihm: Heute ist diesem
Hause Rettung widerfahren, denn auch er
ist ein Sohn Abrahams.
10 Denn der Menschensohn ist gekommen,
zu suchen und zu retten, was verloren ist.*

94   DIE FRAGE NACH DEM FASTEN
(vgl. Nr. 45)

Matthäus 9,14–17	[Markus 2,18–22]
	(Nr. 45, S. 46)

	18 Und die Jünger des Johannes und die Pharisäer waren wieder am Fasten.
14 Da treten die Jünger des Johannes zu ihm und sagen: Warum fasten wir und die Pharisäer, deine Jünger aber fasten nicht?	Und sie kommen und sagen zu ihm: Warum fasten die Jünger des Johannes und die Jünger der Pharisäer, deine Jünger aber fasten nicht?
15 Da sprach Jesus zu ihnen: Können die Hochzeitsgäste etwa trauern, solange der Bräutigam bei ihnen ist?	19 Da sprach Jesus zu ihnen: Können die Hochzeitsgäste etwa fasten, während der Bräutigam bei ihnen ist? Solange sie den Bräutigam bei sich haben, können sie nicht fasten.
Doch es werden Tage kommen, da ihnen der Bräutigam entrissen wird, und dann werden sie fasten.	20 Doch es werden Tage kommen, da ihnen der Bräutigam entrissen wird, und dann werden sie fasten an jenem Tag.
16 Niemand näht ein Stück neuen Stoff auf einen alten Mantel; denn der Flicken reisst etwas ab von dem Mantel, und es entsteht ein schlimmerer Riss.	21 Niemand näht ein Stück neuen Stoff auf einen alten Mantel; sonst reisst der Flicken etwas von ihm ab, das Neue vom Alten, und es entsteht ein schlimmerer Riss.
17 Auch füllt man nicht neuen Wein in alte Schläuche; sonst zerreissen die Schläuche, der Wein läuft aus, und die Schläuche sind unbrauchbar. Nein, neuen Wein füllt man in neue Schläuche, so bleibt beides erhalten.	22 Auch füllt niemand neuen Wein in alte Schläuche; sonst wird der Wein die Schläuche zerreissen, und der Wein geht verloren und die Schläuche auch. Nein, neuen Wein in neue Schläuche!

ThEv 47: Jesus sagte: Es ist nicht möglich, dass ein Mensch zwei Pferde besteigt, (noch dass) er zwei Bogen spannt; und es ist nicht möglich, dass ein Diener zwei Herren dient, es sei denn, er ist ehrerbietig gegenüber dem einen, und den anderen verhöhnt er. Niemand trinkt alten Wein und wünscht sofort, neuen Wein zu trinken. Und man giesst nicht neuen Wein in alte Schläuche, damit sie nicht verderben; und man giesst nicht alten Wein in einen neuen Schlauch, damit er ihn nicht verdürbe. Man näht nicht einen alten Flecken auf ein neues Gewand, denn es würde ein Riss entstehen.

ThEv 104: Sie sagten [zu ihm]: Komm, lass uns heute beten und fasten. Jesus sagte: Welches ist denn die Sünde, die ich begangen habe, oder in was bin ich besiegt worden? Aber wenn der Bräutigam aus der Brautkammer hinausgegangen sein wird, dann lasst sie fasten und beten.

[Lukas 5,33–39]
(Nr. 45, S. 46)

[Johannes 3,29–30]
(Nr. 29, S. 31)

33 Sie aber sagten zu ihm: Die Jünger
des Johannes fasten oft und beten viel,
ebenso auch die der Pharisäer, deine
aber essen und trinken.
34 Jesus antwortete ihnen: Könnt ihr
etwa die Hochzeitsgäste zum Fasten
bringen, während der Bräutigam bei
ihnen ist?

*29 Wer die Braut hat, der ist der Bräutigam.
Der Freund des Bräutigams aber, der da-
beisteht und auf ihn hört, freut sich von
Herzen über die Stimme des Bräutigams.
Diese meine Freude ist nun erfüllt. 30 Jener
muss grösser werden, ich aber geringer.*

35 Doch es werden Tage kommen, da
ihnen der Bräutigam entrissen wird;
dann werden sie fasten, in jenen Tagen.
36 Er sagte ihnen auch ein Gleichnis:
Niemand reisst ein Stück von einem
neuen Mantel ab und setzt es auf einen
alten Mantel, sonst zerreisst er auch
den neuen, und zum alten passt das
Stück vom neuen nicht.
37 Und niemand füllt neuen Wein in
alte Schläuche; sonst zerreisst der neue
Wein die Schläuche und läuft aus, und
die Schläuche gehen verloren. 38 Nein,
neuen Wein muss man in neue
Schläuche füllen!
39 Und niemand, der alten trinkt, will
neuen; denn er sagt: Der alte ist gut.

95   DIE TOCHTER DES JAIRUS
              DIE FRAU MIT DEM BLUTFLUSS
                   (vgl. Nr. 138)

Matthäus 9,18–26   *[Markus 5,21–43]*
                                       (Nr. 138, S. 131)

                                  21 Und als Jesus im Boot wieder ans an-
                                  dere Ufer hinübergefahren war, kam
                                  eine grosse Menge bei ihm zusammen;
                                  und er war am See.

18 Während er so zu ihnen redete, sie-   22 Da kommt einer von den Synago-
he, da kam ein Vorsteher, fiel vor ihm   genvorstehern mit Namen Jairus, und
nieder   als er ihn sieht, fällt er ihm zu Füssen
und sprach: 23 und fleht ihn an:
Meine Tochter ist soeben gestorben.   Mein Töchterchen liegt im Sterben.
Aber komm, leg ihr deine Hand auf, so   Komm und leg ihr die Hände auf, da-
wird sie wieder lebendig.   mit sie gerettet wird und am Leben
                                         bleibt.

19 Da stand Jesus auf und folgte ihm   24 Und er ging mit ihm. Und eine gros-
mit seinen Jüngern.   se Menge folgte ihm und drängte sich
                                         um ihn.

20 Und siehe, eine Frau, die seit zwölf 25 Und da war eine Frau, die hatte seit
Jahren an Blutungen litt,   zwölf Jahren den Blutfluss 26 und hatte
                                         viel gelitten unter vielen Ärzten und
                                         ihr ganzes Vermögen ausgegeben. Aber
                                         es hatte ihr nichts genützt, es war nur
                                         noch schlimmer geworden mit ihr.
                                         27 Als sie von Jesus hörte,
trat von hinten heran und berührte   kam sie von hinten in der Menge heran
den Saum seines Mantels. 21 Denn sie   und berührte seinen Mantel. 28 Denn
sagte bei sich: sie sagte sich:
Wenn ich nur seinen Mantel berühre,   Wenn ich auch nur seine Kleider
werde ich gerettet.   berühre, werde ich gerettet.
                                         29 Und auf der Stelle versiegte die
                                         Quelle ihres Blutflusses, und sie spürte
                                         an ihrem Körper, dass sie von der Plage
                                         geheilt war. 30 Im selben Augenblick
                                         spürte Jesus, dass die Kraft von ihm
                                         ausgegangen war, und er wandte sich
                                         in der Menge um
                                         und sprach: Wer hat meine Kleider
                                         berührt? 31 Da sagten seine Jünger zu
                                         ihm: Du siehst, wie die Menge sich um
                                         dich drängt, und da sagst du: Wer hat
                                         mich berührt?
                                         32 Und er schaute umher, um die zu se-

[Lukas 8,40–56]   [Johannes]

(Nr. 138, S. 131)

40 Als Jesus
zurückkehrte, empfing ihn das Volk;
denn sie warteten alle auf ihn.

41 Und siehe, da kam ein Mann mit Namen Jairus, der war Vorsteher der Synagoge. Er fiel Jesus zu Füssen und bat
ihn, in sein Haus zu kommen.
42 Denn er hatte eine einzige Tochter
von etwa zwölf Jahren, die lag im Sterben.

Als Jesus hinging, erdrückten ihn die
Leute beinahe.

43 Und eine Frau hatte seit zwölf Jahren den Blutfluss und konnte, obwohl
sie ihr ganzes Vermögen für Ärzte aufbrauchte, von niemandem geheilt werden.

44 Sie trat von hinten heran und
berührte den Saum seines Mantels.

Und auf der Stelle kam ihr Blutfluss
zum Stillstand.

45 Und Jesus sprach: Wer hat mich
berührt? Als aber alle es abstritten, sagte Petrus: Meister, die Leute drängen
sich um dich und stossen dich.

46 Jesus aber sprach: Jemand hat mich

hen, die das getan hatte.

33 Die Frau aber kam mit Furcht und
Zittern, weil sie wusste, was ihr geschehen war, und
warf sich vor ihm nieder und sagte ihm
die ganze Wahrheit.

22 Jesus aber wandte sich um, sah sie
und sprach: Sei getrost,
Tochter, dein Glaube hat dich gerettet.
Und die Frau war gerettet von jener
Stunde an.

34 Er aber sprach zu ihr:

Tochter, dein Glaube hat dich gerettet.
Geh in Frieden und sei geheilt von deiner Plage.
35 Noch während er redet, kommen
Leute des Synagogenvorstehers und sagen: Deine Tochter ist gestorben! Was
bemühst du den Meister noch?
36 Doch Jesus, der auch hörte, was geredet wurde, spricht zu dem Synagogenvorsteher:
Fürchte dich nicht, glaube nur!

37 Und er liess niemanden mit sich gehen ausser Petrus, Jakobus und Johannes, den Bruder des Jakobus.
38 Und sie kommen in das Haus des
Synagogenvorstehers. Und er sieht die
Aufregung, wie sie weinen und laut
klagen. 39 Und er geht hinein und
spricht zu ihnen: Was lärmt und weint
ihr? Das Kind ist nicht gestorben, es
schläft. 40 Da verlachten sie ihn.
Er aber schickt alle hinaus, nimmt den
Vater des Kindes und die Mutter und
seine Begleiter mit und geht hinein, wo
das Kind war.

23 Als Jesus in das Haus des Vorstehers
kam und die Flötenspieler und die aufgeregte Menge sah,

24 sprach er: Geht hinaus!
Das Mädchen ist nicht gestorben, es
schläft. Da verlachten sie ihn.
25 Als man aber die Leute hinausgeschickt hatte,
ging er hinein,

41 Und er ergreift die Hand des Kindes
und spricht zu ihm: Talita kum!, was
übersetzt heisst:
Mädchen, ich sage dir, steh auf!

ergriff ihre Hand,

und das Mädchen stand auf.

42 Und sogleich stand das Mädchen auf
und ging umher. Es war zwölf Jahre alt.
Da gerieten sie ausser sich vor Entsetzen. 43 Und er ermahnte sie sehr, niemand dürfe dies erfahren. Und er sagte, man solle ihr zu essen geben.

berührt! Denn ich habe gespürt, dass
eine Kraft von mir ausgegangen ist.
47 Als aber die Frau sah, dass sie nicht
unentdeckt blieb, kam sie zitternd herbei,
warf sich vor ihm nieder und erzählte
vor dem ganzen Volk, warum sie ihn
berührt hatte und wie sie auf der Stelle
geheilt worden war.
48 Er aber sprach zu ihr:

Tochter, dein Glaube hat dich gerettet.
Geh in Frieden!

49 Noch während er redet, kommt einer aus dem Hause des Synagogenvorstehers und sagt: Deine Tochter ist gestorben! Bemühe den Meister nicht
weiter! 50 Als Jesus das hörte,
antwortete er ihm:

Fürchte dich nicht, glaube nur, und sie
wird gerettet werden! 51 Als er ins
Haus ging,
liess er niemanden mit hineingehen
ausser Petrus und Johannes und Jakobus und den Vater des Kindes und die
Mutter.

52 Da weinten alle und klagten um sie.

Er aber sprach: Weint nicht!
Denn sie ist nicht gestorben, sie
schläft. 53 Und sie verlachten ihn, weil
sie wussten, dass sie gestorben war.

54 Er aber ergriff ihre Hand und rief:

Kind, steh auf! 55 Da kehrte ihr Geist
zurück,
und sogleich stand sie auf.
Und er ordnete an, man solle ihr zu essen geben. 56 Und ihre Eltern gerieten
ausser sich. Er aber gebot ihnen, niemandem zu sagen, was geschehen war.

26 Und das sprach sich in jener ganzen
Gegend herum.

14,36 (Nr. 148, S. 144)

6,56b (Nr. 148, S. 144)

3,10 (Nr. 48, S. 49)

9,29–30 (Nr. 96, S. 91)   *10,52 (Nr. 264, S. 251)*

96   HEILUNG VON ZWEI BLINDEN
          (vgl. Nr. 264)

Matthäus 9,27–31   *[Matthäus 20,29–34]*

                              (Nr. 264, S. 251)

27 Und als Jesus von dort weiterzog, folgten ihm zwei Blinde,	29 Und als sie aus Jericho hinauszogen, folgte ihm eine grosse Menge. 30 Und siehe, zwei Blinde sassen am Weg und hörten, dass Jesus vorbeizog,
die schrien: Erbarme dich unser, Sohn Davids!	und sie schrien: Erbarme dich unser, Herr, Sohn Davids! 31 Die Menge aber herrschte sie an, sie sollen schweigen. Sie aber schrien noch lauter: Erbarme dich unser, Herr, Sohn Davids!
28 Als er ins Haus hineinging,	32 Und Jesus blieb stehen, rief sie
traten die Blinden zu ihm, und Jesus spricht zu ihnen: Glaubt ihr, dass ich dies tun kann? Sie sagen zu ihm: Ja, Herr.	und sprach: Was soll ich für euch tun? 33 Sie sagen zu ihm: Herr, dass unsere Augen aufgetan werden! 34 Da wurde Jesus von Mitleid ergriffen und berührte ihre Augen;
29 Dann berührte er ihre Augen und sprach: Euch geschehe, wie ihr geglaubt habt. 30 Da wurden ihre Augen aufgetan. Und Jesus fuhr sie an: Seht zu, niemand soll es erfahren! 31 Sie aber gingen hinaus und machten ihn in der ganzen Gegend bekannt.	und auf der Stelle sahen sie wieder

6,19 (Nr. 77, S. 70)
18,42 (Nr. 264, S. 251)
7,50 (Nr. 114, S. 109)
17,19 (Nr. 233, S. 218)

[Markus 10,46–52]
(Nr. 264, S. 251)

46 Und sie kommen nach Jericho. Und als er und seine Jünger und eine grosse Menge aus Jericho hinauszogen, sass Bartimäus, der Sohn des Timäus, ein blinder Bettler, am Weg. 47 Und als er hörte, dass es Jesus von Nazaret sei,

begann er zu schreien: Sohn Davids, Jesus, erbarme dich meiner! 48 Da herrschten ihn viele an, er solle schweigen. Er aber schrie noch viel lauter: Sohn Davids, erbarme dich meiner!

49 Und Jesus blieb stehen und sprach: Ruft ihn her!
Und sie rufen den Blinden und sagen zu ihm: Sei getrost, steh auf! Er ruft dich. 50 Da warf er seinen Mantel ab, sprang auf und kam zu Jesus. 51 Und Jesus wandte sich ihm zu und sagte: Was soll ich für dich tun? Da sagte der Blinde zu ihm: Rabbuni, dass ich wieder sehen kann.

52 Und Jesus sprach zu ihm:
Geh, dein Glaube hat dich gerettet. Und auf der Stelle sah er wieder

[Lukas 18,35–43]
(Nr. 264, S. 251)

35 Es geschah aber, als er in die Nähe von Jericho kam,

da sass ein Blinder am Weg und bettelte. 36 Als dieser das Volk vorbeiziehen hörte, erkundigte er sich, was das sei. 37 Da sagten sie ihm, Jesus von Nazaret gehe vorbei.
38 Und er rief: Jesus, Sohn Davids, erbarme dich meiner! 39 Und die vorangingen, herrschten ihn an, er solle schweigen. Er aber rief noch lauter: Sohn Davids, erbarme dich meiner!

40 Da blieb Jesus stehen und liess ihn zu sich führen.

Als er näher kam,
fragte er ihn:
41 Was soll ich für dich tun? Er sagte: Herr, dass ich wieder sehen kann!

42 Und Jesus sprach zu ihm: Werde wieder sehend! Dein Glaube hat dich gerettet. 43 Und augenblicklich sah er wieder,

und folgten ihm nach.

9,22 (Nr. 95, S. 89)

97   HEILUNG EINES STUMMEN

Matthäus 9,32–34   *[Markus 3,22]*
(Nr. 117, S. 112)

32 Als sie aber hinausgegangen waren,
siehe, da brachten sie einen Stummen
zu ihm, der von einem Dämon besessen war. 33 Und als der Dämon ausgetrieben war, begann der Stumme zu reden. Und die Leute staunten und sagten: Noch nie hat man in Israel so etwas gesehen!
34 Die Pharisäer aber sagten:

22 Und die Schriftgelehrten, die von Jerusalem herabgekommen waren, sagten: Er hat den Beelzebul, und:

Mit dem Fürsten der Dämonen treibt
er die Dämonen aus.

Durch den Fürsten der Dämonen treibt
er die Dämonen aus.

12,22–24 (Nr. 117, S. 112)

98   DIE GROSSE ERNTE

Matthäus 9,35–38   *[Markus 6,6b; 6,34]*

6,6b (Nr. 142, S. 138)

35 Und Jesus zog umher in allen Städten und Dörfern, lehrte in ihren Synagogen, verkündigte das Evangelium vom Reich und heilte jede Krankheit und jedes Leiden. 36 Als er aber die

6b Dann zog er in den umliegenden
Dörfern umher und lehrte.

6,34 (Nr. 146, S. 142)

34 Als er ausstieg, sah er eine grosse

und folgte ihm nach auf dem Weg.

_____

_____

5,34 (Nr. 138, S. 131)

_____

8,22–26 (Nr. 156, S. 155)

und er folgte ihm nach und pries Gott.
Und das ganze Volk sah es und lobte
Gott.

8,48 (Nr. 138, S. 131)

7,50 (Nr. 114, S. 109)

17,19 (Nr. 233, S. 218)

_____

[Lukas 11,14–15]
(Nr. 188, S. 182)

_____

14 Und er war dabei, einen stummen
Dämon auszutreiben. Und es geschah,
als der Dämon ausfuhr, da begann der
Stumme zu reden, und die Leute staunten.

_____

15 Einige von ihnen aber sagten:

_____

Durch Beelzebul,
den Fürsten der Dämonen, treibt er die
Dämonen aus.

_____

_____

_____

_____

_____

_____

[Johannes 7,20; 10,20; 8,48; 8,52]

_____

7,20 (Nr. 240, S. 224)
20 Das Volk antwortete: Du hast einen Dämon. Wer sucht dich zu töten?

10,20 (Nr. 250, S. 237)
20 Viele von ihnen sagten: Er hat einen Dämon und rast. Warum hört ihr auf ihn?

_____

8,48 (Nr. 247, S. 231)
48 Die Juden entgegneten ihm: Sagen wir
nicht mit Recht, dass du ein Samariter bist
und einen Dämon hast?

_____

8,52 (Nr. 247, S. 231)
52 Da sprachen die Juden zu ihm: Jetzt haben wir erkannt, dass du einen Dämon
hast. Abraham ist gestorben, und auch die
Propheten, und du sagst: Wenn jemand
mein Wort bewahrt, wird er den Tod in
Ewigkeit nicht schmecken.

_____

[Lukas 8,1; 10,2]

8,1 (Nr. 115, S. 111)
1 Und danach geschah es, dass er von
Stadt zu Stadt und von Dorf zu Dorf
zog und das Evangelium vom Reich
Gottes verkündigte. Und die Zwölf waren mit ihm,

[Johannes]

_____

_____

_____

_____

_____

_____

Leute sah, wurde er von Mitleid ergriffen, denn sie waren erschöpft und
niedergeschlagen,
«wie Schafe, die keinen Hirten haben.»
37 Da spricht er zu seinen Jüngern:
Die Ernte ist gross, der Arbeiter aber
sind wenige. 38 Darum bittet den
Herrn der Ernte, dass er Arbeiter in seine Ernte sende.

Menge. Da hatte er Mitleid mit ihnen,
denn sie waren

«wie Schafe, die keinen Hirten haben.»
Und er begann, sie vieles zu lehren.

36: Num 27,17; 2.Chr 18,16   34: Num 27,17; 2.Chr 18,16

4,23 (Nr. 40, S. 42)

14,14 (Nr. 146, S. 142)

ThEv 73: Jesus sagte: Die Ernte ist zwar gross, aber der Arbeiter sind wenige.
Bittet aber den Herrn, dass er Arbeiter für die Ernte schickt.

99   BERUFUNG UND AUSSENDUNG DER ZWÖLF
(vgl. Nr. 49.142)

Matthäus 10,1–16   *[Markus 6,7; 3,13–19; 6,8–11]*

6,7 (Nr. 142, S. 138)

1 Und er rief seine zwölf Jünger herbei

7 Und er ruft die Zwölf herbei. Und er
fing an, sie zu zweit auszusenden,

und gab ihnen Vollmacht, unreine
Geister auszutreiben und jede Krankheit und jedes Leiden zu heilen.

und gab ihnen Vollmacht über die unreinen Geister.

3,13–19 (Nr. 49, S. 50)

13 Und er steigt auf den Berg

und
ruft die zu sich, die er wollte; und sie
traten zu ihm hin. 14 Und er bestimmte zwölf, die er auch Apostel nannte,
dass sie mit ihm seien und dass er sie
aussende zu verkündigen 15 und mit
Vollmacht die Dämonen auszutreiben.

2 Dies sind die Namen der zwölf Apostel:

16 Und er bestimmte die Zwölf:

zuerst Simon,
der Petrus heisst,
und Andreas, sein Bruder,
und Jakobus, der Sohn des Zebedäus,
und Johannes, sein Bruder,

Simon,
dem er den Namen Petrus gab,

17 und Jakobus, den Sohn des Zebedäus,
und Johannes, den Bruder des Jakobus,

10,2 (Nr. 177, S. 173)
2 Er sprach zu ihnen:
Die Ernte ist gross, der Arbeiter aber
sind wenige. Darum bittet den Herrn
der Ernte, dass er Arbeiter in seine Ernte sende.

[Lukas 9,1; 6,12–16; 9,2–5; 10,3]

[Lukas 10,1–12]
(Nr. 177, S. 173)

9,1 (Nr. 142, S. 138)
1 Er rief aber die Zwölf zusammen

*1 Danach bestimmte der Herr weitere zwei-
undsiebzig*

und gab ihnen Gewalt und Vollmacht
über alle Dämonen und die Kraft,
Krankheiten zu heilen.
6,12–16 (Nr. 49, S. 50)
12 Es geschah aber in diesen Tagen,
dass er hinausging auf den Berg, um zu
beten. Und er verbrachte die ganze
Nacht im Gebet zu Gott.
13 Und als es Tag wurde,
rief er seine Jünger herbei
und wählte zwölf von ihnen aus, die er
auch Apostel nannte:

14 Simon,
den er auch Petrus nannte,
und Andreas, seinen Bruder,
und Jakobus
und Johannes

denen er den Namen Boanerges gab,
das bedeutet Donnersöhne,
18 und Andreas

3 Philippus
und Bartolomäus,
Thomas
und Matthäus, der Zöllner,
Jakobus, der Sohn des Alfäus,
und Thaddäus,
4 Simon der Kananäer
und Judas Iskariot, der ihn dann aus-
lieferte.

und Philippus
und Bartolomäus
und Matthäus
und Thomas
und Jakobus, den Sohn des Alfäus,
und Thaddäus
und Simon Kananäus,
19 und Judas Iskariot, der ihn dann aus-
lieferte.

5 Diese Zwölf sandte Jesus aus und gebot ihnen: Nehmt nicht den Weg zu
den Völkern und betretet keine samari-
sche Stadt. 6 Geht vielmehr zu den verlorenen Schafen aus dem Hause Israel.
7 Geht aber und verkündigt: Nahe gekommen ist das Himmelreich. 8 Kranke macht gesund, Tote weckt auf, Aussätzige macht rein, Dämonen treibt
aus. Umsonst habt ihr empfangen,
umsonst sollt ihr geben.

6,8–11 (Nr. 142, S. 138)

9 Füllt nicht Gold, Silber oder Kupfermünzen in eure Gürtel.
10 Nehmt keinen Sack mit auf den
Weg,
kein zweites Kleid, keine Schuhe, keinen Stab. Denn der Arbeiter ist seines
Lohnes wert.

8 Und er gebot ihnen, nichts auf den
Weg mitzunehmen ausser einem Stab,
kein Brot, keinen Sack, kein Geld im
Gürtel, 9 jedoch Sandalen an den Füssen, und: Zieht euch kein zweites Kleid
an!

11 Kommt ihr aber in eine Stadt oder in
ein Dorf, dann fragt nach, wer dort
würdig ist;

10 Und er sprach zu ihnen: Wo ihr in
ein Haus eintretet,

dort bleibt, bis ihr weiterzieht.
12 Wenn ihr aber in das Haus eintretet,
so grüsst es. 13 Wenn das Haus es wert
ist, kehre euer Friede dort ein, wenn
das Haus es aber nicht wert ist, kehre
euer Friede zu euch zurück.

dort bleibt, bis ihr von dort weiterzieht.

14 Wenn euch jemand nicht aufnimmt
und eure Worte nicht hören will, dann
geht fort aus jenem Haus oder jener
Stadt

11 Wo ein Ort euch nicht aufnimmt
und sie euch nicht zuhören, da geht
weg von dort

und schüttelt den Staub von euren Füssen.

und schüttelt den Staub an euren Füssen ab, ihnen zum Zeugnis.

und Philippus
und Bartolomäus
15 und Matthäus
und Thomas
und Jakobus, den Sohn des Alfäus,
und Simon, genannt der Eiferer,
16 und Judas, den Sohn des Jakobus,
und Judas Iskariot, der zum Verräter
wurde.

und sandte sie zu zweien vor sich her in jede
Stadt und jede Ortschaft, in die er gehen
wollte. 2 Er sprach zu ihnen: Die Ernte ist
gross, der Arbeiter aber sind wenige. Darum
bittet den Herrn der Ernte, dass er Arbeiter

9,2–5 (Nr. 142, S. 138)

in seine Ernte sende. 3 Geht hin: Siehe, ich

2 Und er sandte sie aus, das Reich Gottes zu verkündigen
und die Kranken zu heilen.

sende euch wie Schafe mitten unter die
Wölfe.

3 Und er sprach zu ihnen: Nehmt
nichts mit auf den Weg, weder Stab
noch Sack, weder Brot noch Geld;

4 Nehmt keinen Geldbeutel mit, keinen
Sack, keine Schuhe, und grüsst niemanden
unterwegs!

noch sollt ihr ein zweites Kleid haben.

4 Wenn ihr in ein Haus kommt,

dann bleibt dort, und von dort zieht
weiter.

5 Tretet ihr aber in ein Haus ein, dann sagt
zuerst: Friede diesem Haus! 6 Wenn dort
ein Sohn des Friedens ist, wird euer Friede
auf ihm ruhen; wenn aber nicht, wird er zu
euch zurückkehren. 7 In diesem Haus
bleibt, esst und trinkt, was ihr von ihnen

5 Und wenn sie euch nicht aufnehmen,
dann geht fort aus jener Stadt

bekommt. Denn der Arbeiter ist seines Loh-
nes wert. Geht nicht von einem Haus ins
andere. 8 Kommt ihr aber in eine Stadt und
nehmen sie euch auf, so esst, was euch vor-

und schüttelt den Staub von euren Füssen, zum Zeugnis gegen sie.

gesetzt wird, 9 und heilt die Kranken, die
dort sind, und sagt ihnen: Nahe gekommen
ist das Reich Gottes, bis zu euch. 10 Kommt
ihr aber in eine Stadt und nehmen sie euch
nicht auf, so geht hinaus auf ihre Strassen

15 Amen, ich sage euch: Dem Land Sodom und Gomorrha wird es am Tag des
Gerichts besser ergehen als dieser
Stadt.
16 Siehe, ich sende euch wie Schafe
mitten unter die Wölfe; seid also klug
wie die Schlangen und ohne Falsch wie
die Tauben.

16,17–18 (Nr. 158, S. 156)
15,24 (Nr. 151, S. 150)
11,24 (Nr. 108, S. 104)

Joh 1,42: Er führte ihn zu Jesus. Jesus sah ihn an und sprach: Du bist
Simon, der Sohn des Johannes, du sollst Kefas genannt werden – das
bedeutet Fels.

1.Kor 9,5–14: 5 Haben wir nicht das Recht, eine Schwester als Ehefrau
mitzunehmen wie auch die andern Apostel und die Brüder des Herrn und
Kephas? 6 Oder haben allein ich und Barnabas nicht das Recht, nicht zu
arbeiten? 7 Wer dient je im Krieg für eignen Sold? Wer pflanzt einen
Weinberg und isst nicht dessen Frucht? Oder wer weidet eine Herde und
isst nicht von der Milch der Herde? 8 Rede ich dies nach menschlicher
Weise, oder sagt dies nicht auch das Gesetz? 9 Im Gesetz des Mose steht ja
geschrieben: «Du sollst einem Ochsen, wenn er drischt, das Maul nicht
verbinden.» Kümmert sich Gott etwa um die Ochsen, 10 oder sagt er es
ganz und gar um unsertwillen? Um unsertwillen nämlich steht geschrieben, dass der Pflügende auf Hoffnung hin pflügen soll und der Dreschende
auf Hoffnung hin [dreschen soll], dass er Anteil [am Ertrag] erhalte.
11 Wenn wir euch die geistlichen Güter gesät haben, ist es da etwas Grosses, wenn wir eure irdischen Güter ernten? 12 Wenn andre des Rechtes
über euch teilhaft sind, [eure irdischen Güter in Anspruch zu nehmen,]
sind wir es nicht viel mehr? Doch wir haben uns dieses Rechtes nicht
bedient, sondern alles ertragen wir, damit wir dem Evangelium von
Christus kein Hindernis bereiten. 13 Wisst ihr nicht, dass die, welche die
heiligen Dienste verrichten, vom Heiligtum essen? Dass die, welche des
Altars warten, vom Altar ihren Teil haben? 14 So hat auch der Herr denen,
die das Evangelium verkündigen, verordnet, vom Evangelium zu leben.
1.Tim 5,18: Denn die Schrift sagt: «Einem Ochsen sollst du, wenn er drischt,
das Maul nicht verbinden», und «Der Arbeiter ist seines Lohnes wert.»
Jak 5,4: Siehe, der Lohn der Arbeiter, die eure Felder abgemäht haben,
welcher von euch zurückbehalten worden ist, schreit laut, und das Rufen
der Schnitter ist vor die Ohren des Herrn der Heerscharen gekommen.
ThEv 14: Jesus sagte zu ihnen: Wenn ihr fastet, werdet ihr euch eine Sünde
zuschreiben; und wenn ihr betet, werdet ihr verdammt werden; und wenn
ihr Almosen gebt, werdet ihr Böses an eurem Pneuma tun. Und wenn ihr in
irgendein Land eintreten werdet und in den Gebieten wandert, wenn man
euch empfängt, dann esst, was euch vorgesetzt wird; heilt die unter ihnen,
die krank sind. Denn das, was in euren Mund hineingeht, wird euch nicht
beflecken; aber das, was euren Mund verlässt, das ist es, was euch beflecken
wird.

und sagt: 11 Selbst den Staub aus eurer Stadt, der an unseren Füssen klebt, schütteln wir ab vor euch. Doch das sollt ihr wissen: Nahe gekommen ist das Reich Gottes. 12 Ich sage euch: Sodom wird es an jenem Tag besser ergehen als dieser Stadt.

10,3 (Nr. 177, S. 173)

3 Geht hin: Siehe, ich sende euch wie Schafe mitten unter die Wölfe.

10,12 (Nr. 177, S. 173)

100   STANDHALTEN IN VERFOLGUNGEN
                        (vgl. Nr. 289)

Matthäus 10,17–25   [Markus 13,9–13]
[24,9–14]   (Nr. 289, S. 280)

10,17–25
17 Hütet euch aber vor den Menschen!
Denn sie werden euch an Gerichte ausliefern, und in ihren Synagogen werden sie euch auspeitschen, 18 vor Statthalter und Könige werdet ihr geführt
werden um meinetwillen, ihnen und
den Völkern zum Zeugnis.

19 Wenn sie euch aber ausliefern,

dann sorgt euch nicht darum, wie oder
was ihr reden sollt; denn es wird euch
in jener Stunde gegeben werden, was
ihr reden sollt.

20 Denn nicht ihr seid es, die reden,
sondern der Geist eures Vaters ist es,
der durch euch redet. 21 Es wird aber
ein Bruder den andern dem Tod ausliefern und ein Vater das Kind, und Kinder werden gegen die Eltern aufstehen
und sie in den Tod schicken. 22 Und ihr
werdet gehasst werden von allen um
meines Namens willen. Wer aber
standhält bis ans Ende, der wird gerettet werden. 23 Wenn sie euch in der einen Stadt verfolgen, dann flieht in die
andere. Denn amen, ich sage euch: Ihr
werdet mit den Städten Israels nicht zu
Ende kommen, bis der Menschensohn
kommt.
24 Ein Jünger steht nicht über dem
Meister und ein Knecht nicht über seinem Herrn.
25 Es genügt dem Jünger, dass er wie
sein Meister wird, und dem Knecht,
dass er wie sein Herr wird. Wenn man
schon den Hausherrn Beelzebul nennt,

[Lukas 12,11–12; 6,40; 21,12–19]   [Johannes 13,16]
                                          [16,2b; 14,26; 15,20]

                                          16,2b (Nr. 324, S. 317)
                                          2b es kommt jedoch die Stunde, da jeder, der
                                          euch tötet, Gott einen Dienst zu erweisen
                                          meint.

12,11–12 (Nr. 198, S. 183)
11 Wenn sie euch aber vor die Gerichte
der Synagogen und vor die Machthaber
und vor die Behörden führen,
dann sorgt euch nicht, wie oder womit   14,26 (Nr. 318, S. 312)
ihr euch verteidigen oder was ihr sagen   26 Der Fürsprecher aber, der Heilige Geist,
sollt. 12 Denn der Heilige Geist wird   den der Vater in meinem Namen senden
euch in jener Stunde lehren, was ihr sa-   wird, er wird euch alles lehren und euch an
gen müsst.   alles erinnern, was ich euch gesagt habe.

6,40 (Nr. 81, S. 74)   13,16 (Nr. 309, S. 303)
40 Kein Jünger steht über dem Meister.   16 Amen, amen, ich sage euch: Ein
                                           Knecht ist nicht grösser als sein Herr
                                           und ein Bote nicht grösser als der, der
Jeder aber wird, wenn er ausgebildet   ihn gesandt hat.
ist, wie sein Meister sein.

wie viel mehr dann seine Hausgenossen.

24,9–14 (Nr. 289, S. 280)
9 Dann werden sie euch der Bedrängnis ausliefern

9 Ihr aber, gebt Acht auf euch selbst!
Sie werden euch an Gerichte ausliefern, und in Synagogen werdet ihr geschlagen werden, vor Statthalter und
Könige werdet ihr gestellt werden um
meinetwillen,

ihnen zum Zeugnis.
10 Und unter allen Völkern muss zuvor
das Evangelium verkündigt werden.
11 Und wenn man euch abführt und
euch ausliefert, dann sorgt euch nicht
im Voraus, was ihr reden sollt, sondern
was euch in jener Stunde gegeben
wird, das redet.

Denn nicht ihr seid es, die reden, sondern der Heilige Geist.
12 Und es wird ein Bruder den andern
dem Tod ausliefern und ein Vater das
Kind, und Kinder werden gegen die Eltern aufstehen und sie in den Tod
schicken.

und werden euch töten,

und ihr werdet gehasst werden von allen Völkern um meines Namens willen. 10 Und dann werden viele zu Fall
kommen, und sie werden einander
ausliefern und einander hassen. 11 Und
viele falsche Propheten werden aufstehen, und sie werden viele in die Irre
führen. 12 Und da die Gesetzlosigkeit
überhand nehmen wird, wird die Liebe
in den meisten erkalten.

13 Und ihr werdet gehasst werden von
allen um meines Namens willen.

13 Wer aber standhält bis ans Ende, der
wird gerettet werden. 14 Und dies
Evangelium vom Reich wird auf dem
ganzen Erdkreis verkündigt werden, al-

Wer aber standhält bis ans Ende, der
wird gerettet werden.

15,20 (Nr. 322, S. 316)

20 Erinnert euch an das Wort, das ich zu euch gesagt habe: Ein Knecht ist nicht grösser als sein Herr. Haben sie mich verfolgt, so werden sie auch euch verfolgen. Haben sie mein Wort gehalten, so werden sie auch das eure halten.

21,12–19 (Nr. 289, S. 280)

12 Vor diesem allem aber werden sie Hand an euch legen und euch verfolgen, euch an die Synagogen und Kerker ausliefern, vor Könige und Statthalter führen um meines Namens willen. 13 Es wird dazu kommen, dass ihr Zeugnis geben müsst.

14 Verlasst euch also in eurem Herzen darauf, dass ihr euch nicht im Voraus um eure Verteidigung kümmert. 15 Denn ich selbst werde euch Mund und Weisheit geben, der alle eure Widersacher nicht werden widerstehen oder widersprechen können.

16 Ihr werdet aber sogar von Eltern und Geschwistern, von Verwandten und Freunden verraten werden; und sie werden manche von euch in den Tod schicken. 17 Und ihr werdet gehasst werden von allen um meines Namens willen.

18 Und nicht ein Haar von eurem Kopf wird verloren gehen. 19 Durch eure Standhaftigkeit werdet ihr euer Leben gewinnen.

len Völkern zum Zeugnis, und dann
wird das Ende kommen.

2.Tim 2,12: Wenn wir ausharren, werden wir auch mitherrschen; wenn wir
verleugnen, wird auch er uns verleugnen.

101   MUTIGES BEKENNEN
                              (vgl. Nr. 196)

Matthäus 10,26–33   [*Markus*]

26 Darum fürchtet sie nicht!
Denn nichts ist verhüllt, was nicht aufgedeckt, und nichts verborgen, was
nicht bekannt werden wird.
27 Was ich euch im Dunkeln sage, das
sagt im Licht.

Und was ihr ins Ohr geflüstert bekommt, das ruft aus auf den Dächern.

28 Fürchtet euch nicht vor denen, die
den Leib töten, die Seele aber nicht
töten können.

Fürchtet aber vielmehr den, der Seele
und Leib vernichten kann.

29 Verkauft man nicht zwei Spatzen für
einen Fünfer? Und nicht einer von
ihnen fällt zu Boden, ohne euren Vater.
30 Bei euch aber sind sogar die Haare
auf dem Kopf alle gezählt. 31 Fürchtet
euch also nicht! Ihr seid mehr wert als
all die vielen Spatzen. 32 Jeder nun, der
sich vor den Menschen zu mir bekennt, zu dem werde auch ich mich bekennen vor meinem Vater im Himmel.
33 Wer mich aber vor den Menschen
verleugnet, den werde auch ich verleugnen vor meinem Vater im Himmel.

6,26 (Nr. 67, S. 63)

4,22 (Nr. 125, S. 121)

8,38 (Nr. 160, S. 158)

[Lukas 12,2–9]
(Nr. 196, S. 190)

2 Nichts ist verhüllt, was nicht aufgedeckt, und nichts verborgen, was nicht
bekannt werden wird.
3 Darum wird alles, was ihr im Dunkeln gesagt habt, im Licht gehört werden,
und was ihr in den Kammern ins Ohr
geflüstert habt, wird auf den Dächern
ausgerufen werden.
4 Ich aber sage euch, meinen Freunden:
Fürchtet euch nicht vor denen, die den
Leib töten und danach nichts weiter
tun können. 5 Ich will euch aber zeigen, wen ihr fürchten sollt:
Fürchtet den, der nach dem Töten die
Macht hat, in die Hölle zu stossen. Ja,
ich sage euch: Den fürchtet!
6 Verkauft man nicht fünf Spatzen für
zwei Fünfer? Und nicht einer von ihnen ist vor Gott vergessen.
7 Aber selbst die Haare auf eurem Kopf
sind alle gezählt. Fürchtet euch nicht!
Ihr seid mehr wert als all die vielen
Spatzen. 8 Ich sage euch aber: Jeder, der
sich vor den Menschen zu mir bekennt, zu dem wird sich auch der Menschensohn bekennen vor den Engeln
Gottes. 9 Wer mich aber vor den Menschen verleugnet, der wird verleugnet
werden vor den Engeln Gottes.

8,17 (Nr. 125, S. 121)

12,23–24 (Nr. 201, S. 193)

21,18 (Nr. 289, S. 280)

9,26 (Nr. 160, S. 158)

[Johannes]

Apg. 27,34: Deswegen ermahne ich euch, Speise zu euch zu nehmen, denn
dies dient zu eurer Rettung; denn keinem von euch wird ein Haar vom
Haupte verlorengehen.
2.Tim 2,12; Wenn wir ausharren, werden wir auch mitherrschen; wenn wir
verleugnen, wird auch er uns verleugnen.
Offb 3,5: Wer überwindet, der wird mit weissen Kleidern angetan werden,
und ich will seinen Namen nicht auslöschen aus dem Buch des Lebens und
will seinen Namen bekennen vor meinem Vater und vor seinen Engeln.

102   ENTZWEIUNG UND ZWIETRACHT
(vgl. Nr. 204)

Matthäus 10,34–36	[Markus]
34 Meint nicht, ich sei gekommen, Frieden auf die Erde zu bringen. Ich bin nicht gekommen, Frieden zu bringen, sondern das Schwert.	
35 Denn ich bin gekommen, «einen Mann mit seinem Vater» zu entzweien und «eine Tochter mit ihrer Mutter» und «eine Schwiegertochter mit ihrer Schwiegermutter;» 36 und «zu Feinden werden dem Menschen die eigenen Hausgenossen.»	

35–36: Mi 7,6

ThEv 16: Jesus sagte: Vielleicht denken die Menschen, dass ich gekommen
bin, um Frieden auf die Welt zu werfen; und sie wissen nicht, dass ich gekommen bin, Uneinigkeiten auf die Erde zu werfen, Feuer, Schwert, Krieg.
Denn es werden fünf sein, die in einem Haus sein werden: drei werden
gegen zwei und zwei werden gegen drei sein, der Vater gegen den Sohn,
der Sohn gegen den Vater, und sie werden als Einzelne dastehen.

103   BEDINGUNGEN DER NACHFOLGE
(vgl. Nr. 217)

Matthäus 10,37–39	[Markus]

[Lukas 12,51–53]
(Nr. 204, S. 197)

51 Meint ihr, ich sei gekommen, um
Frieden auf die Erde zu bringen? Nein,
sage ich euch, sondern Zwietracht.
52 Denn von nun an werden in einem
Haus fünf entzweit sein, drei mit zwei-
en und zwei mit dreien; 53 entzweit
sein werden
Vater und Sohn, und «Sohn» und «Vater,» Mutter und Tochter, und «Tochter
und Mutter,» Schwiegermutter und
Schwiegertochter, und «Schwiegertochter und Schwiegermutter.»

53: Mi 7,6

[Johannes]

[Lukas 14,25–27; 17,33]

14,25–27 (Nr. 217, S. 207)
25 Es zogen aber viele Leute mit ihm.
Und er wandte sich um und sprach zu

[Johannes 12,25]
(Nr. 302, S. 295)

37 Wer Vater oder Mutter mehr liebt
als mich, ist meiner nicht wert, und
wer Sohn oder Tochter mehr liebt als
mich,
ist meiner nicht wert.
38 Und wer nicht sein Kreuz auf sich
nimmt und mir nachfolgt, ist meiner
nicht wert.

39 Wer sein Leben findet, wird es verlieren;
wer sein Leben verliert um meinetwillen, wird es finden.

19,29 (Nr.255, S.241)
16,24–25 (Nr.160, S.158)

10,29–30 (Nr.255, S.241)
8,34–35 (Nr.160, S.158)

ThEv 55: Jesus sagte: Wer seinen Vater und seine Mutter nicht hasst, kann
nicht mein Jünger werden. Und (wer nicht) seine Brüder und seine
Schwestern hasst (und) wer (nicht) sein Kreuz trägt wie ich, wird meiner
nicht würdig sein.
ThEv 101: <Jesus sagte:> Wer nicht seinen Vater und seine Mutter hasst,
wird nicht [mein Jünger] werden können. Und wer seinen [Vater nicht]
liebt und seine Mutter wie ich, wird nicht mein [Jünger] werden. Denn
meine Mutter [...], aber [meine] wahre [Mutter], sie gab mir das Leben.

104   VOM AUFNEHMEN DER JÜNGER

Matthäus 10,40–42

[Markus 9,41]
(Nr. 167, S. 165)

40 Wer euch aufnimmt, nimmt mich
auf, und wer mich aufnimmt, nimmt
den auf, der mich gesandt hat. 41 Wer
einen Propheten aufnimmt, weil er ein
Prophet ist, wird den Lohn eines Propheten erhalten, und wer einen Gerechten aufnimmt, weil er ein Gerechter ist, wird den Lohn eines Gerechten
erhalten.
42 Und wer einem von diesen Kleinen
auch nur einen Becher frischen Wassers reicht, weil er ein Jünger ist –
amen, ich sage euch: der wird nicht um
seinen Lohn kommen.

41 Denn wer euch einen Becher Wasser
zu trinken gibt in meinem Namen,
weil ihr zu Christus gehört –
amen, ich sage euch: der wird nicht um
seinen Lohn kommen.

ihnen: 26 Wenn jemand zu mir kommt
und hasst nicht Vater und Mutter, Frau
und Kinder, Brüder und Schwestern
und dazu auch sein eigenes Leben,
der kann nicht mein Jünger sein.
27 Wer nicht sein Kreuz trägt und hinter mir hergeht, kann nicht mein Jünger sein.

17,33 (Nr. 235, S. 219)
33 Wer sein Leben zu bewahren sucht,
wird es verlieren,
und wer es verliert, wird es neu erhalten.

25 Wer sein Leben liebt, der verliert es;

und wer sein Leben in dieser Welt
hasst, wird es bewahren ins ewige Leben.

18,29–30 (Nr. 255, S. 241)
9,23–24 (Nr. 160, S. 158)

[Lukas 10,16]
(Nr. 179, S. 175)

16 Wer euch hört, der hört mich;

[Johannes 13,20]
[12,44–45; 5,23]

13,20 (Nr. 309, S. 303)
20 Amen, amen, ich sage euch:
Wer einen aufnimmt, den ich sende,
nimmt mich auf, und wer mich aufnimmt, nimmt den auf, der mich gesandt hat.

12,44–45 (Nr. 304, S. 298)
*44 Jesus aber rief: Wer an mich glaubt,
glaubt nicht an mich, sondern an den, der
mich gesandt hat, 45 und wer mich sieht,
sieht den, der mich gesandt hat.*

und wer euch verachtet, der verachtet

5,23 (Nr. 141, S. 153)
... 23 damit alle den Sohn ehren, wie sie den

18,5 (Nr.166, S. 164)   9,37 (Nr.166, S. 164)

105   FORTSETZUNG DER WANDERUNG

Matthäus 11,1   [Markus]

1 Und es geschah, als Jesus die Weisung
an seine zwölf Jünger vollendet hatte,
da zog er von dort weiter, um in ihren
Städten zu lehren und zu verkündigen.

106   DIE FRAGE DES TÄUFERS

Matthäus 11,2–6   [Markus]

2 Als Johannes aber im Gefängnis von
den Taten des Christus hörte,

sandte er seine Jünger zu ihm 3 und
liess ihn fragen:
Bist du es, der da kommen soll, oder
sollen wir auf einen anderen warten?

4 Jesus antwortete ihnen: Geht und
erzählt Johannes, was ihr hört und
seht: 5 «Blinde sehen» und Lahme gehen, Aussätzige werden rein und «Taube hören,» und «Tote werden auferweckt,» und Armen wird das Evangelium verkündigt; 6 und selig ist, wer an
mir keinen Anstoss nimmt.

5: Jes 29,18; 35,5–6 · Jes 26,19

mich. Wer aber mich verachtet, verachtet den, der mich gesandt hat.

9,48a (Nr.166, S. 164)

Vater ehren. Wer den Sohn nicht ehrt, ehrt
den Vater nicht, der ihn gesandt hat.

[Lukas]   [Johannes]

_____   _____
_____   _____
_____   _____
_____   _____

Lukas 7,18–23   [Johannes]

▲ (Nr. 86 — 7,11–17 — S. 80)
18 Und dem Johannes berichteten seine Jünger über dies alles. Da rief Johannes zwei seiner Jünger herbei und
19 sandte sie zu dem Herrn mit der Frage:
Bist du es, der da kommen soll, oder
sollen wir auf einen anderen warten?
20 Als aber die Männer zu ihm kamen,
sagten sie: Johannes der Täufer schickt
uns zu dir und lässt fragen: Bist du es,
der da kommen soll, oder sollen wir auf
einen anderen warten? 21 In eben der
Stunde heilte er viele von Krankheiten,
Plagen und von bösen Geistern und
schenkte vielen Blinden das Augenlicht.
22 Und er antwortete ihnen: Geht und
erzählt dem Johannes, was ihr gesehen
und gehört habt: «Blinde sehen,» Lahme gehen, Aussätzige werden rein, und
«Taube hören», «Tote werden auferweckt,» Armen wird das Evangelium
verkündigt; 23 und selig ist, wer an mir
keinen Anstoss nimmt.

22: Jes 29,18; 35,5–6 · Jes 26,19

107   JESUS ÜBER DEN TÄUFER

Matthäus 11,7–19   *[Markus 1,2]*
[21,31b–32]   *(Nr. 13, S. 16)*

7 Als diese sich auf den Weg machten, begann Jesus zu den Leuten über Johannes zu reden:
Was habt ihr zu sehen gehofft, als ihr in die Wüste hinauszogt? Ein Schilfrohr, das im Wind schwankt?
8 Oder was habt ihr zu sehen gehofft, als ihr hinauszogt? Einen Menschen, der in weiche Gewänder gehüllt ist? Siehe, die weiche Gewänder tragen, sind in den Königshäusern.

9 Oder was habt ihr zu sehen gehofft, als ihr hinauszogt? Einen Propheten? Ja, ich sage euch, noch mehr als einen Propheten.
10 Er ist es, von dem geschrieben steht: *2 Wie geschrieben steht beim Propheten Jesaja:*

     «Siehe, ich sende meinen Boten vor» dir «her,   *Siehe, ich sende meinen Boten vor dir her,*
     der vor» dir deinen «Weg bereiten wird.»   *der deinen Weg bereiten wird.*

11 Amen, ich sage euch: Unter den von einer Frau Geborenen ist keiner aufgetreten, der grösser ist als Johannes der Täufer.
Doch der Geringste im Himmelreich ist grösser als er.

12 Von den Tagen Johannes' des Täufers bis heute wird dem Himmelreich Gewalt angetan, und Gewalttätige reissen es an sich. 13 Alle Propheten nämlich und das Gesetz haben geweissagt bis hin zu Johannes. 14 Und wenn ihr es annehmen wollt: Er ist Elia, der kommen soll. 15 Wer Ohren hat, der höre!
21,31b–32 (Nr. 277, S. 265)
31b Da spricht Jesus zu ihnen: Amen, ich sage euch: Die Zöllner und Dirnen kommen vor euch ins Reich Gottes. 32 Denn Johannes kam zu euch auf dem Weg der Gerechtig-

Lukas 7,24–35
[16,16]

24 Als aber die Boten des Johannes gegangen waren, begann er zu den Leuten über Johannes zu reden:
Was habt ihr zu sehen gehofft, als ihr
in die Wüste hinauszogt? Ein Schilfrohr, das im Wind schwankt?
25 Oder was habt ihr zu sehen gehofft,
als ihr hinauszogt? Einen Menschen,
der in weiche Gewänder gehüllt ist?
Siehe, die im Prachtgewand und in Üp-
pigkeit leben, sind in den Königshäusern.
26 Oder was habt ihr zu sehen gehofft,
als ihr hinauszogt? Einen Propheten?
Ja, sage ich euch, noch mehr als einen
Propheten.
27 Er ist es, von dem geschrieben steht:

«Siehe, ich sende meinen Boten
vor» dir «her,
der vor» dir «deinen Weg bereiten
wird.»
28 Ich sage euch: Grösser als Johannes
ist keiner unter denen, die von einer
Frau geboren sind.

Doch der Geringste im Reich Gottes ist
grösser als er.
16,16 (Nr. 226, S. 214)
16 Das Gesetz und die Propheten reichen bis zu Johannes; von da an wird
das Evangelium vom Reich Gottes verkündigt, und jeder drängt mit Gewalt
hinein.

29 Und das ganze Volk, das zuhörte,
selbst die Zöllner, haben Gott dadurch
Recht gegeben, dass sie sich taufen liessen mit der Taufe des Johannes. 30 Die

[Johannes]

keit, und ihr habt ihm nicht geglaubt, die
Zöllner und Dirnen aber haben ihm geglaubt. Ihr aber, die ihr das gesehen habt,
habt euch auch hinterher nicht eines Besse-
ren besonnen und ihm geglaubt.
16 Mit wem aber soll ich dieses Geschlecht vergleichen?

Kindern ist es gleich, die auf dem
Marktplatz sitzen und den andern
17 zurufen:
    Wir haben euch aufgespielt,
        und ihr habt nicht getanzt,
        wir haben das Klagelied ange-
        stimmt,
        und ihr habt nicht geklagt.
18 Denn Johannes kam, ass nicht, trank
nicht, und sie sagen: Er hat einen Dämon!

19 Der Menschensohn kam, ass und
trank, und sie sagen: Siehe, ein Fresser
und Säufer, ein Freund von Zöllnern
und Sündern! Und doch wurde der
Weisheit Recht gegeben durch ihre Taten.

10: Ex 23,20; Mal 3,1
17,12 (Nr. 162, S. 161)   9,13 (Nr. 162, S. 161)

ThEv 78: Jesus sagte: Warum seid ihr ausgezogen auf das Feld? Um ein
Schilfrohr im Wind schwankend zu sehen? Und um einen Menschen zu
sehen, der weiche Kleider anhat? [Seht eure] Könige und Vornehmen, diese
haben weiche Kleider an, und sie [können] die Wahrheit nicht erkennen.
ThEv 46: Jesus sagte: Von Adam bis Johannes dem Täufer ist unter den
Kindern der Frauen keiner höher als Johannes der Täufer, denn seine
Augen waren nicht zerstört (?). Aber ich habe gesagt: Wer unter euch klein
wird, wird das Königreich erkennen und wird höher sein als Johannes.

Pharisäer aber und die Gesetzeslehrer haben gegen sich selbst den Ratschluss Gottes dadurch verworfen, dass sie sich von ihm nicht taufen liessen.

31 Mit wem aber soll ich die Menschen dieses Geschlechts vergleichen, und wem sind sie gleich?
32 Kindern sind sie gleich, die auf dem Marktplatz sitzen und einander zurufen und die sagen:

> Wir haben euch aufgespielt,
> und ihr habt nicht getanzt,
> wir haben Klagelieder gesungen,

> und ihr habt nicht geweint.

33 Denn Johannes der Täufer ist gekommen, ass kein Brot, trank keinen Wein, und ihr sagt: Er hat einen Dämon.
34 Der Menschensohn ist gekommen, ass und trank, und ihr sagt: Siehe, ein Fresser und Säufer, ein Freund von Zöllnern und Sündern. 35 Und doch wurde der Weisheit Recht gegeben durch alle ihre Kinder. 36 Einer der Pharisäer aber bat ihn, mit ihm zu essen. Und er ging in das Haus des Pharisäers und liess sich zu Tisch nieder.

▼ *(Nr. 114 — 7,36–50 — S. 109)*
27: Ex 23,20; Mal 3,1

108   WEHERUF ÜBER GALILÄISCHE STÄDTE
          (vgl. Nr. 178)

Matthäus 11,20–24   *[Markus]*

20 Dann begann er die Städte anzuklagen, in denen die meisten seiner Wunder geschehen waren, denn sie hatten
nicht Busse getan.

21 Wehe dir, Chorazin! Wehe dir, Betsaida! Denn wären in Tyrus und Sidon
die Wunder geschehen, die bei euch geschehen sind, sie hätten längst in Sack
und Asche Busse getan. 22 Doch ich sage euch: Tyrus und Sidon wird es am
Tag des Gerichts besser ergehen als
euch. 23 Und du, Kafarnaum, willst du
etwa in den Himmel erhoben werden?
Bis ins Totenreich wirst du hinabfahren! Denn wären in Sodom die Wunder
geschehen, die bei dir geschehen sind,
so stünde es noch heute. 24 Doch ich
sage euch: Dem Land Sodom wird es
am Tag des Gerichts besser ergehen als
dir.
10,15 (Nr. 99, S. 93)

109   LOBPREIS DES VATERS

Matthäus 11,25–27   *[Markus]*

25 Zu jener Zeit hob Jesus an
und sprach:
Ich preise dich, Vater, Herr des Himmels und der Erde, dass du dies vor
Weisen und Klugen verborgen, es Einfältigen aber offenbart hast. 26 Ja, Vater, so hat es dir gefallen.

[Lukas 10,12–15]
(Nr. 177 . 178, S. 173 . 175)

[Johannes]

12 Ich sage euch: Sodom wird es an jenem Tag besser ergehen als dieser Stadt.
13 Wehe dir, Chorazin! Wehe dir, Betsaida! Denn wären in Tyrus und Sidon die Wunder geschehen, die bei euch geschehen sind, sie wären längst in Sack und Asche gesessen und hätten Busse getan. 14 Doch Tyrus und Sidon wird es im Gericht besser ergehen als euch.
15 Und du, Kafarnaum, willst du etwa in den Himmel erhoben werden? Bis ins Totenreich wirst du hinabfahren.

[Lukas 10,21–22]
(Nr. 181, S. 176)

21 In dieser Stunde jubelte er im Heiligen Geist und sprach:
Ich preise dich, Vater, Herr des Himmels und der Erde, dass du dies vor Weisen und Klugen verborgen, es Einfältigen aber offenbart hast. Ja, Vater, denn so hat es dir gefallen.

[Johannes 3,35; 17,2; 13,3; 7,29; 10,14–15; 17,25]

3,35 (Nr. 29, S. 31)
35 Der Vater liebt den Sohn, und er hat alles in seine Hand gegeben.
17,2 (Nr. 329, S. 320)
2 Denn du hast ihm Macht gegeben über alles Lebendige, damit er alles, was du ihm gegeben hast, ihnen gebe, ewiges Leben.

27 Alles ist mir übergeben worden von
meinem Vater, und niemand kennt den
Sohn, nur der Vater, und niemand
kennt den Vater, nur der Sohn und
wem der Sohn es offenbaren will.

ThEv 4: Jesus sagte: Der alte Mensch wird nicht zögern in seinem Alter, ein
kleines Kind von sieben Tagen zu befragen über den Ort des Lebens, und er
wird leben; denn viele Erste werden die Letzten werden, und sie werden
ein Einziger werden.

110   DAS LEICHTE JOCH

Matthäus 11,28–30   *[Markus]*

28 Kommt zu mir, all ihr Geplagten
und Beladenen: Ich werde euch Ruhe
geben. 29 Nehmt mein Joch auf euch
und lernt von mir, denn ich bin sanft
und den Geringen von Herzen zugetan;
und «ihr werdet Ruhe finden für eure
Seele.» 30 Denn mein Joch drückt
nicht, und meine Last ist leicht.
29: Jer 6,16

ThEv 90: Jesus sagte: Kommt zu mir, denn mein Joch ist angenehm, und
meine Herrschaft ist mild, und ihr werdet Ruhe für euch finden.

22 Alles ist mir übergeben worden von meinem Vater, und niemand weiss, wer der Sohn ist, nur der Vater, und niemand, wer der Vater ist, nur der Sohn und wem der Sohn es offenbaren will.

13,3 (Nr. 309, S. 303)

3 – er wusste, dass ihm der Vater alles in die Hände gegeben hatte und dass er von Gott ausgegangen war und zu Gott weggeht –,

7,29 (Nr. 240, S. 224)

29 Ich kenne ihn, weil ich von ihm her komme und er mich gesandt hat.

10,14–15 (Nr. 249, S. 235)

14 Ich bin der gute Hirte und kenne die Meinen, und die Meinen kennen mich, 15 wie der Vater mich kennt und ich den Vater kenne. Und ich setze mein Leben ein für die Schafe.

17,25 (Nr. 329, S. 320)

25 Und die Welt, gerechter Vater, hat dich nicht erkannt, ich aber habe dich erkannt, und diese haben erkannt, dass du mich gesandt hast.

[Lukas]

[Johannes]

111   ÄHRENRAUFEN AM SABBAT
(vgl. Nr. 46)

Matthäus 12,1–8

[Markus 2,23–28]
(Nr. 46, S. 47)

1 Zu jener Zeit ging Jesus am Sabbat durch die Kornfelder. Und seine Jünger wurden hungrig und begannen, Ähren abzureissen und zu essen.
2 Als die Pharisäer das sahen, sagten sie zu ihm: Siehe, deine Jünger tun, was am Sabbat zu tun nicht erlaubt ist!
3 Da sagte er zu ihnen:
Habt ihr nicht gelesen, was David getan hat, als er hungrig wurde, er und seine Gefährten, 4 wie er in das Haus Gottes hineinging

und wie sie die Schaubrote assen, die zu essen weder ihm noch seinen Gefährten erlaubt war, sondern nur den Priestern?

5 Oder habt ihr nicht im Gesetz gelesen, dass die Priester im Tempel am Sabbat den Sabbat entweihen, ohne sich schuldig zu machen? 6 Ich aber sage euch: Hier ist Grösseres als der Tempel! 7 Hättet ihr begriffen, was es heisst: «Erbarmen will ich und nicht Opfer,» so hättet ihr die Unschuldigen nicht verurteilt.

8 Denn der Menschensohn ist Herr über den Sabbat.
7: Hos 6,6
9,13 (Nr. 93, S. 87)

23 Und es geschah, dass er am Sabbat durch die Kornfelder ging, und unterwegs begannen seine Jünger, Ähren abzureissen.
24 Und die Pharisäer sagten zu ihm: Siehe, warum tun sie am Sabbat, was nicht erlaubt ist?
25 Und er spricht zu ihnen:
Habt ihr nie gelesen, was David getan hat, als er Mangel litt und hungrig wurde, er und seine Gefährten, 26 wie er in das Haus Gottes hineinging zur Zeit des Hohepriesters Abiatar und wie er die Schaubrote ass, die zu essen niemandem erlaubt ist ausser den Priestern, und wie er auch seinen Gefährten davon gab?

27 Und er sprach zu ihnen: Der Sabbat ist um des Menschen willen geschaffen und nicht der Mensch um des Sabbats willen.
28 So ist der Menschensohn Herr auch über den Sabbat.

[Lukas 6,1–5]
(Nr. 46, S. 47)

[Johannes]

1 Es geschah aber, dass er an einem Sabbat durch die Kornfelder ging; und seine Jünger rissen Ähren ab, zerrieben
sie mit den Händen und assen sie.
2 Einige von den Pharisäern aber sagten: Warum tut ihr, was am Sabbat
nicht erlaubt ist?
3 Und Jesus antwortete ihnen:
Habt ihr denn nicht gelesen, was David
getan hat, als er hungrig wurde, er und
seine Gefährten, 4 wie er in das Haus
Gottes hineinging

und die Schaubrote nahm und ass und
seinen Gefährten davon gab, die Brote,
die zu essen niemandem erlaubt ist
ausser den Priestern allein?

5 Und er sprach zu ihnen:

Der Menschensohn ist Herr über den
Sabbat.

112   HEILUNG AM SABBAT
                              (vgl. Nr. 47)

Matthäus 12,9–14   *[Markus 3,1–6]*
                                      (Nr. 47, S. 48)

9 Und er ging von dort weiter und kam   1 Und er ging wieder
in ihre Synagoge.   in die Synagoge.

10 Und siehe, da war einer mit einer   Und dort war einer mit einer lahmen
lahmen Hand.   Hand.
Da fragten sie ihn, ob es am Sabbat er-   2 Und sie beobachteten ihn genau, ob
laubt sei, zu heilen,   er ihn am Sabbat heilen würde,

damit sie ihn anklagen könnten.   damit sie ihn anklagen könnten.

                                             3 Und er spricht zu dem Menschen mit
                                             der lahmen Hand: Steh auf, tritt in die
                                             Mitte!

11 Er aber sprach zu ihnen: Ist etwa jemand unter euch, der ein Schaf besitzt
und es, wenn es am Sabbat in eine Grube gefallen ist, nicht packen und herausziehen würde? 12 Wie viel mehr ist
nun ein Mensch wert als ein Schaf.

                                             4 Und er spricht zu ihnen:

Also ist es erlaubt, am Sabbat Gutes zu   Ist es erlaubt, am Sabbat Gutes zu tun
tun.   oder Böses zu tun, Leben zu retten oder
                                             zu töten? Sie aber schwiegen. 5 Und
                                             voller Zorn schaut er sie einen nach
                                             dem andern an, betrübt über die Ver-
                                             stocktheit ihres Herzens, und spricht
                                             zu dem Menschen:
13 Dann spricht er zu dem Menschen: Strecke deine Hand aus! Und der
Strecke deine Hand aus! Und der   streckte sie aus, und seine Hand war
streckte sie aus, und sie war wiederher-   wiederhergestellt.
gestellt, gesund wie die andere.   6 Da gingen die Pharisäer hinaus und
14 Die Pharisäer aber gingen hinaus   fassten sogleich mit den Herodianern
und fassten   den Beschluss gegen ihn, ihn umzu-
den Beschluss gegen ihn, ihn umzu-   bringen.
bringen.

[Lukas 6,6–11]
(Nr. 47, S. 48)

[Lukas 14,1–6]
(Nr. 214, S. 204)

6 Es geschah aber an einem anderen Sabbat, dass er in die Synagoge ging und lehrte.
Und dort war einer, dessen rechte Hand lahm war. 7 Die Schriftgelehrten und Pharisäer aber beobachteten ihn genau, ob er am Sabbat heilen würde,

1 Und es geschah, als er an einem Sabbat in das Haus eines der Oberen der Pharisäer kam, um zu essen,

da beobachteten sie ihn genau. 2 Und siehe, da stand ein wassersüchtiger Mensch vor ihm.

damit sie einen Grund fänden, ihn anzuklagen. 8 Er aber kannte ihre Gedanken,
doch sprach er zu dem Mann mit der lahmen Hand: Steh auf und stell dich in die Mitte! Und der stand auf und stellte sich hin.

9 Jesus aber sprach zu ihnen: Ich frage euch,
ist es erlaubt, am Sabbat Gutes zu tun oder Böses zu tun, Leben zu retten oder zu vernichten?
10 Und er schaute alle an, einen nach dem andern,

3 Und Jesus entgegnete den Gesetzeslehrern und Pharisäern:
Ist es erlaubt, am Sabbat zu heilen oder nicht?

4 Sie aber schwiegen.

und sprach zu ihm:
Streck deine Hand aus! Und der tat es, und seine Hand war wiederhergestellt.

11 Da packte sie der Unverstand, und sie beredeten miteinander,
was sie Jesus antun wollten.

Und er fasste ihn an, heilte ihn und entliess ihn. 5 Und zu ihnen sprach er: Wer von euch, dessen Sohn oder dessen Ochse in einen Brunnen fällt, wird ihn am Tag des Sabbats nicht sogleich herausziehen? 6 Und sie vermochten nichts dagegen einzuwenden.

13,10–16 (Nr. 208, S. 200)

113　　　DER GOTTESKNECHT JESUS
(vgl. Nr. 48)

Matthäus 12,15–21

[Markus 3,7–12]
(Nr. 48, S. 49)

15 Als aber Jesus davon erfuhr, zog er sich von dort zurück.

7 Und Jesus zog sich mit seinen Jüngern an den See zurück,

Und viel Volk folgte ihm,

und eine grosse Menge aus Galiläa folgte; auch aus Judäa 8 und aus Jerusalem, aus Idumäa und von jenseits des Jordan
und aus der Gegend um Tyrus und Sidon kam eine grosse Menge zu ihm, als sie hörten, was er tat. 9 Und er sagte zu seinen Jüngern, ein Boot solle für ihn bereitliegen wegen des Volkes, damit es ihn nicht bedränge. 10 Denn er heilte viele, so dass alle, die von Leiden geplagt waren, sich auf ihn stürzten, um ihn zu berühren.

und er heilte sie alle.

11 Und die unreinen Geister warfen sich vor ihm nieder, sobald sie ihn sahen, und schrien: Du bist der Sohn Gottes!

16 Und er gebot ihnen streng, sie sollten ihn nicht offenbar machen,
17 damit erfüllt werde, was durch den Propheten Jesaja gesagt ist:

12 Und er herrschte sie heftig an, sie sollten ihn nicht offenbar machen.

18 «Siehe, mein Knecht, den ich erwählt habe,
mein Geliebter, an dem meine Seele Wohlgefallen hat.
Ich werde meinen Geist auf ihn legen,
und den Völkern wird er das Recht verkünden.»
19 Er wird nicht streiten und nicht schreien,
und auf den Gassen wird man seine Stimme nicht hören.
20 Geknicktes Rohr wird er nicht zerbrechen
und glimmenden Docht nicht auslöschen,

[Lukas 6,17–19]   [Johannes]
(Nr. 77, S. 70)

17 Und er stieg mit ihnen hinab und
trat auf ein ebenes Feld. Und eine grosse Schar seiner Jünger
und eine grosse Menge des Volkes aus
ganz Judäa und Jerusalem

und aus dem Küstenland von Tyrus
und Sidon war da. 18 Die kamen, um
ihn zu hören und von ihren Krankheiten geheilt zu werden;

auch die von unreinen Geistern Ge-
quälten wurden geheilt. 19 Und alles
Volk suchte ihn zu berühren, denn eine
Kraft ging von ihm aus und heilte alle.

bis er» dem «Recht» zum Sieg
«verholfen hat.
21 Und auf seinen Namen werden
die Völker hoffen.»

▼ (Nr. 117 — 12,22–30 — S. 112)

18–21: Jes 42,1–4

8,16–17 (Nr. 88, S. 81)   1,34 (Nr. 38, S. 41)

114   DIE DANKBARE SÜNDERIN
                          (vgl. Nr. 267 . 306)

[Matthäus 26,6–13]   [Markus 14,3–9]
(Nr. 306, S. 300)   (Nr. 306, S. 300)

6 Als aber Jesus in Betanien im Hause Simons des Aussätzigen war,	3 Als er in Betanien im Hause Simons des Aussätzigen war
	und zu Tische lag,
7 kam eine Frau zu ihm	kam eine Frau
mit einem Alabastergefäss voll kostbaren Öls	mit einem Alabastergefäss voll echten, kostbaren Nardenöls; sie zerbrach das Gefäss
und goss es über sein Haupt, als er zu Tische lag.	und goss es ihm über das Haupt.
8 Da aber die Jünger dies sahen, waren sie aufgebracht und sagten: Wozu diese Verschwendung? 9 Dies hätte doch teuer verkauft werden können und wäre Armen zugute gekommen.	4 Da sagten einige empört zueinander: Wozu geschah diese Verschwendung des Öls? 5 Dieses Öl hätte doch für mehr als dreihundert Denare verkauft werden können und wäre den Armen zugute gekommen. Und sie fuhren sie an.

4,41 (Nr. 38, S. 41)

Lukas 7,36–50

▲ (Nr. 107 — 7,24–35 — S. 102)

36 Einer der Pharisäer aber bat ihn, mit ihm zu essen. Und er ging in das Haus des Pharisäers

und liess sich zu Tisch nieder.
37 Und siehe, da war eine Frau in der Stadt, eine Sünderin. Als sie erfuhr, dass er im Haus des Pharisäers zu Tische lag,
brachte sie ein Alabastergefäss voll Balsam.

38 Und sie trat von hinten zu seinen Füssen, weinte und begann mit ihren Tränen seine Füsse zu benetzen. Und sie trocknete sie mit den Haaren ihres Hauptes, küsste seine Füsse und salbte sie mit dem Balsam.
39 Als der Pharisäer, der ihn eingeladen hatte, das sah, sagte er bei sich: Wäre dieser ein Prophet, so wüsste er, wer und was für eine die Frau ist, die ihn da berührt, nämlich eine Sünderin.

[Johannes 12,1–8]

(Nr. 267, S. 255)

1 Jesus nun kam sechs Tage vor dem Passa nach Betanien, wo Lazarus war, den Jesus von den Toten auferweckt hatte. 2 Dort bereiteten sie ihm ein Mahl, und Marta trug auf; Lazarus aber war einer von denen, die mit ihm zu Tische lagen.
3 Da nahm Maria

ein Pfund echten,
kostbaren Nardenöls

und salbte Jesus die Füsse
und trocknete seine Füsse mit ihrem Haar. Das Haus wurde erfüllt vom Duft des Öls.

4 Judas Iskariot aber, einer seiner Jünger, der ihn verraten sollte, sagt:

5 Warum hat man dieses Öl nicht für dreihundert Denar verkauft und Armen zugute kommen lassen? 6 Dies sagte er aber nicht, weil ihm die Armen am Herzen lagen, sondern weil er ein Dieb war und die Kasse hatte und die Einnahmen beiseite schaffte.

10 Als Jesus dies merkte, sprach er zu ihnen: Warum macht ihr es der Frau so schwer? Sie hat doch ein gutes Werk an mir getan.	6 Jesus aber sprach: Lasst sie!
	Warum macht ihr es ihr so schwer? Sie hat ein gutes Werk an mir getan.
11 Die Armen habt ihr ja allezeit bei euch,	7 Die Armen habt ihr ja allezeit bei euch, und sooft ihr wollt, könnt ihr ihnen Gutes tun;
mich aber habt ihr nicht allezeit.	mich aber habt ihr nicht allezeit. 8 Was sie vermochte, hat sie getan.
12 Dass sie nämlich dieses Öl auf meinen Leib goss, das hat sie für mein Begräbnis getan.	Sie hat meinen Leib im Voraus zum Begräbnis gesalbt.
13 Amen, ich sage euch: Wo immer in der ganzen Welt dieses Evangelium verkündigt wird, da wird auch das erzählt werden, was sie getan hat, ihr zum Gedächtnis.	9 Amen, ich sage euch: Wo immer in der ganzen Welt das Evangelium verkündigt wird, da wird auch das erzählt werden, was sie getan hat, ihr zum Gedächtnis.

9,22 (Nr. 95, S. 89)
9,29–30 (Nr. 96, S. 91)

5,34 (Nr. 138, S. 131)
10,52 (Nr. 264, S. 251)

40 Und Jesus antwortete ihm: Simon,
ich habe dir etwas zu sagen. Er erwidert: Meister, sprich! 41 Ein Geldverleiher hatte zwei Schuldner: der eine
schuldete ihm fünfhundert Denar, der
andere fünfzig. 42 Da sie es beide nicht
zurückzahlen konnten, schenkte er es
ihnen. Welcher von ihnen wird ihn
nun mehr lieben? 43 Simon antwortete: Ich nehme an der, dem er mehr geschenkt hat. Da sprach er zu ihm: Du
hast richtig geurteilt.
44 Und er wandte sich der Frau zu und
sprach zu Simon: Siehst du diese Frau?

7 Nun sprach Jesus: Lass sie, damit sie
es bewahre für den Tag meines Begräbnisses.

8 Denn die Armen habt ihr allezeit bei
euch,

mich aber habt ihr nicht allezeit.

Ich bin in dein Haus gekommen, Wasser für die Füsse hast du mir nicht gegeben; sie aber hat meine Füsse mit ihren Tränen benetzt und mit ihrem
Haar getrocknet. 45 Einen Kuss hast du
mir nicht gegeben; sie aber hat, seit sie
hereingekommen ist, nicht aufgehört,
meine Füsse zu küssen. 46 Mit Öl hast
du mein Haupt nicht gesalbt;
sie aber hat mit Balsam meine Füsse
gesalbt.

47 Deshalb sage ich dir: Ihre vielen
Sünden sind vergeben, denn sie hat
viel geliebt; wem aber wenig vergeben
wird, der liebt wenig. 48 Zu ihr aber
sprach er: Dir sind deine Sünden vergeben. 49 Da begannen die Gäste untereinander zu sagen: Wer ist dieser, dass er
sogar Sünden vergibt? 50 Er aber
sprach zu der Frau: Dein Glaube hat
dich gerettet. Geh in Frieden!

8,48 (Nr. 138, S. 131)
18,42 (Nr. 264, S. 251)
17,19 (Nr. 233, S. 218)

115   FRAUEN UM JESUS

[Matthäus 9,35]   [Markus 6,6b; {16,9}]
(Nr. 98, S. 92)

_____   6,6b (Nr. 142, S. 138)
35 Und Jesus zog umher in allen Städten   6b Dann zog er in den umliegenden Dör-
und Dörfern, lehrte in ihren Synagogen,   fern umher und lehrte.
verkündigte das Evangelium vom Reich
und heilte jede Krankheit und jedes Leiden. _____
                                             {16,9} (Nr. 363, S. 357)
                                             {9 Als er aber frühmorgens am ersten Tag
                                             der Woche auferstanden war, erschien er
                                             zuerst Maria aus Magdala, aus der er sie-
                                             ben Dämonen ausgetrieben hatte.}

27,55–56 (Nr. 348, S. 344)   15,40–41 (Nr. 348, S. 344)
4,23 (Nr. 40, S. 42)   1,39 (Nr. 40, S. 42)

116   JESUS UND SEINE VERWANDTEN
                                  (vgl. Nr. 121 . 135)

[Matthäus]   Markus 3,20–21

_____   ▲ (Nr. 49 — 3,13-19 — S. 50)
                                         20 Und er geht in ein Haus. Und wieder
                                         versammelt sich die Menge, so dass sie
                                         nicht einmal etwas essen konnten.
                                         21 Und als seine Verwandten davon
                                         hörten, machten sie sich auf, um sich
                                         seiner zu bemächtigen; denn sie sag-
                                         ten: Er ist von Sinnen.

Lukas 8,1–3

1 Und danach geschah es, dass er von Stadt zu Stadt und von Dorf zu Dorf zog
und das Evangelium vom Reich Gottes verkündigte. Und die Zwölf waren mit ihm, 2 auch einige Frauen, die von bösen Geistern und Krankheiten geheilt worden waren: Maria, genannt Magdalena, von der sieben Dämonen ausgefahren waren, 3 und Johanna, die Frau des Chuza, eines Verwalters des Herodes, und Susanna und viele andere, die für sie sorgten mit dem, was sie hatten.

▼ (Nr. 122 — 8,4–8 — S. 117)
23,49 (Nr. 348, S. 344)
4,44 (Nr. 40, S. 42)

[Johannes]

[Lukas]

[Johannes]

117   MACHT ÜBER DÄMONEN?
                    (vgl. Nr. 188)

Matthäus 12,22–30   *Markus 3,22–27*

▲ *(Nr. 113 — 12,15–21 — S. 108)*

22 Dann brachte man einen Besessenen
zu ihm, der war blind und stumm. Und
er heilte ihn, so dass der Stumme reden
und sehen konnte. 23 Da gerieten alle
Leute ausser sich und sagten: Ist das etwa der Sohn Davids?

24 Als die Pharisäer das hörten, sagten   22 Und die Schriftgelehrten, die von Je-
sie: Der treibt doch die Dämonen nur   rusalem herabgekommen waren, sag-
durch Beelzebul aus,   ten: Er hat den Beelzebul, und: Durch
den Fürsten der Dämonen!   den Fürsten der Dämonen treibt er die
                                                Dämonen aus.

25 Weil er aber um ihre Gedanken   23 Da rief er sie zu sich und redete zu
wusste, sprach er zu ihnen: ihnen in Gleichnissen: Wie kann der
                                                Satan den Satan austreiben?

Jedes Reich, das in sich gespalten ist,   24 Und wenn ein Reich in sich gespal-
wird verwüstet, und jede Stadt   ten ist, kann dieses Reich keinen Be-
                                                stand haben.

oder jede Familie, die in sich gespalten   25 Und wenn eine Familie in sich geist, hat keinen Bestand.   spalten ist, kann diese Familie keinen
                                                Bestand haben.

26 Und wenn der Satan den Satan aus-   26 Und wenn der Satan sich gegen sich
treibt, ist er in sich gespalten. Wie   selbst erhebt und gespalten ist, kann er
kann dann sein Reich Bestand haben?   keinen Bestand haben, sondern es hat
                                                ein Ende mit ihm.

27 Wenn nun ich durch Beelzebul die
Dämonen austreibe, durch wen treiben
eure Söhne sie aus? Darum werden sie
eure Richter sein. 28 Wenn ich jedoch
durch den Geist Gottes die Dämonen
austreibe, dann ist das Reich Gottes zu
euch gelangt.

29 Oder wie kann jemand in das Haus   27 Niemand kann aber in das Haus des
des Starken eindringen und seine Habe   Starken eindringen und seine Habe
rauben,   rauben,

[Lukas 11,14–15 . 17–23]   [Johannes 7,20; 10,20; 8,48; 8,52]
(Nr. 188, S. 182)

14 Und er war dabei, einen stummen
Dämon auszutreiben. Und es geschah,
als der Dämon ausfuhr, da begann der
Stumme zu reden, und die Leute staunten.

15 Einige von ihnen aber sagten:

Durch Beelzebul,   7,20 (Nr. 240, S. 224)
den Fürsten der Dämonen, treibt er die   20 Das Volk antwortete:
Dämonen aus.   Du hast einen Dämon. Wer sucht dich zu
17 Er aber wusste um ihre Gedanken   töten?
und sprach zu ihnen: 10,20 (Nr. 250, S. 237)
                                      20 Viele von ihnen sagten: Er hat einen Dä-
Jedes Reich, das in sich gespalten ist, mon und rast. Warum hört ihr auf ihn?
wird verwüstet,

und ein Haus fällt über das andere.   8,48 (Nr. 247, S. 231)
                                      48 Die Juden entgegneten ihm: Sagen wir
                                      nicht mit Recht, dass du ein Samariter bist
18 Wenn aber auch der Satan in sich   und einen Dämon hast?
gespalten ist, wie kann dann sein Reich
Bestand haben?   8,52 (Nr. 247, S. 231)
Ihr sagt ja, dass ich die Dämonen durch 52 Da sprachen die Juden zu ihm: Jetzt ha-
Beelzebul austreibe.   ben wir erkannt, dass du einen Dämon
19 Wenn ich nun die Dämonen durch   hast. Abraham ist gestorben, und auch die
Beelzebul austreibe, durch wen treiben Propheten, und du sagst: Wenn jemand
sie eure Söhne aus? Darum werden sie   mein Wort bewahrt, wird er den Tod in
eure Richter sein. 20 Wenn ich jedoch Ewigkeit nicht schmecken.
durch den Finger Gottes die Dämonen
austreibe, dann ist das Reich Gottes zu
euch gelangt.

21 Wenn der Starke bewaffnet seinen
Hof bewacht, ist sein Besitz in Sicherheit.

wenn er nicht zuvor den Starken gefesselt hat?
Dann erst wird er sein Haus ausrauben.
30 Wer nicht für mich ist, der ist gegen
mich, und wer nicht sammelt mit mir,
der zerstreut.

wenn er nicht zuvor den Starken gefesselt hat;
dann erst wird er sein Haus ausrauben.

9,40 (Nr. 167, S. 165)

ThEv 21: Mariham sagte zu Jesus: Wem gleichen deine Jünger? Er sagte: Sie
gleichen kleinen Kindern, die sich auf einem Feld niedergelassen haben,
das ihnen nicht gehört. Wenn die Herren des Feldes kommen, werden sie
sagen: Lasst uns unser Feld. Sie sind ganz nackt in ihrer Gegenwart, damit
sie es ihnen lassen und ihnen ihr Feld geben. Darum sage ich: Wenn der
Herr des Hauses weiss, dass der Dieb kommen wird, wird er wachen, bevor
er kommt; (und) er wird ihn nicht eindringen lassen in das Haus seines
Königreiches, um seine Dinge mitzunehmen. Ihr aber, wacht angesichts
der Welt; gürtet eure Lenden mit einer grossen Kraft, dass die Räuber
keinen Weg finden, um zu euch zu kommen. Denn der Lohn, auf den ihr
rechnet, sie werden ihn finden. Wäre (doch) unter euch ein weiser Mann!
Als die Frucht gereift ist, ist er sofort gekommen, seine Sichel in der Hand,
und hat sie gemäht. Wer Ohren hat, zu hören, der höre.
ThEv 35: Jesus sagte: Es ist nicht möglich, dass jemand in das Haus des
Mächtigen eintritt (und) es mit Gewalt nimmt, es sei denn, er bände ihm
die Hände; dann wird er sein Haus umdrehen.

118   SÜNDE GEGEN DEN HEILIGEN GEIST
               (vgl. Nr. 197)

Matthäus 12,31–37   [Matthäus 7,16–20]
                                     (Nr. 73, S. 67)

31 Darum sage ich euch: Jede Sünde
und Lästerung wird den Menschen vergeben werden,

aber die Lästerung des Geistes wird
nicht vergeben werden. 32 Wenn jemand etwas gegen den Menschensohn
sagt, wird ihm vergeben werden;
wer aber etwas gegen den Heiligen
Geist sagt, dem wird nicht vergeben
werden, weder in dieser noch in der
kommenden Welt.

7,16–20 (Nr. 73, S. 67)
16 An ihren Früchten werdet ihr sie erkennen. Lassen sich etwa Trauben ern-

22 Wenn aber ein Stärkerer ihn angreift und ihn besiegt, nimmt er ihm
die Rüstung, auf die er sich verlassen
hat, und verteilt die Beute.
23 Wer nicht mit mir ist, der ist gegen
mich, und wer nicht sammelt mit mir,
der zerstreut.

9,50 (Nr. 167, S. 165)

Markus 3,28–30   *[Lukas 12,10; 6,43–45]*

28 Amen, ich sage euch: Alles wird den
Menschenkindern vergeben werden,
die Sünden und die Lästerungen, soviel
sie auch lästern mögen.

29 Wer aber den Heiligen Geist lästert,
hat in Ewigkeit keine Vergebung, sondern ist ewiger Sünde schuldig.
30 Denn sie hatten gesagt: Er hat einen
unreinen Geist.

▼ *(Nr. 121 — 3,31–35 — S. 116)*

12,10 (Nr. 197, S. 191)
10 Und jeder, der etwas gegen den
Menschensohn sagt, dem wird vergeben werden.
Dem aber, der den Heiligen Geist lästert, wird nicht vergeben werden.

ten von Dornen oder Feigen von Disteln?

33 Entweder der Baum ist gut, dann ist auch seine Frucht gut! Oder der Baum ist faul, dann ist auch seine Frucht faul!

17 So bringt jeder gute Baum gute Früchte, jeder faule Baum aber bringt schlechte Früchte.

18 Ein guter Baum kann nicht schlechte Früchte bringen, und ein fauler Baum kann nicht gute Früchte bringen.
19 Jeder Baum, der nicht gute Frucht bringt, wird gefällt und ins Feuer geworfen.

Denn an der Frucht erkennt man den Baum.

20 So werdet ihr sie an ihren Früchten erkennen.

34 Schlangenbrut! Wie könnt ihr Gutes reden, die ihr böse seid?
Spricht doch der Mund nur aus, wovon das Herz überquillt. 35 Der gute Mensch holt aus dem Schatz des Guten Gutes hervor, der böse Mensch holt aus dem Schatz des Bösen Böses hervor.
36 Ich sage euch aber: Über jedes unnütze Wort, das die Menschen reden, werden sie Rechenschaft ablegen müssen am Tag des Gerichts. 37 Denn auf Grund deiner Worte wirst du gerechtfertigt werden, und auf Grund deiner Worte wirst du verurteilt werden.

ThEv 44: Jesus sagte: Wer den Vater lästert, dem wird man verzeihen, und wer den Sohn lästert, dem wird man verzeihen; aber dem, der den Heiligen Geist lästert, dem wird man nicht verzeihen, weder auf der Erde noch im Himmel.
ThEv 45: Jesus sagte: Man erntet nicht Trauben von Dornsträuchern, noch pflückt man Feigen von Weissdornsträuchern, sie geben keine Frucht. [Denn ein gu]ter Mensch bringt Gutes aus seinem Schatz hervor; ein böser Mensch bringt böse Dinge aus seinem Schatz hervor, der sein Herz ist, und er sagt böse Dinge, denn aus dem Überfluss des Herzens bringt er böse Dinge hervor.

6,43–45 (Nr. 82, S. 75)

43 Denn es gibt keinen guten Baum,
der faule Frucht bringt, und wiederum
keinen faulen Baum, der gute Frucht
bringt.

44 Denn jeden Baum erkennt man an
seiner Frucht.
Denn von Dornen erntet man keine
Feigen, und vom Dornbusch liest man
keine Trauben. 45 Der gute Mensch
bringt aus dem guten Schatz seines
Herzens das Gute hervor, der böse
bringt aus dem bösen das Böse hervor.

Spricht doch sein Mund nur aus, wovon das Herz überquillt.

119   DAS ZEICHEN DES JONA
                       (vgl. Nr. 154 . 191)

Matthäus 12,38–42   *[Matthäus 16,1–2a . 4]*
                                       (Nr. 154, S. 153)

38 Dann antworteten ihm einige von   1 Da traten die Pharisäer und Sadduzä-
den Schriftgelehrten und Pharisäern: er herzu. Um ihn zu versuchen, baten
Meister, wir wollen von dir ein Zeichen sie ihn, ihnen ein Zeichen vom Him-
sehen!   mel vorzuweisen.

39 Er aber entgegnete ihnen: 2 Er aber antwortete ihnen:
Ein böses und ehebrecherisches Ge-   4 Ein böses und ehebrecherisches Geschlecht fordert ein Zeichen,   schlecht fordert ein Zeichen,

und ihm wird kein Zeichen gegeben   und ihm wird kein Zeichen gegeben
werden, ausser dem Zeichen des Pro-   werden, ausser dem Zeichen des Jona.
pheten Jona. 40 Denn wie «Jona im   Und er liess sie stehen und ging.
Bauch des Fisches war, drei Tage und
drei Nächte,»
so wird der Menschensohn im Schoss
der Erde sein, drei Tage und drei Nächte.
41 Die Männer Ninives werden im Gericht aufstehen gegen dieses Geschlecht und es verurteilen, denn sie
sind auf die Predigt des Jona hin umgekehrt. Und siehe, hier ist mehr als Jona!
42 Die Königin des Südens wird im Gericht auftreten gegen dieses Geschlecht
und es verurteilen, denn sie kam vom
Ende der Erde, um Salomos Weisheit
zu hören. Und siehe, hier ist mehr als
Salomo!

40: Jon 2,1

                                       2: Verschiedene Handschriften fügen hier (mögli-
                                       cherweise in Anlehnung an Lk 12,54–56) ein: «Am
                                       Abend sagt ihr: Das Wetter wird schön, denn der
                                       Himmel ist rot. 3 Und am Morgen: Heute wird es
                                       regnen, denn der Himmel ist rot und trüb. Das
                                       Aussehen des Himmels wisst ihr zu deuten, die
                                       Zeichen der Zeit aber versteht ihr nicht.»

[Markus 8,11–12]
(Nr. 154, S. 153)

11 Und die Pharisäer gingen hinaus und begannen mit ihm zu streiten; sie forderten von ihm ein Zeichen vom Himmel, um ihn zu versuchen.

12 Da seufzt er in seinem Geist auf und spricht: Was fordert dieses Geschlecht ein Zeichen! Amen, ich sage euch:

Diesem Geschlecht wird gewiss kein Zeichen gegeben werden.

[Lukas 11,16 . 29–32]

11,16 (Nr. 188, S. 182)

16 Andere forderten von ihm ein Zeichen vom Himmel, um ihn zu versuchen.

11,29–32 (Nr. 191, S. 184)

29 Als aber noch mehr Leute dazukamen, fing er an zu sprechen: Dieses Geschlecht ist ein böses Geschlecht! Es fordert ein Zeichen, und ihm wird kein Zeichen gegeben werden, ausser dem Zeichen des Jona. 30 Denn wie Jona zum Zeichen geworden ist für die Leute von Ninive,

so wird es auch der Menschensohn sein für dieses Geschlecht.

31 Die Königin des Südens wird im Gericht auftreten gegen die Männer dieses Geschlechts und sie verurteilen. Denn sie kam vom Ende der Erde, um Salomos Weisheit zu hören. Und siehe, hier ist mehr als Salomo! 32 Die Männer Ninives werden im Gericht auftreten gegen dieses Geschlecht und es verurteilen; denn sie sind auf die Predigt des Jona hin umgekehrt. Und siehe, hier ist mehr als Jona!

120   VON DER RÜCKKEHR UNREINER GEISTER
(vgl. Nr. 189)

Matthäus 12,43-45	[Markus]
43 Wenn aber der unreine Geist aus dem Menschen ausfährt, streift er durch wasserlose Gegenden, sucht Ruhe und findet sie nicht. 44 Dann sagt er: Ich will in mein Haus zurückkehren, wo ich herkomme. Und wenn er es betritt, findet er es leer, gereinigt und geschmückt. 45 Dann geht er hin und nimmt sieben andere Geister mit sich, die schlimmer sind als er selbst; und sie ziehen ein und lassen sich dort nieder. Und es steht um jenen Menschen am Ende schlechter als zuvor. So wird es auch diesem bösen Geschlecht ergehen.	

121   DIE FAMILIE JESU
(vgl. Nr. 135)

Matthäus 12,46-50	Markus 3,31-35
46 Während er noch zu den Leuten redete, siehe, da standen seine Mutter und seine Brüder draussen und wollten mit ihm reden.	▲ *(Nr. 118 — 3,28-30 — S. 113)* 31 Da kommen seine Mutter und seine Brüder, und sie blieben draussen stehen, schickten zu ihm und liessen ihn rufen. 32 Und das Volk sass um ihn herum,
47 Da sagte jemand zu ihm: Siehe, deine Mutter und deine Brüder stehen draussen und wollen mit dir reden. 48 Er aber entgegnete dem, der ihm das gesagt hatte:	und sie sagen zu ihm: Siehe, deine Mutter und deine Brüder draussen suchen dich. 33 Und er entgegnet ihnen:
Wer ist meine Mutter, und wer sind meine Brüder? 49 Und er wies mit der Hand auf seine Jünger und sprach:	Wer ist meine Mutter, und wer sind meine Brüder? 34 Und die im Kreis um ihn sitzen, schaut er einen nach dem andern an und spricht:
Siehe, das ist meine Mutter, und das sind meine Brüder! 50 Denn wer den	Siehe, das ist meine Mutter, und das sind meine Brüder! 35 Denn wer den

[Lukas 11,24–26]
(Nr. 189, S. 183)

24 Wenn der unreine Geist aus dem Menschen ausfährt, streift er durch wasserlose Gegenden, sucht Ruhe und findet sie nicht. Dann sagt er: Ich will in mein Haus zurückkehren, wo ich herkomme. 25 Und wenn er kommt, findet er es gereinigt und geschmückt. 26 Dann geht er hin und nimmt sieben andere Geister mit, die schlimmer sind als er selbst; und sie ziehen ein und lassen sich dort nieder. Und es steht um jenen Menschen am Ende schlechter als zuvor.

[Johannes]

[Lukas 8,19–21]
(Nr. 135, S. 127)

19 Es kamen aber seine Mutter und seine Brüder zu ihm, doch konnten sie wegen der Menge nicht zu ihm gelangen.

20 Da wurde ihm gesagt: Deine Mutter und deine Brüder stehen draussen und wollen dich sehen.
21 Er aber antwortete ihnen:

[Johannes 15,14]
(Nr. 321, S. 315)

Willen meines Vaters im Himmel tut,
der ist mir Bruder und Schwester und
Mutter.

47: Dieser Vers fehlt in einigen wichtigen Handschriften

7,21 (Nr. 74, S. 68)

Willen Gottes tut, der ist mir Bruder
und Schwester und Mutter.

ThEv 99: Die Jünger sagten zu ihm: Deine Brüder und deine Mutter sind
draussen. Er sagte zu ihnen: Diese hier, die den Willen meines Vaters tun,
die sind meine Brüder und meine Mutter; sie sind es, die in das Königreich
meines Vaters eingehen werden.

122   VOM VIERFACHEN ACKER

Matthäus 13,1–9

Markus 4,1–9

1 An jenem Tag verliess Jesus das Haus
und setzte sich an den See. 2 Und es
versammelte sich viel Volk um ihn,

1 Und wieder fing er an, am See zu lehren. Und es versammelt sich eine sehr
grosse Menge um ihn,

so dass er in ein Boot stieg

so dass er in ein Boot stieg

und sich setzte; und die ganze Menge
stand am Ufer.
3 Und er sagte ihnen vieles in Gleichnissen:
Siehe, der Sämann ging aus zu säen.

und sich setzte auf dem See; und die
ganze Menge war am Ufer des Sees.
2 Und er lehrte sie vieles in Gleichnissen und sagte ihnen in seiner Lehre:
3 Hört! Siehe, der Sämann ging aus zu
säen.

4 Und beim Säen fiel
etliches auf den Weg;

4 Und beim Säen geschah es, dass
etliches auf den Weg fiel;

und die Vögel kamen und frassen es
auf. 5 Anderes fiel auf felsigen Boden,
wo es nicht viel Erde fand, und ging
sogleich auf, weil die Erde nicht tief genug war. 6 Als aber die Sonne aufging,
wurde es versengt, und weil es keine
Wurzeln hatte, verdorrte es.

und die Vögel kamen und frassen es
auf. 5 Anderes fiel auf felsigen Boden,
wo es nicht viel Erde fand, und ging
sogleich auf, weil die Erde nicht tief genug war. 6 Und als die Sonne aufging,
wurde es versengt, und weil es keine
Wurzeln hatte, verdorrte es.

Meine Mutter und meine Brüder, das sind die, welche das Wort Gottes hören und tun.

14 Ihr seid meine Freunde, wenn ihr tut, was ich euch gebiete.

Lukas 8,4–8
[5,1–3]

[Johannes]

▲ *(Nr. 115 — 8,1–3 — S. 111)*
4 Als nun eine grosse Menge zusammenkam und Stadt für Stadt ihm zuströmte,

5,1–3 (Nr. 41, S. 42)
1 Es geschah aber, als die Menge sich um ihn drängte und das Wort Gottes hörte, da stand er am See Gennesaret 2 und sah zwei Boote am Ufer liegen. Die Fischer aber waren ausgestiegen und wuschen die Netze. 3 Er aber stieg in eines der Boote, das Simon gehörte, und bat ihn, ein wenig vom Land wegzufahren.
Er setzte sich
und lehrte die Menge vom Boot aus.
sprach er in einem Gleichnis:

5 Der Sämann ging aus, um seinen Samen zu säen.
Und beim Säen fiel
etliches auf den Weg und wurde zertreten,
und die Vögel des Himmels frassen es auf. 6 Anderes fiel auf Fels,
ging auf und

verdorrte, weil es keine Feuchtigkeit hatte.

7 Anderes fiel unter die Dornen, und die Dornen schossen auf und erstickten es.	7 Anderes fiel unter die Dornen, und die Dornen schossen auf und erstickten es, und es brachte keine Frucht.
8 Wieder anderes fiel auf guten Boden und brachte Frucht: das eine hundertfach, das andere sechzigfach, das dritte dreissigfach.	8 Wieder anderes fiel auf guten Boden und brachte Frucht. Es ging auf und wuchs. Und das eine trug dreissigfach, das andere sechzigfach, das dritte hundertfach.
	9 Und er sprach:
9 Wer Ohren hat, der höre!	Wer Ohren hat zu hören, der höre!
	2,13 (Nr. 44, S. 45)

ThEv 9: Jesus sagte: Siehe, da ging ein Sämann hinaus, füllte seine Hand (und) warf (die Samen). Ein Teil davon fiel auf den Weg; die Vögel kamen, sie aufzusammeln. Andere fielen auf den Felsen, und sie schlugen keine Wurzeln in der Erde und brachten keine Ähren hervor gen Himmel. Und andere fielen auf die gute Erde, und sie gab eine gute Frucht gen Himmel; sie brachte sechzig des Masses und hundertzwanzig des Masses.

123   SINN DER GLEICHNISREDE?

Matthäus 13,10–17	*Markus 4,10–12* [4,25; 8,17b–18]
	4,10–11
10 Da traten die Jünger herzu und fragten ihn: Warum redest du in Gleichnissen zu ihnen?	10 Und als er allein war, fragten ihn die, die mit den Zwölfen um ihn waren, nach dem Sinn der Gleichnisse.
11 Er entgegnete ihnen: Euch ist es gegeben, die Geheimnisse des Himmelreichs zu verstehen, jenen aber ist es nicht gegeben.	11 Und er sprach zu ihnen: Euch ist das Geheimnis des Reiches Gottes gegeben. Denen draussen aber wird alles in Gleichnissen zuteil,
	4,25 (Nr. 125, S. 121)
12 Denn wer hat, dem wird gegeben werden, und er wird im Überfluss haben.	25 Denn wer hat, dem wird gegeben werden;
Wer aber nicht hat, dem wird auch das genommen werden, was er hat.	und wer nicht hat, dem wird auch das genommen werden, was er hat.
13 Darum rede ich in Gleichnissen zu ihnen, dass sie sehend nicht sehen	4,12
	12 damit «sie sehend sehen und nicht einsichtig werden,
und hörend nicht hören und nicht verstehen.	und hörend hören und nicht verstehen,

7 Anderes fiel mitten unter die Dornen,
und mit ihm wuchsen die Dornen auf
und erstickten es.
8 Wieder anderes fiel auf guten Boden,
ging auf und brachte

hundertfach Frucht.

Als er dies sagte, rief er:
Wer Ohren hat zu hören,
der höre!

Lukas 8,9–10
[8,18b; 10,23–24]

8,9–10a
9 Seine Jünger aber fragten ihn, was
dieses Gleichnis bedeute.

10 Er sprach: Euch ist es gegeben, die
Geheimnisse des Reiches Gottes zu verstehen, zu den anderen aber wird in
Gleichnissen geredet,
8,18b (Nr. 125, S. 121)
Denn wer hat, dem wird gegeben werden,

und wer nicht hat, dem wird auch das
genommen werden, was er zu haben
meint.

8,10b
damit sie sehend nicht sehen

und hörend nicht verstehen.

[Johannes 9,39; 12,37–40]

9,39 (Nr. 248, S. 232)
39 ... Zum Gericht bin ich in diese Welt ge-
kommen,
damit die, die nicht sehen, sehend
und die, die sehen, blind werden.

damit sie nicht umkehren und
ihnen vergeben werde.»

14 So erfüllt sich an ihnen die Weissagung Jesajas, die lautet:
«Hörend werdet ihr hören,
und verstehen werdet ihr nicht,
und sehend werdet ihr sehen,
und einsichtig werdet ihr nicht.

8,17b–18 (Nr. 155, S. 154)
17 ... Ist euer Herz verstockt?
    18 «Augen habt ihr und seht nicht,
    und Ohren habt ihr und hört nicht?

15 Denn das Herz dieses Volkes ist
hart geworden,
und mit den Ohren hören sie
schwer,
und ihre Augen halten sie geschlossen,
damit sie mit den Augen nicht sehen
und mit den Ohren nicht hören
und mit dem Herzen nicht verstehen
und damit sie nicht umkehren und
ich sie heilen werde.»

16 Selig aber eure Augen, weil sie sehen, und eure Ohren, weil sie hören.
17 Denn amen, ich sage euch: Viele
Propheten und Gerechte haben sich gesehnt zu sehen, was ihr seht,
und haben es nicht gesehen, und zu hören, was ihr hört, und haben es nicht
gehört.

14–15: Jes 6,9–10
25,29 (Nr. 299, S. 291)

12: Jes 6,9–10

ThEv 38: Jesus sagte: Oft habt ihr gewünscht, diese Worte zu hören, die ich
euch sage, und ihr habt keinen anderen, von dem ihr sie hören könnt. Tage
werden kommen, da ihr mich suchen (und) nicht finden werdet.
ThEv 41: Jesus sagte: Wer in seiner Hand hat, dem wird gegeben werden;
und dem, der nicht hat, wird man auch das wenige, das er hat, nehmen.

12,37–40 (Nr. 303, S. 297)
37 Obwohl er so viele Zeichen vor ihnen getan hatte, glaubten sie nicht an ihn, 38 damit das Wort des Propheten Jesaja erfüllt
würde, das er sprach: «Herr, wer hat unserer
Botschaft geglaubt? Und der Arm des Herrn,
wem ist er offenbart worden?» 39 Sie konnten darum nicht glauben, weil wiederum
Jesaja gesagt hat:

40 Er hat
ihre Augen blind gemacht

und verstockt hat er ihr Herz,

damit sie mit den Augen nicht sehen

und mit dem Herzen nicht verstehen

und sie nicht umkehren und ich sie heilen
werde.

10,23–24 (Nr. 181, S. 176)
23 Und er wandte sich zu den Jüngern
und sprach zu ihnen allein:
Selig die Augen, die sehen, was ihr
seht.
24 Denn ich sage euch: Viele Propheten
und Könige wollten sehen, was ihr
seht,
und haben es nicht gesehen, und hören, was ihr hört, und haben es nicht
gehört.

19,26 (Nr. 266, S. 253)

Matthäus 13,18–23

18 So hört ihr nun das Gleichnis

vom Sämann:

19 Immer wenn jemand das Wort vom Reich hört und es nicht versteht, kommt der Böse und raubt, was in sein Herz gesät ist

– hier ist der Same auf den Weg gefallen.
20 Der Same, der auf den felsigen Boden gesät wurde – hier hört jemand das Wort und nimmt es sogleich freudig auf.
21 Doch er hat keine Wurzeln in sich, sondern ist unbeständig. Wenn es dann zu Bedrängnis und Verfolgung kommt um des Wortes willen, kommt er gleich zu Fall.
22 Der Same, der unter die Dornen fiel – hier hört jemand das Wort,

und die Sorge dieser Welt und die Verführung des Reichtums

ersticken das Wort, und es bleibt ohne Frucht.
23 Der Same, der auf guten Boden gesät wurde – hier ist jemand, der das Wort hört und versteht. Der trägt dann Frucht: sei es hundertfach, sei es sechzigfach, sei es dreissigfach.

▼ (Nr. 127 — 13,24–30 — S. 122)

Markus 4,13–20

13 Und er spricht zu ihnen: Dieses Gleichnis versteht ihr nicht; wie wollt ihr dann die Gleichnisse überhaupt verstehen?
14 Der Sämann sät das Wort.
15 Die auf dem Weg aber sind die, bei denen das Wort gesät wird, und wenn sie es gehört haben, kommt sogleich der Satan und nimmt das Wort weg, das in sie gesät ist.

16 Und die auf felsigen Boden gesät sind, das sind die, welche das Wort, wenn sie es gehört haben, sogleich freudig aufnehmen.
17 Und sie haben keine Wurzel in sich, sondern sind unbeständig. Wenn es danach zu Bedrängnis oder Verfolgung kommt um des Wortes willen, kommen sie gleich zu Fall. 18 Und andere sind die, welche unter die Dornen gesät sind. Das sind die, welche das Wort gehört haben,
19 und die Sorgen dieser Welt und die Verführung des Reichtums und die Gier nach all den anderen Dingen dringen in sie ein
und ersticken das Wort, und es bleibt ohne Frucht.
20 Und die auf guten Boden gesät sind, das sind jene, welche das Wort hören und aufnehmen und Frucht tragen: das eine dreissigfach, das andere sechzigfach, das dritte hundertfach.

Lukas 8,11–15

11 Das Gleichnis aber bedeutet dies:

_____

_____

_____

Der Same ist das Wort Gottes.
12 Die auf dem Weg sind die, welche es
hören.

Dann kommt der Teufel und nimmt
das Wort aus ihren Herzen, damit sie
nicht zum Glauben kommen und gerettet werden.

13 Die auf dem Fels sind die,
welche das Wort hören
und freudig aufnehmen.

Und sie haben keine Wurzel:
eine Zeit lang glauben sie, in der Zeit
der Versuchung aber
fallen sie ab.

14 Das unter die Dornen Gefallene, das
sind die, welche es gehört haben und
dann hingehen
und von Sorgen
und Reichtum und Freuden des Lebens

erstickt werden und die Frucht nicht
zur Reife bringen.
15 Das auf dem guten Boden, das sind
die, welche das Wort mit rechtem und
gutem Herzen gehört haben, es bewahren und Frucht bringen

in Geduld.

[Johannes]

125   VOM LICHT UND VOM HÖREN
(vgl. Nr. 53 . 192)

[Matthäus 5,15; 10,26; 7,2; 13,12]   *Markus 4,21–25*

5,15 (Nr. 53, S. 53)
15 Man zündet auch nicht ein Licht an und stellt es unter den Scheffel,

sondern auf den Leuchter; dann leuchtet es allen im Haus.

10,26 (Nr. 101, S. 98)
26 Darum fürchtet sie nicht! Denn nichts ist verhüllt, was nicht aufgedeckt, und nichts verborgen, was nicht bekannt werden wird.

7,2 (Nr. 68, S. 64)
2 Denn so wie ihr richtet, werdet ihr gerichtet werden, und mit dem Mass, mit dem ihr messt, wird euch gemessen werden.

13,12 (Nr. 123, S. 118)
12 Denn wer hat, dem wird gegeben werden, und er wird im Überfluss haben.
Wer aber nicht hat, dem wird auch das genommen werden, was er hat.

25,29 (Nr. 299, S. 291)

21 Und er sprach zu ihnen: Kommt etwa das Licht, damit es unter den Scheffel oder unter das Bett gestellt werde? Nein, damit es auf den Leuchter gestellt werde!

22 Denn es gibt nichts Verborgenes, das nicht offenbar werden, und nichts Verstecktes, das nicht an den Tag kommen soll. 23 Wenn einer Ohren hat zu hören, so höre er!

24 Und er sprach zu ihnen: Gebt Acht auf das, was ihr hört! Mit dem Mass, mit dem ihr messt, wird euch gemessen werden, und es wird euch noch dazugegeben werden.

25 Denn wer hat, dem wird gegeben werden;

und wer nicht hat, dem wird auch das genommen werden, was er hat.

ThEv 5: Jesus sagte: Erkenne das, was vor dir ist, und das, was vor dir verborgen ist, wird dir enthüllt werden; denn es gibt nichts Verborgenes, was nicht offenbar werden wird.
ThEv 33: Jesus sagte: Das, was du mit deinem Ohr (und) mit dem anderen Ohr hörst, verkünde es auf euren Dächern. Denn niemand zündet eine Lampe an, um sie unter den Scheffel zu stellen noch um sie an einen verborgenen Ort zu stellen; sondern man stellt sie auf einen Leuchter, damit jeder, der eintritt und hinausgeht, ihr Licht sieht.
ThEv 41: Jesus sagte: Wer in seiner Hand hat, dem wird gegeben werden; und dem, der nicht hat, wird man auch das wenige, das er hat, nehmen.

Lukas 8,16–18   *[Johannes]*

16 Niemand aber zündet ein Licht an
und deckt es mit einem Gefäss zu oder
stellt es unter ein Bett.
Vielmehr stellt man es auf einen Leuchter, damit die Eintretenden das Licht
sehen.

17 Denn es gibt nichts Verborgenes, das
nicht offenbar wird, und nichts Verstecktes, das nicht bekannt wird und
an den Tag kommt.

18 Gebt also Acht, wie ihr hört!

Denn wer hat, dem wird gegeben werden,

und wer nicht hat, dem wird auch das
genommen werden, was er zu haben
meint.

▼ *(Nr. 135 — 8,19–21 — S. 127)*
11,33 (Nr. 192, S. 185)
12,2 (Nr. 196, S. 190)
6,38 (Nr. 81, S. 74)
19,26 (Nr. 266, S. 253)

126   VOM WACHSEN DER SAAT

[Matthäus]	Markus 4,26–29
	26 Und er sprach: Mit dem Reich Gottes ist es so, wie wenn einer Samen aufs Land wirft; 27 er schläft und steht auf, Nacht und Tag. Und der Same sprosst und wächst empor, er weiss nicht wie. 28 Von selbst bringt die Erde Frucht, zuerst den Halm, dann die Ähre, dann volles Korn in der Ähre. 29 Wenn aber die Frucht es zulässt, schickt er sogleich die Sichel; denn die Ernte ist da.

▼ *(Nr. 128 — 4,30–32 — S. 123)*

> ThEv 21: Mariham sagte zu Jesus: Wem gleichen deine Jünger? Er sagte: Sie
> gleichen kleinen Kindern, die sich auf einem Feld niedergelassen haben,
> das ihnen nicht gehört. Wenn die Herren des Feldes kommen, werden sie
> sagen: Lasst uns unser Feld. Sie sind ganz nackt in ihrer Gegenwart, damit
> sie es ihnen lassen und ihnen ihr Feld geben. Darum sage ich: Wenn der
> Herr des Hauses weiss, dass der Dieb kommen wird, wird er wachen, bevor
> er kommt; (und) er wird ihn nicht eindringen lassen in das Haus seines
> Königreiches, um seine Dinge mitzunehmen. Ihr aber, wacht angesichts
> der Welt; gürtet eure Lenden mit einer grossen Kraft, dass die Räuber
> keinen Weg finden, um zu euch zu kommen. Denn der Lohn, auf den ihr
> rechnet, sie werden ihn finden. Wäre (doch) unter euch ein weiser Mann!
> Als die Frucht gereift ist, ist er sofort gekommen, seine Sichel in der Hand,
> und hat sie gemäht. Wer Ohren hat, zu hören, der höre.

127   DAS UNKRAUT UNTER DEM WEIZEN
                     (vgl. Nr. 131)

Matthäus 13,24–30	[Markus]
▲ *(Nr. 124 — 13,18–23 — S. 120)* 24 Ein anderes Gleichnis legte er ihnen vor: Das Himmelreich gleicht einem, der guten Samen auf seinen Acker säte. 25 Während aber die Leute schliefen, kam sein Feind, säte Unkraut unter den Weizen und machte sich davon. 26 Als die Saat aufging und Frucht brachte, da kam auch das Unkraut zum Vorschein. 27 Da traten die Knechte zum Hausherrn und sagten zu ihm: Herr, war es nicht guter Same, den du auf deinen	

[Lukas]

[Johannes]

[Lukas]

[Johannes]

Acker gesät hast? Woher kommt dann aber das Unkraut? 28 Er antwortete ihnen: Das hat ein Feind getan! Da fragten ihn die Knechte: Sollen wir also hingehen und es ausreissen? 29 Er sprach: Nein, damit ihr nicht, wenn ihr das Unkraut ausreisst, auch den Weizen mit herauszieht. 30 Lasst beides miteinander wachsen bis zur Ernte. Und zur Zeit der Ernte werde ich den Schnittern sagen: Reisst zuerst das Unkraut aus und schnürt es zu Bündeln, um es zu verbrennen, den Weizen aber bringt ein in meine Scheune!

ThEv 57: Jesus sagte: Das Königreich des Vaters ist gleich einem Menschen, der eine [gute] Saat hatte. Sein Feind kam in der Nacht und säte Unkraut unter die gute Saat. Der Mensch erlaubte ihnen nicht, das Unkraut auszureissen. Er sagte zu ihnen: Damit ihr nicht geht, das Unkraut auszureissen, (und) den Weizen mit ihm ausreisst. Am Tag der Ernte wird das Unkraut sichtbar werden; man wird es ausreissen (und) verbrennen.

128　　　　　　　　VOM SENFKORN
(vgl. Nr. 209)

Matthäus 13,31–32　　　　　　　　*Markus 4,30–32*

　　　　　　　　　　　　　　　▲ *(Nr. 126 — 4,26–29 — S. 122)*
31 Ein anderes Gleichnis legte er ihnen vor:　　30 Und er sprach:
Das Himmelreich

　　　　　　　　　　　　　　　Wie sollen wir das Reich Gottes abbilden, oder in welchem Gleichnis sollen wir es darstellen?
ist einem Senfkorn gleich, das einer nahm und auf seinen Acker säte.　　31 Es ist wie ein Senfkorn,
32 Es ist zwar das kleinste unter allen Samenkörnern,　　das kleinste unter allen Samenkörnern auf Erden, das aufs Land gesät wird.
aber sobald es hochgewachsen ist, ist es grösser als alle anderen Gewächse und wird ein Baum, so dass «die Vögel des Himmels» kommen «und in seinen Zweigen nisten.»　　32 Wenn es gesät wird, geht es auf und wird grösser als alle anderen Gewächse und treibt grosse Zweige, so dass in seinem Schatten «die Vögel des Himmels nisten» können.

　　　　　　　　　　　　　　　▼ *(Nr. 130 — 4,33–34 — S. 124)*
32: Ps 104,12　　　　　　　　　　32: Ps 104,12

ThEv 20: Die Jünger sagten zu Jesus: Sage uns, mit was das Himmelreich zu vergleichen ist. Er sagte zu ihnen: Es ist gleich einem Senfkorn, dem kleins-

[Lukas 13,18–19]

(Nr. 209, S. 201)

18 Nun sprach er:

Wem ist das Reich Gottes gleich, und
womit soll ich es vergleichen?

19 Es ist einem Senfkorn gleich, das einer nahm und in seinen Garten säte.

Und es wuchs

und wurde zu einem Baum, und
«die Vögel des Himmels nisteten in
seinen Zweigen.»

19: Ps 104,12

[Johannes]

ten unter allen Samen; aber wenn es auf beackerten Boden fällt, kommt
aus ihm ein grosser Zweig hervor, der ein Schutz für die Vögel des Himmels
wird.

129   VOM SAUERTEIG
                        (vgl. Nr. 210)

Matthäus 13,33   *[Markus]*

33 Ein anderes Gleichnis sagte er ihnen: Das Himmelreich
ist einem Sauerteig gleich, den eine
Frau nahm und mit drei Scheffel Mehl
vermengte, bis alles durchsäuert war.

> ThEv 96: Jesus [sagte]: Das Königreich des Vaters ist gleich [einer] Frau. Sie
> nahm ein wenig Sauerteig, [verbarg] ihn in dem Teig (und) machte davon
> grosse Brote. Wer Ohren hat, der höre.

130   GRUND DER GLEICHNISREDE

Matthäus 13,34–35   *Markus 4,33–34*

                                   ▲ *(Nr. 128 — 4,30–32 — S. 123)*
34 Dies alles sagte Jesus zu den Leuten   33 Und in vielen solchen Gleichnissen
in Gleichnissen,   sagte er ihnen das Wort, so wie sie es
                                           zu hören vermochten.
und anders als im Gleichnis redete er   34 Anders als im Gleichnis redete er
nicht zu ihnen.   nicht zu ihnen. War er aber mit seinen
                                           Jüngern allein, löste er ihnen alles auf.
35 So sollte erfüllt werden, was durch   ▼ *(Nr. 136 — 4,35–41 — S. 128)*
den Propheten gesagt ist:
   «Ich werde meinen Mund auftun
   zu Gleichnissen, ich werde ausspre-
   chen, was seit Grundlegung der
   Welt verborgen ist.»
35: Ps 78,2

[Lukas 13,20–21]

(Nr. 210, S. 201)

20 Und wiederum sprach er: Womit
soll ich das Reich Gottes vergleichen?
21 Es ist einem Sauerteig gleich, den eine Frau nahm und mit drei Scheffel
Mehl vermengte, bis alles durchsäuert
war.

[Johannes]

[Lukas]

[Johannes]

131   DEUTUNG DES GLEICHNISSES VOM UNKRAUT
                              (vgl. Nr. 127)

Matthäus 13,36–43   *[Markus]*

36 Dann liess er die Leute gehen und
ging ins Haus. Und seine Jünger traten
zu ihm und sagten: Erkläre uns das
Gleichnis vom Unkraut im Acker! 37 Er
aber antwortete: Der den guten Samen
sät, ist der Menschensohn; 38 der
Acker ist die Welt, der gute Same, das
sind die Söhne des Reichs, das Unkraut,
das sind die Söhne des Bösen; 39 der
Feind, der es gesät hat, ist der Teufel;
die Ernte ist das Ende der Welt; die
Schnitter sind die Engel. 40 Wie nun
das Unkraut ausgerissen und im Feuer
verbrannt wird, so wird es sein, wenn
diese Welt zu Ende geht. 41 Der Menschensohn wird seine Engel aussenden, und sie werden aus seinem Reich
alles Anstössige und alle, die gesetzlos
handelten, herausreissen, 42 und «sie
werden sie in den Feuerofen werfen;»
dort wird Heulen und Zähneklappern
sein. 43 Dann werden die Gerechten im
Reich ihres Vaters leuchten wie die
Sonne. Wer Ohren hat, der höre!
42: Dan 3,6

132   VOM SCHATZ UND VON DER PERLE

Matthäus 13,44–46   *[Markus]*

44 Das Himmelreich ist einem Schatz
gleich, der im Acker vergraben war;
den fand einer und vergrub ihn wieder.
Und in seiner Freude geht er hin und
verkauft alles, was er hat, und kauft jenen Acker. 45 Weiter: Das Himmelreich ist einem Händler gleich, der
schöne Perlen suchte. 46 Als er aber eine besonders kostbare Perle fand, ging

[Lukas]

[Johannes]

[Lukas]

[Johannes]

er hin, verkaufte alles, was er hatte,
und kaufte sie.

> *ThEv 109: Jesus sagte: Das Königreich ist gleich einem Mann, der in seinem
> Acker einen [versteckten] Schatz hatte, von dem er nichts wusste. Und
> [nachdem] er gestorben war, vererbte er ihn seinem [Sohn. Der] Sohn
> wusste (davon) nichts; er nahm dieses Feld und verkaufte es. Und der, der
> es gekauft hatte, kam; er pflügte (und) [er fand] den Schatz; er begann, Geld
> gegen Zinsen zu verleihen an wen er wollte.*
> *ThEv 76: Jesus sagte: Das Königreich des Vaters ist gleich einem Kaufmann,
> der eine Ware hatte (und) der eine Perle fand. Dieser Kaufmann war weise.
> Er verkaufte die Ware, er kaufte die Perle allein. Sucht auch ihr den Schatz,
> der nicht aufhört und dauert, dort, wo die Motte nicht hinkommt, um zu
> fressen, und (wo) auch kein Wurm zerstört.*

133   VOM FISCHNETZ

Matthäus 13,47–50   [Markus]

47 Weiter: Das Himmelreich ist einem
Netz gleich, das ins Meer geworfen
wurde und Fische aller Art fing. 48 Als
es voll war, zogen sie es an Land, setzten sich, sammelten die guten in Körbe
und warfen die schlechten weg. 49 So
wird es sein, wenn diese Welt zu Ende
geht: Die Engel werden ausziehen und
die Bösen mitten aus den Gerechten
aussondern, 50 und «sie werden sie in
den Feuerofen werfen;» dort wird Heulen und Zähneklappern sein.

50: Dan 3,6

> *ThEv 8: Und er sagte: Der Mensch gleicht einem weisen Fischer, der sein
> Netz ins Meer warf; er zog es aus dem Meer voll von kleinen Fischen; unter
> ihnen fand er einen grossen schönen Fisch, der weise Fischer; er warf alle
> kleinen Fische ins Meer, er wählte den grossen Fisch ohne Anstrengung.
> Wer Ohren hat, zu hören, der höre.*

134   ABSCHLUSS DER GLEICHNISSE

Matthäus 13,51–52   [Markus]

51 Habt ihr das alles verstanden? Sie
antworten ihm: Ja. 52 Da sprach er zu
ihnen: Darum ist jeder Schriftgelehrte,
der ein Jünger des Himmelreichs geworden ist, einem Hausherrn gleich,

[Lukas]

[Johannes]

[Lukas]

[Johannes]

der Neues und Altes aus seinem Schatz
hervorholt.

▼ (Nr. 139 — 13,53–58 — S. 133)

135   DIE FAMILIE JESU
                              (vgl. Nr. 121)

[Matthäus 12,46–50]   [Markus 3,31–35]
(Nr. 121, S. 116)   (Nr. 121, S. 116)

46 Während er noch zu den Leuten re-   31 Da kommen seine Mutter und seine
dete, siehe, da standen seine Mutter   Brüder, und sie blieben draussen ste-
und seine Brüder draussen und wollten   hen, schickten zu ihm und liessen ihn
mit ihm reden.   rufen. 32 Und das Volk sass um ihn he-
                                        rum,
47 Da sagte jemand zu ihm: Siehe, dei- und sie sagen zu ihm: Siehe, deine
ne Mutter und deine Brüder stehen   Mutter und deine Brüder draussen
draussen und wollen mit dir reden.   suchen dich.
48 Er aber entgegnete dem, der ihm das 33 Und er entgegnet ihnen:
gesagt hatte:
Wer ist meine Mutter, und wer sind   Wer ist meine Mutter, und wer sind
meine Brüder? 49 Und er wies mit der   meine Brüder? 34 Und die im Kreis um
Hand auf seine Jünger und sprach: ihn sitzen, schaut er einen nach dem
                                        andern an und spricht:
Siehe, das ist meine Mutter, und das   Siehe, das ist meine Mutter, und das
sind meine Brüder! 50 Denn wer den   sind meine Brüder! 35 Denn wer den
Willen meines Vaters im Himmel tut,   Willen Gottes tut, der ist mir Bruder
der ist mir Bruder und Schwester und   und Schwester und Mutter.
Mutter.

47: Dieser Vers fehlt in einigen wichtigen Handschriften.

7,21 (Nr. 74, S. 68)

                                        3,20–21 (Nr. 116, S. 111)

ThEv 99: Die Jünger sagten zu ihm: Deine Brüder und deine Mutter sind
draussen. Er sagte zu ihnen: Diese hier, die den Willen meines Vaters tun,
die sind meine Brüder und meine Mutter; sie sind es, die in das Königreich
meines Vaters eingehen werden.

Lukas 8,19–21

▲ (Nr. 125 — 8,16–18 — S. 121)

19 Es kamen aber seine Mutter und seine Brüder zu ihm, doch konnten sie wegen der Menge nicht zu ihm gelangen.

20 Da wurde ihm gesagt: Deine Mutter und deine Brüder stehen draussen und wollen dich sehen.
21 Er aber antwortete ihnen:

Meine Mutter und meine Brüder, das sind die, welche das Wort Gottes hören und tun.

[Johannes 15,14]
(Nr. 321, S. 315)

14 Ihr seid meine Freunde, wenn ihr tut, was ich euch gebiete.

136   DER STURM AUF DEM SEE
                              (vgl. Nr. 90)

[Matthäus 8,23–27]   *Markus 4,35–41*
[8,18]

8,18 (Nr. 89, S. 82)   ▲ *(Nr. 130 — 4,33–34 — S. 124)*
18 Als aber Jesus die Menge um sich herum   35 Und er sagt zu ihnen am Abend die-
sah, befahl er, ans andere Ufer zu fahren.   ses Tages: Lasst uns ans andere Ufer
                                      fahren.
                                      36 Und sie liessen die Leute gehen und
8,23–27 (Nr. 90, S. 82)   nahmen ihn, wie er war, im Boot mit;
23 Dann stieg er in das Boot, und seine   auch andere Boote waren bei ihm.
Jünger folgten ihm.

24 Und siehe, ein grosser Sturm erhob   37 Da erhebt sich ein grosser Sturm-
sich auf dem See, so dass das Boot von   wind, und die Wellen schlugen ins
den Wellen überflutet wurde; er aber   Boot, so dass sich das Boot schon füllte.
schlief.   38 Er aber schlief hinten im Boot auf
25 Da traten sie herzu,   dem Kissen.
weckten ihn und sprachen: Herr, rette   Und sie wecken ihn und sagen zu ihm:
uns, wir gehen zu Grunde. 26 Und er   Meister, kümmert es dich nicht, dass
sagte zu ihnen: Warum seid ihr so   wir untergehen?
furchtsam, Kleingläubige!
Dann stand er auf und herrschte die   39 Da stand er auf, herrschte den Wind
Winde an und den See;   an und sprach zum See: Schweig, ver-
                                      stumme! Da legte sich der Wind, und
da trat eine grosse Windstille ein.   es trat eine grosse Windstille ein.
                                      40 Und er sprach zu ihnen: Was seid
                                      ihr so furchtsam? Habt ihr noch keinen
                                      Glauben?
27 Die Menschen aber wunderten sich   41 Und sie gerieten in grosse Furcht,
und sprachen: Was ist das für einer,   und sie sagten zueinander: Wer ist
dem selbst Wind und Wellen gehor-   denn dieser, dem selbst Wind und Welchen?   len gehorchen?

Lukas 8,22–25

[Johannes]

22 Es geschah aber an einem jener Tage, dass er mit seinen Jüngern in ein Boot stieg und zu ihnen sprach: Lasst uns ans andere Ufer des Sees fahren. Und sie stiessen ab. 23 Während der Fahrt aber schlief er ein.
Da fuhr ein Sturmwind auf den See herab, das Boot füllte sich mit Wasser, und sie gerieten in Gefahr.

24 Da traten sie herzu, weckten ihn und sagten: Meister, Meister, wir gehen unter!

Er aber stand auf, herrschte den Wind an und die Wogen des Wassers. Und sie legten sich, und es trat eine Windstille ein. 25 Da sprach er zu ihnen: Wo ist euer Glaube?

Sie aber fürchteten und verwunderten sich und sagten zueinander: Wer ist denn dieser, dass er selbst dem Wind und dem Wasser gebietet und sie ihm gehorchen?

137   DER BESESSENE VON GERASA
                        (vgl. Nr. 91)

[Matthäus 8,28–34]
(Nr. 91, S. 83)

28 Als er zum andern Ufer kam,
in das Gebiet der Gadarener,

_____

_____

kamen ihm zwei Besessene entgegen,
die aus den Grabhöhlen hervorkamen.

_____

Die sahen so furchterregend aus,

_____

_____

_____

dass niemand auf dem Weg gehen
konnte, der dort vorbeiführte.

_____

_____

_____

29 Und siehe,

_____

sie schrien:
Was haben wir mit dir zu schaffen,
Sohn Gottes? Bist du hergekommen,

_____

um uns zu quälen, bevor es Zeit ist?

_____

_____

_____

_____

_____

_____

_____

_____

_____

_____

Markus 5,1–20
_____

1 Und sie kamen ans andere Ufer des
Sees in das Gebiet der Gerasener.

2 Und kaum war er aus dem Boot gestiegen,
kam ihm sogleich von den Gräbern her
einer entgegen mit einem unreinen
Geist.
3 Der hatte seine Wohnung in den
Grabhöhlen, und niemand konnte ihn
mehr fesseln, auch nicht mit einer Ket-
te. 4 Denn oft war er in Fussfesseln und
Ketten gelegt worden, doch die Ketten
wurden von ihm zerrissen und die
Fussfesseln zerrieben, und niemand
war stark genug, ihn zu bändigen.
5 Und die ganze Zeit, Tag und Nacht,
war er in den Grabhöhlen und auf den
Bergen, schrie und schlug sich mit Steinen.
6 Und als er Jesus von ferne sah, lief er
auf ihn zu
und warf sich vor ihm nieder
7 und schrie mit lauter Stimme:
Was habe ich mit dir zu schaffen, Jesus,
Sohn des höchsten Gottes? Ich beschwöre dich bei Gott:
Quäle mich nicht!
8 Denn er sagte zu ihm: Fahre aus, unreiner Geist, aus dem Menschen!

_____

_____

_____

_____

9 Und er fragte ihn: Wie heisst du? Und
er sagt zu ihm: Legion heisse ich, denn
wir sind viele.
10 Und sie flehten ihn an, sie nicht aus
der Gegend zu vertreiben.

Lukas 8,26–39	[Johannes]

26 Und sie fuhren
in das Gebiet der Gerasener, das Galiläa
gegenüber liegt.
27 Als er aber an Land ging,

kam ihm ein Mann aus der Stadt entgegen, der Dämonen hatte. Und seit langer Zeit trug er keine Kleider mehr und
hielt sich auch nicht in einem Haus
auf, sondern in den Grabhöhlen.

28 Als er aber Jesus sah, schrie er auf,

warf sich vor ihm nieder
und rief mit lauter Stimme:
Was habe ich mit dir zu schaffen, Jesus,
Sohn des höchsten Gottes? Ich bitte
dich:
Quäle mich nicht!
29 Er hatte nämlich dem unreinen
Geist geboten, von dem Menschen aus-
zufahren. Denn dieser hatte ihn seit
langer Zeit in seiner Gewalt. Und er
war in Ketten und Fussfesseln gelegt
und in Gewahrsam gehalten, doch er
zerriss die Fesseln und wurde vom Dämon in die Wüste getrieben.
30 Da fragte ihn Jesus: Wie heisst du?
Er aber sagte: Legion! Denn viele Dämonen waren in ihn gefahren.
31 Und sie baten ihn, er möge ihnen
nicht befehlen, zur Hölle zu fahren.

30 Weit weg von ihnen aber weidete eine grosse Herde Schweine. 31 Da baten ihn die Dämonen: Wenn du uns austreibst, dann schicke uns in die Schweineherde.

32 Er sprach zu ihnen: Fort mit euch! Da fuhren sie aus und fuhren in die Schweine, und siehe,

die ganze Herde stürzte sich den Abhang hinunter in den See

und kam im Wasser um.
33 Die Hirten aber

ergriffen die Flucht, eilten in die Stadt und erzählten alles, und was mit den Besessenen geschehen war.
34 Und siehe, die ganze Stadt zog hinaus, Jesus entgegen, und als sie ihn sahen,

baten sie ihn, ihr Gebiet zu verlassen.

---

11 Nun weidete dort am Berg eine grosse Schweineherde. 12 Da baten sie ihn: Schicke uns in die Schweine, damit wir in sie hineinfahren!

13 Und er erlaubte es ihnen. Da fuhren die unreinen Geister aus und fuhren in die Schweine hinein.
Und die Herde stürzte sich den Abhang hinunter in den See, an die zweitausend;
und sie ertranken im See.
14 Und ihre Hirten

ergriffen die Flucht und erzählten es in der Stadt und auf den Gehöften.

Und sie kamen, um zu sehen, was geschehen war. 15 So kommen sie zu Jesus und sehen den Besessenen, der die Legion gehabt hatte,
bekleidet und vernünftig dasitzen; da fürchteten sie sich.
16 Und die es gesehen hatten, erzählten ihnen, wie es dem Besessenen ergangen war und von den Schweinen.
17 Da fingen sie an,
ihn zu bitten, er möge aus ihrem Gebiet weggehen.
18 Und als er ins Boot stieg,

bat ihn der Besessene, dass er bei ihm bleiben dürfe.
19 Aber er liess ihn nicht, sondern sagt zu ihm:
Geh nach Hause zu den Deinen und erzähle ihnen, was der Herr an dir getan und wie er sich deiner erbarmt hat.
20 Und er ging fort und fing an, in der Dekapolis zu verkündigen, was Jesus an ihm getan hatte. Und alle staunten.

32 Nun weidete dort auf dem Berg eine
grosse Herde Schweine. Und sie baten
ihn, dass er ihnen erlaube, in diese hi-
neinzufahren.

Und er erlaubte es ihnen. 33 Da fuhren
die Dämonen aus dem Menschen und
fuhren in die Schweine hinein.
Und die Herde stürzte sich den Abhang
hinunter in den See

und ertrank.
34 Als nun die Hirten sahen, was geschehen war,
ergriffen sie die Flucht und erzählten
es in der Stadt und in den Gehöften.

35 Da gingen sie hinaus, um zu sehen,
was geschehen war. Und sie kamen zu
Jesus und fanden den Menschen, aus
dem die Dämonen ausgefahren waren,
bekleidet und vernünftig Jesus zu Füssen sitzen; da fürchteten sie sich.
36 Die es aber gesehen hatten, erzählten ihnen, wie der Besessene gerettet
worden war. 37 Und die ganze Menge
aus dem Gebiet der Gerasener
bat ihn, er möge von ihnen weggehen,
denn grosse Furcht hatte sie gepackt.
Da stieg er in ein Boot und fuhr zurück.
38 Der Mann aber, von dem die Dämonen ausgefahren waren, bat ihn, bei
ihm bleiben zu dürfen.
Doch er schickte ihn weg und sprach:

39 Kehre in dein Haus zurück und
erzähle, was Gott an dir getan hat.

Und er ging fort und verkündigte in
der ganzen Stadt, was Jesus an ihm getan hatte.

138   DIE TOCHTER DES JAIRUS
                    DIE FRAU MIT DEM BLUTFLUSS
                              (vgl. Nr. 95)

[Matthäus 9,18–26]	*Markus 5,21–43*
(Nr. 95, S. 89)	

	21 Und als Jesus im Boot wieder ans ande-re Ufer hinübergefahren war, kam eine grosse Menge bei ihm zu-sammen; und er war am See.
18 Während er so zu ihnen redete, sie-he, da kam ein Vorsteher, fiel vor ihm nieder und sprach: Meine Tochter ist soeben gestorben. Aber komm, leg ihr deine Hand auf, so wird sie wieder lebendig.	22 Da kommt einer von den Synago-genvorstehern mit Namen Jairus, und als er ihn sieht, fällt er ihm zu Füssen 23 und fleht ihn an: Mein Töchterchen liegt im Sterben. Komm und leg ihr die Hände auf, da-mit sie gerettet wird und am Leben bleibt.
19 Da stand Jesus auf und folgte ihm mit seinen Jüngern.	24 Und er ging mit ihm. Und eine gros-se Menge folgte ihm und drängte sich um ihn.
20 Und siehe, eine Frau, die seit zwölf Jahren an Blutungen litt,	25 Und da war eine Frau, die hatte seit zwölf Jahren den Blutfluss 26 und hatte viel gelitten unter vielen Ärzten und ihr ganzes Vermögen ausgegeben. Aber es hatte ihr nichts genützt, es war nur noch schlimmer geworden mit ihr.
trat von hinten heran und berührte den Saum seines Mantels. 21 Denn sie sagte bei sich: Wenn ich nur seinen Mantel berühre, werde ich gerettet.	27 Als sie von Jesus hörte, kam sie von hinten in der Menge heran und berührte seinen Mantel. 28 Denn sie sagte sich: Wenn ich auch nur seine Kleider berühre, werde ich gerettet.
	29 Und auf der Stelle versiegte die Quelle ihres Blutflusses, und sie spürte an ihrem Körper, dass sie von der Plage geheilt war. 30 Im selben Augenblick spürte Jesus, dass die Kraft von ihm ausgegangen war, und er wandte sich in der Menge um und sprach: Wer hat meine Kleider berührt? 31 Da sagten seine Jünger zu ihm: Du siehst, wie die Menge sich um dich drängt, und da sagst du: Wer hat mich berührt?

Lukas 8,40–56

[Johannes]

40 Als Jesus zurückkehrte,

empfing ihn das Volk; denn sie warteten alle auf ihn.
41 Und siehe, da kam ein Mann mit Namen Jaïrus, der war Vorsteher der Synagoge. Er fiel Jesus zu Füssen und bat ihn, in sein Haus zu kommen.
42 Denn er hatte eine einzige Tochter von etwa zwölf Jahren, die lag im Sterben.

Als Jesus hinging, erdrückten ihn die Leute beinahe.

43 Und eine Frau hatte seit zwölf Jahren den Blutfluss und konnte, obwohl sie ihr ganzes Vermögen für Ärzte aufbrauchte, von niemandem geheilt werden.

44 Sie trat von hinten heran und berührte den Saum seines Mantels.

Und auf der Stelle kam ihr Blutfluss zum Stillstand.

45 Und Jesus sprach: Wer hat mich berührt? Als aber alle es abstritten, sagte Petrus: Meister, die Leute drängen sich um dich und stossen dich.

32 Und er schaute umher, um die zu sehen, die das getan hatte.

33 Die Frau aber kam mit Furcht und Zittern, weil sie wusste, was ihr geschehen war, und
warf sich vor ihm nieder und sagte ihm die ganze Wahrheit.

22 Jesus aber wandte sich um, sah sie und sprach:
Sei getrost, Tochter, dein Glaube hat dich gerettet. Und die Frau war gerettet von jener Stunde an.

34 Er aber sprach zu ihr:

Tochter, dein Glaube hat dich gerettet. Geh in Frieden und sei geheilt von deiner Plage.
35 Noch während er redet, kommen Leute des Synagogenvorstehers und sagen: Deine Tochter ist gestorben! Was bemühst du den Meister noch?
36 Doch Jesus, der auch hörte, was geredet wurde,
spricht zu dem Synagogenvorsteher: Fürchte dich nicht, glaube nur!

37 Und er liess niemanden mit sich gehen ausser Petrus, Jakobus und Johannes, den Bruder des Jakobus.

23 Als Jesus in das Haus des Vorstehers kam und die Flötenspieler und die aufgeregte Menge sah,

38 Und sie kommen in das Haus des Synagogenvorstehers. Und er sieht die Aufregung, wie sie weinen und laut klagen. 39 Und er geht hinein und spricht zu ihnen: Was lärmt und weint ihr? Das Kind ist nicht gestorben, es schläft. 40 Da verlachten sie ihn.

24 sprach er: Geht hinaus!
Das Mädchen ist nicht gestorben, es schläft. Da verlachten sie ihn.

25 Als man aber die Leute hinausgeschickt hatte,
ging er hinein,

Er aber schickt alle hinaus, nimmt den Vater des Kindes und die Mutter und seine Begleiter mit und geht hinein, wo das Kind war.
41 Und er ergreift die Hand des Kindes und spricht zu ihm: Talita kum!, was übersetzt heisst:
Mädchen, ich sage dir, steh auf!

ergriff ihre Hand,

und das Mädchen stand auf.

42 Und sogleich stand das Mädchen auf

46 Jesus aber sprach: Jemand hat mich
berührt! Denn ich habe gespürt, dass
eine Kraft von mir ausgegangen ist.
47 Als aber die Frau sah, dass sie nicht
unentdeckt blieb, kam sie zitternd herbei,

warf sich vor ihm nieder und erzählte
vor dem ganzen Volk, warum sie ihn
berührt hatte und wie sie auf der Stelle
geheilt worden war.
48 Er aber sprach zu ihr:

Tochter, dein Glaube hat dich gerettet.
Geh in Frieden!

49 Noch während er redet, kommt einer aus dem Hause des Synagogenvorstehers und sagt: Deine Tochter ist gestorben! Bemühe den Meister nicht
weiter!
50 Als Jesus das hörte,

antwortete er ihm:
Fürchte dich nicht, glaube nur, und sie
wird gerettet werden! 51 Als er ins
Haus ging,
liess er niemanden mit hineingehen
ausser Petrus und Johannes und Jakobus und den Vater des Kindes und die
Mutter.

52 Da weinten alle und klagten um sie.

Er aber sprach: Weint nicht!
Denn sie ist nicht gestorben, sie
schläft. 53 Und sie verlachten ihn, weil
sie wussten, dass sie gestorben war.

54 Er aber ergriff ihre Hand und rief:

Kind, steh auf! 55 Da kehrte ihr Geist
zurück,
und sogleich stand sie auf.

und ging umher. Es war zwölf Jahre alt.

Da gerieten sie ausser sich vor Entsetzen. 43 Und er ermahnte sie sehr, niemand dürfe dies erfahren. Und er sagte, man solle ihr zu essen geben.

26 Und das sprach sich in jener ganzen
Gegend herum.

14,36 (Nr. 148, S. 144)

6,56b (Nr. 148, S. 144)
3,10 (Nr. 48, S. 49)

9,29–30 (Nr. 96, S. 91)   10,52 (Nr. 264, S. 251)

139   ABLEHNUNG IN NAZARET
                                    (vgl. Nr. 33)

Matthäus 13,53–58   *Markus 6,1–6a*

▲ *(Nr. 134 — 13,51–52 — S. 126)*
53 Und es geschah, als Jesus diese
Gleichnisse vollendet hatte, da zog er
von dort weg.
54 Und als er in seine Vaterstadt kam,   1 Und er ging weg von dort.
                                         Und er kommt in seine Vaterstadt, und
                                         seine Jünger folgen ihm nach.
lehrte er sie in ihrer Synagoge,   2 Und als es Sabbat war, begann er, in
                                         der Synagoge zu lehren.

Und er ordnete an, man solle ihr zu essen geben.
56 Und ihre Eltern gerieten ausser sich.
Er aber gebot ihnen, niemandem zu sagen, was geschehen war.

▼ (Nr. 142 — 9,1–6 — S. 138)

6,19 (Nr. 77, S. 70)
18,42 (Nr. 264, S. 251)
7,50 (Nr. 114, S. 109)
17,19 (Nr. 233, S. 218)

[Lukas 4,16–30]   [Johannes 7,15; 6,42; 4,44; 10,39]
(Nr. 33, S. 36)

16 Und er kam nach Nazaret, wo er aufgewachsen war, und ging nach seiner
Gewohnheit am Sabbattag in die Synagoge und stand auf, um vorzulesen.
17 Und man reichte ihm das Buch des
Propheten Jesaja. Und als er das Buch
auftat, fand er die Stelle, wo geschrieben stand:
    18 «Der Geist des Herrn ruht auf
    mir,
    weil er mich gesalbt hat,
    Armen das Evangelium zu verkün-
    digen.
    Er hat mich gesandt,
    Gefangenen Freiheit
    und Blinden das Augenlicht zu
    verkündigen,
    Geknechtete in die Freiheit zu
    entlassen,
    19 zu verkünden ein Gnadenjahr
    des Herrn.»
20 Und er tat das Buch zu, gab es dem
Diener zurück und setzte sich. Und in

	Und viele, die zuhörten,
so dass sie ausser sich gerieten	gerieten ausser sich

und sagten:	und sagten:
Woher hat der diese Weisheit und diese Kräfte?	Woher hat der das, und was ist das für eine Weisheit, die ihm gegeben ist? Und solche Wunder geschehen durch seine Hände?
55 Ist das nicht der Sohn des Zimmermanns? Heisst seine Mutter nicht Maria, und sind nicht Jakobus, Josef, Simon und Judas seine Brüder?	3 Ist das nicht der Zimmermann, der Sohn Marias, der Bruder des Jakobus, des Jose, des Judas und des Simon,
56 Und leben nicht alle seine Schwestern bei uns? Woher also hat der das alles?	und leben nicht seine Schwestern hier bei uns?
57 Und sie nahmen Anstoss an ihm.	Und sie nahmen Anstoss an ihm.

Jesus aber sprach zu ihnen: Nirgends gilt ein Prophet so wenig wie in seiner Vaterstadt und in seinem Haus.	4 Doch Jesus sprach zu ihnen: Nirgends gilt ein Prophet so wenig wie in seiner Vaterstadt und bei seinen Verwandten und in seinem Haus.

58 Und er tat dort nicht viele Wunder	5 Und er konnte dort kein einziges Wunder tun, ausser dass er einigen Kranken die Hand auflegte und sie heilte.
wegen ihres Unglaubens.	6 Und er wunderte sich über ihren Unglauben.

▼ (Nr. 143 — 14,1–2 — S. 139)

▼ (Nr. 142 — 6,6b–13 — S. 138)

der Synagoge waren aller Augen auf ihn gerichtet. 21 Da fing er an, zu ihnen zu reden: Heute ist dieses Schriftwort erfüllt vor euren Ohren.
22 Und alle bezeugten ihm das und staunten über die Worte der Gnade, die aus seinem Mund kamen, und sagten:

7,15 (Nr. 240, S. 224)
15 Da staunten die Juden und sagten: Wie kann dieser die Schriften kennen, ohne unterrichtet worden zu sein?

Ist das nicht der Sohn Josefs?

6,42 (Nr. 149, S. 145)
42 und sie sagten:
Ist das nicht Jesus, der Sohn Josefs, dessen Vater und Mutter wir kennen? Wie kann er jetzt sagen: Ich bin vom Himmel herabgekommen?

23 Und er sprach zu ihnen: Gewiss werdet ihr mir das Sprichwort sagen: Arzt, heile dich selbst! Wir haben gehört, was in Kafarnaum geschehen ist. Tu solches auch hier in deiner Vaterstadt!
24 Er sprach: Amen, ich sage euch: Kein Prophet ist willkommen in seiner Vaterstadt.

4,44 (Nr. 32, S. 35)
44 Jesus selbst hat bezeugt, ein Prophet gelte nichts in seinem Vaterland.

25 Der Wahrheit gemäss aber sage ich euch: Viele Witwen gab es in Israel in den Tagen Elias, als der Himmel drei Jahre und sechs Monate verschlossen war, so dass eine grosse Hungersnot über das ganze Land kam. 26 Aber zu keiner von ihnen wurde Elia geschickt, ausser zu einer Witwe nach Sarepta bei Sidon. 27 Und viele Aussätzige gab es in Israel zur Zeit des Propheten Elisa, doch keiner von ihnen wurde rein gemacht, ausser Naaman, der Syrer.

28 Und alle in der Synagoge wurden

_____   _____
_____   _____
_____   _____
_____   _____
_____   _____
_____   _____
_____   _____

ThEv 31: Jesus sagte: Kein Prophet wird in seinem Dorf aufgenommen, kein
Arzt heilt die, die ihn kennen.

140   ZWEITE REISE JESU (NACH JERUSALEM)

[Matthäus]   *[Markus]*

_____   _____
_____   _____
_____   _____

141   HEILUNG AM TEICH BETESDA

[Matthäus]   *[Markus]*

_____   _____
_____   _____
_____   _____
_____   _____
_____   _____
_____   _____
_____   _____
_____   _____
_____   _____
_____   _____
_____   _____
_____   _____
_____   _____
_____   _____
_____   _____
_____   _____
_____   _____
_____   _____

mit Wut erfüllt, als sie das hörten.
29 Und sie standen auf und trieben ihn
aus der Stadt hinaus und führten ihn
bis zum Abhang des Berges, auf dem
ihre Stadt gebaut war, um ihn hinabzu-
stürzen. 30 Er aber schritt mitten durch
sie hindurch und ging seines Weges.

18–19: Jes 58,6; 61,1–2

10,39 (Nr. 257, S. 244)

*39 Da suchten sie ihn wiederum festzuneh-
men, aber er entkam ihrer Hand.*

[Lukas]

Johannes 5,1

▲ (Nr. 85 — 4,46b–54 — S. 78)
1 Danach war ein Fest der Juden, und
Jesus zog hinauf nach Jerusalem.

[Lukas]

Johannes 5,2–47

2 In Jerusalem beim Schaftor ist ein
Teich mit fünf Hallen, der auf hebräisch Betesda heisst. 3 In den Hallen lag
eine Menge von Kranken, Blinden, Lahmen, Verkrüppelten. 5 Dort war aber
ein Mensch, der achtunddreissig Jahre
an seiner Krankheit gelitten hatte.
6 Als Jesus diesen liegen sieht und erkennt, dass er schon eine lange Zeit leidet, spricht er zu ihm: Willst du gesund
werden? 7 Der Kranke antwortete ihm:
Herr, ich habe keinen Menschen, der
mich in den Teich trägt, sobald das
Wasser aufgewühlt wird; und suche ich
selbst hinzukommen, steigt ein anderer vor mir hinein. 8 Jesus spricht zu
ihm: Steh auf, nimm deine Bahre und
geh umher! 9 Und sogleich wurde der
Mensch gesund, nahm seine Bahre und
ging umher. An jenem Tag aber war
Sabbat. 10 Also sagten die Juden zum

Geheilten: Es ist Sabbat, es ist dir nicht erlaubt, deine Bahre zu tragen. 11 Er aber antwortete ihnen: Der mich gesund gemacht hat, der hat zu mir gesagt: Nimm deine Bahre und geh umher! 12 Sie fragten ihn: Wer ist der Mensch, der zu dir gesagt hat: Nimm sie und geh umher? 13 Der Geheilte wusste aber nicht, wer es war, denn Jesus hatte sich zurückgezogen, da an dem Ort eine Menschenmenge war. 14 Danach findet ihn Jesus im Tempel, und er sprach zu ihm: Siehe, du bist gesund geworden. Sündige nicht mehr, damit dir nicht etwas Schlimmeres widerfährt! 15 Der Mensch ging fort und berichtete den Juden, es sei Jesus, der ihn gesund gemacht habe. 16 Und die Juden verfolgten Jesus darum, weil er solches an einem Sabbat tat. 17 Jesus aber entgegnete ihnen: Mein Vater wirkt bis jetzt, und auch ich wirke. 18 Da suchten die Juden erst recht, ihn zu töten, weil er nicht nur den Sabbat brach, sondern auch Gott seinen Vater nannte und sich selbst Gott gleichmachte. 19 Da entgegnete ihnen Jesus: Amen, amen, ich sage euch: Der Sohn kann nichts von sich aus tun, es sei denn, er sehe den Vater etwas tun; denn was jener tut, das tut in gleicher Weise auch der Sohn. 20 Denn der Vater liebt den Sohn und zeigt ihm alles, was er selbst tut, und noch grössere Werke als diese wird er ihm zeigen, dass ihr euch wundert. 21 Denn wie der Vater die Toten auferweckt und lebendig macht, so macht auch der Sohn lebendig, welche er will. 22 Denn der Vater richtet niemanden, sondern er hat das Richten ganz dem Sohn übergeben, 23 damit alle den Sohn ehren, wie sie den Vater ehren. Wer den Sohn nicht ehrt, ehrt den Vater nicht, der ihn gesandt hat. 24 Amen, amen, ich sage euch: Wer mein Wort hört und dem glaubt, der mich gesandt hat, hat ewiges Leben und kommt nicht in ein Gericht, sondern ist hinübergegangen aus

dem Tod in das Leben. 25 Amen, amen, ich sage euch: Die Stunde kommt, und sie ist jetzt da, in der die Toten die Stimme des Sohnes Gottes hören werden und in der leben werden, die hören. 26 Denn wie der Vater in sich selbst Leben hat, so hat er auch dem Sohn verliehen, in sich selbst Leben zu haben. 27 Und er gab ihm Vollmacht, Gericht zu halten, weil er der Menschensohn ist. 28 Wundert euch nicht darüber, dass die Stunde kommt, in der alle, die in den Gräbern sind, seine Stimme hören, 29 dass herauskommen werden, die das Gute getan haben, zur Auferstehung ins Leben, die aber das Böse verübt haben, zur Auferstehung ins Gericht. 30 Ich kann nichts von mir aus tun. Wie ich höre, so richte ich, und mein Gericht ist gerecht, weil ich nicht meinen Willen suche, sondern den Willen dessen, der mich gesandt hat. 31 Wenn ich über mich selbst Zeugnis ablege, ist mein Zeugnis nicht wahr; 32 ein anderer ist es, der über mich Zeugnis ablegt, und ich weiss, dass das Zeugnis wahr ist, das er über mich ablegt. 33 Ihr habt zu Johannes geschickt, und er hat Zeugnis abgelegt für die Wahrheit. 34 Ich aber empfange das Zeugnis nicht von einem Menschen, vielmehr sage ich dies, damit ihr gerettet werdet. 35 Jener war die Leuchte, die brennt und scheint; ihr aber wolltet nur eine kurze Zeit fröhlich sein in ihrem Licht. 36 Ich aber habe ein Zeugnis, das grösser ist als das des Johannes. Denn die Werke, die mir der Vater übergeben hat, damit ich sie vollende, eben die Werke, die ich tue, legen Zeugnis ab über mich, dass der Vater mich gesandt hat. 37 Und der Vater, der mich gesandt hat, er hat Zeugnis abgelegt über mich. Weder habt ihr je seine Stimme gehört noch seine Gestalt gesehen, 38 und sein Wort habt ihr nicht in euch wohnen, weil ihr dem nicht glaubt, den jener gesandt hat. 39 Ihr erforscht die Schriften, weil ihr meint, in

9,1–8 (Nr. 92, S. 85)   2,1–12 (Nr. 43, S. 44)

142   AUSSENDUNG DER ZWÖLF
                    (vgl. Nr. 99)

[Matthäus 9,35; 10,1 . 7–11 . 14]   *Markus 6,6b–13*

9,35 (Nr. 98, S. 92)
35 Und Jesus zog umher in allen Städten und Dörfern, lehrte in ihren Synagogen, verkündigte das Evangelium vom Reich und heilte jede Krankheit und jedes Leiden.

▲ (Nr. 139 — 6,1–6a — S. 133)
6b Dann zog er in den umliegenden Dörfern umher und lehrte.

10,1 . 7–11 . 14 (Nr. 99, S. 93)
1 Und er rief seine zwölf Jünger herbei

7 Und er ruft die Zwölf herbei. Und er

ihnen ewiges Leben zu haben; und sie sind es, die Zeugnis über mich ablegen, 40 und doch wollt ihr nicht zu mir kommen, um Leben zu haben. 41 Ehre empfange ich nicht von Menschen, 42 aber ich habe euch erkannt, nämlich dass ihr die Liebe Gottes nicht in euch habt. 43 Ich bin im Namen meines Vaters gekommen, und ihr nehmt mich nicht auf; wenn ein anderer in seinem eigenen Namen kommt, den werdet ihr aufnehmen. 44 Wie könnt ihr zum Glauben kommen, wenn ihr Ehre voneinander empfangt, und die Ehre von dem alleinigen Gott sucht ihr nicht? 45 Meint nicht, dass ich euch beim Vater anklagen werde; euer Ankläger ist Mose, auf den ihr eure Hoffnung gesetzt habt. 46 Denn wenn ihr Mose glaubtet, würdet ihr mir glauben, denn über mich hat jener geschrieben. 47 Wenn ihr aber seinen Schriften nicht glaubt, wie werdet ihr meinen Worten glauben?

▼ *(Nr. 146 — 6,1–15 — S. 142)*

3: Verschiedene Handschriften haben den folgenden Zusatz: «(, Gelähmten), die auf die Bewegung des Wassers warteten. 4 Denn ein Engel (des Herrn) stieg von Zeit zu Zeit in den Teich hinab und wühlte das Wasser auf. Wer nun als erster hineinstieg nach dem Aufwallen des Wassers, wurde gesund, mit welcher Krankheit er auch behaftet war.»

5,17–26 (Nr. 43, S. 44)

Lukas 9,1–6

[Lukas 10,1–12]
(Nr. 177, S. 173)

▲ *(Nr. 138 — 8,40–56 — S. 131)*
1 Er rief aber die Zwölf zusammen

1 Danach bestimmte der Herr weitere zweiundsiebzig und sandte sie zu zweien vor und gab ihnen Vollmacht, unreine Geister auszutreiben und jede Krankheit und jedes Leiden zu heilen.

7 Geht aber und verkündigt: Nahe gekommen ist das Himmelreich. 8 Kranke macht gesund, Tote weckt auf, Aussätzige macht rein, Dämonen treibt aus. Umsonst habt ihr empfangen, umsonst sollt ihr geben.
9 Füllt nicht Gold, Silber oder Kupfermünzen in eure Gürtel.

10 Nehmt keinen Sack mit auf den Weg,
kein zweites Kleid, keine Schuhe, keinen Stab. Denn der Arbeiter ist seines Lohnes wert.
11 Kommt ihr aber in eine Stadt oder in ein Dorf, dann fragt nach, wer dort würdig ist;
dort bleibt, bis ihr weiterzieht.

14 Wenn euch jemand nicht aufnimmt und eure Worte nicht hören will, dann geht fort aus jenem Haus oder jener Stadt
und schüttelt den Staub von euren Füssen.

---

fing an, sie zu zweit auszusenden, und gab ihnen Vollmacht über die unreinen Geister.

8 Und er gebot ihnen, nichts auf den Weg mitzunehmen ausser einem Stab, kein Brot,
keinen Sack, kein Geld im Gürtel, 9 jedoch Sandalen an den Füssen, und: Zieht euch kein zweites Kleid an!

10 Und er sprach zu ihnen: Wo ihr in ein Haus eintretet,

dort bleibt, bis ihr von dort weiterzieht.
11 Wo ein Ort euch nicht aufnimmt und sie euch nicht zuhören, da geht weg von dort

und schüttelt den Staub an euren Füssen ab, ihnen zum Zeugnis.
12 Und sie zogen aus
und verkündigten, man solle umkehren.
13 Und sie trieben viele Dämonen aus und salbten viele Kranke mit Öl und heilten sie.

3,13–15 (Nr. 49, S. 50)

---

143   HERODES UND JESUS

Matthäus 14,1–2

▲ *(Nr. 139 — 13,53–58 — S. 133)*
1 Zu jener Zeit hörte Herodes, der Tetrarch, was man über Jesus erzählte,
2 und sprach zu seinem Gefolge:

Markus 6,14–16

14 Auch der König Herodes hörte davon; denn sein Name war bekannt geworden, und es hiess:

und gab ihnen Gewalt und Vollmacht über alle Dämonen und die Kraft, Krankheiten zu heilen.

2 Und er sandte sie aus, das Reich Gottes zu verkündigen und die Kranken zu heilen.

3 Und er sprach zu ihnen: Nehmt nichts mit auf den Weg, weder Stab

noch Sack, weder Brot noch Geld;

noch sollt ihr ein zweites Kleid haben.

4 Wenn ihr in ein Haus kommt,

dann bleibt dort, und von dort zieht weiter.
5 Und wenn sie euch nicht aufnehmen, dann geht fort aus jener Stadt

und schüttelt den Staub von euren Füssen, zum Zeugnis gegen sie.
6 Da gingen sie fort und zogen von Dorf zu Dorf. Und überall verkündigten sie das Evangelium

und heilten.

sich her in jede Stadt und jede Ortschaft, in die er gehen wollte. 2 Er sprach zu ihnen: Die Ernte ist gross, der Arbeiter aber sind wenige. Darum bittet den Herrn der Ernte, dass er Arbeiter in seine Ernte sende. 3 Geht hin: Siehe, ich sende euch wie Schafe mitten unter die Wölfe. 4 Nehmt keinen Geldbeutel mit, keinen Sack, keine Schuhe, und grüsst niemanden unterwegs! 5 Tretet ihr aber in ein Haus ein, dann sagt zuerst: Friede diesem Haus! 6 Wenn dort ein Sohn des Friedens ist, wird euer Friede auf ihm ruhen; wenn aber nicht, wird er zu euch zurückkehren. 7 In diesem Haus bleibt, esst und trinkt, was ihr von ihnen bekommt. Denn der Arbeiter ist seines Lohnes wert. Geht nicht von einem Haus ins andere. 8 Kommt ihr aber in eine Stadt und nehmen sie euch auf, so esst, was euch vorgesetzt wird, 9 und heilt die Kranken, die dort sind, und sagt ihnen: Nahe gekommen ist das Reich Gottes, bis zu euch. 10 Kommt ihr aber in eine Stadt und nehmen sie euch nicht auf, so geht hinaus auf ihre Strassen und sagt: 11 Selbst den Staub aus eurer Stadt, der an unseren Füssen klebt, schütteln wir ab vor euch. Doch das sollt ihr wissen: Nahe gekommen ist das Reich Gottes. 12 Ich sage euch: Sodom wird es an jenem Tag besser ergehen als dieser Stadt.

Lukas 9,7–9

7 Es hörte aber Herodes, der Tetrarch, von all diesen Geschehnissen. Und es beunruhigte ihn, dass von einigen gesagt wurde:

[Johannes]

Das ist Johannes der Täufer! Er ist von den Toten auferweckt worden, und darum wirken solche Kräfte in ihm.

Johannes ist von den Toten auferweckt worden; darum wirken solche Kräfte in ihm.

15 Andere aber sagten: Er ist Elia, wieder andere sagten: Er ist ein Prophet wie einer der Propheten. 16 Als aber Herodes das hörte, sagte er: Den ich enthaupten liess, Johannes, der ist auferweckt worden.

16,13b–14 (Nr. 158, S. 156)   8,27b–28 (Nr. 158, S. 156)

144   DER TOD DES TÄUFERS
                        (vgl. Nr. 17)

Matthäus 14,3–12   *Markus 6,17–29*

3 Herodes hatte nämlich Johannes gefangen nehmen, in Ketten legen und einkerkern lassen wegen Herodias, der Frau seines Bruders Philippus.

17 Herodes selbst hatte nämlich Johannes gefangen nehmen und ihn in Ketten legen lassen wegen Herodias, der Frau seines Bruders Philippus, weil er sie geheiratet hatte.

4 Denn Johannes hatte zu ihm gesagt: Es ist dir nicht erlaubt, sie zu haben.

18 Denn Johannes hatte zu Herodes gesagt: Es ist dir nicht erlaubt, deines Bruders Frau zu haben. 19 Herodias aber trug ihm das nach

5 Darum wollte er ihn töten lassen, fürchtete aber das Volk, weil es ihn für einen Propheten hielt.

und wollte ihn töten lassen, konnte es aber nicht. 20 Denn Herodes fürchtete Johannes, weil er wusste, dass er ein gerechter und heiliger Mann war; und er liess ihn bewachen. Und wenn er ihm zuhörte, geriet er in grosse Verlegenheit, und doch hörte er ihm gern zu. 21 Und an einem günstigen Tag,

6 Als dann aber der Geburtstag des Herodes gefeiert wurde,

als Herodes zu seinem Geburtstag ein Gastmahl gab für seine Grossen, die Befehlshaber und die Vornehmen Galiläas,

tanzte die Tochter der Herodias vor ihnen und gefiel dem Herodes so sehr,

22 da trat seine Tochter, die von der Herodias, herein und tanzte. Und sie gefiel dem Herodes und den Gästen. Da

Johannes ist von den Toten auferweckt
worden;

8 von anderen: Elia ist erschienen; von
wieder anderen: Einer der alten Propheten ist auferstanden. 9 Da sprach
Herodes: Johannes habe ich doch selbst
enthaupten lassen.

Wer aber ist das, über den ich solches
höre? Und er wollte ihn sehen.

▼ (Nr. 145 — 9,10a — S. 141)
9,18b–19 (Nr. 158, S. 156)

[Lukas 3,19–20]   [Johannes]

(Nr. 17, S. 19)

19 Herodes aber, der Tetrarch, der von
ihm zurechtgewiesen wurde
wegen der Sache mit Herodias, der Frau
seines Bruders, und wegen aller
Schandtaten, die er, Herodes, begangen
hatte, 20 fügte allem auch noch dies
hinzu: Er sperrte Johannes in den Kerker.

	sagte der König zu dem Mädchen: Verlange von mir, was du willst, und ich werde es dir geben.
7 dass er schwor, ihr zu geben, was immer sie sich wünschte.	23 Und er schwor ihr: Was immer du von mir verlangst, ich werde es dir geben, bis zur Hälfte meines Reichs.
8 Da sagte sie, von ihrer Mutter gedrängt:	24 Da ging sie hinaus und sagte zu ihrer Mutter: Was soll ich verlangen? Die aber sagte: Den Kopf Johannes des Täufers. 25 Und sogleich eilte sie hinein zum König und forderte:
Gib mir hier auf einer Schale den Kopf Johannes' des Täufers!	Ich will, dass du mir auf der Stelle den Kopf Johannes des Täufers auf einer Schale gibst!
9 Da wurde der König sehr betrübt über seinen Schwur vor den Gästen, befahl aber, ihr den Kopf zu geben.	26 Da wurde der König sehr betrübt über seinen Schwur vor den Gästen; doch er wollte sie nicht abweisen.
10 Darauf liess er den Johannes im Kerker enthaupten. 11 Und sein Kopf wurde auf einer Schale gebracht und dem Mädchen gegeben, und sie brachte ihn ihrer Mutter.	27 Und sofort entsandte der König einen Henker und befahl, seinen Kopf zu bringen. Und der ging hin und enthauptete ihn im Kerker, 28 brachte seinen Kopf auf einer Schale und gab ihn dem Mädchen, und das Mädchen gab ihn ihrer Mutter.
12 Und seine Jünger kamen, holten den Leichnam und begruben ihn;	29 Als seine Jünger das hörten, kamen sie und holten seinen Leichnam und legten ihn in ein Grab.
dann gingen sie und erzählten es Jesus.	

▼ *(Nr. 146 — 14,13–21 — S. 142)*

---

145   RÜCKKEHR DER JÜNGER

[Matthäus 14,12b–13a]	*Markus 6,30–31*
(Nr. 144 . 146, S. 140 . 142)	
12b ... dann gingen sie und erzählten es Jesus.	30 Und die Apostel versammeln sich bei Jesus. Und sie berichteten ihm alles, was sie getan und gelehrt hatten.
13a Als aber Jesus das hörte, fuhr er in einem Boot von dort weg an einen einsamen Ort, wo er für sich war.	31 Und er spricht zu ihnen: Kommt, ihr allein, an einen einsamen Ort, und ruht euch ein wenig aus. Denn es waren viele, die kamen und gingen, und sie hatten nicht einmal Zeit zum Essen.

Lukas 9,10a

▲ *(Nr. 143 — 9,7–9 — S. 139)*
10 Und als die Apostel zurückkehrten,
erzählten sie ihm, was sie getan hatten.

10,17 *(Nr. 180, S. 176)*

[Johannes]

146   SPEISUNG DER FÜNFTAUSEND
                          (vgl. Nr. 153)

Matthäus 14,13–21   *Markus 6,32–44*

▲ *(Nr. 144 — 14,3–12 — S. 140)*

13 Als aber Jesus das hörte,
fuhr er in einem Boot von dort weg an   32 Und sie fuhren im Boot an einen
einen einsamen Ort, wo er für sich war.   einsamen Ort, wo sie für sich waren.
Und als die Leute davon hörten,   33 Aber man sah sie wegfahren, und
                                            viele erfuhren es.
folgten sie ihm zu Fuss aus den Städ-   Und sie liefen zu Fuss aus allen Städten
ten.   dort zusammen und kamen ihnen zu-
                                            vor.

14 Als er ausstieg, sah er eine grosse   34 Als er ausstieg, sah er eine grosse
Menge. Da hatte er Mitleid mit ihnen   Menge. Da hatte er Mitleid mit ihnen,
                                            denn sie waren «wie Schafe, die keinen
                                            Hirten haben.» Und er begann, sie vie-
                                            les zu lehren.

und heilte die Kranken unter ihnen.
15 Als es Abend wurde,   35 Und als schon viele Stunden vergan-
traten seine Jünger zu ihm und sagten: gen waren, traten seine Jünger zu ihm
Abgelegen ist der Ort und die Stunde   und sagten: Abgelegen ist der Ort und
vorgerückt.   vorgerückt die Stunde.
Entlasse die Leute, damit sie in die   36 Entlasse sie, damit sie in die umlie-
Dörfer gehen und sich etwas zu essen   genden Gehöfte und Dörfer gehen und
kaufen.   sich etwas zu essen kaufen.

16 Jesus aber sprach zu ihnen: Sie brau-   37 Er aber antwortete ihnen:
chen nicht wegzugehen; gebt ihr ihnen   Gebt ihr ihnen zu essen!
zu essen!   Und sie sagen zu ihm: Sollen wir gehen
                                            und für zweihundert Denar Brote kau-
                                            fen und ihnen zu essen geben?

                                            38 Er aber spricht zu ihnen: Wie viele
17 Sie aber sagten zu ihm: Wir haben   Brote habt ihr? Geht und seht nach! Sie
hier nichts ausser fünf Broten und zwei   sehen nach und sagen: Fünf, und zwei
Fischen.   Fische.

Lukas 9,10b–17

Johannes 6,1–15

▲ (Nr. 141 — 5,2–47 — S. 135)

10b Und er nahm sie mit und zog sich
mit ihnen allein zurück in eine Stadt
mit Namen Betsaida.
11 Als es aber die Leute erfuhren,

1 Danach ging Jesus ans andere Ufer
des Sees von Tiberias in Galiläa.

folgten sie ihm.

2 Viel Volk aber folgte ihm, weil sie die
Zeichen sahen, die er an den Kranken
tat. 3 Jesus aber stieg auf den Berg und
setzte sich dort mit seinen Jüngern hin.
4 Das Passa war nahe, das Fest der Juden.
5 Als nun Jesus seine Augen aufhebt
und sieht, dass viel Volk zu ihm
kommt,

Und er liess sie zu sich kommen
und redete zu ihnen über das Reich
Gottes

und heilte, die der Heilung bedurften.
12 Und der Tag begann sich zu neigen.
Da traten die Zwölf herzu und sagten
zu ihm:

Entlasse die Leute, damit sie in die umliegenden Dörfer und Gehöfte gehen
und ein Nachtlager und etwas zu essen
finden. Denn hier sind wir an einem
abgelegenen Ort.

sagt er zu Philippus: Woher sollen wir
Brot kaufen, damit diese zu essen haben? 6 Dies sagte er aber, um ihn zu
prüfen; er wusste nämlich, was er tun
wollte.

13 Da sprach er zu ihnen:
Gebt ihr ihnen zu essen!

7 Philippus antwortete ihm: Brot für
zweihundert Denar reicht nicht aus für
sie, damit jeder auch nur ein wenig bekommt.
8 Einer von seinen Jüngern, Andreas,
der Bruder des Simon Petrus, sagt zu
ihm: 9 Ein Kind ist hier, das fünf Gers-
tenbrote und zwei Fische hat; aber was
ist das für so viele?

Sie aber sagten: Wir haben nicht mehr
als fünf Brote und zwei Fische, es sei
denn, wir gingen, um für diese ganze
Volksmenge Essen zu kaufen.
14 Es waren nämlich an die fünftausend Männer.

18 Er aber sagte: Bringt sie zu mir!	
19 Und er befahl den Leuten, sich im Gras niederzulassen,	39 Und er forderte sie auf, sie alle sollten sich niederlassen zu Tischgemeinschaften im grünen Gras.
	40 Und sie lagerten sich in Gruppen zu hundert und zu fünfzig.
nahm die fünf Brote und die zwei Fische, blickte zum Himmel auf, sprach den Lobpreis, brach die Brote und gab sie den Jüngern, die Jünger aber gaben sie den Leuten.	41 Und er nahm die fünf Brote und die zwei Fische, blickte zum Himmel auf, sprach den Lobpreis und brach die Brote und gab sie den Jüngern, damit sie sie ihnen vorsetzten; und auch die zwei Fische teilte er für alle.
20 Und alle assen und wurden satt.	42 Und alle assen und wurden satt.
Und sie sammelten die übrig gebliebenen Brocken ein, zwölf Körbe voll.	43 Und sie sammelten die Brocken ein, zwölf Körbe voll, und auch von den Fischen.
21 Es waren an die fünftausend Männer, die gegessen hatten, Frauen und Kinder ausgenommen.	44 Und es waren fünftausend Männer, die gegessen hatten.

15,32–39 (Nr. 153, S. 152)   8,1–10 (Nr. 153, S. 152)
16,5–12 (Nr. 155, S. 154)   8,14–21 (Nr. 155, S. 154)

147   DER GANG AUF DEM WASSER

Matthäus 14,22–33   *Markus 6,45–52*

22 Gleich darauf nötigte er seine Jünger, ins Boot zu steigen und ihm ans andere Ufer vorauszufahren, bis er die Leute entlassen hätte.	45 Gleich darauf nötigte er seine Jünger, ins Boot zu steigen und ans andere Ufer nach Betsaida vorauszufahren, bis er die Menge entlassen hätte.
23 Und als er die Leute entlassen hatte, stieg er auf den Berg, um ungestört zu beten.	46 Und er nahm Abschied von ihnen und ging auf den Berg, um zu beten.

Da sprach er zu seinen Jüngern: Lasst sie sich lagern in Gruppen zu etwa fünfzig.
15 Und so taten sie und liessen alle sich lagern.
16 Da nahm er die fünf Brote und die zwei Fische, blickte zum Himmel auf, sprach den Lobpreis über sie und brach sie und gab sie den Jüngern, damit diese sie dem Volk vorsetzten.

17 Und sie assen und wurden alle satt.

Und man sammelte die Brocken ein, die ihnen übrig geblieben waren, zwölf Körbe voll.
▼ (Nr. 158 — 9,18–21 — S. 156)

10 Jesus sprach: Lasst die Leute sich lagern! An dem Ort war viel Gras.

Da lagerten sich nun die Männer, etwa fünftausend an der Zahl.
11 Jesus nahm nun die Brote,

sprach das Dankgebet
und teilte sie an die aus, die dasassen;

ebenso von den Fischen, soviel sie wollten.
12 Als sie aber satt waren, spricht er zu seinen Jüngern: Sammelt die übrig gebliebenen Brocken ein, damit nichts verloren geht.
13 Da sammelten sie sie ein und füllten zwölf Körbe mit Brocken, die von den fünf Gerstenbroten übrig blieben, nachdem sie gegessen hatten.

14 Als nun die Leute das Zeichen sahen, das er tat, sagten sie: Dieser ist wahrhaftig der Prophet, der in die Welt kommen soll. 15 Als Jesus nun erkannte, dass sie kommen und ihn greifen wollten, um ihn zum König zu machen, zog er sich wieder auf den Berg zurück, er allein.

[Lukas]

Johannes 6,16–21

16 Als es Abend wurde, gingen seine Jünger hinab an den See, 17 stiegen in ein Boot und wollten ans andere Ufer des Sees nach Kafarnaum fahren.

Am Abend war er allein dort.
24 Das Boot aber war schon viele Stadien vom Land entfernt, als es von den
Wellen hart bedrängt wurde; denn der
Wind stand ihnen entgegen.
25 In der vierten Nachtwache kam er
zu ihnen; er ging über den See.

47 Am Abend
war das Boot mitten auf dem See und
er allein an Land. 48 Und als er sieht,
wie sie sich beim Rudern abmühen –
denn der Wind stand ihnen entgegen
–, kommt er um die vierte Nachtwache
zu ihnen und geht auf dem See, und er
wollte an ihnen vorübergehen.

26 Als aber die Jünger ihn auf dem See
gehen sahen, gerieten sie in Verwirrung,
weil sie meinten, es sei ein Gespenst,
und sie schrien vor Angst.

49 Als sie ihn aber auf dem See gehen
sahen,

meinten sie, es sei ein Gespenst, und
schrien auf. 50 Denn alle sahen ihn
und gerieten in Verwirrung.
Doch sogleich redete er mit ihnen, und
er spricht zu ihnen: Seid getrost,
ich bin es. Fürchtet euch nicht!

27 Sogleich aber redete Jesus mit ihnen: Seid getrost,
ich bin es. Fürchtet euch nicht!
28 Petrus aber entgegnete ihm: Herr,
wenn du es bist, so heiss mich über das
Wasser zu dir kommen! 29 Er aber
sprach: Komm! Da stieg Petrus aus dem
Boot, ging über das Wasser und lief auf
Jesus zu. 30 Als er den Wind spürte,
fürchtete er sich, und als er zu sinken
begann, schrie er: Herr, rette mich!
31 Sogleich aber streckte Jesus seine
Hand aus, hielt ihn fest, und er spricht
zu ihm: Kleingläubiger! Warum hast
du gezweifelt?
32 Und als sie ins Boot stiegen, legte
sich der Wind. 33 Die aber im Boot waren, fielen vor ihm nieder und sagten:
Wahrhaftig, du bist Gottes Sohn!

51 Und er stieg zu ihnen ins Boot, und
der Wind legte sich. Und sie entsetzten
sich sehr.

52 Denn sie waren nicht zur Einsicht
gekommen bei den Broten, sondern ihr
Herz war verstockt.

148   KRANKENHEILUNGEN IN GENNESARET

Matthäus 14,34–36

34 Und sie fuhren über den See

und kamen in Gennesaret ans Land.

Markus 6,53–56

53 Und als sie ans Land hinübergefah-
ren waren,

kamen sie nach Gennesaret und legten
an.

Und es war schon dunkel geworden,
und Jesus war noch nicht zu ihnen gekommen. 18 Und der See wurde aufgewühlt, denn es wehte ein starker
Wind.
19 Als sie nun etwa fünfundzwanzig
bis dreissig Stadien weit gerudert sind,

sehen sie, dass Jesus auf dem See geht
und nahe ans Boot kommt;

und sie fürchteten sich.

20 Er aber spricht zu ihnen:

Ich bin es, fürchtet euch nicht!

21 Da wollten sie ihn ins Boot nehmen,

aber schon war das Boot am Ufer, da,
wo sie hinfahren wollten.

[Lukas]

Johannes 6,22–25

22 Am nächsten Tag – das Volk, das am
anderen Ufer des Sees geblieben war,
hatte gesehen, dass kein anderes Boot
dort war ausser dem einen und dass Je-

35 Und als die Leute an jenem Ort ihn erkannten, schickten sie in die ganze Umgebung, und man brachte alle Kranken zu ihm.

54 Als sie aus dem Boot stiegen, erkannte man ihn sofort. 55 Und sie liefen in der ganzen Gegend umher und fingen an, die Kranken auf den Bahren dorthin zu tragen, wo sie hörten, dass er gerade sei. 56 Und wo er auch hinkam, in Dörfer oder in Städte oder in Gehöfte, legten sie die Kranken auf die Marktplätze,

36 Und sie baten ihn, nur gerade den Saum seines Mantels berühren zu dürfen; und alle, die ihn berührten, wurden gerettet.

und die baten ihn, dass sie auch nur den Saum seines Mantels berühren dürften. Und alle, die ihn berührten, wurden gerettet.

▼ (Nr. 150 — 15,1–20 — S. 147)
4,24–25 (Nr. 50, S. 51)
8,16–17 (Nr. 88, S. 81)
9,20–21 (Nr. 95, S. 89)

▼ (Nr. 150 — 7,1–23 — S. 147)
3,7–12 (Nr. 48, S. 49)
1,32–34 (Nr. 38, S. 41)
5,27–29a (Nr. 138, S. 131)

149   DAS BROT DES LEBENS

[Matthäus]   [Markus]

sus nicht mit seinen Jüngern in das
Boot gestiegen war, sondern dass seine
Jünger allein abgefahren waren 23 –, da
kamen andere Boote von Tiberias in die
Nähe des Ortes, wo sie das Brot gegessen hatten, nachdem der Herr das
Dankgebet gesprochen hatte. 24 Als
nun das Volk sah, dass Jesus nicht dort
war, und auch seine Jünger nicht, stiegen sie selbst in die Boote und fuhren
nach Kafarnaum und suchten Jesus.
25 Und als sie ihn am anderen Ufer des
Sees fanden, sagten sie zu ihm: Rabbi,
wann bist du hierhergekommen?

6,17–19 (Nr. 77, S. 70)
4,40–41 (Nr. 38, S. 41)
8,44 (Nr. 138, S. 131)

[Lukas]

Johannes 6,26–59

26 Jesus entgegnete ihnen: Amen,
amen, ich sage euch, ihr sucht mich
nicht, weil ihr Zeichen gesehen, sondern weil ihr von den Broten gegessen
habt und satt geworden seid. 27 Verschafft euch nicht die Speise, die verdirbt, sondern die Speise, die ins ewige
Leben hinein Bestand hat, die der Menschensohn euch geben wird; denn ihn
hat Gott, der Vater, beglaubigt. 28 Da
sagten sie zu ihm: Was sollen wir tun,
damit wir die Werke Gottes wirken?
29 Jesus antwortete ihnen: Das ist das
Werk Gottes, dass ihr an den glaubt,
den er gesandt hat. 30 Da sagten sie zu
ihm: Was tust denn du als Zeichen, damit wir sehen und dir glauben? Was
wirkst du? 31 Unsere Väter haben das
Manna gegessen in der Wüste, wie geschrieben steht: «Brot vom Himmel
gab er ihnen zu essen.» 32 Da sprach
Jesus zu ihnen: Amen, amen, ich sage
euch, nicht Mose hat euch das Brot
vom Himmel gegeben, sondern mein
Vater gibt euch das wahre Brot vom

Himmel. 33 Denn Gottes Brot ist das,
welches vom Himmel herabkommt
und der Welt Leben gibt. 34 Da sagten
sie zu ihm: Herr, gib uns dieses Brot allezeit! 35 Jesus sprach zu ihnen: Ich bin
das Brot des Lebens. Wer zu mir
kommt, wird nicht mehr Hunger haben, und wer an mich glaubt, wird nie
mehr Durst haben. 36 Aber ich habe
euch gesagt: Ihr habt mich auch gesehen und glaubt nicht. 37 Alles, was der
Vater mir gibt, wird zu mir kommen,
und wer zu mir kommt, den werde ich
nicht hinausstossen, 38 denn ich bin
vom Himmel herabgekommen, nicht
damit ich meinen Willen tue, sondern
den Willen dessen, der mich gesandt
hat. 39 Das aber ist der Wille dessen,
der mich gesandt hat, dass ich nichts
von allem, was er mir gegeben hat, verloren gehen lasse, sondern dass ich es
auferwecke am Jüngsten Tag. 40 Denn
das ist der Wille meines Vaters, dass jeder, der den Sohn sieht und an ihn
glaubt, ewiges Leben habe; und ich
werde ihn auferwecken am Jüngsten
Tag. 41 Da murrten die Juden über ihn,
weil er sagte: Ich bin das Brot, das vom
Himmel herabgekommen ist, 42 und
sie sagten: Ist das nicht Jesus, der Sohn
Josefs, dessen Vater und Mutter wir
kennen? Wie kann er jetzt sagen: Ich
bin vom Himmel herabgekommen?
43 Jesus entgegnete ihnen: Murrt nicht
untereinander! 44 Niemand kann zu
mir kommen, es sei denn, ihn ziehe
der Vater, der mich gesandt hat; und
ich werde ihn auferwecken am Jüngsten Tag. 45 In den Propheten steht geschrieben: Und sie werden «alle von
Gott gelehrt» sein; jeder, der vom Vater
her gehört und gelernt hat, kommt zu
mir. 46 Nicht, dass jemand den Vater
gesehen hätte, ausser dem, der von
Gott her ist; der hat den Vater gesehen.
47 Amen, amen, ich sage euch: Wer
glaubt, hat ewiges Leben. 48 Ich bin das
Brot des Lebens. 49 Eure Väter haben in
der Wüste das Manna gegessen und

13,45b–57a (Nr. 139, S. 133)
26,26–28 (Nr. 311, S. 306)

6,2b–3 (Nr. 139, S. 133)
14,22–24 (Nr. 311, S. 306)

150   VON REINHEIT UND UNREINHEIT

Matthäus 15,1–20   *Markus 7,1–23*

▲ *(Nr. 148 — 14,34–36 — S. 144)*   ▲ *(Nr. 148 — 6,35–56 — S. 144)*
1 Da kamen von Jerusalem Pharisäer   1 Da versammeln sich bei ihm die Pha-
und Schriftgelehrte zu Jesus   risäer und einige der Schriftgelehrten,
                                        die von Jerusalem kamen. 2 Und sie se-
                                        hen, wie einige seiner Jünger mit un-

sind gestorben. 50 Dies ist das Brot, das vom Himmel herabkommt, dass man davon isst und nicht stirbt. 51 Ich bin das lebendige Brot, das vom Himmel herabgekommen ist. Wenn jemand von diesem Brot isst, wird er in Ewigkeit leben; und das Brot, das ich geben werde, ist mein Fleisch, für das Leben der Welt. 52 Da stritten die Juden untereinander und sagten: Wie kann dieser uns sein Fleisch zu essen geben? 53 Da sprach Jesus zu ihnen: Amen, amen, ich sage euch: Wenn ihr nicht das Fleisch des Menschensohnes esst und sein Blut trinkt, habt ihr kein Leben in euch. 54 Wer mein Fleisch isst und mein Blut trinkt, hat ewiges Leben, und ich werde ihn auferwecken am Jüngsten Tag. 55 Denn mein Fleisch ist wahre Speise, und mein Blut ist wahrer Trank. 56 Wer mein Fleisch isst und mein Blut trinkt, bleibt in mir und ich in ihm. 57 Wie mich der lebendige Vater gesandt hat und ich durch den Vater lebe, so wird auch durch mich leben, der mich isst. 58 Dies ist das Brot, das vom Himmel herabgekommen ist. Es ist nicht wie bei den Vätern, die gegessen haben und gestorben sind; wer dieses Brot isst, wird in Ewigkeit leben. 59 Das sagte er in der Synagoge, als er in Kafarnaum lehrte.

▼ (Nr. 157 — 6,60–66 — S. 155)

31: Ps 78,24 / 45: Jes 54,13

4,22 (Nr. 33, S. 36)
22,19–20 (Nr. 311, S. 306)

[Lukas 11,37–41; 6,39]

[Johannes]

11,37–41 (Nr. 194, S. 186)
37 Als er aber noch redete, bat ihn ein Pharisäer, bei ihm zu essen. Da ging er hinein und legte sich zu Tisch. 38 Als der Pharisäer das sah,

und sagten:

2 Warum übertreten deine Jünger die
Überlieferung der Alten? Sie waschen
nämlich die Hände nicht, wenn sie
Brot essen. 3 Da antwortete er ihnen:
Warum übertretet denn ihr das Gebot
Gottes zugunsten eurer Überlieferung?

4 Denn Gott hat gesagt:
«Ehre Vater und Mutter» und: «Wer
Vater oder Mutter verflucht, der sei des
Todes.» 5 Ihr aber sagt: Wer zu Vater
oder Mutter sagt: Dem Tempel soll geweiht sein, was dir von mir zusteht,
6 der braucht seinen Vater nicht zu ehren!
Damit habt ihr das Wort Gottes ausser
Kraft gesetzt zu Gunsten eurer Überlieferung.

7 Heuchler! Trefflich hat Jesaja über
euch geweissagt:
        8 «Dieses Volk ehrt mich mit den
        Lippen,
        ihr Herz aber hält sich fern von mir.
        9 Nichtig ist, wie sie mich verehren;
        was sie an Lehren lehren,
        sind Satzungen von Menschen.»
3b Warum übertretet denn ihr das Gebot
Gottes zugunsten eurer Überlieferung?

---

reinen, das heisst ungewaschenen
Händen ihr Brot essen. 3 Die Pharisäer
nämlich und die Juden überhaupt essen nicht, ohne sich die Hände mit einer Handvoll Wasser zu waschen, um
so an der Überlieferung der Alten fest-
zuhalten; 4 auch wenn sie vom Markt
kommen, essen sie nicht, ohne sie zu
waschen, und vieles andere mehr gibt
es, was zu halten sie übernommen haben: das Abwaschen von Bechern und
Krügen und Kupfergeschirr.
5 Da fragen ihn die Pharisäer und
Schriftgelehrten:
Warum leben deine Jünger nicht nach
der Überlieferung der Alten, sondern
essen ihr Brot mit unreinen Händen?
6 Er aber sprach zu ihnen:
*Das Gebot Gottes lasst ihr ausser Acht und
haltet fest an der Überlieferung der Menschen.*

*9 Und er sprach zu ihnen: Trefflich beseitigt
ihr das Gebot Gottes, um eure Überlieferung
an seine Stelle zu setzen.*

*10 Denn Mose hat gesagt:
Ehre deinen Vater und deine Mutter, und:
Wer Vater oder Mutter verflucht, der sei des
Todes. 11 Ihr aber sagt: Wenn einer zu Vater
oder Mutter spricht: Korban, das heisst:
dem Tempel soll geweiht sein, was dir von
mir zusteht, 12 so lasst ihr zu, dass er nichts
mehr tut für Vater oder Mutter,
13 und setzt damit das Wort Gottes ausser
Kraft durch eure Überlieferung, die ihr weitergegeben habt; und dergleichen tut ihr
vieles.*
6b Trefflich hat Jesaja geweissagt über
euch Heuchler, wie geschrieben steht:
        «Dieses Volk ehrt mich mit den
        Lippen,
        ihr Herz aber hält sich fern von mir.
        7 Nichtig ist, wie sie mich verehren;
        was sie an Lehren lehren,
        sind Satzungen von Menschen.»
8 Das Gebot Gottes lasst ihr ausser Acht
und haltet fest an der Überlieferung
der Menschen. 9 Und er sprach zu ih-

wunderte er sich darüber,

dass er sich vor dem Essen nicht zuerst gewaschen hatte. 39 Da sprach der Herr zu ihm: Nun, ihr Pharisäer, Becher und Schüssel haltet ihr aussen rein, euer Inneres aber ist voller Raub und Bosheit. 40 Ihr Toren! Hat nicht der, welcher das Äussere geschaffen hat, auch das Innere geschaffen? 41 Doch gebt das, was drinnen ist, als Almosen – und siehe, alles ist für euch rein.

nen: Trefflich beseitigt ihr das Gebot Gottes, um eure Überlieferung an seine Stelle zu setzen.

4 Denn Gott hat gesagt: Ehre Vater und Mutter und: Wer Vater oder Mutter verflucht, der sei des Todes. 5 Ihr aber sagt: Wer zu Vater oder Mutter sagt: Dem Tempel soll geweiht sein, was dir von mir zusteht, 6 der braucht seinen Vater nicht zu ehren!

10 Denn Mose hat gesagt: «Ehre deinen Vater und deine Mutter,» und: «Wer Vater oder Mutter verflucht, der sei des Todes.» 11 Ihr aber sagt: Wenn einer zu Vater oder Mutter spricht: Korban, das heisst: dem Tempel soll geweiht sein, was dir von mir zusteht, 12 so lasst ihr zu, dass er nichts mehr tut für Vater oder Mutter, 13 und setzt damit das Wort Gottes ausser Kraft durch eure Überlieferung, die ihr weitergegeben habt; und dergleichen tut ihr vieles.

10 Und er rief die Leute herbei und sprach zu ihnen: Hört und versteht!

14 Und wieder rief er die Leute herbei und sprach zu ihnen: Hört mir alle zu und versteht!

11 Nicht was in den Mund hineinkommt, macht den Menschen unrein,

15 Nichts, was von aussen in den Menschen hineinkommt, kann ihn unrein machen,

sondern was aus dem Mund herauskommt, das macht den Menschen unrein.

sondern was aus dem Menschen herauskommt, das ist es, was den Menschen unrein macht.

12 Da treten seine Jünger herzu und sagen zu ihm: Weisst du, dass die Pharisäer Anstoss nahmen, als sie das Wort hörten? 13 Da antwortete er ihnen: Jede Pflanze, die nicht mein himmlischer Vater gepflanzt hat, wird ausgerissen werden. 14 Lasst sie! Sie sind blinde Führer. Wenn aber ein Blinder einen Blinden führt, werden beide in die Grube fallen. 15 Da nahm Petrus das Wort: Erkläre uns dieses Gleichnis!

17 Und als er in ein Haus hineinging, von der Menge weg,

befragten ihn seine Jünger über das Gleichnis.

16 Er aber sprach: Seid auch ihr immer noch unverständig? 17 Denkt ihr nicht daran, dass alles, was in den Mund hineinkommt,

18 Und er spricht zu ihnen: So seid auch ihr unverständig? Denkt ihr nicht daran, dass alles, was von aussen in den Menschen hineinkommt, ihn nicht unrein machen kann?

in den Bauch geht und in die Grube ausgeschieden wird?

19 Denn es geht nicht ins Herz, sondern in den Bauch hinein, und geht hinaus in die Grube. Damit erklärte er alle Speisen für rein.

18 Was aber aus dem Mund herauskommt, das kommt aus dem Herzen,

20 Er sprach: Was aus dem Menschen herauskommt, das macht den Men-

6,39 (Nr. 81, S. 74)
39 Er sagte ihnen aber auch ein Gleichnis:

Kann etwa ein Blinder einen Blinden führen? Werden sie nicht beide in die Grube fallen?

und das macht den Menschen unrein.
19 Denn aus dem Herzen kommen böse Gedanken, Mord, Ehebruch, Unzucht, Diebstahl, falsches Zeugnis und
Lästerung.

schen unrein. 21 Denn von innen heraus, aus dem Herzen der Menschen,
kommen die bösen Gedanken, Unzucht, Diebstahl, Mord, 22 Ehebruch,
Habgier, Bosheit, List, Ausschweifung,
Missgunst, Lästerung, Hochmut, Unverstand.

20 Das ist es,
was den Menschen unrein macht; aber
mit ungewaschenen Händen zu essen
macht den Menschen nicht unrein.

23 All dies Böse kommt von innen heraus und macht den Menschen unrein.

4: Ex 20,12; Dtn 5,16 · Ex 21,17; Lev 20,9 / 8–9: Jes 29,13

6–7: Jes 29,13 / 10: Ex 20,12; Dtn 5,16 · Ex 21,17; Lev 20,9

15: Viele Handschriften fügen hier (wohl aus 4,23)
ein: «16 Wenn einer Ohren hat zu hören, so höre
er!»

23,16 (Nr. 284, S. 274)
23,24 (Nr. 284, S. 274)

ThEv 14: Jesus sagte zu ihnen: Wenn ihr fastet, werdet ihr euch eine Sünde
zuschreiben; und wenn ihr betet, werdet ihr verdammt werden; und wenn
ihr Almosen gebt, werdet ihr Böses an eurem Pneuma tun. Und wenn ihr in
irgendein Land eintreten werdet und in den Gebieten wandert, wenn man
euch empfängt, dann esst, was euch vorgesetzt wird; heilt die unter ihnen,
die krank sind. Denn das, was in euren Mund hineingeht, wird euch nicht
beflecken; aber das, was euren Mund verlässt, das ist es, was euch beflecken
wird.
ThEv 34: Jesus sagte: Wenn ein Blinder einen Blinden führt, fallen sie beide
hinunter in eine Grube.
ThEv 40: Jesus sagte: Ein Weinstock ist gepflanzt worden ausserhalb des
Vaters; und da er nicht befestigt ist, wird er ausgerissen werden mit seiner
Wurzel, (und) er wird verderben.

151   DIE KANAANÄISCHE
        (SYROPHÖNIZISCHE) FRAU

Matthäus 15,21–28

21 Und Jesus ging von dort weg und
zog sich in die Gegend von Tyrus und
Sidon zurück.

22 Und siehe, da kam eine kanaanäische Frau aus jenem Gebiet und schrie:
Erbarme dich meiner, Herr, Sohn Davids! Meine Tochter wird von einem
Dämon furchtbar gequält. 23 Er aber
antwortete ihr mit keinem Wort. Da
traten seine Jünger herzu und baten
ihn: Befreie sie, denn sie schreit hinter
uns her! 24 Er aber antwortete: Ich bin

Markus 7,24–30

24 Von dort aber brach er auf und begab sich in das Gebiet von Tyrus.

Und er ging in ein Haus hinein und
wollte, dass niemand es erfahre; doch
er konnte nicht verborgen bleiben.
25 Sondern sogleich hörte eine Frau
von ihm, deren Töchterchen einen unreinen Geist hatte.

[Lukas]

[Johannes]

nur zu den verlorenen Schafen des Hauses Israel gesandt.	
25 Doch sie kam, fiel vor ihm nieder	Die kam und warf sich ihm zu Füssen.
und sagte: Herr, hilf mir!	26 Die Frau aber war Griechin, von Geburt Syrophönizierin. Und sie bat ihn, den Dämon aus ihrer Tochter auszutreiben.
26 Er aber antwortete:	27 Da sprach er zu ihr: Lass zuerst die Kinder satt werden,
Es ist nicht recht, den Kindern das Brot wegzunehmen und es den Hunden vorzuwerfen.	denn es ist nicht recht, den Kindern das Brot wegzunehmen und es den Hunden vorzuwerfen.
27 Sie aber sprach: Gewiss, Herr, denn die Hunde fressen von den Brosamen, die vom Tisch ihrer Herren fallen!	28 Sie aber entgegnete ihm: Und die Hunde unter dem Tisch, Herr, fressen von den Brosamen der Kinder.
28 Darauf antwortete ihr Jesus: Frau, dein Glaube ist gross! Dir geschehe, wie du willst. Und von jener Stunde an war ihre Tochter geheilt.	29 Und er sprach zu ihr: Um dieses Wortes willen geh hin, der Dämon ist aus deiner Tochter ausgefahren. 30 Da ging sie nach Hause und fand das Kind auf dem Bett liegen, und der Dämon war ausgefahren.

10,6 (Nr. 99, S. 93)
8,13 (Nr. 85, S. 78)

---

152   HEILUNG EINES TAUBSTUMMEN
                (VIELER KRANKER)

Matthäus 15,29–31	*Markus 7,31–37*
29 Und Jesus ging von dort weg und kam an den See von Galiläa; und er stieg auf den Berg und setzte sich dort. 30 Da kam viel Volk zu ihm; das hatte Lahme, Blinde, Krüppel, Stumme und viele andere Kranke bei sich und legte sie zu seinen Füssen,	31 Und wieder kam er, als er das Gebiet von Tyrus verlassen hatte, durch Sidon an den See von Galiläa mitten hinein in das Gebiet der Dekapolis. 32 Da bringen sie einen Taubstummen zu ihm und bitten ihn, ihm die Hand aufzulegen. 33 Und er nahm ihn beiseite, weg von der Menge, legte die Finger in seine Ohren und berührte seine Zunge mit Speichel, 34 blickte auf zum Himmel und seufzte, und er spricht zu ihm: Effata!, das heisst: Tu dich auf!
und er heilte sie,	35 Und seine Ohren wurden aufgetan,

_____
_____
_____
_____
_____
_____
_____
_____
_____
_____
_____
_____
_____
_____
_____
_____
_____
_____
_____
_____

7,10 (Nr. 85, S. 78)

[Markus 8,22–26]   [Johannes]
(Nr.156, S. 155)

22 Und sie kommen nach Betsaida.

Da bringen sie
einen Blinden zu ihm
und bitten ihn, er möge ihn berühren.
23 Und er nahm den Blinden bei der Hand,
führte ihn hinaus vors Dorf, spuckte in seine Augen und legte ihm die Hände auf und
fragte ihn: Siehst du etwas? 24 Der blickte
auf und sprach: Ich sehe die Menschen, wie
Bäume sehe ich sie umhergehen. 25 Da legte
er ihm noch einmal die Hände auf die Augen. Und er sah klar und war wiederherge-

| | und das Band seiner Zunge löste sich, und er konnte richtig reden. 36 Und er befahl ihnen, niemandem etwas zu sagen; doch wie sehr er es ihnen auch befahl, um so mehr taten sie es kund. |

31 so dass die Menge staunte, als sie sah, wie Stumme redeten, Krüppel gesund wurden, Lahme gingen und Blinde sahen; und sie priesen den Gott Israels.

37 Und sie gerieten ausser sich, über die Massen, und sagten: Gut hat er alles gemacht, die Tauben macht er hören und die Stummen reden.

153   SPEISUNG DER VIERTAUSEND
(vgl. Nr. 146)

Matthäus 15,32–39

Markus 8,1–10

1 In jenen Tagen, als wieder viel Volk da ist und sie nichts zu essen haben,

32 Jesus aber rief seine Jünger herbei und sprach:
Ich habe Mitleid mit dem Volk, denn drei Tage sind sie schon bei mir und haben nichts zu essen. Ich will sie nicht hungrig gehen lassen, damit sie unterwegs nicht zusammenbrechen.

ruft er die Jünger herbei und spricht zu ihnen:
2 Ich habe Mitleid mit dem Volk, denn drei Tage sind sie schon bei mir und haben nichts zu essen. 3 Und wenn ich sie hungrig nach Hause gehen lasse, werden sie unterwegs zusammenbrechen; einige von ihnen sind ja von weit her gekommen.

33 Da sagen die Jünger zu ihm: Woher sollen wir in dieser Einöde so viele Brote nehmen, um eine so grosse Menge zu sättigen? 34 Und Jesus fragte sie: Wie viele Brote habt ihr? Sie antworteten: Sieben und ein paar Fische.
35 Da forderte er die Menge auf, sich auf den Boden zu setzen, 36 nahm die sieben Brote und die Fische, sprach das Dankgebet, brach sie und gab sie den Jüngern, und die Jünger gaben sie den Leuten.

4 Und seine Jünger antworteten ihm: Wie soll einer diese Leute mit Brot sättigen können hier in der Einöde?
5 Und er fragte sie:
Wie viele Brote habt ihr? Sie sagten: Sieben.
6 Da fordert er die Menge auf, sich auf den Boden zu setzen. Und er nahm die sieben Brote, sprach das Dankgebet, brach sie und gab sie seinen Jüngern zum Austeilen, und die verteilten sie unter die Menge. 7 Sie hatten auch ein paar Fische, und er sprach den Lobpreis über sie und liess auch diese verteilen.

37 Und alle assen und wurden satt. Und sie sammelten die übrig gebliebenen Brocken ein, sieben Körbe voll.
38 Es waren aber viertausend Männer, die gegessen hatten, Frauen und Kinder ausgenommen. 39 Dann entliess er

8 Und sie assen und wurden satt. Und sie sammelten die übrig gebliebenen Brocken ein, sieben Körbe voll 9 – es waren aber an die Viertausend.

Dann entliess er sie. 10 Gleich darauf

stellt und sah alles deutlich.
26 Und er schickte ihn nach Hause und
sprach: Geh aber nicht ins Dorf hinein!

[Lukas]

[Johannes]

| die Leute, stieg in das Boot und kam in die Gegend von Magadan. | stieg er mit seinen Jüngern ins Boot und kam in das Gebiet von Dalmanuta. |

14,13–21 (Nr. 146, S. 142)

16,5–12 (Nr. 155, S. 154)

6,32–44 (Nr. 146, S. 142)

8,14–21 (Nr. 155, S. 154)

154   VERWEIGERUNG EINES ZEICHENS

(vgl. Nr. 119 . 191)

Matthäus 16,1–4   [Matthäus 12,38–39]

(Nr. 119, S. 115)

| 1 Da traten die Pharisäer und Sadduzäer herzu. Um ihn zu versuchen, baten sie ihn, ihnen ein Zeichen vom Himmel vorzuweisen. | 38 Dann antworteten ihm einige von den Schriftgelehrten und Pharisäern: Meister, wir wollen von dir ein Zeichen sehen! |

| 2 Er aber antwortete ihnen: {Am Abend sagt ihr: Das Wetter wird schön, denn der Himmel ist rot. 3 Und am Morgen: Heute wird es regnen, denn der Himmel ist rot und trüb. | 39 Er aber entgegnete ihnen: |

| Das Aussehen des Himmels wisst ihr zu deuten, die Zeichen der Zeit aber versteht ihr nicht.} | |

| 4 Ein böses und ehebrecherisches Geschlecht fordert ein Zeichen, und ihm wird kein Zeichen gegeben werden, ausser dem Zeichen des Jona. | Ein böses und ehebrecherisches Geschlecht fordert ein Zeichen, und ihm wird kein Zeichen gegeben werden, ausser dem Zeichen des Propheten Jona. |

| Und er liess sie stehen und ging. | |

ThEv 91: Sie sagten zu ihm: Sage uns, wer du bist, damit wir an dich glauben. Er sagte zu ihnen: Ihr erkundet (prüft?) das Gesicht des Himmels und der Erde, und den, der vor euch ist, habt ihr nicht erkannt, und diesen Augenblick wisst ihr nicht zu erkunden (prüfen?).

9,10b–17 (Nr. 146, S. 142)

6,1–15 (Nr. 146, S. 142)

Markus 8,11–13

[Lukas 11,16; 12,54–56; 11,29]

11,16 (Nr. 188, S. 182)

11 Und die Pharisäer gingen hinaus und begannen mit ihm zu streiten; sie forderten von ihm ein Zeichen vom Himmel, um ihn zu versuchen.

16 Andere

forderten von ihm ein Zeichen vom Himmel, um ihn zu versuchen.

12,54–56 (Nr. 205, S. 198)

12 Da seufzt er in seinem Geist auf und spricht:

54 Und zu den Leuten sprach er: Wenn ihr eine Wolke im Westen aufsteigen seht, sagt ihr sogleich: Es kommt Regen, und so geschieht es. 55 Und wenn ihr spürt, dass der Südwind weht, sagt ihr: Es wird Gluthitze geben, und es geschieht. 56 Heuchler, das Aussehen der Erde und des Himmels wisst ihr einzuschätzen; wie kommt es dann, dass ihr diese Stunde nicht einzuschätzen wisst?

11,29 (Nr. 191, S. 184)

29 Als aber noch mehr Leute dazukamen, fing er an zu sprechen:

Was fordert dieses Geschlecht ein Zeichen! Amen, ich sage euch: Diesem Geschlecht wird gewiss kein Zeichen gegeben werden.

Dieses Geschlecht ist ein böses Geschlecht! Es fordert ein Zeichen, und ihm wird kein Zeichen gegeben werden, ausser dem Zeichen des Jona.

13 Und er liess sie stehen, stieg wieder ins Boot und fuhr ans andere Ufer.

155   DAS UNVERSTÄNDNIS DER JÜNGER
                        (vgl. Nr. 195)

Matthäus 16,5–12   *Markus 8,14–21*

5 Und die Jünger kamen ans andere
Ufer.
Sie hatten aber vergessen, Brot mitzu-   14 Und sie hatten vergessen, Brot mit-
nehmen.   zunehmen; nur ein einziges Brot hat-
                                               ten sie bei sich im Boot.
6 Da sagte Jesus zu ihnen: Seht zu und   15 Und er befahl ihnen: Seht zu, hütet
hütet euch vor dem Sauerteig der Pha-   euch vor dem Sauerteig der Pharisäer
risäer und Sadduzäer!   und vor dem Sauerteig des Herodes!

7 Sie aber dachten sich: Wir haben kein   16 Und sie redeten untereinander da-
Brot mitgenommen. 8 Als Jesus das   von, dass sie kein Brot hatten. 17 Und
merkte, sprach er: Was macht ihr euch   als er es merkt, spricht er zu ihnen:
Gedanken darüber, dass ihr kein Brot   Was redet ihr davon, dass ihr kein Brot
habt, Kleingläubige?   habt?
9 Begreift ihr noch nicht?   Begreift ihr noch nicht und versteht ihr
                                               nicht? Ist euer Herz verstockt? 18 «Au-
                                               gen habt ihr und seht nicht, und Ohren
                                               habt ihr und hört nicht?»
Erinnert ihr euch nicht   Und erinnert ihr euch nicht:
an die fünf Brote für die Fünftausend   19 Als ich die fünf Brote für die Fünf-
und wie viele Körbe voll ihr eingesam-   tausend brach, wie viele Körbe voll
melt habt?   Brocken ihr eingesammelt habt? Sie sa-
                                               gen zu ihm: Zwölf.
10 Auch nicht an die sieben Brote für   20 Und bei den sieben für die Viertau-
die Viertausend und wie viele Körbe   send, wie viele Körbe voll Brocken ihr
voll ihr eingesammelt habt?   eingesammelt habt? Und sie sagen: Sie-
                                               ben.
                                               21 Und er sprach zu ihnen:
11 Warum begreift ihr nicht,   Versteht ihr immer noch nicht?
dass ich nicht von Broten zu euch ge-
sprochen habe? Hütet euch vor dem
Sauerteig der Pharisäer und der Sadduzäer! 12 Da verstanden sie, dass er nicht
gemeint hatte, sie sollten sich vor dem
Sauerteig für das Brot hüten, sondern

[Lukas 12,1]

[Johannes]

(Nr. 195, S. 189)

1 Als sich unterdessen eine Menge von Tausenden versammelt hatte, so dass sie einander fast niedertraten,

begann er und sprach zu seinen Jüngern: Vor allem hütet euch vor dem Sauerteig der Pharisäer, das ist die Heuchelei!

vor der Lehre der Pharisäer und der
Sadduzäer.

▼ (Nr. 158 — 16,13–20 — S. 156)

18: Jer 5,21

---

156   HEILUNG EINES BLINDEN

[Matthäus]   Markus 8,22–26

22 Und sie kommen nach Betsaida. Da
bringen sie einen Blinden zu ihm und
bitten ihn, er möge ihn berühren.
23 Und er nahm den Blinden bei der
Hand, führte ihn hinaus vors Dorf,
spuckte in seine Augen und legte ihm
die Hände auf und fragte ihn: Siehst du
etwas? 24 Der blickte auf und sprach:
Ich sehe die Menschen, wie Bäume sehe ich sie umhergehen. 25 Da legte er
ihm noch einmal die Hände auf die Augen. Und er sah klar und war wiederhergestellt und sah alles deutlich.
26 Und er schickte ihn nach Hause und
sprach: Geh aber nicht ins Dorf hinein!

▼ (Nr. 158 — 8,27–30 — S. 156)

IX   *Der Weg zur Passion*

157   SPALTUNG UNTER DEN JÜNGERN

[Matthäus]   [Markus]

[Lukas]

[Johannes 9,1–7]
(Nr. 248, S. 232)

1 Und im Vorübergehen sah er einen Menschen, der von Geburt an blind war. 2 Und seine Jünger fragten ihn: Rabbi, wer hat gesündigt, dieser oder seine Eltern, dass er blind geboren wurde? 3 Jesus antwortete: Weder der hat gesündigt noch seine Eltern, sondern die Werke Gottes sollen an ihm offenbar werden. 4 Wir müssen die Werke dessen wirken, der mich gesandt hat, solange es Tag ist. Es kommt die Nacht, da niemand wirken kann. 5 Solange ich in der Welt bin, bin ich das Licht der Welt. 6 Als er das gesagt hatte, spuckte er auf die Erde und machte einen Brei aus dem Speichel und strich ihm den Brei auf die Augen 7 und sprach zu ihm: Geh, wasche dich im Teich Siloah – das heisst übersetzt: der Gesandte. Und er ging und wusch sich und kam sehend zurück.

[Lukas]

Johannes 6,60–66

▲ (Nr. 149 — 6,26–59 — S. 145)
60 Viele von seinen Jüngern nun hörten das und sagten: Dieses Wort ist hart, wer kann es hören? 61 Weil aber Jesus in seinem Innern wusste, dass seine Jünger darüber murrten, sprach er zu ihnen: Daran nehmt ihr Anstoss? 62 Was aber, wenn ihr den Menschen-

_____   _____
_____   _____
_____   _____
_____   _____
_____   _____
_____   _____
_____   _____
_____   _____
_____   _____
_____   _____
_____   _____
_____   _____
_____   _____
_____   _____
_____   _____

158   BEKENNTNIS DES PETRUS

Matthäus 16,13–20   *Markus 8,27–30*

▲ *(Nr. 155 — 16,5–12 — S. 154)*   ▲ *(Nr. 156 — 8,22–26 — S. 155)*
13 Als Jesus   27 Und Jesus und seine Jünger zogen
in die Gegend von Cäsarea Philippi   hinaus in die Dörfer bei Cäsarea Philip-
kam, fragte er seine Jünger: Für wen   pi. Unterwegs fragte er seine Jünger:
halten die Leute den Menschensohn?   Für wen halten mich die Leute?
14 Sie antworteten: Die einen für Jo-   28 Sie aber sagten zu ihm: Für Johan-
hannes den Täufer, andere für Elia, wie- nes den Täufer, andere für Elia, wieder
der andere für Jeremia oder sonst ei-   andere aber für einen der Propheten.
nen der Propheten.
15 Er fragt sie: Ihr aber, für wen haltet 29 Da fragte er sie: Ihr aber, für wen
ihr mich? 16 Da entgegnete Simon Pet-   haltet ihr mich? Petrus antwortet ihm:
rus:

_____   _____
_____   _____

Du bist der Christus, der Sohn des le-   Du bist der Christus!
bendigen Gottes!
17 Da entgegnete ihm Jesus: Selig bist   _____
du, Simon Barjona, denn nicht Fleisch   _____
und Blut hat dir das offenbart, sondern   _____
mein Vater im Himmel. 18 Und ich sa-   _____
ge dir: Du bist Petrus, und auf diesem   _____
Fels werde ich meine Kirche bauen,   _____
                    _____

sohn hinaufgehen seht, dorthin, wo er vorher war? 63 Der Geist ist es, der lebendig macht, das Fleisch vermag nichts. Die Worte, die ich zu euch geredet habe, sind Geist und sind Leben. 64 Aber es sind einige unter euch, die nicht glauben. Jesus wusste nämlich von Anfang an, wer die sind, die nicht glauben, und wer der ist, der ihn verraten sollte. 65 Und er sprach: Darum habe ich euch gesagt: Niemand kann zu mir kommen, wenn es ihm nicht vom Vater gegeben ist. 66 Von da an zogen sich viele seiner Jünger zurück und gingen nicht länger mit ihm.

Lukas 9,18–21

▲ (Nr. 146 — 9,10b–17 — S. 142)
18 Und es geschah, als er allein betete, da waren seine Jünger bei ihm, und er fragte sie: Für wen halten mich die Leute?
19 Sie aber antworteten: Für Johannes den Täufer, andere für Elia, wieder andere meinen, einer der alten Propheten sei auferstanden.
20 Da sprach er zu ihnen: Ihr aber, für wen haltet ihr mich? Da antwortete Petrus:

Für den Gesalbten Gottes.

Johannes 6,67–71

[6,66; 20,22–23]

6,66 . 67–69
66 Von da an zogen sich viele seiner Jünger zurück und gingen nicht länger mit ihm.

67 Da sprach Jesus zu den Zwölf: Wollt etwa auch ihr weggehen? 68 Simon Petrus antwortete ihm: Herr, zu wem sollten wir gehen? Du hast Worte ewigen Lebens, 69 und wir sind zum Glauben gekommen und haben erkannt, dass du der Heilige Gottes bist.

und die Tore des Totenreichs werden
sie nicht überwältigen. 19 Ich werde dir
die Schlüssel des Himmelreichs geben,
und was du auf Erden bindest, wird
auch im Himmel gebunden sein, und
was du auf Erden lösest, wird auch im
Himmel gelöst sein.

20 Dann befahl er den Jüngern,   30 Da herrschte er sie an,

niemandem zu sagen, dass er der dass sie niemandem etwas über ihn sa-
Christus sei.   gen sollten.

14,1–2 (Nr. 143, S. 139)   6,14–16 (Nr. 143, S. 139)
10,2a (Nr. 99, S. 93)   3,16 (Nr. 49, S. 50)
18,18 (Nr. 170, S. 168)

> ThEv 13: Jesus sagte zu seinen Jüngern: Vergleicht mich, sagt mir, wem ich
> gleiche. Simon Petrus sagte zu ihm: Du gleichst einem gerechten Engel.
> Matthäus sagte zu ihm: Du gleichst einem weisen Philosophen. Thomas
> sagte zu ihm: Meister, mein Mund wird es absolut nicht zulassen, dass ich
> sage, wem du gleichst. Jesus sagte: Ich bin nicht dein Meister, denn du hast
> dich berauscht an der sprudelnden Quelle, die ich hervorströmen liess (?).
> Und er nahm ihn (und) zog sich zurück (und) sagte ihm drei Worte. Als
> Thomas aber zu seinen Gefährten zurückgekehrt war, fragten sie ihn: Was
> hat dir Jesus gesagt? Thomas sagte zu ihnen: Wenn ich euch eines der Wor-
> te sage, die er mir gesagt hat, werdet ihr Steine nehmen (und) sie gegen
> mich werfen, und ein Feuer wird aus den Steinen hervorkommen (und)
> euch verbrennen.

159   ERSTE LEIDENSANSAGE
(vgl. Nr. 164 . 262)

Matthäus 16,21–23   *Markus 8,31–33*

21 Von da an begann Jesus seine Jünger 31 Und er begann sie zu lehren:
darauf hinzuweisen, er müsse nach Je- Der Menschensohn muss vieles erlei-
rusalem gehen und von den Ältesten den und von den Ältesten und den Ho-
und Hohepriestern und Schriftgelehr- hepriestern und den Schriftgelehrten
ten vieles erleiden und getötet und am verworfen werden und getötet werden
dritten Tag auferweckt werden. und nach drei Tagen auferstehen.
           32 Und er sprach das Wort offen aus.
22 Da nahm ihn Petrus beiseite und Da nahm ihn Petrus beiseite und fing
fing an, ihn zu beschwören: Gnade dir, an, ihn anzuherrschen.

20,22–23 (Nr. 356, S. 352)
22 Und nachdem er dies gesagt hatte,
hauchte er sie an, und er spricht zu ihnen:
Empfangt heiligen Geist! 23 Denen ihr die
Sünden vergebt, ihnen sie vergeben;
denen ihr sie festhaltet, ihnen sind sie festgehalten.

6,70–71

21 Da herrschte er sie an und gebot ihnen,
dies niemandem zu sagen,

70 Jesus antwortete ihnen:

Habe ich nicht euch, die Zwölf, erwählt? Und einer von euch ist ein Teufel. 71 Er redete aber von Judas, dem
Sohn des Simon Iskariot. Denn dieser
sollte ihn verraten, einer von den
Zwölf.

▼ (Nr. 238 — 7,1–9 — S. 223)

9,7–9 (Nr. 143, S. 139)
6,13b–14a (Nr. 49, S. 50)

1,40–42 (Nr. 21, S. 24)

Lukas 9,22

[Johannes]

22 und sprach:
Der Menschensohn muss vieles erleiden und von den Ältesten und Hohepriestern und Schriftgelehrten verworfen werden und getötet und am dritten
Tag auferweckt werden.

Herr! Niemals soll dir das geschehen!
23 Er aber wandte sich um und sprach
zu Petrus:
Fort mit dir, Satan, hinter mich! Du
bist mir ein Ärgernis,
denn nicht Göttliches, sondern
Menschliches hast du im Sinn.

33 Er aber wandte sich um, blickte auf
seine Jünger und herrschte Petrus an:
Fort mit dir, Satan, hinter mich!

Denn nicht Göttliches, sondern
Menschliches hast du im Sinn.

17,22–23 (Nr. 164, S. 163)
20,17–19 (Nr. 262, S. 249)

9,30–32 (Nr. 164, S. 163)
10,32–34 (Nr. 262, S. 249)

160　　　　　NACHFOLGE UND LEBENSGEWINN

Matthäus 16,24–28　　　　　　*Markus 8,34–9,1*

24 Darauf sagte Jesus zu seinen Jüngern:
Wenn einer hinter mir hergehen will,

34 Und er rief die Menge samt seinen
Jüngern herbei und sprach zu ihnen:
Wenn einer mir nachfolgen will, hin-
ter mir her,

verleugne er sich, nehme sein Kreuz
auf sich und folge mir nach.

verleugne er sich, nehme sein Kreuz
auf sich und folge mir nach.

25 Denn wer sein Leben retten will,
wird es verlieren; wer aber sein Leben
um meinetwillen verliert,

35 Denn wer sein Leben retten will,
wird es verlieren; wer aber sein Leben
verliert um meinetwillen und um des
Evangeliums willen,

wird es finden.
26 Denn was hilft es dem Menschen,
wenn er die ganze Welt gewinnt, aber
Schaden nimmt an seinem Leben?

wird es retten.
36 Denn was hilft es einem Menschen,
die ganze Welt zu gewinnen und Schaden zu nehmen an seinem Leben?

Oder was will ein Mensch geben als
Gegenwert für sein Leben?

37 Denn was gäbe ein Mensch als Gegenwert für sein Leben?
38 Denn wer sich meiner und meiner
Worte schämt in diesem ehebrecheri-
schen und sündigen Geschlecht,
dessen wird sich auch der Menschensohn schämen, wenn er kommt

27 Denn der Menschensohn wird kommen
in der Herrlichkeit seines Vaters mit
seinen Engeln, und dann wird er jedem
vergelten nach seinem Tun.

in der Herrlichkeit seines Vaters mit
den heiligen Engeln.

17,25 (Nr. 235, S. 219)
24,6b–7 (Nr. 352, S. 352)
24,44–46 (Nr. 365, S. 359)
9,43b–45 (Nr. 164, S. 163)
18,31–34 (Nr. 262, S. 249)

Lukas 9,23–27

23 Zu allen aber sprach er:

Wenn einer hinter mir hergehen will,

verleugne er sich, nehme sein Kreuz
auf sich, Tag für Tag, und folge mir
nach.
24 Denn wer sein Leben retten will,
wird es verlieren; wer aber sein Leben
um meinetwillen verliert,

der wird es retten.
25 Denn was hilft es dem Menschen,
wenn er die ganze Welt gewinnt, sich
selbst aber zu Grunde richtet oder zu
Schaden kommt?

26 Denn wer sich meiner und meiner
Worte schämt,

dessen wird sich auch der Menschensohn schämen, wenn er kommt in seiner Herrlichkeit und
in der Herrlichkeit des Vaters und der
heiligen Engel.

[Johannes 12,25]
[8,51–52]

12,25 (Nr. 302, S. 295)
25 Wer sein Leben liebt,
der verliert es;
und wer sein Leben in dieser Welt
hasst,
wird es bewahren ins ewige Leben.

28 Amen, ich sage euch:

Einige von denen, die hier stehen, werden den Tod nicht schmecken, bis sie
den Menschensohn kommen sehen in
seinem Reich.

9,1 Und er sprach zu ihnen: Amen, ich
sage euch:
Einige von denen, die hier stehen, werden den Tod nicht schmecken, bis sie
das Reich Gottes sehen,

wenn es gekommen ist mit Macht.

10,38 (Nr. 103, S. 99)
10,39 (Nr. 103, S. 99)
10,33 (Nr. 101, S. 98)

2.Tim 2,12: Wenn wir ausharren, werden wir auch mitherrschen; wenn wir
verleugnen, wird auch er uns verleugnen.
ThEv 55: Jesus sagte: Wer seinen Vater und seine Mutter nicht hasst, kann
nicht mein Jünger werden. Und (wer nicht) seine Brüder und seine
Schwestern hasst (und) wer (nicht) sein Kreuz trägt wie ich, wird meiner
nicht würdig sein.
ThEv 67: Jesus sagte: Wer das All erkennt, sich selbst (aber) verfehlt, der
verfehlt das All.

161   DIE VERKLÄRUNG JESU

Matthäus 17,1–9   *Markus 9,2–10*

1 Und nach sechs Tagen nimmt Jesus
den Petrus, Jakobus und dessen Bruder
Johannes mit und führt sie abseits auf
einen hohen Berg.
2 Da wurde er vor ihren Augen verwan-
delt, und sein Angesicht strahlte wie
die Sonne,
und seine Kleider wurden weiss wie
das Licht.

2 Und nach sechs Tagen nimmt Jesus
den Petrus, den Jakobus und den Johannes mit und führt sie auf einen hohen
Berg, sie allein.
Da wurde er vor ihren Augen verwan-
delt,

3 und seine Kleider wurden glänzend,
ganz weiss, wie kein Färber auf Erden
sie weiss machen kann.

3 Und siehe, da erschienen ihnen Mose
und Elia, wie sie mit ihm redeten.

4 Und es erschien ihnen Elia mit Mose,
und sie redeten mit Jesus.

8,51–52 (Nr. 247, S. 231)

27 Ich sage euch aber der Wahrheit gemäss:
Einige von denen, die hier stehen, werden den Tod nicht schmecken, bis sie das Reich Gottes sehen.

51 Amen, amen, ich sage euch: Wenn jemand mein Wort bewahrt, wird er in Ewigkeit den Tod nicht schauen. 52 Da sprachen die Juden zu ihm: Jetzt haben wir erkannt, dass du einen Dämon hast. Abraham ist gestorben, und auch die Propheten, und du sagst: Wenn jemand mein Wort bewahrt, wird er den Tod in Ewigkeit nicht schmecken.

14,27 (Nr. 217, S. 207)
17,33 (Nr. 235, S. 219)
12,9 (Nr. 196, S. 190)

21,20–23 (Nr. 367, S. 361)

Lukas 9,28–36
[9,37]

[Johannes 12,28–30]
(Nr. 302, S. 295)

28 Etwa acht Tage nach diesen Reden geschah es, dass er Petrus, Johannes und Jakobus mit sich nahm und auf einen Berg stieg, um zu beten.
29 Und es geschah, während er betete, da veränderte sich das Aussehen seines Gesichtes,
und sein Gewand leuchtete weiss.

30 Und siehe, zwei Männer redeten mit ihm; es waren Mose und Elia. 31 Sie erschienen im Lichtglanz, und sie sprachen von seinem Sterben, das er in Jerusalem vollenden sollte. 32 Petrus aber und die mit ihm waren, wurden vom Schlaf überwältigt. Als sie aber aufwachten, sahen sie seinen Lichtglanz und die zwei Männer, die bei ihm stan-

4 Da ergriff Petrus das Wort und sagte zu Jesus: Herr, es ist gut, dass wir hier sind. Wenn du willst, werde ich hier drei Hütten bauen, eine für dich, eine für Mose und eine für Elia.	5 Da ergreift Petrus das Wort und sagt zu Jesus: Rabbi, es ist gut, dass wir hier sind. Wir wollen drei Hütten bauen, eine für dich, eine für Mose und eine für Elia. 6 Er wusste nämlich nicht, was er sagen sollte, denn sie waren in Furcht geraten.
5 Noch während er redete, siehe, da warf eine lichte Wolke ihren Schatten auf sie,	7 Da kam eine Wolke und warf ihren Schatten auf sie,
und siehe, eine Stimme sprach aus der Wolke: Dies ist mein geliebter Sohn, an dem ich Wohlgefallen habe. Auf ihn sollt ihr hören! 6 Und als die Jünger das hörten, fielen sie auf ihr Angesicht und fürchteten sich sehr. 7 Da trat Jesus herzu, rührte sie an und sprach: Steht auf und fürchtet euch nicht! 8 Als sie ihre Augen aufhoben,	und aus der Wolke kam eine Stimme: Dies ist mein geliebter Sohn. Auf ihn sollt ihr hören! 8 Und plötzlich, als sie um sich blickten,
sahen sie niemanden ausser Jesus allein.	sahen sie niemanden mehr bei sich ausser Jesus allein.
9 Während sie vom Berg hinabstiegen, gebot ihnen Jesus: Sagt niemandem, was ihr gesehen habt, bis der Menschensohn von den Toten auferweckt worden ist.	9 Während sie vom Berg hinabstiegen, befahl er ihnen, niemandem zu erzählen, was sie gesehen hatten, bis der Menschensohn von den Toten auferstanden sei. 10 Und sie griffen dieses Wort auf und stritten miteinander, was das bedeute: von den Toten auferstehen.
3,17 (Nr. 18, S. 19)	1,11 (Nr. 18, S. 19)

2.Petr 1,16–18: 16 Denn nicht indem wir klug ersonnenen Fabeln gefolgt sind, haben wir euch die Macht und Wiederkunft unsres Herrn Jesus Christus kundgetan, sondern weil wir Augenzeugen seiner Majestät geworden sind. 17 Denn da er von Gott, dem Vater, Ehre und Herrlichkeit empfing, als an ihn eine solche Stimme von der hocherhabenen Herrlichkeit erging: «Dies ist mein geliebter Sohn, an dem ich Wohlgefallen

den. 33 Und es geschah, als diese sich
von ihm trennen wollten,
da sagte Petrus zu Jesus:

Meister, es ist gut, dass wir hier sind.
Wir wollen drei Hütten bauen, eine für
dich, eine für Mose und eine für Elia; er
wusste aber nicht, was er sagte.

34 Während er aber dies sagte,
kam eine Wolke und warf ihren Schatten auf sie. Sie fürchteten sich aber, als
sie in die Wolke hineingerieten.
35 Und aus der Wolke kam eine Stimme und sprach:
Dies ist mein auserwählter Sohn.

Auf ihn sollt ihr hören!

36 Und während die Stimme sprach,

fand es sich, dass Jesus allein war.
Und sie schwiegen und erzählten in jenen Tagen niemandem etwas von dem,
was sie gesehen hatten.
▼ *(Nr. 163 — 9,37–43a — S. 161)*
9,37 (Nr. 163, S. 161)
37 *Es geschah aber, als sie am nächsten Tag
von dem Berg hinabstiegen, da kam ihm eine grosse Menge entgegen.*

3,22b (Nr. 18, S. 19)

*28 Vater, verherrliche deinen Namen. Da
kam eine Stimme vom Himmel: Ich habe
verherrlicht und werde wieder verherrlichen. 29 Das Volk nun, das dabeistand und
es hörte, sagte, es habe gedonnert. Andere
sagten: Ein Engel hat zu ihm geredet. 30 Jesus entgegnete: Nicht um meinetwillen ist
diese Stimme ergangen, sondern um euretwillen.*

gefunden habe» – 18 und diese Stimme haben wir vom Himmel kommen hören, als wir mit ihm auf dem heiligen Berg waren.

162   VON DER WIEDERKUNFT DES ELIAS

Matthäus 17,10–13

10 Da fragten ihn die Jünger: Warum sagen denn die Schriftgelehrten: «Elia muss zuerst kommen?» 11 Er aber antwortete: Ja, «Elia kommt und wird» alles «wiederherstellen.»

12 Ich sage euch aber: Elia ist schon gekommen, und sie haben ihn nicht erkannt, sondern haben mit ihm gemacht, was sie wollten. Ebenso wird auch der Menschensohn unter ihnen leiden. 13 Da verstanden die Jünger, dass er von Johannes dem Täufer zu ihnen gesprochen hatte.

10: Mal 3,23

11,14 (Nr. 107, S. 102)

Markus 9,11–13

11 Da fragten sie ihn: Sagen nicht die Schriftgelehrten: «Elia muss zuerst kommen?» 12 Er aber sprach zu ihnen: Elia kommt zuerst und stellt alles wieder her. Doch wie steht dann über den Menschensohn geschrieben, dass er vieles erleide und verworfen werde? 13 Aber ich sage euch: Auch Elia ist gekommen;

und sie haben mit ihm gemacht, was sie wollten, wie über ihn geschrieben steht.

11: Mal 3,23

163   HEILUNG EINES BESESSENEN KNABEN

Matthäus 17,14–21
[17,9a]

17,9a (Nr. 161, S. 159)
9 *Während sie vom Berg hinabstiegen, gebot ihnen Jesus:*

14 Und als sie zur Menge zurückgekommen waren,

trat einer zu ihm, fiel vor ihm auf die Knie 15 und sagte: Herr, erbarme dich

Markus 9,14–29
[9,9a]

9,9a (Nr. 161, S. 159)
9 *Während sie vom Berg hinabstiegen, befahl er ihnen, niemandem zu erzählen, was sie gesehen hatten,*

14 Und als sie zu den Jüngern zurückkamen, sahen sie eine grosse Menge um sie versammelt und Schriftgelehrte, die mit ihnen stritten. 15 Und sogleich erschrak die ganze Menge, als sie ihn sah, und sie liefen herbei und begrüssten ihn. 16 Und er fragte sie: Was streitet ihr mit ihnen? 17 Da antwortete ihm einer aus der Menge: Meister, ich habe meinen Sohn

[Lukas]   [Johannes]

_____   _____
_____   _____
_____   _____
_____   _____
_____   _____
_____   _____
_____   _____
_____   _____
_____   _____
_____   _____
_____   _____
_____   _____
_____   _____
_____   _____
_____   _____
_____   _____

Lukas 9,37–43a   *[Johannes 14,9]*
[17,6]
                               _____
▲ *(Nr. 161 — 9,28–36 — S. 159)*
37 Es geschah aber, als sie am nächsten   _____
Tag von dem Berg hinabstiegen,   _____
                                           _____
_____   _____
_____   _____
                                           _____
da kam ihm eine grosse Menge entge-   _____
gen.   _____
                                           _____
_____   _____
_____   _____
_____   _____
                                           _____
38 Und siehe, ein Mann aus der Menge   _____
schrie: Meister, ich bitte dich, dass du   _____

meines Sohnes!	zu dir gebracht;

Er ist mondsüchtig und leidet schrecklich.

er hat einen stummen Geist. 18 Und wenn er ihn packt, reisst er ihn nieder,

und er schäumt, knirscht mit den Zähnen und wird starr.

Oft fällt er nämlich ins Feuer und oft ins Wasser.
16 Ich habe ihn zu deinen Jüngern gebracht, aber sie vermochten nicht, ihn zu heilen.

Und ich habe deinen Jüngern gesagt, sie sollten ihn austreiben, aber sie vermochten es nicht.

17 Jesus aber antwortete: O du ungläubiges und verkehrtes Geschlecht! Wie lange muss ich noch bei euch sein? Wie lange muss ich euch noch ertragen? Bringt ihn her zu mir!

19 Er aber antwortet ihnen: O du ungläubiges Geschlecht! Wie lange soll ich noch bei euch sein? Wie lange soll ich euch noch ertragen? Bringt ihn zu mir! 20 Und sie brachten ihn zu ihm. Und als der Geist ihn sah, zerrte er ihn sogleich hin und her, und er fiel zu Boden, wälzte sich und schäumte. 21 Und er fragte seinen Vater: Wie lange hat er das schon? Der aber sagte: Von Kind auf. 22 Und oft hat er ihn ins Feuer geworfen und ins Wasser, um ihn zu vernichten. Aber wenn du etwas vermagst, so hilf uns, wenn du Erbarmen mit uns hast. 23 Jesus aber sagte zu ihm: Was heisst: Wenn du etwas vermagst? – Alles ist möglich dem, der glaubt. 24 Sogleich schrie der Vater des Kindes: Ich glaube, hilf meinem Unglauben! 25 Als Jesus aber sah, dass die Leute zusammenliefen,

18 Und Jesus herrschte ihn an.

herrschte er den unreinen Geist an und sprach zu ihm: Stummer und tauber Geist! Ich befehle dir, fahre aus von ihm und gehe nie wieder hinein in ihn! 26 Der schrie und zerrte ihn heftig hin und her und fuhr aus. Da wurde er wie tot, so dass alle sagten, er sei gestorben.

Da fuhr der Dämon von ihm aus,

27 Jesus aber ergriff seine Hand und richtete ihn auf. Und er stand auf.

und von jener Stunde an war der Knabe geheilt.

19 Da traten die Jünger zu Jesus, und als sie unter sich waren, sagten sie: Warum konnten wir ihn nicht austreiben?

28 Da ging er in ein Haus, und seine Jünger fragten ihn, als sie mit ihm allein waren: Warum konnten wir ihn nicht austreiben?

20 Er aber antwortet ihnen: Wegen eu-

29 Und er sprach zu ihnen:

dich meines Sohnes annimmst, denn
er ist mein einziger.
39 Und siehe, ein Geist packt ihn, und
plötzlich schreit er, und er zerrt ihn hin
und her,
dass er schäumt, und lässt kaum von
ihm ab und zermürbt ihn.

40 Und ich habe deine Jünger gebeten,
sie sollten ihn austreiben, aber sie vermochten es nicht.
41 Da antwortete Jesus: O du ungläubiges und verkehrtes Geschlecht! Wie
lange muss ich noch bei euch sein und
euch ertragen?
Bring deinen Sohn her!
42 Noch während er auf ihn zuging,
riss ihn der Dämon nieder und zerrte
ihn hin und her.

14,9 (Nr. 317, S. 311)
*9 Jesus spricht zu ihm: So lange bin ich
schon bei euch, und du hast mich nicht erkannt, Philippus? Wer mich gesehen hat,
hat den Vater gesehen. Wie kannst du sagen: Zeige uns den Vater?*

Jesus aber herrschte den unreinen
Geist an;

und er heilte den Knaben und gab ihn
seinem Vater wieder. 43 Und alle gerieten ausser sich über die Grösse Gottes.

17,6 (Nr. 231, S. 217)
6 Der Herr aber sprach:

res Kleinglaubens! Denn amen, ich sage euch: Wenn ihr Glauben habt wie
ein Senfkorn, werdet ihr zu diesem
Berg sagen: Bewege dich von hier nach
dort, und er wird sich wegbewegen;
und nichts wird euch unmöglich sein.

Diese Art kann durch nichts ausfahren
ausser durch Gebet.

20: Die meisten Handschriften haben (wohl nach
Mk 9,29) als Zusatz: «21 Diese Art aber fährt nicht
aus, es sei denn durch Gebet und Fasten.»

21,21 (Nr. 275, S. 263)   11,22–23 (Nr. 275, S. 263)

ThEv 48: Jesus sagte: Wenn zwei Frieden schliessen unter sich in diesem
einen Haus, werden sie dem Berg sagen: Versetze dich, und er wird sich
versetzen.

164   ZWEITE LEIDENSANSAGE
(vgl. Nr. 159 . 262)

Matthäus 17,22–23   *Markus 9,30–32*

	30 Und sie gingen von dort weg und
22 Als sie zusammen nach Galiläa ka-	zogen durch Galiläa, und er wollte
men,	nicht, dass jemand es erfahre.
sagte Jesus zu ihnen:	31 Denn er lehrte seine Jünger und
	sprach zu ihnen:
Der Menschensohn wird ausgeliefert	Der Menschensohn wird ausgeliefert
werden in die Hände von Menschen,	in die Hände von Menschen, und sie
23 und sie werden ihn töten,	werden ihn töten, und wenn er getötet
	ist,
und am dritten Tag wird er auferweckt	wird er nach drei Tagen auferstehen.
werden. Da wurden sie sehr traurig.	
	32 Sie aber verstanden das Wort nicht,
	doch fürchteten sie sich, ihn zu fragen.

▼ (Nr. 166 — 9,33–37 — S. 164)

16,21–23 (Nr. 159, S. 157)   8,31–33 (Nr. 159, S. 157)
20,17–19 (Nr. 262, S. 249)   10,32–34 (Nr. 262, S. 249)

Hättet ihr Glauben wie ein Senfkorn,
würdet ihr zu diesem Maulbeerbaum
sagen: Entwurzle dich und verpflanze
dich ins Meer! – und er würde euch gehorchen.

Lukas 9,43b–45

[Johannes 7,1]
(Nr. 238, S. 223)

1 Und danach zog Jesus in Galiläa umher;
denn in Judäa wollte er nicht umherziehen,
weil die Juden ihn zu töten suchten.

43b Als aber alle verwundert waren
über alle seine Taten, sprach er zu seinen Jüngern:
44 Lasst diese Worte in eure Ohren
dringen!
Denn der Menschensohn wird ausgeliefert werden in die Hände von Menschen.

45 Sie aber verstanden das Wort nicht,
und es war ihnen verborgen, so dass sie
es nicht begriffen.
Doch sie fürchteten sich, ihn über dieses Wort zu fragen.

▼ (Nr. 166 — 9,46–48 — S. 164)
9,22 (Nr. 159, S. 157)
18,31–34 (Nr. 262, S. 249)
17,25 (Nr. 235, S. 219)
24,6b–7 (Nr. 352, S. 352)
24,44–46 (Nr. 365, S. 359)

165   DIE TEMPELSTEUER

Matthäus 17,24–27   *[Markus]*

24 Als sie nach Kafarnaum kamen, traten die Einnehmer der Tempelsteuer zu
Petrus und fragten: Zahlt euer Meister
die Doppeldrachme etwa nicht? 25 Er
antwortet: Doch! Und als er ins Haus
hineingegangen war, kam ihm Jesus
zuvor und fragte: Was meinst du, Simon, von wem erheben die Könige der
Erde Zölle oder Steuern? Von den Einheimischen oder von den Fremden?
26 Da aber jener antwortete: Von den
Fremden, sprach Jesus zu ihm: Also
sind die Einheimischen befreit davon!
27 Damit wir aber bei ihnen keinen Anstoss erregen, geh an den See und wirf
die Angel aus und nimm den ersten
Fisch, der anbeisst. Und wenn du ihm
das Maul öffnest, wirst du ein Vier-
drachmenstück finden. Das nimm und
gib es ihnen als Steuer für mich und
dich.

166   RANGSTREIT DER JÜNGER

Matthäus 18,1–5   *Markus 9,33–37*

                                    ▲ *(Nr. 164 — 9,30–32 — S. 163)*

33 Und sie kamen nach Kafarnaum.
Und als er im Haus war, fragte er sie:
Was habt ihr unterwegs besprochen?

1 In jener Stunde traten die Jünger zu   34 Sie aber schwiegen. Denn sie hatten
Jesus und sagten: Wer ist nun der   unterwegs miteinander besprochen,
Grösste im Himmelreich?   wer der Grösste sei.

35 Und er setzte sich und rief die Zwölf,
und er spricht zu ihnen: Wenn jemand
der Erste sein will, soll er der Letzte
von allen und der Diener aller sein.

2 Und er rief ein Kind herbei, stellte es   36 Und er nahm ein Kind, stellte es in
in ihre Mitte   die Mitte, schloss es in die Arme
3 und sprach: Amen, ich sage euch,   und sprach zu ihnen:

[Lukas]   *[Johannes]*

Lukas 9,46–48   *[Johannes 3,3 . 5; 13,20]*

▲ *(Nr. 164 — 9,43b–45 — S. 163)*

46 Es kam aber der Gedanke bei ihnen
auf, wer von ihnen der Grösste sei.

47 Da Jesus aber um die Gedanken ihres Herzens wusste, nahm er ein Kind,
stellte es neben sich
48 und sprach zu ihnen:

3,3 . 5 (Nr. 27, S. 29)
3 Jesus entgegnete ihm: Amen, amen, ich
sage dir: Wenn jemand nicht von neuem

wenn ihr nicht umkehrt und werdet
wie die Kinder, werdet ihr nicht ins
Himmelreich hineinkommen. 4 Wer
sich so klein macht wie dieses Kind,
der ist der Grösste im Himmelreich.

5 Und
wer ein solches Kind aufnimmt in meinem Namen, nimmt mich auf.

▼ (Nr. 168 — 18,6–9 — S. 166)

37 Wer ein solches Kind aufnimmt in
meinem Namen, nimmt mich auf; und
wer mich aufnimmt, nimmt nicht
mich auf,
sondern den, der mich gesandt hat.

20,26–27 (Nr. 263, S. 250)
23,11–12 (Nr. 284, S. 274)

10,40–42 (Nr. 104, S. 100)

10,43–44 (Nr. 263, S. 250)

10,15 (Nr. 253, S. 239)

ThEv 12: Die Jünger sagten zu Jesus: Wir wissen, dass du uns verlassen
wirst; wer ist es, der gross über uns werden wird? Jesus sagte zu ihnen: Da,
wo ihr hingegangen sein werdet, werdet ihr auf Jakobus, den Gerechten,
zugehen, für den Himmel und Erde gemacht worden sind.
ThEv 22: Jesus sah Kleine, die gesäugt wurden. Er sagte zu seinen Jüngern:
Diese Kleinen, die gesäugt werden, gleichen denen, die ins Königreich
eingehen. Sie sagten zu ihm: Wenn wir also Kinder werden, werden wir in
das Königreich eingehen? Jesus sagte zu ihnen: Wenn ihr aus zwei eins
macht und wenn ihr das Innere wie das Äussere macht und das Äussere wie
das Innere und das Obere wie das Untere und wenn ihr aus dem Männlichen und dem Weiblichen eine Sache macht, sodass das Männliche nicht
männlich und das Weibliche nicht weiblich ist, und wenn ihr Augen macht
statt eines Auges und eine Hand statt einer Hand und einen Fuss statt eines
Fusses, ein Bild statt eines Bildes, dann werdet ihr in das [Königreich]
eingehen.

167   EIN FREMDER DÄMONENAUSTREIBER

[Matthäus 10,42]
(Nr. 104, S. 100)

Markus 9,38–41

38 Johannes sagte zu ihm: Meister, wir
sahen einen in deinem Namen Dämonen austreiben, und wir hinderten ihn
daran, weil er uns nicht nachfolgt.
39 Jesus aber sprach: Hindert ihn nicht,
denn niemand wird in meinem Namen
Wunder tun und bald danach schlecht
von mir reden können.

geboren wird, kann er das Reich Gottes
nicht sehen ...

5 Jesus antwortete: Amen, amen, ich sage
dir: Wenn jemand nicht aus Wasser und
Geist geboren wird, kann er nicht in das
Reich Gottes gelangen.

13,20 (Nr. 309, S. 303)

20 Amen, amen, ich sage euch:

Wer dieses Kind aufnimmt in meinem
Namen, nimmt mich auf; und wer
mich aufnimmt,

Wer einen aufnimmt, den ich sende,
nimmt mich auf, und wer mich aufnimmt,

nimmt den auf, der mich gesandt hat.
Denn wer der Kleinste ist unter euch
allen, der ist gross.

nimmt den auf, der mich gesandt hat.

22,26 (Nr. 313, S. 308)

12,44–45 (Nr. 304, S. 298)

18,14 b (Nr. 237, S. 222)

13,4–5 . 12–17 (Nr. 309, S. 303)

14,11 (Nr. 215, S. 204)

10,16 (Nr. 179, S. 175)

5,23 (Nr. 141, S. 135)

18,17 (Nr. 253, S. 239)

Lukas 9,49–50

[Johannes]

49 Da antwortete Johannes: Meister,
wir sahen einen in deinem Namen Dämonen austreiben, und wir hinderten
ihn daran, weil er nicht mit uns nachfolgt. 50 Da sprach Jesus zu ihm: Hindert ihn nicht,

Mt 18,6–9	Mk 9,38–41 . 42–50
	40 Denn wer nicht gegen uns ist, ist für uns.
42 Und wer einem von diesen Kleinen auch nur einen Becher frischen Wassers reicht, weil er ein Jünger ist	41 Denn wer euch einen Becher Wasser zu trinken gibt in meinem Namen, weil ihr zu Christus gehört
– amen, ich sage euch: der wird nicht um seinen Lohn kommen.	– amen, ich sage euch: der wird nicht um seinen Lohn kommen.
12,30 (Nr. 117, S. 112)	

Num 11,24–30

1.Kor 12,3: Daher tue ich euch kund, das niemand, der im Geist Gottes redet,
sagt: Ein Fluch ist Jesus, und niemand sagen kann: Herr ist Jesus ausser im
heiligen Geist.

168　　　ANSTOSS UND VERFÜHRUNG
(vgl. Nr. 229)

Matthäus 18,6–9 [5,13]	Markus 9,42–50
▲ (Nr. 166 — 18,1–5 — S. 164) 6 Wer aber einen von diesen Kleinen, die an mich glauben, zu Fall bringt,	42 Und wer einen von diesen Kleinen, die glauben, zu Fall bringt,
für den wäre es gut, wenn ihm ein Mühlstein um den Hals gehängt und er in der Tiefe des Meeres versenkt würde. 7 Wehe der Welt wegen der Ärgernisse! Die Ärgernisse müssen wohl kommen, doch wehe dem Menschen, durch den das Ärgernis kommt! 8 Wenn aber deine Hand oder dein Fuss dich zu Fall bringt, hau sie ab und wirf sie von dir.	für den wäre es weit besser, wenn ihm ein Mühlstein um den Hals gehängt und er ins Meer geworfen würde.
	43 Und wenn dich deine Hand zu Fall bringt, hau sie ab.
Es ist besser für dich, verstümmelt oder lahm	Es ist besser für dich, verstümmelt
in das Leben einzugehen, als mit beiden Händen oder beiden Füssen in das ewige Feuer geworfen zu werden.	in das Leben einzugehen, als mit beiden Händen zur Hölle zu fahren, ins unauslöschliche Feuer. 45 Und wenn dich dein Fuss zu Fall bringt, hau ihn ab. Es ist besser für dich, lahm in das Leben einzugehen, als mit beiden Füssen in die Hölle geworfen zu werden.

denn wer nicht gegen euch ist, ist für euch.

▼ *(Nr. 174 — 9,51 — S. 171)*

_____

_____

_____

_____

11,23 (Nr. 188, S. 182)

[Lukas 17,1–2; 14,34–35]   *[Johannes]*

17,1–2 (Nr. 229, S. 216)

1 Er aber sprach zu seinen Jüngern: Unabwendbar ist es, dass die Ärgernisse kommen, aber wehe dem, durch den sie kommen!
2 Es wäre besser für ihn, wenn ihm ein Mühlstein um den Hals gehängt und er ins Meer gestürzt würde, als dass er einen von diesen Kleinen zu Fall bringt.

9 Und wenn dein Auge dich zu Fall bringt, reiss es aus und wirf es von dir. Es ist besser für dich, einäugig in das Leben einzugehen, als mit beiden Augen in die Feuerhölle geworfen zu werden.

47 Und wenn dein Auge dich zu Fall bringt, reiss es aus. Es ist besser für dich, einäugig in das Reich Gottes einzugehen, als mit beiden Augen in die Hölle geworfen zu werden, 48 wo «ihr Wurm nicht stirbt und das Feuer nicht erlischt.»

5,13 (Nr. 52, S. 53)
13 Ihr seid das Salz der Erde.

49 Denn jeder wird mit Feuer gesalzen werden. 50 Das Salz ist etwas Gutes.

Wenn aber das Salz fade wird, womit soll man salzen? Es taugt zu nichts mehr, als hinausgeworfen und von den Leuten zertreten zu werden.

Wenn aber das Salz salzlos wird, womit wollt ihr es wieder salzig machen?

Habt Salz bei euch, und haltet Frieden untereinander!

▼ (Nr. 251 — 10,1 — S. 237)

48: Jes 66,24

43: Verschiedene Handschriften haben als Zusatz (wohl aus V. 48): «44 wo ihr Wurm nicht stirbt und das Feuer nicht erlischt.»

45: Verschiedene Handschriften haben als Zusatz (wohl aus V.43 und V.48): «ins unauslöschliche Feuer, 46 wo ihr Wurm nicht stirbt und das Feuer nicht erlischt.»

5,29–30 (Nr. 56, S. 55)

169   DAS VERLORENE SCHAF

Matthäus 18,10–14   *[Markus]*

10 Seht zu, dass ihr nicht einen von diesen Kleinen verachtet! Denn ich sage euch: Ihre Engel im Himmel schauen allezeit das Angesicht meines Vaters im Himmel.

12 Was meint ihr? Wenn einer hundert Schafe hat, und es verirrt sich eines von ihnen, wird er nicht die neunundneunzig auf den Bergen zurücklassen und sich aufmachen, um das verirrte zu suchen?
13 Und wenn es geschieht, dass er es

14,34–35 (Nr. 218, S. 208)

34 Das Salz ist etwas Gutes.
Wenn aber auch das Salz fade wird, womit kann es wieder salzig gemacht werden? 35 Es ist weder für den Acker noch
für den Misthaufen zu gebrauchen;
man wirft es fort.

Wer Ohren hat zu hören, der höre!

[Lukas 15,3–7]
(Nr. 219, S. 209)

[Johannes]

3 Er aber sagte dieses Gleichnis zu ihnen:
4 Wer von euch lässt, wenn er hundert
Schafe hat und eines von ihnen verliert, die neunundneunzig nicht in der
Wüste zurück und geht dem verlorenen nach, bis er es findet?

5 Und wenn er es findet,

findet, amen, ich sage euch: Er freut
sich über dieses mehr als über die
neunundneunzig, die sich nicht verirrt
haben.

14 So ist es nicht der Wille eures Vaters
im Himmel, dass eines von diesen Kleinen verloren gehe.

10: Etliche Handschriften haben (wohl nach Lk 19,10)
als Zusatz: «11 Denn der Menschensohn ist gekommen zu retten, was verloren ist.»

2.Petr 3,9: Der Herr verzögert nicht die Verheissung, wie gewisse Leute es
für eine Verzögerung halten, sondern er ist langmütig gegen euch, indem
er nicht will, dass jemand verloren gehe, sondern dass alle zur Busse
gelangen.
ThEv 107: Jesus sagte: Das Königreich ist gleich einem Hirten, der hundert
Schafe hatte; eines, das das grösste war, verirrte sich; er liess (die) neunundneunzig (und) suchte das eine, bis es gefunden hatte. Danach, als er
so viel Mühe gehabt hatte, sagte er zu dem Schaf: Ich liebe dich mehr als die
neunundneunzig.

170   VERANTWORTUNG IN DER GEMEINDE
(vgl. Nr. 230)

Matthäus 18,15–18   [Markus]

15 Wenn dein Bruder sündigt gegen
dich, dann geh und weise ihn unter
vier Augen zurecht. Hört er auf dich, so
hast du deinen Bruder gewonnen.
16 Hört er aber nicht auf dich, so nimm
noch einen oder zwei mit dir, damit
«alles durch zweier oder dreier Zeugen
Mund festgestellt werde.» 17 Hört er
aber nicht auf sie, so sag es der Gemeinde. Hört er aber auch nicht auf die
Gemeinde, so sei er für dich wie ein
Heide und ein Zöllner.

nimmt er es voller Freude auf seine
Schultern

6 und geht nach Hause, ruft die Freunde und die Nachbarn zusammen und
sagt zu ihnen: Freut euch mit mir, denn
ich habe mein verlorenes Schaf gefunden. 7 Ich sage euch: So wird Freude
sein

im Himmel über einen Sünder, der
umkehrt, mehr als über neunundneunzig Gerechte, die Umkehr nicht nötig
haben.

19,10 (Nr. 265, S. 252)

[Lukas 17,3]
(Nr. 229 . 230, S. 216 . 216)

3 Seht euch vor!
Wenn dein Bruder sündigt,

so weise ihn zurecht; und wenn er umkehrt, so vergib ihm.

[Johannes 20,23]
(Nr. 356, S. 352)

18 Amen, ich sage euch: Was immer ihr
auf Erden bindet, wird auch im Himmel gebunden sein, und was ihr auf Erden löst, wird auch im Himmel gelöst
sein.

16: Dtn 19,15

16,19 (Nr. 158, S. 156)

171　　　WO ZWEI ODER DREI VERSAMMELT SIND ...

Matthäus 18,19–20　　　[Markus]

19 Wiederum sage ich euch: Wenn
zwei von euch auf Erden übereinkom-
men, um etwas zu bitten, dann wird es
ihnen von meinem Vater im Himmel
zuteil werden. 20 Denn wo zwei oder
drei in meinem Namen versammelt
sind, da bin ich mitten unter ihnen.

ThEv 30: Jesus sagte: Wo drei Götter sind, da sind es Götter; wo zwei oder
einer ist, da werde ich mit ihm sein.
ThEv 48: Jesus sagte: Wenn zwei Frieden schliessen unter sich in diesem einen
Haus, werden sie dem Berg sagen: Versetze dich, und er wird sich versetzen.

172　　　VOM VERGEBEN

Matthäus 18,21–22　　　[Markus]

21 Dann trat Petrus herzu und sagte zu
ihm: Herr, wie oft kann mein Bruder
gegen mich sündigen, und ich muss
ihm vergeben? Bis zu siebenmal? 22 Jesus spricht zu ihm: Ich sage dir, nicht
bis zu siebenmal, sondern bis zu siebenundsiebzigmal.

173　　　DER UNBARMHERZIGE KNECHT

Matthäus 18,23–35　　　[Markus]

23 Darum gleicht das Himmelreich einem König, der mit seinen Knechten

23 Denen ihr die Sünden vergebt, ihnen sind sie vergeben; denen ihr sie
festhaltet, ihnen sind sie festgehalten.

[Lukas]

[Johannes]

[Lukas 17,4]
(Nr. 230, S. 216)

[Johannes]

4 Und wenn er siebenmal am Tag gegen dich sündigt und siebenmal zu dir
kommt und sagt: Ich will umkehren, so
sollst du ihm vergeben.

[Lukas]

[Johannes]

abrechnen wollte. 24 Als er abzurechnen begann, wurde einer vor ihn gebracht, der ihm zehntausend Talente schuldig war. 25 Weil er es aber nicht zurückzahlen konnte, befahl der Herr, ihn mit Frau und Kind und seiner ganzen Habe zu verkaufen und so die Schuld zu begleichen. 26 Da warf sich der Knecht vor ihm auf die Knie und sprach: Hab Geduld mit mir, und ich werde dir alles zurückzahlen. 27 Da hatte der Herr Mitleid mit jenem Knecht, liess ihn gehen, und die Schuld erliess er ihm. 28 Als aber der Knecht hinausging, traf er einen seiner Mitknechte, der ihm hundert Denare schuldig war; und er packte ihn, würgte ihn und sprach: Bezahle, wenn du etwas schuldig bist! 29 Da fiel sein Mitknecht nieder und bat ihn: Hab Geduld mit mir, und ich werde es dir zurückzahlen. 30 Er aber wollte nicht, sondern ging und liess ihn ins Gefängnis werfen, bis er die Schuld beglichen hätte. 31 Als nun seine Mitknechte sahen, was geschehen war, überkam sie grosse Trauer, und sie gingen und berichteten ihrem Herrn alles, was geschehen war. 32 Da lässt ihn sein Herr zu sich rufen und sagt zu ihm: Böser Knecht! Die ganze Schuld hab ich dir erlassen, weil du mich gebeten hast! 33 Hättest nicht auch du Erbarmen haben müssen mit deinem Mitknecht, so wie ich Erbarmen hatte mit dir? 34 Und voller Zorn übergab ihn sein Herr den Folterknechten, bis er ihm die ganze Schuld bezahlt hätte. 35 So wird auch mein himmlischer Vater euch tun, wenn ihr nicht vergebt, ein jeder seinem Bruder von Herzen.

▼ (Nr. 251 — 19,1–2 — S. 237)

X   Auf dem Weg nach Jerusalem (nach Lukas)

174 AUFBRUCH NACH JUDÄA
(vgl. Nr. 251)

[Matthäus 19,1–2]
(Nr. 251, S. 237)

[Markus 10,1]
(Nr. 251, S. 237)

1 Und es geschah, als Jesus diese Rede vollendet hatte, da brach er von Galiläa auf und kam in das Gebiet von Judäa jenseits des Jordan. 2 Und viel Volk folgte ihm, und dort heilte er sie.

1 Und er bricht von dort auf und kommt durch das Gebiet jenseits des Jordan nach Judäa, und wieder strömen Leute zu ihm. Und wie es seine Gewohnheit war, lehrte er sie wieder.

175 VERWEIGERUNG DER AUFNAHME
IN EINEM SAMARITERDORF

[Matthäus]

[Markus]

Lukas 9,51　　　*[Johannes]*

▲ (Nr. 167 — 9,49–50 — S. 165)
51 Es geschah aber, als die Tage vollendet waren, dass er in den Himmel aufgenommen werden sollte, da richtete er sein Angesicht darauf, nach Jerusalem zu ziehen.

Lukas 9,52–56　　　*[Johannes]*

52 Und er sandte Boten vor sich her. Und die machten sich auf und kamen in ein samaritanisches Dorf, um ihm ein Nachtlager zu richten. 53 Doch sie nahmen ihn nicht auf, weil sein Angesicht darauf gerichtet war, nach Jerusalem zu ziehen. 54 Als aber die Jünger Jakobus und Johannes das sahen, sagten sie: Herr, sollen wir sagen, «Feuer falle vom Himmel und verzehre sie?» 55 Da wandte er sich um und herrschte sie an. 56 Und sie zogen in ein anderes Dorf.

54: 2.Kön 1,10 . 12

176   MENSCHENSOHN UND NACHFOLGE
                        (vgl. Nr. 89)

[Matthäus 8,18–22]	[Markus]
(Nr. 89, S. 82)	

18 Als aber Jesus die Menge um sich
herum sah, befahl er, ans andere Ufer
zu fahren.
19 Da trat ein Schriftgelehrter herzu
und sprach zu ihm: Meister,
ich will dir nachfolgen, wohin du auch
gehst. 20 Jesus spricht zu ihm: Die
Füchse haben Höhlen, und die Vögel
des Himmels haben Nester, der Menschensohn aber hat keinen Ort, wo er
sein Haupt hinlegen kann.
21 Ein anderer aber von den Jüngern

sprach zu ihm: Herr, erlaube mir, dass
ich zuerst heimgehe und meinen Vater
begrabe. 22 Jesus aber sagt zu ihm: Folge mir nach!
Und lass die Toten ihre Toten begraben.

1.Kön 19,19–21
ThEv 86: Jesus sagte: [Die Füchse haben Höhlen] und die Vögel haben [ihr]
Nest, aber der Sohn des Menschen hat keinen Ort, wo er sein Haupt
hinlegen [und] sich ausruhen kann.

Lukas 9,57–62

[Johannes]

57 Und als sie so ihres Weges zogen, sagte einer zu ihm:
Ich will dir nachfolgen, wohin du auch gehst. 58 Jesus sprach zu ihm: Die Füchse haben Höhlen, und die Vögel des Himmels haben Nester, der Menschensohn aber hat keinen Ort, wo er sein Haupt hinlegen kann.
59 Zu einem anderen sprach er: Folge mir nach!
Der aber sagte: Herr, erlaube mir, dass ich zuerst heimgehe und meinen Vater begrabe. 60 Er aber sprach zu ihm:

Lass die Toten ihre Toten begraben. Du aber geh und verkündige das Reich Gottes. 61 Wieder ein anderer sagte: Ich will dir nachfolgen, Herr; zuerst aber erlaube mir, Abschied zu nehmen von denen, die zu meinem Haus gehören. 62 Jesus aber sprach zu ihm: Niemand, der die Hand an den Pflug legt und zurückschaut, taugt für das Reich Gottes.

177   AUSSENDUNG DER ZWEIUNDSIEBZIG
(vgl. Nr. 99 . 142)

[*Matthäus 9,37–38; 10,7–16*]   [*Markus*]

───────────────────────
───────────────────────
───────────────────────

9,37–38 (Nr. 98, S. 92)
37 Da spricht er zu seinen Jüngern:
Die Ernte ist gross, der Arbeiter aber
sind wenige. 38 Darum bittet den
Herrn der Ernte, dass er Arbeiter in seine Ernte sende.
10,16 . 9–10a . 11–13 . 10b . 7–8 . 14–15 (Nr. 99, S. 93)
16 Siehe, ich sende euch wie Schafe
mitten unter die Wölfe; seid also klug
wie die Schlangen und ohne Falsch wie
die Tauben. 9 Füllt nicht Gold, Silber
oder Kupfermünzen in eure Gürtel.
10a Nehmt keinen Sack mit auf den
Weg, kein zweites Kleid, keine Schuhe,
keinen Stab.
11 Kommt ihr aber in eine Stadt oder in
ein Dorf, dann fragt nach, wer dort
würdig ist; dort bleibt, bis ihr weiterzieht.
12 Wenn ihr aber in das Haus eintretet,
so grüsst es.
13 Wenn das Haus es wert ist, kehre
euer Friede dort ein, wenn das Haus es
aber nicht wert ist, kehre euer Friede
zu euch zurück.

10b Denn der Arbeiter ist seines Lohnes wert.

7 Geht aber und verkündigt:
Nahe gekommen ist das Himmelreich.
8 Kranke macht gesund, Tote weckt
auf, Aussätzige macht rein, Dämonen
treibt aus. Umsonst habt ihr empfangen, umsonst sollt ihr geben.

Lukas 10,1–12

1 Danach bestimmte der Herr weitere zweiundsiebzig und sandte sie zu zweien vor sich her in jede Stadt und jede Ortschaft, in die er gehen wollte.
2 Er sprach zu ihnen:
Die Ernte ist gross, der Arbeiter aber sind wenige. Darum bittet den Herrn der Ernte, dass er Arbeiter in seine Ernte sende.
3 Geht hin:
Siehe, ich sende euch wie Schafe mitten unter die Wölfe.

4 Nehmt keinen Geldbeutel mit,
keinen Sack,
keine Schuhe,
und grüsst niemanden unterwegs!

5 Tretet ihr aber in ein Haus ein, dann sagt zuerst: Friede diesem Haus!
6 Wenn dort ein Sohn des Friedens ist, wird euer Friede auf ihm ruhen; wenn aber nicht, wird er zu euch zurückkehren.
7 In diesem Haus bleibt, esst und trinkt, was ihr von ihnen bekommt. Denn der Arbeiter ist seines Lohnes wert. Geht nicht von einem Haus ins andere. 8 Kommt ihr aber in eine Stadt und nehmen sie euch auf, so esst, was euch vorgesetzt wird, 9 und heilt die Kranken, die dort sind, und sagt ihnen: Nahe gekommen ist das Reich Gottes, bis zu euch.

[Johannes]

14 Wenn euch jemand nicht aufnimmt
und eure Worte nicht hören will, dann
geht fort aus jenem Haus oder jener
Stadt und schüttelt den Staub von euren Füssen.

15 Amen, ich sage euch: Dem Land Sodom und Gomorrha
wird es am Tag des Gerichts besser ergehen als dieser Stadt.

6,6b–11 (Nr. 142, S. 138)

1.Kor 9,5–14: 5 Haben wir nicht das Recht, eine Schwester als Ehefrau mitzunehmen wie auch die andern Apostel und die Brüder des Herrn und Kephas? 6 Oder haben allein ich und Barnabas nicht das Recht, nicht zu arbeiten? 7 Wer dient je im Krieg für eignen Sold? Wer pflanzt einen Weinberg und isst nicht dessen Frucht? Oder wer weidet eine Herde und isst
nicht von der Milch der Herde? 8 Rede ich dies nach menschlicher Weise,
oder sagt dies auch nicht das Gesetz? 9 Im Gesetz des Mose steht ja geschrieben: «Du sollst einem Ochsen, wenn er drischt, das Maul nicht verbinden.» Kümmert sich Gott etwa um die Ochsen, 10 oder sagt er es ganz
und gar um unsertwillen? Um unsertwillen nämlich steht geschrieben,
dass der Pflügende auf Hoffnung hin pflügen soll und der Dreschende auf
Hoffnung hin [dreschen soll], dass er Anteil [am Ertrag] erhalte. 11 Wenn
wir euch die geistlichen Güter gesät haben, ist es da etwas Grosses, wenn
wir eure irdischen Güter ernten? 12 Wenn andre des Rechtes über euch
teilhaft sind, [eure irdischen Güter in Anspruch zu nehmen,] sind wir es
nicht viel mehr? Doch wir haben uns dieses Rechtes nicht bedient, sondern
alles ertragen wir, damit wir dem Evangelium von Christus kein Hindernis
bereiten. 13 Wisst ihr nicht, dass die, welche die heiligen Dienste verrichten, vom Heiligtum essen? Dass die, welche des Altars warten, vom Altar
ihren Teil haben? 14 So hat auch der Herr denen, die das Evangelium
verkündigen, verordnet, vom Evangelium zu leben.
1.Tim 5,18: 18 Denn die Schrift sagt: «Einem Ochsen sollst du, wenn er
drischt, das Maul nicht verbinden», und «Der Arbeiter ist seines Lohnes
wert.»
Jak 5,4: 4 Siehe, der Lohn der Arbeiter, die eure Felder abgemäht haben,
welcher von euch zurückbehalten worden ist, schreit laut, und das Rufen
der Schnitter ist vor die Ohren des Herrn der Heerscharen gekommen.
ThEv 39: Jesus sagte: Die Pharisäer und die Schriftgelehrten haben die
Schlüssel zur Erkenntnis erhalten, (und) sie haben sie versteckt. Sie sind
auch nicht eingetreten, und die, die eintreten wollten, haben sie nicht
eintreten lassen. Aber ihr, seid klug wie die Schlangen und rein wie die
Tauben.
ThEv 99: Die Jünger sagten zu ihm: Deine Brüder und deine Mutter sind
draussen. Er sagte zu ihnen: Diese hier, die den Willen meines Vaters tun,
die sind meine Brüder und meine Mutter; sie sind es, die in das Königreich
meines Vaters eingehen werden.
ThEv 14: Jesus sagte zu ihnen: Wenn ihr fastet, werdet ihr euch eine Sünde
zuschreiben; und wenn ihr betet, werdet ihr verdammt werden; und wenn
ihr Almosen gebt, werdet ihr Böses an eurem Pneuma tun. Und wenn ihr in
irgendein Land eintreten werdet und in den Gebieten wandert, wenn man
euch empfängt, dann esst, was euch vorgesetzt wird; heilt die unter ihnen,
die krank sind. Denn das, was in euren Mund hineingeht, wird euch nicht
beflecken; aber das, was euren Mund verlässt, das ist es, was euch beflecken
wird.
ThEv 73: Jesus sagte: Die Ernte ist zwar gross, aber der Arbeiter sind wenige.
Bittet aber den Herrn, dass er Arbeiter für die Ernte schickt.

10 Kommt ihr aber in eine Stadt und
nehmen sie euch nicht auf, so geht hinaus auf ihre Strassen und sagt:
11 Selbst den Staub aus eurer Stadt, der
an unseren Füssen klebt, schütteln wir
ab vor euch. Doch das sollt ihr wissen:
Nahe gekommen ist das Reich Gottes.
12 Ich sage euch: Sodom

wird es an jenem Tag besser ergehen
als dieser Stadt.

9,1–5 (Nr. 142, S. 138)

178   WEHERUF ÜBER GALILÄISCHE STÄDTE
                        (vgl. Nr. 108)

[Matthäus 11,20–24]   [Markus]
(Nr. 108, S. 104)

20 Dann begann er die Städte anzuklagen, in denen die meisten seiner Wunder geschehen waren, denn sie hatten
nicht Busse getan.
21 Wehe dir, Chorazin! Wehe dir, Betsaida! Denn wären in Tyrus und Sidon
die Wunder geschehen, die bei euch geschehen sind, sie hätten längst in Sack
und Asche Busse getan. 22 Doch ich sage euch:
Tyrus und Sidon wird es am Tag des Gerichts besser ergehen als euch. 23 Und
du, Kafarnaum, willst du etwa in den
Himmel erhoben werden? Bis ins Totenreich wirst du hinabfahren! Denn
wären in Sodom die Wunder geschehen, die bei dir geschehen sind, so
stünde es noch heute. 24 Doch ich sage
euch: Dem Land Sodom wird es am Tag
des Gerichts besser ergehen als dir.

179   WER EUCH HÖRT, DER HÖRT MICH
                        (vgl. Nr. 104)

[Matthäus 10,40]   [Markus]
(Nr. 104, S. 100)

40 Wer euch aufnimmt, nimmt mich
auf,
und wer mich aufnimmt, nimmt den
auf, der mich gesandt hat.

18,5 (Nr. 166, S. 164)   9,37 (Nr. 166, S. 164)

Lukas 10,13–15
[10,12]

13 Wehe dir, Chorazin! Wehe dir, Betsaida! Denn wären in Tyrus und Sidon
die Wunder geschehen, die bei euch geschehen sind, sie wären längst in Sack
und Asche gesessen und hätten Busse
getan.
14 Doch Tyrus und Sidon wird es im
Gericht besser ergehen als euch. 15 Und
du, Kafarnaum, willst du etwa in den
Himmel erhoben werden? Bis ins Totenreich wirst du hinabfahren.

10,12 (Nr. 177, S. 173)
12 Ich sage euch: Sodom wird es an jenem
Tag besser ergehen als dieser Stadt.

[Johannes]

Lukas 10,16

16 Wer euch hört, der hört mich; und
wer euch verachtet, der verachtet mich.
Wer aber mich verachtet, verachtet
den, der mich gesandt hat.

9,48a (Nr. 166, S. 164)

[Johannes 13,20]
(Nr. 309, S. 303)

20 Amen, amen, ich sage euch:
Wer einen aufnimmt, den ich sende,
nimmt mich auf,
und wer mich aufnimmt, nimmt den
auf, der mich gesandt hat.

12,44–45 (Nr. 304, S. 298)
5,23 (Nr. 141, S. 135)

180   RÜCKKEHR DER ZWEIUNDSIEBZIG

[Matthäus]

[Markus {16,17–18}]
(Nr. 363, S. 357)

{17 Denen aber, die zum Glauben kommen,
werden diese Zeichen folgen:
in meinem Namen werden sie Dämonen
austreiben, in neuen Zungen werden sie reden,

18 Schlangen werden sie mit blossen Händen aufheben, und wenn sie tödliches Gift
trinken, wird es ihnen nicht schaden; Kranke, denen sie die Hände auflegen, werden
gesund werden.}

14,12b–13 (Nr. 144 . 146, S. 140 . 142)   6,30 (Nr. 145, S. 141)

181   LOBPREIS DES VATERS UND
SELIGPREISUNGEN DER JÜNGER
(vgl. Nr. 109)

[Matthäus 11,25–27; 13,16–17]   [Markus]

11,25–27 (Nr. 109, S. 104)
25 Zu jener Zeit hob Jesus an
und sprach:
Ich preise dich, Vater, Herr des Himmels und der Erde, dass du dies vor
Weisen und Klugen verborgen, es Einfältigen aber offenbart hast. 26 Ja, Vater, so hat es dir gefallen.
27 Alles ist mir übergeben worden von
meinem Vater, und niemand kennt den
Sohn, nur der Vater, und niemand
kennt den Vater, nur der Sohn und
wem der Sohn es offenbaren will.

13,16–17 (Nr. 123, S. 118)
16 Selig aber eure Augen, weil sie sehen, und eure Ohren, weil sie hören.
17 Denn amen, ich sage euch: Viele

Lukas 10,17–20

[Johannes 12,31]
(Nr.302, S. 295)

17 Die Zweiundsiebzig kehrten zurück mit Freude und sagten: Selbst die Dämonen, Herr, sind uns durch deinen Namen untertan. 18 Da sprach er zu ihnen: Ich sah den Satan wie einen Blitz vom Himmel fallen. 19 Siehe, ich habe euch die Vollmacht gegeben, auf Schlangen und Skorpione zu treten, und Vollmacht über alle Gewalt des Feindes, und nichts wird euch schaden. 20 Doch freut euch nicht darüber, dass euch die Geister untertan sind; freut euch vielmehr darüber, dass eure Namen im Himmel aufgeschrieben sind.

9,10a (Nr. 145, S. 141)

31 Jetzt ist Gericht über diese Welt. Jetzt wird der Herrscher dieser Welt hinausgeworfen werden.

Lukas 10,21–24

[Johannes 3,35; 17,2; 13,3; 7,29; 10,14–15; 17,25]

3,35 (Nr. 29, S. 31)

21 In dieser Stunde jubelte er im Heiligen Geist und sprach:
Ich preise dich, Vater, Herr des Himmels und der Erde, dass du dies vor Weisen und Klugen verborgen, es Einfältigen aber offenbart hast. Ja, Vater, denn so hat es dir gefallen.
22 Alles ist mir übergeben worden von meinem Vater, und niemand weiss, wer der Sohn ist, nur der Vater, und niemand, wer der Vater ist, nur der Sohn und wem der Sohn es offenbaren will.
23 Und er wandte sich zu den Jüngern und sprach zu ihnen allein: Selig die Augen, die sehen, was ihr seht.
24 Denn ich sage euch: Viele Propheten

35 Der Vater liebt den Sohn, und er hat alles in seine Hand gegeben.

17,2 (Nr. 329, S. 320)

2 Denn du hast ihm Macht gegeben über alles Lebendige, damit er alles, was du ihm gegeben hast, ihnen gebe, ewiges Leben.

13,3 (Nr. 309, S. 303)

3 – er wusste, dass ihm der Vater alles in die Hände gegeben hatte und dass er von Gott ausgegangen war und zu Gott weggeht –,

7,29 (Nr. 240, S. 224)

29 Ich kenne ihn, weil ich von ihm her komme und er mich gesandt hat.

Propheten und Gerechte haben sich gesehnt zu sehen, was ihr seht,
und haben es nicht gesehen, und zu hören, was ihr hört, und haben es nicht
gehört.

ThEv 4: Jesus sagte: Der alte Mensch wird nicht zögern in seinem Alter, ein
kleines Kind von sieben Tagen zu befragen über den Ort des Lebens, und er
wird leben; denn viele Erste werden die Letzten werden, und sie werden
ein Einziger werden.
ThEv 38: Jesus sagte: Oft habt ihr gewünscht, diese Worte zu hören, die ich
euch sage, und ihr habt keinen anderen, von dem ihr sie hören könnt. Tage
werden kommen, da ihr mich suchen (und) nicht finden werdet.

182   DAS GRÖSSTE GEBOT
                          (vgl. Nr. 282)

[Matthäus 22,34–40]   [Markus 12,28–34]
(Nr. 282, S. 272)   (Nr. 282, S. 272)

34 Als aber die Pharisäer hörten, dass er
die Sadduzäer zum Schweigen gebracht
hatte, versammelten sie sich an dem-   28 Und einer der Schriftgelehrten, der
selben Ort. 35 Und in der Absicht, ihn   gehört hatte, wie sie miteinander strit-
zu versuchen, fragte ihn einer von ih-   ten, trat zu ihm. Und da er sah, dass er
nen, ein Gesetzeslehrer: ihnen gut geantwortet hatte, fragte er
36 Meister, welches Gebot ist das gröss- ihn:
te im Gesetz?   Welches Gebot ist das erste von allen?
37 Er sprach zu ihm:
                                           29 Jesus antwortete: Das erste ist: «Hö-
                                           re, Israel, der Herr, unser Gott, ist allein
                                           Herr,

«Du sollst den Herrn, deinen Gott, lie-   30 und du sollst den Herrn, deinen
ben mit deinem ganzen Herzen und   Gott, lieben mit deinem ganzen Her-
mit deiner ganzen Seele und mit dei-   zen und mit deiner ganzen Seele und
nem ganzen Verstand.»   mit deinem ganzen Verstand und mit
                                           all deiner Kraft.»
38 Dies ist das grösste und erste Gebot.

und Könige wollten sehen, was ihr
seht,
und haben es nicht gesehen, und hören, was ihr hört, und haben es nicht
gehört.

10,14–15 (Nr. 249, S. 235)
14 Ich bin der gute Hirte und kenne die
Meinen, und die Meinen kennen mich,
15 wie der Vater mich kennt und ich den Va-
ter kenne. Und ich setze mein Leben ein für
die Schafe.

17,25 (Nr. 329, S. 320)
25 Und die Welt, gerechter Vater, hat dich
nicht erkannt, ich aber habe dich erkannt,
und diese haben erkannt, dass du mich ge-
sandt hast.

Lukas 10,25–28　　　　　　*[Johannes]*

25 Und siehe, da stand ein Gesetzeslehrer auf, um ihn zu versuchen, und sagte:

Meister, was muss ich tun, damit ich
ewiges Leben erbe?
26 Er sprach zu ihm:

Was steht im Gesetz geschrieben? Was
liest du da? 27 Und er antwortete:
«Du sollst den Herrn, deinen Gott, lieben mit deinem ganzen Herzen und
mit deiner ganzen Seele und mit all
deiner Kraft und mit deinem ganzen
Verstand,

39 Das zweite aber ist ihm gleich: «Du sollst deinen Nächsten lieben wie dich selbst.» 40 An diesen beiden Geboten hängt das ganze Gesetz und die Propheten.

31 Das zweite ist dieses: «Du sollst deinen Nächsten lieben wie dich selbst.» Grösser als diese ist kein anderes Gebot.

32 Und der Schriftgelehrte sagte zu ihm: Gut, Meister, der Wahrheit gemäss hast du gesprochen: «Einer ist er, und einen anderen ausser ihm gibt es nicht» 33 und «ihn lieben mit ganzem Herzen und mit ganzem Verstand und mit aller Kraft» und «den Nächsten lieben wie sich selbst» – das ist weit mehr als alle Brandopfer und Rauchopfer. 34 Und Jesus sah, dass er verständig geantwortet hatte, und sprach zu ihm: Du bist nicht fern vom Reich Gottes. Und niemand wagte mehr, ihn zu fragen.

37: Dtn 6,5; Jos 22,5 | 39: Lev 19,18

29: Dtn 6,4 | 30: Dtn 6,5; Jos 22,5 | 31: Lev 19,18 | 32: Dtn 4,35; 6,4; Jes 45,21 | 33: Dtn 6,5; Jos 22,5 · Lev 19,18

19,16–19 (Nr. 254, S. 240)
7,12 (Nr. 71, S. 66)

10,17–19 (Nr. 254, S. 240)

> Röm 13,8–10: 8 Sei niemandem etwas schuldig, ausser dass ihr einander liebt; denn wer den andern liebt, hat das Gesetz erfüllt. 9 Denn das [Gebot]: «Du sollst nicht ehebrechen, du sollst nicht töten, du sollst nicht stehlen, du sollst nicht begehren», und wenn es irgendein andres Gebot gibt, ist in diesem Wort zusammengefasst, in dem: «Du sollst deinen Nächsten lieben wie dich selbst!» 10 Die Liebe fügt dem Nächsten nichts Böses zu; so ist nun die Liebe des Gesetzes Erfüllung.
> Gal 5,14: 14 Denn das ganze Gesetz ist in einem Wort erfüllt, [nämlich] in dem: «Du sollst deinen Nächsten lieben wie dich selbst.»
> Jak 2,8: 8 Gewiss, wenn ihr das königliche Gesetz erfüllt nach dem Schriftwort: «Du sollst deinen Nächsten lieben wie dich selbst», so tut ihr recht.
> ThEv 25: Jesus sagte: Liebe deinen Bruder wie deine Seele; wache über ihn wie über deinen Augapfel.

183   DER BARMHERZIGE SAMARITER

[Matthäus]   [Markus]

und deinen Nächsten wie dich selbst.»

28 Er sprach zu ihm:
Richtig hast du geantwortet; tue dies,
und du wirst leben.

27: Dtn 6,5; Jos 22,5 · Lev 19,18

18,18–20 (Nr. 254, S. 240)
6,31 (Nr. 80, S. 72)

Lukas 10,29–37   *[Johannes]*

29 Der aber wollte sich rechtfertigen
und sagte zu Jesus: Und wer ist mein
Nächster? 30 Um zu antworten, sprach
Jesus: Ein Mensch ging von Jerusalem
nach Jericho hinab und fiel Räubern in
die Hände. Die zogen ihn aus, schlugen
ihn nieder, machten sich davon und

2.Chr 28,5–15

184   MARIA UND MARTA

[Matthäus]   [Markus]

liessen ihn halb tot liegen. 31 Zufällig kam aber ein Priester denselben Weg herab. Und als er ihn sah, ging er vorüber. 32 Ebenso aber auch ein Levit; als er an den Ort kam und ihn sah, ging er vorüber. 33 Ein Samariter aber, der unterwegs war, kam an ihm vorbei. Und als er ihn sah, wurde er von Mitleid ergriffen. 34 Und er ging zu ihm hin, goss Öl und Wein auf seine Wunden und verband sie ihm. Dann hob er ihn auf sein Reittier und brachte ihn in ein Wirtshaus und sorgte für ihn. 35 Am andern Morgen nahm er zwei Denare heraus und gab sie dem Wirt und sagte: Sorge für ihn! Und was du darüber hinaus aufwendest, werde ich dir erstatten, wenn ich wieder vorbeikomme. 36 Wer von diesen dreien, meinst du, ist für den zum Nächsten geworden, der unter die Räuber fiel? 37 Er aber sprach: Der ihm Barmherzigkeit erwiesen hat. Da sprach Jesus zu ihm: Geh auch du und tue desgleichen.

Lukas 10,38–42

[Johannes 11,1; 12,1–3]

38 Als sie aber weiterzogen, kam er in ein Dorf, und eine Frau mit Namen Marta nahm ihn auf. 39 Und sie hatte eine Schwester mit Namen Maria; die setzte sich dem Herrn zu Füssen und hörte seinen Worten zu. 40 Marta aber war ganz mit dem Auftischen beschäftigt. Da trat sie herzu und sagte: Herr, kümmert es dich nicht, dass meine Schwester mich allein auftischen lässt? Sag ihr doch, sie solle mir zur Hand gehen. 41 Der Herr aber antwortete ihr: Marta, Marta, du sorgst und mühst

11,1 (Nr. 259, S. 245)

1 Es war aber einer krank, Lazarus aus Betanien, aus dem Dorf der Maria und ihrer Schwester Marta.

12,1–3 (Nr. 267, S. 255)

1 Jesus nun kam sechs Tage vor dem Passa nach Betanien, wo Lazarus war, den Jesus von den Toten auferweckt hatte. 2 Dort bereiteten sie ihm ein Mahl, und Marta trug auf; Lazarus aber war einer von denen, die mit ihm zu Tische lagen. 3 Da nahm Maria ein Pfund echten, kostbaren Nardenöls und salbte Jesus die Füsse und trocknete seine

185   DAS GEBET FÜR DIE JÜNGER
                        (vgl. Nr. 62)

[Matthäus 6,9–13]   *[Markus]*
(Nr. 62, S. 60)

9 So sollt ihr beten:

    Unser Vater im Himmel.
    Dein Name werde geheiligt.
    10 Dein Reich komme.
    Dein Wille geschehe,
    wie im Himmel, so auf Erden.
    11 Gib uns heute unser tägliches
    Brot!
    12 Und vergib uns unsere Schuld,
    wie auch wir vergeben haben
    unsern Schuldigern.
    13 Und führe uns nicht in Ver-
    suchung, sondern erlöse uns von
    dem Bösen.

13: Die wichtigsten Handschriften bieten nur den oben wiedergegebenen Text. Die meisten Handschriften fügen jedoch an: «Denn dein ist das Reich und die Kraft und die Herrlichkeit in Ewigkeit. Amen.»

186   DER BITTENDE FREUND

[Matthäus]   *[Markus]*

dich um vieles; 42 doch eines ist nötig.
So hat Maria das gute Teil erwählt; das
soll ihr nicht genommen werden.

*Füsse mit ihrem Haar. Das Haus wurde
erfüllt vom Duft des Öls.*

Lukas 11,1–4

[Johannes]

1 Und es geschah, dass er an einem Ort
betete; und als er aufhörte, sagte einer
seiner Jünger zu ihm: Herr, lehre uns
beten, wie auch Johannes seine Jünger
gelehrt hat.
2 Da sprach er zu ihnen: Wenn ihr betet, so sprecht:
    Vater,
    Dein Name werde geheiligt.
    Dein Reich komme.

3 Gib uns Tag für Tag unser tägliches Brot.
4 Und vergib uns unsere Sünden;
denn auch wir vergeben jedem, der
an uns schuldig wird.
    Und führe uns nicht in Versuchung.

Lukas 11,5–8

[Johannes]

5 Und er sprach zu ihnen: Wer unter
euch hat einen Freund und geht zu ihm
mitten in der Nacht und sagt zu ihm:
Freund, leih mir drei Brote, 6 denn ein
Freund, der auf Reisen ist, ist zu mir
gekommen, und ich habe nichts, was

_____   _____
_____   _____
_____   _____
_____   _____
_____   _____
_____   _____
_____   _____
_____   _____
_____   _____
_____   _____

187   BITTEN UND EMPFANGEN
(vgl. Nr. 70)

[Matthäus 7,7–11]   **[Markus]**
(Nr. 70, S. 66)

7 Bittet, so wird euch gegeben; sucht,
so werdet ihr finden; klopft an, so wird
euch aufgetan. 8 Denn wer bittet, der
empfängt; wer sucht, der findet; wer
anklopft, dem wird aufgetan.
9 Oder ist unter euch jemand, der seinem Sohn einen Stein gibt, wenn er
ihn um Brot bittet,
10 und wenn er ihn um einen Fisch bittet, eine Schlange?

11 Wenn also ihr, die ihr böse seid, euren Kindern gute Gaben zu geben
wisst, wie viel mehr wird euer Vater im
Himmel denen Gutes geben, die ihn
bitten.

ThEv 2: Jesus sagte: Wer sucht, soll nicht aufhören zu suchen, bis er findet;
und wenn er findet, wird er bestürzt sein; und wenn er bestürzt ist, wird er
verwundert sein, und er wird über das All herrschen.
ThEv 92: Jesus sagte: Sucht, und ihr werdet finden; aber was ihr mich in
diesen Tagen gefragt habt und was ich euch nicht gesagt habe, jetzt gefällt
es mir, es zu sagen, und ihr fragt nicht danach.
ThEv 94: Jesus [sagte]: Wer sucht, der wird finden, [und der, der anklopft] an
das Innere, dem wird geöffnet werden.

ich ihm vorsetzen könnte. 7 Und jener drinnen antwortet: Belästige mich nicht! Die Tür ist schon verschlossen, und meine Kinder liegen bei mir im Bett. Ich kann nicht aufstehen und dir etwas geben. 8 Ich sage euch: Wenn er schon nicht aufsteht und ihm etwas gibt, weil er sein Freund ist, so wird er doch seines unverschämten Bittens wegen aufstehen und ihm geben, soviel er braucht.

Lukas 11,9–13　　　　　　　　　*[Johannes 16,24; 14,13–14; 15,7]*

16,24 (Nr. 327, S. 319)

9 Und ich sage euch:
Bittet, so wird euch gegeben; sucht, so werdet ihr finden; klopft an, so wird euch aufgetan. 10 Denn wer bittet, der empfängt; wer sucht, der findet; wer anklopft, dem wird aufgetan.
11 Wer von euch gibt seinem Sohn,

24 Bis jetzt habt ihr nie um etwas in meinem Namen gebeten. Bittet, und ihr werdet empfangen, damit eure Freude vollkommen sei.

14,13–14 (Nr. 317, S. 311)

13 Und was ihr in meinem Namen erbitten werdet, das werde ich tun, damit der Vater durch den Sohn verherrlicht werde.
14 Wenn ihr mich in meinem Namen um etwas bitten werdet, ich werde es tun.

wenn der ihn, seinen Vater, um einen Fisch bittet, statt des Fisches eine Schlange, 12 oder wer gibt, wenn er ihn um ein Ei bittet, einen Skorpion?
13 Wenn also ihr, die ihr böse seid, euren Kindern gute Gaben zu geben wisst, wie viel mehr wird der Vater den Heiligen Geist vom Himmel herab denen geben, die ihn bitten.

15,7 (Nr. 320, S. 315)

7 Wenn ihr in mir bleibt und meine Worte in euch bleiben, dann bittet, um was ihr wollt, und es wird euch zuteil werden.

188   MACHT ÜBER DÄMONEN
                        (vgl. Nr. 117)

[Matthäus 12,22–30]   [Markus 3,22–27]
(Nr. 117, S. 112)   (Nr. 117, S. 112)

22 Dann brachte man einen Besessenen
zu ihm, der war blind und stumm. Und
er heilte ihn, so dass der Stumme reden
und sehen konnte. 23 Da gerieten alle
Leute ausser sich und sagten: Ist das etwa der Sohn Davids?
24 Als die Pharisäer das hörten, sagten   22 Und die Schriftgelehrten, die von Je-
sie: Der treibt doch die Dämonen nur   rusalem herabgekommen waren, sag-
durch Beelzebul aus,   ten: Er hat den Beelzebul, und:
den Fürsten der Dämonen!   Durch den Fürsten der Dämonen treibt
                                            er die Dämonen aus.

25 Weil er aber um ihre Gedanken   23 Da rief er sie zu sich und redete zu
wusste, sprach er zu ihnen: ihnen in Gleichnissen: Wie kann der
                                            Satan den Satan austreiben?
Jedes Reich, das in sich gespalten ist,   24 Und wenn ein Reich in sich gespal-
wird verwüstet,   ten ist, kann dieses Reich keinen Be-
                                            stand haben. 25 Und wenn
und jede Stadt oder jede Familie, die in   eine Familie in sich gespalten ist, kann
sich gespalten ist, hat keinen Bestand.   diese Familie keinen Bestand haben.
26 Und wenn der Satan den Satan aus-   26 Und wenn der Satan sich gegen sich
treibt, ist er in sich gespalten. Wie   selbst erhebt und gespalten ist, kann er
kann dann sein Reich Bestand haben?   keinen Bestand haben, sondern es hat
                                            ein Ende mit ihm.

27 Wenn nun ich durch Beelzebul die
Dämonen austreibe, durch wen treiben
eure Söhne sie aus? Darum werden sie
eure Richter sein. 28 Wenn ich jedoch
durch den Geist Gottes die Dämonen
austreibe, dann ist das Reich Gottes zu
euch gelangt.

29 Oder wie kann jemand in das Haus   27 Niemand kann aber in das Haus des
des Starken eindringen und seine Habe   Starken eindringen und seine Habe
rauben,   rauben,

wenn er nicht zuvor   wenn er nicht zuvor

Lukas 11,14–23   [Johannes 7,20; 10,20; 8,48; 8,52]

14 Und er war dabei, einen stummen Dämon auszutreiben. Und es geschah, als der Dämon ausfuhr, da begann der Stumme zu reden, und die Leute staunten.

15 Einige von ihnen aber sagten:

Durch Beelzebul, den Fürsten der Dämonen, treibt er die Dämonen aus. 16 Andere forderten von ihm ein Zeichen vom Himmel, um ihn zu versuchen.
17 Er aber wusste um ihre Gedanken und sprach zu ihnen:

Jedes Reich, das in sich gespalten ist, wird verwüstet,

und ein Haus fällt über das andere.

18 Wenn aber auch der Satan in sich gespalten ist, wie kann dann sein Reich Bestand haben?

Ihr sagt ja, dass ich die Dämonen durch Beelzebul austreibe.
19 Wenn ich nun die Dämonen durch Beelzebul austreibe, durch wen treiben sie eure Söhne aus? Darum werden sie eure Richter sein. 20 Wenn ich jedoch durch den Finger Gottes die Dämonen austreibe, dann ist das Reich Gottes zu euch gelangt.

21 Wenn der Starke bewaffnet seinen Hof bewacht, ist sein Besitz in Sicherheit. 22 Wenn aber ein Stärkerer ihn

7,20 (Nr. 240, S. 224)
20 Das Volk antwortete: Du hast einen Dämon. Wer sucht dich zu töten?

10,20 (Nr. 250, S. 237)
20 Viele von ihnen sagten: Er hat einen Dämon und rast. Warum hört ihr auf ihn?

8,48 (Nr. 247, S. 231)
48 Die Juden entgegneten ihm: Sagen wir nicht mit Recht, dass du ein Samariter bist und einen Dämon hast?

8,52 (Nr. 247, S. 231)
52 Da sprachen die Juden zu ihm: Jetzt haben wir erkannt, dass du einen Dämon hast. Abraham ist gestorben, und auch die Propheten, und du sagst: Wenn jemand mein Wort bewahrt, wird er den Tod in Ewigkeit nicht schmecken.

den Starken gefesselt hat?

den Starken gefesselt hat;

Dann erst wird er sein Haus ausrauben.
30 Wer nicht für mich ist, der ist gegen
mich, und wer nicht sammelt mit mir,
der zerstreut.

dann erst wird er sein Haus ausrauben.

9,32–34 (Nr. 97, S. 92)
16,1 (Nr. 154, S. 153)
12,38 (Nr. 119, S. 115)

8,11 (Nr. 154, S. 153)

9,40 (Nr. 167, S. 165)

ThEv 21: Mariham sagte zu Jesus: Wem gleichen deine Jünger? Er sagte: Sie
gleichen kleinen Kindern, die sich auf einem Feld niedergelassen haben,
das ihnen nicht gehört. Wenn die Herren des Feldes kommen, werden sie
sagen: Lasst uns unser Feld. Sie sind ganz nackt in ihrer Gegenwart, damit
sie es ihnen lassen und ihnen ihr Feld geben. Darum sage ich: Wenn der
Herr des Hauses weiss, dass der Dieb kommen wird, wird er wachen, bevor
er kommt; (und) er wird ihn nicht eindringen lassen in das Haus seines
Königreiches, um seine Dinge mitzunehmen. Ihr aber, wacht angesichts
der Welt; gürtet eure Lenden mit einer grossen Kraft, dass die Räuber
keinen Weg finden, um zu euch zu kommen. Denn der Lohn, auf den ihr
rechnet, sie werden ihn finden. Wäre (doch) unter euch ein weiser Mann!
Als die Frucht gereift ist, ist er sofort gekommen, seine Sichel in der Hand,
und hat sie gemäht. Wer Ohren hat, zu hören, der höre.
ThEv 35: Jesus sagte: Es ist nicht möglich, dass jemand in das Haus des
Mächtigen eintritt (und) es mit Gewalt nimmt, es sei denn, er bände ihm
die Hände; dann wird er sein Haus umdrehen.

189   VON DER RÜCKKEHR UNREINER GEISTER
(vgl. Nr. 120)

[Matthäus 12,43–45]

[Markus]

(Nr. 120, S. 116)

43 Wenn aber der unreine Geist aus
dem Menschen ausfährt, streift er
durch wasserlose Gegenden, sucht Ruhe und findet sie nicht. 44 Dann sagt
er: Ich will in mein Haus zurückkehren, wo ich herkomme. Und wenn er es
betritt, findet er es leer, gereinigt und
geschmückt. 45 Dann geht er hin und
nimmt sieben andere Geister mit sich,
die schlimmer sind als er selbst; und
sie ziehen ein und lassen sich dort nieder. Und es steht um jenen Menschen
am Ende schlechter als zuvor. So wird
es auch diesem bösen Geschlecht ergehen.

angreift und ihn besiegt, nimmt er ihm
die Rüstung, auf die er sich verlassen
hat, und verteilt die Beute.
23 Wer nicht mit mir ist, der ist gegen
mich, und wer nicht sammelt mit mir,
der zerstreut.

6,30 (Nr. 149, S. 145)

9,50 (Nr. 167, S. 165)

Lukas 11,24–26

[Johannes]

24 Wenn der unreine Geist aus dem
Menschen ausfährt, streift er durch
wasserlose Gegenden, sucht Ruhe und
findet sie nicht. Dann sagt er: Ich will
in mein Haus zurückkehren, wo ich
herkomme. 25 Und wenn er kommt,
findet er es gereinigt und geschmückt.
26 Dann geht er hin und nimmt sieben
andere Geister mit, die schlimmer sind
als er selbst; und sie ziehen ein und lassen sich dort nieder. Und es steht um
jenen Menschen am Ende schlechter
als zuvor.

190   ZWEIERLEI SELIGPREISUNGEN

[Matthäus]   *[Markus]*

_____   _____
_____   _____
_____   _____
_____   _____
_____   _____
_____   _____

ThEv 79: Eine Frau aus der Menge sagte zu ihm: Glücklich der Leib, der dich
getragen hat, und die Brüste, die dich genährt haben. Er sagte zu [ihr]:
Glücklich sind die, die das Wort des Vaters gehört haben (und) die es bewahrt haben in Wahrheit. Denn es werden Tage kommen, da ihr euch sagen werdet: Glücklich der Leib, der nicht empfangen hat, und die Brüste,
die nicht Milch gegeben haben.

191   DAS ZEICHEN DES JONA
                    (vgl. Nr. 119 . 154)

[Matthäus 12,38–42]   *[Markus 8,11–12]*
(Nr. 119, S. 115)   (Nr. 154, S. 153)

38 Dann antworteten ihm einige von   11 Und die Pharisäer gingen hinaus
den Schriftgelehrten und Pharisäern: und begannen mit ihm zu streiten; sie
Meister, wir wollen von dir ein Zeichen forderten von ihm ein Zeichen vom
sehen!   Himmel, um ihn zu versuchen.
39 Er aber entgegnete ihnen: 12 Da seufzt er in seinem Geist auf und
                                    spricht:
_____   Was fordert dieses Geschlecht ein Zei-
Ein böses und ehebrecherisches Ge- chen! Amen, ich sage euch: Diesem Geschlecht fordert ein Zeichen, und ihm schlecht wird gewiss kein Zeichen ge-
wird kein Zeichen gegeben werden,   geben werden.
ausser dem Zeichen des Propheten Jo-
na.   _____
40 Denn wie «Jona im Bauch des   _____
Fisches war, drei Tage und drei Näch- _____
te,» so wird der Menschensohn im   _____
Schoss der Erde sein, drei Tage und drei _____
Nächte. 41 Die Männer Ninives werden _____
im Gericht aufstehen gegen dieses Ge- _____
schlecht und es verurteilen, denn sie _____
sind auf die Predigt des Jona hin umge- _____

Lukas 11,27–28   *[Johannes]*

27 Und es geschah, als er das sagte, da
erhob eine Frau aus der Menge ihre
Stimme und sagte zu ihm: Selig der
Schoss, der dich getragen hat, und die
Brüste, an denen du gesogen hast. 28 Er
aber sprach: Selig sind vielmehr, die
das Wort Gottes hören und bewahren.

Lukas 11,29–32   *[Johannes]*

29 Als aber noch mehr Leute dazukamen, fing er an zu sprechen:
Dieses Geschlecht ist ein böses Geschlecht! Es fordert ein Zeichen, und
ihm wird kein Zeichen gegeben werden, ausser dem Zeichen des Jona.

30 Denn wie Jona zum Zeichen geworden ist für die Leute von Ninive, so
wird es auch der Menschensohn sein
für dieses Geschlecht.

kehrt. Und siehe, hier ist mehr als Jona!
42 Die Königin des Südens wird im Gericht auftreten gegen
dieses Geschlecht und es verurteilen,
denn sie kam vom Ende der Erde, um
Salomos Weisheit zu hören. Und siehe,
hier ist mehr als Salomo!

40: Jon 2,1
16,1–2a . 4 (Nr. 154, S. 153)

192   VOM LICHT
(vgl. Nr. 53 . 125)

[Matthäus 5,15]
(Nr. 53, S. 53)

15 Man zündet auch nicht ein Licht an
und stellt es
unter den Scheffel,

sondern auf den Leuchter;
dann leuchtet es allen im Haus.

[Markus 4,21]
(Nr. 125, S. 121)

21 Und er sprach zu ihnen:
Kommt etwa das Licht, damit es

unter den Scheffel oder unter das Bett
gestellt werde? Nein, damit es auf den
Leuchter gestellt werde!

> ThEv 33: Jesus sagte: Das, was du mit deinem Ohr (und) mit dem anderen
> Ohr hörst, verkünde es auf euren Dächern. Denn niemand zündet eine
> Lampe an, um sie unter den Scheffel zu stellen, noch um sie an einen ver-
> borgenen Ort zu stellen; sondern man stellt sie auf einen Leuchter, damit
> jeder, der eintritt und hinausgeht, ihr Licht sieht.

193   VOM AUGE
(vgl. Nr. 65)

[Matthäus 6,22–23]
(Nr. 65, S. 62)

22 Das Auge ist das Licht des Leibes.
Wenn dein Auge lauter ist, wird dein

[Markus]

31 Die Königin des Südens wird im Gericht auftreten gegen die Männer
dieses Geschlechts und sie verurteilen.
Denn sie kam vom Ende der Erde, um
Salomos Weisheit zu hören. Und siehe,
hier ist mehr als Salomo! 32 Die Männer Ninives werden im Gericht auftreten gegen dieses Geschlecht und es verurteilen; denn sie sind auf die Predigt
des Jona hin umgekehrt. Und siehe,
hier ist mehr als Jona!

Lukas 11,33   *[Johannes]*

33 Niemand zündet ein Licht an und
stellt es in ein Versteck und auch nicht
unter den Scheffel,

sondern auf den Leuchter,
damit die Eintretenden das Licht sehen.
8,16 (Nr. 125, S. 121)

Lukas 11,34–36   *[Johannes]*

34 Das Auge ist das Licht des Leibes.
Wenn dein Auge lauter ist, ist auch

ganzer Leib licht sein. 23 Wenn dein
Auge böse ist, wird dein ganzer Leib
finster sein. Wenn nun das Licht, das
in dir ist, Finsternis ist, wie gross ist
dann die Finsternis!

194　　　　WEHERUF ÜBER PHARISÄER
　　　　　　UND GESETZESLEHRER
　　　　　　　　(vgl. Nr. 284)

[Matthäus 15,1–9]　　　　　　　[Markus 7,1–9]
[23,25–26 . 23 . 6–7 . 27–28 . 4 . 29–32 . 34–36 . 13]

15,1–9 (Nr. 150, S. 147)　　　　　7,1–9 (Nr. 150, S. 147)

1 Da kamen von Jerusalem Pharisäer
und Schriftgelehrte zu Jesus

und sagten:

2 Warum übertreten deine Jünger die
Überlieferung der Alten? Sie waschen
nämlich die Hände nicht, wenn sie
Brot essen. 3 Da antwortete er ihnen:
Warum übertretet denn ihr das Gebot
Gottes zugunsten eurer Überlieferung?
4 Denn Gott hat gesagt: «Ehre Vater
und Mutter» und: «Wer Vater oder
Mutter verflucht, der sei des Todes.»
5 Ihr aber sagt: Wer zu Vater oder Mutter sagt: Dem Tempel soll geweiht sein,

1 Da versammeln sich bei ihm die Pharisäer und einige der Schriftgelehrten,
die von Jerusalem kamen. 2 Und sie sehen, wie einige seiner Jünger mit unreinen, das heisst ungewaschenen
Händen ihr Brot essen. 3 Die Pharisäer
nämlich und die Juden überhaupt essen nicht, ohne sich die Hände mit einer Handvoll Wasser zu waschen, um
so an der Überlieferung der Alten fest-
zuhalten; 4 auch wenn sie vom Markt
kommen, essen sie nicht, ohne sie zu
waschen, und vieles andere mehr gibt
es, was zu halten sie übernommen haben: das Abwaschen von Bechern und
Krügen und Kupfergeschirr.
5 Da fragen die Pharisäer und
Schriftgelehrten:
Warum leben deine Jünger nicht nach
der Überlieferung der Alten, sondern
essen ihr Brot mit unreinen Händen?
6 Er aber sprach zu ihnen:

dein ganzer Leib licht. Wenn es aber
böse ist, ist auch dein Leib finster.
35 Gib also Acht, dass das Licht in dir
nicht Finsternis ist.

36 Wenn nun dein ganzer Leib licht ist
und keinen finsteren Teil hat, dann
wird er ganz licht sein, wie wenn das
Licht dich mit seinem Schein erhellt.

Lukas 11,37–54 *[Johannes]*

37 Als er aber noch redete, bat ihn ein
Pharisäer, bei ihm zu essen. Da ging er
hinein und legte sich zu Tisch. 38 Als
der Pharisäer das sah,

wunderte er sich darüber,

dass er sich vor dem Essen nicht zuerst
gewaschen hatte. 39 Da sprach der Herr
zu ihm:

was dir von mir zusteht, 6 der braucht
seinen Vater nicht zu ehren! Damit
habt ihr das Wort Gottes ausser Kraft
gesetzt zu Gunsten eurer Überlieferung.
7 Heuchler! Trefflich hat Jesaja über
euch geweissagt:

> 8 «Dieses Volk ehrt mich mit den
> Lippen,
> ihr Herz aber hält sich fern von mir.
> 9 Nichtig ist, wie sie mich verehren;
> was sie an Lehren lehren,
> sind Satzungen von Menschen.»

Trefflich hat Jesaja geweissagt über
euch Heuchler, wie geschrieben steht:

> «Dieses Volk ehrt mich mit den
> Lippen,
> ihr Herz aber hält sich fern von mir.
> 7 Nichtig ist, wie sie mich verehren;
> was sie an Lehren lehren,
> sind Satzungen von Menschen.»

8 Das Gebot Gottes lasst ihr ausser Acht
und haltet fest an der Überlieferung
der Menschen. 9 Und er sprach zu ihnen: Trefflich beseitigt ihr das Gebot
Gottes, um eure Überlieferung an seine
Stelle zu setzen.

23,25–26 (Nr. 284, S. 274)
*25 Wehe euch, Schriftgelehrte und Pharisä-
er, ihr Heuchler! Aussen haltet ihr Becher
und Schüssel rein, inwendig aber sind sie
voller Raub und Gier. 26 Blinder Pharisäer,*

*reinige zuerst den Inhalt des Bechers, damit
auch seine Aussenseite rein werde.*

23,23 (Nr. 284, S. 274)
*23 Wehe euch, Schriftgelehrte und Pharisä-
er, ihr Heuchler! Ihr verzehntet Minze, Dill
und Kümmel, lasst aber ausser Acht, was
schwerer wiegt im Gesetz: das Recht, das Erbarmen und die Treue.
Dies aber sollte man tun und jenes nicht
lassen.*

23,6–7 (Nr. 284, S. 274)
*6 Sie legen Wert auf den Ehrenplatz bei den
Gastmählern und
die Ehrensitze in den Synagogen 7 und dass
sie auf den Marktplätzen gegrüsst und von
den Leuten Rabbi genannt werden.*

23,27–28 (Nr. 284, S. 274)
*27 Wehe euch, Schriftgelehrte und Pharisä-
er, ihr Heuchler! Ihr gleicht getünchten Gräbern, die von aussen schön anzusehen sind,
inwendig aber sind sie voll von Totengebein
und lauter Unrat. 28 So erscheint auch ihr*

Nun, ihr Pharisäer, Becher und Schüssel haltet ihr aussen rein, euer Inneres aber ist voller Raub und Bosheit. 40 Ihr Toren! Hat nicht der, welcher das Äussere geschaffen hat, auch das Innere geschaffen?
41 Doch gebt das, was drinnen ist, als Almosen – und siehe, alles ist für euch rein.

42 Aber wehe euch Pharisäern! Ihr verzehntet Minze, Raute und jedes Kraut, aber am Recht und an der Liebe Gottes geht ihr vorbei.

Dies aber sollte man tun und jenes nicht lassen.
43 Wehe euch Pharisäern!
Ihr liebt es,

die Ehrensitze in den Synagogen innezuhaben und auf den Marktplätzen gegrüsst zu werden.

44 Wehe euch! Ihr seid wie die unkenntlich gewordenen Gräber; die Leute gehen über sie hinweg, ohne es zu wissen.

von aussen den Leuten als gerecht, innen
aber seid ihr voller Heuchelei und Gesetzlo-
sigkeit.

23,4 (Nr. 284, S. 274)
4 *Sie schnüren schwere und unerträgliche*
Lasten und legen sie den Menschen auf die
Schultern, sie selbst aber wollen dafür kei-
nen Finger rühren.

23,29–32 (Nr. 284, S. 274)
29 *Wehe euch, Schriftgelehrte und Pharisä-*
er, ihr Heuchler!
Ihr baut den Propheten Grabstätten und
pflegt die Denkmäler der Gerechten 30 *und*
sagt: Hätten wir in den Tagen unserer Väter
gelebt, wir wären nicht mit ihnen schuldig
geworden am Blut der Propheten. 31 *Damit*
stellt ihr euch selbst das Zeugnis aus, dass
ihr Söhne derer seid, die die Propheten getö-
tet haben.
32 *Und ihr, macht doch das Mass eurer Vä-*
ter voll!

23,34–36 (Nr. 284, S. 274)
34 *Deswegen,*

siehe, sende ich zu euch Propheten, Weise
und Schriftgelehrte; einige von ihnen wer-
det ihr töten und kreuzigen, und einige von
ihnen werdet ihr auspeitschen in euren Sy-
nagogen und sie verfolgen von Stadt zu
Stadt;
35 *so soll über euch kommen all das gerech-*
te Blut, das vergossen ist auf Erden,

von dem Blut Abels, des Gerechten, bis zum
Blut des Zacharias, des Sohnes des Bara-
chion, den ihr getötet habt zwischen Tempel
und Altar. 36 *Amen, ich sage euch: Das alles*
wird über dieses Geschlecht kommen.

23,13 (Nr. 284, S. 274)
13 *Wehe euch, Schriftgelehrte und Pharisä-*
er, ihr Heuchler! Ihr verschliesst den Men-

45 Da entgegnet ihm einer von den
Gesetzeslehrern: Meister, mit diesen
Worten beleidigst du auch uns. 46 Er
aber sprach: Wehe auch euch Gesetzes-
lehrern!
Ihr bürdet den Menschen unerträgli-
che Lasten auf, und selbst rührt ihr die
Lasten nicht mit einem Finger an.

47 Wehe euch!

Ihr baut den Propheten Denkmäler,

eure Väter aber haben sie getötet.

48 So seid ihr Zeugen für die Taten eurer Väter und heisst sie gut. Denn sie
haben sie getötet, ihr aber baut ihnen
Denkmäler.

49 Darum hat auch die Weisheit Gottes
gesprochen:
Ich will Propheten und Apostel zu ihnen senden, und von denen werden sie
einige töten und verfolgen,

50 damit das Blut aller Propheten, das
vergossen ist seit Grundlegung der
Welt, von diesem Geschlecht gefordert
werde,
51 von dem Blut Abels bis zum Blut des
Zacharias,
der umgebracht worden ist zwischen
Altar und Tempel. Ja, ich sage euch: Es
wird von diesem Geschlecht gefordert
werden!

52 Wehe euch Gesetzeslehrern! Ihr
habt den Schlüssel der Erkenntnis weg-

schen das Himmelreich. Ihr selbst nämlich
geht nicht hinein, und die wollen, lasst ihr
nicht hineingehen.

13: Verschiedene Handschriften fügen (aus Mk 12,40)
noch hinzu: «14 Wehe euch, Schriftgelehrte und
Pharisäer, ihr Heuchler! Ihr zehrt die Häuser der
Witwen auf und verrichtet zum Schein lange Gebete. Deswegen werdet ihr ein um so härteres Urteil
empfangen.»

22,15 (Nr. 280, S. 269)

12,38b–39 (Nr. 284, S. 274)
12,13 (Nr. 280, S. 269)

Gen 4,8 | 2.Chr 24,20–22 | Sach 1,1
Apg 7,51–53: 51 Ihr, die ihr halsstarrig und an Herzen und Ohren unbe-
schnitten seid, ihr widersteht allezeit dem heiligen Geist, wie eure Väter,
[so] auch ihr. 52 Welche der Propheten haben eure Väter nicht verfolgt?
Und sie haben die getötet, welche von dem Kommen des Gerechten vorher
verkündigten, dessen Verräter und Mörder ihr jetzt geworden seid, 53 ihr,
die ihr das Gesetz auf Anordnung von Engeln empfangen und es nicht
gehalten habt.
ThEv 39: Jesus sagte: Die Pharisäer und die Schriftgelehrten haben die
Schlüssel zur Erkenntnis erhalten, (und) sie haben sie versteckt. Sie sind
auch nicht eingetreten, und die, die eintreten wollten, haben sie nicht
eintreten lassen. Aber ihr, seid klug wie die Schlangen und rein wie die
Tauben.
ThEv 89: Jesus sagte: Warum wascht ihr das Äussere der Trinkschale?
Versteht ihr nicht, dass der, der das Innere gemacht hat, auch der ist, der
das Äussere gemacht hat?

195   WARNUNG VOR DEM SAUERTEIG
                    DER PHARISÄER
                      (vgl. Nr. 155)

[Matthäus 16,5–6]
(Nr. 155, S. 154)

[Markus 8,14–15]
(Nr. 155, S. 154)

5 Und die Jünger kamen ans andere
Ufer.
Sie hatten aber vergessen, Brot mitzu-
nehmen.

14 Und sie hatten vergessen, Brot mitzunehmen; nur ein einziges Brot hatten sie bei sich im Boot.

6 Da sagte Jesus zu ihnen:

15 Und er befahl ihnen:

genommen. Ihr selbst seid nicht hineingegangen, und die hineingehen wollten, habt ihr gehindert. 53 Und als er von dort wegging, fingen die Schriftgelehrten und Pharisäer an, ihm heftig zuzusetzen und ihn über noch mehr auszufragen. 54 Und sie stellten ihm nach, um etwas aus seinem Mund zu erjagen.

20,46 (Nr. 284, S. 274)
20,20 (Nr. 280, S. 269)

Lukas 12,1

[Johannes]

1 Als sich unterdessen eine Menge von Tausenden versammelt hatte, so dass sie einander fast niedertraten,

begann er und sprach zu seinen Jüngern:

Seht zu und hütet euch vor dem Sauerteig der Pharisäer und Sadduzäer!	Seht zu, hütet euch vor dem Sauerteig der Pharisäer und vor dem Sauerteig des Herodes!

196   MUTIGES BEKENNEN
(vgl. Nr. 101)

[Matthäus 10,26–33] (Nr. 101, S. 98)	*[Markus]*

26 Darum fürchtet sie nicht!
Denn nichts ist verhüllt, was nicht aufgedeckt, und nichts verborgen, was nicht bekannt werden wird.
27 Was ich euch im Dunkeln sage, das sagt im Licht.

Und was ihr ins Ohr geflüstert bekommt, das ruft aus auf den Dächern.

28 Fürchtet euch nicht vor denen, die den Leib töten, die Seele aber nicht töten können.

Fürchtet aber vielmehr den, der Seele und Leib vernichten kann.

29 Verkauft man nicht zwei Spatzen für einen Fünfer? Und nicht einer von ihnen fällt zu Boden, ohne euren Vater. 30 Bei euch aber sind sogar die Haare auf dem Kopf alle gezählt. 31 Fürchtet euch also nicht! Ihr seid mehr wert als all die vielen Spatzen. 32 Jeder nun, der sich vor den Menschen zu mir bekennt, zu dem werde auch ich mich bekennen vor meinem Vater im Himmel. 33 Wer mich aber vor den Menschen verleugnet, den werde auch ich verleugnen vor meinem Vater im Himmel.

6,26 (Nr. 67, S. 63)

4,22 (Nr. 125, S. 121)

8,38 (Nr. 160, S. 158)

Vor allem hütet euch vor dem Sauerteig
der Pharisäer, das ist die Heuchelei!

Lukas 12,2–9　　　　　　*[Johannes]*

2 Nichts ist verhüllt, was nicht aufgedeckt, und nichts verborgen, was nicht
bekannt werden wird.
3 Darum wird alles, was ihr im Dunkeln gesagt habt, im Licht gehört werden,
und was ihr in den Kammern ins Ohr
geflüstert habt, wird auf den Dächern
ausgerufen werden. 4 Ich aber sage
euch, meinen Freunden:
Fürchtet euch nicht vor denen, die den
Leib töten und danach nichts weiter
tun können. 5 Ich will euch aber zeigen, wen ihr fürchten sollt:
Fürchtet den, der nach dem Töten die
Macht hat, in die Hölle zu stossen. Ja,
ich sage euch: Den fürchtet!
6 Verkauft man nicht fünf Spatzen für
zwei Fünfer? Und nicht einer von ihnen ist vor Gott vergessen.
7 Aber selbst die Haare auf eurem Kopf
sind alle gezählt. Fürchtet euch nicht!
Ihr seid mehr wert als all die vielen
Spatzen. 8 Ich sage euch aber: Jeder, der
sich vor den Menschen zu mir bekennt, zu dem wird sich auch der
Menschensohn bekennen vor den Engeln Gottes. 9 Wer mich aber vor den
Menschen verleugnet, der wird verleugnet werden vor den Engeln Gottes.

8,17 (Nr. 125, S. 121)
12,23–24 (Nr. 201, S. 193)
21,18 (Nr. 289, S. 280)
9,26 (Nr. 160, S. 158)

Apg 27,34: Deswegen ermahne ich euch, Speise zu euch zu nehmen, denn
dies dient zu eurer Rettung; denn keinem von euch wird ein Haar vom
Haupte verlorengehen.

2.Tim 2,12: Wenn wir ausharren, werden wir auch mitherrschen; wenn wir
verleugnen, wird auch er uns verleugnen.

Offb 3,5: Wer überwindet, der wird mit weissen Kleidern angetan werden,
und ich will seinen Namen nicht auslöschen aus dem Buch des Lebens und
will seinen Namen bekennen vor meinem Vater und vor seinen Engeln.

ThEv 33: Jesus sagte: Das, was du mit deinem Ohr (und) mit dem anderen
Ohr hörst, verkünde es auf euren Dächern. Denn niemand zündet eine
Lampe an, um sie unter den Scheffel zu stellen, noch um sie an einen verborgenen Ort zu stellen; sondern man stellt sie auf einen Leuchter, damit
jeder, der eintritt und hinausgeht, ihr Licht sieht.

ThEv 5: Jesus sagte: Erkenne das, was vor dir ist, und das, was vor dir verborgen ist, wird dir enthüllt werden; denn es gibt nichts Verborgenes, was
nicht offenbar werden wird.

197   S Ü N D E   G E G E N   D E N   H E I L I G E N   G E I S T
                                   (vgl. Nr. 118)

[Matthäus 12,31–32]   *[Markus 3,28–30]*

(Nr. 118, S. 113)   (Nr. 118, S. 113)

31 Darum sage ich euch: Jede Sünde   28 Amen, ich sage euch: Alles wird den
und Lästerung wird den Menschen ver-   Menschenkindern vergeben werden,
geben werden,   die Sünden und die Lästerungen, soviel
                                        sie auch lästern mögen.

aber die Lästerung des Geistes wird
nicht vergeben werden. 32 Wenn jemand etwas gegen den Menschensohn
sagt, wird ihm vergeben werden;
wer aber etwas gegen den Heiligen   29 Wer aber den Heiligen Geist lästert,
Geist sagt, dem wird nicht vergeben   hat in Ewigkeit keine Vergebung, son-
werden, weder in dieser noch in der   dern ist ewiger Sünde schuldig.
kommenden Welt.
                                        30 Denn sie hatten gesagt: Er hat einen
                                        unreinen Geist.

ThEv 44: Jesus sagte: Wer den Vater lästert, dem wird man verzeihen, und
wer den Sohn lästert, dem wird man verzeihen; aber dem, der den Heiligen
Geist lästert, dem wird man nicht verzeihen, weder auf der Erde noch im
Himmel.

Lukas 12,10

[Johannes]

―――――――――――――――――

―――――――――――――――――
―――――――――――――――――
―――――――――――――――――
―――――――――――――――――

10 Und jeder, der etwas gegen den
Menschensohn sagt, dem wird vergeben werden.
Dem aber, der den Heiligen Geist lästert, wird nicht vergeben werden.

―――――――――――――――――
―――――――――――――――――
―――――――――――――――――

198　　　DER BEISTAND DES HEILIGEN GEISTES
(vgl. Nr. 100)

[Matthäus 10,19–20]	[Markus 13,11]
(Nr. 100, S. 96)	(Nr. 289, S. 280)
19 Wenn sie euch aber ausliefern,	11 Und wenn man euch abführt und euch ausliefert,
dann sorgt euch nicht darum, wie oder was ihr reden sollt;	dann sorgt euch nicht im Voraus, was ihr reden sollt,
denn es wird euch in jener Stunde gegeben werden, was ihr reden sollt.	sondern was euch in jener Stunde gegeben wird, das redet.
20 Denn nicht ihr seid es, die reden, sondern der Geist eures Vaters ist es, der durch euch redet.	Denn nicht ihr seid es, die reden, sondern der Heilige Geist.

199　　　VON DER HABSUCHT

[Matthäus]	[Markus]

> ThEv 72: [Ein Mann sagte] zu ihm: Sage meinen Brüdern, dass sie die Güter
> meines Vaters mit mir teilen sollen. Er sagte zu ihm: O Mensch, wer hat
> mich zu einem Teiler gemacht? Er wandte sich seinen Jüngern zu. Er sagte
> ihnen: Bin ich denn ein Teiler?

Lukas 12,11–12

11 Wenn sie euch aber vor die Gerichte der Synagogen und vor die Machthaber und vor die Behörden führen,
dann sorgt euch nicht, wie oder womit ihr euch verteidigen oder was ihr sagen sollt.
12 Denn der Heilige Geist wird euch in jener Stunde lehren, was ihr sagen müsst.

[Lukas 21,14–15]
(Nr. 289, S. 280)

14 Verlasst euch also in eurem Herzen darauf, dass ihr euch nicht im Voraus um eure Verteidigung kümmert.
15 Denn ich selbst werde euch Mund und Weisheit geben, der alle eure Widersacher nicht werden widerstehen oder widersprechen können.

Lukas 12,13–15

13 Es sagte aber einer aus der Menge zu ihm: Meister, sage meinem Bruder, er soll das Erbe mit mir teilen. 14 Er aber sprach zu ihm: Mensch, wer hat mich zum Richter oder Erbteiler über euch gesetzt? 15 Er sprach zu ihnen: Seht euch vor und hütet euch vor jeglicher Habgier! Denn selbst im Überfluss wächst einem das Leben nicht aus dem Besitz zu.

[Johannes]

200   DER REICHE KORNBAUER

[Matthäus]   [Markus]

---

*ThEv 63: Jesus sagte: Es war einmal ein reicher Mann, der hatte viel Besitz.
Er sagte: Ich werde mein Vermögen benutzen, um zu säen, zu ernten, zu
pflanzen, meine Speicher mit Früchten zu füllen, auf dass mir nichts fehle.
So waren seine Gedanken in seinem Herzen; und in dieser Nacht starb er.
Wer Ohren hat, der höre.*

201   WARNUNG VOR DER SORGE
                              (vgl. Nr. 67)

[Matthäus 6,25–34]   [Markus]
(Nr. 67, S. 63)

25 Darum sage ich euch: Sorgt euch
nicht um euer Leben, was ihr essen
werdet, noch um euren Leib, was ihr
anziehen werdet. Ist nicht das Leben
mehr als die Nahrung und der Leib
mehr als die Kleidung? 26 Schaut auf
die Vögel des Himmels:
Sie säen nicht, sie ernten nicht, sie

Lukas 12,16–21   *[Johannes]*

16 Er sagte ihnen aber ein Gleichnis:
Das Land eines reichen Mannes hatte
gut getragen. 17 Da dachte er bei sich:
Was soll ich tun? Ich habe keinen
Raum, wo ich meine Früchte lagern
kann. 18 Und er sagte: Das werde ich
tun: Ich werde meine Scheunen abbre-
chen und grössere bauen, und dort
werde ich all mein Getreide und meine
Vorräte lagern. 19 Dann werde ich zu
meiner Seele sagen können: Seele, du
hast reichen Vorrat daliegen für viele
Jahre. Ruhe dich aus, iss, trink, sei fröhlich! 20 Aber Gott sprach zu ihm: Du
Tor! In dieser Nacht fordern sie deine
Seele von dir zurück. Was du aber zu-
rückgelegt hast – wem wird es gehören? 21 So geht es dem, der für sich
Schätze sammelt und nicht reich ist vor
Gott.

Lukas 12,22–32   *[Johannes]*

22 Er sprach aber zu seinen Jüngern:
Darum sage ich euch: Sorgt euch nicht
um das Leben, was ihr essen werdet,
noch um den Leib, was ihr anziehen
werdet. 23 Denn das Leben ist mehr als
die Nahrung und der Leib mehr als die
Kleidung. 24 Achtet auf die Raben:

Sie säen nicht, sie ernten nicht, sie ha-

sammeln nicht in Scheunen, und euer himmlischer Vater ernährt sie. Seid ihr nicht mehr wert als sie?
27 Wer von euch vermag durch Sorgen seiner Lebenszeit auch nur eine Elle hinzuzufügen?

28 Und was sorgt ihr euch um die Kleidung?
Lernt von den Lilien auf dem Feld, wie sie wachsen: sie arbeiten nicht und spinnen nicht. 29 Ich sage euch aber: Selbst Salomo in seiner ganzen Pracht war nicht gekleidet wie eine von diesen. 30 Wenn aber Gott das Gras des Feldes, das heute steht und morgen in den Ofen geworfen wird, so kleidet, wie viel mehr dann euch, Kleingläubige!
31 Sorgt euch also nicht und sagt nicht: Was werden wir essen? oder: Was werden wir trinken? oder: Was werden wir anziehen?
32 Denn nach all dem trachten die Heiden. Euer himmlischer Vater weiss nämlich, dass ihr dies alles braucht.
33 Trachtet aber zuerst nach seinem Reich und seiner Gerechtigkeit, dann wird euch dies alles dazugegeben werden.
34 Sorgt euch also nicht um den morgigen Tag; denn der morgige Tag wird für sich selber sorgen. Jeder Tag hat genug an eigener Last.

10,29–31 (Nr. 101, S. 98)
6,7–8 (Nr. 62, S. 60)

ThEv 36: Jesus sagte: Sorgt euch nicht vom Morgen bis zum Abend und vom Abend bis zum Morgen, mit was ihr euch bekleiden werdet.

202   UMGANG MIT DEM BESITZ
                       (vgl. Nr. 64)

[Matthäus 6,19–21]   [Markus]
(Nr. 64, S. 61)

ben weder Vorratskammer noch Scheune, und Gott ernährt sie. Wie viel mehr
seid ihr wert als die Vögel!
25 Wer von euch vermag durch Sorgen
seiner Lebenszeit auch nur eine Elle
hinzuzufügen?
26 Wenn ihr also nicht einmal das Geringste vermögt, was sorgt ihr euch um
das Übrige?
27 Achtet auf die Lilien, wie sie wachsen: Sie arbeiten nicht und spinnen
nicht. Ich sage euch aber: Selbst Salomo
in seiner ganzen Pracht war nicht gekleidet wie eine von diesen. 28 Wenn
aber Gott das Gras, das heute auf dem
Felde steht und morgen in den Ofen
geworfen wird, so kleidet, wie viel
mehr dann euch, Kleingläubige!
29 Und ihr – trachtet nicht danach, was
ihr essen und trinken werdet, und lasst
euch nicht irre machen.

30 Denn nach all dem trachten die Völker der Welt. Euer Vater aber weiss,
dass ihr dies braucht.
31 Trachtet vielmehr nach seinem
Reich,
dann werden euch diese Dinge dazugegeben werden.
32 Fürchte dich nicht, kleine Herde,
denn es hat eurem Vater gefallen, euch
das Reich zu geben.

12,6–7 (Nr. 196, S. 190)

Lukas 12,33–34   *[Johannes]*

33 Verkauft euren Besitz und gebt Almosen!

19 Sammelt euch keine Schätze auf Erden, wo Motte und Rost sie zerfressen,
wo Diebe einbrechen und stehlen.
20 Sammelt euch vielmehr Schätze im
Himmel, wo weder Motte noch Rost sie
zerfressen, wo keine Diebe einbrechen
und stehlen. 21 Denn wo dein Schatz
ist, da ist auch dein Herz.

19,21 (Nr. 254, S. 240)   10,21 (Nr. 254, S. 240)

ThEv 76: Jesus sagte: Das Königreich des Vaters ist gleich einem Kaufmann,
der eine Ware hatte (und) der eine Perle fand. Dieser Kaufmann war weise.
Er verkaufte die Ware, er kaufte die Perle allein. Sucht auch ihr den Schatz,
der nicht aufhört und dauert, dort, wo die Motte nicht hinkommt, um zu
fressen, und (wo) auch kein Wurm zerstört.

203   WACHSAME UND NACHLÄSSIGE KNECHTE

[Matthäus 24,42–51]   [Markus 13,33–37]
[25,1–13]   (Nr. 294, S. 285)

25,1–13 (Nr. 298, S. 290)
1 Dann wird das Himmelreich zehn Jungfrauen gleichen, die ihre Lampen nahmen
und hinausgingen, den Bräutigam zu
empfangen. 2 Fünf von ihnen aber waren
töricht, und fünf waren klug. 3 Die töric-
ten nämlich nahmen wohl ihre Lampen,
nahmen aber kein Öl mit. 4 Die klugen aber
nahmen ausser ihren Lampen auch Öl in
ihren Gefässen mit. 5 Doch als der Bräutigam ausblieb, wurden sie alle müde und
schliefen ein. 6 Mitten in der Nacht aber erhob sich ein Geschrei: Siehe, der Bräutigam!
Geht hinaus, ihn zu empfangen! 7 Da standen die Jungfrauen alle auf und richteten
ihre Lampen her. 8 Die törichten aber sagten zu den klugen: Gebt uns von eurem Öl,
denn unsere Lampen sind am Erlöschen.
9 Da antworteten die klugen: Nein, es würde niemals für uns und euch reichen. Geht
lieber zu den Händlern und kauft euch welches! 10 Doch während sie unterwegs waren, um es zu kaufen, kam der Bräutigam,
und die bereit waren, gingen mit ihm hinein zur Hochzeit; und die Tür wurde verschlossen. 11 Später kommen auch die übri-

Macht euch Geldbeutel, die nicht ver-
schleissen, einen unerschöpflichen
Schatz im Himmel, wo kein Dieb naht
und keine Motte frisst. 34 Denn wo
euer Schatz ist, da ist auch euer Herz.

16,9 (Nr. 222, S. 212)

18,22 (Nr. 254, S. 240)

Lukas 12,35–48   *[Johannes 13,4–5]*

(Nr. 309, S. 303)

35 «Eure Hüften sollen umgürtet» und
eure Lichter angezündet sein! 36 Und
ihr sollt Menschen gleich sein, die darauf warten, wann ihr Herr von der
Hochzeit aufbrechen wird, um ihm,
wenn er kommt und anklopft, sogleich
zu öffnen. 37 Selig jene Knechte, die
der Herr wach findet, wenn er kommt!
Amen, ich sage euch: Er wird sich
umgürten, sie zu Tisch bitten und wird
ihnen aufwarten. 38 Auch wenn er in

*4 steht er vom Mahl auf und zieht das
Obergewand aus und nimmt ein Leinentuch und bindet es sich um; 5 dann giesst er*

gen Jungfrauen und sagen: Herr, Herr,
mach uns auf! 12 Er aber entgegnete: Amen,
ich sage euch, ich kenne euch nicht!
13 Seid also wachsam! Denn ihr wisst weder
Tag noch Stunde.

33 Seht euch vor, seid wachsam! Denn ihr
wisst nicht, wann die Zeit da ist. 34 Es ist
wie bei einem Menschen, der ausser Landes
ging: er verliess sein Haus, gab seinen
Knechten Vollmacht, jedem seine Arbeit,
und dem Türhüter befahl er, wachsam zu
sein.

24,42–51 (Nr. 296 . 297, S. 287 . 289)

42 Seid also wachsam, denn ihr wisst
nicht, an welchem Tag euer Herr
kommt.
43 Das aber seht ihr ein: Wenn der
Hausherr wüsste, in welcher Nachtwache der Dieb kommt, wäre er wachsam und
liesse nicht zu, dass in sein Haus eingebrochen wird. 44 Darum seid auch ihr
bereit, denn der Menschensohn
kommt zu einer Stunde, da ihr's nicht
denkt.

35 Seid also wachsam, denn ihr wisst nicht,
wann der Herr des Hauses kommt: ob am
Abend oder um Mitternacht oder beim
Hahnenschrei oder am frühen Morgen,
36 damit er, wenn er auf einmal kommt,
euch nicht schlafend finde. 37 Was ich euch
aber sage, das sage ich allen: Seid wachsam!

45 Wer ist nun der treue und kluge
Knecht, den der Herr über sein Gesinde
setzt, damit er ihnen Speise gebe zur
rechten Zeit?
46 Selig der Knecht, den sein Herr,
wenn er kommt, solches tun sieht.
47 Amen, ich sage euch: Er wird ihn
über alle seine Güter setzen.
48 Wenn aber der böse Knecht in seinem Herzen spricht: Mein Herr
kommt noch lange nicht, 49 und
anfängt, seine Mitknechte zu schlagen,
mit den Betrunkenen aber isst und
trinkt,
50 dann wird der Herr jenes Knechtes
kommen an einem Tag, da er's nicht erwartet, und zu einer Stunde, die er
nicht kennt. 51 Und er wird ihn in
Stücke hauen lassen und ihm sein Teil
bei den Heuchlern zuweisen; dort wird
Heulen und Zähneklappern sein.

der zweiten und wenn er in der dritten Nachtwache kommt und sie so findet, selig sind sie!

Wasser in das Becken und fängt an, den Jüngern die Füsse zu waschen und sie mit dem Tuch, das er sich umgebunden hat, abzutrocknen.

39 Das aber seht ihr ein: Wenn der Hausherr wüsste, in welcher Stunde der Dieb kommt,

liesse er nicht zu, dass in sein Haus eingebrochen wird. 40 Seid auch ihr bereit, denn der Menschensohn kommt zu einer Stunde, da ihr's nicht denkt. 41 Petrus aber sagte: Herr, sagst du dieses Gleichnis zu uns oder auch zu allen anderen? 42 Und der Herr sprach: Wer ist nun der treue und kluge Verwalter, den der Herr über seine Dienerschaft setzen wird, damit er ihnen die Speise zuteile zur rechten Zeit? 43 Selig der Knecht, den sein Herr, wenn er kommt, solches tun sieht. 44 Wahrhaftig, ich sage euch: Er wird ihn über alle seine Güter setzen. 45 Wenn aber dieser Knecht in seinem Herzen sagt: Mein Herr kommt noch lange nicht, und anfängt, die Knechte und die Mägde zu schlagen, zu essen und zu trinken und sich zu betrinken,

46 dann wird der Herr jenes Knechtes kommen an einem Tag, da er's nicht erwartet, und zu einer Stunde, die er nicht kennt. Und er wird ihn in Stücke hauen lassen und ihm sein Teil bei den Ungläubigen zuweisen.

47 Jener Knecht aber, der den Willen des Herrn kennt und nichts nach seinem Willen bereitgemacht oder getan

25,20b–21 (Nr. 299, S. 291)

1.Thess 5,2: Denn ihr selbst wisst genau, dass der Tag des Herrn so kommt
wie ein Dieb in der Nacht.

Offb 16,15: Siehe, ich komme wie ein Dieb. Selig, wer wacht, und seine
Kleider festhält, damit er nicht nackt einhergehe und man seine Schande
sehe.

ThEv 21: Mariham sagte zu Jesus: Wem gleichen deine Jünger? Er sagte: Sie
gleichen kleinen Kindern, die sich auf einem Feld niedergelassen haben,
das ihnen nicht gehört. Wenn die Herren des Feldes kommen, werden sie
sagen: Lasst uns unser Feld. Sie sind ganz nackt in ihrer Gegenwart, damit
sie es ihnen lassen und ihnen ihr Feld geben. Darum sage ich: Wenn der
Herr des Hauses weiss, dass der Dieb kommen wird, wird er wachen, bevor
er kommt; (und) er wird ihn nicht eindringen lassen in das Haus seines
Königreiches, um seine Dinge mitzunehmen. Ihr aber, wacht angesichts
der Welt; gürtet eure Lenden mit einer grossen Kraft, dass die Räuber
keinen Weg finden, um zu euch zu kommen. Denn der Lohn, auf den ihr
rechnet, sie werden ihn finden. Wäre (doch) unter euch ein weiser Mann!
Als die Frucht gereift ist, ist er sofort gekommen, seine Sichel in der Hand,
und hat sie gemäht. Wer Ohren hat, zu hören, der höre.

ThEv 103: Jesus sagte: Selig der Mensch, der weiss, [in welchem] Teil (der
Nacht) die Diebe kommen werden, dass er aufstehe, sein [...] sammle und
sich die Lenden gürte, bevor sie eintreten.

204　　ENTZWEIUNG UND ZWIETRACHT
(vgl. Nr. 102)

[Matthäus 10,34–36]	[Markus 10,38]
	(Nr. 263, S. 250)
	38 Jesus aber sprach zu ihnen: Ihr wisst nicht, worum ihr bittet. Könnt ihr den Kelch trinken, den ich trinke, oder euch taufen lassen mit der Taufe, mit der ich getauft werde?
34 Meint nicht, ich sei gekommen, Frieden auf die Erde zu bringen. Ich bin nicht gekommen, Frieden zu bringen, sondern das Schwert.	
35 Denn ich bin gekommen,	

hat, wird viele Schläge erhalten. 48 Der aber, der ihn nicht kennt, aber etwas getan hat, das Schläge verdient, wird wenige erhalten. Wem aber viel gegeben wurde, von dem wird viel gefordert werden; und wem viel anvertraut wurde, von dem wird man umso mehr verlangen.

35: Ex 12,11

17,7–10 (Nr. 232, S. 217)

Lukas 12,49–53

[Johannes]

49 Ich bin gekommen, um Feuer auf die Erde zu werfen, und wie sehr wünschte ich, es wäre schon entfacht! 50 Aber ich muss mich mit einer Taufe taufen lassen, und wie ist mir bange, bis sie vollzogen ist.
51 Meint ihr, ich sei gekommen, um Frieden auf die Erde zu bringen? Nein, sage ich euch, sondern Zwietracht.
52 Denn von nun an werden in einem Haus fünf entzweit sein, drei mit zweien und zwei mit dreien; 53 entzweit sein werden

«einen Mann mit seinem Vater» zu
entzweien
und «eine Tochter mit ihrer Mutter»

und «eine Schwiegertochter mit ihrer
Schwiegermutter;»

36 und «zu Feinden werden dem Menschen die eigenen Hausgenossen.»
35–36: Mi 7,6

ThEv 10: Jesus sagte: Ich habe ein Feuer auf die Welt geworfen, und seht, ich
wache über es, bis es sich entzündet.
ThEv 16: Jesus sagte: Vielleicht denken die Menschen, dass ich gekommen
bin, um Frieden auf die Welt zu werfen; und sie wissen nicht, dass ich gekommen bin, Uneinigkeiten auf die Erde zu werfen, Feuer, Schwert, Krieg.
Denn es werden fünf sein, die in einem Haus sein werden: drei werden gegen zwei und zwei werden gegen drei sein, der Vater gegen den Sohn, der
Sohn gegen den Vater, und sie werden als Einzelne dastehen.

205   ZEICHEN DER ZEIT
(vgl. Nr. 154)

[Matthäus 16,2–3]   [Markus]
(Nr. 154, S. 153)

2 Er aber antwortete ihnen: {Am Abend
sagt ihr: Das Wetter wird schön, denn
der Himmel ist rot. 3 Und am Morgen:
Heute wird es regnen, denn der Himmel ist rot und trüb.

Das Aussehen des Himmels wisst ihr
zu deuten, die Zeichen der Zeit aber
versteht ihr nicht.}

ThEv 91: Sie sagten zu ihm: Sage uns, wer du bist, damit wir an dich
glauben. Er sagte zu ihnen: Ihr erkundet (prüft?) das Gesicht des Himmels
und der Erde, und den, der vor euch ist, habt ihr nicht erkannt, und diesen
Augenblick wisst ihr nicht zu erkunden (prüfen?).

Vater und Sohn, und «Sohn» und «Vater,» Mutter und Tochter,
und «Tochter und Mutter,» Schwiegermutter und Schwiegertochter,
und «Schwiegertochter und Schwiegermutter.»

53: Mi 7,6

Lukas 12,54–56

[Johannes]

54 Und zu den Leuten sprach er: Wenn
ihr eine Wolke im Westen aufsteigen
seht, sagt ihr sogleich: Es kommt Regen, und so geschieht es. 55 Und wenn
ihr spürt, dass der Südwind weht, sagt
ihr: Es wird Gluthitze geben, und es geschieht. 56 Heuchler, das Aussehen der
Erde und des Himmels wisst ihr einzuschätzen; wie kommt es dann, dass ihr
diese Stunde nicht einzuschätzen
wisst?

206   ZEIT ZUR VERSÖHNUNG
(vgl. Nr. 55)

[Matthäus 5,25–26]
(Nr. 55, S. 55)

[Markus]

25 Verständige dich mit deinem Prozessgegner unverzüglich, solange du
mit ihm unterwegs bist,
damit er dich nicht dem Richter übergebe und der Richter dem Gerichtsdiener und man dich ins Gefängnis werfe.

26 Amen, ich sage dir: Du wirst von
dort nicht herauskommen, bis du den
letzten Rappen bezahlt hast.

207   MAHNUNG ZUR UMKEHR
DER UNNÜTZE FEIGENBAUM

[Matthäus 21,18–19]
(Nr. 272, S. 261)

[Markus 11,12–14]
(Nr. 272, S. 261)

18 Als er früh am Morgen in die Stadt zu-
rückkehrte, hungerte ihn. 19 Und er sah ei-
nen Feigenbaum am Weg, ging auf ihn zu

12 Und als sie am nächsten Tag von Beta-
nien aufbrachen, hungerte ihn. 13 Und er
sah von ferne einen Feigenbaum, der Blät-

Lukas 12,57–59

[Johannes]

57 Warum aber urteilt ihr nicht auch von euch aus, was Recht ist? 58 Denn wenn du mit deinem Prozessgegner vor Gericht gehst, dann gib dir unterwegs Mühe, ihn loszuwerden, damit er dich nicht vor den Richter ziehe und der Richter dich dem Gerichtsdiener übergebe und der Gerichtsdiener dich ins Gefängnis werfe. 59 Ich sage dir: Du wirst von dort nicht herauskommen, bis du auch den letzten Rappen bezahlt hast.

Lukas 13,1–9

[Johannes]

1 Es waren aber zur selben Zeit einige zugegen, die ihm von den Galiläern berichteten, deren Blut Pilatus mit ihren Schlachtopfern vermischt hatte. 2 Und er antwortete ihnen: Meint ihr, diese Galiläer seien grössere Sünder gewesen als alle anderen Galiläer, weil sie dies erlitten haben? 3 Nein, sage ich euch; sondern wenn ihr nicht umkehrt, werdet ihr alle ebenso zugrundegehen. 4 Oder jene achtzehn, auf die der Turm am Teich Siloah stürzte und sie tötete, meint ihr, sie seien schuldiger gewesen als alle anderen Bewohner Jerusalems? 5 Nein, sage ich euch; sondern wenn ihr nicht umkehrt, werdet ihr alle ebenso zu Grunde gehen. 6 Er sagte aber dieses Gleichnis: Einer hatte in seinem Weinberg einen Feigenbaum stehen. Und er kam und

und fand an ihm nichts als Blätter. Und er
spricht zu ihm: Nie mehr soll Frucht aus dir
hervorgehen in Ewigkeit; und der Feigenbaum verdorrte auf der Stelle.

ter hatte, und er ging hin, ob er nicht etwas
an ihm fände. Und als er zu ihm hinkam,
fand er nichts als Blätter; denn es war nicht
die Zeit für Feigen. 14 Und er sprach zu ihm:
In Ewigkeit soll niemand mehr eine Frucht
von dir essen. Und seine Jünger hörten es.

208   HEILUNG DER VERKRÜMMTEN FRAU

[Matthäus]   [Markus]

12,9–14 (Nr. 112, S. 107)   3,1–6 (Nr. 47, S. 48)

suchte Frucht an ihm und fand keine.
7 Da sagte er zu dem Weinbauer: Siehe,
seit drei Jahren komme ich und suche
Frucht an diesem Feigenbaum, und ich
finde keine. Hau ihn um; wozu soll er
auch noch den Boden aussaugen? 8 Der
aber antwortet ihm: Herr, lass ihn noch
dieses Jahr, bis ich rings um ihn umgegraben und Mist zugelegt habe. 9 Vielleicht bringt er in Zukunft doch Frucht;
wenn aber nicht, so hau ihn um.

Lukas 13,10–17

[Johannes]

10 Er lehrte aber am Sabbat in einer der
Synagogen. 11 Und siehe, eine Frau hatte seit achtzehn Jahren einen Geist, der
sie krank machte, und sie war ver-
krümmt und konnte sich nicht mehr
ganz aufrichten. 12 Als aber Jesus sie
sah, rief er sie herbei und sprach zu ihr:
Frau, du bist von deiner Krankheit er-
löst. 13 Und er legte ihr die Hände auf.
Und sofort richtete sie sich auf und
pries Gott. 14 Der Synagogenvorsteher
aber, aufgebracht darüber, dass Jesus
am Sabbat heilte, sprach zu der Menge:
Sechs Tage sind es, an denen man arbeiten soll; kommt also an diesen, um
euch heilen zu lassen, nicht am Tag des
Sabbats! 15 Der Herr aber antwortete
ihm: Heuchler, bindet nicht jeder von
euch am Sabbat seinen Ochsen oder
Esel von der Krippe los und führt ihn
zur Tränke? 16 Diese aber, eine Tochter
Abrahams, die der Satan, siehe, achtzehn Jahre lang in Fesseln gehalten hat,
musste die nicht am Tag des Sabbats
von dieser Fessel losgebunden werden?
17 Und weil er dies sagte, wurden alle
seine Gegner beschämt. Und alles Volk
freute sich über all die herrlichen Taten, die durch ihn geschahen.

6,6–11 (Nr. 47, S. 48)

14,5 (Nr. 214, S. 204)

209   VOM SENFKORN
                             (vgl. Nr. 128)

[Matthäus 13,31–32]   *[Markus 4,30–32]*
(Nr. 128, S. 123)   *(Nr. 128, S. 123)*

31 Ein anderes Gleichnis legte er ihnen   30 Und er sprach:
vor:
Das Himmelreich   Wie sollen wir das Reich Gottes abbil-
                                          den, oder in welchem Gleichnis sollen
                                          wir es darstellen?
ist einem Senfkorn gleich, das einer   31 Es ist wie ein Senfkorn,
nahm und auf seinen Acker säte.
32 Es ist zwar das kleinste unter allen   das kleinste unter allen Samenkörnern
Samenkörnern,   auf Erden, das aufs Land gesät wird.
aber sobald es hochgewachsen ist, ist es 32 Wenn es gesät wird, geht es auf und
grösser als alle anderen Gewächse und   wird grösser als alle anderen Gewächse
wird ein Baum, so dass «die Vögel des   und treibt grosse Zweige, so dass in sei-
Himmels» kommen «und in seinen   nem Schatten «die Vögel des Himmels
Zweigen nisten.»   nisten» können.
32: Ps 104,12   32: Ps 104,12

ThEv 20: Die Jünger sagten zu Jesus: Sage uns, was mit dem Himmelreich zu
vergleichen ist. Er sagte zu ihnen: Es ist gleich einem Senfkorn, dem kleinsten unter allen Samen; aber wenn es auf beackerten Boden fällt, kommt aus
ihm ein grosser Zweig hervor, der ein Schutz für die Vögel des Himmels
wird.

210   VOM SAUERTEIG
                             (vgl. Nr. 129)

[Matthäus 13,33]   *[Markus]*
(Nr. 129, S. 124)

33 Ein anderes Gleichnis sagte er ihnen: Das Himmelreich
ist einem Sauerteig gleich, den eine
Frau nahm und mit drei Scheffel Mehl
vermengte, bis alles durchsäuert war.

ThEv 96: Jesus [sagte]: Das Königreich des Vaters ist gleich [einer] Frau. Sie
nahm ein wenig Sauerteig, [verbarg] ihn in dem Teig (und) machte davon
grosse Brote. Wer Ohren hat, der höre.

Lukas 13,18–19	*[Johannes]*

18 Nun sprach er:

Wem ist das Reich Gottes gleich, und womit soll ich es vergleichen?

19 Es ist einem Senfkorn gleich, das einer nahm und in seinen Garten säte.

Und es wuchs

und wurde zu einem Baum, und «die Vögel des Himmels nisteten in seinen Zweigen.»

19: Ps 104,12

Lukas 13,20–21	*[Johannes]*

20 Und wiederum sprach er: Womit soll ich das Reich Gottes vergleichen? 21 Es ist einem Sauerteig gleich, den eine Frau nahm und mit drei Scheffel Mehl vermengte, bis alles durchsäuert war.

211   VON DER ENGEN TÜR

[Matthäus 7,13–14 . 22–23; 25,41; 8,11–12;   *[Markus 10,31]*
19,30]

                                          (Nr. 255, S. 241)

7,13–14 *(Nr. 72, S. 67)*
13 Tretet ein durch die enge Tür! Denn
weit ist das Tor und breit der Weg, der
ins Verderben führt, und viele sind es,
die durch es hineingehen. 14 Wie eng
ist die Tür und wie schmal der Weg, der
ins Leben führt, und wenige sind es,
die ihn finden.

7,22–23 *(Nr. 74, S. 68)*
22 Viele werden an jenem Tag zu mir
sagen: Herr, Herr, haben wir nicht in
deinem Namen als Propheten geredet,
in deinem Namen Dämonen ausgetrieben und in deinem Namen viele Wunder getan?
23 Dann sollen sie es von mir hören:
Ich habe euch nie gekannt! «Geht weg
von mir, die ihr gesetzlos handelt!»
25,41 *(Nr. 300, S. 293)*
41 Dann wird er auch denen zur Linken sa-
gen: Geht weg von mir, Verfluchte, in das
ewige Feuer, das bereitet ist für den Teufel
und seine Engel!
8,11–12 *(Nr. 85, S. 78)*
11 Ich aber sage euch:
Viele werden aus Osten und Westen
kommen

und mit Abraham, Isaak und Jakob
zu Tische liegen im Himmelreich.
12 Die Söhne des Reichs aber werden in
die äusserste Finsternis hinausgewor-

Lukas 13,22–30   *[Johannes]*

22 Und er zog von Stadt zu Stadt und
von Dorf zu Dorf, lehrte dabei und
nahm so seinen Weg nach Jerusalem.
23 Da sagte einer zu ihm: Herr, ob es
wohl wenige sind, die gerettet werden?
Er aber sprach zu ihnen: 24 Kämpft darum, dass ihr
durch die enge Tür eintretet!

Denn viele, sage ich euch, werden einzutreten trachten

und werden es nicht vermögen.

25 Wenn der Hausherr aufgestanden
ist und die Tür verschlossen hat und
wenn ihr erst dann draussen steht und
anfangt, an die Tür zu klopfen und zu
sagen: Herr, öffne uns!, dann wird er
euch antworten: Ich weiss nicht, woher
ihr seid! 26 Dann werdet ihr anfangen
zu sagen: Wir haben vor deinen Augen
gegessen und getrunken, und du hast
auf unseren Strassen gelehrt.
27 Und er wird zu euch sagen: Ich
weiss nicht, woher ihr seid. «Weg von
mir, all ihr Übeltäter!»
28 Dort wird Heulen und Zähneklappern sein, wenn ihr Abraham, Isaak
und Jakob und alle Propheten im Reich
Gottes sehen werdet, euch aber hinausgeworfen.

29 Und sie werden kommen von Osten
und Westen und von Norden und Süden und

zu Tische liegen im Reich Gottes.

fen werden; dort wird Heulen und Zähneklappern sein.

19,30 (Nr. 255, S. 241)

30 Viele Erste aber werden Letzte sein
und Letzte Erste.

31 Viele Erste aber werden Letzte sein
und Letzte Erste.

23: Ps 6,9
25,10–12 (Nr. 298, S. 290)
20,16 (Nr. 256, S. 242)
22,13–14 (Nr. 279, S. 267)

> ThEv 4: Jesus sagte: Der alte Mensch wird nicht zögern in seinem Alter, ein
> kleines Kind von sieben Tagen zu befragen über den Ort des Lebens, und er
> wird leben; denn viele Erste werden die Letzten werden, und sie werden
> ein Einziger werden.

212   VOLLENDUNG IN JERUSALEM

[Matthäus]   *[Markus]*

213   WEHKLAGE ÜBER JERUSALEM
                                     (vgl. Nr. 285)

[Matthäus 23,37–39]   *[Markus]*
(Nr. 285, S. 278)

37 Jerusalem, Jerusalem, die du tötest
die Propheten und steinigst, die zu dir
gesandt sind! Wie oft habe ich deine
Kinder um mich sammeln wollen, wie

30 Und siehe, es gibt Letzte, die Erste
sein werden, und es gibt Erste, die Letzte sein werden.

27: Ps 6,9

Lukas 13,31–33   [Johannes]

31 Zur selben Stunde traten einige Pharisäer herzu und sagten zu ihm: Geh
weg, zieh fort von hier, denn Herodes
will dich töten. 32 Und er sprach zu ihnen: Geht und sagt diesem Fuchs: Siehe, ich treibe Dämonen aus und voll-
bringe Heilungen heute und morgen,
und am dritten Tag werde ich vollendet. 33 Jedoch heute und morgen und
am folgenden Tag muss ich weiterzie-
hen, denn es geht nicht an, dass ein
Prophet ausserhalb von Jerusalem um-
kommt.

Lukas 13,34–35   [Johannes]

34 Jerusalem, Jerusalem, die du tötest
die Propheten und steinigst, die zu dir
gesandt sind! Wie oft habe ich deine
Kinder sammeln wollen wie eine Hen-

eine Henne ihre Küken unter ihre Flügel sammelt, und ihr habt nicht gewollt. 38 Siehe, euch wird euer Haus
verwüstet hinterlassen. 39 Denn ich sage euch: Ihr werdet mich von jetzt an
nicht mehr sehen, bis ihr sprecht:
　　«Gepriesen sei, der da kommt im
　　Namen des Herrn.»

39: Ps 118,26

214　　　　　　HEILUNG DES WASSERSÜCHTIGEN

[Matthäus]　　　　　　　　　　[Markus]

12,9–14 (Nr. 112, S. 107)　　　　　3,1–6 (Nr. 47, S. 48)

215　　　　　　GÄSTE UND GASTGEBER

[Matthäus]　　　　　　　　　　[Markus]

ne ihre Küken unter ihre Flügel, und
ihr habt nicht gewollt.
35 Siehe, euch wird euer Haus verlassen sein. Ich sage euch: Ihr werdet
mich nicht mehr sehen, bis die Zeit
kommt, da ihr sprecht:
>«Gepriesen sei, der da kommt im
>Namen des Herrn.»

35: Ps 118,26

Lukas 14,1–6

[Johannes]

1 Und es geschah, als er an einem Sabbat in das Haus eines der Oberen der
Pharisäer kam, um zu essen, da beobachteten sie ihn genau. 2 Und siehe, da
stand ein wassersüchtiger Mensch vor
ihm. 3 Und Jesus entgegnete den Gesetzeslehrern und Pharisäern: Ist es erlaubt, am Sabbat zu heilen oder nicht?
4 Sie aber schwiegen. Und er fasste ihn
an, heilte ihn und entliess ihn. 5 Und
zu ihnen sprach er: Wer von euch, dessen Sohn oder dessen Ochse in einen
Brunnen fällt, wird ihn am Tag des Sabbats nicht sogleich herausziehen?
6 Und sie vermochten nichts dagegen
einzuwenden.

6,6–11 (Nr. 47, S. 48)
13,15–16 (Nr. 208, S. 200)

Lukas 14,7–14

[Johannes 5,29]
(Nr. 141, S. 135)

7 Er sagte aber den Geladenen ein
Gleichnis, da er darauf achtete, wie sie
die Ehrenplätze auswählten, und er
sprach zu ihnen: 8 Wenn du von jemandem zu einem Hochzeitsmahl eingeladen wirst, setze dich nicht auf den
Ehrenplatz. Es könnte sonst einer von

23,12 (Nr. 284, S. 274)
18,4 (Nr. 166, S. 164)
5,46–47 (Nr. 59, S. 58)

216   DAS GROSSE MAHL
(vgl. Nr. 279)

[Matthäus 22,1–14]   [Markus]
(Nr. 279, S. 267)

1 Und Jesus begann und redete wiederum in Gleichnissen zu ihnen: 2 Das

ihm eingeladen sein, der angesehener
ist als du, 9 und der, der dich und ihn
eingeladen hat, könnte kommen und
zu dir sagen: Mach diesem Platz! Dann
müsstest du voll Scham den untersten
Platz einnehmen. 10 Nein, wenn du
eingeladen wirst, dann geh und lass
dich auf dem untersten Platz nieder,
damit dein Gastgeber, wenn er kommt,
zu dir sagen wird: Freund, rücke weiter
nach oben! Dann wird dir Ehre zuteil
werden in den Augen aller, die mit dir
zu Tische liegen. 11 Denn wer sich
selbst erhöht, wird erniedrigt werden,
und wer sich selbst erniedrigt, wird
erhöht werden. 12 Zu dem aber, der ihn
eingeladen hatte, sprach er: Wenn du
ein Mittagsmahl oder ein Abendessen
gibst, so lade weder deine Freunde
noch deine Brüder noch deine Verwandten noch reiche Nachbarn ein, damit sie dich nicht ihrerseits wieder ein-
laden und es dir vergolten wird.
13 Nein, wenn du ein Gastmahl gibst,
dann lade Arme, Verkrüppelte, Lahme
und Blinde ein. 14 Und du wirst selig
sein, weil sie nichts haben, es dir zu
vergelten. Denn es wird dir vergolten
werden in der Auferstehung der Gerechten.

*29 dass herauskommen werden, die das Gu-
te getan haben, zur Auferstehung ins Leben,
die aber das Böse verübt haben, zur Auferstehung ins Gericht.*

18,14 (Nr. 237, S. 222)

6,32–35 (Nr. 80, S. 72)

Lukas 14,15–24   *[Johannes]*

15 Als aber einer von denen, die zu
Tische lagen, das hörte, sagte der zu
ihm: Selig, wer im Reich Gottes essen
wird.
16 Er aber sprach zu ihm:

Himmelreich gleicht einem König, der
seinem Sohn die Hochzeit ausrichtete.
3 Und er sandte seine Knechte aus, um
die Geladenen zur Hochzeit zu rufen,

und sie wollten nicht kommen.

4 Wiederum sandte er andere Knechte
aus und sprach: Sagt den Geladenen:
Siehe, mein Mahl habe ich bereitet,
meine Ochsen und das Mastvieh sind
geschlachtet, und alles ist bereit.
Kommt zur Hochzeit!
5 Sie aber achteten nicht darauf und
gingen ihrer Wege, der eine auf seinen
Acker, der andere an sein Geschäft.
6 Die übrigen aber ergriffen seine
Knechte, misshandelten und töteten
sie.

7 Da wurde der König zornig und
schickte seine Heere aus, liess die Mörder umbringen und ihre Stadt anzünden.
8 Dann sagt er zu seinen Knechten: Die
Hochzeit ist zwar bereit, die Geladenen
aber waren es nicht wert.
9 Geht also an die Ecken der Strassen
und ruft zur Hochzeit, wen immer ihr
findet.

10 Da gingen die Knechte auf die Strassen hinaus und brachten alle, die sie
fanden, Böse und Gute,

und der Hochzeitssaal füllte sich mit
Gästen.

11 Als aber der König hineinging, sich
die Gäste anzusehen, sah er dort einen,
der kein Hochzeitskleid trug. 12 Und er

Ein Mensch gab ein grosses Mahl und lud viele ein. 17 Und zur Stunde des Mahls sandte er seinen Knecht aus, um den Geladenen zu sagen: Kommt, alles ist schon bereit!
18 Und auf einmal begannen sich alle zu entschuldigen.

Der erste sagte zu ihm: Ich habe einen Acker gekauft und muss unbedingt hingehen, um ihn anzusehen. Ich bitte dich, betrachte mich als entschuldigt.
19 Und ein anderer sagte: Ich habe fünf Joch Ochsen gekauft und bin unterwegs, sie zu prüfen. Ich bitte dich, betrachte mich als entschuldigt. 20 Und ein anderer sagte: Ich habe geheiratet und kann deshalb nicht kommen.
21 Und der Knecht kam zurück und berichtete dies seinem Herrn.
Da wurde der Hausherr zornig

und sagte zu seinem Knecht:

Geh schnell hinaus auf die Strassen und Gassen der Stadt und bring die Armen und Verkrüppelten und Blinden und Lahmen herein.
22 Und der Knecht sagte: Herr, was du angeordnet hast, ist geschehen, und es ist noch Platz. 23 Und der Herr sprach zum Knecht: Geh hinaus auf die Landstrassen und an die Zäune und nötige sie hereinzukommen, damit mein Haus voll werde!
24 Denn ich sage euch: Keiner von jenen Männern, die eingeladen waren, wird mein Mahl geniessen.

spricht zu ihm: Freund, wie bist du hier
hereingekommen ohne ein Hochzeitskleid? Der aber blieb stumm. 13 Da sagte der König zu seinen Dienern: Bindet
ihm Hände und Füsse und werft ihn hinaus in die äusserste Finsternis; dort
wird Heulen und Zähneklappern sein.
14 Denn viele sind berufen, wenige
aber auserwählt.

ThEv 23: Jesus sagte: Ich werde euch erwählen (auswählen), einen unter
tausend und zwei unter zehntausend, und sie werden dastehen, als wären
sie ein Einziger.
ThEv 64: Jesus sagte: Ein Mann hatte Gäste; und nachdem er das Mahl
zubereitet hatte, schickte er seinen Diener, um die Gäste einzuladen. Er
ging zum Ersten und sagte zu ihm: Mein Herr lädt dich ein. Der sagte: Ich
habe Geld bei Kaufleuten; sie werden heute Abend zu mir kommen, ich
werde gehen (und) ihnen Aufträge geben. Ich entschuldige mich für das
Mahl. Er ging zu einem anderen (und) sagte zu ihm: Mein Herr hat dich
eingeladen. Dieser sagte zu ihm: Ich habe ein Haus gekauft; und man
braucht mich für einen Tag. Ich werde keine Zeit haben. Er ging zu einem
anderen (und) sagte zu ihm: Mein Herr lädt dich ein. Dieser sagte zu ihm:
Mein Freund wird sich verheiraten, und ich mache das Mahl. Ich kann
nicht kommen. Ich entschuldige mich für das Mahl. Er ging zu einem
anderen, er sagte zu ihm: Mein Herr lädt dich ein. Er sagte zu ihm: Ich habe
einen Bauernhof gekauft; ich werde gehen, den Zins zu erhalten. Ich kann
nicht kommen. Ich entschuldige mich. Der Diener kam zurück (und) sagte
zu seinem Herrn: Die, die du eingeladen hast zum Mahl, lassen sich
entschuldigen. Der Herr sagte zu seinem Diener: Geh hinaus auf die Wege,
bring die mit, die du finden wirst, damit sie essen. Die Verkäufer und
Händler [werden] nicht den Ort meines Vaters [betreten].

217   BEDINGUNGEN DER NACHFOLGE
(vgl. Nr. 103)

[Matthäus 10,37–38]   [Markus]
(Nr. 103, S. 99)

37 Wer Vater oder Mutter mehr liebt
als mich, ist meiner nicht wert, und
wer Sohn oder Tochter mehr liebt als
mich, ist meiner nicht wert.
38 Und wer nicht sein Kreuz auf sich
nimmt und mir nachfolgt, ist meiner
nicht wert.

Lukas 14,25–33

[Johannes]

25 Es zogen aber viele Leute mit ihm. Und er wandte sich um und sprach zu ihnen: 26 Wenn jemand zu mir kommt und hasst nicht Vater und Mutter, Frau und Kinder, Brüder und Schwestern und dazu auch sein eigenes Leben, der kann nicht mein Jünger sein.
27 Wer nicht sein Kreuz trägt und hinter mir hergeht, kann nicht mein Jünger sein. 28 Denn wer von euch, wenn er einen Turm bauen will, setzt sich nicht zuerst hin und berechnet die Kosten, ob er auch genug habe zur Ausführung, 29 damit nicht, wenn er den

---

19,29 *(Nr. 255, S. 241)*
16,24 *(Nr. 160, S. 158)*

10,29–30 *(Nr. 255, S. 241)*
8,34 *(Nr. 160, S. 158)*

ThEv 55: Jesus sagte: Wer seinen Vater und seine Mutter nicht hasst, kann nicht mein Jünger werden. Und (wer nicht) seine Brüder und seine Schwestern hasst (und) wer (nicht) sein Kreuz trägt wie ich, wird meiner nicht würdig sein.
ThEv 101: <Jesus sagte:> Wer nicht seinen Vater und seine Mutter hasst, wird nicht [mein Jünger] werden können. Und wer seinen [Vater nicht] liebt und seine Mutter wie ich, wird nicht mein [Jünger] werden. Denn meine Mutter [...], aber [meine] wahre [Mutter], sie gab mir das Leben.

218   GLEICHNIS VOM SALZ
(vgl. Nr. 52)

[Matthäus 5,13]
(Nr. 52, S. 53)

13 Ihr seid das Salz der Erde. Wenn aber das Salz fade wird, womit soll man salzen?
Es taugt zu nichts mehr, als hinausgeworfen und von den Leuten zertreten zu werden.

[Markus 9,49–50]
(Nr. 168, S. 166)

49 Denn jeder wird mit Feuer gesalzen werden.
50 Das Salz ist etwas Gutes. Wenn aber das Salz salzlos wird, womit wollt ihr es wieder salzig machen?

Habt Salz bei euch, und haltet Frieden untereinander!

Grundstein gelegt hat und er es nicht vollenden kann, alle, die es sehen, über ihn zu spotten anfangen: 30 Dieser Mensch hat zu bauen angefangen und konnte es nicht vollenden. 31 Oder welcher König, wenn er auszieht, um mit einem anderen König Krieg zu führen, wird sich nicht zuerst hinsetzen und überlegen, ob er imstande ist, mit zehntausend dem entgegenzutreten, der mit zwanzigtausend gegen ihn anrückt. 32 Andernfalls schickt er eine Gesandtschaft, wenn er noch weit weg ist, und bittet um Frieden. 33 So kann also keiner von euch, der sich nicht von allem lossagt, was er hat, mein Jünger sein.

18,29–30 (Nr. 255, S. 241)

9,23 (Nr. 160, S. 158)

Lukas 14,34–35

[Johannes]

34 Das Salz ist etwas Gutes. Wenn aber auch das Salz fade wird, womit kann es wieder salzig gemacht werden?
35 Es ist weder für den Acker noch für den Misthaufen zu gebrauchen; man wirft es fort.

Wer Ohren hat zu hören, der höre!

219   DAS VERLORENE SCHAF
                            (vgl. Nr. 169)

[Matthäus 18,12–14]   *[Markus]*
(Nr. 169, S. 167)

12 Was meint ihr? Wenn einer hundert
Schafe hat, und es verirrt sich eines von
ihnen, wird er nicht die neunundneunzig auf den Bergen zurücklassen und
sich aufmachen, um das verirrte zu
suchen?
13 Und wenn es geschieht, dass er es
findet, amen, ich sage euch: Er freut
sich über dieses mehr als über die
neunundneunzig, die sich nicht verirrt
haben.

14 So ist es nicht der Wille eures Vaters
im Himmel, dass eines von diesen
Kleinen verloren gehe.

9,10–13 (Nr. 93, S. 87)   2,15–17 (Nr. 44, S. 45)
{18,11} (Nr. 169, S. 167)

> *ThEv 107:* Jesus sagte: Das Königreich ist gleich einem Hirten, der hundert
> Schafe hatte; eines, das das grösste war, verirrte sich; er liess (die) neun-
> undneunzig (und) suchte das eine, bis er es gefunden hatte. Danach, als er
> so viel Mühe gehabt hatte, sagte er zu dem Schaf: Ich liebe dich mehr als die
> neunundneunzig.

Lukas 15,1–7   *[Johannes]*

1 Es kamen aber alle Zöllner und Sünder zu ihm, um ihm zuzuhören. 2 Und
die Pharisäer und Schriftgelehrten
murrten: Der nimmt Sünder auf und
isst mit ihnen. 3 Er aber sagte dieses
Gleichnis zu ihnen:
4 Wer von euch lässt, wenn er hundert
Schafe hat und eines von ihnen verliert, die neunundneunzig nicht in der
Wüste zurück und geht dem verlorenen nach, bis er es findet?

5 Und wenn er es findet,
nimmt er es voller Freude auf seine
Schultern

6 und geht nach Hause, ruft die Freunde und die Nachbarn zusammen und
sagt zu ihnen: Freut euch mit mir, denn
ich habe mein verlorenes Schaf gefunden. 7 Ich sage euch: So wird Freude
sein

im Himmel über einen Sünder, der
umkehrt, mehr als über neunundneunzig Gerechte, die Umkehr nicht nötig
haben.

5,29–32 (Nr. 44, S. 45)
19,7 . 10 (Nr. 265, S. 252)

220   DIE VERLORENE DRACHME

[Matthäus]   [Markus]

221   DER VERLORENE SOHN

[Matthäus]   [Markus]

Lukas 15,8–10   [Johannes]

8 Oder welche Frau, die zehn Drach-
men hat, zündet nicht ein Licht an,
wenn sie eine davon verloren hat,
kehrt das Haus und sucht eifrig, bis sie
sie findet? 9 Und wenn sie sie gefunden hat, ruft sie die Freundinnen und
Nachbarinnen zusammen und sagt:
Freut euch mit mir, denn ich habe die
Drachme gefunden, die ich verloren
habe. 10 So, sage ich euch, wird Freude
sein vor den Engeln Gottes über einen
Sünder, der umkehrt.

Lukas 15,11–32   [Johannes]

11 Er sprach aber: Ein Mann hatte zwei
Söhne. 12 Und der jüngere von ihnen
sagte zum Vater: Vater, gib mir den Teil
des Vermögens, der mir zusteht. Der
aber teilte den Besitz unter sie auf.
13 Und wenige Tage danach packte der
jüngere Sohn alles zusammen und zog
in ein fernes Land. Dort verschleuderte
er sein Vermögen in einem heillosen
Leben. 14 Als er aber alles aufgebraucht
hatte, kam eine schwere Hungersnot
über jenes Land, und er begann, Mangel zu leiden. 15 Da ging er und hängte
sich an einen der Bürger jenes Landes,
und der schickte ihn auf seine Felder,
Schweine zu hüten. 16 Und er hätte
sich am liebsten den Bauch gefüllt mit
den Schoten, welche die Schweine frassen, und niemand gab ihm davon.
17 Da kam er zu sich und sagte: Wie
viele Tagelöhner meines Vaters haben
Brot in Hülle und Fülle, ich aber komme hier vor Hunger um. 18 Ich will
mich aufmachen und zu meinem Vater

gehen und zu ihm sagen: Vater, ich habe gesündigt gegen den Himmel und
vor dir. 19 Ich bin nicht mehr wert,
dein Sohn zu heissen; stelle mich wie
einen deiner Tagelöhner. 20 Und er
machte sich auf und ging zu seinem
Vater. Als er aber noch weit weg war,
sah ihn sein Vater, und er wurde von
Mitleid ergriffen und eilte ihm entgegen, fiel ihm um den Hals und küsste
ihn. 21 Der Sohn aber sagte zu ihm: Vater, ich habe gesündigt gegen den Himmel und vor dir. Ich bin nicht mehr
wert, dein Sohn zu heissen. 22 Da
sprach der Vater zu seinen Knechten:
Schnell, bringt das beste Gewand heraus und zieht es ihm an! Und gebt
ihm einen Ring an die Hand und Schuhe für die Füsse. 23 Holt das Mastkalb,
schlachtet es, und wir wollen essen und
fröhlich sein! 24 Denn dieser mein
Sohn war tot und ist wieder lebendig
geworden, er war verloren und ist gefunden worden. Und sie fingen an zu
feiern. 25 Sein älterer Sohn aber war
auf dem Feld. Und als er kam und sich
dem Haus näherte, hörte er Musik und
Tanz. 26 Und er rief einen von den
Knechten herbei und erkundigte sich,
was das sei. 27 Der aber sagte zu ihm:
Dein Bruder ist gekommen, und dein
Vater hat das Mastkalb geschlachtet,
weil er ihn gesund wiederbekommen
hat. 28 Da wurde er zornig und wollte
nicht hineingehen. Sein Vater aber
kam heraus und redete ihm zu. 29 Er
aber antwortete seinem Vater: Siehe, all
die Jahre diene ich dir, und nie habe ich
dein Gebot übertreten. Und mir hast
du nie einen Ziegenbock gegeben, dass
ich mit meinen Freunden hätte feiern
können. 30 Aber als dein Sohn kam,
dieser da, der deinen Besitz mit den
Huren durchgebracht hat, da hast du
für ihn das Mastkalb geschlachtet. 31 Er
aber sprach zu ihm: Kind, du bist immer bei mir, und alles, was mein ist, ist
dein. 32 Aber jetzt müsste man feiern
und sich freuen, denn dieser dein Bru-

222 DER KLUGE VERWALTER

[Matthäus] [Markus]

6,19–20 (Nr. 64, S. 61)

der war tot und ist lebendig geworden,
war verloren und ist gefunden worden.

Lukas 16,1–9

[Johannes]

1 Und zu den Jüngern sprach er: Es war
ein reicher Mann, der einen Verwalter
hatte. Dieser wurde bei ihm verklagt,
er verschleudere sein Vermögen. 2 Da
rief er ihn und sagte zu ihm: Was höre
ich da über dich? Lege Rechenschaft ab
über deine Verwaltung, denn du
kannst nicht länger Verwalter sein.
3 Der Verwalter aber sagte sich: Was
soll ich tun, da mein Herr mir die Verwaltung wegnimmt? Zu graben bin ich
nicht stark genug, und zu betteln schä-
me ich mich. 4 Ich weiss, was ich tun
werde, damit sie mich in ihre Häuser
aufnehmen, wenn ich als Verwalter ab-
gesetzt bin. 5 Und er rief die Schuldner
seines Herrn, einen nach dem andern,
zu sich und sagte zum ersten: Wie viel
bist du meinem Herrn schuldig? 6 Der
sprach: Hundert Fass Öl. Er aber sagte
zu ihm: Da, nimm deinen Schuldschein, setz dich hin und schreib
schnell fünfzig! 7 Darauf sagte er zum
zweiten: Und du, wie viel bist du schuldig? Der sagte: Hundert Sack Weizen.
Er sagt zu ihm: Da, nimm deinen
Schuldschein und schreib achtzig.
8 Und der Herr lobte den ungerechten
Verwalter, weil er klug gehandelt hatte.
Denn die Söhne dieser Welt sind gegenüber ihresgleichen klüger als die
Söhne des Lichts. 9 Und ich sage euch:
Macht euch Freunde mit dem ungerechten Mammon, damit, wenn er ausgeht, sie euch aufnehmen in die ewigen Wohnungen.

12,33 (Nr. 202, S. 194)

223   VON DER TREUE IM KLEINEN

[Matthäus]   [Markus]

224   VOM DIENST ZWEIER HERREN
(vgl. Nr. 66)

[Matthäus 6,24]   [Markus]
(Nr. 66, S. 62)

24 Niemand kann zwei Herren dienen.
Denn entweder wird er den einen hassen und den anderen lieben, oder er
wird sich an den einen halten und den
anderen verachten. Ihr könnt nicht
Gott dienen und dem Mammon.

> ThEv 47: Jesus sagte: Es ist nicht möglich, dass ein Mensch zwei Pferde
> besteigt, (noch dass) er zwei Bogen spannt; und es ist nicht möglich, dass
> ein Diener zwei Herren dient, es sei denn, er ist ehrerbietig gegenüber dem
> einen, und den anderen verhöhnt er. Niemand trinkt alten Wein und
> wünscht sofort, neuen Wein zu trinken. Und man giesst nicht neuen Wein
> in alte Schläuche, damit sie nicht verderben; und man giesst nicht alten
> Wein in einen neuen Schlauch, damit ihn nicht verdürbe. Man näht
> nicht einen alten Flecken auf ein neues Gewand, denn es würde ein Riss
> entstehen.

225   GEGEN DIE PHARISÄER

[Matthäus]   [Markus]

Lukas 16,10–12

10 Wer im Kleinsten treu ist, ist auch im Grossen treu; und wer im Kleinsten ungerecht ist, ist auch im Grossen ungerecht. 11 Wenn ihr also mit dem ungerechten Mammon nicht treu gewesen seid, wer wird euch dann das wahre Gut anvertrauen? 12 Und wenn ihr mit fremdem Gut nicht treu gewesen seid, wer wird euch dann das Eure geben?

[Johannes]

Lukas 16,13

13 Kein Knecht kann zwei Herren dienen. Denn entweder wird er den einen hassen und den anderen lieben, oder er wird sich an den einen halten und den anderen verachten. Ihr könnt nicht Gott dienen und dem Mammon.

[Johannes]

Lukas 16,14–15

14 Das alles aber hörten die Pharisäer, die am Geld hangen, und sie rümpften die Nase über ihn. 15 Und er sprach zu

[Johannes]

_____   _____
_____   _____
_____   _____
_____   _____
_____   _____

226   GELTUNG UND GRENZE DES GESETZES
                        (vgl. Nr. 54)

[Matthäus 11,12–13; 5,18]   **[Markus]**

11,12–13 (Nr. 107, S. 102)
12 Von den Tagen Johannes des Täufers
bis heute wird dem Himmelreich Gewalt angetan, und Gewalttätige reissen
es an sich.

13 Alle Propheten nämlich und das Gesetz haben geweissagt bis hin zu Johannes.

5,18 (Nr. 54, S. 54)
18 Denn amen, ich sage euch: Bis Himmel und Erde vergehen, soll vom Gesetz nicht ein Jota oder ein Häkchen
vergehen, bis alles geschieht.

24,35 (Nr. 293, S. 284)   *13,31 (Nr. 293, S. 284)*

> *ThEv 11:* Jesus sagte: Dieser Himmel wird vergehen. Und derjenige, der
> darüber ist, wird vergehen; und die, die tot sind, sind nicht lebendig, und
> die, die lebendig sind, werden nicht sterben. In den Tagen, in denen ihr
> esst von dem, was tot ist, macht ihr daraus, was lebendig ist. Wenn ihr
> Licht sein werdet, was werdet ihr tun? An dem Tag, da ihr eins gewesen
> seid, seid ihr zwei geworden. Aber wenn ihr zwei geworden seid, was
> werdet ihr tun?

227   VON DER EHESCHEIDUNG
                        (vgl. Nr. 252)

[Matthäus 19,9]   **[Markus 10,11–12]**
(Nr. 252, S. 237)   *(Nr. 252, S. 237)*

9 Ich sage euch aber: 11 Und er spricht zu ihnen:
Wer seine Frau entlässt – ausser wegen   Wer seine Frau entlässt
Unzucht –
und eine andere heiratet, der bricht   und eine andere heiratet, der bricht ihr
                                         gegenüber

ihnen: Ihr seid es, die sich selbst vor
den Menschen als gerecht darstellen,
Gott aber kennt eure Herzen. Denn was
bei den Menschen hoch angesehen ist,
ist ein Gräuel vor Gott.

Lukas 16,16–17   *[Johannes]*

16 Das Gesetz und die Propheten reichen bis zu Johannes; von da an wird
das Evangelium vom Reich Gottes verkündigt, und jeder drängt mit Gewalt
hinein.

17 Es ist aber leichter, dass Himmel und
Erde vergehen, als dass vom Gesetz
auch nur ein Häkchen wegfällt.

21,33 (Nr. 293, S. 284)

Lukas 16,18   *[Johannes]*

18 Jeder, der seine Frau entlässt

und eine andere heiratet, bricht

die Ehe.

die Ehe.
12 Und wenn sie ihren Mann entlässt und einen anderen heiratet, bricht sie die Ehe.

5,32 (Nr. 56, S. 55)

228   REICHER MANN UND ARMER LAZARUS

[Matthäus]

[Markus]

die Ehe.
Auch wer eine heiratet, die von ihrem
Mann entlassen worden ist, bricht die
Ehe.

_____

Lukas 16,19–31

19 Es war ein reicher Mann, der sich in
Purpur und feines Leinen kleidete und
Tag für Tag prächtige Feste feierte.
20 Ein Armer aber mit Namen Lazarus
lag vor seiner Tür, der war voll von Ge-
schwüren, 21 und er hätte sich am
liebsten den Bauch gefüllt mit den Bro-
samen vom Tisch des Reichen, aber nur
die Hunde kamen und leckten seine
Geschwüre. 22 Es geschah aber, dass
der Arme starb und von den Engeln in
Abrahams Schoss getragen wurde. Aber
auch der Reiche starb und wurde begraben. 23 Und als er im Totenreich, von
Qualen geplagt, seine Augen aufhebt,
sieht er von ferne Abraham und Lazarus in seinem Schoss. 24 Und er schrie:
Vater Abraham, erbarme dich meiner
und schicke Lazarus, damit er seine
Fingerspitze ins Wasser tauche und
meine Zunge kühle, denn ich leide Pein
in dieser Glut. 25 Aber Abraham sagte:
Kind, denke daran, dass du dein Gutes
zu deinen Lebzeiten empfangen hast
und Lazarus gleicherweise das Schlechte. Doch jetzt wird er hier getröstet, du
aber leidest Pein. 26 Und zu alledem
besteht zwischen uns und euch eine
tiefe Kluft, so dass die, die von hier zu
euch hinübergehen wollen, es nicht
können und dass die von dort nicht zu
uns herübergelangen. 27 Er aber sagte:
So bitte ich dich denn, Vater, dass du
ihn in das Haus meines Vaters schickst.
28 Ich habe nämlich fünf Brüder; die
soll er warnen, damit nicht auch sie an
diesen Ort der Qual kommen. 29 Abra-

[Johannes]

_____   _____
_____   _____
_____   _____
_____   _____
_____   _____
_____   _____
_____   _____
_____   _____
_____   _____

229   WARNUNG VOR VERFÜHRUNG
                          (vgl. Nr. 168)

[Matthäus 18,6–7]   [Markus 9,42]
(Nr. 168, S. 166)   (Nr. 168, S. 166)

_____   _____
_____   _____
_____   _____

6 Wer aber einen von diesen Kleinen,   42 Und wer einen von diesen Kleinen,
die an mich glauben, zu Fall bringt,   die glauben, zu Fall bringt,
für den wäre es gut, wenn ihm ein   für den wäre es weit besser, wenn ihm
Mühlstein um den Hals gehängt und er   ein Mühlstein um den Hals gehängt
in der Tiefe des Meeres versenkt wür-   und er ins Meer geworfen würde.
de.

7 Wehe der Welt wegen der Ärgernisse!
Die Ärgernisse müssen wohl kommen,
doch wehe dem Menschen, durch den
das Ärgernis kommt!

230   VOM VERGEBEN

[Matthäus 18,15]   [Markus]
[18,21–22]

18,15 (Nr. 170, S. 168)
15 Wenn dein Bruder sündigt gegen
dich, dann geh
und weise ihn unter vier Augen zurecht. Hört er auf dich, so hast du deinen Bruder gewonnen.

ham aber sagt: Sie haben Mose und die Propheten, auf die sollen sie hören.
30 Da sagte er: Nein, Vater Abraham! Aber wenn einer von den Toten zu ihnen kommt, werden sie umkehren.
31 Da sagte er zu ihm: Wenn sie auf Mose und die Propheten nicht hören, so werden sie sich auch nicht überzeugen lassen, wenn einer von den Toten aufersteht.

Lukas 17,1–3a   [Johannes]

1 Er aber sprach zu seinen Jüngern: Unabwendbar ist es, dass die Ärgernisse kommen, aber wehe dem, durch den sie kommen!

2 Es wäre besser für ihn, wenn ihm ein Mühlstein um den Hals gehängt und er ins Meer gestürzt würde,

als dass er einen von diesen Kleinen zu Fall bringt. 3 Seht euch vor!

Lukas 17,3b–4   [Johannes]

3b Wenn dein Bruder sündigt,

so weise ihn zurecht; und wenn er umkehrt, so vergib ihm.

18,21–22 (Nr. 172, S. 169)

21 Dann trat Petrus herzu und sagte zu ihm:
Herr, wie oft kann mein Bruder gegen mich
sündigen, und ich muss ihm vergeben? Bis
zu siebenmal? 22 Jesus spricht zu ihm: Ich
sage dir, nicht bis zu siebenmal, sondern bis
zu siebenundsiebzigmal.

231　　　　　　　　　AUSSICHT DES GLAUBENS
　　　　　　　　　　　　　(vgl. Nr. 163)

[Matthäus 17,19–21]　　　　　　　[Markus 9,28–29]
(Nr. 163, S. 161)　　　　　　　　　　(Nr. 163, S. 161)

19 Da traten die Jünger zu Jesus, und　28 Da ging er in ein Haus, und seine
als sie unter sich waren, sagten sie:　Jünger fragten ihn, als sie mit ihm al-
　　　　　　　　　　　　　　　　　lein waren:
Warum konnten wir ihn nicht austrei-　Warum konnten wir ihn nicht austreiben?　　　　　　　　　　　　　　ben?
20 Er aber antwortet ihnen: Wegen eu-　29 Und er sprach zu ihnen:
res Kleinglaubens! Denn amen, ich sa-
ge euch:
Wenn ihr Glauben habt wie ein Senfkorn, werdet ihr zu diesem Berg sagen:
Bewege dich von hier nach dort, und er
wird sich wegbewegen; und nichts
wird euch unmöglich sein.

　　　　　　　　　　　　　　　　Diese Art kann durch nichts ausfahren
　　　　　　　　　　　　　　　　ausser durch Gebet.

20: Die meisten Handschriften haben (wohl nach
Mk 9,29) als Zusatz: «21 Diese Art aber fährt nicht
aus, es sei denn durch Gebet und Fasten.»

21,21 (Nr. 275, S. 263)　　　　　　　11,22–23 (Nr. 275, S. 263)

ThEv 48: Jesus sagte: Wenn zwei Frieden schliessen unter sich in diesem
einen Haus, werden sie dem Berg sagen: Versetze dich, und er wird sich
versetzen.

232　　　　　　　　　VOM LOHN EINES KNECHTS

[Matthäus]　　　　　　　　　　　[Markus]

4 Und wenn er siebenmal am Tag gegen dich sündigt und siebenmal zu dir kommt und sagt: Ich will umkehren, so sollst du ihm vergeben.

Lukas 17,5–6   *[Johannes]*

5 Und die Apostel sagten zum Herrn:

Gib uns mehr Glauben!

6 Der Herr aber sprach:

Hättet ihr Glauben wie ein Senfkorn, würdet ihr zu diesem Maulbeerbaum sagen: Entwurzle dich und verpflanze dich ins Meer! – und er würde euch gehorchen.

Lukas 17,7–10   *[Johannes]*

7 Wer aber von euch, der einen Knecht zum Pflügen oder Viehhüten hat, wird

233　　　DER DANKBARE SAMARITER

[Matthäus]　　　　　　　　　　[Markus]

19,1–2 (Nr. 251, S. 237)　　　　10,1 (Nr. 251, S. 237)
8,1–4 (Nr. 84, S. 77)　　　　　1,40–44 (Nr. 42, S. 43)

zu ihm sagen, wenn er vom Feld heim-
kommt: Komm sofort und leg dich zu
Tisch! 8 Wird er nicht vielmehr zu ihm
sagen: Bereite mir etwas zu essen, bin-
de die Schürze um und bediene mich,
solange ich esse und trinke, und danach iss und trink du! 9 Dankt er etwa
seinem Knecht dafür, dass er getan hat,
was ihm aufgetragen war? 10 So auch
ihr: Wenn ihr alles getan habt, was
euch aufgetragen ist, dann sagt: Wir
sind weiter nichts als Knechte; wir haben getan, was wir zu tun schuldig waren.

Lukas 17,11–19

[Johannes]

11 Und es geschah, während er nach Jerusalem unterwegs war, da zog er
durch das Grenzgebiet von Samaria
und Galiläa. 12 Und als er in ein Dorf
hineinging, kamen ihm zehn aussätzige Männer entgegen. Sie blieben in der
Ferne stehen 13 und erhoben ihre Stimme und riefen: Jesus, Meister, erbarme
dich unser! 14 Und als er sie sah, sprach
er zu ihnen: Geht und zeigt euch den
Priestern! Und es geschah, als sie hingingen, da wurden sie rein. 15 Einer
von ihnen aber kehrte zurück, als er
sah, dass er geheilt worden war, und
pries Gott mit lauter Stimme 16 und
fiel auf das Angesicht ihm zu Füssen
und dankte ihm. Und das war ein Samariter. 17 Jesus aber antwortete: Sind
nicht alle zehn rein geworden? Wo
aber sind die anderen neun? 18 Hat
sich keiner gefunden, der zurückgekehrt ist, um Gott die Ehre zu geben,
ausser diesem Fremden? 19 Und er
sprach zu ihm: Steh auf und geh! Dein
Glaube hat dich gerettet.

9,51 (Nr. 174, S. 171)

5,12–14 (Nr. 42, S. 43)

234   VOM KOMMEN DES GOTTESREICHES

[Matthäus 24,23]   [Markus 13,21]
(Nr. 291, S. 283)   (Nr. 291, S. 283)

23 Wenn dann einer zu euch sagt: Siehe,   21 Und wenn dann einer zu euch sagt: Sie-
hier ist der Christus oder dort, so glaubt es   he, hier ist der Christus, siehe, dort, so
nicht.   glaubt es nicht.

> ThEv 3: Jesus sagte: Wenn die, die euch führen, euch sagen: Seht, das
> Königreich ist im Himmel, so werden euch die Vögel des Himmels voran-
> gehen; wenn sie euch sagen: Es ist im Meer, so werden euch die Fische
> vorangehen. Aber das Königreich ist in eurem Inneren, und es ist ausser-
> halb von euch. Wenn ihr euch erkennen werdet, dann werdet ihr erkannt,
> und ihr werdet wissen, dass ihr die Söhne des lebendigen Vaters seid. Aber
> wenn ihr euch nicht erkennt, dann werdet ihr in der Armut sein, und ihr
> seid die Armut.
> ThEv 113: Seine Jünger sagten zu ihm: Das Königreich, an welchem Tage
> wird es kommen? <Jesus sagte:> Es wird nicht kommen, indem man darauf
> wartet; man wird nicht sagen: Seht, hier ist es, oder: Seht, dort ist es;
> sondern das Königreich des Vaters ist ausgebreitet über die Erde, und die
> Menschen sehen es nicht.

235   DER TAG DES MENSCHENSOHNES

[Matthäus 24,23 . 26–27 . 37–39 . 17–18;   [Markus 13,19–23 . 14–16]
10,39; 24,40–41 . 28]

                                           13,19–23 (Nr. 290 . 291, S. 281 . 283)
                                           19 Denn jene Tage werden eine Be-
                                           drängnis sein, wie noch keine gewesen
                                           ist vom Anfang der Schöpfung, die Gott
                                           geschaffen hat, bis jetzt, und wie auch
                                           keine mehr sein wird. 20 Und verkürz-
                                           te der Herr die Tage nicht, so würde
                                           kein Lebewesen gerettet werden; aber

8,48 (Nr. 138, S. 131)
18,42–43a (Nr. 264, S. 251)
7,50 (Nr. 114, S. 109)

Lukas 17,20–21	*[Johannes]*

20 Als er aber von den Pharisäern gefragt wurde, wann das Reich Gottes
komme, entgegnete er ihnen: Das
Reich Gottes kommt nicht so, dass man
es berechnen kann.
21 Man wird auch nicht sagen: Siehe,
hier! oder: dort! Denn siehe, das Reich
Gottes ist mitten unter euch.

Lukas 17,22–37	*[Johannes 12,25]*

(Nr. 302, S. 295)

22 Zu den Jüngern aber sprach er: Es
werden Tage kommen, da werdet ihr
danach verlangen, auch nur einen der
Tage des Menschensohnes zu sehen,
und ihr werdet ihn nicht sehen.

24,23 (Nr. 291, S. 283)

23 Wenn dann einer zu euch sagt: Siehe, hier ist der Christus oder dort, so glaubt es nicht.

24,26–27 (Nr. 291, S. 283)

26 Wenn sie also zu euch sagen: Siehe, er ist in der Wüste, so geht nicht hinaus. Siehe, er ist in den Gemächern, so glaubt es nicht.

27 Denn wie der Blitz im Osten zuckt und bis in den Westen leuchtet, so wird das Kommen des Menschensohnes sein.

24,37–39 (Nr. 296, S. 287)

37 Denn wie in den Tagen des Noah, so wird es sein beim Kommen des Menschensohnes.

38 So wie sie in den Tagen vor der Sintflut weiter assen und tranken, weiter heirateten und verheiratet wurden bis zu dem Tag, als Noah in die Arche ging,

39 und nichts merkten, bis die Sintflut kam und alle wegraffte –

so wird auch das Kommen des Menschensohnes sein.

24,17–18 (Nr. 290, S. 281)

17 Wer auf dem Dach ist,

steige nicht hinunter,

um seine Habe aus dem Haus zu holen;

---

um der Erwählten willen, die er erwählt hat, hat er die Tage verkürzt.

21 Und wenn dann einer zu euch sagt: Siehe, hier ist der Christus, siehe, dort, so glaubt es nicht.

22 Denn es wird mancher falsche Christus und mancher falsche Prophet aufstehen, und sie werden Zeichen und Wunder tun, um wenn möglich die Erwählten in die Irre zu führen. 23 Ihr aber, seht euch vor! Ich habe euch alles im Voraus gesagt.

13,14–16 (Nr. 290, S. 281)

14 Wenn ihr aber «den Gräuel der Verwüstung» stehen seht, wo er nicht stehen darf – wer es liest, merke auf! –, dann sollen die in Judäa in die Berge fliehen.

15 Wer aber auf dem Dach ist,

steige nicht hinunter und gehe nicht hinein,

um etwas aus seinem Haus zu holen;

23 Und sie werden zu euch sagen: Siehe, dort! oder: Siehe, hier! Geht nicht hin, lauft nicht hinterher!

24 Denn wie der Blitz beim Aufblitzen von einem Ende des Himmels bis zum anderen leuchtet, so wird der Menschensohn sein an seinem Tage.
25 Zuvor aber muss er viel leiden und verworfen werden von diesem Geschlecht.
26 Und wie es war in den Tagen Noahs, so wird es auch sein in den Tagen des Menschensohnes:

27 Sie assen, tranken, heirateten, wurden verheiratet
bis zu dem Tag, als Noah in die Arche ging

und die Sintflut kam und alle zu Grunde richtete. 28 Ebenso, wie es war in den Tagen Lots: Sie assen, tranken, kauften, verkauften, pflanzten, bauten.
29 An dem Tag aber, als Lot von Sodom wegging, regnete es Feuer und Schwefel vom Himmel und richtete alle zu Grunde.
30 Ebenso wird es sein an dem Tag, da der Menschensohn offenbart wird.

31 Wer an jenem Tag auf dem Dach ist und sein Hab und Gut im Haus hat, der steige nicht hinunter,

um es zu holen;

18 und wer auf dem Feld ist, kehre nicht zurück, um seinen Mantel zu holen.	16 und wer auf dem Feld ist, kehre nicht zurück, um seinen Mantel zu holen.

10,39 (Nr. 103, S. 99)

39 Wer sein Leben findet, wird es verlieren;

wer sein Leben verliert um meinetwillen,

wird es finden.

24,40–41 (Nr. 296, S. 287)

40 Dann werden zwei auf dem Feld sein, einer wird mitgenommen, einer wird zurückgelassen;

41 zwei werden an der Mühle mahlen, eine wird mitgenommen, eine wird zurückgelassen.

24,28 (Nr. 291, S. 283)

28 Wo das Aas ist, da sammeln sich die Geier.

14: Dan 12,11; 11,31

24,5 (Nr. 288, S. 279)	*13,5–6 (Nr. 288, S. 279)*
24,11 (Nr. 289, S. 280)	
16,21 (Nr. 159, S. 157)	*8,31 (Nr. 159, S. 157)*
16,25 (Nr. 160, S. 158)	*8,35 (Nr. 160, S. 158)*

ThEv 61: Jesus sagte: Zwei werden ruhen auf einem Bett, einer wird sterben, der andere wird leben. Salome sagte: Wer bist du, Mensch, wessen Sohn? Du bist auf mein Bett gestiegen und hast an meinem Tisch gegessen. Jesus sagte zu ihr: Ich bin der, der aus dem hervorkommt, der gleich ist; es sind mir Dinge meines Vaters gegeben. <Salome sagte:> Ich bin deine Jüngerin. <Jesus sagte zu ihr:> Darum sage ich: Wenn er gleich ist, ist er voller Licht; aber wenn er geteilt ist, wird er voller Dunkelheit sein.

236   DIE FURCHTLOSE WITWE

[Matthäus]	*[Markus]*

und ebenso wer auf dem Feld ist, kehre nicht nach Hause zurück.

32 Denkt an Lots Frau!

33 Wer sein Leben zu bewahren sucht, wird es verlieren, und wer es verliert,

25 Wer sein Leben liebt, der verliert es;

und wer sein Leben in dieser Welt hasst,

wird es neu erhalten.

wird es bewahren ins ewige Leben.

34 Ich sage euch: In dieser Nacht werden zwei in einem Bett sein, der eine wird mitgenommen, der andere wird zurückgelassen werden. 35 Zwei werden zusammen mahlen, die eine wird mitgenommen, die andere aber wird zurückgelassen werden. 37 Und sie entgegnen ihm: Wo, Herr? Er aber sprach zu ihnen: Wo das Aas ist, da sammeln sich auch die Geier.

35: Einige Handschriften haben hier (nach Mt 24,40) den Zusatz: «36 Zwei werden auf dem Felde sein; einer wird mitgenommen, der andere wird zurückgelassen werden.»
21,8 (Nr. 288, S. 279)

17,21 (Nr. 234, S. 219)

9,22 (Nr. 159, S. 157)

9,24 (Nr. 160, S. 158)

21,21 (Nr. 290, S. 281)

Lukas 18,1–8

[Johannes]

1 Er sagte ihnen aber ein Gleichnis dafür, dass sie allezeit beten und darin nicht nachlassen sollten: 2 In einer Stadt gab es einen Richter, der Gott

237   DER PHARISÄER UND DER ZÖLLNER

[Matthäus 23,12]   *[Markus]*
(Nr. 284, S. 274)

nicht fürchtete und keinen Menschen scheute. 3 Und in jener Stadt gab es eine Witwe, die immer wieder zu ihm kam und sagte: Verschaffe mir Recht gegenüber meinem Gegner! 4 Und eine Zeit lang wollte er nicht. Danach aber sagte er sich: Auch wenn ich Gott nicht fürchte und keinen Menschen scheue, 5 so will ich dieser Witwe doch Recht verschaffen, weil sie mir lästig ist, damit sie am Ende nicht noch kommt und mich ins Gesicht schlägt. 6 Und der Herr sprach: Hört, was der ungerechte Richter sagt! 7 Sollte aber Gott seinen Auserwählten, die Tag und Nacht zu ihm schreien, nicht Recht verschaffen, und sollte er bei ihnen etwa warten? 8 Ich sage euch: Er wird ihnen Recht verschaffen in Kürze. Wird jedoch der Menschensohn, wenn er kommt, den Glauben vorfinden auf Erden?

Lukas 18,9–14

[Johannes]

9 Er sagte aber für einige, die überzeugt waren, gerecht zu sein, und die anderen verachteten, dieses Gleichnis: 10 Zwei Menschen gingen hinauf in den Tempel, um zu beten, der eine ein Pharisäer und der andere ein Zöllner. 11 Der Pharisäer trat hin, wo er für sich war, und betete so: Gott, ich danke dir, dass ich nicht wie die anderen Menschen bin, wie Räuber, Betrüger, Ehebrecher oder auch wie dieser Zöllner. 12 Ich faste zweimal in der Woche, ich gebe den Zehnten von allem, was ich einnehme. 13 Der Zöllner aber stand ganz abseits und wagte nicht einmal seine Augen zum Himmel zu erheben, sondern schlug sich an die Brust und sagte: Gott, sei mir Sünder gnädig! 14 Ich sage euch: Dieser ging gerecht-

12 Wer sich selbst erhöht, wird erniedrigt
werden, und wer sich selbst erniedrigt, wird
erhöht werden.

18,4 (Nr. 166, S. 164)

XI   *Jesus auf dem Laubhüttenfest*
in Jerusalem
(nach Johannes)

238   VOR DEM LAUBHÜTTENFEST

[Matthäus]   [Markus]

fertigt hinab in sein Haus, anders als jener.

Denn wer sich selbst erhöht, wird erniedrigt werden; wer sich aber selbst erniedrigt, wird erhöht werden.

▼ (Nr. 253 — 18,15–17 — S. 239)
14,11 (Nr. 215, S. 204)

[Lukas]

Johannes 7,1–9

▲ (Nr. 158 — 6,67–71 — S. 156)

1 Und danach zog Jesus in Galiläa umher; denn in Judäa wollte er nicht umherziehen, weil die Juden ihn zu töten suchten. 2 Das Laubhüttenfest der Juden aber war nahe. 3 Da sagten seine Brüder zu ihm: Brich auf von hier, und geh hinüber nach Judäa, damit auch deine Jünger deine Werke sehen, die du tust. 4 Denn niemand tut etwas im Verborgenen und strebt zugleich danach, öffentlich bekannt zu sein. Wenn du dies tust, dann offenbare dich der Welt. 5 Auch seine Brüder glaubten nämlich nicht an ihn. 6 Da spricht Jesus zu ihnen: Meine Zeit ist noch nicht da, eure Zeit aber ist immer schon da. 7 Euch kann die Welt nicht hassen, mich aber hasst sie, denn ich lege Zeugnis ab über sie, dass ihre Werke böse sind. 8 Geht ihr hinauf zum Fest; ich gehe nicht hinauf zu diesem Fest, denn meine Zeit ist noch nicht erfüllt. 9 Das sagte er und blieb in Galiläa.

239

REISE NACH JERUSALEM
IM VERBORGENEN

[Matthäus]

[Markus]

240

REDEN IM TEMPEL

[Matthäus]

[Markus]

[Lukas]

Johannes 7,10–13

10 Als aber seine Brüder zum Fest hinaufgegangen waren, da ging auch er
hinauf, nicht öffentlich, sondern
gleichsam heimlich. 11 Da suchten ihn
die Juden auf dem Fest und sagten: Wo
ist er? 12 Und unter den Volksscharen
war viel Gerede über ihn. Die einen
sagten: Er ist gut. Andere sagten: Nein,
sondern er verführt das Volk. 13 Doch
redete niemand offen über ihn aus
Furcht vor den Juden.

[Lukas]

Johannes 7,14–39

14 Als aber das Fest schon zur Hälfte
vorüber war, ging Jesus hinauf in den
Tempel und lehrte. 15 Da staunten die
Juden und sagten: Wie kann dieser die
Schriften kennen, ohne unterrichtet
worden zu sein? 16 Da antwortete ihnen Jesus: Meine Lehre ist nicht mein,
sondern sie ist von dem, der mich gesandt hat. 17 Wenn jemand seinen Willen tun will, wird er erkennen, ob diese
Lehre aus Gott ist oder ob ich von mir
her rede. 18 Wer von sich her redet,
sucht die eigene Ehre; wer aber die Ehre dessen sucht, der ihn gesandt hat,
der ist wahrhaftig, und keine Ungerechtigkeit ist in ihm. 19 Hat Mose
euch nicht das Gesetz gegeben? Und
niemand von euch tut das Gesetz. Was
sucht ihr mich zu töten? 20 Das Volk
antwortete: Du hast einen Dämon. Wer
sucht dich zu töten? 21 Jesus antwortete ihnen: Ein einziges Werk habe ich
getan, und ihr staunt alle darüber.
22 Mose hat euch die Beschneidung

gegeben – nicht dass sie von Mose wäre, sondern von den Vätern –, und ihr beschneidet einen Menschen am Sabbat. 23 Wenn ein Mensch am Sabbat die Beschneidung empfängt, damit das Gesetz des Mose nicht gebrochen wird, was zürnt ihr mir dann, weil ich einen ganzen Menschen am Sabbat gesund gemacht habe? 24 Urteilt nicht nach dem, was vor Augen liegt, sondern sprecht ein gerechtes Urteil. 25 Da sagten einige von den Jerusalemern: Ist das nicht der, den sie zu töten suchen? 26 Und siehe, er redet öffentlich, und sie sagen ihm nichts. Sollten die Oberen wirklich erkannt haben, dass dieser der Christus ist? 27 Doch von diesem wissen wir, woher er ist. Vom Christus aber, wenn er kommt, weiss niemand, woher er ist. 28 Da rief Jesus, während er im Tempel lehrte: Mich kennt ihr und wisst, woher ich bin. Und ich bin nicht von mir aus gekommen, vielmehr ist der wahrhaftig, der mich gesandt hat, den ihr nicht kennt. 29 Ich kenne ihn, weil ich von ihm her komme und er mich gesandt hat. 30 Da suchten sie ihn festzunehmen, und doch legte keiner Hand an ihn, denn seine Stunde war noch nicht gekommen. 31 Aus dem Volk aber kamen viele zum Glauben an ihn, und sie sagten: Wird der Christus, wenn er kommt, etwa mehr Zeichen tun, als dieser getan hat? 32 Die Pharisäer hörten, dass im Volk solches Gerede über ihn war. Und die Hohepriester und die Pharisäer schickten Diener aus, um ihn festzunehmen. 33 Da sprach Jesus: Noch eine kurze Zeit bin ich bei euch; dann gehe ich fort zu dem, der mich gesandt hat. 34 Ihr werdet mich suchen und mich nicht finden; und wo ich bin, da könnt ihr nicht hinkommen. 35 Da sagten die Juden zueinander: Wo will dieser hingehen, dass wir ihn nicht finden werden? Will er etwa in die griechische Diaspora gehen und die Griechen lehren? 36 Was bedeutet dieses Wort, das

_____
_____
_____
_____
_____
_____
_____
_____
_____
_____
_____
_____
_____

13,54 (Nr. 139, S. 133)   6,2 (Nr. 139, S. 133)
11,27 (Nr. 109, S. 104)

ThEv 28: Jesus sagte: Ich stand in der Mitte der Welt, und ich habe mich ihnen im Fleisch offenbart. Ich habe sie alle betrunken gefunden; ich habe
niemanden unter ihnen durstig gefunden, und meine Seele wurde betrübt
über die Söhne der Menschen; denn sie sind blind in ihrem Herzen, und
sie sehen nicht, dass sie leer in die Welt gekommen sind, leer auch die Welt
zu verlassen suchen. Aber nun sind sie betrunken. Wenn sie ihren Wein
abschütteln, so werden sie bereuen (Busse tun).
ThEv 38: Jesus sagte: Oft habt ihr gewünscht, diese Worte zu hören, die ich
euch sage, und ihr habt keinen anderen, von dem ihr sie hören könnt. Tage
werden kommen, da ihr mich suchen (und) nicht finden werdet.

241   STREIT IM HOHEN RAT

[Matthäus]   [Markus]

_____
_____
_____
_____
_____
_____
_____
_____
_____
_____
_____
_____
_____
_____
_____

er gesagt hat: Ihr werdet mich suchen und mich nicht finden, und wo ich bin, da könnt ihr nicht hinkommen? 37 Am letzten, dem grossen Tag des Festes aber stand Jesus da und rief: Wenn jemand Durst hat, komme er zu mir und trinke! 38 Wer an mich glaubt, wie die Schrift sagt, aus dessen Leib werden Ströme lebendigen Wassers fliessen. 39 Dies aber sagte er von dem Geist, den empfangen sollten, die an ihn glaubten. Denn der Geist war noch nicht da, weil Jesus noch nicht verherrlicht war.

4,22a (Nr. 33, S. 36)
10,22 (Nr. 181, S. 176)

[Lukas]

Johannes 7,40–52

40 Da sagten einige aus dem Volk, die auf diese Worte gehört hatten: Das ist wahrhaftig der Prophet. 41 Andere sagten: Das ist der Christus. Wieder andere sagten: Kommt denn der Christus etwa aus Galiläa? 42 Sagt nicht die Schrift, dass der Christus aus dem Geschlecht Davids und aus Betlehem kommt, dem Dorf, wo David war? 43 So kam es seinetwegen zu einer Spaltung im Volk. 44 Einige von ihnen aber wollten ihn festnehmen, doch legte keiner Hand an ihn. 45 Nun kamen die Diener zu den Hohepriestern und Pharisäern zurück, und diese sagten zu ihnen: Warum habt ihr ihn nicht hergebracht? 46 Die Diener antworteten: Noch nie

7,28–29 (Nr. 76, S. 69)   1,22 (Nr. 35, S. 39)

242   JESUS UND DIE EHEBRECHERIN

[Matthäus]   [Markus]

hat ein Mensch so geredet. 47 Da antworteten ihnen die Pharisäer: Habt etwa auch ihr euch verführen lassen? 48 Ist etwa einer von den Oberen zum Glauben an ihn gekommen oder einer von den Pharisäern? 49 Aber dieses Volk, das vom Gesetz nichts weiss – verflucht sind sie! 50 Nikodemus, der früher zu ihm gekommen und einer von ihnen war, sagt zu ihnen: 51 Verurteilt etwa unser Gesetz einen Menschen, ohne dass man ihn vorher angehört hat und erkennt, was er tut? 52 Sie entgegneten ihm: Bist du etwa auch aus Galiläa? Forsche nach und sieh: Aus Galiläa ersteht kein Prophet.

4,32 (Nr. 35, S. 39)

[Lukas]   {Johannes 7,53–8,11}

{53 Und sie gingen, jeder in sein Haus. 1 Jesus aber ging zum Ölberg. 2 Am frühen Morgen war er wieder im Tempel, und das ganze Volk kam zu ihm. Und er setzte sich und lehrte sie. 3 Da bringen die Schriftgelehrten und die Pharisäer eine Frau, die beim Ehebruch ertappt worden ist, stellen sie in die Mitte 4 und sagen zu ihm: Meister, diese Frau ist beim Ehebruch auf frischer Tat ertappt worden. 5 Im Gesetz aber hat Mose uns vorgeschrieben, solche Frauen zu steinigen. Was also sagst du dazu? 6 Dies sagten sie aber, um ihn zu versuchen, damit sie einen Grund hätten, ihn anzuklagen. Jesus aber bückte sich und schrieb mit dem Finger auf die Erde. 7 Als sie aber nicht nachliessen, ihn zu fragen, richtete er sich auf und sprach zu ihnen: Wer unter euch ohne Sünde ist, werfe als erster einen Stein auf sie! 8 Und er bückte sich wieder und schrieb auf die Erde. 9 Die aber hörten es und gingen einer nach dem andern weg, die Ältesten voran, und er

22,15–22 (Nr. 280, S. 269)

243   DAS LICHT DER WELT

[Matthäus]   [Markus]

blieb allein zurück mit der Frau, die in der Mitte stand. 10 Jesus aber richtete sich auf und sprach zu ihr: Frau, wo sind sie? Hat keiner dich verurteilt? 11 Sie aber sagte: Keiner, Herr. Da sprach Jesus: Auch ich verurteile dich nicht. Geh, und sündige von jetzt an nicht mehr!}

53: Die wichtigsten Handschriften enthalten Joh 7,53–8,11 nicht. Die entsprechenden Verse gehören nicht zum ursprünglichen Text des Johannesevangeliums.

21,37–38 (Nr. 301, S. 295)
19,47–48 (Nr. 274, S. 262)

[Lukas]

Johannes 8,12–20

12 Da redete Jesus wieder zu ihnen: Ich bin das Licht der Welt. Wer mir nachfolgt, wird nicht in der Finsternis wandeln, sondern er wird das Licht des Lebens haben. 13 Da sagten die Pharisäer zu ihm: Du selbst legst Zeugnis ab über dich. Dein Zeugnis ist nicht wahr. 14 Jesus entgegnete ihnen: Auch wenn ich selbst Zeugnis ablege über mich, ist mein Zeugnis wahr, denn ich weiss, woher ich gekommen bin und wohin ich gehe. Ihr aber wisst nicht, woher ich komme noch wohin ich gehe. 15 Ihr urteilt nach dem Fleisch, ich urteile über niemanden. 16 Und wenn ich urteile, ist mein Urteil wahr, denn ich bin es nicht allein, sondern ich und der mich gesandt hat, der Vater. 17 Und in eurem Gesetz steht geschrieben, dass das Zeugnis zweier Menschen wahr ist. 18 Ich bin es, der selbst Zeugnis ablegt über mich, und der Vater, der mich gesandt hat, legt Zeugnis ab über mich. 19 Da sagten sie zu ihm: Wo ist dein Vater? Jesus antwortete: Weder mich kennt ihr noch meinen Vater. Würdet ihr mich kennen, würdet ihr auch mei-

_____   _____
_____   _____
_____   _____
_____   _____
_____   _____

ThEv 24: Seine Jünger sagten: Belehre uns über den Ort, an dem du bist,
denn es ist eine Notwendigkeit für uns, dass wir ihn suchen. Er sagte zu
ihnen: Wer Ohren hat, der höre! Es ist Licht im Inneren des Menschen des
Lichts, und er erleuchtet die ganze Welt. Wenn er nicht scheint, das ist die
Finsternis.
ThEv 77: Jesus sagte: Ich bin das Licht, das über allen ist. Ich bin das All; das
All ist aus mir hervorgegangen, und das All ist zu mir gelangt. Spaltet das
Holz, ich bin da. Hebt einen Stein auf, und ihr werdet mich dort finden.

244   HERKUNFT UND BESTIMMUNG JESU

[Matthäus]   [Markus]

nen Vater kennen. 20 Diese Worte sprach er beim Opferstock, als er im Tempel lehrte. Und niemand nahm ihn fest, denn seine Stunde war noch nicht gekommen.

[Lukas]

Johannes 8,21–29

21 Nun sprach er wieder zu ihnen: Ich gehe fort, und ihr werdet mich suchen, und ihr werdet in eurer Sünde sterben. Wo ich hingehe, da könnt ihr nicht hinkommen. 22 Da sagten die Juden: Will er sich etwa selbst töten, dass er sagt: Wo ich hingehe, da könnt ihr nicht hinkommen? 23 Und er sprach zu ihnen: Ihr seid von unten, ich bin von oben. Ihr seid von dieser Welt, ich bin nicht von dieser Welt. 24 Nun habe ich euch gesagt, dass ihr in euren Sünden sterben werdet. Denn wenn ihr nicht glaubt, dass ich es bin, werdet ihr in euren Sünden sterben. 25 Da sagten sie zu ihm: Wer bist du? Jesus sprach zu ihnen: Was rede ich noch zu euch? 26 Ich habe viel zu reden und zu richten über euch. Aber der mich gesandt hat, ist wahrhaftig, und was ich von ihm her gehört habe, das rede ich zur Welt. 27 Sie erkannten nicht, dass er vom Vater zu ihnen redete. 28 Da sprach Jesus zu ihnen: Wenn ihr den Menschensohn erhöht habt, dann werdet ihr erkennen, dass ich es bin und dass ich von mir aus nichts tue, sondern wie mich der Vater gelehrt hat, das rede ich. 29 Und der mich gesandt

245   DIE WAHRHEIT WIRD EUCH FREI MACHEN

[Matthäus]   [Markus]

246   SCHMÄHREDE GEGEN DIE JUDEN

[Matthäus]   [Markus]

hat, ist mit mir. Er hat mich nicht allein gelassen, denn ich tue allezeit, was ihm gefällt.

[Lukas]

Johannes 8,30–36

30 Als er solches redete, kamen viele zum Glauben an ihn. 31 Da sprach Jesus zu den Juden, die zum Glauben an ihn gekommen waren: Wenn ihr in meinem Wort bleibt, seid ihr wahrhaftig meine Jünger, 32 und ihr werdet die Wahrheit erkennen, und die Wahrheit wird euch frei machen. 33 Sie antworteten ihm: Wir sind Nachkommen Abrahams und nie jemandes Sklaven gewesen. Wie kannst du sagen: Ihr werdet frei werden? 34 Jesus antwortete ihnen: Amen, amen, ich sage euch: Jeder, der die Sünde tut, ist ein Sklave der Sünde. 35 Der Sklave aber bleibt nicht auf ewig im Haus, der Sohn bleibt auf ewig. 36 Wenn also der Sohn euch frei macht, werdet ihr wirklich frei sein.

[Lukas]

Johannes 8,37–47

37 Ich weiss, dass ihr Nachkommen Abrahams seid. Aber ihr sucht mich zu töten, denn mein Wort findet keinen Platz bei euch. 38 Was ich beim Vater gesehen habe, das rede ich; und ihr tut nun, was ihr vom Vater her gehört habt. 39 Sie entgegneten ihm: Unser Vater ist Abraham. Jesus spricht zu ihnen: Wäret ihr Abrahams Kinder, würdet ihr die Werke Abrahams tun. 40 Nun aber sucht ihr mich, einen Menschen, zu töten, der ich euch die Wahrheit gesagt habe, die ich von Gott

247   JESUS UND ABRAHAM

[Matthäus]   [Markus]

her gehört habe. Das hat Abraham nicht getan. 41 Ihr tut die Werke eures Vaters. Da sagten sie zu ihm: Wir sind nicht aus Unzucht hervorgegangen; wir haben einen Vater, Gott. 42 Jesus sprach zu ihnen: Wäre Gott euer Vater, würdet ihr mich lieben. Denn von Gott bin ich ausgegangen und gekommen. Denn nicht von mir aus bin ich gekommen, sondern er hat mich gesandt. 43 Warum versteht ihr meine Rede nicht? Weil ihr mein Wort nicht hören könnt. 44 Ihr seid von einem Vater, dem Teufel, und ihr wollt die Begierden eures Vaters tun. Jener war ein Mörder von Anfang an und stand nicht in der Wahrheit, denn Wahrheit ist nicht in ihm. Wenn er die Lüge redet, redet er aus dem Eigenen, denn er ist ein Lügner und ist der Vater der Lüge. 45 Weil ich aber die Wahrheit rede, glaubt ihr mir nicht. 46 Wer von euch überführt mich der Sünde? Wenn ich die Wahrheit sage, warum glaubt ihr mir nicht? 47 Wer aus Gott ist, hört die Worte Gottes; darum hört ihr nicht, weil ihr nicht aus Gott seid.

[Lukas]

Johannes 8,48–59

48 Die Juden entgegneten ihm: Sagen wir nicht mit Recht, dass du ein Samariter bist und einen Dämon hast? 49 Jesus antwortete: Ich habe keinen Dämon, sondern ich ehre meinen Vater, und ihr nehmt mir die Ehre. 50 Ich aber suche nicht meine Ehre; es gibt den, der sie sucht und der richtet. 51 Amen, amen, ich sage euch: Wenn jemand mein Wort bewahrt, wird er in Ewigkeit den Tod nicht schauen. 52 Da sprachen die Juden zu ihm: Jetzt haben wir erkannt, dass du einen Dämon hast. Abraham ist gestorben, und auch die Propheten, und du sagst: Wenn je-

_____   _____
_____   _____
_____   _____
_____   _____
_____   _____
_____   _____
_____   _____
_____   _____
_____   _____
_____   _____
_____   _____
_____   _____
_____   _____
_____   _____
_____   _____
_____   _____
_____   _____
_____   _____
_____   _____
_____   _____

16,28 (Nr. 160, S. 158)   9,1 (Nr. 160, S. 158)

ThEv 1: Dies sind die geheimen Worte, die Jesus der Lebendige sagte und die
Didymus Judas Thomas aufgeschrieben hat. Und er sagte: Wer die Interpretation dieser Worte findet, wird den Tod nicht schmecken.

248   HEILUNG EINES BLINDGEBORENEN

[Matthäus]   *[Markus 8,22–26]*

_____   (Nr. 156, S. 155)

_____   *22 Und sie kommen nach Betsaida. Da brin-*
_____   *gen sie einen Blinden zu ihm und bitten*
_____   *ihn, er möge ihn berühren. 23 Und er nahm*
_____   *den Blinden bei der Hand, führte ihn hi-*
_____   *naus vors Dorf, spuckte in seine Augen und*
_____   *legte ihm die Hände auf und fragte ihn:*
_____   *Siehst du etwas? 24 Der blickte auf und*
_____   *sprach: Ich sehe die Menschen, wie Bäume*
_____   *sehe ich sie umhergehen. 25 Da legte er ihm*
_____   *noch einmal die Hände auf die Augen. Und*
_____   *er sah klar und war wiederhergestellt und*

mand mein Wort bewahrt, wird er den Tod in Ewigkeit nicht schmecken. 53 Bist du etwa grösser als unser Vater Abraham, der gestorben ist? Auch die Propheten sind gestorben. Zu wem machst du dich? 54 Jesus antwortete: Wenn ich mich selbst ehre, so ist meine Ehre nichts. Mein Vater ist es, der mich ehrt, er, von dem ihr sagt: Er ist unser Gott. 55 Und ihr habt ihn nicht erkannt, ich aber kenne ihn. Und wenn ich sage: Ich kenne ihn nicht, werde ich ein Lügner sein wie ihr. Aber ich kenne ihn und halte sein Wort. 56 Abraham, euer Vater, frohlockte, dass er meinen Tag sehen sollte. Und er sah ihn und freute sich. 57 Da sagten die Juden zu ihm: Du bist keine fünfzig Jahre alt und hast Abraham gesehen? 58 Jesus sprach zu ihnen: Amen, amen, ich sage euch: Ehe Abraham wurde, bin ich. 59 Da hoben sie Steine auf, um sie auf ihn zu werfen. Jesus aber verbarg sich und ging aus dem Tempel hinaus.

9,27 (Nr. 160, S. 158)

[Lukas]

Johannes 9,1–41

1 Und im Vorübergehen sah er einen Menschen, der von Geburt an blind war. 2 Und seine Jünger fragten ihn: Rabbi, wer hat gesündigt, dieser oder seine Eltern, dass er blind geboren wurde? 3 Jesus antwortete: Weder der hat gesündigt noch seine Eltern, sondern die Werke Gottes sollen an ihm offenbar werden. 4 Wir müssen die Werke dessen wirken, der mich gesandt hat, solange es Tag ist. Es kommt

sah alles deutlich. 26 Und er schickte ihn nach Hause und sprach: Geh aber nicht ins Dorf hinein!

die Nacht, da niemand wirken kann.
5 Solange ich in der Welt bin, bin ich
das Licht der Welt. 6 Als er das gesagt
hatte, spuckte er auf die Erde und
machte einen Brei aus dem Speichel
und strich ihm den Brei auf die Augen
7 und sprach zu ihm: Geh, wasche dich
im Teich Siloah – das heisst übersetzt:
der Gesandte. Und er ging und wusch
sich und kam sehend zurück. 8 Die
Nachbarn nun und die, welche ihn früher als Bettler gesehen hatten, sagten:
Ist das nicht der, welcher dasass und
bettelte? 9 Die einen sagten: Er ist es.
Die anderen sagten: Nein, aber er sieht
ihm ähnlich. Jener sagte: Ich bin es.
10 Da sagten sie zu ihm: Wie also sind
deine Augen aufgetan worden? 11 Der
antwortete: Der Mensch, der Jesus
heisst, machte einen Brei und strich
ihn mir auf die Augen und sprach zu
mir: Geh zum Teich Siloah und wasche
dich. Da ging ich hin, wusch mich und
konnte sehen. 12 Und sie fragten ihn:
Wo ist er? Er sagt: Ich weiss es nicht.
13 Sie führen ihn, den ehemals Blinden,
zu den Pharisäern. 14 Es war aber Sabbat an dem Tag, als Jesus den Teig
machte und ihm die Augen auftat.
15 Da fragten ihn auch die Pharisäer
wieder, wie er sehend geworden sei. Er
aber sagte zu ihnen: Er strich mir einen
Brei auf die Augen, und ich wusch
mich, und ich sehe. 16 Da sagten einige
von den Pharisäern: Dieser Mensch ist
nicht von Gott her, weil er den Sabbat
nicht hält. Andere aber sagten: Wie
kann ein sündiger Mensch solche Zeichen tun? Und es gab eine Spaltung unter ihnen. 17 Da sagen sie wieder zu
dem Blinden: Was sagst du über ihn,
dass er dir die Augen aufgetan hat? Er
aber sagte: Er ist ein Prophet. 18 Nun
glaubten die Juden von ihm nicht, dass
er blind gewesen und sehend geworden war, bis sie die Eltern dessen riefen, der sehend geworden war. 19 Und
sie fragten sie: Ist das euer Sohn, von
dem ihr sagt, dass er blind geboren

wurde? Wieso sieht er denn jetzt? 20 Da entgegneten seine Eltern: Wir wissen, dass er unser Sohn ist und dass er blind geboren wurde. 21 Wieso er jetzt aber sieht, wissen wir nicht, und wer ihm die Augen aufgetan hat, wissen wir auch nicht. Fragt ihn, er ist alt genug. Er kann selbst über sich Auskunft geben. 22 Das sagten seine Eltern, weil sie sich vor den Juden fürchteten. Denn die Juden waren schon übereingekommen, dass aus der Synagoge ausgeschlossen werde, wer ihn als Christus bekenne. 23 Darum sagten seine Eltern: Er ist alt genug, fragt ihn selbst. 24 Da riefen sie den Menschen, der blind gewesen war, ein zweites Mal und sagten zu ihm: Gib Gott die Ehre! Wir wissen, dass dieser Mensch ein Sünder ist. 25 Jener antwortete: Ob er ein Sünder ist, weiss ich nicht. Eines weiss ich: Ich war blind, und jetzt sehe ich. 26 Da sagten sie zu ihm: Was hat er dir getan? Wie hat er dir die Augen aufgetan? 27 Er antwortete ihnen: Ich habe es euch schon gesagt, und ihr habt nicht gehört. Warum wollt ihr es noch einmal hören? Wollt etwa auch ihr seine Jünger werden? 28 Und sie beschimpften ihn und sagten: Du bist ein Jünger von ihm, wir aber sind Jünger des Mose. 29 Wir wissen, dass Gott zu Mose gesprochen hat. Von diesem aber wissen wir nicht, woher er ist. 30 Der Mensch antwortete ihnen: Darin besteht ja das Erstaunliche, dass ihr nicht wisst, woher er ist, und er hat mir doch die Augen aufgetan. 31 Wir wissen, dass Gott nicht auf Sünder hört; wenn aber jemand gottesfürchtig ist und seinen Willen tut, auf den hört er. 32 Von Ewigkeit her hat man nicht vernommen, dass jemand die Augen eines Blindgeborenen aufgetan hat. 33 Wäre dieser nicht von Gott her, könnte er nichts tun. 34 Sie entgegneten ihm: Du bist ganz in Sünden geboren, und du willst uns lehren? Und sie stiessen ihn hinaus. 35 Jesus hörte, dass sie ihn hi-

13,13 (Nr. 123, S. 118)　　　　4,12 (Nr. 123, S. 118)
13,14–15 (Nr. 123, S. 118)　　　8,17b–18 (Nr. 155, S. 154)

ThEv 24: Seine Jünger sagten: Belehre uns über den Ort, an dem du bist,
denn es ist eine Notwendigkeit für uns, dass wir ihn suchen. Er sagte zu
ihnen: Wer Ohren hat, der höre! Es ist Licht im Inneren des Menschen des
Lichts, und er erleuchtet die ganze Welt. Wenn er nicht scheint, das ist die
Finsternis.

249　　　　　　　DER GUTE HIRTE

[Matthäus]　　　　　### [Markus]

nausgestossen hatten; und als er ihn traf, sprach er: Glaubst du an den Menschensohn? 36 Jener antwortete: Und wer ist es, Herr, damit ich an ihn glauben kann? 37 Jesus sprach zu ihm: Du hast ihn gesehen, und der mit dir redet, der ist es. 38 Er aber sagte: Ich glaube, Herr. Und er warf sich vor ihm nieder. 39 Und Jesus sprach: Zum Gericht bin ich in diese Welt gekommen, damit die, die nicht sehen, sehend und die, die sehen, blind werden. 40 Das hörten einige von den Pharisäern, die bei ihm waren, und sie sagten zu ihm: Sind etwa auch wir blind? 41 Jesus antwortete ihnen: Wäret ihr blind, hättet ihr keine Sünde. Jetzt aber sagt ihr: Wir sehen. Eure Sünde bleibt.

8,10b (Nr. 123, S. 118)

12,37–40 (Nr. 303, S. 297)

[Lukas]

Johannes 10,1–18

1 Amen, amen, ich sage euch: Wer nicht durch die Tür in den Pferch der Schafe hineingeht, sondern von anderswo hineinsteigt, der ist ein Dieb und ein Räuber. 2 Wer aber durch die Tür hineingeht, ist der Hirte der Schafe. 3 Ihm öffnet der Türhüter, und die Schafe hören auf seine Stimme, und er ruft die eigenen Schafe mit Namen und führt sie hinaus. 4 Wenn er die eigenen Schafe alle hinausgetrieben hat, geht er vor ihnen her, und die Schafe folgen ihm, weil sie seine Stimme kennen. 5 Einem Fremden aber werden sie nicht folgen, sondern sie werden ihm davonlaufen, weil sie die Stimme der Fremden nicht kennen. 6 Dieses Bild-

wort sprach Jesus zu ihnen. Jene aber erkannten nicht, was es war, das er zu ihnen redete. 7 Da sprach Jesus wiederum: Amen, amen, ich sage euch: Ich bin die Tür zu den Schafen. 8 Alle, die vor mir gekommen sind, sind Diebe und Räuber. Aber die Schafe haben nicht auf sie gehört. 9 Ich bin die Tür. Wenn jemand durch mich hineingeht, wird er gerettet werden und wird eingehen und ausgehen und eine Weide finden. 10 Der Dieb kommt nur, um zu stehlen, zu schlachten und zu vernichten. Ich bin gekommen, damit sie das Leben in Fülle haben. 11 Ich bin der gute Hirte. Der gute Hirte setzt sein Leben ein für die Schafe. 12 Der Lohnarbeiter, der nicht Hirte ist, dem die Schafe nicht gehören, der sieht den Wolf kommen und lässt die Schafe im Stich und flieht, und der Wolf reisst und versprengt sie. 13 Denn er ist ein Lohnarbeiter, und ihm liegt nichts an den Schafen. 14 Ich bin der gute Hirte und kenne die Meinen, und die Meinen kennen mich, 15 wie der Vater mich kennt und ich den Vater kenne. Und ich setze mein Leben ein für die Schafe. 16 Und ich habe andere Schafe, die nicht aus diesem Pferch sind; auch die muss ich hinzuführen, und sie werden auf meine Stimme hören. Und sie werden eine Herde werden, mit einem Hirten. 17 Darum liebt mich der Vater, weil ich mein Leben einsetze, um es wieder zu empfangen. 18 Niemand nimmt es von mir, sondern ich setze es von mir aus ein. Ich habe Vollmacht, es einzusetzen, und ich habe Vollmacht, es wieder zu empfangen. Dieses Gebot habe ich von meinem Vater empfangen.

250   SPALTUNG UNTER DEN JUDEN

[Matthäus]   [Markus]

_____   _____
_____   _____
_____   _____
_____   _____
_____   _____
_____   _____
_____   _____
_____   _____

XII   *Wirksamkeit in Judäa*

251   AUFBRUCH NACH JUDÄA
                  (vgl. Nr. 174)

Matthäus 19,1–2   *Markus 10,1*

▲ *(Nr. 173 — 18,23–35 — S. 169)*
1 Und es geschah, als Jesus diese Rede
vollendet hatte,   ▲ *(Nr. 168 — 9,42–50 — S. 166)*
da brach er von Galiläa auf und kam in   1 Und er bricht von dort auf und
das Gebiet von Judäa jenseits des Jor-   kommt durch das Gebiet jenseits des
dan. 2 Und viel Volk folgte ihm,   Jordan nach Judäa, und wieder strömen
                                          Leute zu ihm.
und dort heilte er sie.   Und wie es seine Gewohnheit war,
                                          lehrte er sie wieder.

252   VON EHESCHEIDUNG UND EHELOSIGKEIT

Matthäus 19,3–12   *Markus 10,2–12*

3 Und es traten Pharisäer zu ihm, um   2 Und es traten Pharisäer herzu und
ihn zu versuchen, und sagten: Ist es ei- fragten ihn, um ihn zu versuchen, ob es
nem Mann erlaubt, seine Frau zu ent-   einem Mann erlaubt sei, seine Frau zu
lassen, aus welchem Grund auch im-   entlassen.
mer?

237 *(Nr. 250–252)*

[Lukas]   Johannes 10,19–21

                                  19 Da kam es wiederum zur Spaltung
                                  unter den Juden wegen dieser Worte.
                                  20 Viele von ihnen sagten: Er hat einen
                                  Dämon und rast. Warum hört ihr auf
                                  ihn? 21 Andere sagten: Das sind nicht
                                  die Worte eines Besessenen. Kann etwa
                                  ein Dämon die Augen von Blinden auf-
                                  tun?

                                  ▼ (Nr. 257 — 10,22–39 — S. 244)

[Lukas 9,51]   [Johannes]
(Nr. 174, S. 171)

51 Es geschah aber, als die Tage vollendet waren, dass er in den Himmel aufgenommen werden sollte, da richtete
er sein Angesicht darauf, nach Jerusalem zu ziehen.

[Lukas 16,18]   [Johannes]
(Nr. 227, S. 214)

4 Er aber antwortete: Habt ihr nicht gelesen,

dass der Schöpfer «sie» von Anfang an «als Mann und Frau geschaffen hat?» 5 Und dass er gesagt hat: «Darum wird ein Mann Vater und Mutter verlassen und wird seiner Frau anhängen, und die beiden werden ein Fleisch sein.» 6 Also sind sie nicht mehr zwei, sondern sie sind ein Fleisch. Was nun Gott zusammengefügt hat, soll der Mensch nicht scheiden. 7 Sie sagen zu ihm: Warum hat dann Mose geboten, ihr einen Scheidebrief zu geben und sie zu entlassen? 8 Er sagt zu ihnen: Mose hat euch angesichts eurer Hartherzigkeit erlaubt, eure Frauen zu entlassen; doch vom Anfang her ist es nicht so gewesen.

9 Ich sage euch aber:

Wer seine Frau entlässt – ausser wegen Unzucht – und eine andere heiratet, der bricht die Ehe.

10 Da sagen die Jünger zu ihm: Wenn die Sache des Mannes mit der Frau so steht – wozu dann heiraten? 11 Er aber sprach zu ihnen: Nicht alle fassen dieses Wort, sondern nur die, denen es gegeben ist. 12 Denn es gibt Eunuchen, die von Geburt an so waren, und es gibt Eunuchen, die von Menschen zu solchen gemacht wurden, und es gibt Eunuchen, die sich um des Himmelreiches willen selbst zu solchen gemacht haben. Wer das fassen kann, fasse es!

4: Gen 1,27; 5,2 | 5: Gen 2,24
5,27–28 (Nr. 56, S. 55)
5,31–32 (Nr. 56, S. 55)

---

3 Er aber antwortete ihnen: Was hat Mose euch geboten? 4 Sie aber sagten: Mose hat erlaubt, einen Scheidebrief zu schreiben und sie zu entlassen. 5 Jesus aber sprach zu ihnen: Angesichts eurer Hartherzigkeit hat er euch dieses Gebot geschrieben. 6 Doch vom Anfang der Schöpfung an «hat er sie als Mann und Frau geschaffen. 7 Darum wird ein Mann seinen Vater und seine Mutter verlassen,»

8 «und die beiden werden ein Fleisch sein.» Also sind sie nicht mehr zwei, sondern sie sind ein Fleisch. 9 Was nun Gott zusammengefügt hat, soll der Mensch nicht scheiden.

10 Im Haus befragten ihn seine Jünger wieder darüber. 11 Und er spricht zu ihnen: Wer seine Frau entlässt

und eine andere heiratet, der bricht ihr gegenüber die Ehe. 12 Und wenn sie ihren Mann entlässt und einen anderen heiratet, bricht sie die Ehe.

6: Gen 1,27; 5,2 | 7–8: Gen 2,24

18 Jeder, der seine Frau entlässt

und eine andere heiratet, bricht die
Ehe. Auch wer eine heiratet, die von
ihrem Mann entlassen worden ist,
bricht die Ehe.

1.Kor 7,10–16: 10 Den Verheirateten aber gebiete nicht ich, sondern der Herr,
dass eine Frau sich von ihrem Manne nicht trennen soll – 11 wenn sie sich
aber doch getrennt hat, so bleibe sie unverheiratet oder versöhne sich
wieder mit ihrem Manne – und dass ein Mann seine Frau nicht entlassen
soll. 12 Den übrigen aber sage ich, nicht der Herr: Wenn ein Bruder eine
ungläubige Frau hat, und diese lässt es sich gefallen, mit ihm zusammenzu-
leben,so soll er sie nicht entlassen. 13 Und wenn eine Frau einen ungläubigen Mann hat, und dieser lässt es sich gefallen, mit ihr zusammenzu-
leben, so soll sie den Mann nicht entlassen. 14 Denn der ungläubige Mann
ist durch die Frau geheiligt und die ungläubige Frau ist durch den Bruder
geheiligt. Sonst wären ja eure Kinder unrein: in Wirklichkeit aber sind sie
heilig. 15 Trennt sich aber der ungläubige Teil, so trenne er sich. Der Bruder
oder die Schwester ist in solchen Fällen nicht geknechtet; vielmehr in
Frieden [zu leben] hat uns Gott berufen. 16 Denn was weisst du, Frau, ob du
deinen Mann retten wirst? oder was weisst du, Mann, ob du deine Frau
retten wirst?

253   SEGNUNG DER KINDER

Matthäus 19,13–15
[18,3]

Markus 10,13–16

13 Dann brachte man Kinder zu ihm,
damit er ihnen die Hände auflege und
bete. Die Jünger aber herrschten sie an.
14 Jesus aber sprach:

Lasst die Kinder und hindert sie nicht,
zu mir zu kommen, denn solchen
gehört das Himmelreich.

18,3 (Nr. 166, S. 164)

3 und sprach: Amen, ich sage euch, wenn
ihr nicht umkehrt und werdet wie die Kinder, werdet ihr nicht ins Himmelreich hineinkommen.

15 Und er
legte ihnen die Hände auf und ging
weg von dort.

13 Und man brachte Kinder zu ihm, damit er sie anrühre. Die Jünger aber
herrschten sie an.
14 Als Jesus das sah, wurde er wütend
und sprach zu ihnen:
Lasst die Kinder zu mir kommen, hindert sie nicht, denn solchen gehört das
Reich Gottes.

15 Amen, ich sage euch: Wer das Reich
Gottes nicht annimmt wie ein Kind,
wird nicht hineinkommen.

16 Und er schliesst sie in die Arme und
legt ihnen die Hände auf und segnet
sie.

ThEv 22: Jesus sah Kleine, die gesäugt wurden. Er sagte zu seinen Jüngern:
Diese Kleinen, die gesäugt werden, gleichen denen, die ins Königreich
eingehen. Sie sagten zu ihm: Wenn wir also Kinder werden, werden wir in
das Königreich eingehen? Jesus sagte zu ihnen: Wenn ihr aus zwei eins
macht und wenn ihr das Innere wie das Äussere macht und das Äussere wie
das Innere und das Obere wie das Untere und wenn ihr aus dem Männlichen und dem Weiblichen eine Sache macht, sodass das Männliche nicht
männlich und das Weibliche nicht weiblich ist, und wenn ihr Augen macht
statt eines Auges und eine Hand statt einer Hand und einen Fuss statt eines
Fusses, ein Bild statt eines Bildes, dann werdet ihr in das [Königreich] eingehen.

Lukas 18,15–17

[Johannes 3,3 . 5]
(Nr. 27, S. 29)

▲ (Nr. 237 — 18,9–14 — S. 222)

15 Man brachte ihm auch die kleinen
Kinder, damit er sie anrühre. Als die
Jünger das sahen, herrschten sie sie an.
16 Jesus aber rief sie herbei und sprach:

Lasst die Kinder zu mir kommen und
hindert sie nicht, denn solchen gehört
das Reich Gottes.

17 Amen, ich sage euch: Wer das Reich
Gottes nicht annimmt wie ein Kind,
wird nicht hineinkommen.

3 Jesus entgegnete ihm: Amen, amen, ich
sage dir: Wenn jemand nicht von neuem
geboren wird, kann er das Reich Gottes
nicht sehen. ...
5 Jesus antwortete: Amen, amen, ich sage
dir: Wenn jemand nicht aus Wasser und
Geist geboren wird, kann er nicht in das
Reich Gottes gelangen.

254   DER REICHE UND DIE NACHFOLGE

Matthäus 19,16–22

16 Und siehe,
da trat einer zu ihm

und sagte: Meister, was muss ich Gutes tun, um ewiges Leben zu erlangen? 17 Er aber sprach zu ihm: Was fragst du mich nach dem Guten? Einer ist der Gute. Willst du aber ins Leben eingehen, so halte die Gebote. 18 Da sagt er zu ihm: Welche? Jesus aber sprach: Das «Du sollst nicht töten, du sollst nicht ehebrechen, du sollst nicht stehlen, du sollst nicht falsches Zeugnis ablegen,

19 ehre Vater und Mutter» und «liebe deinen Nächsten wie dich selbst.» 20 Da sagt der junge Mann zu ihm: Dies alles habe ich gehalten. Was fehlt mir noch?

21 Da sprach Jesus zu ihm: Willst du vollkommen sein, so geh, verkaufe deinen Besitz und gib ihn den Armen, so wirst du einen Schatz im Himmel haben, und komm und folge mir nach! 22 Als der junge Mann das Wort hörte, ging er traurig fort; denn er hatte viele Güter.

18: Ex 20,13–16; Dtn 5,17–20 | 19: Ex 20,12; Dtn 5,16 · Lev 19,18

6,20 (Nr. 64, S. 61)

22,34–40 (Nr. 282, S. 272)

Markus 10,17–22

17 Und als er sich auf den Weg machte, lief einer herzu und warf sich vor ihm auf die Knie und fragte ihn: Guter Meister, was muss ich tun, um ewiges Leben zu erben? 18 Jesus aber sprach zu ihm: Was nennst du mich gut? Niemand ist gut ausser Gott allein.

19 Du kennst die Gebote:

«Du sollst nicht töten, du sollst nicht ehebrechen, du sollst nicht stehlen, du sollst nicht falsches Zeugnis ablegen, du sollst niemanden berauben, ehre deinen Vater und deine Mutter.»

20 Er aber sagte zu ihm: Meister, dies alles habe ich gehalten von Jugend an. 21 Jesus aber blickte ihn an, gewann ihn lieb und sprach zu ihm: Eines fehlt dir. Geh, verkaufe, was du hast, und gib es den Armen, so wirst du einen Schatz im Himmel haben, und komm und folge mir nach! 22 Er aber war betrübt über dieses Wort und ging traurig fort; denn er hatte viele Güter.

19: Ex 20,12–16; Dtn 5,16–20

12,28–34 (Nr. 282, S. 272)

Röm 13,9: Denn das [Gebot]: «Du sollst nicht ehebrechen, du sollst nicht töten, du sollst nicht stehlen, du sollst nicht begehren», und wenn es irgendein andres Gebot gibt, ist in diesem Wort zusammengefasst, in dem: «Du sollst deinen Nächsten lieben wie dich selbst!»
ThEv 25: Jesus sagte: Liebe deinen Bruder wie deine Seele; wache über ihn wie über deinen Augapfel.

Lukas 18,18–23   *[Johannes]*

18 Und ein Vorsteher

fragte ihn: Guter Meister, was muss ich
tun, um ewiges Leben zu erben? 19 Jesus sprach zu ihm: Was nennst du
mich gut? Niemand ist gut ausser Gott
allein.

20 Du kennst die Gebote:

«Du sollst nicht ehebrechen, du sollst
nicht töten, du sollst nicht stehlen, du
sollst nicht falsches Zeugnis ablegen;

ehre deinen Vater und deine Mutter.»

21 Er aber sagte: Dies alles habe ich gehalten von Jugend an.

22 Als Jesus das hörte, sprach er zu ihm:
Eines fehlt dir noch. Verkaufe alles, was
du hast, und verteile es an Arme, so
wirst du einen Schatz im Himmel haben, und komm und folge mir nach!
23 Der aber war tief betrübt, als er das
hörte; denn er war sehr reich.

20: Ex 20,12–16; Dtn 5,16–20

12,33 (Nr. 202, S. 194)
10,25–28 (Nr. 182, S. 177)

255   VON DER GEFAHR DES REICHTUMS
             UND VOM LOHN DER NACHFOLGE

Matthäus 19,23–30   *Markus 10,23–31*

23 Jesus aber sprach zu seinen Jüngern: 23 Da blickt Jesus um sich und spricht
Amen, ich sage euch: zu seinen Jüngern:
Ein Reicher wird nur schwer ins Him-   Wie schwer kommen die Begüterten
melreich kommen.   ins Reich Gottes! 24 Die Jünger aber er-
                                                 schraken über seine Worte.
24 Weiter sage ich euch: Jesus aber antwortet ihnen noch ein-
                                                 mal: Kinder, wie schwer ist es, in das
                                                 Reich Gottes zu kommen.
Es ist leichter, dass ein Kamel durch ein   25 Es ist leichter, dass ein Kamel durch
Nadelöhr geht, als dass ein Reicher in   ein Nadelöhr geht, als dass ein Reicher
das Reich Gottes kommt.   in das Reich Gottes kommt.
25 Als aber die Jünger das hörten, gerie-   26 Da gerieten sie völlig ausser sich
ten sie völlig ausser sich und sagten: und sagten zueinander:
Wer kann dann gerettet werden?   Wer kann dann gerettet werden?
26 Jesus aber blickte sie an und sprach: 27 Jesus blickt sie an und spricht: Bei
Bei Menschen ist das unmöglich,   Menschen ist es unmöglich, nicht aber
                                                 bei Gott.
bei Gott aber ist alles möglich!   Denn alles ist möglich bei Gott.
27 Da wandte sich Petrus an ihn und   28 Da ergriff Petrus das Wort und
sagte: sprach zu ihm:
Siehe, wir haben alles verlassen und   Siehe, wir haben alles verlassen und
sind dir nachgefolgt. Was wird mit uns   sind dir nachgefolgt.
werden?
28 Jesus aber sprach zu ihnen: Amen,   29 Jesus aber sprach: Amen, ich sage
ich sage euch: euch,

Ihr, die ihr mir nachgefolgt seid,

werdet bei der Wiedergeburt, wenn der
Menschensohn auf dem Thron seiner
Herrlichkeit sitzt, auch auf zwölf Thronen sitzen und die zwölf Stämme Israels richten.

29 Und jeder, der um meines Namens   da ist niemand, der um meinetwillen
willen   und um des Evangeliums willen

Lukas 18,24–30
[22,28–30]

[Johannes]

18,24–29a
24 Jesus aber sah ihn an und sprach:

Wie schwer kommen die Begüterten
ins Reich Gottes!

25 Denn es ist leichter, dass ein Kamel
durch ein Nadelöhr geht, als dass ein
Reicher in das Reich Gottes kommt.
26 Die das hörten, sagten aber:

Wer kann dann gerettet werden?
27 Er aber sprach: Was unmöglich ist
bei Menschen,

ist möglich bei Gott.
28 Petrus aber sagte:

Siehe, wir haben unser Eigentum zurückgelassen und sind dir nachgefolgt.

29a Da sprach er zu ihnen: Amen, ich
sage euch,
22,28–30 (Nr. 313, S. 308)
28 Ihr seid es, die mit mir standgehalten haben in meinen Anfechtungen.
29 Und ich übergebe euch das Reich,
so, wie mein Vater es mir übergeben
hat, 30 damit ihr in meinem Reich an
meinem Tisch esst und trinkt und auf
Thronen sitzt, um die zwölf Stämme Israels zu richten.
18,29b–30
29b da ist niemand, der um des Reiches
Gottes willen

Häuser, Brüder, Schwestern, Vater, Mutter, Kinder oder Äcker verlassen hat,	Haus, Brüder, Schwestern, Mutter, Vater, Kinder oder Äcker verlässt
wird hundertfach empfangen	30 und der nicht hundertfach empfängt, jetzt in dieser Zeit Häuser, Brüder und Schwestern, Mütter und Kinder und Äcker inmitten von Verfolgungen,
und ewiges Leben erben.	und in der kommenden Welt ewiges Leben.
30 Viele Erste aber werden Letzte sein und Letzte Erste.	31 Viele Erste aber werden Letzte sein und Letzte Erste.

▼ (Nr. 262 — 10,32–34 — S. 249)

10,37 (Nr. 103, S. 99)

20,16 (Nr. 256, S. 242)

9,35b (Nr. 166, S. 164)

ThEv 2: Jesus sagte: Wer sucht, soll nicht aufhören zu suchen, bis er findet; und wenn er findet, wird er bestürzt sein; und wenn er bestürzt ist, wird er verwundert sein, und er wird über das All herrschen.

ThEv 4: Jesus sagte: Der alte Mensch wird nicht zögern in seinem Alter, ein kleines Kind von sieben Tagen zu befragen über den Ort des Lebens, und er wird leben; denn viele Erste werden die Letzten werden, und sie werden ein Einziger werden.

ThEv 55: Jesus sagte: Wer seinen Vater und seine Mutter nicht hasst, kann nicht mein Jünger werden. Und (wer nicht) seine Brüder und seine Schwestern hasst (und) wer (nicht) sein Kreuz trägt wie ich, wird meiner nicht würdig sein.

ThEv 101: <Jesus sagte:> Wer nicht seinen Vater und seine Mutter hasst, wird nicht [mein Jünger] werden können. Und wer seinen [Vater nicht] liebt und seine Mutter wie ich, wird nicht mein [Jünger] werden. Denn meine Mutter [...], aber [meine] wahre [Mutter], sie gab mir das Leben.

256   DIE ARBEITER IM WEINBERG

Matthäus 20,1–16

[Markus 10,31]

(Nr. 255, S. 241)

1 Denn das Himmelreich ist einem Gutsherrn gleich, der früh am Morgen ausging, um Arbeiter für seinen Weinberg einzustellen. 2 Nachdem er sich mit den Arbeitern auf einen Denar für den Tag geeinigt hatte, schickte er sie in seinen Weinberg. 3 Und als er um die dritte Stunde ausging, sah er andere ohne Arbeit auf dem Marktplatz stehen, 4 und er sprach zu ihnen: Geht

Haus, Frau, Brüder, Eltern oder Kinder
verlassen hat,

30 der nicht ein Vielfaches wieder
empfängt in dieser Zeit,

und in der kommenden Welt ewiges
Leben.

▼ *(Nr. 262 — 18,31–34 — S. 249)*

14,26 *(Nr. 217, S. 207)*
13,30 *(Nr. 211, S. 202)*

[Lukas 13,30]
(Nr. 211, S. 202)

[Johannes]

auch ihr in den Weinberg, und was
recht ist, will ich euch geben. 5 Sie gingen hin. Wiederum ging er aus um die
sechste und neunte Stunde und tat dasselbe. 6 Als er um die elfte Stunde ausging, fand er andere dastehen, und er
spricht zu ihnen: Was steht ihr den
ganzen Tag hier ohne Arbeit? 7 Sie sagen zu ihm: Es hat uns niemand einge-
stellt. Er sagt zu ihnen: Geht auch ihr in
den Weinberg! 8 Als es dann Abend
wurde, sagt der Herr des Weinbergs zu
seinem Verwalter: Ruf die Arbeiter und
zahl ihnen den Lohn aus, angefangen
bei den Letzten bis zu den Ersten.
9 Und als die von der elften Stunde kamen, erhielten sie jeder einen Denar.
10 Und als die Ersten kamen, meinten
sie, dass sie mehr erhalten würden;
und auch sie erhielten jeder einen Denar. 11 Als sie ihn erhalten hatten,
murrten sie gegen den Gutsherrn
12 und sagten: Diese Letzten haben nur
eine Stunde gearbeitet, und du hast sie
uns gleichgestellt, die wir die Last des
Tages und die Hitze ertragen haben.
13 Er aber entgegnete einem von ihnen:
Freund, ich tue dir nicht unrecht. Hast
du dich nicht mit mir auf einen Denar
geeinigt? 14 Nimm, was dein ist, und
geh! Ich will aber diesem Letzten gleich
viel geben wie dir; 15 oder steht es mir
etwa nicht zu, mit dem, was mein ist,
zu tun, was ich will? Oder blickst du
böse, weil ich gütig bin?
16 So werden die Letzten Erste sein und
die Ersten Letzte.

31 Viele Erste aber werden Letzte sein
und Letzte Erste.

▼ (Nr. 262 — 20,17–19 — S. 249)
19,30 (Nr. 255, S. 241)
22,14 (Nr. 279, S. 267)

30 Und siehe, es gibt Letzte, die Erste
sein werden, und es gibt Erste, die Letzte sein werden.

257   AUF DEM TEMPELWEIHFEST

[Matthäus]   [Markus]

[Lukas]	Johannes 10,22–39
	▲ (Nr. 250 — 10,19–21 — S. 237)

22 Damals fand das Tempelweihfest in Jerusalem statt. Es war Winter. **23** Und Jesus ging im Tempel in der Halle Salomos umher. **24** Da umringten ihn die Juden und sagten zu ihm: Wie lange willst du uns noch hinhalten? Wenn du der Christus bist, sag es uns frei heraus! **25** Jesus antwortete ihnen: Ich habe es euch gesagt, und ihr glaubt nicht. Die Werke, die ich im Namen meines Vaters tue, sie legen Zeugnis über mich ab. **26** Ihr aber glaubt nicht, weil ihr nicht zu meinen Schafen gehört.
27 Meine Schafe hören auf meine Stimme, und ich kenne sie, und sie folgen mir. **28** Und ich gebe ihnen ewiges Leben, und sie werden in Ewigkeit nicht verloren gehen, und niemand wird sie aus meiner Hand reissen. **29** Was mein Vater mir gegeben hat, ist grösser als alles, und niemand kann etwas aus der Hand des Vaters reissen. **30** Ich und der Vater sind eins. **31** Da hoben die Juden wiederum Steine auf, um ihn zu steinigen. **32** Jesus antwortete ihnen: Viele gute Werke vom Vater habe ich euch sehen lassen. Für welches von diesen Werken wollt ihr mich steinigen?
33 Die Juden antworteten ihm: Nicht eines guten Werkes wegen steinigen wir dich, sondern wegen Gotteslästerung, weil du, ein Mensch, dich zu Gott machst. **34** Jesus antwortete ihnen: Steht nicht in eurem Gesetz geschrieben: Ich habe gesagt: Ihr seid Götter? **35** Wenn er jene Götter nannte, an die das Wort Gottes erging, und wenn die Schrift nicht aufgehoben werden darf, **36** wie sagt ihr dann von dem, den der Vater geheiligt und in die Welt gesandt hat: Du lästerst Gott, weil ich gesagt habe: Ich bin Gottes Sohn? **37** Tue ich

258   JESUS AM JORDAN

[Matthäus]   *[Markus]*

259   AUFERWECKUNG DES LAZARUS

[Matthäus]   *[Markus]*

nicht die Werke meines Vaters, so glaubt mir nicht. 38 Tue ich sie aber, und ihr glaubt mir nicht, so glaubt den Werken, damit ihr erkennt und wisst, dass in mir der Vater ist und ich im Vater bin. 39 Da suchten sie ihn wiederum festzunehmen, aber er entkam ihrer Hand.

34: Ps 82,6

4,29–30 (Nr. 33, S. 36)

[Lukas]

Johannes 10,40–42

40 Und er ging wieder fort auf die andere Seite des Jordan, an den Ort, wo Johannes zuerst getauft hatte. Und dort blieb er. 41 Und viele kamen zu ihm und sagten: Johannes hat zwar kein Zeichen getan; aber alles, was Johannes über diesen gesagt hat, war die Wahrheit. 42 Und viele kamen dort zum Glauben an ihn.

[Lukas]

Johannes 11,1–44

1 Es war aber einer krank, Lazarus aus Betanien, aus dem Dorf der Maria und ihrer Schwester Marta. 2 Maria war die, welche den Herrn mit Öl gesalbt und seine Füsse mit ihren Haaren getrocknet hatte; ihr Bruder Lazarus war krank. 3 Da sandten die Schwestern zu ihm und liessen sagen: Herr, siehe, der, den du lieb hast, ist krank. 4 Als Jesus das hörte, sprach er: Diese Krankheit ist nicht zum Tode, sondern zur Verherrlichung Gottes, damit durch sie der Sohn Gottes verherrlicht werde. 5 Jesus aber liebte Marta und ihre Schwester und Lazarus. 6 Als er nun hörte, dass er krank sei, blieb er noch zwei Tage an

dem Ort, wo er war. 7 Danach spricht er zu den Jüngern: Lasst uns wieder nach Judäa gehen! 8 Die Jünger sagen zu ihm: Rabbi, eben noch suchten die Juden dich zu steinigen, und du gehst wieder dorthin? 9 Jesus antwortete: Hat der Tag nicht zwölf Stunden? Wenn jemand bei Tag umhergeht, stösst er nicht an, weil er das Licht dieser Welt sieht. 10 Wenn aber jemand bei Nacht umhergeht, stösst er an, weil das Licht nicht in ihm ist. 11 Dies sprach er, und dann sagt er zu ihnen: Lazarus, unser Freund, schläft; aber ich gehe, um ihn aufzuwecken. 12 Da sagten die Jünger zu ihm: Herr, wenn er schläft, so wird er gesund werden. 13 Jesus aber hatte von seinem Tod gesprochen. Sie aber meinten, er spreche von der Ruhe des Schlafes. 14 Dann sprach Jesus offen zu ihnen: Lazarus ist gestorben. 15 Und euretwegen freue ich mich, dass ich nicht dort gewesen bin, damit ihr zum Glauben kommt. Aber lasst uns zu ihm gehen! 16 Da sagte Thomas, der Didymus genannt wird, zu seinen Mitjüngern: Wir wollen auch gehen, um mit ihm zu sterben. 17 Als Jesus ankam, fand er ihn schon vier Tage im Grab. 18 Bethanien aber war nahe bei Jerusalem, etwa fünfzehn Stadien entfernt. 19 Es waren aber viele Juden zu Marta und Maria gekommen, um sie wegen ihres Bruders zu trösten. 20 Marta nun, als sie hörte, dass Jesus komme, ging ihm entgegen. Maria aber sass zu Hause. 21 Da sprach Marta zu Jesus: Herr, wärst du hier gewesen, so wäre mein Bruder nicht gestorben. 22 Aber auch jetzt weiss ich: Alles, was du von Gott erbitten wirst, wird Gott dir geben. 23 Jesus spricht zu ihr: Dein Bruder wird auferstehen. 24 Marta sagt zu ihm: Ich weiss, dass er auferstehen wird in der Auferstehung am Jüngsten Tag. 25 Jesus sprach zu ihr: Ich bin die Auferstehung und das Leben. Wer an mich glaubt, wird leben, auch wenn er stirbt, 26 und jeder, der lebt und an

mich glaubt, wird in Ewigkeit nicht
sterben. Glaubst du das? 27 Sie sagt zu
ihm: Ja, Herr, jetzt glaube ich, dass du
der Christus bist, der Sohn Gottes, der
in die Welt kommt. 28 Und als sie dies
gesagt hatte, ging sie fort und rief Maria, ihre Schwester, und sagte heimlich
zu ihr: Der Meister ist da und ruft dich.
29 Jene aber, als sie das hörte, stand
rasch auf und ging zu ihm. 30 Jesus war
noch nicht ins Dorf gekommen, sondern war noch an dem Ort, wo Marta
ihm begegnet war. 31 Als nun die Juden, die bei ihr im Haus waren und sie
trösteten, sahen, dass Maria rasch auf-
stand und hinausging, folgten sie ihr,
weil sie meinten, sie gehe zum Grab,
um dort zu weinen. 32 Maria nun, als
sie dahin kam, wo Jesus war, sah ihn
und warf sich ihm zu Füssen und sagte
zu ihm: Herr, wärst du hier gewesen, so
wäre mein Bruder nicht gestorben.
33 Als Jesus nun sah, wie sie weinte
und wie auch die Juden weinten, die
mit ihr gekommen waren, ergrimmte
er im Geist und war erregt 34 und
sprach: Wo habt ihr ihn hingelegt? Sie
sagen zu ihm: Herr, komm und sieh!
35 Jesus weinte. 36 Da sagten die Juden: Sieh, wie lieb er ihn gehabt habt!
37 Einige von ihnen aber sagten: Konnte er, der dem Blinden die Augen aufgetan hat, nicht machen, dass auch dieser
nicht sterben würde? 38 Jesus nun,
wieder ergrimmt in seinem Innern,
kommt zum Grab. Es war aber eine
Höhle, und davor lag ein Stein. 39 Jesus
spricht: Nehmt den Stein weg! Marta,
die Schwester des Verstorbenen, sagt
zu ihm: Herr, er stinkt schon, denn er
ist vier Tage tot. 40 Jesus spricht zu ihr:
Habe ich dir nicht gesagt: Wenn du
glaubst, wirst du die Herrlichkeit Gottes sehen? 41 Da nahmen sie den Stein
weg. Jesus aber hob seine Augen auf
und sprach: Vater, ich danke dir, dass
du mich erhört hast. 42 Ich wusste,
dass du mich allezeit erhörst; aber um
der Menge willen, die da ringsum

_____   _____
_____   _____
_____   _____
_____   _____
_____   _____
_____   _____
_____   _____
_____   _____
_____   _____

260   DER TODESBESCHLUSS DES HOHEN RATES

[Matthäus 26,1–5]   [Markus 14,1–2; 11,18]
(Nr. 305, S. 299)

1 Und es geschah, als Jesus diese ganze Rede
vollendet hatte, da sprach er zu seinen Jüngern:
2 Ihr wisst, dass in zwei Tagen Passa ist;   14,1–2 (Nr. 305, S. 299)
dann wird der Menschensohn ausgeliefert   1 Es war aber zwei Tage vor dem Fest des
werden, um gekreuzigt zu werden.   Passa und der Ungesäuerten Brote.
3 Da versammelten sich die Hohepriester
und die Ältesten des Volkes im Palast des   Und die Hohepriester und Schriftgelehrten
Hohepriesters, der hiess Kajafas,   suchten,
4 und sie beschlossen, Jesus mit List festzu-
nehmen und zu töten. 5 Sie sagten aber: wie sie ihn mit List festnehmen und töten
Nicht am Fest, damit kein Aufruhr entsteht   könnten. 2 Sie sagten nämlich:
im Volk.   Nicht am Fest, damit kein Aufruhr entsteht
                                                   im Volk.

                                                   11,18 (Nr. 274, S. 262)
                                                   18 Und die Hohepriester und Schriftgelehr-
                                                   ten hörten davon und suchten, wie sie ihn
                                                   umbringen könnten.
                                                   Denn sie fürchteten ihn, weil das ganze
                                                   Volk begeistert war von seiner Lehre.

steht, habe ich es gesagt, damit sie glauben, dass du mich gesandt hast. 43 Und als er dies gesagt hatte, rief er mit lauter Stimme: Lazarus, komm heraus! 44 Der Tote kam heraus, die Füsse und die Hände mit Binden umwickelt, und sein Gesicht war mit einem Schweisstuch bedeckt. Jesus spricht zu ihnen: Befreit ihn und lasst ihn gehen!

[Lukas 22,1–2; 19,47–48]

Johannes 11,45–53

45 Viele nun von den Juden, die zu Maria gekommen waren und gesehen hatten, was er tat, kamen zum Glauben an ihn. 46 Aber einige von ihnen gingen zu den Pharisäern und sagten ihnen, was Jesus tat. 47 Da beriefen die Hohepriester und die Pharisäer eine Versammlung des Hohen Rates ein und

22,1–2 (Nr. 305, S. 299)
1 Es nahte aber das Fest der Ungesäuerten Brote, das Passa heisst.

sagten: Was sollen wir tun? Dieser Mensch tut viele Zeichen. 48 Lassen wir ihn gewähren, so werden alle an ihn glauben, und die Römer werden

2 Und die Hohepriester und Schriftgelehrten suchten Mittel und Wege,

kommen und uns Land und Leute wegnehmen. 49 Einer von ihnen aber, Kajafas, der in jenem Jahr Hoherpriester

ihn zu beseitigen,

war, sagte zu ihnen: Ihr wisst nichts, 50 und ihr bedenkt nicht, dass es gut

denn sie fürchteten das Volk.

für euch ist, wenn ein Mensch für das Volk stirbt und nicht das ganze Volk zu Grunde geht. 51 Das aber sagte er nicht

19,47–48 (Nr. 274, S. 262)
47 Und er lehrte täglich im Tempel. Die Hohepriester und Schriftgelehrten aber sowie die Vornehmen des Volkes suchten ihn umzubringen, 48 doch fanden sie nichts, was sie hätten tun können, denn das ganze Volk hing ihm an und hörte auf ihn.

von sich aus, sondern weil er in jenem Jahr Hoherpriester war, weissagte er, dass Jesus für das Volk sterben sollte, 52 und zwar nicht für das Volk allein, sondern um auch die zerstreuten Kinder Gottes zu sammeln und zu einen. 53 Von jenem Tag an war es für sie beschlossen, dass sie ihn töten wollten.

261   JESUS IN EFRAIM

[Matthäus]	*[Markus]*

262   DRITTE LEIDENSANSAGE

(vgl. Nr. 159 . 164)

Matthäus 20,17–19   *Markus 10,32–34*

▲ *(Nr. 256 — 20,1–16 — S. 242)*

17 Und als Jesus nach Jerusalem hinauf-zog,

nahm er die Zwölf beiseite und sagte unterwegs zu ihnen:

18 Siehe, wir ziehen hinauf nach Jerusalem,

und der Menschensohn wird den Hohepriestern und Schriftgelehrten ausgeliefert werden, und sie werden ihn zum Tode verurteilen 19 und ihn den Völkern ausliefern, damit sie ihn verspotten und

▲ *(Nr. 255 — 10,23–31 — S. 241)*

32 Sie waren aber auf dem Weg hinauf nach Jerusalem. Und Jesus ging ihnen voran, und sie erschraken, und die ihm nachfolgten, fürchteten sich.

Da nahm er die Zwölf wiederum beiseite und fing an, ihnen zu sagen, was ihm widerfahren werde:

33 Siehe, wir ziehen hinauf nach Jerusalem,

und der Menschensohn wird den Hohepriestern und Schriftgelehrten ausgeliefert werden, und sie werden ihn zum Tode verurteilen und ihn den Völkern ausliefern, 34 und sie werden ihn verspotten und anspucken,

[Lukas]

Johannes 11,54–57

54 Nun ging Jesus nicht mehr öffentlich umher unter den Juden, sondern
zog von dort in die Gegend nahe der
Wüste, in eine Stadt, die Efraim heisst.
Und dort blieb er mit seinen Jüngern.
55 Das Passa der Juden aber war nahe.
Und vor dem Passa zogen viele aus dem
Land hinauf nach Jerusalem, um sich
zu heiligen. 56 Da suchten sie Jesus
und sagten, als sie im Tempel zusam-
menstanden: Was meint ihr, kommt er
etwa nicht zum Fest? 57 Die Hohepriester und die Pharisäer aber hatten angeordnet, wenn jemand wisse, wo er sei,
solle er Anzeige erstatten, damit sie ihn
festnehmen könnten.

▼ (Nr. 267 — 12,1–8 — S. 255)

Lukas 18,31–34

[Johannes]

▲ (Nr. 255 — 18,24–30 — S. 241)
31 Er aber nahm die Zwölf beiseite und
sprach zu ihnen:

Siehe, wir ziehen hinauf nach Jerusalem, und es wird alles vollendet werden, was durch die Propheten über den
Menschensohn geschrieben ist.

32 Denn er wird den
Völkern ausgeliefert und verspottet
und misshandelt und angespuckt werden. 33 Und sie werden ihn

auspeitschen und kreuzigen; und am dritten Tag wird er auferweckt werden.

auspeitschen und töten. Und nach drei Tagen wird er auferstehen.

16,21–23 (Nr. 159, S. 157)
17,22–23 (Nr. 164, S. 163)

8,31–33 (Nr. 159, S. 157)
9,30–32 (Nr. 164, S. 163)

263   VOM HERRSCHEN UND VOM DIENEN

Matthäus 20,20–28   *Markus 10,35–45*

20 Da trat die Mutter der Söhne des Zebedäus mit ihren Söhnen zu ihm, fiel vor ihm nieder und wollte etwas von ihm erbitten.
21 Er aber sprach zu ihr: Was willst du?

35 Da treten zu ihm Jakobus und Johannes, die Söhne des Zebedäus, und sagen zu ihm: Meister, wir wollen, dass du für uns tust, worum wir dich bitten.
36 Er sprach zu ihnen: Was soll ich für euch tun?

Sie sagt zu ihm: Sag, dass diese meine beiden Söhne in deinem Reich sitzen werden, einer zu deiner Rechten und einer zu deiner Linken.
22 Jesus aber antwortete: Ihr wisst nicht, worum ihr bittet! Könnt ihr den Kelch trinken, den ich trinken werde?

37 Sie sagten zu ihm: Gewähre uns, dass wir einer zu deiner Rechten und einer zu deiner Linken sitzen werden in deiner Herrlichkeit.
38 Jesus aber sprach zu ihnen: Ihr wisst nicht, worum ihr bittet. Könnt ihr den Kelch trinken, den ich trinke, oder euch taufen lassen mit der Taufe, mit der ich getauft werde?

Sie sagen zu ihm: Wir können es.
23 Er sagt zu ihnen: Meinen Kelch zwar werdet ihr trinken,

39 Sie sagten zu ihm: Wir können es. Da sprach Jesus zu ihnen: Den Kelch, den ich trinke, werdet ihr trinken, und mit der Taufe, mit der ich getauft werde, werdet ihr getauft werden,

aber über das Sitzen zu meiner Rechten und Linken zu verfügen steht mir nicht zu, sondern es wird denen zuteil, für die es von meinem Vater bereitet ist.

40 doch über das Sitzen zu meiner Rechten oder Linken zu verfügen steht mir nicht zu, sondern es wird denen zuteil, für die es bereitet ist.

24 Als die Zehn das hörten, fingen sie an, sich über die beiden Brüder aufzuregen. 25 Jesus aber rief sie zu sich und sprach:
Ihr wisst, dass die Herrscher ihre Völ-

41 Als die Zehn das hörten, fingen sie an, sich über Jakobus und Johannes aufzuregen. 42 Und Jesus ruft sie zu sich und spricht zu ihnen:
Ihr wisst, die als Herrscher der Völker

auspeitschen und töten, und am dritten Tag wird er auferstehen. 34 Und
nichts von dem verstanden sie, und das
Wort war ihnen verborgen, und sie
begriffen das Gesagte nicht.

▼ (Nr. 264 — 18,35–43 — S. 251)

9,22 (Nr. 159, S. 157)
9,43b–45 (Nr. 164, S. 163)
17,25 (Nr. 235, S. 219)
24,6b–7 (Nr. 352, S. 318)
24,44–46 (Nr. 365, S. 359)

[Lukas 12,50; 22,24–27]   [Johannes 13,4–5 . 12–17]
(Nr. 309, S. 303)

12,50 (Nr. 204, S. 197)
50 Aber ich muss mich mit einer Taufe taufen lassen, und wie ist mir bange, bis sie
vollzogen ist.

22,24–27 (Nr. 313, S. 308)
24 Da entstand auch ein Streit unter ihnen, wer von ihnen als der Grösste zu
gelten habe. 25 Er aber sprach zu ihnen:

Die Könige herrschen über ihre Völker,

4 steht er vom Mahl auf und zieht das
Obergewand aus und nimmt ein Leinen-
tuch und bindet es sich um; 5 dann giesst er
Wasser in das Becken und fängt an, den
Jüngern die Füsse zu waschen und sie mit
dem Tuch, das er sich umgebunden hat, ab-

ker unterdrücken und die Grossen ihre Macht gegen sie brauchen.

26 Unter euch soll es nicht so sein.
Sondern wer unter euch ein Grosser werden will, soll euer Diener sein,
27 und wer unter euch der Erste sein will, soll euer Knecht sein,

28 so wie der Menschensohn nicht gekommen ist, um sich dienen zu lassen, sondern um zu dienen und sein Leben hinzugeben als Lösegeld für viele.

23,11 (Nr. 284, S. 274)

gelten, unterdrücken sie, und ihre Grossen gebrauchen ihre Macht gegen sie.

43 Unter euch aber ist es nicht so.
Sondern wer ein Grosser werden will unter euch, soll euer Diener sein,
44 und wer unter euch der Erste sein will, soll der Knecht aller sein.

45 Denn auch der Menschensohn ist nicht gekommen, um sich dienen zu lassen, sondern um zu dienen und sein Leben hinzugeben als Lösegeld für viele.

9,35 (Nr. 166, S. 164)

1.Tim 2,5–6: 5 Denn es ist ein Gott, es ist auch ein Mittler zwischen Gott und den Menschen, der Mensch Christus Jesus, 6 der sich selbst als Lösegeld für alle gegeben hat, [worin] ein Zeugnis für geeignete Zeiten [liegt].

264   BLINDENHEILUNG (BARTIMÄUS)
(vgl. Nr. 96)

Matthäus 20,29–34

[Matthäus 9,27–31]
(Nr. 96, S. 91)

29 Und als sie aus Jericho hinauszogen, folgte ihm eine grosse Menge.
30 Und siehe, zwei Blinde sassen am Weg und hörten, dass Jesus vorbeizog,

27 Und als Jesus von dort weiterzog, folgten ihm
zwei Blinde,

und sie schrien: Erbarme dich unser, Herr, Sohn Davids! 31 Die Menge aber herrschte sie an, sie sollen schweigen. Sie aber schrien noch lauter: Erbarme dich unser, Herr, Sohn Davids!
32 Und Jesus blieb stehen, rief sie

die schrien: Erbarme dich unser, Sohn Davids!

28 Als er ins Haus hineinging,

und ihre Machthaber lassen sich Wohltäter nennen.	*zutrocknen. ... 12 Als er nun ihre Füsse gewaschen hatte, zog er sein Obergewand an und legte sich wieder zu Tische nieder. Er*

26 Ihr aber nicht so.
Sondern der Grösste unter euch werde wie der Jüngste, und wer herrscht, werde wie einer, der dient. 27 Denn wer ist grösser – einer, der zu Tisch liegt, oder einer, der dient? Etwa nicht einer, der zu Tisch liegt?
Ich aber bin unter euch wie einer, der dient.

sprach zu ihnen: Versteht ihr, was ich an euch getan habe? 13 Ihr nennt mich Meister und Herr, und ihr sagt es zu Recht, denn ich bin es. 14 Wenn nun ich, der Herr und Meister, euch die Füsse gewaschen habe, dann seid auch ihr verpflichtet, einander die Füsse zu waschen. 15 Ein Beispiel habe ich euch nämlich gegeben, damit auch ihr tut, wie ich an euch getan habe. 16 Amen, amen, ich sage euch: Ein Knecht ist nicht grösser als sein Herr und ein Bote nicht grösser als der, der ihn gesandt hat. 17 Wenn ihr dies wisst – selig seid ihr, wenn ihr es tut.

9,48 (Nr. 166, S. 164)

12,26 (Nr. 302, S. 295)

Markus 10,46–52   *Lukas 18,35–43*

▲ *(Nr. 262 — 18,31–34 — S. 249)*

46 Und sie kommen nach Jericho. Und als er und seine Jünger und eine grosse Menge aus Jericho hinauszogen, sass Bartimäus, der Sohn des Timäus, ein blinder Bettler, am Weg. 47 Und als er hörte, dass es Jesus von Nazaret sei,	35 Es geschah aber, als er in die Nähe von Jericho kam,
	da sass ein Blinder am Weg und bettelte. 36 Als dieser das Volk vorbeiziehen hörte, erkundigte er sich, was das sei. 37 Da sagten sie ihm, Jesus von Nazaret gehe vorbei.

begann er zu schreien: Sohn Davids, Jesus, erbarme dich meiner! 48 Da herrschten ihn viele an, er solle schweigen. Er aber schrie noch viel lauter: Sohn Davids, erbarme dich meiner!

38 Und er rief: Jesus, Sohn Davids, erbarme dich meiner! 39 Und die vorangingen, herrschten ihn an, er solle schweigen. Er aber rief noch lauter: Sohn Davids, erbarme dich meiner!

49 Und Jesus blieb stehen und sprach: Ruft ihn her!
Und sie rufen den Blinden und sagen

40 Da blieb Jesus stehen und liess ihn zu sich führen.

traten die Blinden zu ihm,
und Jesus spricht zu ihnen:

und sprach:
Was soll ich für euch tun? 33 Sie sagen
zu ihm:
Herr, dass unsere Augen aufgetan werden! 34 Da wurde Jesus von Mitleid
ergriffen
und berührte ihre Augen;

Glaubt ihr, dass ich dies tun kann? Sie
sagen zu ihm:
Ja, Herr.

29 Dann berührte er ihre Augen
und sprach: Euch geschehe, wie ihr geglaubt habt.

und auf der Stelle sahen sie wieder

30 Da wurden ihre Augen aufgetan.
Und Jesus fuhr sie an: Seht zu, niemand soll es erfahren! 31 Sie aber gingen hinaus und machten ihn in der
ganzen Gegend bekannt.

und folgten ihm nach.
▼ (Nr. 269 — 21,1–9 — S. 257)

9,22 (Nr. 95, S. 89)

265   JESUS UND ZACHÄUS

[Matthäus {18,11}]   [Markus]
(Nr. 169, S. 167)

zu ihm: Sei getrost, steh auf! Er ruft dich. 50 Da warf er seinen Mantel ab, sprang auf und kam zu Jesus. 51 Und Jesus wandte sich ihm zu und sagte: Was soll ich für dich tun? Da sagte der Blinde zu ihm:
Rabbuni, dass ich wieder sehen kann.

Als er näher kam,
fragte er ihn:
41 Was soll ich für dich tun? Er sagte:

Herr, dass ich wieder sehen kann!

52 Und Jesus sprach zu ihm: Geh, dein Glaube hat dich gerettet.

Und auf der Stelle sah er wieder

42 Und Jesus sprach zu ihm: Werde wieder sehend! Dein Glaube hat dich gerettet.

43 Und augenblicklich sah er wieder,

und folgte ihm nach auf dem Weg.
▼ (Nr. 269 — 11,1–10 — S. 257)

und er folgte ihm nach und pries Gott. Und das ganze Volk sah es und lobte Gott.

8,22–26 (Nr. 156, S. 155)
5,34 (Nr. 138, S. 131)

8,48 (Nr. 138, S. 131)
7,50 (Nr. 114, S. 109)
17,19 (Nr. 233, S. 218)

Lukas 19,1–10

[Johannes]

1 Und er kam nach Jericho und zog durch die Stadt. 2 Und siehe, da war ein Mann, der Zachäus hiess; der war Oberzöllner, und er war reich. 3 Und er suchte zu sehen, wer dieser Jesus sei, konnte es aber wegen der Menge nicht, denn er war klein von Gestalt. 4 Da lief er voraus und stieg auf einen Maulbeerfeigenbaum, um ihn zu sehen; denn dort sollte er vorbeikommen. 5 Und als Jesus an die Stelle kam, schaute er hinauf und sprach zu ihm: Zachäus, steig schnell herab, denn heute muss ich in deinem Hause einkehren. 6 Und er stieg schnell herab und nahm ihn voller Freude auf. 7 Und als

Denn der Menschensohn ist gekommen zu retten, was verloren ist.

9,9–13 (Nr. 93, S. 87)   2,13–17 (Nr. 44, S. 45)

266   DAS ANVERTRAUTE GELD
                              (vgl. Nr. 299)

[Matthäus 25,14–30]   [Markus 13,34]
(Nr. 299, S. 291)   (Nr. 294, S. 285)

14 Denn es ist wie bei einem, der seine   34 Es ist wie bei einem Menschen, der
Knechte rief, bevor er ausser Landes   ausser Landes ging: er verliess sein
ging,   Haus,

und ihnen sein Vermögen anvertraute;
15 und dem einen gab er fünf Talente,   gab seinen Knechten Vollmacht,
dem andern zwei, dem dritten eines,
jedem nach seinem Können,   jedem seine Arbeit,
                                            und dem Türhüter befahl er, wachsam
                                            zu sein.

und er ging ausser Landes. Gleich
16 ging der hin, der die fünf Talente erhalten hatte, handelte damit und gewann fünf dazu, 17 ebenso gewann der,
der die zwei hatte, zwei dazu. 18 Der
aber, der das eine erhalten hatte, ging

sie es sahen, murrten sie alle und sagten: Bei einem sündigen Mann ist er
eingekehrt, um Rast zu machen. 8 Zachäus aber trat hin und sprach zum
Herrn: Siehe, die Hälfte meines Vermögens gebe ich den Armen, Herr, und
wenn ich von jemandem etwas erpresst habe, gebe ich es vierfach zurück. 9 Da sprach Jesus zu ihm: Heute
ist diesem Hause Rettung widerfahren,
denn auch er ist ein Sohn Abrahams.
10 Denn der Menschensohn ist gekommen, zu suchen und zu retten, was verloren ist.

5,27–32 (Nr. 44, S. 45)
15,2 (Nr. 219, S. 209)

Lukas 19,11–27

[Johannes]

11 Als sie aber dies hörten, fuhr er fort
und sagte ein Gleichnis, weil er nahe
bei Jerusalem war und sie meinten, das
Reich Gottes werde sofort erscheinen.
12 Er sprach also: Ein Mann von vornehmer Herkunft ging in ein fernes
Land, um das Königtum zu empfangen
und dann zurückzukehren.
13 Da rief er zehn seiner Knechte,
gab ihnen zehn Minen

und sprach zu ihnen: Treibt Handel damit, während ich weg bin. 14 Die Bürger aber hassten ihn und schickten eine Gesandtschaft hinter ihm her und
liessen sagen: Wir wollen nicht, dass
dieser König wird über uns.

hin, grub ein Loch und verbarg das
Geld seines Herrn.
19 Nach langer Zeit aber kommt der
Herr jener Knechte

und rechnet mit ihnen ab.

20 Und der, der die fünf Talente erhalten hatte, trat herzu und brachte fünf
weitere Talente und sagte:
Herr, fünf Talente hast du mir anvertraut. Siehe, fünf Talente habe ich dazu-
gewonnen.
21 Da sprach sein Herr zu ihm: Recht
so, guter und treuer Knecht! Über we-
niges warst du treu, über vieles will ich
dich setzen. Geh ein in die Freude deines Herrn!
22 Da trat auch der mit den zwei Talen-
ten herzu und sagte:
Herr, zwei Talente hast du mir anvertraut. Siehe, zwei Talente habe ich da-
zugewonnen.
23 Da sprach sein Herr zu ihm: Recht
so, guter und treuer Knecht! Über we-
niges warst du treu,
über vieles will ich dich setzen. Geh ein
in die Freude deines Herrn!
24 Da trat auch der, der das eine Talent
erhalten hatte, herzu und sagte: Herr,

ich wusste von dir, dass du ein harter
Mensch bist. Du erntest, wo du nicht
gesät hast, und du sammelst ein, wo du
nicht ausgestreut hast, 25 und weil ich
mich fürchtete, ging ich hin und verbarg dein Talent in der Erde: Siehe, hier
hast du das Deine.
26 Da antwortete ihm sein Herr: Böser
und fauler Knecht! Du hast gewusst,

dass ich ernte, wo ich nicht gesät habe,
und einsammle, wo ich nicht ausgestreut habe?
27 Dann hättest du mein Geld den
Wechslern bringen sollen, und ich hät-

15 Und es geschah, als er wiederkam,
nachdem er das Königtum empfangen
hatte, da liess er die Knechte, denen er
das Geld gegeben hatte, zu sich rufen,
um zu erfahren, was für Geschäfte sie
damit gemacht hatten.
16 Da erschien der erste und sagte:

Herr, deine Mine hat zehn weitere Minen eingebracht.

17 Und er sprach zu ihm: Recht so, guter Knecht! Weil du im Kleinsten treu
gewesen bist, sollst du Macht haben
über zehn Städte.

18 Dann kam der zweite und sagte:

Deine Mine, Herr, hat fünf Minen erbracht.

19 Auch zu ihm sprach er:

Und du sollst herrschen über fünf Städte.
20 Dann kam der dritte
und sagte: Herr, siehe, da ist deine Mine, die ich in einem Tuch verwahrt habe.
21 Denn ich fürchtete mich vor dir, weil
du ein strenger Mann bist; du nimmst,
was du nicht hingelegt, und erntest,
was du nicht gesät hast.

22 Zu ihm sagt er: Nach deinen eigenen
Worten will ich dich richten, böser
Knecht. Du hast gewusst, dass ich ein
strenger Mann bin,
dass ich nehme, was ich nicht hingelegt, und ernte, was ich nicht gesät habe?
23 Warum hast du dann mein Geld
nicht zum Wechsler gebracht? Dann

te bei meiner Rückkehr das Meine mit
Zinsen zurückerhalten.

28 Darum nehmt ihm das Talent weg
und gebt es dem, der die zehn Talente
hat.

29 Denn jedem, der hat, wird gegeben
werden, und er wird im Überfluss haben;
wer aber nicht hat, dem wird auch das
genommen werden, was er hat.

30 Und den unnützen Knecht werft hinaus in die äusserste Finsternis! Dort
wird Heulen und Zähneklappern sein.

24,45–47 (Nr. 297, S. 289)
13,12 (Nr. 123, S. 118)   *4,25 (Nr. 125, S. 121)*

ThEv 41: Jesus sagte: Wer in seiner Hand hat, dem wird gegeben werden;
und dem, der nicht hat, wird man auch das wenige, das er hat, nehmen.

267   SALBUNG IN BETANIEN
                        (vgl. Nr. 114 . 306)

[Matthäus 26,6–13]   *[Markus 14,3–9]*
(Nr. 306, S. 300)   *(Nr. 306, S. 300)*

6 Als aber Jesus in Betanien im Hause   3 Als er in Betanien im Hause Simons
Simons des Aussätzigen war,   des Aussätzigen war

                                          und zu Tische lag,
7 kam eine Frau zu ihm   kam eine Frau

mit einem Alabastergefäss voll   mit einem Alabastergefäss voll echten,
kostbaren Öls   kostbaren Nardenöls; sie zerbrach das
                                          Gefäss

hätte ich es bei meiner Rückkehr mit
Zinsen abholen können. 24 Und zu denen, die dabeistanden, sprach er:
Nehmt ihm die Mine weg und gebt sie
dem, der die zehn Minen hat. – 25 Und
sie sagten zu ihm: Herr, er hat schon
zehn Minen. – 26 Ich sage euch:
Jedem, der hat, wird gegeben werden;

wer aber nicht hat, dem wird auch das
genommen werden, was er hat.
27 Doch diese meine Feinde, die nicht
wollten, dass ich König über sie bin,
führt hierher und macht sie vor meinen Augen nieder.

▼ (Nr. 269 — 19,28–40 — S. 257)

12,42–44 (Nr. 203, S. 195)
8,18b (Nr. 125, S. 121)

[Lukas 7,36–50]
(Nr. 114, S. 109)

36 Einer der Pharisäer aber bat ihn, mit
ihm zu essen. Und er ging in das Haus
des Pharisäers

und liess sich zu Tisch nieder.
37 Und siehe, da war eine Frau in der
Stadt, eine Sünderin. Als sie erfuhr,
dass er im Haus des Pharisäers zu Tische lag,
brachte sie ein Alabastergefäss voll
Balsam.

Johannes 12,1–8

▲ (Nr. 261 — 11,54–57 — S. 249)
1 Jesus nun kam sechs Tage vor dem
Passa nach Betanien, wo Lazarus war,
den Jesus von den Toten auferweckt
hatte. 2 Dort bereiteten sie ihm ein
Mahl, und Marta trug auf; Lazarus aber
war einer von denen,
die mit ihm zu Tische lagen.
3 Da nahm Maria

ein Pfund echten,
kostbaren Nardenöls

und goss es über sein Haupt, als er zu Tische lag.	und goss es ihm über das Haupt.
8 Da aber die Jünger dies sahen, waren sie aufgebracht und sagten: Wozu diese Verschwendung?	4 Da sagten einige empört zueinander: Wozu geschah diese Verschwendung des Öls?
9 Dies hätte doch teuer verkauft werden können und wäre Armen zugute gekommen.	5 Dieses Öl hätte doch für mehr als dreihundert Denare verkauft werden können und wäre den Armen zugute gekommen. Und sie fuhren sie an.
10 Als Jesus dies merkte, sprach er zu ihnen: Warum macht ihr es der Frau so schwer? Sie hat doch ein gutes Werk an mir getan. 11 Die Armen habt ihr ja allezeit bei euch, mich aber habt ihr nicht allezeit.	6 Jesus aber sprach: Lasst sie! Warum macht ihr es ihr so schwer? Sie hat ein gutes Werk an mir getan. 7 Die Armen habt ihr ja allezeit bei euch, und sooft ihr wollt, könnt ihr ihnen Gutes tun; mich aber habt ihr nicht allezeit. 8 Was sie vermochte, hat sie getan.

38 Und sie trat von hinten zu seinen Füssen, weinte und begann mit ihren Tränen seine Füsse zu benetzen. Und sie trocknete sie mit den Haaren ihres Hauptes, küsste seine Füsse und salbte sie mit dem Balsam.

39 Als der Pharisäer, der ihn eingeladen hatte, das sah, sagte er bei sich: Wäre dieser ein Prophet, so wüsste er, wer und was für eine die Frau ist, die ihn da berührt, nämlich eine Sünderin.

und salbte Jesus die Füsse und trocknete seine Füsse mit ihrem Haar. Das Haus wurde erfüllt vom Duft des Öls.

4 Judas Iskariot aber, einer seiner Jünger, der ihn verraten sollte, sagt:

5 Warum hat man dieses Öl nicht für dreihundert Denar verkauft und Armen zugute kommen lassen? 6 Dies sagte er aber nicht, weil ihm die Armen am Herzen lagen, sondern weil er ein Dieb war und die Kasse hatte und die Einnahmen beiseite schaffte.

40 Und Jesus antwortete ihm: Simon, ich habe dir etwas zu sagen. Er erwidert: Meister, sprich! 41 Ein Geldverleiher hatte zwei Schuldner: der eine schuldete ihm fünfhundert Denar, der andere fünfzig. 42 Da sie es beide nicht zurückzahlen konnten, schenkte er es ihnen. Welcher von ihnen wird ihn nun mehr lieben? 43 Simon antwortete: Ich nehme an der, dem er mehr geschenkt hat. Da sprach er zu ihm: Du hast richtig geurteilt.

44 Und er wandte sich der Frau zu und sprach zu Simon: Siehst du diese Frau?

7 Nun sprach Jesus: Lass sie, damit sie es bewahre für den Tag meines Begräbnisses.

8 Denn die Armen habt ihr allezeit bei euch,

mich aber habt ihr nicht allezeit.

Ich bin in dein Haus gekommen, Wasser für die Füsse hast du mir nicht gegeben; sie aber hat meine Füsse mit ihren Tränen benetzt und mit ihrem Haar getrocknet. 45 Einen Kuss hast du mir nicht gegeben; sie aber hat, seit sie hereingekommen ist, nicht aufgehört, meine Füsse zu küssen. 46 Mit Öl hast du mein Haupt nicht gesalbt;

| 12 Dass sie nämlich dieses Öl auf meinen Leib goss, das hat sie für mein Begräbnis getan. | Sie hat meinen Leib im Voraus zum Begräbnis gesalbt. |
| 13 Amen, ich sage euch: Wo immer in der ganzen Welt dieses Evangelium verkündigt wird, da wird auch das erzählt werden, was sie getan hat, ihr zum Gedächtnis. | 9 Amen, ich sage euch: Wo immer in der ganzen Welt das Evangelium verkündigt wird, da wird auch das erzählt werden, was sie getan hat, ihr zum Gedächtnis. |

268   ANSCHLÄGE DER HOHEPRIESTER
                GEGEN LAZARUS

[Matthäus]   [Markus]

XIII   Letzte Wirksamkeit
                in Jerusalem

269   EINZUG IN JERUSALEM

Matthäus 21,1–9   Markus 11,1–10
[21,14–16]

▲ (Nr. 264 — 20,29–34 — S. 251)   ▲ (Nr. 264 — 10,46–52 — S. 251)
1 Und als sie sich Jerusalem näherten   1 Und als sie in die Nähe von Jerusalem

und nach Betfage   kommen, nach Betfage und Betanien

sie aber hat mit Balsam meine Füsse gesalbt.

47 Deshalb sage ich dir: Ihre vielen Sünden sind vergeben, denn sie hat viel geliebt; wem aber wenig vergeben wird, der liebt wenig. 48 Zu ihr aber sprach er: Dir sind deine Sünden vergeben. 49 Da begannen die Gäste untereinander zu sagen: Wer ist dieser, dass er sogar Sünden vergibt? 50 Er aber sprach zu der Frau: Dein Glaube hat dich gerettet. Geh in Frieden!

10,38–42 (Nr. 184, S. 179)   11,2 (Nr. 259, S. 245)

[Lukas]   *Johannes 12,9–11*

9 Eine grosse Menge der Juden erfuhr nun, dass er dort war, und sie kamen nicht nur um Jesu willen, sondern auch um Lazarus zu sehen, den er von den Toten auferweckt hatte. 10 Die Hohepriester aber beschlossen, auch Lazarus zu töten, 11 denn seinetwegen wandten sich viele Juden ab und glaubten an Jesus.

Lukas 19,28–40   *Johannes 12,12–19*

▲ (Nr. 266 — 19,11–27 — S. 253)
28 Und als er das gesagt hatte, zog er weiter auf dem Weg nach Jerusalem hinauf. 29 Und es geschah, als er in die Nähe von Betfage und Betanien kam,

12 Als am Tag darauf die grosse Menge, die zum Fest gekommen war, hörte, dass Jesus nach Jerusalem komme,

an den Ölberg kamen, da sandte Jesus zwei Jünger aus	an den Ölberg, sendet er zwei seiner Jünger aus
2 und sprach zu ihnen: Geht in das Dorf, das vor euch liegt, und gleich	2 und spricht zu ihnen: Geht in das Dorf, das vor euch liegt, und gleich wenn ihr hineinkommt,
werdet ihr eine Eselin angebunden finden und ein Füllen bei ihr.	werdet ihr ein Füllen angebunden finden, auf dem noch nie ein Mensch gesessen hat.
Bindet sie los und bringt sie zu mir! 3 Und wenn jemand etwas zu euch sagt, so sprecht: Der Herr braucht sie, er wird sie aber gleich zurückschicken.	Bindet es los und bringt es her! 3 Und wenn jemand zu euch sagt: Was tut ihr da?, so sprecht: Der Herr braucht es und schickt es gleich wieder zurück.
4 Das aber ist geschehen, damit erfüllt werde, was durch den Propheten gesagt ist:	
5 «Sagt der Tochter Zion: Siehe, dein König kommt zu dir, sanft, und auf einem Esel reitend, auf einem Füllen, dem Jungen eines Lasttiers.»	
6 Die Jünger aber gingen und taten, wie Jesus ihnen befohlen hatte,	4 Da gingen sie und fanden ein Füllen, angebunden an einer Tür draussen an der Strasse, und sie binden es los. 5 Und einige von denen, die dort standen, sagten zu ihnen: Was tut ihr da, dass ihr das Füllen losbindet? 6 Sie aber redeten zu ihnen, wie Jesus ihnen gesagt hatte, und man liess sie gewähren.
7 brachten die Eselin und das Füllen und legten ihre Kleider auf sie, und er setzte sich darauf.	7 Und sie bringen das Füllen zu Jesus und legen ihre Kleider darüber, und er setzte sich darauf.
8 Eine grosse Menge aber breitete ihre Kleider aus auf dem Weg, andere schnitten Zweige von den Bäumen und breiteten sie auf dem Weg aus.	8 Und viele breiteten ihre Kleider aus auf dem Weg, andere streuten Zweige, die sie auf den Feldern abgeschnitten hatten.
9 Die Leute aber, die ihm vorangingen und die hinter ihm hergingen,	9 Und die vorangingen und die hinterhergingen,
schrien: «Hosanna,» dem Sohne Davids! «Gepriesen sei, der da kommt	schrien: «Hosanna, gepriesen sei, der da kommt
im Namen des Herrn,	im Namen des Herrn!» 10 Gepriesen sei das Reich unseres Vaters David, das da kommt,

an den Berg, der Ölberg heisst, da sandte er zwei seiner Jünger aus
30 und sprach: Geht in das Dorf, das
vor euch liegt, und wenn ihr hineinkommt,
werdet ihr
ein Füllen angebunden finden, auf dem
noch nie ein Mensch gesessen hat.
Bindet es los und bringt es her. 31 Und
wenn euch jemand fragt: Warum bindet ihr es los?, so sollt ihr sagen:
Der Herr braucht es.

32 Und die er gesandt hatte, gingen hin
und fanden es so, wie er ihnen gesagt
hatte. 33 Als sie aber das Füllen losban-
den, sagten seine Besitzer zu ihnen:
Was bindet ihr das Füllen los? 34 Sie
aber sprachen: Der Herr braucht es.

35 Und sie brachten es zu Jesus und
warfen ihre Kleider auf das Füllen und
liessen Jesus aufsteigen.
36 Während er so dahinzog,
breiteten sie ihre Kleider vor ihm aus
auf dem Weg. 37 Als er schon nahe am
Abhang des Ölbergs war, begann die
ganze Jüngerschar voll Freude mit ge-
waltiger Stimme Gott zu loben um all
der Wunder willen, die sie gesehen
hatten,
38 und sie riefen:

   «Gepriesen sei, der da kommt,» der
König,
«im Namen des Herrn.»

13 nahmen sie Palmzweige und zogen
hinaus, ihn zu empfangen,

und riefen:
   «Hosanna,
gepriesen sei, der da kommt

   im Namen des Herrn,
König Israels.»

Hosanna in der Höhe!»	«Hosanna in der Höhe!»
▼ *(Nr. 271 — 21,10–17 — S. 260)*	▼ *(Nr. 271 — 11,11 — S. 260)*

21,14–16 (Nr. 271, S. 260)

14 Und es traten Blinde und Lahme im Tempel zu ihm, und er heilte sie. 15 Als aber die Hohepriester und Schriftgelehrten die Wunder sahen, die er tat, und die Kinder, die im Tempel riefen: Hosanna, dem Sohn Davids!, waren sie aufgebracht 16 und sagten zu ihm: Hörst du, was diese sagen? Jesus aber sagt zu ihnen: Ja! Habt ihr nie gelesen: «Aus dem Munde von Unmündigen und Säuglingen hast du dir Lob bereitet?»

5: Jes 62,11; Sach 9,9 | 9: Ps 118,25–26   9–10: Ps 118,25–26
23,37–39 (Nr. 285, S. 278)

[Matthäus]	[Markus]

Im Himmel Friede
und Herrlichkeit in der Höhe!

14 Jesus aber fand einen jungen Esel
und setzte sich darauf, wie geschrieben
steht:
    15 «Fürchte dich nicht, Tochter
    Zion!
    Siehe, dein König kommt,
    sitzend auf dem Füllen einer Ese-
    lin.»
16 Dies verstanden seine Jünger zuerst
nicht; aber als Jesus verherrlicht wurde,
da erinnerten sie sich, dass über ihn
dies geschrieben stand und dass man
ihm solches getan hatte. 17 Das Volk
nun, das bei ihm war, als er Lazarus aus
dem Grab gerufen und ihn von den Toten auferweckt hatte, legte Zeugnis ab
davon. 18 Deshalb zog ihm die Menge
entgegen, weil sie hörte, dass er dieses
Zeichen tat.

39 Und einige von den Pharisäern aus
der Menge sagten zu ihm: Meister,
bring deine Jünger zum Schweigen!
40 Und er antwortete: Ich sage euch:
Wenn diese schweigen, werden die
Steine schreien.

19 Da sagten die Pharisäer zueinander:
Ihr seht, dass ihr nichts ausrichtet. Siehe, alle Welt läuft ihm nach.

▼ *(Nr. 302 — 12,20–36 — S. 295)*

38: Ps 118,26
13,34–35 *(Nr. 213, S. 203)*

13: Ps 118,25–26 | 15: Sach 9,9; Jes 35,4; 40,9

Lukas 19,41–44   *[Johannes]*

41 Und als er näher kam und die Stadt
sah, weinte er über sie 42 und sprach:
Wenn doch auch du an diesem Tag erkennen würdest, was zum Frieden
führt. Jetzt aber wird es vor deinen Augen verborgen. 43 Denn es werden Tage über dich kommen, da werden deine
Feinde einen Wall um dich aufwerfen
und dich umzingeln und dich von allen

_____   _____
_____   _____
_____   _____
_____   _____
_____   _____
_____   _____

24,15–16 (Nr. 290, S. 281)   13,14 (Nr. 290, S. 281)
24,2 (Nr. 287, S. 279)   13,2 (Nr. 287, S. 279)

271   J E S U S   I N   J E R U S A L E M ,
                       R Ü C K K E H R   N A C H   B E T A N I E N
                              (vgl. Nr. 273 . 25)

Matthäus 21,10–17   *Markus 11,11*
                                    [11,15–17]
_____
                                    _____

▲ (Nr. 269 — 21,1–9 — S. 257)   ▲ (Nr. 269 — 11,1–10 — S. 257)
10 Und als er in Jerusalem einzog, ge- 11a Und er kam nach Jerusalem in den
riet die ganze Stadt in Aufregung und   Tempel. Er schaute sich ringsum alles
sprach: Wer ist das? 11 Die Leute aber an
sagten: Das ist der Prophet Jesus aus
Nazaret in Galiläa.   _____

                                    _____
_____
                                    11,15–17 (Nr.273, S. 261)
                                    15 Und sie kommen nach Jerusalem.
12 Und Jesus ging in den Tempel hinein Und als er in den Tempel hineinging,
und trieb alle hinaus, die im Tempel   begann er, alle hinauszutreiben, die im
verkauften und kauften, und die Tische Tempel verkauften und kauften. Die
der Geldwechsler und die Stände der   Tische der Geldwechsler und die Stän-
Taubenverkäufer stiess er um,   de der Taubenverkäufer stiess er um
                                    16 und liess nicht zu, dass jemand ir-
_____   gendetwas über den Tempelplatz trug.
                                    17 Und er lehrte sie und sprach: Steht
_____   nicht geschrieben:
13 und er sagt zu ihnen: Es steht ge-
schrieben: «Mein Haus soll Haus des Gebets
    «Mein Haus soll Haus des Gebets   heissen für alle Völker?»
    heissen,»   Ihr aber habt es zu einer «Räuber-
    ihr aber macht es zu einer «Räuber- höhle» gemacht!
    höhle.»
14 Und es traten Blinde und Lahme im   _____
Tempel zu ihm, und er heilte sie. 15 Als
aber die Hohepriester und Schriftge-   _____
lehrten die Wunder sahen, die er tat,
und die Kinder, die im Tempel riefen: _____
Hosanna, dem Sohn Davids!, waren sie
aufgebracht 16 und sagten zu ihm: _____
Hörst du, was diese sagen? Jesus aber
sagt zu ihnen: Ja! Habt ihr nie gelesen: _____

Seiten bedrängen; 44 und sie werden
dich und in dir deine Kinder zer-
schmettern, und sie werden in dir keinen Stein auf dem andern lassen, dafür
dass du die Zeit der Zuwendung nicht
erkannt hast.

▼ *(Nr. 273 — 19,45–46 — S. 261)*
21,20–22 (Nr. 290, S. 281)
21,5b–6 (Nr. 287, S. 279)

[Lukas 19,45–46]
[19,39–40; 21,37]

[Johannes 2,13–17]
(Nr. 24 . 25, S. 27 . 27)

19,45–46 (Nr. 273, S. 261)
45 Und er ging in den Tempel und begann, die Verkäufer hinauszutreiben,

46 und sprach zu ihnen: Es steht geschrieben:
    «Mein Haus soll ein Haus des
    Gebets sein,»
    ihr aber habt es zu einer «Räuber-
    höhle» gemacht.

19,39–40 (Nr. 269, S. 257)
*39 Und einige von den Pharisäern aus der
Menge sagten zu ihm: Meister, bring deine
Jünger zum Schweigen! 40 Und er antwor-*

«Aus dem Munde von Unmündigen
und Säuglingen hast du dir Lob bereitet?»

17 Und er liess sie stehen, ging aus der Stadt hinaus nach Betanien und blieb dort über Nacht.	11b ... und ging, da es schon spät war, mit den Zwölfen nach Betanien hinaus.

13: Jes 56,7 . Jer 7,11 | 16: Ps 8,3   17: Jes 56,7 . Jer 7,11

---

272   VERFLUCHUNG DES FEIGENBAUMS

Matthäus 21,18–19   *Markus 11,12–14*

18 Als er früh am Morgen in die Stadt zurückkehrte, hungerte ihn. 19 Und er sah einen Feigenbaum am Weg,	12 Und als sie am nächsten Tag von Betanien aufbrachen, hungerte ihn. 13 Und er sah von ferne einen Feigenbaum, der Blätter hatte,
ging auf ihn zu	und er ging hin, ob er nicht etwas an ihm fände. Und als er zu ihm hinkam,
und fand an ihm nichts als Blätter.	fand er nichts als Blätter; denn es war nicht die Zeit für Feigen.
Und er spricht zu ihm: Nie mehr soll Frucht aus dir hervorgehen in Ewigkeit; und der Feigenbaum verdorrte auf der Stelle.	14 Und er sprach zu ihm: In Ewigkeit soll niemand mehr eine Frucht von dir essen.
▼ *(Nr. 275 — 21,20–22 — S. 263)*	Und seine Jünger hörten es.

---

273   DIE TEMPELREINIGUNG
                    (vgl. Nr. 25)

[Matthäus 21,12–13]   *Markus 11,15–17*
(Nr. 271, S. 260)

	15 Und sie kommen nach Jerusalem.
12 Und Jesus ging in den Tempel hinein und trieb alle hinaus, die im Tempel verkauften und kauften, und die Tische der Geldwechsler und die Stände der Taubenverkäufer stiess er um,	Und als er in den Tempel hineinging, begann er, alle hinauszutreiben, die im Tempel verkauften und kauften. Die Tische der Geldwechsler und die Stände der Taubenverkäufer stiess er um
	16 und liess nicht zu, dass jemand irgendetwas über den Tempelplatz trug.

tete: Ich sage euch: Wenn diese schweigen,
werden die Steine schreien.

21,37 (Nr. 301, S. 295)
37 Tagsüber lehrte er im Tempel, nachts
aber ging er hinaus und schlief auf dem
Berg, der Ölberg heisst.
46: Jes 56,7 . Jer 7,11

[Lukas 13,6–9]   [Johannes]
(Nr. 207, S. 199)

6 Er sagte aber dieses Gleichnis: Einer hatte
in seinem Weinberg einen Feigenbaum stehen. Und er kam und suchte Frucht an ihm
und fand keine. 7 Da sagte er zu dem Weinbauer: Siehe, seit drei Jahren komme ich
und suche Frucht an diesem Feigenbaum,
und ich finde keine. Hau ihn um; wozu soll
er auch noch den Boden aussaugen? 8 Der
aber antwortet ihm: Herr, lass ihn noch dieses Jahr, bis ich rings um ihn umgegraben
und Mist zugelegt habe. 9 Vielleicht bringt
er in Zukunft doch Frucht; wenn aber nicht,
so hau ihn um.

Lukas 19,45–46   [Johannes 2,13–17]
                                  (Nr. 24 . 25, S. 27 . 27)

▲ (Nr. 270 — 19,41–44 — S. 259)
45 Und er ging in den Tempel und begann, die Verkäufer hinauszutreiben,

13 Das Passa der Juden war nahe, und
Jesus zog nach Jerusalem hinauf.
14 Und im Tempel traf er die Verkäufer
von Rindern, Schafen und Tauben an,
auch die Wechsler, die dasassen. 15 Da
machte er eine Peitsche aus Stricken
und trieb alle aus dem Tempel hinaus,
auch die Schafe und die Rinder, und das
Geld der Wechsler schüttete er aus, die

13 und er sagt zu ihnen: Es steht ge- schrieben: «Mein Haus soll Haus des Gebets heis- sen,» ihr aber macht es zu einer «Räuber- höhle.»	17 Und er lehrte sie und sprach: Steht nicht geschrieben: «Mein Haus soll Haus des Gebets heis- sen für alle Völker?» Ihr aber habt es zu einer «Räuberhöh- le» gemacht!

13: Jes 56,7 . Jer 7,11   17: Jes 56,7 . Jer 7,11

274   ANSCHLAG DER HOHEPRIESTER
UND SCHRIFTGELEHRTEN

[Matthäus]   *Markus 11,18–19*

	18 Und die Hohepriester und Schriftge- lehrten hörten davon und suchten, wie sie ihn umbringen könnten.

46 und sprach zu ihnen: Es steht geschrieben:
«Mein Haus soll ein Haus des Gebets sein,»
ihr aber habt es zu einer «Räuberhöhle» gemacht.

Tische stiess er um; 16 und zu den Taubenverkäufern sprach er: Schafft das fort von hier,

macht das Haus meines Vaters nicht zur Markthalle. 17 Da dachten seine Jünger daran, dass geschrieben steht: «Der Eifer für dein Haus wird mich verzehren.»

46: Jes 56,7 . Jer 7,11

17: Ps 69,10

Lukas 19,47–48
[21,37]

[*Johannes 11,45–53; {8,1–2}*]

11,45–53 (Nr. 260, S. 248)
45 *Viele nun von den Juden, die zu Maria gekommen waren und gesehen hatten, was er tat, kamen zum Glauben an ihn. 46 Aber einige von ihnen gingen zu den Pharisäern und sagten ihnen, was Jesus tat. 47 Da beriefen die Hohepriester und die Pharisäer eine Versammlung des Hohen Rates ein und sagten: Was sollen wir tun? Dieser Mensch tut viele Zeichen. 48 Lassen wir ihn gewähren, so werden alle an ihn glauben, und die Römer werden kommen und uns Land und Leute wegnehmen. 49 Einer von ihnen aber, Kajafas, der in jenem Jahr Hohepriester war, sagte zu ihnen: Ihr wisst nichts, 50 und ihr bedenkt nicht, dass es gut für euch ist, wenn ein Mensch für das Volk stirbt und nicht das ganze Volk zu Grunde geht. 51 Das aber sagte er nicht von sich aus, sondern weil er in jenem Jahr Hohepriester war, weissagte er, dass Jesus für das Volk sterben sollte, 52 und zwar nicht für das Volk allein, sondern um auch die zerstreuten Kinder Gottes zu sammeln und zu einen. 53 Von jenem Tag an war es für sie beschlossen, dass sie ihn töten wollten.*

47 Und er lehrte täglich im Tempel. Die Hohepriester und Schriftgelehrten aber sowie die Vornehmen des Volkes suchten ihn umzubringen, 48 doch fanden sie nichts, was sie hätten tun können,

Denn sie fürchteten ihn,
weil das ganze Volk begeistert war von
seiner Lehre.

19 Und als es Abend wurde, gingen sie
hinaus aus der Stadt.

275   AUSSICHT DES GLAUBENS

Matthäus 21,20–22
[21,19b; 6,14–15]

21,19b (Nr. 272, S. 261)

… und der Feigenbaum verdorrte auf der
Stelle.

▲ (Nr. 272 — 21,18–19 — S. 261)
20 Und als die Jünger das sahen, staunten sie und sagten: Wie konnte der Feigenbaum so plötzlich verdorren? 21 Jesus aber antwortete ihnen: Amen, ich
sage euch,
wenn ihr Glauben habt und nicht zweifelt, so werdet ihr nicht nur das tun,
was mit dem Feigenbaum geschehen
ist, sondern auch
wenn ihr zu diesem Berg sagt: Erhebe
dich und wirf dich ins Meer,

so wird es geschehen.

22 Und alles, worum ihr bittet im Gebet, werdet ihr empfangen, wenn ihr
glaubt.

6,14–15 (Nr. 62, S. 60)
14 Denn wenn ihr den Menschen ihre
Verfehlungen vergebt, so wird euer
himmlischer Vater auch euch vergeben. 15 Wenn ihr aber den Menschen
nicht vergebt, so wird auch euer Vater
eure Verfehlungen nicht vergeben.

Markus 11,20–26

20 Und als sie am anderen Morgen
vorübergingen,
sahen sie, dass der Feigenbaum von
den Wurzeln her verdorrt war.

21 Und Petrus erinnert sich und sagt zu
ihm: Rabbi, siehe, der Feigenbaum, den
du verflucht hast, ist verdorrt. 22 Und
Jesus antwortet ihnen:

Habt Glauben an Gott!
23 Amen, ich sage euch:

Wer zu diesem Berg sagt: Erhebe dich
und wirf dich ins Meer!, und in seinem
Herzen nicht zweifelt, sondern glaubt,
dass geschieht, was er sagt, dem wird
es zuteil werden. 24 Darum sage ich
euch:
Alles, worum ihr betet und bittet,
glaubt nur, dass ihr es empfangt, so
wird es euch zuteil werden.

25 Und wenn ihr steht und betet,
so vergebt, wenn ihr etwas gegen jemanden habt, damit auch euer Vater
im Himmel euch eure Verfehlungen
vergibt.

denn das ganze Volk hing ihm an und hörte auf ihn.

▼ *(Nr. 276 — 20,1–8 — S. 264)*

{8,1–2} (Nr. 242, S. 227)
{1 Jesus aber ging zum Ölberg. 2 Am frühen Morgen war er wieder im Tempel, und das ganze Volk kam zu ihm. Und er setzte sich und lehrte sie.}

21,37 (Nr. 301, S. 295)
37 *Tagsüber lehrte er im Tempel, nachts aber ging er hinaus und schlief auf dem Berg, der Ölberg heisst.*

[Lukas]

[Johannes 14,13–14; 15,7; 16,23]

14,13–14 (Nr. 317, S. 311)
13 *Und was ihr in meinem Namen erbitten werdet, das werde ich tun, damit der Vater durch den Sohn verherrlicht werde.*
14 *Wenn ihr mich in meinem Namen um etwas bitten werdet, ich werde es tun.*
15,7 (Nr. 320, S. 315)
7 *Wenn ihr in mir bleibt und meine Worte in euch bleiben, dann bittet, um was ihr wollt, und es wird euch zuteil werden.*
16,23 (Nr. 327, S. 319)
23 *Und an jenem Tag werdet ihr mich nichts fragen. Amen, amen, ich sage euch:*

25: Viele Handschriften haben hier (wohl nach
Mt 6,15) den Zusatz: «26 Wenn ihr aber nicht vergebt, so wird euer Vater im Himmel eure Verfehlungen nicht vergeben.» Die wichtigsten Handschriften enthalten den Vers aber nicht.

5,23–24 (Nr. 55, S. 55)
17,20 (Nr. 163, S. 161)

ThEv 48: Jesus sagte: Wenn zwei Frieden schliessen unter sich in diesem
einen Haus, werden sie dem Berg sagen: Versetze dich, und er wird sich
versetzen.

276   DIE FRAGE NACH DER VOLLMACHT JESU

Matthäus 21,23–27   *Markus 11,27–33*

23 Und als er in den Tempel hineingegangen war und lehrte,
traten die Hohepriester
und die Ältesten des Volkes zu ihm und
sprachen:
Aus welcher Vollmacht tust du das, und
wer hat dir diese Vollmacht gegeben?

27 Und sie kommen wieder nach Jerusalem. Und während er im Tempel
umhergeht,
treten die Hohepriester, Schriftgelehrten und Ältesten zu ihm, 28 und sie
sagten zu ihm:
Aus welcher Vollmacht tust du dies,
oder wer hat dir diese Vollmacht gegeben, dass du dies tust?

24 Jesus aber antwortete ihnen: Auch
ich will euch eine einzige Frage stellen;
wenn ihr mir darauf antwortet, werde
auch ich euch sagen, aus welcher Vollmacht ich das tue.

29 Jesus aber sprach zu ihnen: Ich will
euch eine einzige Frage stellen; antwortet mir, dann werde ich euch sagen,
aus welcher Vollmacht ich dies tue.

25 Die Taufe des Johannes – woher
stammte sie? Vom Himmel oder von
Menschen?
Sie überlegten bei sich und sagten: Sagen wir: Vom Himmel, so wird er uns
sagen: Warum habt ihr ihm dann nicht
geglaubt? 26 Sagen wir aber: Von Menschen, so müssen wir uns vor dem Volk
fürchten, denn sie alle halten Johannes
für einen Propheten.

30 Die Taufe des Johannes – war sie
vom Himmel, oder war sie von Menschen? Antwortet mir!
31 Da besprachen sie sich: Sagen wir:
Vom Himmel, so wird er sagen: Warum
habt ihr ihm dann nicht geglaubt?
32 Sagen wir aber: Von Menschen – sie
fürchteten das Volk, denn alle hielten
Johannes wirklich für einen Propheten.

27 Und sie antworteten Jesus: Wir wissen es nicht. Da sagte auch er zu ihnen:
Dann sage ich euch auch nicht, aus welcher Vollmacht ich dies tue.

33 Und sie antworten Jesus: Wir wissen
es nicht. Da spricht Jesus zu ihnen:
Dann sage ich euch auch nicht, aus welcher Vollmacht ich dies tue.

▼ (Nr. 278 — 12,1–12 — S. 265)

_____   *Wenn ihr den Vater in meinem Namen um*
_____   *etwas bitten werdet, wird er es euch geben.*
_____
_____
_____
_____

17,6 (Nr. 231, S. 271)

_____

Lukas 20,1–8   [Johannes 2,18–22]
_____   (Nr. 25, S. 27)

▲ (Nr. 274 — 19,47–48 — S. 262)
1 Und es geschah an einem der Tage, als
er das Volk im Tempel lehrte und das
Evangelium verkündigte,
da traten die Hohepriester und Schriftgelehrten mit den Ältesten herzu 2 und
sagten zu ihm: Sag uns,
aus welcher Vollmacht du das tust oder
wer es ist, der dir diese Vollmacht gegeben hat.
3 Er aber antwortete ihnen: Auch ich   *18 Da entgegneten ihm die Juden: Welches*
will euch eine Frage stellen; sagt mir: *Zeichen kannst du uns vorweisen, dass du*
                                          dies tun darfst? 19 Jesus entgegnete ihnen:
                                          Brecht diesen Tempel ab, und in drei Tagen
                                          werde ich ihn aufrichten. 20 Da sagten die
                                          Juden: Sechsundvierzig Jahre wurde an die-
                                          sem Tempel gebaut, und du willst ihn in
4 Die Taufe des Johannes – war sie vom   *drei Tagen aufrichten? 21 Er aber sprach von*
Himmel, oder war sie von Menschen?   *seinem Leib als dem Tempel. 22 Als er dann*
                                          von den Toten auferstanden war, erinner-
                                          ten sich seine Jünger, dass er dies gesagt
5 Sie aber besprachen sich miteinan-   *hatte, und sie glaubten der Schrift und dem*
der: Sagen wir: Vom Himmel, so wird   *Wort, das Jesus gesprochen hatte.*
er sagen: Warum habt ihr ihm nicht
geglaubt? 6 Sagen wir: Von Menschen,
so wird uns das ganze Volk steinigen;
denn es ist überzeugt, dass Johannes
ein Prophet war.
7 Und sie antworteten, sie wüssten
nicht woher. 8 Da sprach Jesus zu ihnen: Dann sage ich euch auch nicht,
aus welcher Vollmacht ich dies tue.
▼ (Nr. 278 — 20,9–19 — S. 265)

277   DIE UNGLEICHEN SÖHNE

Matthäus 21,28–32   *[Markus]*

28 Was meint ihr? Es hatte einer zwei
Söhne; und er trat zum ersten und sagte: Geh mein Sohn und arbeite heute
im Weinberg! 29 Der aber entgegnete:
Ich will nicht; später aber reute es ihn,
und er ging hin. 30 Da trat er zum anderen und sagte dasselbe. Der aber entgegnete: Ja, Herr! und ging nicht hin.
31 Wer von den beiden hat den Willen
des Vaters getan? Sie sagen: Der erste!
Da spricht Jesus zu ihnen: Amen, ich
sage euch: Die Zöllner und Dirnen
kommen vor euch ins Reich Gottes.
32 Denn Johannes kam zu euch auf
dem Weg der Gerechtigkeit, und ihr
habt ihm nicht geglaubt, die Zöllner
und Dirnen aber haben ihm geglaubt.
Ihr aber, die ihr das gesehen habt, habt
euch auch hinterher nicht eines Besse-
ren besonnen und ihm geglaubt.

278   DIE BÖSEN WEINBAUERN

Matthäus 21,33–46   *Markus 12,1–12*

▲ *(Nr. 276 — 11,27–33 — S. 264)*

33 Hört ein anderes Gleichnis: Da war
ein Gutsherr, der pflanzte einen Weinberg, zog einen Zaun ringsum, grub eine Kelter darin und baute einen Turm.
Dann verpachtete er ihn an Weinbauern und ging ausser Landes.
34 Als aber die Zeit der Früchte kam,
schickte er seine Knechte zu den Weinbauern, damit sie seine Früchte einhol-
ten.

35 Und die Weinbauern packten seine

1 Und er begann in Gleichnissen zu ihnen zu reden: Es pflanzte einer einen
Weinberg, zog einen Zaun ringsum,
grub eine Kelter und baute einen Turm.
Dann verpachtete er ihn an Weinbauern und ging ausser Landes.
2 Und zu gegebener Zeit
schickte er einen Knecht zu den Weinbauern, um von den Weinbauern seinen Anteil an den Früchten des Weinbergs einzuholen.
3 Sie aber packten ihn und

[Lukas 7,29–30]
(Nr. 107, S. 102)

[Johannes]

29 Und das ganze Volk, das zuhörte, selbst
die Zöllner, haben Gott dadurch Recht gegeben, dass sie sich taufen liessen mit der Taufe des Johannes. 30 Die Pharisäer aber und
die Gesetzeslehrer haben gegen sich selbst
den Ratschluss Gottes dadurch verworfen,
dass sie sich von ihm nicht taufen liessen.

Lukas 20,9–19

[Johannes]

▲ (Nr. 276 — 20,1–8 — S. 264)
9 Er fing aber an, dem Volk dieses
Gleichnis zu sagen: Ein Mann pflanzte
einen Weinberg

und verpachtete ihn an Weinbauern
und ging für einige Zeit ausser Landes.
10 Und als es Zeit war,
schickte er einen Knecht zu den Weinbauern, damit sie ihm seinen Anteil am
Ertrag des Weinbergs geben sollten.

Die Weinbauern aber

Knechte; den einen schlugen sie, den andern töteten sie, den dritten steinigten sie.

36 Wiederum schickte er andere Knechte, mehr als die ersten; und mit ihnen taten sie dasselbe.

_____

37 Zuletzt aber

_____

schickte er seinen Sohn zu ihnen und sagte: Vor meinem Sohn werden sie sich scheuen.

38 Als aber die Weinbauern den Sohn sahen, sagten sie zueinander:

_____

Das ist der Erbe. Kommt, wir wollen ihn töten und sein Erbe an uns bringen!

39 Und sie packten ihn und stiessen ihn aus dem Weinberg hinaus und erschlugen ihn.

40 Wenn nun der Herr des Weinbergs kommt,

was wird er mit jenen Weinbauern tun? 41 Sie sagen zu ihm: Er wird den Bösen ein böses Ende bereiten und den Weinberg an andere Weinbauern verpachten, die ihm den Ertrag zur rechten Zeit abliefern.

_____

42 Jesus spricht zu ihnen: Habt ihr nie in den Schriften gelesen:

_____

«Der Stein, den die Bauleute verworfen haben,
der ist zum Eckstein geworden,
vom Herrn her ist er dies geworden,

_____

und wunderbar ist er in unseren Augen.»

43 Darum sage ich euch: Das Reich Gottes wird euch weggenommen und

schlugen ihn und schickten ihn mit leeren Händen fort.

_____

4 Da schickte er einen anderen Knecht zu ihnen; den schlugen sie auf den Kopf und misshandelten ihn.

_____

5 Und er schickte einen anderen, und ihn töteten sie,

_____

und viele andere, die einen schlugen sie, die anderen töteten sie.

6 Noch einen hatte er, den geliebten Sohn.

Den schickte er als letzten zu ihnen und sagte: Vor meinem Sohn werden sie sich scheuen.

7 Jene Weinbauern aber sagten zueinander:

_____

Das ist der Erbe. Kommt, wir wollen ihn töten, dann wird das Erbe uns gehören.

8 Und sie packten ihn und töteten ihn und warfen ihn aus dem Weinberg hinaus.

_____

9 Was wird nun der Herr des Weinbergs tun? Er wird kommen und die Weinbauern umbringen und den Weinberg anderen geben.

_____

_____

10 Habt ihr nicht dieses Schriftwort gelesen:

«Der Stein, den die Bauleute verworfen haben,
der ist zum Eckstein geworden,
11 vom Herrn her ist er dies geworden,
und wunderbar ist er in unseren Augen.»

_____

_____

schlugen ihn und schickten ihn mit
leeren Händen fort.

11 Und er schickte noch einen zweiten
Knecht. Sie aber schlugen und misshandelten auch jenen und schickten
ihn mit leeren Händen fort.
12 Und er schickte noch einen dritten.
Sie aber verwundeten auch jenen und
warfen ihn hinaus.

13 Da sprach der Herr des Weinbergs:
Was soll ich tun? Ich will meinen geliebten Sohn senden. Vor ihm werden
sie sich wohl scheuen.

14 Als aber die Weinbauern ihn sahen,
überlegten sie miteinander und sprachen:
Das ist der Erbe. Töten wir ihn, damit
das Erbe uns zufällt.

15 Und sie stiessen ihn aus dem Weinberg hinaus und töteten ihn.

Was wird nun der Herr des Weinbergs
mit ihnen tun? 16 Er wird kommen
und diese Weinbauern umbringen und
den Weinberg anderen geben.

Als sie das hörten, sagten sie: Das darf
nicht sein!
17 Er aber blickte sie an und sprach:
Was bedeutet denn dieses Schriftwort:

    «Der Stein, den die Bauleute ver-
    worfen haben,
    der ist zum Eckstein geworden.»

einem Volk gegeben werden, das ihm
Früchte bringt.
44 Und wer auf diesen Stein fällt, der
wird zerschellen; auf wen er aber fällt,
den wird er zermalmen. 45 Und als die
Hohepriester und Pharisäer seine
Gleichnisse hörten, erkannten sie, dass
er von ihnen redete,
46 und sie suchten ihn festzunehmen,

12 Da suchten sie ihn festzunehmen

doch fürchteten sie das Volk, weil es
ihn für einen Propheten hielt.

und fürchteten doch das Volk.

Sie hatten nämlich erkannt, dass er das
Gleichnis auf sie hin gesagt hatte. Und
sie liessen ihn stehen und gingen fort.

▼ (Nr. 280 — 12,13–17 — S. 269)

42: Ps 118,22–23   10–11: Ps 118,22–23

ThEv 65: Er sagte: Ein ehrbarer Mann hatte einen Weinberg; er gab ihn
Winzern, damit sie in ihm arbeiteten (und) er die Früchte von ihnen bekäme. Er schickte seinen Diener, damit die Winzer ihm die Frucht des Weinbergs gäben. Diese ergriffen seinen Diener, schlugen ihn, (und) sie hätten
ihn beinahe erschlagen. Der Diener ging davon (und) sagte es seinem
Herrn. Sein Herr sagte: Vielleicht hat er sie nicht erkannt. Er schickte einen
anderen Diener; die Winzer schlugen auch diesen. Nun schickte der Herr
seinen Sohn. Er sagte: Vielleicht werden sie Respekt haben vor meinem
Sohn. Diese Winzer, als sie erfuhren, dass er der Erbe des Weinbergs wäre,
packten ihn und töteten ihn. Wer Ohren hat, der höre.
ThEv 66: Jesus sagte: Zeigt mir den Stein, den die Bauleute verworfen haben:
er ist der Eckstein.

279   DAS KÖNIGLICHE HOCHZEITSMAHL
                        (vgl. Nr. 216)

Matthäus 22,1–14   *[Markus]*

1 Und Jesus begann und redete wiederum in Gleichnissen zu ihnen: 2 Das
Himmelreich gleicht einem König, der
seinem Sohn die Hochzeit ausrichtete.
3 Und er sandte seine Knechte aus, um
die Geladenen zur Hochzeit zu rufen,

18 Jeder, der auf diesen Stein fällt, der
wird zerschellen; auf wen er aber fällt,
den wird er zermalmen.

19 Und die Schriftgelehrten und Hohepriester suchten Hand an ihn zu legen
zur selben Stunde
und fürchteten doch das Volk;

sie hatten nämlich erkannt, dass er dieses Gleichnis auf sie hin gesagt hatte.
▼ (Nr. 280 — 20,20–26 — S. 269)

17: Ps 118,22

[Lukas 14,15–24]
(Nr. 216, S. 205)

15 Als aber einer von denen, die zu Tische lagen, das hörte, sagte der zu ihm:
Selig, wer im Reich Gottes essen wird.
16 Er aber sprach zu ihm:

Ein Mensch gab ein grosses Mahl und
lud viele ein.
17 Und zur Stunde des Mahls sandte er
seinen Knecht aus, um den Geladenen
zu sagen: Kommt, alles ist schon bereit!

[Johannes]

und sie wollten nicht kommen.

4 Wiederum sandte er andere Knechte
aus und sprach: Sagt den Geladenen:
Siehe, mein Mahl habe ich bereitet,
meine Ochsen und das Mastvieh sind
geschlachtet, und alles ist bereit.
Kommt zur Hochzeit!

5 Sie aber achteten nicht darauf und
gingen ihrer Wege, der eine auf seinen
Acker, der andere an sein Geschäft.

6 Die übrigen aber ergriffen seine
Knechte, misshandelten und töteten
sie.

7 Da wurde der König zornig und
schickte seine Heere aus, liess die Mörder umbringen und ihre Stadt anzünden.

8 Dann sagt er zu seinen Knechten: Die
Hochzeit ist zwar bereit, die Geladenen
aber waren es nicht wert.

9 Geht also an die Ecken der Strassen
und ruft zur Hochzeit, wen immer ihr
findet.

10 Da gingen die Knechte auf die Strassen hinaus und brachten alle, die sie
fanden, Böse und Gute,

und der Hochzeitssaal füllte sich mit
Gästen.

11 Als aber der König hineinging, sich
die Gäste anzusehen, sah er dort einen,
der kein Hochzeitskleid trug. 12 Und er
spricht zu ihm: Freund, wie bist du hier
hereingekommen ohne ein Hochzeitskleid? Der aber blieb stumm. 13 Da sagte der König zu seinen Dienern: Bindet
ihm Hände und Füsse und werft ihn hinaus in die äusserste Finsternis; dort

18 Und auf einmal begannen sich alle
zu entschuldigen.

_____

_____

_____

_____

Der erste sagte zu ihm: Ich habe einen
Acker gekauft und muss unbedingt
hingehen, um ihn anzusehen. Ich bitte
dich, betrachte mich als entschuldigt.
19 Und ein anderer sagte: Ich habe fünf
Joch Ochsen gekauft und bin unterwegs, sie zu prüfen. Ich bitte dich, betrachte mich als entschuldigt. 20 Und
ein anderer sagte: Ich habe geheiratet
und kann deshalb nicht kommen.
21 Und der Knecht kam zurück und berichtete dies seinem Herrn.
Da wurde der Hausherr zornig

_____

_____

_____

und sagte zu seinem Knecht:

_____

Geh schnell hinaus auf die Strassen
und Gassen der Stadt und bring die Armen und Verkrüppelten und Blinden
und Lahmen herein.
22 Und der Knecht sagte: Herr, was du
angeordnet hast, ist geschehen, und es
ist noch Platz. 23 Und der Herr sprach
zum Knecht: Geh hinaus auf die Landstrassen und an die Zäune und nötige
sie hereinzukommen, damit mein
Haus voll werde!
24 Denn ich sage euch: Keiner von jenen Männern, die eingeladen waren,
wird mein Mahl geniessen.

wird Heulen und Zähneklappern sein.
14 Denn viele sind berufen, wenige
aber auserwählt.

8,12 (Nr. 85, S. 78)

20,16 (Nr. 256, S. 242)

19,30 (Nr. 255, S. 241)   10,31 (Nr. 255, S. 241)

ThEv 23: Jesus sagte: Ich werde euch erwählen (auswählen), einen unter
tausend und zwei unter zehntausend, und sie werden dastehen, als wären
sie ein Einziger.

ThEv 64: Jesus sagte: Ein Mann hatte Gäste; und nachdem er das Mahl zubereitet hatte, schickte er seinen Diener, um die Gäste einzuladen. Er ging
zum Ersten und sagte zu ihm: Mein Herr lädt dich ein. Er sagte: Ich habe
Geld bei Kaufleuten; sie werden heute Abend zu mir kommen, ich werde
gehen (und) ihnen Aufträge geben. Ich entschuldige mich für das Mahl. Er
ging zu einem anderen (und) sagte zu ihm: Mein Herr hat dich eingeladen.
Dieser sagte zu ihm: Ich habe ein Haus gekauft; und man braucht mich für
einen Tag. Ich werde keine Zeit haben. Er ging zu einem anderen (und)
sagte zu ihm: Mein Herr lädt dich ein. Dieser sagte zu ihm: Mein Freund
wird sich verheiraten, und ich mache das Mahl. Ich kann nicht kommen.
Ich entschuldige mich für das Mahl. Er ging zu einem anderen, er sagte zu
ihm: Mein Herr lädt dich ein. Er sagte zu ihm: Ich habe einen Bauernhof
gekauft; ich werde gehen, den Zins zu erhalten. Ich kann nicht kommen.
Ich entschuldige mich. Der Diener kam zurück (und) sagte zu seinem
Herrn: Die, die du eingeladen hast zum Mahl, lassen sich entschuldigen.
Der Herr sagte zu seinem Diener: Geh hinaus auf die Wege, bring die mit,
die du finden wirst, damit sie essen. Die Verkäufer und Händler [werden]
nicht den Ort meines Vaters [betreten].

280   DIE KAISERLICHE STEUER

Matthäus 22,15–22   *Markus 12,13–17*
                             [12,12b]

15 Da gingen die Pharisäer hin und beschlossen, ihn in eine Frage zu ver-
stricken.   ▲ (Nr. 278 — 12,1–12 — S. 265)
16 Und sie schicken ihre Jünger mit   13 Und sie schicken einige von den
den Herodianern,   Pharisäern und den Herodianern zu
                                        ihm, um ihn mit einer Frage zu fangen.

um ihm zu sagen: 14 Und sie kommen und sagen zu ihm:

Meister, wir wissen, dass du wahrhaf-   Meister, wir wissen, dass du der Wahr-
tig bist und in Wahrheit den Weg Got-   heit verpflichtet bist
tes lehrst
und auf niemanden Rücksicht nimmst,   und auf niemanden Rücksicht nimmst;
denn du achtest nicht auf das Ansehen   denn du achtest nicht auf das Ansehen
der Person.   der Person, sondern lehrst in Wahrheit
                                        den Weg Gottes.

_____   _____
_____   _____
_____   _____
_____   _____
_____   _____

13,30 (Nr. 211, S. 202)   _____

Lukas 20,20–26   *[Johannes 3,2]*
_____   (Nr. 27, S. 29)

▲ (Nr. 278 — 20,9–19 — S. 265)   _____
20 Und sie beobachteten ihn genau   _____
und schickten Aufpasser, die sich als   _____
Gerechte ausgeben sollten. Die sollten   _____
ihn auf einem Ausspruch behaften, so   _____
dass sie ihn der Behörde und der Amts-   _____
gewalt des Statthalters ausliefern   _____
könnten.
21 Und sie fragten ihn: *2 Dieser kam zu ihm bei Nacht und sagte zu*
                                             ihm:
Meister, wir wissen, dass du recht re-   *Rabbi, wir wissen, dass du als Lehrer von*
dest und lehrst   *Gott gekommen bist; denn niemand kann*
                                             diese Zeichen tun, die du tust, wenn nicht
                                             Gott mit ihm ist.
und die Person nicht ansiehst, sondern   _____
in Wahrheit den Weg Gottes lehrst.   _____
_____

17 Sag uns also, was dir richtig scheint:
Ist es erlaubt, dem Kaiser Steuer zu
zahlen, oder nicht?

Ist es erlaubt, dem Kaiser Steuern zu
zahlen, oder nicht? Sollen wir zahlen
oder nicht zahlen?

18 Jesus aber erkannte ihre böse Absicht und sprach: Was versucht ihr
mich, Heuchler!
19 Zeigt mir die Münze für die Steuer!
Da hielten sie ihm einen Denar hin.
20 Und er sagt zu ihnen:
Wessen Bild und Inschrift ist das?
21 Sie sagen zu ihm: Des Kaisers. Da
sagt er zu ihnen: So gebt dem Kaiser,
was des Kaisers ist, und Gott, was Gottes ist!

15 Er aber wusste um ihre Heuchelei
und sprach zu ihnen: Was versucht ihr
mich?
Bringt mir einen Denar, damit ich ihn
ansehe! 16 Und sie brachten ihm einen.
Da spricht er zu ihnen:
Wessen Bild und Inschrift ist das? Sie
sagten zu ihm: Des Kaisers. 17 Da
sprach Jesus zu ihnen: Gebt dem Kaiser, was des Kaisers ist, und Gott, was
Gottes ist!

22 Und als sie das hörten, staunten sie;

Und sie staunten sehr über ihn.

12,12b (Nr. 278, S. 265)

und sie liessen ihn stehen und gingen
fort.

Und sie liessen ihn stehen und gingen fort.

ThEv 100: Sie zeigten Jesus ein Goldstück und sagten zu ihm: Die Leute des
Kaisers verlangen von uns Steuern. Er sagte zu ihnen: Gebt dem Kaiser, was
des Kaisers ist; gebt Gott, was Gottes ist. Und was mein ist, gebt es mir.

281   DIE AUFERSTEHUNG DER TOTEN

Matthäus 22,23–33
[22,46]

Markus 12,18–27
[12,34b]

23 An demselben Tag kamen Sadduzäer
zu ihm, die behaupten, es gebe keine
Auferstehung, und fragten ihn:
24 Meister, Mose hat gesagt:

18 Und es kommen Sadduzäer zu ihm,
die behaupten, es gebe keine Auferstehung; und sie fragten ihn: 19 Meister,
Mose hat uns vorgeschrieben:

«Wenn einer stirbt,
ohne Kinder zu haben, dann soll sein
Bruder als Schwager seine Frau heiraten und seinem Bruder Nachkommen
erwecken.» 25 Bei uns gab es einmal
sieben Brüder. Der erste heiratete und
starb, und da er keine Nachkommen
hatte, hinterliess er seine Frau dem
Bruder;
26 ebenso der zweite

«Wenn einem der Bruder stirbt» und
eine Frau zurücklässt «und kein Kind
hinterlässt,» dann «soll sein Bruder
die Frau nehmen und seinem Bruder
Nachkommen erwecken.» 20 Nun gab
es sieben Brüder. Der erste nahm eine
Frau, und als er starb, hinterliess er keine Nachkommen.

21 Da nahm sie der zweite und starb,

22 Ist es uns erlaubt, dem Kaiser Steuern zu zahlen, oder nicht?

23 Doch er bemerkte ihre Arglist und sprach zu ihnen:

24 Zeigt mir einen Denar.

Wessen Bild und Inschrift trägt er? Sie sagten: Des Kaisers. 25 Da sprach er zu ihnen: Also gebt dem Kaiser, was des Kaisers ist, und Gott, was Gottes ist! 26 Und sie konnten ihn vor dem Volk nicht auf einem Ausspruch behaften. Und erstaunt über seine Antwort schwiegen sie.

11,53–54 (Nr. 194, S. 186)

{8.6} (Nr. 242, S. 227)

Lukas 20,27–40

[Johannes]

27 Es traten aber einige von den Sadduzäern herzu, die behaupten, es gebe keine Auferstehung, und fragten ihn: 28 Meister, Mose hat uns vorgeschrieben: «Wenn einem der Bruder stirbt,» der eine Frau hatte und der «kinderlos geblieben war, dann soll sein Bruder die Frau nehmen und seinem Bruder Nachkommen erwecken.» 29 Nun gab es sieben Brüder. Der erste nahm eine Frau und starb kinderlos.

30 Und der zweite nahm sie,

und der dritte, bis zum siebten.

27 Zuletzt nach allen starb die Frau.
28 In der Auferstehung nun – wessen
Frau von den sieben wird sie sein? Sie
alle haben sie doch gehabt.
29 Jesus aber entgegnete ihnen: Ihr
irrt, weil ihr weder die Schriften noch
die Macht Gottes kennt.

30 Denn in der Auferstehung
heiraten sie nicht, noch werden sie verheiratet,

sondern wie Engel im Himmel sind sie.

31 Was aber die Auferstehung der Toten
betrifft – habt ihr nicht gelesen,

was euch von Gott gesagt ist:
32 «Ich bin der Gott Abrahams und der
Gott Isaaks und der Gott Jakobs?» Er ist
nicht ein Gott von Toten, sondern von
Lebenden.

33 Und als die Leute das hörten, gerieten sie ausser sich über seine Lehre.

22,46 (Nr. 283, S. 273)
46 Und niemand konnte ihm darauf ant-
worten;
auch wagte von jenem Tag an niemand
mehr, ihn etwas zu fragen.

24: Dtn 25,5 | 32: Ex 3,6

---

ohne Nachkommen zu hinterlassen,
und ebenso der dritte. 22 Und alle sieben hinterliessen keine Nachkommen.

Zuletzt nach allen starb auch die Frau.
23 In der Auferstehung – wessen Frau
wird sie sein? Die sieben haben sie
doch zur Frau gehabt.
24 Jesus sprach zu ihnen: Irrt ihr nicht
deswegen, weil ihr weder die Schriften
noch die Macht Gottes kennt?

25 Wenn sie nämlich von den Toten
auferstehen, heiraten sie nicht, noch
werden sie verheiratet,

sondern sie sind wie Engel im Himmel.

26 Was aber die Auferweckung der Toten betrifft – habt ihr nicht gelesen im
Buch des Mose, beim Dornbusch,
wie Gott zu ihm sprach:
«Ich bin der Gott Abrahams und der
Gott Isaaks und der Gott Jakobs?» 27 Er
ist nicht ein Gott von Toten, sondern
von Lebenden. Ihr irrt sehr.

12,34b (Nr. 282, S. 272)
Und niemand wagte mehr, ihn zu fragen.

19: Dtn 25,5 | 26: Ex 3,6

*1.Kor 15,40–44: 40 Und es gibt himmlische Leiber und irdische Leiber; aber
anders ist der Glanz der himmlischen, anders der der irdischen. 41 Anders
ist der Glanz der Sonne und anders ist der Glanz des Mondes und anders
der Glanz der Sterne; denn Stern unterscheidet sich von Stern durch den
Glanz. 42 So ist es auch mit der Auferstehung der Toten. Es wird gesät in
Verweslichkeit, es wird auferweckt in Unverweslichkeit; 43 es wird gesät in
Unehre, es wird auferweckt in Herrlichkeit; es wird gesät in Schwachheit,
es wird auferweckt in Kraft; 44 es wird gesät ein natürlicher Leib, es wird
auferweckt ein geistiger Leib. Gibt es einen natürlichen Leib, so gibt es
auch einen geistigen.*

31 und der dritte, und ebenso auch alle
sieben, und sie hinterliessen keine
Kinder und starben.
32 Zuletzt starb auch die Frau.
33 Die Frau nun – wessen Frau wird sie
in der Auferstehung sein? Die sieben
haben sie doch alle zur Frau gehabt.
34 Da sprach Jesus zu ihnen:

Die Söhne dieser Welt heiraten und
werden verheiratet; 35 die aber gewür-
digt werden, an jener Welt und an der
Auferstehung von den Toten teilzuha-
ben, die heiraten nicht, noch werden
sie verheiratet. 36 Sie können ja auch
nicht mehr sterben,
denn sie sind Engeln gleich und sind
Söhne Gottes, weil sie Söhne der Auferstehung sind.
37 Dass aber die Toten auferweckt werden, darauf hat auch Mose beim Dornbusch hingedeutet, wenn er

«den Herrn den Gott Abrahams und
den Gott Isaaks und den Gott Jakobs»
nennt. 38 Er aber ist nicht ein Gott von
Toten, sondern von Lebenden; denn für
ihn leben alle.
39 Da antworteten einige von den
Schriftgelehrten: Meister, gut hast du
gesprochen.

40 Sie wagten nämlich nicht mehr, ihn
etwas zu fragen.

▼ (Nr. 283 — 20,41–44 — S. 273)
28: Dtn 25,5 | 37: Ex 3,6

ThEv 3: Jesus sagte: Wenn die, die euch führen, euch sagen: Seht, das Königreich ist im Himmel, so werden euch die Vögel des Himmels vorangehen;
wenn sie euch sagen: Es ist im Meer, so werden euch die Fische vorangehen. Aber das Königreich ist in eurem Inneren, und es ist ausserhalb von
euch. Wenn ihr euch erkennen werdet, dann werdet ihr erkannt, und ihr
werdet wissen, dass ihr die Söhne des lebendigen Vaters seid. Aber wenn
ihr euch nicht erkennt, dann werdet ihr in der Armut sein, und ihr seid die
Armut.

282   DAS GRÖSSTE GEBOT
          (vgl. Nr. 182)

Matthäus 22,34–40 [22,46]	Markus 12,28–34
34 Als aber die Pharisäer hörten, dass er die Sadduzäer zum Schweigen gebracht hatte, versammelten sie sich an demselben Ort.	
35 Und in der Absicht, ihn zu versuchen, fragte ihn einer von ihnen, ein Gesetzeslehrer:	28 Und einer der Schriftgelehrten, der gehört hatte, wie sie miteinander stritten, trat zu ihm. Und da er sah, dass er ihnen gut geantwortet hatte, fragte er ihn:
36 Meister, welches Gebot ist das grösste im Gesetz?	Welches Gebot ist das erste von allen?
37 Er sprach zu ihm:	29 Jesus antwortete: Das erste ist: «Höre, Israel, der Herr, unser Gott, ist allein Herr,
«Du sollst den Herrn, deinen Gott, lieben mit deinem ganzen Herzen und mit deiner ganzen Seele und mit deinem ganzen Verstand.»	30 und du sollst den Herrn, deinen Gott, lieben mit deinem ganzen Herzen und mit deiner ganzen Seele und mit deinem ganzen Verstand und mit all deiner Kraft.»
38 Dies ist das grösste und erste Gebot. 39 Das zweite aber ist ihm gleich: «Du sollst deinen Nächsten lieben wie dich selbst.» 40 An diesen beiden Geboten hängt das ganze Gesetz und die Propheten.	31 Das zweite ist dieses: «Du sollst deinen Nächsten lieben wie dich selbst.» Grösser als diese ist kein anderes Gebot.
	32 Und der Schriftgelehrte sagte zu ihm: Gut, Meister, der Wahrheit gemäss hast du gesprochen: «Einer ist er, und einen anderen ausser ihm gibt es nicht» 33 und «ihn lieben mit ganzem Herzen und mit ganzem Verstand und

[Lukas 10,25–28]   [Johannes]
[20,40]

25 Und siehe, da stand ein Gesetzeslehrer auf, um ihn zu versuchen, und
sagte:

Meister, was muss ich tun, damit ich
ewiges Leben erbe?
26 Er sprach zu ihm:

Was steht im Gesetz geschrieben? Was
liest du da? 27 Und er antwortete:
«Du sollst den Herrn, deinen Gott, lieben mit deinem ganzen Herzen und
mit deiner ganzen Seele und mit all
deiner Kraft und mit deinem ganzen
Verstand,

und deinen Nächsten wie dich selbst.»

_____
_____
_____
_____
_____
_____
_____

mit aller Kraft» und «den Nächsten lieben wie sich selbst» – das ist weit mehr
als alle Brandopfer und Rauchopfer.
34 Und Jesus sah, dass er verständig geantwortet hatte, und sprach zu ihm:
Du bist nicht fern vom Reich Gottes.

22,46 (Nr. 283, S. 273)
46 Und niemand konnte ihm darauf antworten; auch wagte von jenem Tag an niemand mehr, ihn etwas zu fragen.

Und niemand wagte mehr, ihn zu fragen.

37: Dtn 6,5; Jos 22,5 | 39: Lev 19,18

29: Dtn 6,4 | 30: Dtn 6,5; Jos 22,5 | 31: Lev 19,18 |
32: Dtn 4,35; 6,4; Jes 45,21 | 33: Dtn 6,5; Jos 22,5 .
Lev 19,18

19,16–19 (Nr. 254, S. 240)

10,17–19 (Nr. 254, S. 240)

Röm 13,8–10: 8 Sei niemandem etwas schuldig, ausser dass ihr einander
liebt; denn wer den andern liebt, hat das Gesetz erfüllt. 9 Denn das [Gebot]:
«Du sollst nicht ehebrechen, du sollst nicht töten, du sollst nicht stehlen,
du sollst nicht begehren», und wenn es irgendein andres Gebot gibt, ist in
diesem Wort zusammengefasst, in dem: «Du sollst deinen Nächsten lieben
wie dich selbst!» 10 Die Liebe fügt dem Nächsten nichts Böses zu; so ist
nun die Liebe des Gesetzes Erfüllung.
Gal 5,14: Denn das ganze Gesetz ist in einem Wort erfüllt, [nämlich] in dem:
«Du sollst deinen Nächsten lieben wie dich selbst.»
Jak 2,8: Gewiss, wenn ihr das königliche Gesetz erfüllt nach dem Schriftwort: «Du sollst deinen Nächsten lieben wie dich selbst», so tut ihr recht.
ThEv 25: Jesus sagte: Liebe deinen Bruder wie deine Seele; wache über ihn
wie über deinen Augapfel.

283   DER SOHN DAVIDS

Matthäus 22,41–46

Markus 12,35–37a
[12,34b]

41 Da nun die Pharisäer beisammen
waren, fragte Jesus sie:
42 Was denkt ihr über den Christus?
Wessen Sohn ist er? Sie sagen zu ihm:
Davids Sohn! 43 Er spricht zu ihnen:
Wie kann ihn David also im Geist Herr
nennen, wenn er sagt:
    44 «Der Herr sprach zu meinem
    Herrn:
    Setze dich zu meiner Rechten,
    bis ich deine Feinde

35 Da ergriff Jesus das Wort und
sprach, als er im Tempel lehrte:
Warum sagen die Schriftgelehrten, der
Christus sei Davids Sohn?

36 David selbst hat doch durch den
Heiligen Geist gesagt:
    «Der Herr sprach zu meinem
    Herrn:
    Setze dich zu meiner Rechten,
    bis ich deine Feinde

    unter deine Füsse gelegt habe.»
45 Wenn David ihn also Herr nennt,
wie kann er da sein Sohn sein?

    unter deine Füsse gelegt habe.»
37 David selbst nennt ihn Herr, wie
kann er da sein Sohn sein?

28 Er sprach zu ihm:
Richtig hast du geantwortet; tue dies,
und du wirst leben.

20,40 (Nr. 281, S. 270)
*40 Sie wagten nämlich nicht mehr, ihn et-
was zu fragen.*
27: Dtn 6,5; Jos 22,5 . Lev 19,18

18,18–20 (Nr. 254, S. 240)

Lukas 20,41–44

[20,40]

▲ (Nr. 281 — 20,27–40 — S. 270)
41 Er sprach aber zu ihnen:
Warum sagen sie, der Christus sei Davids Sohn?

42 Sagt doch David selbst im Buch der
Psalmen:
«Der Herr sprach zu meinem
Herrn:
Setze dich zu meiner Rechten,
43 bis ich deine Feinde hingelegt
habe
als Schemel für deine Füsse.»
44 David nennt ihn also Herr, wie kann
er da sein Sohn sein?

[Johannes]

46 Und niemand konnte ihm darauf antwortete; auch wagte von jenem Tag an niemand mehr, ihn etwas zu fragen.

44: Ps 110,1

12,34b (Nr. 282, S. 272)
Und niemand wagte mehr, ihn zu fragen.

36: Ps 110,1

Apg 2,29–36: 29 Ihr Brüder, ich darf über den Stammvater David freimütig zu euch sagen, dass er gestorben ist und begraben worden ist und sein Grabmal unter uns ist bis auf diesen Tag. 30 Da er nun ein Prophet war und wusste, dass ihm Gott mit einem Eide geschworen hatte, aus der Frucht seiner Lende [jemand] auf seinen Thron zu setzen, 31 hat er vorausschauend geredet über die Auferstehung Christi, dass er weder im Totenreich gelassen worden ist noch sein Fleisch die Verwesung gesehen hat. 32 Diesen Jesus hat Gott auferweckt, wofür wir alle Zeugen sind. 33 Nachdem er nun zur Rechten Gottes erhöht worden ist und den verheissenen heiligen Geist vom Vater in Empfang genommen hat, hat er das ausgegossen, was ihr da seht und hört. 34 Denn nicht David ist in die Himmel hinaufgefahren; er sagt vielmehr selbst: «Der Herr sprach zu meinem Herrn: Setze dich zu meiner Rechten, 35 bis ich hinlege meine Feinde als Schemel für deine Füsse!» 36 So möge nun das ganze Haus Israel mit Gewissheit erkennen, dass Gott ihn zum Herrn und zum Christus gemacht hat, diesen Jesus, den ihr gekreuzigt habt.
Hebr 10,12–13: 12 Dieser aber hat sich, nachdem er ein einziges Opfer für die Sünden dargebracht hat, für immer zur Rechten Gottes gesetzt 13 und wartet fortan, bis seine Feinde zum Schemel seiner Füsse gemacht werden.

284   DIE LEHRE DER SCHRIFTGELEHRTEN UND PHARISÄER
WEHERUFE ÜBER SCHRIFTGELEHRTE UND PHARISÄER
(vgl. Nr. 194)

Matthäus 23,1–36   *Markus 12,37b–40*

1 Da redete Jesus zu den Leuten und zu seinen Jüngern: 2 Auf den Stuhl des Mose haben sich die Schriftgelehrten und Pharisäer gesetzt: 3 Was immer sie euch sagen, das tut und haltet, nach ihren Werken aber richtet euch nicht, sie reden nur, aber handeln nicht. 4 Sie schnüren schwere und unerträgliche Lasten und legen sie den Menschen auf die Schultern, sie selbst aber wollen dafür keinen Finger rühren. 5 Alle ihre Werke tun sie, um von den Leuten gesehen zu werden;

denn sie machen ihre Gebetsriemen breit und ihre Quasten lang. 6 Sie le-

Und die grosse Menge hörte ihm gern zu. 38 Und in seiner Lehre sprach er: Hütet euch vor den Schriftgelehrten,

die es gerne haben, in langen Gewändern einherzugehen und auf den Marktplätzen gegrüsst zu werden

20,40 (Nr. 281, S. 270)
40 Sie wagten nämlich nicht mehr, ihn et-
was zu fragen.

42–43: Ps 110,1

Lukas 20,45–47

[11,46 . 52; 6,39; 11,42 . 39–41 . 44 . 47–48 . 49–51]

45 Während aber das ganze Volk zuhörte, sprach er zu seinen Jüngern:
46 Nehmt euch in Acht vor den Schriftgelehrten,

11,46 (Nr. 194, S. 186)
46 Er aber sprach: Wehe auch euch Geset-
zeslehrern! Ihr bürdet den Menschen uner-
trägliche Lasten auf, und selbst rührt ihr die
Lasten nicht mit einem Finger an.

die gerne in langen Gewändern einher-
gehen und die Begrüssungen auf den
Marktplätzen

[Johannes 13,4–5 . 12–17]

13,4–5 (Nr. 309, S. 303)
4 steht er vom Mahl auf und zieht das
Obergewand aus und nimmt ein Leinen-
tuch und bindet es sich um; 5 dann giesst er
Wasser in das Becken und fängt an, den
Jüngern die Füsse zu waschen und sie mit
dem Tuch, das er sich umgebunden hat, ab-
zutrocknen.

gen Wert auf den Ehrenplatz bei den
Gastmählern
und die Ehrensitze in den Synagogen

7 und dass sie auf den Marktplätzen
gegrüsst und von den Leuten Rabbi genannt werden. 8 Ihr aber sollt euch
nicht Rabbi nennen lassen; denn einer
ist euer Meister, ihr alle aber seid Brüder. 9 Und niemanden auf Erden sollt
ihr euren Vater nennen; denn einer ist
euer Vater, der im Himmel. 10 Und ihr
sollt euch nicht Lehrer nennen lassen;
denn einer ist euer Lehrer, der Christus. 11 Der Grösste unter euch aber soll
euer Diener sein. 12 Wer sich selbst
erhöht, wird erniedrigt werden, und
wer sich selbst erniedrigt, wird erhöht
werden.
13 Wehe euch, Schriftgelehrte und Pharisäer, ihr Heuchler! Ihr verschliesst
den Menschen das Himmelreich. Ihr
selbst nämlich geht nicht hinein, und
die wollen, lasst ihr nicht hineingehen.

39 und in den Synagogen die Ehrensitze und bei den Gastmählern die Ehrenplätze einzunehmen;

40 sie zehren die Häuser der Witwen
auf und verrichten zum Schein lange
Gebete. Die werden ein umso härteres
Urteil empfangen.

▼ *(Nr. 286 — 12,41–44 — S. 278)*

15 Wehe euch, Schriftgelehrte und Pharisäer, ihr Heuchler! Ihr zieht über
Meer und Land, um einen einzigen
zum Proselyten zu machen; und wenn
er es geworden ist, macht ihr einen
Sohn der Hölle aus ihm, doppelt so
schlimm wie ihr.
16 Wehe euch, ihr blinden Führer, die
ihr sagt: Wenn einer beim Tempel
schwört, gilt es nicht. Wenn aber einer
beim Gold des Tempels schwört, so gilt
es. 17 Ihr Toren und Blinde! Was ist
denn mehr, das Gold oder der Tempel,
der das Gold heiligt? 18 Und: Wenn einer beim Altar schwört, gilt es nicht.
Wenn aber einer beim Opfer schwört,
das darauf liegt, so bindet es. 19 Ihr
Blinden, was ist denn mehr, das Opfer
oder der Altar, der das Opfer heiligt?
20 Wer also beim Altar schwört,
schwört bei ihm und bei allem, was da-

13,12–17 (Nr. 309, S. 303)

12 Als er nun ihre Füsse gewaschen hatte,
zog er sein Obergewand an und legte sich
und die Ehrensitze in den Synagogen   wieder zu Tische nieder. Er sprach zu ihnen:
und die Ehrenplätze bei den Gastmäh-   Versteht ihr, was ich an euch getan habe?
lern lieben;   13 Ihr nennt mich Meister und Herr, und ihr
                                             sagt es zu Recht, denn ich bin es. 14 Wenn
                                             nun ich, der Herr und Meister, euch die Füs-
                                             se gewaschen habe, dann seid auch ihr ver-
                                             pflichtet, einander die Füsse zu waschen.
                                             15 Ein Beispiel habe ich euch nämlich gege-
                                             ben, damit auch ihr tut, wie ich an euch ge-
                                             tan habe. 16 Amen, amen, ich sage euch:
                                             Ein Knecht ist nicht grösser als sein Herr
                                             und ein Bote nicht grösser als der, der ihn
                                             gesandt hat. 17 Wenn ihr dies wisst – selig
                                             seid ihr, wenn ihr es tut.

11,52 (Nr. 194, S. 186)

52 Wehe euch Gesetzeslehrern!
Ihr habt den Schlüssel der Erkenntnis weggenommen. Ihr selbst seid nicht hineingegangen, und die hineingehen wollten, habt
ihr gehindert.

47 sie zehren die Häuser der Witwen
auf und verrichten zum Schein lange
Gebete. Die werden ein umso härteres
Urteil empfangen.

▼ (Nr. 286 — 21,1–4 — S. 278)

6,39 (Nr. 81, S. 74)

39 Er sagte ihnen aber auch ein Gleichnis:
Kann etwa ein Blinder einen Blinden führen? Werden sie nicht beide in die Grube
fallen?

rauf liegt. 21 Und wer beim Tempel
schwört, schwört bei ihm und bei dem,
der darin wohnt. 22 Und wer beim
Himmel schwört, schwört beim Thron
Gottes und bei dem, der darauf sitzt.

23 Wehe euch, Schriftgelehrte und Pharisäer, ihr Heuchler! Ihr verzehntet
Minze, Dill und Kümmel, lasst aber
ausser Acht, was schwerer wiegt im
Gesetz: das Recht, das Erbarmen und
die Treue. Dies aber sollte man tun und
jenes nicht lassen. 24 Ihr blinden Führer, die ihr die Mücke aussiebt, das Kamel aber verschluckt.
25 Wehe euch, Schriftgelehrte und Pharisäer, ihr Heuchler! Aussen haltet ihr
Becher und Schüssel rein, inwendig
aber sind sie voller Raub und Gier.
26 Blinder Pharisäer,

reinige zuerst den Inhalt des Bechers,
damit auch seine Aussenseite rein werde.

27 Wehe euch, Schriftgelehrte und Pharisäer, ihr Heuchler! Ihr gleicht getünchten Gräbern, die von aussen
schön anzusehen sind, inwendig aber
sind sie voll von Totengebein und lauter Unrat. 28 So erscheint auch ihr von
aussen den Leuten als gerecht, innen
aber seid ihr voller Heuchelei und Gesetzlosigkeit.

29 Wehe euch, Schriftgelehrte und Pharisäer, ihr Heuchler! Ihr baut den Propheten Grabstätten und pflegt die
Denkmäler der Gerechten 30 und sagt:
Hätten wir in den Tagen unserer Väter
gelebt, wir wären nicht mit ihnen
schuldig geworden am Blut der Propheten. 31 Damit stellt ihr euch selbst das
Zeugnis aus, dass ihr Söhne derer seid,
die die Propheten getötet haben.
32 Und ihr, macht doch das Mass eurer
Väter voll!

11,42 (Nr. 194, S. 186)

42 Aber wehe euch Pharisäern!
Ihr verzehntet Minze, Raute und jedes
Kraut,

aber am Recht und an der Liebe Gottes geht
ihr vorbei. Dies aber sollte man tun und jenes nicht lassen.

11,39–41 (Nr. 194, S. 186)

39 Da sprach der Herr zu ihm: Nun, ihr
Pharisäer, Becher und Schüssel haltet ihr
aussen rein, euer Inneres aber ist voller
Raub und Bosheit.
40 Ihr Toren! Hat nicht der, welcher das
Äussere geschaffen hat, auch das Innere geschaffen?
41 Doch gebt das, was drinnen ist, als Almosen – und siehe, alles ist für euch rein.

11,44 (Nr. 194, S. 186)

44 Wehe euch!
Ihr seid wie die unkenntlich gewordenen
Gräber; die Leute gehen über sie hinweg,
ohne es zu wissen.

11,47–48 (Nr. 194, S. 186)

47 Wehe euch!
Ihr baut den Propheten Denkmäler,

eure Väter aber haben sie getötet.

48 So seid ihr Zeugen für die Taten eurer
Väter und heisst sie gut. Denn sie haben sie
getötet, ihr aber baut ihnen Denkmäler.

33 Nattern, Schlangenbrut! Wie wollt
ihr dem Gericht der Hölle entgehen?

34 Deswegen, siehe,
sende ich zu euch Propheten, Weise
und Schriftgelehrte; einige von ihnen
werdet ihr töten und kreuzigen, und einige von ihnen werdet ihr auspeitschen in euren Synagogen und sie
verfolgen von Stadt zu Stadt;
35 so soll über euch kommen all das gerechte Blut, das vergossen ist auf Erden,

von dem Blut Abels, des Gerechten,
bis zum Blut des Zacharias, des Sohnes
des Barachion, den ihr getötet habt
zwischen Tempel und Altar. 36 Amen,
ich sage euch: Das alles wird über dieses Geschlecht kommen.

13: Verschiedene Handschriften fügen (aus Mk 12,40)
noch hinzu: «14 Wehe euch, Schriftgelehrte und
Pharisäer, ihr Heuchler! Ihr zehrt die Häuser der
Witwen auf und verrichtet zum Schein lange Gebete. Deswegen werdet ihr ein um so härteres Urteil
empfangen.»

9,35 (Nr. 166, S. 164)

20,26–27 (Nr. 263, S. 250)   10,43–44 (Nr. 263, S. 250)

18,4 (Nr. 166, S. 164)

15,14 (Nr. 150, S. 147)
5,33–37 (Nr. 57, S. 57)
3,7 (Nr. 14, S. 17)

Gen 4,8 | 2.Chr 24,20–22 | Sach 1,1

Apg 7,51–53: 51 Ihr, die ihr halsstarrig und an Herzen und Ohren unbe-
schnitten seid, ihr widerstrebt allezeit dem heiligen Geist, wie eure Väter,
[so] auch ihr. 52 Welchen der Propheten haben eure Väter nicht verfolgt?
Und sie haben die getötet, welche von dem Kommen des Gerechten vorher
verkündigten, dessen Verräter und Mörder ihr jetzt geworden seid, 53 ihr,
die ihr das Gesetz auf Anordnung von Engeln empfangen und es nicht
gehalten habt.

ThEv 39: Jesus sagte: Die Pharisäer und die Schriftgelehrten haben die
Schlüssel zur Erkenntnis erhalten, (und) sie haben sie versteckt. Sie sind
auch nicht eingetreten, und die, die eintreten wollten, haben sie nicht eintreten lassen. Aber ihr, seid klug wie die Schlangen und rein wie die
Tauben.

ThEv 13: Jesus sagte zu seinen Jüngern: Vergleicht mich, sagt mir, wem ich
gleiche. Simon Petrus sagte zu ihm: Du gleichst einem gerechten Engel.
Matthäus sagte zu ihm: Du gleichst einem weisen Philosophen. Thomas
sagte zu ihm: Meister, mein Mund wird es absolut nicht zulassen, dass ich
sage, wem du gleichst. Jesus sagte: Ich bin nicht dein Meister, denn du hast
dich berauscht an der sprudelnden Quelle, die ich hervorströmen liess (?).
Und er nahm ihn (und) zog sich zurück (und) sagte ihm drei Worte. Als
Thomas aber zu seinen Gefährten zurückgekehrt war, fragten sie ihn: Was

11,49–51 (Nr. 194, S. 186)
49 Darum hat auch die Weisheit Gottes gesprochen: Ich will Propheten und Apostel zu
ihnen senden, und von denen werden sie einige töten

und verfolgen,

50 damit das Blut aller Propheten, das vergossen ist seit Grundlegung der Welt, von
diesem Geschlecht gefordert werde,
51 von dem Blut Abels
bis zum Blut des Zacharias,
der umgebracht worden ist zwischen Altar
und Tempel.
Ja, ich sage euch: Es wird von diesem Geschlecht gefordert werden!

11,43 (Nr. 194, S. 186)
9,48b (Nr. 166, S. 164)
22,26 (Nr. 313, S. 308)
14,11 (Nr. 215, S. 204)
18,14b (Nr. 237, S. 222)

3,7 (Nr. 14, S. 17)

hat dir Jesus gesagt? Thomas sagte zu ihnen: Wenn ich euch eines der Worte sage, die er mir gesagt hat, werdet ihr Steine nehmen (und) sie gegen
mich werfen, und ein Feuer wird aus den Steinen hervorkommen (und)
euch verbrennen.

ThEv 89: Jesus sagte: Warum wascht ihr das Äussere der Trinkschale? Versteht ihr nicht, dass der, der das Innere gemacht hat, auch der ist, der das
Äussere gemacht hat?

285   WEHKLAGE ÜBER JERUSALEM
                        (vgl. Nr. 213)

Matthäus 23,37–39	*[Markus]*
37 Jerusalem, Jerusalem, die du tötest die Propheten und steinigst, die zu dir gesandt sind! Wie oft habe ich deine Kinder um mich sammeln wollen, wie eine Henne ihre Küken unter ihre Flügel sammelt, und ihr habt nicht gewollt. 38 Siehe, euch wird euer Haus verwüstet hinterlassen. 39 Denn ich sage euch: Ihr werdet mich von jetzt an nicht mehr sehen, bis ihr sprecht: «Gepriesen sei, der da kommt im Namen des Herrn.»	

▼ *(Nr. 287 — 24,1–2 — S. 279)*
39: Ps 118,26

286   DAS OPFER DER WITWE

[Matthäus]	*Markus 12,41–44*
	▲ *(Nr. 284 — 12,37b–40 — S. 274)*
	41 Und er setzte sich der Schatzkammer gegenüber und sah, wie die Leute Geld in den Opferstock warfen. Und viele Reiche warfen viel ein. 42 Da kam eine arme Witwe und warf zwei Lepta ein, das ist ein Rappen. 43 Und er rief seine Jünger herbei und sprach zu ihnen: Amen, ich sage euch: Diese arme Wit-

[Lukas 13,34–35]　　　　*[Johannes]*

(Nr. 213, S. 203)

34 Jerusalem, Jerusalem, die du tötest
die Propheten und steinigst, die zu dir
gesandt sind! Wie oft habe ich deine
Kinder sammeln wollen wie eine Henne ihre Küken unter ihre Flügel, und
ihr habt nicht gewollt. 35 Siehe, euch
wird euer Haus verlassen sein.

Ich sage euch: Ihr werdet mich nicht
mehr sehen, bis die Zeit kommt, da ihr
sprecht:
　　«Gepriesen sei, der da kommt im
　　Namen des Herrn.»

35: Ps 118,26

Lukas 21,1–4　　　　*[Johannes]*

▲ (Nr. 284 — 20,45–47 — S. 274)
1 Als er aber aufschaute, da sah er, wie
Reiche ihre Gaben in den Opferstock
warfen.
2 Und er sah eine arme Witwe, die dort
zwei Lepta einwarf.

3 Und er sprach:
Wahrhaftig, ich sage euch, diese arme

_____   we hat mehr eingeworfen als alle, die
_____   etwas in den Opferstock eingeworfen
_____   haben.
_____   44 Denn alle haben aus ihrem Über-
_____   fluss etwas eingeworfen,
_____   sie aber hat aus ihrem Mangel alles ein-
_____   geworfen, was sie hatte, ihren ganzen
_____   Lebensunterhalt.

XIV   *Die synoptische Apokalypse*

287   ANKÜNDIGUNG DER TEMPELZERSTÖRUNG

Matthäus 24,1–2   *Markus 13,1–2*

▲ *(Nr. 285 — 23,37–39 — S. 278)*
1 Und Jesus verliess den Tempel und   1 Und als er aus dem Tempel hinausging weiter. Und seine Jünger traten zu   geht, sagt einer seiner Jünger zu ihm:
ihm, um ihm die Bauten des Tempels   Meister, siehe, was für Steine und was
zu zeigen.   für Bauten!

2 Er aber sprach zu ihnen: Das alles   2 Und Jesus sprach zu ihm: Siehst du
seht ihr doch? Amen, ich sage euch: diese grossen Bauten?
Hier wird kein Stein auf dem andern   Hier wird kein Stein auf dem andern
bleiben, der nicht herausgebrochen   bleiben, der nicht herausgebrochen
wird.   wird.

288   ANFANG DER WEHEN

Matthäus 24,3–8   *Markus 13,3–8*

3 Als er aber auf dem Ölberg sass,   3 Und als er auf dem Ölberg sass, dem
traten seine Jünger zu ihm und spra-   Tempel gegenüber, fragten ihn Petrus
chen,   und Jakobus und Johannes und Andre-
                                           as,
als sie unter sich waren: als sie unter sich waren:
Sage uns, wann wird das sein, und was   4 Sag uns, wann wird das sein, und was
ist das Zeichen für dein Kommen und   ist das Zeichen, wann dies alles vollen-
für das Ende dieser Welt?   det werden soll?
4 Und Jesus antwortete ihnen: 5 Jesus aber fing an, ihnen zu sagen:
Seht euch vor, dass niemand euch in   Seht euch vor, dass niemand euch in
die Irre führt! 5 Denn viele werden   die Irre führt! 6 Viele werden kommen

Witwe hat mehr eingeworfen als alle anderen.

4 Denn die haben alle aus ihrem Überfluss etwas zu den Gaben eingeworfen, sie aber hat aus ihrem Mangel alles eingeworfen, was sie zum Leben hatte.

Lukas 21,5–6   *[Johannes]*

5 Und als einige vom Tempel sagten, er sei mit schönen Steinen und Weihgeschenken geschmückt,
sprach er: 6 Was ihr da seht – es werden Tage kommen,
da kein Stein auf dem andern bleiben wird, der nicht herausgebrochen wird.

Lukas 21,7–11   *[Johannes]*

7 Sie aber fragten ihn:

Meister, wann also wird das sein, und was ist das Zeichen, wann dies geschehen wird?
8 Er aber sprach:
Seht euch vor, dass ihr nicht in die Irre geführt werdet! Denn viele werden

kommen unter meinem Namen und sagen: Ich bin der Christus, und sie werden viele in die Irre führen.	unter meinem Namen und sagen: Ich bin es, und sie werden viele in die Irre führen.

6 Ihr werdet aber von Kriegen und Kriegsgerüchten hören: Seht zu, erschreckt nicht! Denn das muss geschehen, aber das Ende ist es noch nicht.	7 Wenn ihr aber von Kriegen und Kriegsgerüchten hört, so erschreckt nicht! Das muss geschehen, aber das Ende ist es noch nicht.

7 Denn erheben wird sich Volk gegen Volk und Reich gegen Reich, und Hungersnöte und Erdbeben wird es geben da und dort.	8 Denn erheben wird sich Volk gegen Volk und Reich gegen Reich, Erdbeben wird es geben, da und dort, und Hungersnöte wird es geben.

8 Das alles aber ist der Anfang der Wehen.	Das ist der Anfang der Wehen.
24,11 (Nr. 289, S. 280)	
24,23–26 (Nr. 291, S. 283)	13,21–23 (Nr. 291, S. 283)

289   ANKÜNDIGUNG VON VERFOLGUNGEN
(vgl. Nr. 100)

Matthäus 24,9–14	*Markus 13,9–13*
[10,17–22 a]	
9 a Dann werden sie euch der Bedrängnis ausliefern und werden euch töten,	
10,17–22a (Nr. 100, S. 96)	9 Ihr aber, gebt Acht auf euch selbst!
17 Hütet euch aber vor den Menschen! Denn sie werden euch an Gerichte ausliefern, und in ihren Synagogen werden sie euch auspeitschen,	Sie werden euch an Gerichte ausliefern, und in Synagogen werdet ihr geschlagen werden,
18 vor Statthalter und Könige werdet ihr geführt werden um meinetwillen, ihnen und den Völkern zum Zeugnis.	vor Statthalter und Könige werdet ihr gestellt werden um meinetwillen, ihnen zum Zeugnis. 10 Und unter allen Völkern muss zuvor das Evangelium verkündigt werden.
19 Wenn sie euch aber ausliefern, dann sorgt euch nicht darum, wie oder was ihr reden sollt; denn es wird euch in jener Stunde gegeben werden, was ihr reden sollt.	11 Und wenn man euch abführt und euch ausliefert, dann sorgt euch nicht im Voraus, was ihr reden sollt, sondern was euch in jener Stunde gegeben wird, das redet.

kommen unter meinem Namen und
sagen: Ich bin es!, und: Die Zeit ist gekommen!
Lauft ihnen nicht nach!
9 Wenn ihr aber von Kriegen und Un-
ruhen hört, so erschreckt nicht! Denn
das muss zuerst geschehen, aber dies
ist nicht gleich das Ende. 10 Dann
sprach er zu ihnen:
Erheben wird sich Volk gegen Volk und
Reich gegen Reich, 11 grosse Erdbeben
wird es geben und da und dort Seuchen
und Hungersnöte, furchtbare Dinge
und vom Himmel gewaltige Zeichen.

17,21 (Nr. 234, S. 219)
17,23 (Nr. 235, S. 219)

Lukas 21,12–19   *[Johannes 16,2; 15,21; 14,26]*

16,2 (Nr. 324, S. 317)

12 Vor diesem allem aber werden sie
Hand an euch legen und euch verfolgen, euch an die Synagogen und Kerker
ausliefern,
vor Könige und Statthalter führen um
meines Namens willen. 13 Es wird dazu kommen, dass ihr Zeugnis geben
müsst.

*2 Sie werden euch aus der Synagoge aus-
schliessen; es kommt jedoch die Stunde, da
jeder, der euch tötet, Gott einen Dienst zu
erweisen meint.*
15,21 (Nr. 322, S. 316)
*21 Aber dies alles werden sie euch antun um
meines Namens willen, weil sie den nicht
kennen, der mich gesandt hat.*

14 Verlasst euch also in eurem Herzen
darauf, dass ihr euch nicht im Voraus
um eure Verteidigung kümmert.
15 Denn ich selbst werde euch Mund
und Weisheit geben, der alle eure Widersacher nicht werden widerstehen
oder widersprechen können.

20 Denn nicht ihr seid es, die reden, sondern der Geist eures Vaters ist es, der durch euch redet.

21 Es wird aber ein Bruder den andern dem Tod ausliefern und ein Vater das Kind, und Kinder werden gegen die Eltern aufstehen und sie in den Tod schicken. 22 Und ihr werdet gehasst werden von allen um meines Namens willen.

24,9b–14

und ihr werdet gehasst werden von allen Völkern um meines Namens willen. 10 Und dann werden viele zu Fall kommen, und sie werden einander ausliefern und einander hassen. 11 Und viele falsche Propheten werden aufstehen, und sie werden viele in die Irre führen. 12 Und da die Gesetzlosigkeit überhand nehmen wird, wird die Liebe in den meisten erkalten.

13 Wer aber standhält bis ans Ende, der wird gerettet werden. 14 Und dies Evangelium vom Reich wird auf dem ganzen Erdkreis verkündigt werden, allen Völkern zum Zeugnis, und dann wird das Ende kommen.

24,5 (Nr. 288, S. 279)
24,24 (Nr. 291, S. 283)
10,30 (Nr. 101, S. 98)

Denn nicht ihr seid es, die reden, sondern der Heilige Geist.

12 Und es wird ein Bruder den andern dem Tod ausliefern und ein Vater das Kind, und Kinder werden gegen die Eltern aufstehen und sie in den Tod schicken.

13 Und ihr werdet gehasst werden von allen um meines Namens willen.

Wer aber standhält bis ans Ende, der wird gerettet werden.

13,6 (Nr. 288, S. 279)
13,22 (Nr. 291, S. 283)

2.Tim 2,12: Wenn wir ausharren, werden wir auch mitherrschen; wenn wir verleugnen, wird auch er uns verleugnen.
2.Petr 3,3: Indem ihr dies zuerst erkennt, dass in den letzten Tagen Spötter mit [ihrer] Spötterei kommen werden, die nach ihren eignen Lüsten wandeln ...

290   DIE GROSSE BEDRÄNGNIS
GERICHT ÜBER JERUSALEM

Matthäus 24,15–22

15 Wenn ihr nun «den Gräuel der Verwüstung» an heiliger Stätte

Markus 13,14–20

14 Wenn ihr aber «den Gräuel der Verwüstung»

14,26 (Nr. 318, S. 312)
*26 Der Fürsprecher aber, der Heilige Geist,
den der Vater in meinem Namen senden
wird, er wird euch alles lehren und euch an
alles erinnern, was ich euch gesagt habe.*

16 Ihr werdet aber sogar von Eltern und
Geschwistern, von Verwandten und
Freunden verraten werden; und sie
werden manche von euch in den Tod
schicken.

17 Und ihr werdet gehasst werden von
allen um meines Namens willen.

18 Und nicht ein Haar von eurem Kopf
wird verloren gehen.
19 Durch eure Standhaftigkeit werdet
ihr euer Leben gewinnen.

12,11–12 (Nr. 198, S. 192)
21,8b (Nr. 288, S. 279)

12,7 (Nr. 196, S. 190)

Lukas 21,20–24

[Johannes]

20 Wenn ihr aber Jerusalem von Hee-
ren umzingelt seht, dann erkennt, dass

stehen seht, von dem der Prophet Daniel gesprochen hat	stehen seht,
	wo er nicht stehen darf
– wer es liest, merke auf! –,	– wer es liest, merke auf! –,
16 dann sollen die in Judäa in die Berge fliehen.	dann sollen die in Judäa in die Berge fliehen.

17 Wer auf dem Dach ist, steige nicht hinunter,
um seine Habe aus dem Haus zu holen;
18 und wer auf dem Feld ist, kehre nicht zurück, um seinen Mantel zu holen.
19 Wehe aber den Schwangeren und den Stillenden in jenen Tagen! 20 Betet, dass eure Flucht nicht im Winter geschehe oder an einem Sabbat.
21 Denn es wird dann eine so grosse Bedrängnis geben, wie noch keine gewesen ist vom Anfang der Welt

bis jetzt und wie auch keine mehr sein wird.

15 Wer aber auf dem Dach ist, steige nicht hinunter und gehe nicht hinein, um etwas aus seinem Haus zu holen;
16 und wer auf dem Feld ist, kehre nicht zurück, um seinen Mantel zu holen.
17 Wehe aber den Schwangeren und den Stillenden in jenen Tagen! 18 Betet, dass es nicht im Winter geschehe.

19 Denn jene Tage werden eine Bedrängnis sein, wie noch keine gewesen ist vom Anfang der Schöpfung, die Gott geschaffen hat,
bis jetzt, und wie auch keine mehr sein wird.

22 Und würden jene Tage nicht verkürzt, so würde kein Lebewesen gerettet werden; um der Erwählten willen aber werden jene Tage verkürzt werden.

15: Dan 9,27; 11,31; 12,11

20 Und verkürzte der Herr die Tage nicht, so würde kein Lebewesen gerettet werden; aber um der Erwählten willen, die er erwählt hat, hat er die Tage verkürzt.

14: Dan 9,27; 11,31; 12,11

2.Thes 2,3–4: 3 Niemand soll euch auf irgendeine Weise betrügen; denn wenn nicht zuerst der Abfall gekommen ist und der Mensch der Gesetzesfeindschaft sich offenbart hat, der Sohn des Verderbens, 4 der sich widersetzt und erhebt über alles, was Gott oder Heiligtum genannt wird, sodass er sich in den Tempel Gottes setzt, indem er von sich vorgibt, er sei Gott[, so kann der Tag des Herrn nicht kommen].

seine Verwüstung nahe gekommen ist.

21 Dann sollen die in Judäa in die Berge
fliehen; und die in der Stadt sollen hi-
nausgehen und die auf dem Land nicht
hineingehen. 22 Denn dies sind Tage
der Vergeltung, damit alles erfüllt wird,
was geschrieben steht.

23 Wehe den Schwangeren und den
Stillenden in jenen Tagen!

Denn es wird grosse Not geben

auf Erden und Zorn über diesem Volk.
24 Und durch die Schärfe des Schwer-
tes werden sie fallen und in Gefangenschaft unter alle Völker geführt werden, und Jerusalem wird von den Völkern mit Füssen getreten werden, bis
die Zeiten der Völker erfüllt sind.

▼ *(Nr. 292 — 21,25–28 — S. 283)*

19,43–44 (Nr. 270, S. 259)
17,31 (Nr. 235, S. 219)

291   DAS AUFTRETEN FALSCHER PROPHETEN

Matthäus 24,23–28   *Markus 13,21–23*

23 Wenn dann einer zu euch sagt: Sie-   21 Und wenn dann einer zu euch sagt:
he, hier ist der Christus oder dort, so   Siehe, hier ist der Christus, siehe, dort,
glaubt es nicht.   so glaubt es nicht.
24 Denn es wird mancher falsche   22 Denn es wird mancher falsche
Christus und mancher falsche Prophet   Christus und mancher falsche Prophet
aufstehen, und sie werden grosse Zei-   aufstehen, und sie werden Zeichen und
chen und Wunder tun, um wenn mög-   Wunder tun, um wenn möglich die Er-
lich sogar die Erwählten in die Irre zu   wählten in die Irre zu führen. 23 Ihr
führen.   aber, seht euch vor!
25 Siehe, ich habe es euch im Voraus   Ich habe euch alles im Voraus gesagt.
gesagt.
26 Wenn sie also zu euch sagen: Siehe,
er ist in der Wüste, so geht nicht hinaus. Siehe, er ist in den Gemächern, so
glaubt es nicht.
27 Denn wie der Blitz im Osten zuckt
und bis in den Westen leuchtet, so
wird das Kommen des Menschensohnes sein.

28 Wo das Aas ist, da sammeln sich die
Geier.
24,4–5 (Nr. 288, S. 279)   13,5–6 (Nr. 288, S. 279)
24,11 (Nr. 289, S. 280)

> 2. Thess 2,8–10: 8 Und dann wird der Gesetzesfeind sich offenbaren, den der
> Herr Jesus durch den Hauch seines Mundes töten und durch die Erscheinung
> seiner Wiederkunft vernichten wird, 9 dessen Ankunft auf Grund der Wirk-
> samkeit des Satans geschieht mit jeglicher machtvollen Tat und [allen] Zei-
> chen und Wundern der Lüge 10 und mit allem Trug der Ungerechtigkeit
> gegenüber denen, die verlorengehen, zur Vergeltung dafür, dass sie die Liebe
> zur Wahrheit nicht angenommen haben, damit sie gerettet würden.

292   DAS KOMMEN DES MENSCHENSOHNES

Matthäus 24,29–31   *Markus 13,24–27*

29 Sogleich aber nach der Bedrängnis   24 Aber in jenen Tagen, nach jener
jener Tage   Bedrängnis,
    «wird die Sonne sich verfinstern,   «wird die Sonne sich verfinstern,
    und der Mond wird seinen Schein   und der Mond wird seinen Schein

[Lukas 17,23–24 . 37b]　　　[Johannes]

17,23–24 (Nr. 235, S. 219)
23 Und sie werden zu euch sagen: Siehe, dort! oder: Siehe, hier! Geht nicht
hin, lauft nicht hinterher!

24 Denn wie der Blitz beim Aufblitzen
von einem Ende des Himmels bis zum
anderen leuchtet, so wird der Menschensohn sein an seinem Tage.
17,37b (Nr. 235, S. 219)
Er aber sprach zu ihnen:
Wo das Aas ist, da sammeln sich auch
die Geier.
21,8 (Nr. 288, S. 279)
17,20–21 (Nr. 234, S. 219)

Lukas 21,25–28　　　[Johannes]

▲ *(Nr. 290 — 21,20–24 — S. 281)*
25 Und es wird Zeichen geben an Sonne
und Mond

nicht geben, und die Sterne werden» vom Himmel «fallen,	nicht geben, 25 und die Sterne werden» vom Himmel «fallen,

und die Mächte des Himmels»
werden erschüttert werden.
30 Und dann wird das Zeichen des
Menschensohnes am Himmel erscheinen,
und dann werden alle Stämme auf der
Erde klagen und werden
«den Menschensohn auf den Wolken
des Himmels kommen» sehen mit
grosser Macht und Herrlichkeit.
31 Und er wird seine Engel mit lauter
Posaune senden, und sie werden seine
Erwählten zusammenführen von den
vier Winden her, von einem Ende des
Himmels zum anderen.

und die Mächte im Himmel»
werden erschüttert werden.

26 Und dann werden sie

«den Menschensohn auf den Wolken
kommen» sehen mit grosser Macht
«und Herrlichkeit.»
27 Und dann wird er die Engel
aussenden und die Erwählten zusammenführen von den vier Winden her,
vom Ende der Erde bis zum Ende des
Himmels.

29: Jes 13,10; 34,4 | 30: Dan 7,13–14   24–25: Jes 13,10 | 25: Jes 34,4 | 26: Dan 7,13–14

1.Thess 4,16: Denn der Herr selbst wird unter einem Befehlsruf, unter der
Stimme eines Erzengels und unter [dem Schall] der Posaune Gottes vom
Himmel herabkommen, und die Toten in Christus werden zuerst aufer-
stehen.

293   DIE NÄHE DES ENDES

Matthäus 24,32–36   *Markus 13,28–32*

32 Von dem Feigenbaum aber lernt das
Gleichnis:
Wenn sein Zweig schon saftig geworden ist und Blätter treibt, dann erkennt
ihr, dass der Sommer nahe ist. 33 So
auch ihr: Wenn ihr dies alles seht, dann

28 Vom Feigenbaum aber lernt das
Gleichnis:
Wenn sein Zweig schon saftig geworden ist und Blätter treibt, dann erkennt
ihr, dass der Sommer nahe ist. 29 So
auch ihr: Wenn ihr dies geschehen

und Sternen
und auf Erden ein Bangen unter den
Völkern, die weder ein noch aus wissen
vor dem Tosen und Wogen des Meeres.
26 Und den Menschen schwindet das
Leben vor Furcht und in Erwartung der
Dinge, die über den Erdkreis kommen.
Denn
«die Mächte des Himmels» werden erschüttert werden.

27 Und dann werden sie

«den Menschensohn kommen» sehen
«auf einer Wolke» mit grosser Macht
und Herrlichkeit.

28 Wenn aber das zu geschehen beginnt, richtet euch auf und erhebt eure
Häupter, denn eure Erlösung naht.
26: Jes 34,4 | 27: Dan 7,13–14

Lukas 21,29–33   *[Johannes]*

29 Und er sagte ihnen ein Gleichnis:
Seht den Feigenbaum und alle anderen
Bäume!
30 Wenn sie schon ausschlagen, und
ihr seht es, dann erkennt ihr selbst,
dass der Sommer schon nahe ist. 31 So
auch ihr: Wenn ihr dies geschehen

erkennt ihr, dass er nahe ist und vor
der Tür steht.
34 Amen, ich sage euch: Dieses Geschlecht wird nicht vergehen, bis dies
alles geschieht. 35 Himmel und Erde
werden vergehen, meine Worte aber
werden nicht vergehen. 36 Von jenem
Tag aber und von der Stunde weiss niemand, die Engel im Himmel nicht, der
Sohn nicht, nur der Vater allein.

▼ *(Nr. 296 — 24,37-44 — S. 287)*
16,28 (Nr. 160, S. 158)
5,18 (Nr. 54, S. 54)

seht, dann erkennt ihr, dass er nahe ist
und vor der Tür steht.
30 Amen, ich sage euch: Dieses Geschlecht wird nicht vergehen, bis dies
alles geschieht. 31 Himmel und Erde
werden vergehen, meine Worte aber
werden nicht vergehen. 32 Von jenem
Tag oder von der Stunde weiss niemand, die Engel im Himmel nicht, der
Sohn nicht, nur der Vater.

9,1 (Nr. 160, S. 158)

ThEv 11: Jesus sagte: Dieser Himmel wird vergehen. Und derjenige, der darüber ist, wird vergehen; und die, die tot sind, sind nicht lebendig, und die,
die lebendig sind, werden nicht sterben. In den Tagen, in denen ihr esst
von dem, was tot ist, macht ihr daraus, was lebendig ist. Wenn ihr Licht
sein werdet, was werdet ihr tun? An dem Tag, da ihr eins gewesen seid, seid
ihr zwei geworden. Aber wenn ihr zwei geworden seid, was werdet ihr tun?

294   MAHNUNG ZUR WACHSAMKEIT
                    (NACH MARKUS)

[Matthäus 25,13–15; 24,42]   *Markus 13,33–37*

25,13–15 (Nr. 298 . 299, S. 290 . 291)
13 Seid also wachsam! Denn ihr wisst
weder Tag noch Stunde.

33 Seht euch vor, seid wachsam! Denn
ihr wisst nicht, wann die Zeit da ist.

14 Denn es ist wie bei einem, der seine
Knechte rief, bevor er ausser Landes
ging,

34 Es ist wie bei einem Menschen, der
ausser Landes ging: er verliess sein
Haus,

und ihnen sein Vermögen anvertraute;
15 und dem einen gab er fünf Talente,
dem andern zwei, dem dritten eines,
jedem nach seinem Können,

gab seinen Knechten Vollmacht,

und er ging ausser Landes.

jedem seine Arbeit,
und dem Türhüter befahl er, wachsam
zu sein.

24,42 (Nr. 296, S. 287)
42 Seid also wachsam, denn ihr wisst
nicht, an welchem Tag euer Herr
kommt.

35 Seid also wachsam, denn ihr wisst
nicht, wann der Herr des Hauses
kommt:

ob am Abend oder um Mitternacht

seht, dann erkennt ihr, dass das Reich
Gottes nahe ist.
32 Amen, ich sage euch: Dieses Geschlecht wird nicht vergehen, bis alles
geschieht. 33 Himmel und Erde werden
vergehen, meine Worte aber werden
nicht vergehen.

▼ *(Nr. 295 — 21,34–36 — S. 286)*

9,27 *(Nr. 160, S. 158)*
16,17 *(Nr. 226, S. 214)*

[Lukas *21,36; 19,12–13; 12,40; 12,38*]　　　　　[Johannes]

21,36 (Nr. 295, S. 286)
*36 Seid also allezeit wachsam und betet, da-
mit ihr die Kraft bekommt, all dem zu entrinnen, was geschehen wird, und vor den
Menschensohn zu gelangen.*

19,12–13 (Nr. 266, S. 253)
12 Er sprach also: Ein Mann von vornehmer Herkunft ging in ein fernes
Land, um das Königtum zu empfangen
und dann zurückzukehren. 13 Da rief er
zehn seiner Knechte, gab ihnen zehn
Minen und sprach zu ihnen:

Treibt Handel damit,
während ich weg bin.

12,40 (Nr. 203, S. 195)
40 Seid auch ihr bereit, denn der Menschensohn kommt zu einer Stunde, da
ihr's nicht denkt.

12,38 (Nr. 203, S. 195)
38 Auch wenn er in der zweiten und wenn

oder beim Hahnenschrei oder am frühen Morgen, 36 damit er, wenn er auf einmal kommt, euch nicht schlafend finde. 37 Was ich euch aber sage, das sage ich allen: Seid wachsam!

▼ (Nr. 305 — 14,1–2 — S. 299)

295   MAHNUNG ZUR WACHSAMKEIT
(NACH LUKAS)

[Matthäus 24,43–51]

24,43–51 (Nr. 296 . 297, S. 287 . 289)
43 Das aber seht ihr ein: Wenn der Hausherr wüsste, in welcher Nachtwache der Dieb kommt, wäre er wachsam und liesse nicht zu, dass in sein Haus eingebrochen wird. 44 Darum seid auch ihr bereit, denn der Menschensohn kommt zu einer Stunde, da ihr's nicht denkt. 45 Wer ist nun der treue und kluge Knecht, den der Herr über sein Gesinde setzt, damit er ihnen Speise gebe zur rechten Zeit? 46 Selig der Knecht, den sein Herr, wenn er kommt, solches tun sieht. 47 Amen, ich sage euch: Er wird ihn über alle seine Güter setzen. 48 Wenn aber der böse Knecht in seinem Herzen spricht: Mein Herr kommt noch lange nicht, 49 und anfängt, seine Mitknechte zu schlagen, mit den Betrunkenen aber isst und trinkt, 50 dann wird der Herr jenes Knechtes kommen an einem Tag, da er's nicht erwartet, und zu einer Stunde, die er nicht kennt. 51 Und er wird ihn in Stücke hauen lassen und ihm sein Teil bei den Heuchlern zuweisen; dort wird Heulen und Zähneklappern sein.
25,13 (Nr. 298, S. 290)

[Markus 13,33–37]

13,33–37 (Nr. 294, S. 285)
33 Seht euch vor, seid wachsam! Denn ihr wisst nicht, wann die Zeit da ist. 34 Es ist wie bei einem Menschen, der ausser Landes ging: er verliess sein Haus, gab seinen Knechten Vollmacht, jedem seine Arbeit, und dem Türhüter befahl er, wachsam zu sein. 35 Seid also wachsam, denn ihr wisst nicht, wann der Herr des Hauses kommt: ob am Abend oder um Mitternacht oder beim Hahnenschrei oder am frühen Morgen, 36 damit er, wenn er auf einmal kommt, euch nicht schlafend finde. 37 Was ich euch aber sage, das sage ich allen: Seid wachsam!

er in der dritten Nachtwache kommt und
sie so findet, selig sind sie!

_____
_____
_____
_____

_____
_____
_____
_____

Lukas 21,34–36

[Johannes]

▲ *(Nr. 293 — 21,29-33 — S. 284)*

34 Gebt Acht auf euch, dass euer Herz
nicht schwer wird von Rausch und
Trunkenheit und Sorge ums Leben und
dass jener Tag nicht plötzlich auf euch
herabfällt 35 wie eine Schlinge. Denn
er wird über alle hereinbrechen, die
den Erdkreis bewohnen. 36 Seid also allezeit wachsam und betet, damit ihr die
Kraft bekommt, all dem zu entrinnen,
was geschehen wird, und vor den Menschensohn zu gelangen.

▼ *(Nr. 301 — 21,37-38 — S. 295)*

_____
_____
_____
_____
_____
_____
_____
_____
_____

12,40 (Nr. 203, S. 195)

XV   *Abschluss der Darstellung der Zeit vor der Passion*

1   *Wiederkunftsgleichnisse als Anhang zur Apokalypse (nach Matthäus)*

296   MAHNUNG ZUR WACHSAMKEIT
(NACH MATTHÄUS)

Matthäus 24,37–44
[24,17–18]

[Markus 13,35]

▲ *(Nr. 293 — 24,32–36 — S. 284)*
37 Denn wie in den Tagen des Noah, so wird es sein beim Kommen des Menschensohnes.
38 So wie sie in den Tagen vor der Sintflut weiter assen und tranken, weiter heirateten und verheiratet wurden bis zu dem Tag, als Noah in die Arche ging, 39 und nichts merkten,
bis die Sintflut kam und alle wegraffte

– so wird auch das Kommen des Menschensohnes sein.
24,17–18 (Nr. 290, S. 281)
17 Wer auf dem Dach ist,

steige nicht hinunter, um seine Habe aus dem Haus zu holen; 18 und wer auf dem Feld ist, kehre nicht zurück, um seinen Mantel zu holen.

[Lukas 17,26–36; 12,39–40]   [Johannes]

17,26–36 (Nr. 235, S. 219)
26 Und wie es war in den Tagen Noahs,
so wird es auch sein in den Tagen des
Menschensohnes:

27 Sie assen, tranken, heirateten, wurden verheiratet bis zu dem Tag, als
Noah in die Arche ging

und die Sintflut kam und alle zu Grunde richtete. 28 Ebenso, wie es war in
den Tagen Lots: Sie assen, tranken,
kauften, verkauften, pflanzten, bauten.
29 An dem Tag aber, als Lot von Sodom
wegging, regnete es Feuer und Schwefel vom Himmel und richtete alle zu
Grunde.
30 Ebenso wird es sein an dem Tag, da
der Menschensohn offenbart wird.

31 Wer an jenem Tag auf dem Dach ist
und sein Hab und Gut im Haus hat,
der steige nicht hinunter, um es zu holen; und ebenso wer auf dem Feld ist,
kehre nicht nach Hause zurück.
32 Denkt an Lots Frau! 33 Wer sein Leben zu bewahren sucht, wird es verlieren, und wer es verliert, wird es neu erhalten. 34 Ich sage euch:

40 Dann werden zwei auf dem Feld
sein, einer wird mitgenommen, einer
wird zurückgelassen;

41 zwei werden an der Mühle mahlen,
eine wird mitgenommen, eine wird
zurückgelassen.

42 Seid also wachsam, denn ihr wisst
nicht, an welchem Tag euer Herr
kommt.

43 Das aber seht ihr ein: Wenn der
Hausherr wüsste, in welcher Nachtwache der Dieb kommt, wäre er wachsam
und liesse nicht zu, dass in sein Haus
eingebrochen wird. 44 Darum seid
auch ihr bereit, denn der Menschensohn kommt zu einer Stunde, da ihr's
nicht denkt.

13,35 (Nr. 294, S. 285)

35 Seid also wachsam, denn ihr wisst
nicht, wann der Herr des Hauses
kommt: ob am Abend oder um Mitternacht oder beim Hahnenschrei oder
am frühen Morgen,

25,13 (Nr. 298, S. 290)   *13,33 (Nr. 294, S. 285)*

1. Thess 5,1–6: 1 In Bezug auf die Zeiten und Fristen aber, ihr Brüder, habt ihr
nicht nötig, dass euch geschrieben wird. 2 Denn ihr selbst wisst genau,
dass der Tag des Herrn so kommt wie ein Dieb in die Nacht. 3 Wenn sie
sagen werden: Es ist Friede und Sicherheit, dann kommt plötzliches Verderben über sie wie die Wehen über die schwangere Frau, und sie werden
nicht entfliehen können. 4 Ihr aber, ihr Brüder, seid nicht in Finsternis,
dass euch der Tag wie ein Dieb überraschen sollte. 5 Denn ihr alle seid
Söhne des Lichts und Söhne des Tages; wir gehören nicht der Nacht noch
der Finsternis an. 6 Also lasset uns nun nicht schlafen wie die übrigen,
sondern wachen und nüchtern sein!
2. Petr 3,10: Es wird aber der Tag des Herrn kommen wie ein Dieb, und an
ihm werden die Himmel mit gewaltigem Getöse vergehen, die Elemente
aber in der Gluthitze sich auflösen und die Erde und die Werke auf ihr
nicht [mehr] zu finden sein.
Offb 3,3: So denke nur daran, wie du empfangen und gehört hast, und
bewahre es und tue Busse! Wenn du nun nicht wachst, werde ich kommen
wie ein Dieb und du wirst nicht wissen, zu welcher Stunde ich über dich
kommen werde.
Offb 16,15: Siehe, ich komme wie ein Dieb. Selig, wer wacht, und seine
Kleider festhält, damit er nicht nackt einhergehe und man seine Schande
sehe.
ThEv 21: Mariham sagte zu Jesus: Wem gleichen deine Jünger? Er sagte: Sie
gleichen kleinen Kindern, die sich auf einem Feld niedergelassen haben,
das ihnen nicht gehört. Wenn die Herren des Feldes kommen, werden sie
sagen: Lasst uns unser Feld. Sie sind ganz nackt in ihrer Gegenwart, damit
sie es ihnen lassen und ihnen ihr Feld geben. Darum sage ich: Wenn der

In dieser Nacht werden zwei in einem
Bett sein, der eine wird mitgenommen,
der andere wird zurückgelassen werden.
35 Zwei werden zusammen mahlen,
die eine wird mitgenommen, die andere aber wird zurückgelassen werden.

12,39–40 (Nr. 203, S. 195)
39 Das aber seht ihr ein: Wenn der
Hausherr wüsste, in welcher Stunde
der Dieb kommt,

liesse er nicht zu, dass in sein Haus eingebrochen wird. 40 Seid auch ihr bereit, denn der Menschensohn kommt
zu einer Stunde, da ihr's nicht denkt.

35: Einige Handschriften haben hier (nach Mt 24,40)
den Zusatz: «36 Zwei werden auf dem Felde sein; einer wird mitgenommen, der andere wird zurückgelassen werden.»

Herr des Hauses weiss, dass der Dieb kommen wird, wird er wachen, bevor
er kommt; (und) er wird ihn nicht eindringen lassen in das Haus seines Königreiches, um seine Dinge mitzunehmen. Ihr aber, wacht angesichts der
Welt; gürtet eure Lenden mit einer grossen Kraft, dass die Räuber keinen
Weg finden, um zu euch zu kommen. Denn der Lohn, auf den ihr rechnet,
sie werden ihn finden. Wäre (doch) unter euch ein weiser Mann! Als die
Frucht gereift ist, ist er sofort gekommen, seine Sichel in der Hand, und hat
sie gemäht. Wer Ohren hat, zu hören, der höre.

ThEv 103: Jesus sagte: Selig der Mensch, der weiss, [in welchem] Teil (der
Nacht) die Diebe kommen werden, dass er aufstehe, sein [...] sammle und
sich die Lenden gürte, bevor sie eintreten.

ThEv 61: Jesus sagte: Zwei werden ruhen auf einem Bett, einer wird sterben,
der andere wird leben. Salome sagte: Wer bist du, Mensch, wessen Sohn?
Du bist auf mein Bett gestiegen und hast an meinem Tisch gegessen. Jesus
sagte zu ihr: Ich bin der, der aus dem hervorkommt, der gleich ist; es sind
mir Dinge meines Vaters gegeben. <Salome sagte:> Ich bin deine Jüngerin.
<Jesus sagte zu ihr:> Darum sage ich: Wenn er gleich ist, ist er voller Licht;
aber wenn er geteilt ist, wird er voller Dunkelheit sein.

297   DER TREUE UND DER BÖSE KNECHT

Matthäus 24,45–51   *[Markus]*

45 Wer ist nun der treue und kluge
Knecht, den der Herr über sein Gesinde
setzt, damit er ihnen Speise gebe zur
rechten Zeit?
46 Selig der Knecht, den sein Herr,
wenn er kommt, solches tun sieht.
47 Amen, ich sage euch: Er wird ihn
über alle seine Güter setzen. 48 Wenn
aber der böse Knecht in seinem Herzen
spricht: Mein Herr kommt noch lange
nicht, 49 und anfängt, seine Mitknechte zu schlagen, mit den Betrunkenen
aber isst und trinkt,
50 dann wird der Herr jenes Knechtes
kommen an einem Tag, da er's nicht erwartet, und zu einer Stunde, die er
nicht kennt. 51 Und er wird ihn in
Stücke hauen lassen und ihm sein Teil
bei den Heuchlern zuweisen; dort wird
Heulen und Zähneklappern sein.
25,21 (Nr. 299, S. 291)

[Lukas 12,41–46]
(Nr. 203, S. 195)

41 Petrus aber sagte: Herr, sagst du dieses Gleichnis zu uns oder auch zu allen
anderen? 42 Und der Herr sprach:
Wer ist nun der treue und kluge Verwalter, den der Herr über seine Dienerschaft setzen wird, damit er ihnen die
Speise zuteile zur rechten Zeit?
43 Selig der Knecht, den sein Herr,
wenn er kommt, solches tun sieht.
44 Wahrhaftig, ich sage euch: Er wird
ihn über alle seine Güter setzen.
45 Wenn aber dieser Knecht in seinem
Herzen sagt: Mein Herr kommt noch
lange nicht, und anfängt, die Knechte
und die Mägde zu schlagen, zu essen
und zu trinken und sich zu betrinken,
46 dann wird der Herr jenes Knechtes
kommen an einem Tag, da er's nicht erwartet, und zu einer Stunde, die er
nicht kennt. Und er wird ihn in Stücke
hauen lassen und ihm sein Teil bei den
Ungläubigen zuweisen.

[Johannes]

19,17 (Nr. 266, S. 253)

298   DIE KLUGEN UND DIE TÖRICHTEN
                    JUNGFRAUEN

Matthäus 25,1–13
[7,22–23]

[Markus 13,33–37]

1 Dann wird das Himmelreich zehn
Jungfrauen gleichen, die ihre Lampen
nahmen und hinausgingen, den Bräutigam zu empfangen. 2 Fünf von ihnen
aber waren töricht, und fünf waren
klug. 3 Die törichten nämlich nahmen
wohl ihre Lampen, nahmen aber kein
Öl mit. 4 Die klugen aber nahmen ausser ihren Lampen auch Öl in ihren Gefässen mit. 5 Doch als der Bräutigam
ausblieb, wurden sie alle müde und
schliefen ein. 6 Mitten in der Nacht
aber erhob sich ein Geschrei: Siehe, der
Bräutigam! Geht hinaus, ihn zu empfangen! 7 Da standen die Jungfrauen alle auf und richteten ihre Lampen her.
8 Die törichten aber sagten zu den klugen: Gebt uns von eurem Öl, denn unsere Lampen sind am Erlöschen. 9 Da
antworteten die klugen: Nein, es würde
niemals für uns und euch reichen. Geht
lieber zu den Händlern und kauft euch
welches! 10 Doch während sie unterwegs waren, um es zu kaufen, kam der
Bräutigam, und die bereit waren, gingen mit ihm hinein zur Hochzeit; und
die Tür wurde verschlossen. 11 Später
kommen auch die übrigen Jungfrauen
und sagen: Herr, Herr, mach uns auf!
12 Er aber entgegnete: Amen, ich sage
euch, ich kenne euch nicht! 13 Seid also
wachsam! Denn ihr wisst weder Tag
noch Stunde.

7,22–23 (Nr. 74, S. 68)
22 Viele werden an jenem Tag zu mir sagen:
Herr, Herr, haben wir nicht in deinem Namen als Propheten geredet, in deinem Namen Dämonen ausgetrieben und in deinem
Namen viele Wunder getan? 23 Dann sollen

13,33–37 (Nr. 294, S. 285)
33 Seht euch vor, seid wachsam! Denn ihr
wisst nicht, wann die Zeit da ist. 34 Es ist
wie bei einem Menschen, der ausser Landes
ging: er verliess sein Haus, gab seinen
Knechten Vollmacht, jedem seine Arbeit,
und dem Türhüter befahl er, wachsam zu
sein. 35 Seid also wachsam, denn ihr wisst
nicht, wann der Herr des Hauses kommt: ob
am Abend oder um Mitternacht oder beim
Hahnenschrei oder am frühen Morgen,
36 damit er, wenn er auf einmal kommt,
euch nicht schlafend finde. 37 Was ich euch
aber sage, das sage ich allen: Seid wachsam!

[Lukas 12,35–38; 13,25–28]   [Johannes]

12,35–38 (Nr. 203, S. 195)
35 Eure Hüften sollen umgürtet und eure
Lichter angezündet sein! 36 Und ihr sollt
Menschen gleich sein, die darauf warten,
wann ihr Herr von der Hochzeit aufbrechen
wird, um ihm, wenn er kommt und anklopft, sogleich zu öffnen. 37 Selig jene
Knechte, die der Herr wach findet, wenn er
kommt! Amen, ich sage euch: Er wird sich
umgürten, sie zu Tisch bitten und wird ihnen aufwarten. 38 Auch wenn er in der
zweiten und wenn er in der dritten Nachtwache kommt und sie so findet, selig sind
sie!

13,25–28 (Nr. 211, S. 202)
25 Wenn der Hausherr aufgestanden ist
und die Tür verschlossen hat und wenn ihr
erst dann draussen steht und anfangt, an
die Tür zu klopfen und zu sagen: Herr, öffne
uns!, dann wird er euch antworten: Ich
weiss nicht, woher ihr seid! 26 Dann werdet
ihr anfangen zu sagen: Wir haben vor deinen Augen gegessen und getrunken, und
du hast auf unseren Strassen gelehrt.
27 Und er wird zu euch sagen: Ich weiss
nicht, woher ihr seid. «Weg von mir, all ihr
Übeltäter!» 28 Dort wird Heulen und Zähneklappern sein, wenn ihr Abraham, Isaak
und Jakob und alle Propheten im Reich Got-

sie es von mir hören: Ich habe euch nie ge-
kannt! Geht weg von mir, die ihr gesetzlos
handelt!
25,41 (Nr. 300, S. 293)
24,42 (Nr. 296, S. 287)

299   DAS ANVERTRAUTE GELD
                        (vgl. Nr. 266)

Matthäus 25,14–30   [Markus 13,34]
                                       (Nr. 294, S. 285)

14 Denn es ist wie bei einem, der seine   34 Es ist wie bei einem Menschen, der
Knechte rief, bevor er ausser Landes   ausser Landes ging: er verliess sein
ging,   Haus,

und ihnen sein Vermögen anvertraute;
15 und dem einen gab er fünf Talente,   gab seinen Knechten Vollmacht,
dem andern zwei, dem dritten eines,
jedem nach seinem Können,   jedem seine Arbeit,
                                             und dem Türhüter befahl er, wachsam
                                             zu sein.

und er ging ausser Landes. Gleich
16 ging der hin, der die fünf Talente erhalten hatte, handelte damit und gewann fünf dazu, 17 ebenso gewann der,
der die zwei hatte, zwei dazu. 18 Der
aber, der das eine erhalten hatte, ging
hin, grub ein Loch und verbarg das
Geld seines Herrn.
19 Nach langer Zeit aber kommt der
Herr jener Knechte

und rechnet mit ihnen ab.

20 Und der, der die fünf Talente erhalten hatte, trat herzu und brachte fünf
weitere Talente und sagte:

tes sehen werdet, euch aber hinausgeworfen.

12,40 (Nr. 203, S. 195)

[Lukas 19,11–27]

[Johannes]

11 Als sie aber dies hörten, fuhr er fort und sagte ein Gleichnis, weil er nahe bei Jerusalem war und sie meinten, das Reich Gottes werde sofort erscheinen. 12 Er sprach also: Ein Mann von vornehmer Herkunft ging in ein fernes Land, um das Königtum zu empfangen und dann zurückzukehren.
13 Da rief er zehn seiner Knechte, gab ihnen zehn Minen

und sprach zu ihnen: Treibt Handel damit, während ich weg bin. 14 Die Bürger aber hassten ihn und schickten eine Gesandtschaft hinter ihm her und liessen sagen: Wir wollen nicht, dass dieser König wird über uns.

15 Und es geschah, als er wiederkam, nachdem er das Königtum empfangen hatte, da liess er die Knechte, denen er das Geld gegeben hatte, zu sich rufen, um zu erfahren, was für Geschäfte sie damit gemacht hatten.
16 Da erschien der erste und sagte:

Herr, fünf Talente hast du mir anvertraut. Siehe, fünf Talente habe ich dazu-
gewonnen.
21 Da sprach sein Herr zu ihm: Recht
so, guter und treuer Knecht! Über we-
niges warst du treu,
über vieles will ich dich setzen. Geh ein
in die Freude deines Herrn!
22 Da trat auch der mit den zwei Talen-
ten herzu und sagte:
Herr, zwei Talente hast du mir anvertraut. Siehe, zwei Talente habe ich da-
zugewonnen.
23 Da sprach sein Herr zu ihm: Recht
so, guter und treuer Knecht! Über we-
niges warst du treu,
über vieles will ich dich setzen. Geh ein
in die Freude deines Herrn!
24 Da trat auch der, der das eine Talent
erhalten hatte, herzu und sagte: Herr,

ich wusste von dir, dass du ein harter
Mensch bist. Du erntest, wo du nicht
gesät hast, und du sammelst ein, wo du
nicht ausgestreut hast, 25 und weil ich
mich fürchtete, ging ich hin und verbarg dein Talent in der Erde: Siehe, hier
hast du das Deine.
26 Da antwortete ihm sein Herr:
Böser und fauler Knecht! Du hast gewusst,

dass ich ernte, wo ich nicht gesät habe,
und einsammle, wo ich nicht ausgestreut habe?
27 Dann hättest du mein Geld den
Wechslern bringen sollen, und ich hätte bei meiner Rückkehr das Meine mit
Zinsen zurückerhalten.

28 Darum nehmt ihm das Talent weg
und gebt es dem, der die zehn Talente
hat.

29 Denn jedem, der hat, wird gegeben
werden, und er wird im Überfluss haben;

Herr, deine Mine hat zehn weitere Minen eingebracht.

17 Und er sprach zu ihm: Recht so, guter Knecht! Weil du im Kleinsten treu gewesen bist,
sollst du Macht haben über zehn Städte.
18 Dann kam der zweite und sagte:

Deine Mine, Herr, hat fünf Minen erbracht.

19 Auch zu ihm sprach er:

Und du sollst herrschen über fünf Städte.
20 Dann kam der dritte
und sagte: Herr, siehe, da ist deine Mine, die ich in einem Tuch verwahrt habe.
21 Denn ich fürchtete mich vor dir, weil du ein strenger Mann bist; du nimmst, was du nicht hingelegt, und erntest, was du nicht gesät hast.

22 Zu ihm sagt er: Nach deinen eigenen Worten will ich dich richten, böser Knecht. Du hast gewusst, dass ich ein strenger Mann bin,
dass ich nehme, was ich nicht hingelegt, und ernte, was ich nicht gesät habe?
23 Warum hast du dann mein Geld nicht zum Wechsler gebracht? Dann hätte ich es bei meiner Rückkehr mit Zinsen abholen können. 24 Und zu denen, die dabeistanden, sprach er: Nehmt ihm die Mine weg und gebt sie dem, der die zehn Minen hat. – 25 Und sie sagten zu ihm: Herr, er hat schon zehn Minen. – 26 Ich sage euch: Jedem, der hat, wird gegeben werden;

wer aber nicht hat, dem wird auch das
genommen werden, was er hat.

_____

30 Und den unnützen Knecht werft hinaus in die äusserste Finsternis! Dort
wird Heulen und Zähneklappern sein.

24,45–47 (Nr. 297, S. 289)

13,12 (Nr. 123, S. 118)   4,25 (Nr. 125, S. 121)

ThEv 41: Jesus sagte: Wer in seiner Hand hat, dem wird gegeben werden;
und dem, der nicht hat, wird man auch das wenige, das er hat, nehmen.

300   DAS WELTGERICHT

Matthäus 25,31–46   [Markus]

31 Wenn aber der Menschensohn in
seiner Herrlichkeit kommt und alle Engel mit ihm, dann wird er sich auf den
Thron seiner Herrlichkeit setzen.
32 Und alle Völker werden vor ihm versammelt werden, und er wird sie voneinander scheiden, wie der Hirte die
Schafe von den Böcken scheidet.
33 Und er wird die Schafe zu seiner
Rechten stellen, die Böcke aber zur Linken. 34 Dann wird der König denen zu
seiner Rechten sagen: Kommt her, Ge-
segnete meines Vaters, erbt das Reich,
das euch bereitet ist von Grundlegung
der Welt an. 35 Denn ich war hungrig,
und ihr habt mir zu essen gegeben. Ich
war durstig, und ihr habt mir zu trinken gegeben. Ich war fremd, und ihr
habt mich aufgenommen. 36 Ich war
nackt, und ihr habt mich gekleidet. Ich
war krank, und ihr habt nach mir gesehen. Ich war im Gefängnis, und ihr seid
zu mir gekommen. 37 Dann werden
ihm die Gerechten antworten: Herr,
wann haben wir dich hungrig gesehen
und haben dir zu essen gegeben, oder
durstig und haben dir zu trinken gege-

wer aber nicht hat, dem wird auch das
genommen werden, was er hat.
27 Doch diese meine Feinde, die nicht
wollten, dass ich König über sie bin,
führt hierher und macht sie vor meinen Augen nieder.

12,42–44 (Nr. 203, S. 195)
8,18b (Nr. 125, S. 121)

[Lukas]

[Johannes 5,29]

(Nr. 141, S. 135)

ben? 38 Wann haben wir dich als Fremden gesehen und haben dich aufgenommen, oder nackt und haben dich
gekleidet? 39 Wann haben wir dich
krank gesehen oder im Gefängnis und
sind zu dir gekommen? 40 Und der König wird ihnen zur Antwort geben:
Amen, ich sage euch: Was ihr einem
dieser meiner geringsten Brüder getan
habt, das habt ihr mir getan. 41 Dann
wird er auch denen zur Linken sagen:
Geht weg von mir, Verfluchte, in das
ewige Feuer, das bereitet ist für den
Teufel und seine Engel! 42 Denn ich
war hungrig, und ihr habt mir nicht zu
essen gegeben. Ich war durstig, und ihr
habt mir nicht zu trinken gegeben.
43 Ich war fremd, und ihr habt mich
nicht aufgenommen. Ich war nackt,
und ihr habt mich nicht gekleidet. Ich
war krank und im Gefängnis, und ihr
habt nicht nach mir gesehen. 44 Dann
werden auch sie antworten: Herr, wann
haben wir dich hungrig oder durstig
gesehen oder fremd oder nackt oder
krank oder im Gefängnis und haben
nicht für dich gesorgt? 45 Dann wird
er ihnen antworten: Amen, ich sage
euch: Was ihr einem dieser Geringsten
nicht getan habt, das habt ihr mir nicht
getan.
46 Und diese werden in die ewige Strafe gehen, die Gerechten aber in das
ewige Leben.

▼ *(Nr. 305 — 26,1–5 — S. 299)*

16,27 (Nr. 160, S. 158)   *8,38b (Nr. 160, S. 158)*

7,23 (Nr. 74, S. 68)

> *Röm 14,10:* Du aber, was richtest du deinen Bruder? Oder auch du, was
> verachtest du deinen Bruder? Denn wir alle werden vor den Richterstuhl
> Gottes treten müssen.
> *2.Kor 5,10:* Denn wir alle müssen vor dem Richterstuhl Christi offenbar
> werden, damit jeder empfange, je nachdem er im Leibe gehandelt hat, es
> sei gut oder böse.

29 dass herauskommen werden, die das
Gute getan haben, zur Auferstehung
ins Leben, die aber das Böse verübt haben, zur Auferstehung ins Gericht.

9,26b (Nr. 160, S. 158)
13,27–28 (Nr. 211, S. 202)

2   *Zusammenfassende Schlussbemerkung (nach Lukas)*

301   JESU WIRKEN IN JERUSALEM

[Matthäus]   [Markus]

_____   _____
_____   _____
_____   _____
_____   _____
_____   _____
_____   _____
_____   _____

21,17 (Nr. 271, S. 260)   *11,19 (Nr. 274, S. 262)*

3   *Schlussberichte (nach Johannes)*

302   DIE STUNDE DER ENTSCHEIDUNG

[Matthäus 16,25; 10,39; 20,28; 16,24; 26,38–39; 17,5; 3,17]   *[Markus 8,35; 10,45; 8,34; 14,34–36; 9,7; 1,11]*

_____   _____
_____   _____
_____   _____
_____   _____
_____   _____
_____   _____
_____   _____
_____   _____
_____   _____
_____   _____

16,25 (Nr. 160, S. 158)   *8,35 (Nr. 160, S. 158)*
25 Denn wer sein Leben retten will, wird es   *35 Denn wer sein Leben retten will, wird es*
verlieren; wer aber sein Leben um meinet-   *verlieren; wer aber sein Leben verliert um*
willen verliert,   *meinetwillen und um des Evangeliums wil-*
wird es finden.   *len, wird es retten.*

Lukas 21,37–38

{Johannes 8,1–2}
(Nr. 242, S. 227)

▲ *(Nr. 295 — 21,34–36 — S. 286)*
37 Tagsüber lehrte er im Tempel, nachts aber ging er hinaus und schlief auf dem Berg, der Ölberg heisst. 38 Und alles Volk kam schon frühmorgens zu ihm in den Tempel, um ihm zuzuhören.

{1 Jesus aber ging zum Ölberg. 2 Am frühen Morgen war er wieder im Tempel, und das ganze Volk kam zu ihm. Und er setzte sich und lehrte sie.}

▼ *(Nr. 305 — 22,1–2 — S. 299)*
19,47–48 (Nr. 274, S. 262)

[Lukas 9,24; 17,33; 9,23; 22,41–{43}; 9,35; 3,22b; 10,18]

Johannes 12,20–36

▲ *(Nr. 269 — 12,12–19 — S. 257)*
20 Es waren aber einige Griechen unter denen, die hinaufzogen, um bei dem Fest anzubeten. 21 Die kamen nun zu Philippus, der aus Betsaida in Galiläa war, und baten ihn: Herr, wir wollen Jesus sehen. 22 Philippus geht und sagt es Andreas; Andreas und Philippus gehen und sagen es Jesus. 23 Jesus aber antwortet ihnen: Die Stunde ist gekommen, dass der Menschensohn verherrlicht werde. 24 Amen, amen, ich sage euch: Wenn das Weizenkorn nicht in die Erde fällt und stirbt, bleibt es allein; wenn es aber stirbt, bringt es viel

9,24 (Nr. 160, S. 158)
24 *Denn wer sein Leben retten will, wird es verlieren; wer aber sein Leben um meinetwillen verliert,*
der wird es retten.

Frucht. 25 Wer sein Leben liebt, der verliert es; und wer sein Leben in dieser Welt hasst, wird es bewahren ins ewige Leben.

10,39 (Nr. 103, S. 99)

39 Wer sein Leben findet, wird es verlieren;
wer sein Leben verliert um meinetwillen,
wird es finden.

20,28 (Nr. 263, S. 250)

28 so wie der Menschensohn nicht gekommen ist, um sich dienen zu lassen, sondern
um zu dienen und sein Leben hinzugeben
als Lösegeld für viele.

10,45 (Nr. 263, S. 250)

45 Denn auch der Menschensohn ist nicht
gekommen, um sich dienen zu lassen, sondern um zu dienen und sein Leben hinzugeben als Lösegeld für viele.

16,24 (Nr. 160, S. 158)

24 Darauf sagte Jesus zu seinen Jüngern:
Wenn einer hinter mir hergehen will, verleugne er sich, nehme sein Kreuz auf sich
und folge mir nach.

8,34 (Nr. 160, S. 158)

34 Und er rief die Menge samt seinen Jüngern herbei und sprach zu ihnen:
Wenn einer mir nachfolgen will, hinter mir
her, verleugne er sich, nehme sein Kreuz auf
sich und folge mir nach.

26,38–39 (Nr. 330, S. 322)

38 Dann sagt er zu ihnen: Meine Seele ist
zu Tode betrübt, bleibt hier und wacht mit
mir. 39 Und er ging ein wenig weiter, fiel
auf sein Angesicht und betete:

Mein Vater, wenn es möglich ist,
gehe dieser Kelch an mir vorüber. Doch
nicht wie ich will, sondern wie du willst.

14,34–36 (Nr. 330, S. 322)

34 Und er spricht zu ihnen: Meine Seele ist
zu Tode betrübt, bleibt hier und wacht!
35 Und er ging ein wenig weiter, fiel zur Erde nieder und betete, dass, wenn es möglich
sei, die Stunde an ihm vorübergehe.
36 Und er sprach: Abba, Vater, alles ist dir
möglich. Lass diesen Kelch an mir vorübergehen! Doch nicht, was ich will, sondern
was du willst.

17,5 (Nr. 161, S. 159)

5 Noch während er redete, siehe, da warf ei-
ne lichte Wolke ihren Schatten auf sie, und
siehe, eine Stimme sprach aus der Wolke:
Dies ist mein geliebter Sohn, an dem ich
Wohlgefallen habe.
Auf ihn sollt ihr hören!

9,7 (Nr. 161, S. 159)

7 Da kam eine Wolke und warf ihren Schat-
ten auf sie, und aus der Wolke kam eine
Stimme:
Dies ist mein geliebter Sohn.

Auf ihn sollt ihr hören!

3,17 (Nr. 18, S. 19)

17 Und siehe, eine Stimme aus dem Himmel
sprach: Das ist mein geliebter Sohn, an dem
ich Wohlgefallen habe.

1,11 (Nr. 18, S. 19)

11 Und eine Stimme kam aus dem Himmel:
Du bist mein geliebter Sohn, an dir habe ich
Wohlgefallen.

17,33 (Nr. 235, S. 219)
33 Wer sein Leben zu bewahren sucht, wird
es verlieren, und wer es verliert, wird es neu
erhalten.

26 Wenn jemand mir dienen will, so
folge er mir nach; und wo ich bin, da
wird auch mein Diener sein. Wenn jemand mir dient, wird der Vater ihn ehren.

9,23 (Nr. 160, S. 158)
23 Zu allen aber sprach er:

*Wenn einer hinter mir hergehen will, ver-
leugne er sich, nehme sein Kreuz auf sich,
Tag für Tag, und folge mir nach.*

22,41–{43} (Nr. 330, S. 322)
41 Und er selbst entfernte sich etwa einen
Steinwurf weit von ihnen, kniete nieder
und betete:
42 Vater, wenn du willst, lass diesen Kelch
an mir vorübergehen. Doch nicht mein Wille, sondern der deine geschehe. {43 Da erschien ihm ein Engel vom Himmel und
stärkte ihn.}

27 Jetzt «ist meine Seele erregt.» Und
was soll ich sagen? Vater, «rette mich»
aus dieser Stunde? Aber darum bin ich
in diese Stunde gekommen.

9,35 (Nr. 161, S. 159)
35 Und aus der Wolke kam eine Stimme
und sprach:
Dies ist mein auserwählter Sohn.

Auf ihn sollt ihr hören!
3,22b (Nr. 18, S. 19)
*... und eine Stimme kam aus dem Himmel:
Du bist mein geliebter Sohn, an dir habe ich
Wohlgefallen.*
10,18 (Nr. 180, S. 176)
*18 Da sprach er zu ihnen: Ich sah den Satan
wie einen Blitz vom Himmel fallen.*

28 Vater, verherrliche deinen Namen.
Da kam eine Stimme vom Himmel: Ich
habe verherrlicht und werde wieder
verherrlichen. 29 Das Volk nun, das dabeistand und es hörte, sagte, es habe
gedonnert. Andere sagten: Ein Engel
hat zu ihm geredet. 30 Jesus entgegnete: Nicht um meinetwillen ist diese
Stimme ergangen, sondern um euretwillen. 31 Jetzt ist Gericht über diese
Welt.
Jetzt wird der Herrscher dieser Welt
hinausgeworfen werden. 32 Und ich,
wenn ich von der Erde erhöht bin, werde alle zu mir ziehen. 33 Das aber sagte
er, um anzudeuten, welchen Todes er
sterben werde. 34 Das Volk nun antwortete ihm: Wir haben aus dem Gesetz gehört, dass der Christus bis in
Ewigkeit bleibt; wie kannst du da sagen, der Menschensohn müsse erhöht

_____   _____
_____   _____
_____   _____
_____   _____
_____   _____
_____   _____
_____   _____
_____   _____
_____   _____
_____   _____
_____   _____
_____   _____
_____   _____
_____   _____

1.Kor 15,35–44: 35 Aber es wird jemand sagen: Wie werden die Toten auferweckt? Und mit was für einem Leib kommen sie? 36 Du Tor, was du säst,
wird nicht lebendig gemacht, wenn es nicht [zuvor] stirbt. 37 Und was du
säst, [damit] säst du nicht den Leib, der werden soll, sondern ein blosses
Korn, zum Beispiel von Weizen oder von irgend etwas andrem. Gott aber
gibt ihm einen Leib, wie er gewollt hat, und [zwar] jeder Samenart einen
besondern Leib. 39 Nicht jedes Fleisch ist dasselbe Fleisch; sondern anders
ist das der Menschen, anders das Fleisch der vierfüssigen Tiere, anders das
Fleisch der Vögel, anders das der Fische. 40 Und es gibt himmlische Leiber
und irdische Leiber; aber anders ist der Glanz der himmlischen, anders der
der irdischen. 41 Anders ist der Glanz der Sonne und anders der Glanz des
Mondes und anders der Glanz der Sterne; denn Stern unterscheidet sich
von Stern durch den Glanz. 42 So ist es auch mit der Auferstehung der
Toten. Es wird gesät in Verweslichkeit, es wird auferweckt in Unverweslichkeit; 43 es wird gesät in Unehre, es wird auferweckt in Herrlichkeit; es
wird gesät in Schwachheit, es wird auferweckt in Kraft; 44 es wird gesät ein
natürlicher Leib, es wird auferweckt ein geistiger Leib. Gibt es einen
natürlichen Leib, so gibt es auch einen geistigen.

ThEv 50: Jesus sagte: Wenn sie zu euch sagen: Woher kommt ihr?, dann sagt
zu ihnen: Wir kommen aus dem Licht, daher, wo das Licht aus sich selbst
heraus geboren ist. Es hat [sich aufgestellt], und es hat sich in ihrem Bild
offenbart. Wenn sie zu euch sagen: Wer seid ihr?, dann sagt: Wir sind seine
Söhne, und wir sind die Erwählten des lebendigen Vaters. Wenn sie euch
fragen: Welches ist das Zeichen eures Vaters in euch?, sagt zu ihnen: Es ist
Bewegung und Ruhe.

303   DIE VERBLENDUNG DES VOLKES

[*Matthäus 13,10–17*]   [*Markus 4,10–12; 8,17b–18*]
(Nr. 123, S. 118)

                                         4,10–12 (Nr. 123, S. 118)

10 Da traten die Jünger herzu   *10 Und als er allein war,*
und fragten ihn: Warum redest du in   *fragten ihn die, die mit den Zwölfen um ihn*
Gleichnissen zu ihnen? 11 Er entgegnete ih- *waren, nach dem Sinn der Gleichnisse.*

werden? Wer ist dieser Menschensohn? 35 Da sprach Jesus zu ihnen: Noch kurze Zeit ist das Licht unter euch. Geht euren Weg, solange ihr das Licht habt, damit nicht die Finsternis euch ergreife! Und wer seinen Weg in der Finsternis geht, weiss nicht, wohin er geht. 36 Solange ihr das Licht habt, glaubt an das Licht, damit ihr Söhne des Lichts werdet! Dies redete Jesus und ging fort und verbarg sich vor ihnen.

27: Ps 6,4–5

11,42 (Nr. 259, S. 245)

16,11 (Nr. 325, S. 318)

[Lukas 8,9–10]
(Nr. 123, S. 118)

9 Seine Jünger aber fragten ihn, was dieses Gleichnis bedeute. 10 Er sprach: Euch ist es

Johannes 12,37–43
[9.39]

37 Obwohl er so viele Zeichen vor ihnen getan hatte, glaubten sie nicht an ihn, 38 damit das Wort des Propheten Jesaja erfüllt würde, das er sprach:

nen: Euch ist es gegeben, die Geheimnisse des Himmelreichs zu verstehen, jenen aber ist es nicht gegeben.

11 Und er sprach zu ihnen: Euch ist das Geheimnis des Reiches Gottes gegeben. Denen draussen aber wird alles in Gleichnissen zuteil,

12 Denn wer hat, dem wird gegeben werden, und er wird im Überfluss haben.
Wer aber nicht hat, dem wird auch das genommen werden, was er hat.
13 Darum rede ich in Gleichnissen zu ihnen, dass sie sehend
nicht sehen
und hörend nicht hören
und nicht verstehen.

12 damit sie sehend sehen
und nicht einsichtig werden,
und hörend hören
und nicht verstehen,
damit sie nicht umkehren
und ihnen vergeben werde.

14 So erfüllt sich an ihnen die Weissagung Jesajas, die lautet:
Hörend werdet ihr hören,
und verstehen werdet ihr nicht,
und sehend werdet ihr sehen,
und einsichtig werdet ihr nicht.
15 Denn das Herz dieses Volkes ist hart geworden,
und mit den Ohren hören sie schwer,
und ihre Augen halten sie geschlossen,
damit sie mit den Augen nicht sehen
und mit den Ohren nicht hören
und mit dem Herzen nicht verstehen
und damit sie nicht umkehren und ich sie heilen werde.
16 Selig aber eure Augen, weil sie sehen, und eure Ohren, weil sie hören. 17 Denn amen, ich sage euch: Viele Propheten und Gerechte haben sich gesehnt zu sehen, was ihr seht, und haben es nicht gesehen, und zu hören, was ihr hört, und haben es nicht gehört.

8,17b–18 (Nr. 155, S. 154)
17 ... Ist euer Herz verstockt?
18 Augen habt ihr
und seht nicht,
und Ohren habt ihr

und hört nicht?

304   JESUS UND DER VATER

[Matthäus]   [Markus]

gegeben, die Geheimnisse des Reiches Got-
tes zu verstehen, zu den anderen aber wird
in Gleichnissen geredet,

«Herr, wer hat unserer Botschaft
geglaubt?
Und der Arm des Herrn, wem ist er
offenbart worden?»
39 Sie konnten darum nicht glauben,
weil wiederum Jesaja gesagt hat:
40 Er hat «ihre Augen» blind
gemacht
und verstockt hat er ihr «Herz,

damit sie sehend
nicht sehen
und hörend
nicht verstehen.

damit sie mit den Augen nicht
sehen
und mit dem Herzen nicht verstehen
und sie nicht umkehren und ich sie
heilen werde.»
41 Dies hat Jesaja gesagt, weil er seine
Herrlichkeit sah, und von ihm hat er
geredet. 42 Gleichwohl glaubten auch
von den Oberen viele an ihn, bekannten es aber der Pharisäer wegen nicht,
um nicht aus der Synagoge ausgeschlossen zu werden. 43 Denn sie liebten die Ehre der Menschen mehr als die
Ehre Gottes.

9,39 (Nr. 248, S. 232)
39 ... *Zum Gericht bin ich in diese Welt ge-*
kommen, damit die, die nicht sehen, sehend
und die, die sehen, blind werden.

38: Jes 53,1 | 40: Jes 6,10

[Lukas]

Johannes 12,44-50

44 Jesus aber rief: Wer an mich glaubt,
glaubt nicht an mich, sondern an den,
der mich gesandt hat, 45 und wer mich
sieht, sieht den, der mich gesandt hat.

10,40–41 (Nr. 104, S. 100)

9,37 (Nr. 166, S. 164)

XVI   Die Leidensgeschichte

1   Bis zum Gang nach Getsemani

305   DER TÖTUNGSPLAN DES HOHEN RATES

Matthäus 26,1–5	Markus 14,1–2
▲ (Nr. 300 — 25,31–46 — S. 293) 1 Und es geschah, als Jesus diese ganze Rede vollendet hatte, da sprach er zu seinen Jüngern: 2 Ihr wisst, dass in zwei Tagen Passa ist; dann wird der Menschensohn ausgeliefert werden, um gekreuzigt zu werden. 3 Da versammelten sich die Hohepriester und die Ältesten des Volkes im	▲ (Nr. 294 — 13,33–37 — S. 285) 1 Es war aber zwei Tage vor dem Fest des Passa und der Ungesäuerten Brote.

_____

_____

_____

_____

_____

_____

_____

_____

_____

_____

_____

_____

_____

_____

_____

_____

_____

_____

_____

_____

46 Ich bin als Licht in die Welt gekommen, damit jeder, der an mich glaubt, nicht in der Finsternis bleibe. 47 Und wenn jemand meine Worte hört und sie nicht bewahrt, so richte nicht ich ihn. Denn ich bin nicht gekommen, die Welt zu richten, sondern die Welt zu retten. 48 Wer mich verwirft und meine Worte nicht annimmt, der hat schon seinen Richter. Das Wort, das ich geredet habe, das wird ihn richten am Jüngsten Tag. 49 Denn ich habe nicht aus mir selbst geredet, sondern der mich gesandt hat, der Vater, er hat mir geboten, was ich sagen und was ich reden soll. 50 Und ich weiss, dass sein Gebot ewiges Leben ist. Was ich also rede, rede ich so, wie der Vater es mir gesagt hat.

▼ *(Nr. 309 — 13,1-20 — S. 303)*

5,23 (Nr. 141, S. 135)

10,16 (Nr. 179, S. 175)

9,48 (Nr. 166, S. 164)

13,20 (Nr. 309, S. 303)

_____

Lukas 22,1-2

[Johannes 11,47-53]

(Nr. 260, S. 248)

_____

_____

_____

▲ *(Nr. 301 — 21,37-38 — S. 295)*

1 Es nahte aber das Fest der Ungesäuerten Brote, das Passa heisst.

_____

_____

_____

47 Da beriefen die Hohepriester und die Pharisäer eine Versammlung des Hohen Rates ein und sagten: Was sollen wir tun? Dieser Mensch tut viele Zeichen. 48 Lassen wir ihn gewähren, so werden alle an ihn glauben, und die Römer werden kommen und uns Land und Leute wegnehmen. 49 Einer von ihnen aber, Kajafas, der in jenem Jahr Hoherpriester war, sagte zu ihnen: Ihr wisst

Palast des Hohepriesters, der hiess Kajafas,

4 und sie beschlossen, Jesus mit List festzunehmen und zu töten. 5 Sie sagten aber: Nicht am Fest, damit kein Aufruhr entsteht im Volk.

Und die Hohepriester und Schriftgelehrten suchten, wie sie ihn mit List festnehmen und töten könnten. 2 Sie sagten nämlich: Nicht am Fest, damit kein Aufruhr entsteht im Volk.

11,18–19 (Nr. 274, S. 262)

306   SALBUNG IN BETANIEN
                    (vgl. Nr. 114 . 267)

Matthäus 26,6–13   *Markus 14,3–9*

6 Als aber Jesus in Betanien im Hause Simons des Aussätzigen war,

3 Als er in Betanien im Hause Simons des Aussätzigen war

und zu Tische lag,

7 kam eine Frau zu ihm

kam eine Frau

mit einem Alabastergefäss voll kostbaren Öls

mit einem Alabastergefäss voll echten, kostbaren Nardenöls; sie zerbrach das Gefäss

und goss es über sein Haupt, als er zu Tische lag.

und goss es ihm über das Haupt.

8 Da aber die Jünger dies sahen, waren sie aufgebracht und sagten: Wozu diese Verschwendung?

4 Da sagten einige empört zueinander:

Wozu geschah diese Verschwendung des Öls?

2 Und die Hohepriester und Schriftgelehrten suchten Mittel und Wege, ihn
zu beseitigen,

denn sie fürchteten das Volk.

▼ *(Nr. 307 — 22,3–6 — S. 302)*

nichts, 50 *und ihr bedenkt nicht, dass es gut
für euch ist, wenn ein Mensch für das Volk
stirbt und nicht das ganze Volk zu Grunde
geht.* 51 *Das aber sagte er nicht von sich aus,
sondern weil er in jenem Jahr Hohepriester
war, weissagte er, dass Jesus für das Volk
sterben sollte,* 52 *und zwar nicht für das
Volk allein, sondern um auch die zerstreuten Kinder Gottes zu sammeln und zu einen.* 53 *Von jenem Tag an war es für sie beschlossen, dass sie ihn töten wollten.*

19,47 *(Nr. 274, S. 262)*
21,37 *(Nr. 301, S. 295)*

[Lukas 7,36–50]
(Nr. 114, S. 109)

[Johannes 12,1–8]
(Nr. 267, S. 255)

36 Einer der Pharisäer aber bat ihn, mit
ihm zu essen. Und er ging in das Haus
des Pharisäers

und liess sich zu Tisch nieder.

37 Und siehe, da war eine Frau in der
Stadt, eine Sünderin. Als sie erfuhr,
dass er im Haus des Pharisäers zu Tische lag,
brachte sie ein Alabastergefäss voll
Balsam.

1 Jesus nun kam sechs Tage vor dem
Passa nach Betanien, wo Lazarus war,
den Jesus von den Toten auferweckt
hatte. 2 Dort bereiteten sie ihm ein
Mahl, und Marta trug auf; Lazarus aber
war einer von denen, die mit ihm zu Tische lagen.
3 Da nahm Maria

ein Pfund echten,
kostbaren Nardenöls

38 Und sie trat von hinten zu seinen
Füssen, weinte und begann mit ihren
Tränen seine Füsse zu benetzen. Und
sie trocknete sie mit den Haaren ihres
Hauptes, küsste seine Füsse und salbte
sie mit dem Balsam.
39 Als der Pharisäer, der ihn eingeladen
hatte, das sah, sagte er bei sich:
Wäre dieser ein Prophet, so wüsste er,
wer und was für eine die Frau ist, die

und salbte Jesus die Füsse
und trocknete seine Füsse mit ihrem
Haar. Das Haus wurde erfüllt vom Duft
des Öls.
4 Judas Iskariot aber, einer seiner Jünger, der ihn verraten sollte, sagt:

9 Dies hätte doch
teuer verkauft werden können und
wäre Armen zugute gekommen.

5 Dieses Öl hätte doch für mehr als
dreihundert Denare verkauft werden
können und wäre den Armen zugute
gekommen. Und sie fuhren sie an.

10 Als Jesus dies merkte, sprach er zu
ihnen:
Warum macht ihr es der Frau so
schwer? Sie hat doch ein gutes Werk an
mir getan.
11 Die Armen habt ihr ja allezeit bei
euch,

mich aber habt ihr nicht allezeit.

6 Jesus aber sprach: Lasst sie!

Warum macht ihr es ihr so schwer? Sie
hat ein gutes Werk an mir getan.

7 Die Armen habt ihr ja allezeit bei
euch, und sooft ihr wollt, könnt ihr ihnen Gutes tun;
mich aber habt ihr nicht allezeit.
8 Was sie vermochte, hat sie getan.

12 Dass sie nämlich dieses Öl auf meinen Leib goss, das hat sie für mein
Begräbnis getan.
13 Amen, ich sage euch: Wo immer in
der ganzen Welt dieses Evangelium
verkündigt wird, da wird auch das
erzählt werden, was sie getan hat, ihr
zum Gedächtnis.

Sie hat meinen Leib im Voraus zum
Begräbnis gesalbt.

9 Amen, ich sage euch: Wo immer in
der ganzen Welt das Evangelium verkündigt wird, da wird auch das erzählt
werden, was sie getan hat, ihr zum
Gedächtnis.

ihn da berührt, nämlich eine Sünderin.

5 Warum hat man dieses Öl nicht für dreihundert Denar verkauft und Armen zugute kommen lassen? 6 Dies sagte er aber nicht, weil ihm die Armen am Herzen lagen, sondern weil er ein Dieb war und die Kasse hatte und die Einnahmen beiseite schaffte.

40 Und Jesus antwortete ihm: Simon, ich habe dir etwas zu sagen. Er erwidert: Meister, sprich! 41 Ein Geldverleiher hatte zwei Schuldner: der eine schuldete ihm fünfhundert Denar, der andere fünfzig. 42 Da sie es beide nicht zurückzahlen konnten, schenkte er es ihnen. Welcher von ihnen wird ihn nun mehr lieben? 43 Simon antwortete: Ich nehme an der, dem er mehr geschenkt hat. Da sprach er zu ihm: Du hast richtig geurteilt.
44 Und er wandte sich der Frau zu und sprach zu Simon: Siehst du diese Frau?

7 Nun sprach Jesus: Lass sie, damit sie es bewahre für den Tag meines Begräbnisses.

8 Denn die Armen habt ihr allezeit bei euch,

mich aber habt ihr nicht allezeit.

Ich bin in dein Haus gekommen, Wasser für die Füsse hast du mir nicht gegeben; sie aber hat meine Füsse mit ihren Tränen benetzt und mit ihrem Haar getrocknet. 45 Einen Kuss hast du mir nicht gegeben; sie aber hat, seit sie hereingekommen ist, nicht aufgehört, meine Füsse zu küssen. 46 Mit Öl hast du mein Haupt nicht gesalbt; sie aber hat mit Balsam meine Füsse gesalbt.

47 Deshalb sage ich dir: Ihre vielen Sünden sind vergeben, denn sie hat viel geliebt; wem aber wenig vergeben wird, der liebt wenig. 48 Zu ihr aber sprach er: Dir sind deine Sünden vergeben. 49 Da begannen die Gäste untereinander zu sagen: Wer ist dieser, dass er sogar Sünden vergibt? 50 Er aber

307　　　DER VERRAT DES JUDAS

Matthäus 26,14–16　　　*Markus 14,10–11*

14 Da ging einer von den Zwölfen, der Judas Iskariot hiess, zu den Hohepriestern	10 Und Judas Iskariot, dieser eine von den Zwölfen, ging hin zu den Hohepriestern,
15 und sagte: Was wollt ihr mir geben, wenn ich ihn an euch ausliefere?	um ihn an sie auszuliefern. 11 Als sie dies hörten, freuten sie sich
Und sie vereinbarten mit ihm dreissig Silberstücke. 16 Von da an suchte er eine günstige Gelegenheit, ihn zu verraten.	und versprachen, ihm Geld zu geben. Und er suchte ihn bei günstiger Gelegenheit zu verraten.

308　　　VORBEREITUNG DES LETZTEN MAHLS

Matthäus 26,17–20　　　*Markus 14,12–17*

17 Am ersten Tag aber der Ungesäuerten Brote	12 Und am ersten Tag der Ungesäuerten Brote, als man das Passalamm schlachtete,
traten die Jünger zu Jesus und sagten: Wo sollen wir Vorbereitungen treffen für dich, damit du das Passa essen kannst?	sagen seine Jünger zu ihm: Wo sollen wir hingehen und Vorbereitungen treffen, damit du das Passa essen kannst?
18 Er sprach: Geht	13 Und er schickt zwei seiner Jünger und spricht zu ihnen: Geht
in die Stadt zu dem und dem	in die Stadt, da wird euch einer entgegenkommen, der einen Krug Wasser trägt. Folgt ihm,

sprach zu der Frau: Dein Glaube hat
dich gerettet. Geh in Frieden!

_____

_____

Lukas 22,3–6

▲ (Nr. 305 — 22,1–2 — S. 299)

3 Es fuhr aber Satan in Judas, der Iskariot hiess, der zum Kreis der Zwölf
gehörte. 4 Und er ging und besprach
mit den Hohepriestern und Hauptleuten,

_____

wie er ihn an sie ausliefern könnte.
5 Und sie freuten sich
und kamen überein, ihm Geld zu geben. 6 Und er willigte ein
und suchte eine günstige Gelegenheit,
ihn an sie zu verraten, ohne dass das
Volk es merkte.

_____

_____

[Johannes 13,2; 13,27; 6,70–71]

13,2 (Nr. 309, S. 303)

*2 Und während eines Mahles, als der Teufel
dem Judas Iskariot, dem Sohn des Simon,
schon ins Herz gelegt hatte, ihn zu verraten ...*

13,27 (Nr. 310, S. 305)

*27 Und nachdem er den Bissen genommen
hatte, fuhr der Satan in ihn. Da spricht Jesus zu ihm: Was du tust, das tue bald!*

6,70–71 (Nr. 158, S. 156)

*70 Jesus antwortete ihnen: Habe ich nicht
euch, die Zwölf, erwählt? Und einer von
euch ist ein Teufel. 71 Er redete aber von Judas, dem Sohn des Simon Iskariot. Denn
dieser sollte ihn verraten, einer von den
Zwölf.*

Lukas 22,7–14

_____

7 Es kam aber der Tag der Ungesäuerten Brote, an dem das Passalamm geschlachtet werden musste.

_____

_____

_____

8 Und er schickte Petrus und Johannes
und sprach:
Geht und bereitet für uns das Passa vor,
damit wir es essen können. 9 Sie aber
sprachen zu ihm: Wo sollen wir es vor-
bereiten? 10 Er sprach zu ihnen: Siehe,
wenn ihr in die Stadt hineinkommt,
wird euch einer entgegenkommen, der
einen Krug Wasser trägt. Folgt ihm in

[Johannes 13,1]

(Nr. 309, S. 303)

*1 Vor dem Passafest aber wusste Jesus, dass
seine Stunde gekommen war, aus dieser
Welt zum Vater hinüberzugehen, und da er
die Seinen in der Welt liebte, erwies er ihnen seine Liebe bis zur Vollendung.*

_____

_____

_____

_____

_____

_____

_____

_____

und sagt zu ihm: Der Meister lässt dir sagen: Meine Zeit ist nahe, bei dir will ich mit meinen Jüngern das Passa halten.	14 und wo er hineingeht, da sagt zu dem Hausherrn: Der Meister lässt fragen: Wo ist mein Zimmer, in dem ich mit meinen Jüngern das Passa essen kann? 15 Und er wird euch ein grosses Obergemach zeigen, das bereit ist, mit Polstern ausgelegt; dort bereitet es vor für uns.
19 Und die Jünger taten,	16 Da gingen die Jünger, kamen in die Stadt und fanden es vor,
wie Jesus ihnen befohlen hatte. Und sie bereiteten das Passa vor. 20 Am Abend aber lag er mit den Zwölfen zu Tische.	wie er ihnen gesagt hatte. Und sie bereiteten das Passa vor. 17 Am Abend kommt er mit den Zwölfen.
▼ (Nr. 310 — 26,21–25 — S. 305)	▼ (Nr. 310 — 14,18–21 — S. 305)

309   DIE FUSSWASCHUNG

[Matthäus 23,6–12; 10,24; 10,40]   [Markus]

23,6–12 (Nr. 284, S. 274)
6 Sie legen Wert auf den Ehrenplatz bei den Gastmählern und die Ehrensitze in den Synagogen 7 und dass sie auf den Marktplätzen gegrüsst und von den Leuten Rabbi ge-

das Haus, in das er geht,
11 und sagt zu dem Hausherrn: Der
Meister lässt dich fragen: Wo ist das
Zimmer, in dem ich mit meinen Jüngern das Passa essen kann? 12 Und er
wird euch ein grosses, mit Polstern
ausgelegtes Obergemach zeigen; dort
bereitet es vor.
13 Sie aber gingen und fanden es vor,

wie er ihnen gesagt hatte. Und sie bereiteten das Passa vor. 14 Und als die
Stunde kam, liess er sich zu Tisch nieder, und die Apostel mit ihm.

▼ (Nr. 311 — 22,15–20 — S. 306)

[Lukas 22,3; 12,37; 22,24–28; 6,40; 10,16]

22,3 (Nr. 307, S. 302)
3 Es fuhr aber Satan in Judas, der Iskariot
hiess, der zum Kreis der Zwölf gehörte.

12,37 (Nr. 203, S. 195)
37 Selig jene Knechte, die der Herr wach
findet, wenn er kommt! Amen, ich sage
euch: Er wird sich umgürten, sie zu Tisch
bitten und wird ihnen aufwarten.

22,24–28 (Nr. 313, S. 308)
24 Da entstand auch ein Streit unter ihnen,
wer von ihnen als der Grösste zu gelten habe. 25 Er aber sprach zu ihnen: Die Könige
herrschen über ihre Völker, und ihre Macht-

Johannes 13,1–20

▲ (Nr. 304 — 12,44–50 — S. 298)
1 Vor dem Passafest aber wusste Jesus,
dass seine Stunde gekommen war, aus
dieser Welt zum Vater hinüberzugehen, und da er die Seinen in der Welt
liebte, erwies er ihnen seine Liebe bis
zur Vollendung. 2 Und während eines
Mahles, als der Teufel dem Judas Iskariot, dem Sohn des Simon, schon ins
Herz gelegt hatte, ihn zu verraten 3 – er
wusste, dass ihm der Vater alles in die
Hände gegeben hatte und dass er von
Gott ausgegangen war und zu Gott
weggeht –, 4 steht er vom Mahl auf und
zieht das Obergewand aus und nimmt
ein Leinentuch und bindet es sich um;
5 dann giesst er Wasser in das Becken
und fängt an, den Jüngern die Füsse zu
waschen und sie mit dem Tuch, das er
sich umgebunden hat, abzutrocknen.
6 Nun kommt er zu Simon Petrus. Der
sagt zu ihm: Herr, du wäschst mir die
Füsse? 7 Jesus entgegnete ihm: Was ich
tue, begreifst du jetzt nicht, nachher
aber wirst du es verstehen. 8 Petrus
sagt zu ihm: In Ewigkeit sollst du mir
nicht die Füsse waschen! Jesus antwor-

*nannt werden. 8 Ihr aber sollt euch nicht
Rabbi nennen lassen; denn einer ist euer
Meister, ihr alle aber seid Brüder. 9 Und niemanden auf Erden sollt ihr euren Vater
nennen; denn einer ist euer Vater, der im
Himmel. 10 Und ihr sollt euch nicht Lehrer
nennen lassen; denn einer ist euer Lehrer,
der Christus. 11 Der Grösste unter euch aber
soll euer Diener sein. 12 Wer sich selbst
erhöht, wird erniedrigt werden, und wer
sich selbst erniedrigt, wird erhöht werden.*

10,24 (Nr. 100, S. 96)

24 Ein Jünger steht nicht über dem
Meister und ein Knecht nicht über seinem Herrn.

10,40 (Nr. 104, S. 100)

40 Wer euch aufnimmt, nimmt mich
auf, und wer mich aufnimmt, nimmt
den auf, der mich gesandt hat.

haber lassen sich Wohltäter nennen. 26 Ihr aber nicht so. Sondern der Grösste unter euch werde wie der Jüngste, und wer herrscht, werde wie einer, der dient. 27 Denn wer ist grösser – einer, der zu Tisch liegt, oder einer, der dient? Etwa nicht einer, der zu Tisch liegt? Ich aber bin unter euch wie einer, der dient. 28 Ihr seid es, die mit mir standgehalten haben in meinen Anfechtungen.

6,40 (Nr. 81, S. 74)
40 Kein Jünger steht über dem Meister.

Jeder aber wird, wenn er ausgebildet ist, wie sein Meister sein.

10,16 (Nr. 179, S. 175)
16 Wer euch hört, der hört mich; und wer euch verachtet, der verachtet mich. Wer aber mich verachtet, verachtet den, der mich gesandt hat.

tete ihm: Wenn ich dich nicht wasche, hast du keinen Anteil an mir. 9 Simon Petrus sagt zu ihm: Herr, nicht nur meine Füsse, sondern auch die Hände und den Kopf! 10 Jesus spricht zu ihm: Wer gebadet ist, braucht nicht mehr gewaschen zu werden, sondern ist ganz rein; und ihr seid rein, aber nicht alle. 11 Denn er kannte den, der ihn ausliefern sollte. Darum sprach er: Ihr seid nicht alle rein. 12 Als er nun ihre Füsse gewaschen hatte, zog er sein Obergewand an und legte sich wieder zu Tische nieder. Er sprach zu ihnen: Versteht ihr, was ich an euch getan habe? 13 Ihr nennt mich Meister und Herr, und ihr sagt es zu Recht, denn ich bin es. 14 Wenn nun ich, der Herr und Meister, euch die Füsse gewaschen habe, dann seid auch ihr verpflichtet, einander die Füsse zu waschen. 15 Ein Beispiel habe ich euch nämlich gegeben, damit auch ihr tut, wie ich an euch getan habe.

16 Amen, amen, ich sage euch: Ein Knecht ist nicht grösser als sein Herr und ein Bote nicht grösser als der, der ihn gesandt hat.

17 Wenn ihr dies wisst – selig seid ihr, wenn ihr es tut. 18 Ich rede nicht von euch allen. Ich kenne die, die ich erwählt habe; aber die Schrift soll erfüllt werden: «Der mein Brot isst, hat mich mit Füssen getreten.» 19 Von jetzt an sage ich es euch, bevor etwas geschieht, damit ihr, wenn es dann geschieht, glaubt, dass ich es bin.

20 Amen, amen, ich sage euch: Wer einen aufnimmt, den ich sende, nimmt mich auf, und wer mich aufnimmt, nimmt den auf, der mich gesandt hat.

2: Verschiedene Handschriften beziehen die Bezeichnung Iskariot auf Simon.

10: Verschiedene wichtige Handschriften bieten: «... braucht nicht mehr gewaschen zu werden, ausser an den Füssen, sondern ...»

18: Ps 41,10

310   ANKÜNDIGUNG DES VERRATS
(vgl. Nr. 312)

Matthäus 26,21–25   *Markus 14,18–21*

▲ (Nr. 308 — 26,17-20 — S. 302)
21 Und während sie assen,

sprach er: Amen, ich sage euch: Einer
von euch wird mich verraten.

22 Und sie wurden sehr traurig und
begannen ihn zu fragen, einer nach
dem andern: Bin etwa ich es, Herr?

23 Er aber antwortete:
Der die Hand mit mir in die Schüssel
taucht, der wird mich ausliefern.

24 Der Menschensohn geht zwar dahin, wie über ihn geschrieben steht,
doch wehe dem Menschen, durch den
der Menschensohn verraten wird. Für

▲ (Nr. 308 — 14,12-17 — S. 302)
18 Und da sie zu Tische lagen
und assen,

sprach Jesus: Amen, ich sage euch: Einer von euch wird mich verraten, einer, der mit mir isst.
19 Da fingen sie an, traurig zu werden
und ihn zu fragen, einer nach dem andern: Doch nicht ich?

20 Er aber sprach zu ihnen: Einer von
den Zwölfen, der mit mir das Brot in
die Schüssel taucht.

21 Denn der Menschensohn geht zwar
dahin, wie über ihn geschrieben steht,
doch wehe dem Menschen, durch den
der Menschensohn verraten wird. Für

[Lukas 22,21–23]
(Nr. 312, S. 307)

Johannes 13,21–30

21 Nachdem Jesus dies gesagt hatte, wurde er im Geist erregt und legte Zeugnis ab und sprach: Amen, amen, ich sage euch, einer von euch wird mich verraten. 22 Die Jünger schauten einander an, weil sie im Ungewissen waren, von wem er redete. 23 Einer von den Jüngern Jesu lag an seiner Brust, der, den Jesus liebte. 24 Diesem nun winkt Simon Petrus zu, er solle herausfinden, wer es sei, von dem er rede. 25 Da lehnt sich jener an die Brust Jesu zurück und sagt zu ihm: Herr, wer ist es?

21 Doch siehe, die Hand dessen, der mich verrät, ist bei mir auf dem Tisch.

26 Jesus antwortet: Der ist es, dem ich den Bissen eintauchen und geben werde. Dann taucht er den Bissen ein, nimmt ihn und gibt ihn Judas, dem Sohn des Simon Iskariot. 27 Und nachdem er den Bissen genommen hatte, fuhr der Satan in ihn. Da spricht Jesus zu ihm: Was du tust, das tue bald! 28 Niemand am Tisch merkte, wozu er ihm das sagte. 29 Denn einige meinten, weil Judas die Kasse hatte, sage Jesus zu ihm: Kaufe, was wir für das Fest brauchen, oder für die Armen, um ihnen etwas zu geben. 30 Als nun jener den Bissen genommen hatte, ging er sogleich hinaus. Und es war Nacht.

▼ (Nr. 314 — 13,31–35 — S. 309)

22 Denn der Menschensohn geht zwar seinen Weg, wie es bestimmt ist, doch wehe dem Menschen, durch den er verraten wird.

diesen Menschen wäre es besser, er wäre nicht geboren. 25 Da entgegnete Judas, der ihn verraten sollte: Bin etwa
ich es, Rabbi? Da spricht er zu ihm: Du
sagst es!

diesen Menschen wäre es besser, er wäre nicht geboren.

311   DAS MAHL

Matthäus 26,26–29   *Markus 14,22–25*

26 Während sie aber assen,
nahm Jesus Brot, sprach den Lobpreis,
brach es und gab es den Jüngern und
sprach: Nehmt, esst!
Dies ist mein Leib.

22 Und während sie assen,
nahm er Brot, sprach den Lobpreis,
brach es und gab es ihnen und sprach:
Nehmt,
dies ist mein Leib.

27 Und er nahm einen Kelch und
sprach das Dankgebet, gab ihnen den
und sprach: Trinkt alle daraus!

28 Denn dies ist mein Blut des Bundes,
das für viele vergossen wird zur Vergebung der Sünden.
29 Ich sage euch aber: Ich werde von
dieser Frucht des Weinstocks nicht
mehr trinken von nun an bis zu dem
Tag, da ich mit euch

23 Und er nahm einen Kelch, sprach
das Dankgebet und gab ihnen den, und
sie tranken alle daraus.
24 Und er sprach zu ihnen:
Dies ist mein Blut des Bundes, das
vergossen wird für viele.

25 Amen, ich sage euch: Ich werde von
der Frucht des Weinstocks nicht mehr
trinken bis zu dem Tag, da ich

—————————————

—————————————

—————————————

—————————————

23 Da fingen sie an, sich gegenseitig zu fragen, wer von ihnen es wohl sei, der das tun werde.

—————————————

—————————————

—————————————

—————————————

—————————————

—————————————

Lukas 22,15–20

[Johannes 6,51–59]
(Nr. 149, S. 145)

▲ (Nr. 308 — 22,7–14 — S. 302)

15 Und er sprach zu ihnen: Mich hat sehnlich verlangt, vor meinem Leiden mit euch dieses Passa zu essen. 16 Denn ich sage euch: Ich werde es nicht mehr essen, bis es seine Erfüllung findet im Reich Gottes. 17 Und er nahm einen Kelch, sprach das Dankgebet und sagte: Nehmt diesen und teilt ihn unter euch. 18 Denn ich sage euch: Von jetzt an werde ich von der Frucht des Weinstocks nicht mehr trinken, bis das Reich Gottes kommt.
19 Und
er nahm Brot, sprach das Dankgebet, brach es und gab es ihnen und sprach:

Dies ist mein Leib, der für euch gegeben wird. Dies tut zu meinem Gedächtnis.
20 Und ebenso nahm er den Kelch nach dem Mahl

und sprach:
Dieser Kelch ist der neue Bund in meinem Blut, das vergossen wird für euch.

51 Ich bin das lebendige Brot, das vom Himmel herabgekommen ist. Wenn jemand von diesem Brot isst, wird er in Ewigkeit leben; und das Brot, das ich geben werde, ist mein Fleisch, für das Leben der Welt. 52 Da stritten die Juden untereinander und sagten: Wie kann dieser uns sein Fleisch zu essen geben? 53 Da sprach Jesus zu ihnen: Amen, amen, ich sage euch: Wenn ihr nicht das Fleisch des Menschensohnes esst und sein Blut trinkt, habt ihr kein Leben in euch. 54 Wer mein Fleisch isst und mein Blut trinkt, hat ewiges Leben, und ich werde ihn auferwecken am Jüngsten Tag. 55 Denn mein Fleisch ist wahre Speise, und mein Blut ist wahrer Trank. 56 Wer mein Fleisch isst und mein Blut trinkt, bleibt in mir und ich in ihm. 57 Wie mich der lebendige Vater gesandt hat und ich durch den Vater lebe, so wird auch durch mich leben, der mich isst. 58 Dies ist das Brot, das vom Himmel herabgekommen ist. Es ist nicht wie bei den Vätern, die gegessen haben und gestorben sind; wer dieses Brot isst, wird in Ewigkeit leben. 59 Das sagte er in der Synagoge, als er in Kafarnaum lehrte.

—————————————

—————————————

—————————————

—————————————

neu davon trinken werde im Reiche meines Vaters.

▼ *(Nr. 315 — 26,30–35 — S. 310)*

neu davon trinken werde im Reiche Gottes.

▼ *(Nr. 315 — 14,26–31 — S. 310)*

1.Kor 11,23–26: 23 Denn ich habe vom Herrn her empfangen, was ich euch auch überliefert habe, dass der Herr Jesus in der Nacht, in der er verraten wurde, Brot genommen hat, 24 und als er das Dankgebet darüber gesprochen hat, hat er es gebrochen und gesagt: Das ist mein Leib für euch; das tut zu meinem Gedächtnis! 25 Desgleichen auch den Kelch nach dem Essen, indem er sagte: Dieser Kelch ist der neue Bund in meinem Blut; das tut sooft ihr [daraus] trinkt, zu meinem Gedächtnis! 26 Den sooft ihr dieses Brot esst und den Kelch trinkt, verkündigt ihr [damit] den Tod des Herrn, bis er kommt.
1.Kor 10,16–17: 16 Der Kelch der Danksagung, über dem wir Dank sagen, ist er nicht Gemeinschaft mit dem Blut Christi? Das Brot, das wir brechen, ist es nicht Gemeinschaft mit dem Leib Christi? 17 Weil [es] ein Brot [ist], sind wir, die vielen, ein Leib; denn wir sind alle des einen Brotes teilhaftig.
1.Kor 5,7: Schafft den alten Sauerteig hinweg, damit ihr ein neuer Teig seid, wie ihr ja frei von Sauerteig seid, denn als unser Passalamm ist Christus geopfert worden.

312   ANKÜNDIGUNG DES VERRATS
(vgl. Nr. 310)

[Matthäus 26,21–25]
(Nr. 310, S. 305)

[Markus 14,18–21]
(Nr. 310, S. 305)

	18 Und da sie zu Tische lagen und assen,
21 Und während sie assen,	
sprach er: Amen, ich sage euch: Einer von euch wird mich verraten.	sprach Jesus: Amen, ich sage euch: Einer von euch wird mich verraten, einer, der mit mir isst.
22 Und sie wurden sehr traurig und begannen ihn zu fragen, einer nach dem andern: Bin etwa ich es, Herr?	19 Da fingen sie an, traurig zu werden und ihn zu fragen, einer nach dem andern: Doch nicht ich?
23 Er aber antwortete: Der die Hand mit mir in die Schüssel taucht, der wird mich ausliefern.	20 Er aber sprach zu ihnen: Einer von den Zwölfen, der mit mir das Brot in die Schüssel taucht.

Lukas 22,21–23

[Johannes 13,21–30]
(Nr. 310, S. 305)

21 Nachdem Jesus dies gesagt hatte,
wurde er im Geist erregt und legte
Zeugnis ab
und sprach: Amen, amen, ich sage
euch, einer von euch wird mich verraten.
22 Die Jünger schauten einander an,
weil sie im Ungewissen waren, von
wem er redete. 23 Einer von den Jüngern Jesu lag an seiner Brust, der, den
Jesus liebte. 24 Diesem nun winkt Simon Petrus zu, er solle herausfinden,
wer es sei, von dem er rede. 25 Da lehnt
sich jener an die Brust Jesu zurück und
sagt zu ihm: Herr, wer ist es?

21 Doch siehe, die Hand dessen, der
mich verrät, ist bei mir auf dem Tisch.

26 Jesus antwortet: Der ist es, dem ich
den Bissen eintauchen und geben werde. Dann taucht er den Bissen ein,
nimmt ihn und gibt ihn Judas, dem
Sohn des Simon Iskariot. 27 Und nachdem er den Bissen genommen hatte,
fuhr der Satan in ihn. Da spricht Jesus
zu ihm: Was du tust, das tue bald!

_____
_____
_____
_____
_____
_____
_____

24 Der Menschensohn geht zwar dahin, wie über ihn geschrieben steht, doch wehe dem Menschen, durch den der Menschensohn verraten wird. Für diesen Menschen wäre es besser, er wäre nicht geboren. 25 Da entgegnete Judas, der ihn verraten sollte: Bin etwa ich es, Rabbi? Da spricht er zu ihm: Du sagst es!	21 Denn der Menschensohn geht zwar dahin, wie über ihn geschrieben steht, doch wehe dem Menschen, durch den der Menschensohn verraten wird. Für diesen Menschen wäre es besser, er wäre nicht geboren.

313   VOM HERRSCHEN UND VOM DIENEN

[Matthäus 20,24–28; 19,28]

[Markus 10,41–45]
(Nr. 263, S. 250)

20,24–28 (Nr. 263, S. 250)

24 Als die Zehn das hörten, fingen sie an, sich über die beiden Brüder aufzuregen. 25 Jesus aber rief sie zu sich und sprach:
Ihr wisst, dass die Herrscher ihre Völker unterdrücken und die Grossen ihre Macht gegen sie brauchen. 26 Unter euch soll es nicht so sein.
Sondern wer unter euch ein Grosser werden will, soll euer Diener sein,
27 und wer unter euch der Erste sein will,
soll euer Knecht sein,

41 Als die Zehn das hörten, fingen sie an, sich über Jakobus und Johannes aufzuregen. 42 Und Jesus ruft sie zu sich und spricht zu ihnen:
Ihr wisst, die als Herrscher der Völker gelten, unterdrücken sie, und ihre Grossen gebrauchen ihre Macht gegen sie. 43 Unter euch aber ist es nicht so.
Sondern wer ein Grosser werden will unter euch, soll euer Diener sein,
44 und wer unter euch der Erste sein will,
soll der Knecht aller sein.

28 Niemand am Tisch merkte, wozu er ihm das sagte. 29 Denn einige meinten, weil Judas die Kasse hatte, sagte Jesus zu ihm: Kaufe, was wir für das Fest brauchen, oder für die Armen, um ihnen etwas zu geben. 30 Als nun jener den Bissen genommen hatte, ging er sogleich hinaus. Und es war Nacht.

▼ (Nr. 314 — 13,31–35 — S. 309)

22 Denn der Menschensohn geht zwar seinen Weg, wie es bestimmt ist, doch wehe dem Menschen, durch den er verraten wird.

23 Da fingen sie an, sich gegenseitig zu fragen, wer von ihnen es wohl sei, der das tun werde.

Lukas 22,24–30

[Johannes 13,4–5 . 12–17]

(Nr. 309, S. 303)

24 Da entstand auch ein Streit unter ihnen, wer von ihnen als der Grösste zu gelten habe. 25 Er aber sprach zu ihnen:

Die Könige herrschen über ihre Völker, und ihre Machthaber lassen sich Wohltäter nennen. 26 Ihr aber nicht so.

Sondern der Grösste unter euch werde wie der Jüngste,
und wer herrscht,

werde wie einer, der dient. 27 Denn wer ist grösser – einer, der zu Tisch liegt, oder einer, der dient? Etwa nicht einer, der zu Tisch liegt?

4 steht er vom Mahl auf und zieht das Obergewand aus und nimmt ein Leinentuch und bindet es sich um; 5 dann giesst er Wasser in das Becken und fängt an, den Jüngern die Füsse zu waschen und sie mit dem Tuch, das er sich umgebunden hat, abzutrocknen. ... 12 Als er nun ihre Füsse gewaschen hatte, zog er sein Obergewand an und legte sich wieder zu Tische nieder. Er sprach zu ihnen: Versteht ihr, was ich an euch getan habe? 13 Ihr nennt mich Meister und Herr, und ihr sagt es zu Recht, denn ich bin es. 14 Wenn nun ich, der Herr und Meister, euch die Füsse gewaschen habe, dann seid auch ihr verpflichtet, einander die Füsse zu waschen. 15 Ein Beispiel habe ich euch nämlich gegeben, damit auch ihr tut, wie ich an euch getan habe. 16 Amen, amen, ich sage euch: Ein Knecht ist nicht grösser als sein Herr und ein Bote nicht grösser als der,

28 so wie der Menschensohn nicht gekommen ist, um sich dienen zu lassen, sondern um zu dienen und sein Leben hinzugeben als Lösegeld für viele.

45 Denn auch der Menschensohn ist nicht gekommen, um sich dienen zu lassen, sondern um zu dienen und sein Leben hinzugeben als Lösegeld für viele.

19,28 (Nr. 255, S. 241)

28 Jesus aber sprach zu ihnen: Amen, ich sage euch:
Ihr, die ihr mir nachgefolgt seid,

werdet bei der Wiedergeburt, wenn der Menschensohn auf dem Thron seiner Herrlichkeit sitzt, auch auf zwölf Thronen sitzen und die zwölf Stämme Israels richten.

23,11 (Nr. 284, S. 274)

9,35 (Nr. 166, S.164)

314   DAS NEUE GEBOT

[Matthäus]

[Markus]

der ihn gesandt hat. 17 Wenn ihr dies wisst – selig seid ihr, wenn ihr es tut.

Ich aber bin unter euch

wie einer, der dient.

28 Ihr seid es, die mit mir standgehalten haben in meinen Anfechtungen. 29 Und ich übergebe euch das Reich, so, wie mein Vater es mir übergeben hat, 30 damit ihr in meinem Reich an meinem Tisch esst und trinkt und auf Thronen sitzt, um die zwölf Stämme Israels zu richten.

▼ *(Nr. 315 — 22,31–34 — S. 310)*
9,48 (Nr. 166, S. 164)

[Lukas]

Johannes 13,31–35

▲ *(Nr. 310 — 13,21–30 — S. 305)*
31 Als er nun hinausgegangen war, spricht Jesus: Jetzt wird der Menschensohn verherrlicht, und Gott wird verherrlicht in ihm. 32 Wenn Gott in ihm verherrlicht wird, so wird auch Gott ihn in sich verherrlichen, und er wird ihn bald verherrlichen. 33 Kinder, eine kurze Zeit noch bin ich bei euch. Ihr werdet mich suchen, und so wie ich zu den Juden gesagt habe – wo ich hingehe, da könnt ihr nicht hinkommen –, sage ich es jetzt auch zu euch. 34 Ein neues Gebot gebe ich euch, dass ihr einander liebt, wie ich euch geliebt habe, damit auch ihr einander liebt. 35 Daran werden alle erkennen, dass ihr meine Jünger seid: wenn ihr Liebe habt untereinander.

Matthäus 26,30-35   *Markus 14,26-31*

▲ *(Nr. 311 — 26,26-29 — S. 306)*

30 Und als sie den Lobgesang gesungen hatten, gingen sie hinaus auf den Ölberg.
31 Da spricht Jesus zu ihnen: Ihr alle werdet in dieser Nacht an mir zu Fall kommen, denn es steht geschrieben: «Ich werde den Hirten schlagen, und die Schafe der Herde werden zerstreut werden.» 32 Nach meiner Auferweckung aber werde ich euch nach Galiläa vorausgehen.

▲ *(Nr. 311 — 14,22-25 — S. 306)*

26 Und als sie den Lobgesang gesungen hatten, gingen sie hinaus auf den Ölberg.
27 Und Jesus spricht zu ihnen: Ihr werdet alle zu Fall kommen; denn es steht geschrieben: «Ich werde den Hirten schlagen, und die Schafe werden zerstreut werden.» 28 Aber nach meiner Auferweckung werde ich euch nach Galiläa vorausgehen.

33 Petrus antwortete ihm: Wenn alle an dir zu Fall kommen – ich werde niemals zu Fall kommen!
34 Jesus spricht zu ihm:

29 Petrus sagte zu ihm: Und wenn alle zu Fall kommen – ich nicht!

30 Und Jesus spricht zu ihm:

Amen, ich sage dir: In dieser Nacht, ehe der Hahn kräht, wirst du mich dreimal verleugnen.
35 Da sagt Petrus zu ihm: Selbst wenn ich mit dir sterben muss – ich werde dich nicht verleugnen. Ebenso redeten alle anderen Jünger.

Amen, ich sage dir: Noch heute, in dieser Nacht, ehe der Hahn zweimal kräht, wirst du mich dreimal verleugnen.
31 Er aber ereiferte sich umso mehr: Selbst wenn ich mit dir sterben muss – ich werde dich nicht verleugnen. Und so redeten sie alle.

▼ *(Nr. 330 — 26,36-46 — S. 322)*

31: Sach 13,7

28,7 (Nr. 352, S. 352)

28,10 (Nr. 353, S. 349)

▼ *(Nr. 330 — 14,32-42 — S. 322)*

27: Sach 13,7

16,7 (Nr. 352, S. 352)

Lukas 22,31–34
[22,39]

22,39 (Nr. 330, S. 322)

39 Und er ging hinaus und begab sich auf den Ölberg, wie es seine Gewohnheit war, und auch die Jünger folgten ihm.

▲ (Nr. 313 — 22,24–30 — S. 308)

22,31–34

31 Simon, Simon, siehe, der Satan hat sich ausgebeten, euch zu sieben wie den Weizen. 32 Ich aber habe für dich gebetet, dass dein Glaube nicht aufhöre; und du, wenn du einst umgekehrt bist, stärke deine Brüder.

33 Er sagte zu ihm: Herr, ich bin bereit, mit dir in Kerker und Tod zu gehen.

34 Er aber sprach:

Ich sage dir, Petrus: Der Hahn wird heute nicht krähen, bis du dreimal geleugnet hast, mich zu kennen.

Johannes 13,36–38
[18,1; 16,32]

18,1 (Nr. 330, S. 322)

1 Als Jesus dies gesagt hatte, ging er mit seinen Jüngern hinaus, auf die andere Seite des Baches Kidron, wo ein Garten war; in den gingen er und seine Jünger.

16,32 (Nr. 328, S. 320)

32 Siehe, die Stunde kommt, ja sie ist gekommen, da ihr zerstreut werdet, jeder in seine Heimat, und ihr mich allein lasst. Und doch bin ich nicht allein, denn der Vater ist bei mir.

13,36–38

36 Simon Petrus sagt zu ihm: Herr, wohin gehst du? Jesus antwortete ihm: Da, wo ich hingehe, kannst du mir jetzt nicht folgen; du wirst mir aber später folgen.
37 Petrus sagt zu ihm: Herr, warum kann ich dir nicht jetzt folgen? Mein Leben will ich für dich hingeben.
38 Jesus antwortet: Dein Leben willst du für mich hingeben?
Amen, amen, ich sage dir: Der Hahn wird nicht krähen, bis du mich dreimal verleugnet hast.

▼ (Nr. 317 — 14,1–14 — S. 311)

21,15–17 (Nr. 367, S. 361)

316　　　　　　　DIE ENTSCHEIDENDE STUNDE

[Matthäus]　　　　　　　　　*[Markus]*

2　　Abschiedsreden Jesu (nach Johannes)

317　　　　　　　DER HINGANG ZUM VATER

[Matthäus]　　　　　　　　　*[Markus]*

Lukas 22,35–38

35 Und er sprach zu ihnen: Als ich euch aussandte ohne Geldbeutel und Sack und Schuhe, hat es euch da an etwas gefehlt? Sie sagten: An nichts. 36 Er sprach zu ihnen: Aber jetzt – wer einen Geldbeutel hat, nehme ihn mit, wer einen Sack hat, desgleichen. Und wer nichts hat, verkaufe seinen Mantel und kaufe ein Schwert. 37 Denn ich sage euch: Dieses Schriftwort muss an mir erfüllt werden: «Und zu den Gesetzlosen wurde er gerechnet.» Aber auch das, was mir widerfährt, hat ein Ende. 38 Sie aber sagten: Herr, siehe, hier sind zwei Schwerter! Er aber sprach zu ihnen: Das ist genug!

▼ (Nr. 330 — 22,39–46 — S. 322)

37: Jes 53,12

[Johannes]

[Lukas]

Johannes 14,1–14

▲ (Nr. 315 — 13,36–38 — S. 310)

1 Euer Herz erschrecke nicht! Glaubt an Gott und glaubt an mich! 2 Im Hause meines Vaters sind viele Wohnungen; wäre es aber nicht so, hätte ich euch dann gesagt: Ich gehe, um euch eine Stätte zu bereiten? 3 Und wenn ich gegangen bin und euch eine Stätte bereitet habe, komme ich wieder und werde euch zu mir nehmen, damit auch ihr dort seid, wo ich bin. 4 Und wohin ich gehe, dorthin wisst ihr den Weg. 5 Thomas sagt zu ihm: Herr, wir wissen nicht, wohin du gehst. Wie können wir den Weg wissen? 6 Jesus spricht zu ihm: Ich bin der Weg und die Wahrheit und das Leben; niemand kommt zum Vater ausser durch mich. 7 Wenn ihr mich erkannt habt, werdet ihr auch meinen Vater erkennen. Von jetzt an erkennt ihr ihn, und ihr habt ihn gesehen. 8 Philippus sagt zu ihm: Herr, zei-

_____   _____
_____   _____
_____   _____
_____   _____
_____   _____
_____   _____
_____   _____
_____   _____
_____   _____
_____   _____
_____   _____
_____   _____
_____   _____
_____   _____
_____   _____
_____   _____
_____   _____
_____   _____
_____   _____
_____   _____
_____   _____
_____   _____

ThEv 43: Seine Jünger sagten zu ihm: Wer bist du, der du uns das sagst?
<Jesus sagte zu ihnen:> Von dem, was ich euch sage, wisst ihr nicht, wer ich
bin? Doch ihr seid wie die Juden geworden; denn sie lieben den Baum (und)
hassen seine Frucht, und sie lieben die Frucht (und) hassen den Baum.

318   DIE VERHEISSUNG DES PARAKLETEN

[Matthäus]   [Markus]

_____   _____
_____   _____
_____   _____
_____   _____
_____   _____
_____   _____
_____   _____
_____   _____
_____   _____
_____   _____
_____   _____
_____   _____

ge uns den Vater, und es ist uns genug.
9 Jesus spricht zu ihm: So lange bin ich
schon bei euch, und du hast mich nicht
erkannt, Philippus? Wer mich gesehen
hat, hat den Vater gesehen. Wie kannst
du sagen: Zeige uns den Vater?
10 Glaubst du etwa nicht, dass ich im
Vater bin und der Vater in mir ist? Die
Worte, die ich euch sage, rede ich nicht
von mir aus; aber der Vater, der in mir
bleibt, vollbringt seine Werke.
11 Glaubt mir, dass ich im Vater bin und
der Vater in mir ist; wenn nicht, so
glaubt doch um der Werke willen.
12 Amen, amen, ich sage euch: Wer an
mich glaubt, der wird die Werke, die
ich tue, auch tun; und noch grössere als
diese wird er tun; denn ich gehe zum
Vater. 13 Und was ihr in meinem Namen erbitten werdet, das werde ich
tun, damit der Vater durch den Sohn
verherrlicht werde. 14 Wenn ihr mich
in meinem Namen um etwas bitten
werdet, ich werde es tun.

[Lukas]

Johannes 14,15–26

[15,26–27; 16,5–15]

15 Wenn ihr mich liebt, werdet ihr
meine Gebote halten. 16 Und ich werde
den Vater bitten, und er wird euch einen anderen Fürsprecher geben, damit
der bei euch sei in Ewigkeit: 17 den
Geist der Wahrheit, den die Welt nicht
anzunehmen vermag, weil sie ihn
nicht sieht und nicht erkennt; ihr erkennt ihn, weil er bei euch bleibt und
in euch sein wird. 18 Ich werde euch
nicht als Waisen zurücklassen, ich
komme zu euch. 19 Eine kurze Zeit
noch, und die Welt sieht mich nicht

mehr. Ihr aber seht mich, weil ich lebe und ihr leben werdet. 20 An jenem Tag werdet ihr erkennen, dass ich in meinem Vater bin und ihr in mir und ich in euch. 21 Wer meine Gebote hat und sie hält, der ist es, der mich liebt. Wer mich aber liebt, wird von meinem Vater geliebt werden, und ich werde ihn lieben und mich ihm offenbaren. 22 Judas – nicht der Iskariot – sagt zu ihm: Herr, und wie kommt es, dass du dich uns offenbaren willst und der Welt nicht? 23 Jesus antwortete ihm: Wenn mich jemand liebt, wird er mein Wort halten, und mein Vater wird ihn lieben, und wir werden zu ihm kommen und Wohnung bei ihm nehmen. 24 Wer mich nicht liebt, hält meine Worte nicht. Und das Wort, das ihr hört, ist nicht meines, sondern das des Vaters, der mich gesandt hat. 25 Dies habe ich zu euch geredet, solange ich bei euch geblieben bin. 26 Der Fürsprecher aber, der Heilige Geist, den der Vater in meinem Namen senden wird, er wird euch alles lehren und euch an alles erinnern, was ich euch gesagt habe.

15,26–27 (Nr. 323, S. 317)

26 Wenn der Fürsprecher kommt, den ich euch vom Vater her senden werde, der Geist der Wahrheit, der vom Vater ausgeht, wird der Zeugnis ablegen über mich. 27 Und auch ihr legt Zeugnis ab, weil ihr von Anfang an bei mir seid.

16,5–15 (Nr. 325, S. 318)

5 Jetzt aber gehe ich hin zu ihm, der mich gesandt hat. Und niemand von euch fragt mich: Wohin gehst du? 6 Sondern weil ich dies zu euch geredet habe, hat die Trauer euer Herz erfüllt. 7 Aber ich sage euch die Wahrheit: Es ist gut für euch, dass ich weggehe. Denn wenn ich nicht weggehe, wird der Fürsprecher nicht zu euch kommen; wenn ich aber gehe, werde ich ihn zu euch senden. 8 Und wenn jener kommt, wird er die Welt überführen und aufdecken, was Sünde, Gerechtigkeit und Gericht ist; 9 Sünde, dass sie nicht an mich glauben, 10 Gerechtigkeit, dass ich zum Vater gehe und ihr

_____   _____
_____   _____
_____   _____
_____   _____
_____   _____
_____   _____
_____   _____
_____   _____
_____   _____
_____   _____
_____   _____
_____   _____

10,19–20 (Nr. 100, S. 96)   13,11 (Nr. 289, S. 280)

1.Joh 2,1–2: 1 Meine Kinder, dies schreibe ich euch, damit ihr nicht sündigt.
Und wenn jemand sündigt, haben wir einen Beistand beim Vater, Jesus
Christus, den Gerechten. 2 Und er ist das Sühnopfer für unsre Sünden, aber
nicht nur für die unsern, sondern auch für die der ganzen Welt.

319   JESU FRIEDEN

[Matthäus]   [Markus]

_____   _____
_____   _____
_____   _____
_____   _____
_____   _____
_____   _____
_____   _____
_____   _____
_____   _____
_____   _____
_____   _____
_____   _____
_____   _____
_____   _____
_____   _____
_____   _____
_____   _____

mich nicht mehr seht, 11 Gericht, dass der
Fürst dieser Welt gerichtet ist. 12 Noch vieles
habe ich euch zu sagen, doch ihr könnt es
jetzt nicht ertragen. 13 Wenn aber jener
kommt, der Geist der Wahrheit, wird er
euch leiten in der ganzen Wahrheit; denn er
wird nicht aus sich selbst reden, sondern
wird reden, was er hört, und wird euch
kundtun, was kommen wird. 14 Jener wird
mich verherrlichen, denn aus dem Meinen
wird er empfangen und euch kundtun.
15 Alles, was der Vater hat, ist mein. Deshalb habe ich gesagt, dass er aus dem Meinen empfängt und euch kundtun wird.

12,11–12 (Nr. 198, S. 192)
21,14–15 (Nr. 289, S. 280)

[Lukas]

Johannes 14,27–31

27 Frieden lasse ich euch zurück, meinen Frieden gebe ich euch. Nicht wie
die Welt gibt, gebe ich ihn euch. Euer
Herz erschrecke nicht und verzage
nicht! 28 Ihr habt gehört, dass ich euch
gesagt habe: Ich gehe weg, und ich
komme zu euch. Würdet ihr mich lieben, würdet ihr euch freuen, dass ich
zum Vater gehe, denn der Vater ist
grösser als ich. 29 Und das habe ich
euch jetzt gesagt, bevor es geschieht,
damit ihr glaubt, wenn es dann geschieht. 30 Ich werde nicht mehr vieles
mit euch reden, denn es kommt der
Fürst der Welt. Und über mich hat er
keine Macht, 31 sondern es geschieht,
damit die Welt erkennt, dass ich den
Vater liebe und tue, wie mir der Vater
geboten hat. Steht auf, lasst uns von
hier aufbrechen!

320   DER WAHRE WEINSTOCK

[Matthäus]   [Markus]

ThEv 40: Jesus sagte: Ein Weinstock ist gepflanzt worden ausserhalb des Vaters; und da er nicht befestigt ist, wird er ausgerissen werden mit seiner
Wurzel, (und) er wird verderben.

321   VOM BLEIBEN IN DER LIEBE

[Matthäus]   [Markus]

[Lukas]

Johannes 15,1–8

1 Ich bin der wahre Weinstock, und mein Vater ist der Weinbauer. 2 Jede Rebe an mir, die nicht Frucht bringt, nimmt er weg, und jede, die Frucht bringt, die reinigt er, damit sie mehr Frucht bringt. 3 Ihr seid schon rein um des Wortes willen, das ich zu euch geredet habe. 4 Bleibt in mir, und ich bleibe in euch. Wie die Rebe von sich aus nicht Frucht bringen kann, wenn sie nicht am Weinstock bleibt, so könnt auch ihr es nicht, wenn ihr nicht in mir bleibt. 5 Ich bin der Weinstock, ihr seid die Reben. Wer in mir bleibt und ich in ihm, der bringt viel Frucht, denn ohne mich könnt ihr nichts tun. 6 Wenn jemand nicht in mir bleibt, wird er weggeworfen wie die Rebe und verdorrt; man sammelt sie und wirft sie ins Feuer, und sie verbrennen. 7 Wenn ihr in mir bleibt und meine Worte in euch bleiben, dann bittet, um was ihr wollt, und es wird euch zuteil werden. 8 Dadurch wird mein Vater verherrlicht, dass ihr viel Frucht bringt und meine Jünger werdet.

[Lukas]

Johannes 15,9–17

9 Wie mich der Vater geliebt hat, so habe auch ich euch geliebt. Bleibt in meiner Liebe! 10 Wenn ihr meine Gebote haltet, werdet ihr in meiner Liebe bleiben, so wie ich die Gebote meines Vaters gehalten habe und in seiner Liebe

12,50 *(Nr. 121, S. 116)*

3,35 *(Nr. 121, S. 116)*

322   DER HASS DER WELT

[Matthäus]

[Markus]

bleibe. 11 Dies habe ich zu euch geredet, damit meine Freude in euch sei
und eure Freude vollkommen werde.
12 Das ist mein Gebot, dass ihr einander liebt, wie ich euch geliebt habe.
13 Niemand hat grössere Liebe als die,
dass einer sein Leben hingibt für seine
Freunde. 14 Ihr seid meine Freunde,
wenn ihr tut, was ich euch gebiete.
15 Ich nenne euch nicht mehr Knechte,
denn der Knecht weiss nicht, was sein
Herr tut. Euch aber habe ich Freunde
genannt, weil ich euch alles kundgetan
habe, was ich von meinem Vater gehört
habe. 16 Nicht ihr habt mich erwählt,
sondern ich habe euch erwählt und dazu bestimmt, dass ihr hingeht und
Frucht bringt und dass eure Frucht
bleibt, damit euch der Vater gibt, um
was ihr ihn in meinem Namen bittet.
17 Dies gebiete ich euch, dass ihr einander liebt.

8,21b (Nr. 135, S. 127)

[Lukas]

Johannes 15,18–25

18 Wenn euch die Welt hasst, so bedenkt, dass sie mich vor euch gehasst
hat. 19 Wäret ihr aus der Welt, würde
die Welt das ihr Eigene lieben. Da ihr
aber nicht aus der Welt seid, sondern
ich euch aus der Welt heraus erwählt
habe, deshalb hasst euch die Welt.
20 Erinnert euch an das Wort, das ich
zu euch gesagt habe: Ein Knecht ist
nicht grösser als sein Herr. Haben sie
mich verfolgt, so werden sie auch euch
verfolgen. Haben sie mein Wort gehalten, so werden sie auch das eure halten.
21 Aber dies alles werden sie euch antun um meines Namens willen, weil
sie den nicht kennen, der mich gesandt
hat. 22 Wäre ich nicht gekommen und
hätte nicht zu ihnen geredet, so hätten
sie keine Sünde. Jetzt aber haben sie

10,24–25 (Nr. 100, S. 96)

323   DER BEISTAND DES PARAKLETEN
(vgl. Nr. 318)

[Matthäus]   [Markus]

324   VON VERFOLGUNGEN

[Matthäus]   [Markus]

10,17–18 (Nr. 100, S. 96)   13,9 (Nr. 289, S. 280)
24,9 (Nr. 289, S. 280)   13,12–13 (Nr. 289, S. 280)
10,21–22 (Nr. 100, S. 96)

keine Ausrede für ihre Sünde. 23 Wer
mich hasst, hasst auch meinen Vater.
24 Wenn ich unter ihnen nicht die
Werke getan hätte, die kein anderer getan hat, so hätten sie keine Sünde. Jetzt
aber haben sie gesehen und haben
mich und meinen Vater doch gehasst.
25 Aber das Wort muss erfüllt werden,
das in ihrem Gesetz geschrieben steht:
«Sie haben mich ohne Grund gehasst.»

25: Ps 35,19; 69,5

6,40 (Nr. 81, S. 74)

13,16 (Nr. 309, S. 303)

[Lukas]

Johannes 15,26–27

26 Wenn der Fürsprecher kommt, den
ich euch vom Vater her senden werde,
der Geist der Wahrheit, der vom Vater
ausgeht, wird der Zeugnis ablegen über
mich. 27 Und auch ihr legt Zeugnis ab,
weil ihr von Anfang an bei mir seid.

[Lukas]

Johannes 16,1–4

1 Dies habe ich zu euch geredet, damit
ihr nicht zu Fall kommt. 2 Sie werden
euch aus der Synagoge ausschliessen;
es kommt jedoch die Stunde, da jeder,
der euch tötet, Gott einen Dienst zu erweisen meint. 3 Und dies werden sie
tun, weil sie weder den Vater noch
mich erkannt haben. 4 Aber dies habe
ich zu euch geredet, damit ihr, wenn
dafür die Stunde kommt, euch daran
erinnert, dass ich es euch gesagt habe.
Dies habe ich euch aber nicht von Anfang an gesagt, weil ich ja bei euch war.

21,12 (Nr. 289, S. 280)
21,16–17 (Nr. 289, S. 280)

325   DER GEIST ALS BEISTAND
                           (vgl. Nr. 318)

[Matthäus]   [Markus]

326   ABSCHIED UND WIEDERSEHEN

[Matthäus]   [Markus]

[Lukas]	Johannes 16,5–15
	5 Jetzt aber gehe ich hin zu ihm, der mich gesandt hat. Und niemand von euch fragt mich: Wohin gehst du? 6 Sondern weil ich dies zu euch geredet habe, hat die Trauer euer Herz erfüllt. 7 Aber ich sage euch die Wahrheit: Es ist gut für euch, dass ich weggehe. Denn wenn ich nicht weggehe, wird der Fürsprecher nicht zu euch kommen; wenn ich aber gehe, werde ich ihn zu euch senden. 8 Und wenn jener kommt, wird er die Welt überführen und aufdecken, was Sünde, Gerechtigkeit und Gericht ist; 9 Sünde, dass sie nicht an mich glauben, 10 Gerechtigkeit, dass ich zum Vater gehe und ihr mich nicht mehr seht, 11 Gericht, dass der Fürst dieser Welt gerichtet ist. 12 Noch vieles habe ich euch zu sagen, doch ihr könnt es jetzt nicht ertragen. 13 Wenn aber jener kommt, der Geist der Wahrheit, wird er euch leiten in der ganzen Wahrheit; denn er wird nicht aus sich selbst reden, sondern wird reden, was er hört, und wird euch kundtun, was kommen wird. 14 Jener wird mich verherrlichen, denn aus dem Meinen wird er empfangen und euch kundtun. 15 Alles, was der Vater hat, ist mein. Deshalb habe ich gesagt, dass er aus dem Meinen empfängt und euch kundtun wird.

[Lukas]	Johannes 16,16–22
	16 Nur eine Weile, und ihr seht mich nicht mehr; und wiederum eine Weile, und ihr werdet mich sehen. 17 Da sag-

327 DAS GEBET IM NAMEN JESU

[Matthäus]

[Markus]

ten einige seiner Jünger zueinander:
Was bedeutet das, was er zu uns sagt:
Nur eine Weile, und ihr seht mich
nicht; und wiederum eine Weile, und
ihr werdet mich sehen? Und: Ich gehe
zum Vater? 18 Sie sagten also: Was bedeutet das, was er sagt: Nur eine Weile?
Wir wissen nicht, wovon er redet.
19 Jesus merkte, dass sie ihn fragen
wollten, und sprach zu ihnen: Darüber
verhandelt ihr miteinander, dass ich
gesagt habe: Nur eine Weile, und ihr
seht mich nicht; und wiederum eine
Weile, und ihr werdet mich sehen?
20 Amen, amen, ich sage euch: Ihr werdet weinen und klagen, die Welt aber
wird sich freuen. Ihr werdet traurig
sein, aber eure Trauer wird zur Freude
werden. 21 Wenn eine Frau gebiert, leidet sie Schmerzen, weil ihre Stunde gekommen ist. Wenn sie aber das Kind
geboren hat, denkt sie nicht mehr an
die Not vor Freude, dass ein Mensch in
die Welt hinein geboren wurde. 22 So
habt auch ihr jetzt Trauer; aber ich werde euch wiedersehen, und euer Herz
wird sich freuen, und eure Freude
nimmt euch niemand weg.

[Lukas]

Johannes 16,23–28

23 Und an jenem Tag werdet ihr mich
nichts fragen. Amen, amen, ich sage
euch: Wenn ihr den Vater in meinem
Namen um etwas bitten werdet, wird
er es euch geben. 24 Bis jetzt habt ihr
nie um etwas in meinem Namen gebeten. Bittet, und ihr werdet empfangen,
damit eure Freude vollkommen sei.
25 Dies habe ich in Rätseln zu euch geredet. Die Stunde kommt, da ich nicht
mehr in Rätseln zu euch reden werde,
sondern euch offen über den Vater
Kunde geben werde. 26 An jenem Tag
werdet ihr in meinem Namen bitten,

328   ANKÜNDIGUNG DES ABFALLS

[Matthäus]

[Markus]

26,31 (Nr. 315, S. 310)

14,27 (Nr. 315, S. 310)

329   DAS ABSCHIEDSGEBET JESU

[Matthäus]

[Markus]

und ich sage euch nicht, dass ich den Vater für euch fragen werde. 27 Denn er, der Vater, liebt euch, weil ihr mich lieb gewonnen habt und zum Glauben gekommen seid, dass ich von Gott ausgegangen bin. 28 Ich bin vom Vater ausgegangen und in die Welt gekommen; ich verlasse die Welt wieder und gehe zum Vater.

[Lukas]

Johannes 16,29–33

29 Seine Jünger sagen: Siehe, jetzt redest du offen und sprichst nicht mehr im Rätsel. 30 Jetzt wissen wir, dass du alles weisst und es nicht nötig hast, dass dich jemand fragt. Darum glauben wir, dass du von Gott ausgegangen bist. 31 Jesus antwortete ihnen: Jetzt glaubt ihr? 32 Siehe, die Stunde kommt, ja sie ist gekommen, da ihr zerstreut werdet, jeder in seine Heimat, und ihr mich allein lasst. Und doch bin ich nicht allein, denn der Vater ist bei mir. 33 Dies habe ich zu euch geredet, damit ihr Frieden habt in mir. In der Welt habt ihr Angst; aber seid getrost, ich habe die Welt überwunden.

[Lukas]

Johannes 17,1–26

1 Dies redete Jesus, und er erhob seine Augen zum Himmel und sprach: Vater, die Stunde ist gekommen, verherrliche deinen Sohn, damit der Sohn dich verherrliche. 2 Denn du hast ihm Macht gegeben über alles Lebendige, damit er alles, was du ihm gegeben hast, ihnen gebe, ewiges Leben. 3 Das aber ist das ewige Leben: dass sie dich, den einzig

wahren Gott, erkennen und den, den du gesandt hast, Jesus Christus. 4 Ich habe dich auf der Erde verherrlicht, indem ich das Werk vollendet habe, das zu tun du mir gegeben hast. 5 Und nun, Vater, verherrliche du mich bei dir mit der Herrlichkeit, die ich bei dir hatte, ehe die Welt war. 6 Ich habe deinen Namen den Menschen geoffenbart, die du mir aus der Welt gegeben hast. Sie waren dein, und mir hast du sie gegeben, und sie haben dein Wort bewahrt. 7 Jetzt haben sie erkannt, dass alles, was du mir gegeben hast, von dir kommt. 8 Denn die Worte, die du mir gegeben hast, habe ich ihnen gegeben, und sie haben sie angenommen und haben wahrhaftig erkannt, dass ich von dir ausgegangen bin, und sie sind zu dem Glauben gekommen, dass du mich gesandt hast. 9 Ich bitte für sie; nicht für die Welt bitte ich, sondern für die, die du mir gegeben hast, denn sie sind dein. 10 Und alles, was mein ist, ist dein, und was dein ist, ist mein, und darin bin ich verherrlicht. 11 Und ich bin nicht mehr in der Welt, und sie sind in der Welt, und ich komme zu dir. Heiliger Vater, bewahre sie in deinem Namen, den du mir gegeben hast, damit sie eins seien wie wir. 12 Als ich bei ihnen war, habe ich sie in deinem Namen bewahrt, den du mir gegeben hast, und sie behütet, und keiner von ihnen ging verloren ausser dem Sohn der Verlorenheit, damit die Schrift erfüllt werde. 13 Jetzt aber komme ich zu dir, und dies rede ich in der Welt, damit sie meine Freude vollkommen in sich haben. 14 Ich habe ihnen dein Wort gegeben, und die Welt hat sie gehasst, weil sie nicht aus der Welt sind, wie auch ich nicht aus der Welt bin. 15 Ich bitte nicht, dass du sie aus der Welt hinwegnimmst, sondern dass du sie vor dem Bösen bewahrst. 16 Sie sind nicht aus der Welt, wie ich nicht aus der Welt bin. 17 Heilige sie in der Wahrheit – dein Wort ist Wahrheit.

---

3   Gefangennahme, Kreuzigung und Begräbnis

330   IN GETSEMANI

Matthäus 26,36–46
[26,30]

26,30 (Nr. 315, S. 310)
30 Und als sie den Lobgesang gesungen
hatten, gingen sie hinaus auf den Ölberg.

Markus 14,32–42
[14,26]

14,26 (Nr. 315, S. 310)
26 Und als sie den Lobgesang gesungen
hatten, gingen sie hinaus auf den Ölberg.

---

18 Wie du mich in die Welt gesandt
hast, so habe auch ich sie in die Welt
gesandt. 19 Und ich heilige mich für
sie, damit auch sie geheiligt seien in
Wahrheit. 20 Doch nicht nur für diese
bitte ich, sondern auch für die, welche
durch ihr Wort an mich glauben,
21 dass sie alle eins seien, so wie du, Vater, in mir bist und ich in dir, damit
auch sie in uns seien, damit die Welt
glaube, dass du mich gesandt hast.
22 Und ich habe ihnen die Herrlichkeit
gegeben, die du mir gegeben hast, damit sie eins seien, so wie wir eins sind:
23 ich in ihnen und du in mir, damit sie
vollendet seien in der Einheit, damit
die Welt erkenne, dass du mich gesandt und sie geliebt hast, so wie du
mich geliebt hast. 24 Vater, was du mir
gegeben hast, will ich, dass da, wo ich
bin, auch jene bei mir seien, damit sie
meine Herrlichkeit schauen, die du mir
gegeben hast; denn du hast mich geliebt vor Grundlegung der Welt.
25 Und die Welt, gerechter Vater, hat
dich nicht erkannt, ich aber habe dich
erkannt, und diese haben erkannt, dass
du mich gesandt hast. 26 Und ich habe
ihnen deinen Namen kundgetan und
werde ihn kundtun, damit die Liebe,
mit der du mich geliebt hast, in ihnen
sei und ich in ihnen.

Lukas 22,39–46

Johannes 18,1
[12,27; 14,31]

18,1
1 Als Jesus dies gesagt hatte, ging er mit
seinen Jüngern hinaus, auf die andere
Seite des Baches Kidron, wo ein Garten
war;

▲ *(Nr. 315 — 26,30–35 — S. 310)*

▲ *(Nr. 315 — 14,26–31 — S. 310)*

26,36–46

14,32–42

36 Da kommt Jesus mit ihnen an einen Ort namens Getsemani

32 Und sie kommen an einen Ort, der Getsemani heisst.

und spricht zu den Jüngern: Setzt euch hier, bis ich weggegangen bin und dort gebetet habe.
37 Und er nahm Petrus und die zwei Söhne des Zebedäus mit sich, und er begann traurig und mutlos zu werden.
38 Dann sagt er zu ihnen: «Meine Seele ist» zu Tode «betrübt,» bleibt hier und wacht mit mir.
39 Und er ging ein wenig weiter, fiel auf sein Angesicht und betete:

Und er spricht zu seinen Jüngern: Setzt euch hier, bis ich gebetet habe.

33 Und er nimmt Petrus und Jakobus und Johannes mit sich, und er begann zu zittern und zu zagen. 34 Und er spricht zu ihnen: «Meine Seele ist» zu Tode «betrübt,» bleibt hier und wacht!

35 Und er ging ein wenig weiter, fiel zur Erde nieder und betete, dass, wenn es möglich sei, die Stunde an ihm vorübergehe. 36 Und er sprach:

Mein Vater, wenn es möglich ist, gehe dieser Kelch an mir vorüber. Doch nicht wie ich will, sondern wie du willst. 40 Und er kommt zu den Jüngern zurück
und findet sie schlafend. Und er spricht zu Petrus:

Abba, Vater, alles ist dir möglich. Lass diesen Kelch an mir vorübergehen! Doch nicht, was ich will, sondern was du willst. 37 Und er kommt zurück
und findet sie schlafend. Und er spricht zu Petrus: Simon, du schläfst?

So konntet ihr also nicht eine Stunde mit mir wachen?
41 Wacht und betet, dass ihr nicht in Versuchung kommt!
Der Geist ist willig, das Fleisch aber schwach. 42 Wieder ging er weg, ein zweites Mal, und betete: Mein Vater, wenn dieser Kelch nicht an mir vorübergehen kann, ohne dass ich ihn trinke, so geschehe dein Wille.
43 Und er kam wieder zurück und fand sie schlafend, denn die Augen waren ihnen schwer geworden.

Konntest du nicht eine Stunde wachen?
38 Wacht und betet, dass ihr nicht in Versuchung kommt!
Der Geist ist willig, das Fleisch aber schwach. 39 Und wieder ging er fort und betete mit denselben Worten.

40 Und wieder kam er zurück und fand sie schlafend, denn die Augen waren ihnen schwer geworden, und sie wussten nicht, was sie ihm antworten sollten.

44 Und er verliess sie, ging wieder weg und betete zum dritten Mal, wieder mit denselben Worten.
45 Dann kommt er zu den Jüngern zurück und spricht zu ihnen: Ihr

41 Und er kommt zum dritten Mal und spricht zu ihnen: Ihr schlaft weiter

▲ *(Nr. 316 — 22,35–38 — S. 311)*

39 Und er ging hinaus und begab sich
auf den Ölberg, wie es seine Gewohnheit war, und auch die Jünger folgten
ihm. 40 Als er aber dort angelangt war,
sprach er zu ihnen:
Betet, dass ihr nicht in Versuchung
kommt!

in den gingen er und seine Jünger.

---

41 Und er selbst entfernte sich etwa einen Steinwurf weit von ihnen, kniete
nieder und betete:

12,27 (Nr. 302, S. 295)

27 Jetzt «ist meine Seele erregt.» Und
was soll ich sagen?

---

42 Vater, wenn du willst, lass diesen
Kelch an mir vorübergehen. Doch nicht
mein Wille, sondern der deine geschehe. 45 Und er stand auf vom Gebet,
ging zu den Jüngern
und fand sie eingeschlafen vor Traurig-
keit. 46 Und er sprach zu ihnen: Was
schlaft ihr?

Steht auf und betet, dass ihr nicht in
Versuchung kommt!

Vater, «rette mich» aus dieser Stunde?
Aber darum bin ich in diese Stunde gekommen.

schlaft weiter und ruht euch aus! Siehe, nahe gekommen ist die Stunde, da der Menschensohn in die Hände von Sündern ausgeliefert wird. 46 Steht auf, lasst uns gehen! Siehe, nahe gekommen ist, der mich verrät.

38: Ps 42,6 . 12

und ruht euch aus! Genug, die Stunde ist gekommen, siehe, der Menschensohn wird in die Hände der Sünder ausgeliefert. 42 Steht auf, lasst uns gehen! Siehe, der mich verrät, ist nahe gekommen.

34: Ps 42,6 . 12

Hebr 5,7: Und er hat in den Tagen seines Fleisches Gebete und flehentliche Bitten mit starkem Geschrei und Tränen vor den gebracht, der ihn vom Tod erretten konnte, und er ist erhört [und befreit] worden aus seiner Angst.

331   DIE GEFANGENNAHME

Matthäus 26,47–56

Markus 14,43–52

47 Und während er noch redete, siehe, da kam Judas, einer von den Zwölfen, und mit ihm eine grosse Schar

43 Und sogleich, noch während er redet, kommt Judas herzu, einer von den Zwölfen, und mit ihm eine Schar

mit Schwertern und Knüppeln, von den Hohepriestern und den Ältesten des Volkes.
48 Der ihn aber verriet, hatte mit ihnen ein Zeichen verabredet: Den ich küssen werde, der ist es. Den nehmt fest!
49 Und sogleich ging er auf Jesus zu und sagte: Sei gegrüsst, Rabbi, und küsste ihn. 50 Jesus aber sprach zu ihm: Freund, dazu bist du da!

mit Schwertern und Knüppeln, von den Hohepriestern und Schriftgelehrten und Ältesten.
44 Der ihn aber verriet, hatte mit ihnen ein Zeichen verabredet: Den ich küssen werde, der ist es. Den nehmt fest und führt ihn sicher ab.
45 Und er kommt und geht sogleich auf ihn zu und sagt: Rabbi!, und küsste ihn.

Da traten sie herzu, legten Hand an Jesus und nahmen ihn fest.

46 Sie aber legten Hand an ihn und nahmen ihn fest.

14,31 (Nr. 319, S. 314)
31 sondern es geschieht, damit die Welt er-
kennt, dass ich den Vater liebe und tue, wie
mir der Vater geboten hat. Steht auf, lasst
uns von hier aufbrechen!

27: Ps 6,4–5

42: Verschiedene Handschriften fügen hier ein: «43 Da erschien ihm ein Engel vom Himmel und stärkte ihn. 44 Und er geriet in Todesangst und betete inständiger, und sein Schweiss tropfte wie Blut zur Erde.»

Lukas 22,47–53

Johannes 18,2–12
[18,36; 18,20]

2 Aber auch Judas, der ihn verriet, kannte den Ort, denn Jesus war dort mit seinen Jüngern oft zusammengekommen.

47 Während er noch redete, siehe, da kam eine Schar, und der, welcher Judas hiess, einer von den Zwölfen, ging ihnen voran

3 Judas nun nimmt die Kohorte mit und Diener von den Hohepriestern und Pharisäern und kommt dorthin

mit Fackeln und Lampen und Waffen.

und ging auf Jesus zu,

um ihn zu küssen. 48 Da sprach Jesus zu ihm: Judas, mit einem Kuss verrätst du den Menschensohn?

4 Da nun Jesus alles wusste, was auf ihn zukommen würde, ging er hinaus, und er spricht zu ihnen: Wen sucht ihr? 5 Sie antworteten ihm: Jesus von Nazaret. Er spricht zu ihnen: Ich bin es! Aber auch Judas, der ihn verriet, stand bei ihnen. 6 Als er nun zu ihnen sprach: Ich bin es!, wichen sie zurück und fielen nieder zur Erde. 7 Da fragte er sie wieder: Wen sucht ihr? Und sie sagten: Jesus von Nazaret. 8 Jesus ant-

51 Und siehe, einer von denen, die mit Jesus waren, streckte seine Hand aus und zog sein Schwert,
schlug nach dem Knecht des Hohepriesters und hieb ihm das Ohr ab.

52 Da spricht Jesus zu ihm: Steck dein Schwert an seinen Ort zurück! Denn alle, die zum Schwert greifen, werden durch das Schwert umkommen.
53 Oder meinst du, ich könnte meinen Vater nicht bitten und er würde mir nicht sogleich mehr als zwölf Legionen Engel zur Seite stellen? 54 Wie würden dann die Schriften erfüllt, nach denen es so geschehen muss?
55 Zu der Stunde sprach Jesus zu den Leuten:

Wie gegen einen Räuber seid ihr ausgezogen, mit Schwertern und Knüppeln, mich zu fangen?
Tag für Tag sass ich im Tempel und lehrte, und ihr habt mich nicht festgenommen.

56 Das Ganze aber ist geschehen, damit sich die Schriften der Propheten erfüllen. Dann verliessen ihn die Jünger alle und flohen.

47 Doch einer von denen, die dabeistanden,
zog das Schwert,
schlug nach dem Knecht des Hohepriesters und hieb ihm das Ohr ab.

48 Da sprach Jesus zu ihnen:

Wie gegen einen Räuber seid ihr ausgezogen, mit Schwertern und Knüppeln, mich zu fangen?
49 Tag für Tag war ich bei euch im Tempel und lehrte, und ihr habt mich nicht festgenommen.

Aber die Schriften sollen erfüllt werden. 50 Da verliessen ihn alle und flohen. 51 Ein junger Mann folgte ihm nach, bekleidet mit einem leinenen Tuch auf blossem Leib, und sie greifen nach ihm. 52 Er aber liess das Tuch fahren und floh nackt.

wortete: Ich habe euch gesagt, dass ich es bin. Wenn ihr also mich sucht, so lasst diese gehen. 9 Damit das Wort erfüllt werde, das er gesprochen hat: Von denen, die du mir gegeben hast, habe ich keinen verloren.

49 Als aber seine Begleiter sahen, was da geschehen sollte, sagten sie: Herr, sollen wir mit dem Schwert dreinschlagen?
50 Und einer von ihnen

10 Simon Petrus nun hatte ein Schwert

und zog es

schlug nach dem Knecht des Hohepriesters und hieb ihm das rechte Ohr ab.
51 Jesus aber entgegnete:

und schlug damit nach dem Knecht des Hohepriesters und hieb ihm das rechte Ohr ab. Der Knecht aber hiess Malchus.
11 Da sprach Jesus zu Petrus: Stecke das Schwert in die Scheide!

Lasst das! Nicht weiter!

Den Kelch, den mir mein Vater gegeben hat, soll ich ihn etwa nicht trinken?

18,36 (Nr. 336, S. 332)

36 Jesus antwortete: Mein Reich ist nicht von dieser Welt. Wäre mein Reich von dieser Welt, würden meine Diener kämpfen, dass ich nicht an die Juden ausgeliefert würde. Nun aber ist mein Reich nicht von hier.

Und er rührte das Ohr an und heilte ihn.
52 Da sprach Jesus zu den Hohepriestern und zu den Hauptleuten der Tempelwache und zu den Ältesten, die zu ihm gekommen waren:
Wie gegen einen Räuber seid ihr ausgezogen, mit Schwertern und Knüppeln?

18,20 (Nr. 332, S. 326)

20 Jesus antwortete ihm: Ich habe öffentlich zur Welt geredet und habe allezeit in der Synagoge und im Tempel gelehrt, wo alle Juden sich versammeln, und ich habe nichts im Geheimen geredet.

53 Tag für Tag war ich bei euch im Tempel, und ihr habt nicht Hand an mich gelegt; aber das ist eure Stunde, und darin besteht die Macht der Finsternis.

18,12

12 Die Kohorte nun und der Anführer und die Diener der Juden nahmen Jesus fest und fesselten ihn

17,12 (Nr. 329, S. 320)

Offb 13,10: 10 «Wenn jemand in Gefangenschaft [führt], geht er [selbst] in Gefangenschaft»; wenn jemand mit dem Schwert töten wird, muss er [selbst] mit dem Schwert getötet werden. Hier ist die Standhaftigkeit und der Glaube der Heiligen [vonnöten].

332   VERHÖR VOR DEM HOHEN RAT

Matthäus 26,57–68
[26,69–75; 26,67–68; 27,1–2; 26,55b]

Markus 14,53–65
[14,66–72; 14,65; 15,1; 14,49]

57 Die aber, die Jesus festgenommen hatten, führten ihn vor den Hohepriester Kajafas, wo die Schriftgelehrten und die Ältesten sich versammelt hatten.

53 Und sie führten Jesus vor den Hohepriester. Und es kommen alle Hohepriester, Ältesten und Schriftgelehrten zusammen.

58 Petrus aber folgte ihm von ferne

54 Petrus war ihm von ferne gefolgt

bis zum Palast des Hohepriesters; und er ging hinein

bis hinein in den Palast des Hohepriesters,

und setzte sich zu den Knechten, um zu sehen, wie es enden würde.

und er sass mit den Knechten zusammen und wärmte sich am Feuer.

26,69–75 (Nr. 333, S. 329)
69 Petrus aber sass draussen im Hof. Und eine Magd trat zu ihm

14,66–72 (Nr. 333, S. 329)
66 Während nun Petrus unten im Hof ist, kommt eine von den Mägden des Hohepriesters. 67 Und als sie Petrus sieht, wie er sich wärmt, schaut sie ihn an

und sagte: Auch du warst mit Jesus, dem Galiläer.
70 Er aber leugnete vor allen und sagte: Ich weiss nicht, wovon du redest! 71 Als er aber in die Torhalle hinausging,

und sagt zu ihm: Auch du warst mit dem Nazarener, mit Jesus.
68 Er aber leugnete und sagte: Ich weiss nicht und verstehe nicht, wovon du redest. Und er ging hinaus in den Vorhof, und der Hahn krähte.
69 Als aber die Magd ihn sah, fing sie wieder an und sagte zu denen, die dabeistanden: Der ist einer von ihnen.

sah ihn eine andere
und sagt zu denen, die dort waren: Dieser war mit Jesus, dem Nazarener!

Lukas 22,54–71
[22,53; 19,47; 22,63–65]

54 Und sie nahmen ihn fest, führten ihn ab und brachten ihn in das Haus des Hohepriesters.

Petrus aber folgte von ferne.

55 Und sie hatten mitten im Hof ein Feuer entfacht und hatten sich zusammengesetzt, und Petrus sass in ihrer Mitte.

56 Und eine Magd sah ihn im Schein des Feuers sitzen, und sie schaute ihn genau an
und sagte: Dieser war auch mit ihm.

57 Er aber leugnete und sagte: Ich kenne ihn nicht, Frau!

58 Und kurz darauf sah ihn ein anderer, der sagte: Auch du bist einer von ihnen!

Johannes 18,13–24
[18,25–27; 2,19]

13 und führten ihn zuerst vor Hannas. Denn der war der Schwiegervater des Kajafas, der in jenem Jahr Hohepriester war. 14 Kajafas aber war es, der den Juden den Rat gegeben hatte, es sei gut, dass ein Einziger sterbe für das Volk. 15 Simon Petrus aber und ein anderer Jünger folgten Jesus. Jener Jünger war aber mit dem Hohepriester bekannt und war mit Jesus in den Palast des Hohepriesters hineingegangen. 16 Petrus aber stand draussen vor der Tür. Da kam der andere Jünger, der mit dem Hohepriester bekannt war, heraus und redete mit der Türhüterin und führte Petrus hinein. 17 Da sagt die Magd, die Türhüterin, zu Petrus: Bist denn auch du einer von den Jüngern dieses Menschen? Der sagt: Ich bin es nicht. 18 Die Knechte und Diener aber hatten ein Kohlenfeuer gemacht, denn es war kalt, und sie standen da und wärmten sich. Aber auch Petrus stand bei ihnen und wärmte sich.

18,25–27 (Nr. 333, S. 329)
25 Simon Petrus aber stand da und wärmte sich. Da sagten sie zu ihm: Bist nicht auch du einer von seinen Jüngern?

72 Und wieder leugnete er und schwor: Ich kenne den Menschen nicht.
73 Nach einer Weile traten die, welche dastanden, herzu und sagten zu Petrus: Wahrhaftig, auch du bist einer von ihnen, denn schon deine Sprache verrät dich. 74 Da begann er zu fluchen und zu schwören: Ich kenne den Menschen nicht.
Und gleich darauf krähte der Hahn.

70 Er aber leugnete wiederum.

Und nach einer Weile sagten die, welche dabeistanden, noch einmal zu Petrus: Wahrhaftig, du bist einer von ihnen, du bist ja auch ein Galiläer. 71 Da begann er zu fluchen und zu schwören: Ich kenne den Menschen nicht, von dem ihr redet.
72 Und gleich darauf krähte der Hahn zum zweiten Mal.

75 Da erinnerte Petrus sich an das Wort Jesu, der zu ihm gesagt hatte:
Ehe der Hahn kräht, wirst du mich dreimal verleugnen. Und er ging hinaus und weinte bitterlich.

Da erinnerte Petrus sich an das Wort, das Jesus zu ihm gesagt hatte:
Ehe der Hahn zweimal kräht, wirst du mich dreimal verleugnen. Und er brach in Tränen aus.

26,67–68
67 Dann spuckten sie ihm ins Gesicht und schlugen ihn mit den Fäusten, andere aber ohrfeigten ihn
68 und sagten:
Weissage uns, Christus, wer ist es, der dich geschlagen hat?

14,65
65 Und einige fingen an, ihn anzuspucken und ihm das Gesicht zu verhüllen und ihn mit den Fäusten zu schlagen
und zu ihm zu sagen:
Weissage! Und die Knechte nahmen sich seiner mit Schlägen an.

27,1–2 (Nr. 334, S. 330)
1 Als es aber Morgen wurde, fassten alle Hohepriester und die Ältesten des Volkes gegen Jesus den Beschluss, ihn zu töten.
2 Und sie fesselten ihn, führten ihn ab und lieferten ihn an den Statthalter Pilatus aus.
59 Die Hohepriester aber und der ganze Hohe Rat suchten nach einem falschen Zeugnis gegen Jesus, um ihn zu töten; 60 doch sie fanden keines, obwohl viele falsche Zeugen auftraten.

Zuletzt aber traten zwei auf

61 und sprachen:
Dieser hat gesagt: Ich kann den Tempel Gottes niederreissen und in drei Tagen aufbauen.

62 Und der Hohepriester erhob sich und sprach zu ihm:

15,1 (Nr. 334, S. 330)
1 Und gleich am Morgen fassten die Hohepriester mit den Ältesten und Schriftgelehrten, der ganze Hohe Rat, einen Beschluss, fesselten Jesus, führten ihn ab und lieferten ihn an Pilatus aus.
55 Die Hohepriester aber und der ganze Hohe Rat suchten nach einem Zeugnis gegen Jesus, um ihn zu töten, doch sie fanden keines. 56 Denn viele legten falsches Zeugnis ab gegen ihn, doch ihr Zeugnis stimmte nicht überein.
57 Und einige traten auf und legten falsches Zeugnis ab gegen ihn und sprachen: 58 Wir haben ihn sagen hören: Ich werde diesen Tempel, der mit Händen gemacht ist, niederreissen und in drei Tagen einen anderen aufbauen, der nicht mit Händen gemacht ist.
59 Doch auch darin stimmte ihr Zeugnis nicht überein.
60 Und der Hohepriester erhob sich, trat in die Mitte und fragte Jesus:

Petrus aber sprach: Mensch, ich bin es nicht!

Er leugnete und sagte: Ich bin es nicht.

59 Und als ungefähr eine Stunde vergangen war, beharrte ein anderer darauf: Wahrhaftig, dieser war auch mit ihm; denn auch er ist ein Galiläer. 60 Da sprach Petrus: Mensch, ich weiss nicht, wovon du redest.

26 Einer von den Knechten des Hohepriesters, ein Verwandter dessen, dem Petrus das Ohr abgehauen hatte, sagt: Habe ich dich nicht im Garten mit ihm gesehen? 27 Da leugnete Petrus wiederum,

Und im selben Augenblick, während er noch redete, krähte der Hahn. 61 Und der Herr wandte sich um und blickte Petrus an.

und sogleich krähte der Hahn.

Da erinnerte Petrus sich an das Wort des Herrn, wie er zu ihm gesagt hatte: Ehe der Hahn heute kräht, wirst du mich dreimal verleugnen. 62 Und er ging hinaus und weinte bitterlich.

63 Und die Männer, die ihn gefangen hielten, verspotteten und schlugen ihn, 64 verhüllten ihm das Gesicht

und fragten ihn:
Weissage! Wer ist es, der dich geschlagen hat? 65 Und mit noch vielem anderen lästerten sie ihn.

66 Und als es Tag wurde, versammelte sich der Ältestenrat des Volkes – Hohepriester und Schriftgelehrte –, und sie liessen ihn zu sich ins Synhedrium bringen

2,19 (Nr. 25, S. 27)
19 Jesus entgegnete ihnen: Brecht diesen Tempel ab, und in drei Tagen werde ich ihn aufrichten.

Antwortest du nichts auf das, was diese gegen dich bezeugen? 63 Jesus aber schwieg. Und der Hohepriester

sagte zu ihm:

Antwortest du nichts auf das, was diese gegen dich bezeugen? 61 Er aber schwieg und antwortete nichts. Da fragte ihn der Hohepriester noch einmal, und er sagt zu ihm:

26,55b (Nr. 331, S. 324)
55 ...Tag für Tag sass ich im Tempel und lehrte, und ihr habt mich nicht festgenommen.

14,49 (Nr. 331, S. 324)
49 Tag für Tag war ich bei euch im Tempel und lehrte, und ihr habt mich nicht festgenommen.

Aber die Schriften sollen erfüllt werden.

Ich beschwöre dich bei dem lebendigen Gott, uns zu sagen,
ob du der Christus bist, der Sohn Gottes.
64 Da spricht Jesus zu ihm: Du sagst es. Doch ich sage euch: Von nun an werdet ihr «den Menschensohn» sitzen sehen zur Rechten der Macht und «kommen auf den Wolken des Himmels.»

Bist du der Christus, der Sohn des Hochgelobten?
62 Da sprach Jesus: Ich bin es,

und ihr werdet «den Menschensohn» sitzen sehen zur Rechten der Macht und «kommen mit den Wolken des Himmels.»

---

65 Da zerriss der Hohepriester seine Kleider und sagte: Er hat gelästert. Was brauchen wir noch Zeugen? Siehe, jetzt habt ihr die Lästerung gehört!
66 Was meint ihr? Sie antworteten: Er ist des Todes schuldig!

63 Da zerreisst der Hohepriester seine Kleider und sagt:
Was brauchen wir noch Zeugen? 64 Ihr habt die Lästerung gehört. Was meint ihr? Da fällten sie alle das Urteil, er sei des Todes schuldig.

---

67 Dann spuckten sie ihm ins Gesicht

und schlugen ihn mit den Fäusten, andere aber ohrfeigten ihn

65 Und einige fingen an, ihn anzuspucken und ihm das Gesicht zu verhüllen
und ihn mit den Fäusten zu schlagen

67 und sagten:

22,53 (Nr. 331, S. 324)
53 *Tag für Tag war ich bei euch im Tempel,*
und ihr habt nicht Hand an mich gelegt;
aber das ist eure Stunde, und darin besteht
die Macht der Finsternis.

19,47 (Nr. 274, S. 262)
47 *Und er lehrte täglich im Tempel. Die Ho-*
hepriester und Schriftgelehrten aber sowie
die Vornehmen des Volkes suchten ihn um-
zubringen,

Wenn du der Christus bist, sag es uns!
Er aber sprach zu ihnen: Wenn ich zu
euch rede, glaubt ihr nicht. 68 Wenn
ich frage, antwortet ihr nicht.
69 Aber von nun an wird der Menschensohn sitzen zur Rechten der
Macht Gottes. 70 Da sprachen sie alle:
Bist du also der Sohn Gottes? Er aber
sprach zu ihnen: Ihr sagt es, dass ich es
bin.

71 Sie aber sprachen:
Was brauchen wir noch Zeugenaussa-
gen? Wir haben es ja selbst aus seinem
Mund gehört.

▼ (Nr. 334 — 23,1 — S. 330)
22,63–65
63 *Und die Männer, die ihn gefangen hiel-*
ten, verspotteten und schlugen ihn, 64 ver-
hüllten ihm das Gesicht

19 Der Hohepriester befragte nun Jesus
über seine Jünger und über seine Lehre. 20 Jesus antwortete ihm: Ich habe
öffentlich zur Welt geredet und habe
allezeit in der Synagoge und im Tempel
gelehrt, wo alle Juden sich versammeln, und ich habe nichts im Geheimen geredet. 21 Was fragst du mich?
Frage die, welche gehört haben, was ich
zu ihnen geredet habe. Siehe, die wissen, was ich gesagt habe. 22 Als er dies
gesagt hatte, schlug einer von den Dienern, der dabeistand, Jesus ins Gesicht
und sagte: Antwortest du so dem Hohepriester? 23 Jesus antwortete ihm:
Wenn ich falsch geredet habe, so zeige
auf, was daran falsch war; wenn es aber
richtig war, was schlägst du mich?

68 und sagten: Weissage uns, Christus, wer ist es, der dich geschlagen hat?	und zu ihm zu sagen: Weissage! Und die Knechte nahmen sich seiner mit Schlägen an.

64: Dan 7,13   62: Dan 7,13

Apg 6,14: «Denn wir haben ihn sagen hören: Dieser Jesus, der Nazoräer, wird diese Stätte zerstören und die Gebräuche ändern, die uns Mose überliefert hat.

333   DIE VERLEUGNUNG

Matthäus 26,69–75   *Markus 14,66–72*

69 Petrus aber sass draussen im Hof. Und eine Magd trat zu ihm	66 Während nun Petrus unten im Hof ist, kommt eine von den Mägden des Hohepriesters. 67 Und als sie Petrus sieht, wie er sich wärmt, schaut sie ihn an
und sagte: Auch du warst mit Jesus, dem Galiläer.	und sagt zu ihm: Auch du warst mit dem Nazarener, mit Jesus.
70 Er aber leugnete vor allen und sagte: Ich weiss nicht, wovon du redest!	68 Er aber leugnete und sagte: Ich weiss nicht und verstehe nicht, wovon du redest.
71 Als er aber in die Torhalle hinausging,	Und er ging hinaus in den Vorhof, und der Hahn krähte.

und fragten ihn: Weissage! Wer ist es, der dich geschlagen hat? 65 Und mit noch vielem anderen lästerten sie ihn.

24 Da sandte ihn Hannas gefesselt zum Hohepriester Kajafas.

[Lukas 22,56–62]
(Nr. 332, S. 326)

Johannes 18,25–27
[18,15–18]

18,15–18 (Nr. 332, S. 326)
15 Simon Petrus aber und ein anderer Jünger folgten Jesus. Jener Jünger war aber mit dem Hohepriester bekannt und war mit Jesus in den Palast des Hohepriesters hineingegangen. 16 Petrus aber stand draussen vor der Tür. Da kam der andere Jünger, der mit dem Hohepriester bekannt war, heraus und redete mit der Türhüterin und führte Petrus hinein. 17 Da sagt die Magd, die Türhüterin, zu Petrus: Bist denn auch du einer von den Jüngern dieses Menschen? Der sagt: Ich bin es nicht. 18 Die Knechte und Diener aber hatten ein Kohlenfeuer gemacht, denn es war kalt, und sie standen da und wärmten sich. Aber auch Petrus stand bei ihnen und wärmte sich.
18,25–27
25 Simon Petrus aber stand da

56 Und eine Magd sah ihn im Schein des Feuers sitzen, und sie schaute ihn genau an

und wärmte sich.

und sagte: Dieser war auch mit ihm.

Da sagten sie zu ihm: Bist nicht auch du einer von seinen Jüngern?
Er leugnete und sagte: Ich bin es nicht.

57 Er aber leugnete und sagte: Ich kenne ihn nicht, Frau!

26 Einer von den Knechten des Hohe-

sah ihn eine andere und
sagt zu denen, die dort waren: Dieser
war mit Jesus, dem Nazarener!

69 Als aber die Magd ihn sah, fing sie
wieder an und sagte zu denen, die dabeistanden: Der ist einer von ihnen.

72 Und wieder leugnete er und schwor:
Ich kenne den Menschen nicht.

70 Er aber leugnete wiederum.

73 Nach einer Weile traten die, welche
dastanden, herzu und sagten zu Petrus:

Und nach einer Weile sagten die, welche dabeistanden, noch einmal zu Petrus:

Wahrhaftig, auch du bist einer von ihnen, denn schon deine Sprache verrät
dich.
74 Da begann er zu fluchen und zu
schwören: Ich kenne den Menschen
nicht.
Und gleich darauf krähte der Hahn.

Wahrhaftig, du bist einer von ihnen,
du bist ja auch ein Galiläer.

71 Da begann er zu fluchen und zu
schwören: Ich kenne den Menschen
nicht, von dem ihr redet.
72 Und gleich darauf krähte der Hahn
zum zweiten Mal.

75 Da erinnerte Petrus sich an das
Wort Jesu, der zu ihm gesagt hatte: Ehe
der Hahn kräht, wirst du mich dreimal
verleugnen.
Und er ging hinaus und weinte bitterlich.

Da erinnerte Petrus sich an das Wort,
das Jesus zu ihm gesagt hatte: Ehe der
Hahn zweimal kräht, wirst du mich
dreimal verleugnen.
Und er brach in Tränen aus.

334　　　　　ÜBERGABE AN PILATUS

Matthäus 27,1–2

Markus 15,1

1 Als es aber Morgen wurde, fassten
alle Hohepriester und die Ältesten des
Volkes
gegen Jesus den Beschluss, ihn zu töten.

1 Und gleich am Morgen fassten die
Hohepriester mit den Ältesten und
Schriftgelehrten, der ganze Hohe Rat,
einen Beschluss,

2 Und sie fesselten ihn,
führten ihn ab und lieferten ihn an den
Statthalter Pilatus aus.

fesselten Jesus,
führten ihn ab und lieferten ihn an Pilatus aus.
▼ (Nr. 336 — 15,2–5 — S. 332)

58 Und kurz darauf sah ihn ein anderer, der sagte:
Auch du bist einer von ihnen!

Petrus aber sprach: Mensch, ich bin es
nicht!
59 Und als ungefähr eine Stunde vergangen war, beharrte ein anderer darauf:
Wahrhaftig, dieser war auch mit ihm;
denn auch er ist ein Galiläer.

60 Da sprach Petrus:
Mensch, ich weiss nicht, wovon du redest. Und im selben Augenblick, während er noch redete, krähte der Hahn.

61 Und der Herr wandte sich um und
blickte Petrus an. Da erinnerte Petrus
sich an das Wort des Herrn, wie er zu
ihm gesagt hatte: Ehe der Hahn heute
kräht, wirst du mich dreimal verleugnen. 62 Und er ging hinaus und weinte
bitterlich.

priesters, ein Verwandter dessen, dem
Petrus das Ohr abgehauen hatte, sagt:
Habe ich dich nicht im Garten mit ihm
gesehen?
27 Da leugnete Petrus wiederum,

und sogleich krähte der Hahn.

Lukas 23,1

[22,66]

22,66 (Nr. 332, S. 326)
*66 Und als es Tag wurde, versammelte sich
der Ältestenrat des Volkes – Hohepriester
und Schriftgelehrte –, und sie liessen ihn zu
sich ins Synhedrium bringen*

▲ *(Nr. 332 — 22,54-71 — S. 326)*
1 Und die ganze Versammlung erhob
sich, und sie führten ihn vor Pilatus.
▼ *(Nr. 336 — 23,2-5 — S. 332)*

Johannes 18,28

28 Nun führen sie Jesus vom Haus des
Kajafas zum Prätorium; es war aber
früh am Morgen. Und sie selbst gingen
nicht in das Prätorium hinein, um
nicht unrein zu werden, sondern um
das Passa essen zu können.
▼ *(Nr. 336 — 18,29-38 — S. 332)*

335   DAS ENDE DES JUDAS

Matthäus 27,3–10   [*Markus*]

3 Als nun Judas, der ihn verriet, sah,
dass er verurteilt war, reute es ihn, und
er brachte die dreissig Silberstücke den
Hohepriestern und Ältesten zurück
4 und sagte: Ich habe gesündigt, un-
schuldiges Blut habe ich verraten. Sie
aber sagten: Was geht das uns an? Sieh
du zu! 5 Da warf er die Silberstücke in
den Tempel, machte sich davon, ging
hin und erhängte sich. 6 Die Hohepriester aber nahmen die Silberstücke
und sagten: Es ist nicht erlaubt, sie
zum Tempelschatz zu legen, weil es
Blutgeld ist. 7 Sie beschlossen, davon
den Töpferacker zu kaufen als Begräb-
nisstätte für die Fremden. 8 Darum
heisst jener Acker bis heute Blutacker.
9 Da wurde erfüllt, was durch den
Propheten Jeremia gesagt ist: «Und sie
nahmen die dreissig Silberstücke, den
Preis des Geschätzten, den sie ge-
schätzt hatten,» von den Söhnen Israels, 10 und sie gaben sie für den Töpferacker, «wie der Herr» mir «befohlen
hatte.»

9–10: Sach 11,13

Apg 1,15–20: 15 Und in diesen Tagen stand Petrus mitten unter den Brüdern
auf und sprach – es war eine Menge von etwa 120 Personen beisammen – : 16 Ihr Brüder, das Schriftwort musste erfüllt werden, das der heilige Geist durch den Mund Davids im voraus gesagt hat über Judas, der
denen, die Jesus gefangennahmen, zum Führer wurde. 17 Denn er war uns
beigezählt und hatte das Los dieses [unsres] Dienstes empfangen. 18 Dieser
nun erwarb einen Acker aus dem Lohn der Ungerechtigkeit, und er stürzte
vornüber zu Boden und barst mitten entzwei, und alle seine Eingeweide
drangen heraus. 19 Und es wurde allen kund, die Jerusalem bewohnen,
sodass jener Acker in ihrer eignen Sprache Hakeldama genannt wurde, das
heisst «Blutacker». 20 Denn es steht geschrieben im Buch der Psalmen:
«Seine Behausung soll öde werden, und niemand soll dasein, der darin
wohnt», und: «Sein Vorsteheramt soll ein andrer empfangen.»

[Lukas]

[Johannes]

336   VERHANDLUNG VOR PILATUS
(vgl. Nr. 338)

| Matthäus 27,11–14 | Markus 15,2–5 |
| [26,53] | |

11 Jesus aber wurde vor den Statthalter gebracht, und der Statthalter fragte ihn:
Bist du der König der Juden? Jesus aber sprach:

▲ *(Nr. 334 — 15,1 — S. 330)*
2 Und Pilatus fragte ihn:

Bist du der König der Juden? Er aber antwortete ihm:

26,53 *(Nr. 331, S. 324)*
53 *Oder meinst du, ich könnte meinen Vater nicht bitten und er würde mir nicht sogleich mehr als zwölf Legionen Engel zur Seite stellen?*

Das sagst du!   Das sagst du!

Lukas 23,2–5
[23,9–10]

Johannes 18,29–38

▲ (Nr. 334 — 18,28 — S. 330)

29 Also kam Pilatus zu ihnen heraus,
und er sagt: Welche Anklage erhebt ihr
gegen diesen Menschen? 30 Sie antworteten ihm: Wäre dieser nicht ein
Übeltäter, hätten wir ihn nicht an dich
ausgeliefert. 31 Da sprach Pilatus zu ihnen: Nehmt ihr ihn und richtet ihn
nach eurem Gesetz. Die Juden sagten
zu ihm: Uns ist nicht erlaubt, jemanden zu töten. 32 Damit das Wort Jesu
erfüllt werde, das er gesprochen hat,
um anzudeuten, welchen Todes er sterben werde.

▲ (Nr. 334 — 23,1 — S. 330)

2 Sie aber fingen an, ihn anzuklagen,
und sagten: Wir haben festgestellt,
dass dieser unser Volk verführt und es
davon abhält, dem Kaiser Steuern zu
zahlen, und dass er von sich behauptet,
er sei der Christus, ein König.

3 Pilatus aber fragte ihn:

Bist du der König der Juden? Er aber
antwortete ihm:

33 Da ging Pilatus wieder in das Prätorium hinein, liess Jesus rufen und sagte zu ihm:
Du bist der König der Juden? 34 Jesus
antwortete: Sagst du das von dir aus,
oder haben andere es dir über mich gesagt? 35 Pilatus antwortete: Bin ich etwa ein Jude? Dein Volk und die Hohepriester haben dich an mich ausgeliefert. Was hast du getan? 36 Jesus antwortete: Mein Reich ist nicht von dieser Welt. Wäre mein Reich von dieser
Welt, würden meine Diener kämpfen,
dass ich nicht an die Juden ausgeliefert
würde. Nun aber ist mein Reich nicht
von hier. 37 Da sprach Pilatus zu ihm:
Du bist also doch ein König? Jesus antwortete:

Das sagst du!

Du sagst es: Ich bin ein König. Ich bin
dazu geboren und dazu in die Welt ge-

12 Und solange er von den Hohepriestern und den Schriftgelehrten angeklagt wurde, antwortete er nichts.
13 Dann sagt Pilatus zu ihm: Hörst du nicht, was sie alles gegen dich bezeugen?
14 Und er antwortete ihm auf keine einzige Frage, so dass es den Statthalter sehr verwunderte.
▾ *(Nr. 339 — 27,15–23 — S. 334)*

3 Und die Hohepriester brachten viele Anschuldigungen gegen ihn vor.

4 Pilatus aber fragte ihn wieder: Antwortest du nichts? Siehe, wie vieles sie gegen dich vorbringen.

5 Doch Jesus antwortete nichts mehr, so dass Pilatus sich verwunderte.
▾ *(Nr. 339 — 15,6–14 — S. 334)*

337　　　　JESUS VOR HERODES

[Matthäus 27,12]
(Nr. 336, S. 332)

[Markus 15,3–4]
(Nr. 336, S. 332)

12 Und solange er von den Hohepriestern und den Schriftgelehrten angeklagt wurde, antwortete er nichts.

3 Und die Hohepriester brachten viele Anschuldigungen gegen ihn vor. 4 Pilatus aber fragte ihn wieder: Antwortest du nichts? Siehe, wie vieles sie gegen dich vorbringen.

kommen, um für die Wahrheit Zeugnis abzulegen. Jeder, der aus der Wahrheit ist, hört auf meine Stimme. 38 Pilatus sagt zu ihm: Was ist Wahrheit?

23,9–10 (Nr. 337, S. 333)

9 So stellte er ihm mancherlei Fragen, er aber gab ihm keine Antwort. 10 Die Hohepriester und Schriftgelehrten aber standen dabei und brachten schwere Anschuldigungen gegen ihn vor.

4 Und Pilatus sprach zu den Hohepriestern und der Menge:

Ich finde keine Schuld an diesem Menschen. 5 Sie aber bestanden darauf und sagten: Er wiegelt das Volk auf, indem er überall in Judäa lehrt, angefangen von Galiläa bis hierher.

23,13–14 (Nr. 338, S. 334)

Und nachdem er dies gesagt hatte, ging er wieder zu den Juden hinaus, und er sagt zu ihnen:
Ich finde keine Schuld an ihm.

▼ *(Nr. 339 — 18,39–40 — S. 334)*

19,8–15 (Nr. 340, S. 336)

Lukas 23,6–12

[Johannes]

6 Als Pilatus das hörte, fragte er, ob dieser Mensch ein Galiläer sei. 7 Und als er erfuhr, dass er aus dem Herrschaftsbereich des Herodes komme, liess er ihn zu Herodes bringen, der in diesen Tagen ebenfalls in Jerusalem war. 8 Und als Herodes Jesus sah, freute er sich sehr. Er wollte ihn nämlich schon seit einiger Zeit sehen, weil er von ihm gehört hatte, und er hoffte, ein Zeichen zu sehen, das von ihm vollbracht würde. 9 So stellte er ihm mancherlei Fragen, er aber gab ihm keine Antwort. 10 Die Hohepriester und Schriftgelehrten aber standen dabei und brachten schwere Anschuldigungen gegen ihn vor. 11 Herodes aber und seine Soldaten

_____   _____
_____   _____
_____   _____
_____   _____
_____   _____
_____   _____

Apg 4,27–28: 27 Denn in Wahrheit rotteten sich zusammen in dieser Stadt
wider deinen heiligen Knecht Jesus, den du gesalbt hast, Herodes und Pontius
Pilatus mit den Heiden und der Volksmenge Israels, 28 um alles zu tun, was deine
Hand und dein Ratschluss vorherbestimmt hatte, dass es geschehen sollte.

338   PILATUS ERKLÄRT JESUS FÜR UNSCHULDIG

(vgl. Nr. 336)

[Matthäus]   [Markus]
_____   _____

_____   _____
_____   _____
_____   _____
_____   _____
_____   _____
_____   _____
_____   _____
_____   _____
_____   _____
_____   _____
_____   _____
_____   _____
_____   _____
_____   _____

339   JESUS ODER BARABBAS?

Matthäus 27,15–23   *Markus 15,6–14*

▲ *(Nr. 336 — 27,11–14 — S. 332)*   ▲ *(Nr. 336 — 15,2–5 — S. 332)*

15 Jeweils zum Fest aber pflegte der   6 Jeweils zum Fest aber gab er ihnen
Statthalter dem Volk einen Gefangenen   einen Gefangenen frei, den sie sich er-
freizugeben nach ihrer Wahl.   baten.

verhöhnten und verlachten ihn, legten
ihm ein Prunkgewand um und schickten ihn wieder zu Pilatus zurück.
12 Herodes und Pilatus aber wurden an
ebendiesem Tag Freunde; vorher waren
sie einander Feind gewesen.

Lukas 23,13–16

13 Pilatus aber rief die Hohepriester
und die Oberen und das Volk zusammen 14 und sprach zu ihnen: Ihr habt
mir diesen Menschen gebracht als einen, der das Volk abspenstig macht.
Und siehe, als ich ihn vor euren Augen
verhörte, habe ich an diesem Menschen keinen Grund für eure Anklagen
gefunden. 15 Aber auch Herodes nicht,
denn er hat ihn zu uns zurückge-
schickt. Und siehe: Von ihm ist nichts
getan worden, was den Tod verdient.
16 Ich werde ihn also züchtigen lassen
und dann freigeben.

16: Einige Handschriften fügen nach V. 16 hinzu:
«17 Er musste ihnen aber an jedem Fest einen freigeben.»

23,4 (Nr. 336, S. 332)
23,22 (Nr. 339, S. 334)

[Johannes 18,38b]
(Nr. 336, S. 332)

*38b Und nachdem er dies gesagt hatte, ging
er wieder zu den Juden hinaus, und er sagt
zu ihnen: Ich finde keine Schuld an ihm.*

Lukas 23,17–23

[17 Er musste ihnen aber an jedem Fest
einen freigeben.]

Johannes 18,39–40

▲ (Nr. 336 — 18,29–38 — S. 332)

39 Es ist aber bei euch Brauch, dass ich
euch am Passa einen freigebe.

16 Sie hatten damals aber einen berüchtigten Gefangenen mit Namen Barabbas.	7 Es war aber einer mit Namen Barabbas in Gefangenschaft mit den Aufrührern, die beim Aufruhr einen Mord begangen hatten.
17 Als sie nun versammelt waren,	8 Und das Volk zog hinauf und begann, um das zu bitten, was er ihnen gewöhnlich gewährte.
sagte Pilatus zu ihnen: Wen soll ich euch freigeben, Barabbas oder Jesus, der Christus genannt wird? 18 Er wusste nämlich, dass sie ihn aus Neid ausgeliefert hatten. 19 Als er aber auf dem Richterstuhl sass, liess ihm seine Frau sagen: Habe du nichts zu schaffen mit diesem Gerechten, denn seinetwegen habe ich heute im Traum viel gelitten.	9 Pilatus aber fragte sie: Wollt ihr, dass ich euch den König der Juden freigebe? 10 Er hatte nämlich erkannt, dass die Hohepriester ihn aus Neid ausgeliefert hatten.
20 Die Hohepriester und die Ältesten aber überredeten die Leute, dass sie um Barabbas bitten, Jesus aber umbringen lassen sollten. 21 Der Statthalter aber fragte sie: Welchen von den beiden soll ich euch freigeben? Sie aber sagten: Barabbas!	11 Doch die Hohepriester hetzten das Volk auf, dass er ihnen lieber Barabbas freigebe.
22 Da sagt Pilatus zu ihnen: Was soll ich dann mit Jesus tun, der Christus genannt wird? Sie alle sagen: Gekreuzigt soll er werden! 23 Er aber sagte: Was hat er denn Böses getan?	12 Da fragte sie Pilatus wieder: Was soll ich dann mit dem tun, den ihr den König der Juden nennt? 13 Da schrien sie wieder und wieder: Kreuzige ihn! 14 Pilatus aber sagt zu ihnen: Was hat er denn Böses getan?
Da schrien sie noch lauter: Gekreuzigt soll er werden! ▼ (Nr. 341 — 27,24–26 — S. 337)	Da schrien sie noch lauter: Kreuzige ihn! ▼ (Nr. 341 — 15,15 — S. 337)

Apg 3,13–14: 13 Der Gott Abrahams und Isaaks und Jakobs, der Gott unsrer Väter, hat seinen Knecht Jesus verherrlicht, den ihr ausgeliefert und vor dem Angesicht des Pilatus verleugnet habt, während dieser zu dem Urteil

Wollt ihr nun, dass ich euch den König
der Juden freigebe?

18 Sie aber schrien alle zusammen:
Schaff diesen weg! Gib uns Barabbas
frei! 19 Dieser war wegen irgendeines
Aufruhrs, den es in der Stadt gegeben
hatte, und wegen Mordes in den Kerker geworfen worden.
20 Und wieder redete Pilatus auf sie
ein, weil er Jesus freigeben wollte.

21 Sie aber riefen: Kreuzige ihn, kreuzige ihn! 22 Und ein drittes Mal sagte er
zu ihnen:
Was hat denn dieser Böses getan? Ich
habe an ihm keine Schuld gefunden,
die den Tod verdient. Ich werde ihn
also züchtigen lassen und dann freigeben.
23 Sie aber bedrängten ihn mit lautem
Geschrei und forderten, dass er gekreuzigt werde; und ihr Geschrei setzte sich
durch.

▼ (Nr. 341 — 23,24–25 — S. 337)

40 Da schrien sie wieder und wieder:
Nicht den, sondern den Barabbas!
Barabbas aber war ein Räuber.

gekommen war, [ihn] freizulassen. 14 Ihr jedoch habt den Heiligen und
Gerechten verleugnet und habt begehrt, dass euch ein Mörder geschenkt
würde.

Apg 13,27–28: 27 Denn die, welche in Jerusalem wohnen, und ihre Oberen
haben diesen nicht erkannt und so auch die Stimmen der Propheten, die an
jedem Sabbat vorgelesen werden, durch ihr Urteil erfüllt; 28 und obgleich
sie keinen Grund zu einem Todesurteil fanden, begehrten sie von Pilatus,
dass er hingerichtet werde.

340   ECCE HOMO

[Matthäus 27,28–31a]	[Markus 15,17–20a]
[27,26b]	[15,15b]

27,26b (Nr. 341, S. 337)

*26 ... Jesus aber liess er auspeitschen und
lieferte ihn aus zur Kreuzigung.*

27,28–31a (Nr. 342, S. 338)

28 Und sie zogen ihn aus
und legten ihm einen purpurroten
Mantel um 29 und flochten eine Krone
aus Dornen, setzten sie ihm aufs Haupt
und gaben ihm ein Rohr in die rechte
Hand.
Sie fielen vor ihm auf die Knie und verspotteten ihn: Sei gegrüsst, König der
Juden!,

30 und spuckten ihn an, nahmen das
Rohr und schlugen ihn aufs Haupt.
31 Und nachdem sie ihn verspottet hatten, zogen sie ihm den Mantel aus und
zogen ihm seine Kleider an ...

15,15b (Nr. 341, S. 337)

*Und Jesus liess er auspeitschen und lieferte
ihn aus zur Kreuzigung.*

15,17–20a (Nr. 342, S. 338)

17 Dann ziehen sie ihm einen Purpurmantel an und setzen ihm eine Dornenkrone auf, die sie geflochten hatten.

18 Und sie fingen an, ihn zu grüssen:
Sei gegrüsst, König der Juden! 19 Und
sie schlugen ihn mit einem Rohr aufs
Haupt,
spuckten ihn an, beugten die Knie und
huldigten ihm.
20 Und nachdem sie ihn verspottet hatten, zogen sie ihm den Purpurmantel
aus und zogen ihm seine Kleider an.

[Lukas]	Johannes 19,1–15
	1 Dann nahm Pilatus Jesus und liess ihn auspeitschen.
	2 Und die Soldaten flochten eine Krone aus Dornen und setzten sie auf sein Haupt und legten ihm einen Purpurmantel um,
	3 und sie traten vor ihn hin und sagten: Sei gegrüsst, König der Juden! und gaben ihm Schläge ins Gesicht.
	4 Und Pilatus ging wieder hinaus, und er sagt zu ihnen: Siehe, ich führe ihn euch heraus, damit ihr erkennt, dass ich keine Schuld an ihm finde. 5 Da kam Jesus heraus; er trug die Dornenkrone und den Purpurmantel. Und er sagt zu ihnen: Seht da, der Mensch! 6 Als ihn nun die Hohepriester und Diener sahen, schrien sie: Kreuzigen, kreuzigen! Pilatus sagt zu ihnen: Nehmt ihr ihn und kreuzigt ihn! Denn ich finde keine Schuld an ihm. 7 Die Juden antworteten ihm: Wir haben ein Gesetz, und nach dem Gesetz muss er sterben; denn er hat sich zum Sohn

———————————————————   ———————————————————
———————————————————   ———————————————————
———————————————————   ———————————————————
———————————————————   ———————————————————
———————————————————   ———————————————————
———————————————————   ———————————————————
———————————————————   ———————————————————
———————————————————   ———————————————————
———————————————————   ———————————————————
———————————————————   ———————————————————
———————————————————   ———————————————————
———————————————————   ———————————————————
———————————————————   ———————————————————
———————————————————   ———————————————————
———————————————————   ———————————————————
———————————————————   ———————————————————
———————————————————   ———————————————————
———————————————————   ———————————————————
———————————————————   ———————————————————
———————————————————   ———————————————————
———————————————————   ———————————————————
———————————————————   ———————————————————
———————————————————   ———————————————————
———————————————————   ———————————————————
———————————————————   ———————————————————
———————————————————   ———————————————————
———————————————————   ———————————————————

27,11–14 (Nr. 336, S. 332)   15,2–5 (Nr. 336, S. 332)

341   DIE VERURTEILUNG JESU

Matthäus 27,24–26

▲ (Nr. 339 — 27,15–23 — S. 334)
24 Als aber Pilatus sah, dass er nichts
erreichte, dass vielmehr eine noch
grössere Unruhe entstand, nahm er
Wasser, wusch sich unter den Augen
des Volkes die Hände und sprach: Ich
bin unschuldig an diesem Blut. Seht ihr
zu! 25 Und das ganze Volk entgegnete:
Sein Blut über uns und unsere Kinder!

Markus 15,15

———————————————————
———————————————————
———————————————————
———————————————————
———————————————————
———————————————————
———————————————————
———————————————————

Gottes gemacht. 8 Als nun Pilatus dieses Wort hörte, fürchtete er sich noch mehr 9 und ging wieder in das Prätorium hinein, und er sagt zu Jesus: Woher bist du? Jesus aber gab ihm keine Antwort. 10 Da sagt Pilatus zu ihm: Redest du nicht mit mir? Weisst du nicht, dass ich Vollmacht habe, dich freizugeben, und Vollmacht, dich kreuzigen zu lassen? 11 Jesus antwortete ihm: Du hättest keine Vollmacht über mich, wenn es dir nicht von oben gegeben wäre. Darum hat der, welcher mich dir ausgeliefert hat, grössere Sünde. 12 Daraufhin suchte Pilatus ihn freizugeben. Die Juden aber schrien: Wenn du diesen freigibst, bist du kein Freund des Kaisers. Jeder, der sich zum König macht, widersetzt sich dem Kaiser. 13 Pilatus nun hörte auf diese Worte, führte Jesus hinaus und setzte sich auf den Richterstuhl, am Ort, der Lithostrotos heisst, auf hebräisch Gabbata. 14 Es war aber Rüsttag für das Passa; es war um die sechste Stunde. Und er spricht zu den Juden: Siehe, euer König! 15 Da schrien jene: Fort, nimm ihn fort, kreuzige ihn! Pilatus sagt zu ihnen: Euren König soll ich kreuzigen? Die Hohepriester antworteten: Wir haben keinen König ausser dem Kaiser!

23,2–5 (Nr. 336, S. 332)   18,33–37 (Nr. 336, S. 332)

Lukas 23,24–25   Johannes 19,16a

▲ *(Nr. 339 — 15,6–14 — S. 334)*

26 Dann gab er ihnen Barabbas frei;

15 Weil aber Pilatus dem Volk Genüge tun wollte, gab er ihnen Barabbas frei.

Jesus aber liess er auspeitschen und lieferte ihn aus zur Kreuzigung.

Und Jesus liess er auspeitschen und lieferte ihn aus zur Kreuzigung.

342   VERSPOTTUNG IM PRÄTORIUM

Matthäus 27,27–31a   *Markus 15,16–20a*

27 Da nahmen die Soldaten des Statthalters Jesus mit sich in das Prätorium und versammelten um ihn die ganze Kohorte. 28 Und sie zogen ihn aus und legten ihm einen purpurroten Mantel um 29 und flochten eine Krone aus Dornen, setzten sie ihm aufs Haupt und gaben ihm ein Rohr in die rechte Hand.
Sie fielen vor ihm auf die Knie und verspotteten ihn:
Sei gegrüsst, König der Juden!,

16 Die Soldaten aber führten ihn ab, in den Palast hinein, das ist das Prätorium. Und sie rufen die ganze Kohorte zusammen.
17 Dann ziehen sie ihm einen Purpurmantel an und setzen ihm eine Dornenkrone auf, die sie geflochten hatten.

18 Und sie fingen an, ihn zu grüssen:

30 und spuckten ihn an, nahmen das Rohr und schlugen ihn aufs Haupt.
31 Und nachdem sie ihn verspottet hatten, zogen sie ihm den Mantel aus und zogen ihm seine Kleider an ...

Sei gegrüsst, König der Juden! 19 Und sie schlugen ihn mit einem Rohr aufs Haupt,
spuckten ihn an, beugten die Knie und huldigten ihm.
20 Und nachdem sie ihn verspottet hatten, zogen sie ihm den Purpurmantel aus und zogen ihm seine Kleider an.

343   DER WEG NACH GOLGOTA

Matthäus 27,31b–32   *Markus 15,20b–21*
[27,38]   [15,27]

31 ... und führten ihn ab, um ihn zu kreuzigen. 32 Während sie aber hinaus-

20b Und sie führen ihn hinaus, um ihn zu kreuzigen. 21 Und sie zwingen ei-

▲ *(Nr. 339 — 23,17–23 — S. 334)*

24 Und Pilatus entschied, es solle geschehen, was sie forderten. 25 Er gab
also den frei, der wegen Aufruhrs und
Mordes in den Kerker geworfen war
und den sie gefordert hatten.
Jesus aber
lieferte er ihrem Willen aus.

▼ *(Nr. 343 — 23,26–32 — S. 338)*

16a Dann lieferte er ihnen Jesus zur
Kreuzigung aus.

▼ *(Nr. 343 — 19,16b–17a — S. 338)*

19,1 *(Nr. 340, S. 336)*

[Lukas]

[Johannes 19,2–3]

(Nr. 340, S. 336)

2 Und die Soldaten

flochten eine Krone aus Dornen und
setzten sie auf sein Haupt und legten
ihm einen Purpurmantel um,

3 und sie traten vor ihn hin und sagten:

Sei gegrüsst, König der Juden! und gaben ihm Schläge ins Gesicht.

Lukas 23,26–32

Johannes 19,16b–17a

[19,18]

▲ *(Nr. 341 — 23,24–25 — S. 337)*

26 Und als sie ihn abführten,
ergriffen sie einen gewissen

▲ *(Nr. 341 — 19,16a — S. 337)*

16b Nun nahmen sie Jesus in Empfang.

gingen, trafen sie einen aus Kyrene mit Namen Simon;	nen, der gerade vorübergeht, Simon aus Kyrene, der vom Feld kommt, den Vater des Alexander und des Rufus,
den zwangen sie, ihm das Kreuz zu tragen.	ihm das Kreuz zu tragen.

27,38 (Nr. 345, S. 341)	*15,27 (Nr. 345, S. 341)*
38 Dann werden mit ihm zwei Räuber gekreuzigt, einer zur Rechten und einer zur Linken.	*27 Und mit ihm kreuzigen sie zwei Räuber, einen zu seiner Rechten und einen zu seiner Linken.*

ThEv 79: Eine Frau aus der Menge sagte zu ihm: Glücklich der Leib, der dich getragen hat, und die Brüste, die dich genährt haben. Er sagte zu [ihr]: Glücklich sind die, die das Wort des Vaters gehört haben (und) die es bewahrt haben in Wahrheit. Denn es werden Tage kommen, da ihr euch sagen werdet: Glücklich der Leib, der nicht empfangen hat, und die Brüste, die nicht Milch gegeben haben.

344   DIE KREUZIGUNG

Matthäus 27,33–37	*Markus 15,22–26*
[27,38; 27,55–56]	[15,27; 15,40–41]
33 Und als sie an den Ort namens Golgota kamen, das bedeutet Schädelstätte, 34 gaben sie ihm Wein zu trinken, der mit Wermut vermischt war; und als er gekostet hatte,	22 Und sie bringen ihn an den Ort Golgota, das heisst übersetzt Schädelstätte. 23 Und sie gaben ihm Wein, der mit Myrrhe gewürzt war;
wollte er nicht trinken. 35 Nachdem sie ihn aber gekreuzigt hatten,	er aber nahm ihn nicht. 24 Und sie kreuzigen ihn und

Simon aus Kyrene, der vom Feld kam,

und luden ihm das Kreuz auf, damit er
es Jesus nachtrage.
27 Es folgte ihm aber eine grosse Volksmenge, darunter auch Frauen, die klagten und um ihn weinten. 28 Jesus aber
wandte sich zu ihnen und sprach: Töch-
ter Jerusalems, weint nicht über mich!
Weint vielmehr über euch und über
eure Kinder! 29 Denn siehe, es kommen Tage, da man sagen wird: Selig die
Unfruchtbaren und der Mutterleib, der
nicht geboren hat, und die Brüste, die
nicht gestillt haben. 30 Dann wird man
anfangen, «zu den Bergen zu sagen:
Fallt auf uns!, und zu den Hügeln: Bedeckt uns!» 31 Denn wenn man dies
am grünen Holze tut, was wird da am
dürren geschehen? 32 Es wurden aber
ausserdem zwei Verbrecher mit ihm
zur Hinrichtung abgeführt.

30: Hos 10,8

17 Und er trug das eigene Kreuz ...

19,18 (Nr. 344, S. 339)
*18 Dort kreuzigten sie ihn und mit ihm
zwei andere, auf jeder Seite einen, in der
Mitte aber Jesus.*

Lukas 23,33–34
[23,38; 23,49]

33 Und als sie an den Ort kamen, der
Schädelstätte heisst,

kreuzigten sie dort ihn

Johannes 19,17b–27

und ging hinaus
zu der sogenannten Schädelstätte, die
auf hebräisch Golgota heisst.

18 Dort kreuzigten sie ihn

27,38 (Nr. 345, S. 341)

38 Dann werden mit ihm zwei Räuber gekreuzigt, einer zur Rechten und einer zur
Linken.

15,27 (Nr. 345, S. 341)

27 Und mit ihm kreuzigen sie zwei Räuber,
einen zu seiner Rechten und einen zu seiner
Linken.

«teilten sie» seine «Kleider unter sich
auf, indem sie das Los warfen;» 36 und
sie sassen dort und bewachten ihn.

«teilen seine Kleider unter sich auf, indem sie das Los darüber werfen,» wer
sich was nehmen dürfe. 25 Es war aber
die dritte Stunde, als sie ihn kreuzigten.

37 Und sie brachten über seinem
Haupt die Inschrift an, die seine Schuld
angab:
Das ist Jesus, der König der Juden.

26 Und die Inschrift, die seine Schuld
angab, lautete:
Der König der Juden.

27,55–56 (Nr. 348, S. 344)

55 Es waren dort aber viele Frauen, die von
ferne zuschauten; die waren Jesus aus Galiläa nachgefolgt und hatten ihm gedient.
56 Unter ihnen war Maria aus Magdala und
Maria, die Mutter des Jakobus und des Josef,
und die Mutter der Söhne des Zebedäus.

15,40–41 (Nr. 348, S. 344)

40 Es waren aber auch Frauen da, die von
ferne zuschauten,

unter ihnen Maria aus Magdala und Maria, die Mutter des Jakobus des Kleinen und
des Jose, und Salome, 41 die ihm nachgefolgt waren und ihm gedient hatten, als er
in Galiläa war, und noch viele andere, die

und die Verbrecher, den einen zur
Rechten, den anderen zur Linken.
34 {Und Jesus sprach: Vater, vergib ihnen! Denn sie wissen nicht, was sie
tun.}
«Sie aber teilten seine Kleider unter
sich auf und warfen das Los.»

und mit ihm zwei andere, auf jeder Seite einen, in der Mitte aber Jesus.

23,38 (Nr. 345, S. 341)
38 Und auch eine Inschrift war über ihm
angebracht:
Dies ist der König der Juden.

19 Pilatus aber liess auch eine Tafel
schreiben und sie oben am Kreuz anbringen. Darauf stand geschrieben:
Jesus von Nazaret, der König der Juden!
20 Diese Tafel lasen nun viele Juden,
weil der Ort, wo Jesus gekreuzigt wurde, nahe bei der Stadt lag. Sie war hebräisch, lateinisch und griechisch geschrieben. 21 Da sagten die Hohepriester der Juden zu Pilatus: Schreibe nicht:
Der König der Juden, sondern dass jener gesagt hat: Ich bin der König der Juden. 22 Pilatus antwortete: Was ich geschrieben habe, habe ich geschrieben.
23 Nachdem nun die Soldaten Jesus
gekreuzigt hatten, nahmen sie seine
Kleider und machten vier Teile daraus,
für jeden Soldaten einen Teil, dazu das
Untergewand. Das Untergewand aber
war ohne Naht, von oben an am Stück
gewoben. 24 Da sagten sie zueinander:
Wir wollen es nicht zerreissen, sondern darum losen, wem es gehören soll
– damit die Schrift erfüllt werde, die
sagt: «Sie haben meine Kleider unter
sich verteilt, und über mein Gewand
haben sie das Los geworfen.»
Das also taten die Soldaten.

23,49 (Nr. 348, S. 344)
49 Alle aber, die ihn kannten, standen etwas
entfernt; auch Frauen, die ihm aus Galiläa
nachgefolgt waren, sahen das.

25 Beim Kreuz Jesu aber standen seine
Mutter und die Schwester seiner Mutter,
Maria, die Frau des Klopas, und Maria
von Magdala. 26 Als nun Jesus die Mutter und neben ihr den Jünger, den er
liebte, dastehen sieht, spricht er zur
Mutter: Frau, siehe, dein Sohn. 27 Dann

mit ihm nach Jerusalem hinaufgezogen
waren.

35: Ps 22,19

24: Ps 22,19

Apg 7,60: Er kniete aber nieder und rief mit lauter Stimme: Herr rechne
ihnen diese Sünde nicht zu! Und als er dies gesprochen hatte, entschlief er.

345   VERSPOTTUNG AM KREUZ

Matthäus 27,38–43   *Markus 15,27–32a*
[27,48; 27,37]   [15,36a; 15,26]

38 Dann werden mit ihm zwei Räuber gekreuzigt, einer zur Rechten und einer zur Linken.	27 Und mit ihm kreuzigen sie zwei Räuber, einen zu seiner Rechten und einen zu seiner Linken.
39 Die aber vorübergingen, lästerten ihn, schüttelten den Kopf 40 und sagten: Der du den Tempel niederreissest und in drei Tagen aufbaust, rette dich selbst, wenn du Gottes Sohn bist, und steig herab vom Kreuz! 41 Ebenso spotteten die Hohepriester mit den Schriftgelehrten und den Ältesten und sagten:	29 Und die vorübergingen, lästerten ihn, schüttelten den Kopf und sagten: Ha, der du den Tempel niederreissest und in drei Tagen aufbaust, 30 rette dich selbst
42 Andere hat er gerettet, sich selbst kann er nicht retten.	und steig herab vom Kreuz! 31 Ebenso spotteten die Hohepriester untereinander mit den Schriftgelehrten und sagten:
Israels König ist er, so steige er jetzt vom Kreuz herab, und wir werden an ihn glauben. 43 «Er hat auf Gott vertraut; der soll ihn jetzt retten, wenn er will.» Denn er hat gesagt: Ich bin Gottes Sohn.	Andere hat er gerettet, sich selbst kann er nicht retten. 32 Der Christus, der König Israels, steige jetzt vom Kreuz herab, damit wir sehen und glauben.

27,48 (Nr. 347, S. 342)
48 Und sogleich lief einer von ihnen hin und nahm einen Schwamm, tränkte ihn mit Essig, steckte ihn auf ein Rohr und gab ihm zu trinken.

15,36a (Nr. 347, S. 342)
36 Da lief einer hin, tränkte einen Schwamm mit Essig, steckte ihn auf ein Rohr, gab ihm zu trinken

27,37 (Nr. 344, S. 339)
37 Und sie brachten über seinem Haupt die

15,26 (Nr. 344, S. 339)
26 Und die Inschrift, die seine Schuld an-

spricht er zum Jünger: Siehe, deine
Mutter. Und von jener Stunde an nahm
sie der Jünger zu sich.

▼ (Nr. 347 — 19,28–30 — S. 342)

34: Ps 22,19

24: Ps 22,19

34a: Dieser Halbvers fehlt in den wichtigsten Handschriften. Er gehört wahrscheinlich nicht zum
ursprünglichen Text.

Lukas 23,35–38

[23,33b]

23,33b (Nr. 344, S. 339)
33 *... und die Verbrecher, den einen zur
Rechten, den anderen zur Linken.*

35 Und das Volk stand dabei und sah
zu.

Und auch die Oberen rümpften die Nase und sagten:

Andere hat er gerettet; so rette er sich
selbst, wenn dies der auserwählte Ge-
salbte Gottes ist.

36 Und auch die Soldaten verspotteten
ihn; sie traten herzu, reichten ihm Essig

37 und sagten: Wenn du der König der
Juden bist, so rette dich selbst!

38 Und auch eine Inschrift war über

[Johannes 19,18; 19,29; 19,19]

19,18 (Nr. 344, S. 339)
18 *... Dort kreuzigten sie ihn und mit ihm
zwei andere, auf jeder Seite einen, in der
Mitte aber Jesus.*

19,29 (Nr. 347, S. 342)
29 *Ein Gefäss voll Essig stand da. Nun
tränkten sie einen Schwamm mit Essig,
steckten ihn auf ein Ysoprohr und führten
ihn zu seinem Mund.*

19,19 (Nr. 344, S. 339)
19 *Pilatus aber liess auch eine Tafel schreiben und sie oben am Kreuz anbringen. Da-*

Inschrift an, die seine Schuld angab:
Das ist Jesus, der König der Juden.

43: Ps 22,9

gab, lautete:
Der König der Juden.

27: Viele Handschriften fügen hier gemäss Lk 22,37
ein: «28 Da wurde die Schrift erfüllt: Und er wurde
zu den Gesetzlosen gerechnet.» Der Vers fehlt aber
in den wichtigsten Handschriften.

346   DIE BEIDEN VERBRECHER

Matthäus 27,44

44 Ebenso schmähten ihn die Räuber,
die mit ihm gekreuzigt wurden.

Markus 15,32b

Und die mit ihm gekreuzigt waren,
schmähten ihn.

347   DER TOD JESU

Matthäus 27,45–54

Markus 15,33–39

45 Von der sechsten Stunde an kam eine Finsternis über das ganze Land bis
zur neunten Stunde.

33 Zur sechsten Stunde kam eine Finsternis über das ganze Land bis zur
neunten Stunde.

46 Um die neunte Stunde aber schrie
Jesus mit lauter Stimme: «Eli, Eli, lema
sabachtani!,» das bedeutet: «Mein
Gott, mein Gott, warum hast du mich
verlassen!» 47 Als einige von denen,

34 Und in der neunten Stunde schrie
Jesus mit lauter Stimme: «Eloi, eloi, lema sabachtani!,» das heisst übersetzt:
«Mein Gott, mein Gott, warum hast du
mich verlassen!» 35 Und einige von de-

ihm angebracht:
Dies ist der König der Juden.

rauf stand geschrieben:
Jesus von Nazaret, der König der Juden!

Lukas 23,39–43

[Johannes]

39 Einer aber von den Verbrechern, die am Kreuz hingen, lästerte ihn und sagte: Bist du nicht der Christus? Rette dich selbst und uns! 40 Da antwortete der andere und herrschte ihn an: Fürchtest du Gott nicht einmal jetzt, da du doch vom gleichen Urteil getroffen bist? 41 Und wir zu Recht, denn wir empfangen, was unsere Taten verdienen; dieser aber hat nichts Unrechtes getan. 42 Und er sagte: Jesus, gedenke meiner, wenn du in dein Reich kommst. 43 Und er sprach zu ihm: Amen, ich sage dir: Heute wirst du mit mir im Paradies sein.

Lukas 23,44–48
[23,36]

Johannes 19,28–30

44 Und es war schon um die sechste Stunde, und eine Finsternis kam über das ganze Land bis zur neunten Stunde, 45 und die Sonne verlor ihren Schein; und der Vorhang im Tempel riss mitten entzwei.

die dort standen, das hörten, sagten sie:
Der ruft den Elia.

nen, die dabeistanden, hörten es und
sagten: Siehe, er ruft den Elia.

48 Und sogleich lief einer von ihnen
hin und nahm einen Schwamm, tränkte ihn mit Essig, steckte ihn auf ein
Rohr und gab ihm zu trinken. 49 Die
anderen aber sagten:
Lass doch, wir wollen sehen, ob Elia
kommt und ihn rettet.
50 Jesus aber schrie noch einmal mit
lauter Stimme

36 Da lief einer hin,
tränkte einen Schwamm mit Essig,
steckte ihn auf ein Rohr, gab ihm zu
trinken und sagte:

Lasst mich, wir wollen sehen, ob Elia
kommt und ihn herabnimmt.
37 Da stiess Jesus einen lauten Schrei
aus

und verschied.

und verschied.

51 Und siehe, der Vorhang im Tempel
riss entzwei von oben bis unten, und
die Erde bebte, und die Felsen barsten,
52 und die Gräber taten sich auf, und
die Leiber vieler entschlafener Heiliger
wurden auferweckt, 53 und nach seiner
Auferweckung traten sie aus den Gräbern hervor und zogen in die heilige
Stadt und erschienen vielen.
54 Als aber der Hauptmann und die
mit ihm Jesus bewachten,
das Erdbeben sahen und was da geschah, fürchteten sie sich sehr
und sagten: Wahrhaftig, dieser war
Gottes Sohn!

38 Und der Vorhang im Tempel riss
entzwei von oben bis unten.

39 Als aber der Hauptmann, der ihm
gegenüber stand,
ihn so sterben sah,

sagte er: Wahrhaftig, dieser Mensch
war Gottes Sohn!

46: Ps 22,2   34: Ps 22,2

Apg 7,59: Und sie steinigten den Stephanus, der [den Herrn] anrief und
sprach: Herr Jesus, nimm meinen Geist auf!

▲ *(Nr. 344 — 19,17b–27 — S. 339)*

28 Danach spricht Jesus, weil er weiss, dass schon alles vollbracht ist und damit die Schrift vollendet werde: Mich dürstet. 29 Ein Gefäss voll Essig stand da. Nun tränkten sie einen Schwamm mit Essig, steckten ihn auf ein Ysoprohr und führten ihn zu seinem Mund.

22,36 (Nr. 345, S. 341)
36 Und auch die Soldaten verspotteten ihn; sie traten herzu, reichten ihm Essig

46 Und Jesus rief mit lauter Stimme: Vater, «in deine Hände befehle ich meinen Geist!» Mit diesen Worten verschied er.

30 Als Jesus nun den Essig genommen hatte, sprach er: Es ist vollbracht. Und er neigte das Haupt und gab seinen Geist dahin.

▼ *(Nr. 349 — 19,31–37 — S. 344)*

47 Als aber der Hauptmann

sah, was geschah, pries er Gott

und sagte: Wirklich, dieser Mensch war ein Gerechter! 48 Und als all die Leute, die sich zu diesem Schauspiel zusammengefunden hatten, sahen, was geschah, schlugen sie sich an die Brust und kehrten heim.

46: Ps 31,6

348   ZEUGEN UNTER DEM KREUZ

Matthäus 27,55–56   Markus 15,40–41

---

55 Es waren dort aber viele Frauen, die   40 Es waren aber auch Frauen da, die
von ferne zuschauten; die waren Jesus   von ferne zuschauten,
aus Galiläa nachgefolgt und hatten ihm
gedient.
56 Unter ihnen war Maria aus Magdala   unter ihnen Maria aus Magdala und
und Maria, die Mutter des Jakobus und   Maria, die Mutter des Jakobus des Klei-
des Josef, und die Mutter der Söhne des   nen und des Jose, und Salome, 41 die
Zebedäus.   ihm nachgefolgt waren und ihm ge-

▼ (Nr. 350 — 27,57–61 — S. 345)   dient hatten, als er in Galiläa war, und
      noch viele andere, die mit ihm nach Je-
      rusalem hinaufgezogen waren.

      ▼ (Nr. 350 — 15,42–47 — S. 345)

349   BESTÄTIGUNG DES TODES JESU

[Matthäus]   [Markus]

Lukas 23,49

49 Alle aber, die ihn kannten, standen etwas entfernt; auch Frauen, die ihm aus Galiläa nachgefolgt waren, sahen das.

▼ *(Nr. 350 — 23,50–56 — S. 345)*

[Johannes 19,24b–27]
(Nr. 344, S. 339)

24 ... Das also taten die Soldaten.
25 Beim Kreuz Jesu aber standen seine Mutter und die Schwester seiner Mutter, Maria, die Frau des Klopas,

und Maria von Magdala. 26 Als nun Jesus die Mutter und neben ihr den Jünger, den er liebte, dastehen sieht, spricht er zur Mutter: Frau, siehe, dein Sohn. 27 Dann spricht er zum Jünger: Siehe, deine Mutter. Und von jener Stunde an nahm sie der Jünger zu sich.

[Lukas]

Johannes 19,31–37

▲ *(Nr. 347 — 19,28–30 — S. 342)*

31 Weil nun Rüsttag war und die Leiber am Sabbat nicht am Kreuz bleiben sollten – denn jener Sabbat war ein grosser Festtag –, baten die Juden Pilatus, dass ihnen die Beine zerschlagen und dass sie herabgenommen würden. 32 So kamen die Soldaten und zerschlugen dem ersten die Beine, dann dem anderen, der mit ihm gekreuzigt worden war. 33 Als sie zu Jesus kamen und sahen, dass er schon gestorben war, zerschlugen sie ihm die Beine nicht, 34 sondern einer der Soldaten stiess ihn mit seiner Lanze in die Seite, und sogleich floss Blut und Wasser heraus. 35 Und der das gesehen hat, hat es bezeugt, und sein Zeugnis ist wahr, und jener weiss, dass er Wahres sagt, damit auch ihr zum Glauben kommt. 36 Denn dies ist geschehen, damit die Schrift erfüllt würde: «Kein Knochen wird ihm gebro-

1.Joh 5,6–8: 6 Dieser ist es, der durch Wasser und Blut gekommen ist, Jesus
Christus, nicht im Wasser allein, sondern im Wasser und im Blut; und der
Geist ist es, der Zeugnis [dafür] ablegt, denn der Geist ist die Wahrheit.
7 Drei nämlich sind es, die Zeugnis ablegen: 8 Der Geist und das Wasser
und das Blut; und die drei gehen auf eins.
Offb 1,7: «Siehe, er kommt mit den Wolken», und sehen wird ihn jedes
Auge, auch die, welche ihn durchbohrt haben, und wehklagen werden sei-
netwegen alle Geschlechter der Erde. Ja, Amen.

350   DAS BEGRÄBNIS

Matthäus 27,57–61   *Markus 15,42–47*
                                   [16,1]

▲ *(Nr. 348 — 27,55–56 — S. 344)*   ▲ *(Nr. 348 — 15,40–41 — S. 344)*
57 Als es aber Abend wurde,   42 Als es schon Abend wurde – es war
                                    nämlich Rüsttag, das ist der Tag vor
                                    dem Sabbat –,
kam ein reicher Mann von Arimatäa, 43 kam Josef von Arimatäa, ein angese-
Josef mit Namen,   hener Ratsherr,

der selbst auch ein Jünger Jesu gewor- der selbst auch auf das Reich Gottes
den war.   wartete, wagte es,

58 Der ging zu Pilatus und bat um den   ging zu Pilatus hinein und bat um den
Leichnam Jesu.   Leichnam Jesu.
                                        44 Pilatus aber wunderte sich, dass er
                                        schon gestorben sein sollte. Er liess den
                                        Hauptmann zu sich rufen und fragte
                                        ihn, ob er schon lange tot sei. 45 Und
                                        als er es vom Hauptmann erfahren hat-
Da befahl Pilatus, dass er ihm gegeben te, überliess er Josef den Leichnam.
werde.

                                        46 Dieser kaufte ein Leinentuch,
59 Und Josef nahm den Leichnam,   nahm ihn herab,
wickelte ihn in ein reines Leinentuch   wickelte ihn in das Tuch

_____
_____
_____
_____
_____

chen werden.» 37 Und wiederum sagt
ein anderes Schriftwort: «Sie werden
auf den blicken, den sie durchbohrt haben.»

36: Ex 12,46; Ps 34,21 | 37: Sach 12,10

Lukas 23,50–56

Johannes 19,38–42

▲ *(Nr. 348 — 23,49 — S. 344)*

50 Und siehe, ein Mann mit Namen
Josef, ein Mitglied des Hohen Rates,
ein guter und gerechter Mann 51 – er
war mit ihrem Beschluss und Tun nicht
einverstanden gewesen –, einer aus
Arimatäa, einer jüdischen Stadt,
der auf das Reich Gottes wartete,

38 Josef von Arimatäa,

der ein Jünger Jesu war, aber einer, der
sich aus Furcht vor den Juden verborgen hielt,

52 der ging zu Pilatus und bat um den
Leichnam Jesu.

bat den Pilatus, dass er den Leib Jesu
herabnehmen dürfe;

und Pilatus erlaubte es. Also ging er
und nahm seinen Leib herab. 39 Aber
auch Nikodemus, der das erste Mal
nachts zu ihm gegangen war, kam und
brachte eine Mischung aus Myrrhe
und Aloe mit, etwa hundert Pfund.

53 Und er nahm ihn herab,
wickelte ihn in ein Leinentuch

40 Da nahmen sie den Leib Jesu
und wickelten ihn zusammen mit den

60 und legte ihn in sein eigenes, neues Grab, das er in den Felsen hatte hauen lassen, wälzte einen grossen Stein vor den Eingang des Grabes und entfernte sich.

und legte ihn in ein Grab, das aus dem Felsen gehauen war, und wälzte einen Stein vor den Eingang des Grabes.

61 Es waren dort aber Maria aus Magdala und die andere Maria; die sassen dem Grab gegenüber.

47 Maria aus Magdala aber und Maria, die Mutter des Jose, sahen, wohin er gelegt worden war.

▼ (Nr. 352 — 16,1–8 — S. 347)

16,1 (Nr. 352, S. 347)

1 Als der Sabbat vorüber war, kauften Maria aus Magdala und Maria, die Mutter des Jakobus, und Salome wohlriechende Öle, um hinzugehen und ihn zu salben.

Apg 13,29: Nachdem sie nun alles vollendet hatten, was über ihn geschrieben steht, nahmen sie ihn vom Holz herab und legten ihn in eine Gruft.

351   BEWACHUNG DES GRABES

Matthäus 27,62–66

[Markus]

62 Am nächsten Tag aber, dem Tag nach dem Rüsttag, versammelten sich die Hohepriester und die Pharisäer bei Pilatus 63 und sprachen: Herr, wir haben uns erinnert, dass jener Betrüger sagte, als er noch lebte: Nach drei Tagen werde ich auferweckt. 64 Befiehl also, dass das Grab bewacht wird bis zum dritten Tag, damit nicht seine Jünger kommen und ihn stehlen und dem Volk sagen: Er ist von den Toten auferweckt worden; der letzte Betrug wäre dann schlimmer als der erste. 65 Da sprach Pilatus zu ihnen: Ihr sollt eine Wache haben! Geht hin und bewacht es, so gut

und legte ihn in ein Felsengrab, in dem noch nie jemand beigesetzt worden war. 54 Es war Rüsttag, und der Sabbat brach an.

55 Und die Frauen, die mit ihm aus Galiläa gekommen waren, folgten ihm. Sie sahen das Grab und sahen, wie sein Leichnam beigesetzt wurde.

56 Dann kehrten sie heim und bereiteten
wohlriechende Öle und Salben zu. Und am Sabbat ruhten sie, wie das Gesetz es vorschreibt.

▼ *(Nr. 352 — 24,1–12 — S. 347)*

wohlriechenden Salben in Leinenbinden ein, wie es bei den Juden Brauch ist, wenn sie jemanden bestatten. 41 An dem Ort aber, wo er gekreuzigt worden war, lag ein Garten, und in dem Garten war ein neues Grab, in das noch niemand gelegt worden war. 42 Dorthin also legten sie Jesus wegen des Rüsttages der Juden, denn das Grab war in der Nähe.

▼ *(Nr. 352 — 20,1–13 — S. 347)*

[Lukas]

[Johannes]

ihr könnt. 66 Sie aber gingen hin, ver-
siegelten den Stein und bewachten das
Grab mit der Wache.

XVII   *Der Auferstandene*

352   DAS LEERE GRAB

Matthäus 28,1–8	*Markus 16,1–8*
	▲ *(Nr. 350 — 15,42–47 — S. 345)*
	1 Als der Sabbat vorüber war, kauften Maria aus Magdala und Maria, die Mutter des Jakobus, und Salome wohl-riechende Öle, um hinzugehen und ihn zu salben.
1 Nach dem Sabbat aber, beim Anbruch des ersten Wochentages, kamen Maria aus Magdala und die andere Maria, um nach dem Grab zu sehen.	2 Und sehr früh am ersten Tag der Woche kommen sie zum Grab, eben als die Sonne aufging.
	3 Und sie sagten zueinander: Wer wird uns den Stein vom Eingang des Grabes wegwälzen?
	4 Doch als sie hinschauen, sehen sie, dass der Stein weggewälzt ist. Er war sehr gross.
2 Und siehe, es geschah ein grosses Erdbeben. Denn ein Engel des Herrn stieg vom Himmel herab, trat herzu und wälzte den Stein weg und setzte sich darauf.	5 Und sie gingen in das Grab hinein
	und sahen auf der rechten Seite einen jungen Mann sitzen,
3 Seine Erscheinung war wie ein Blitz und sein Gewand weiss wie Schnee. 4 Die Wächter aber bebten aus Furcht vor ihm und wurden wie Tote.	der mit einem langen, weissen Gewand bekleidet war; da erschraken sie sehr.
5 Der Engel aber sprach zu den Frauen: Fürchtet euch nicht! Denn ich weiss, dass ihr Jesus, den Gekreuzigten, sucht. 6 Er ist nicht hier; denn er ist aufer-weckt worden, wie er gesagt hat.	6 Er aber spricht zu ihnen: Erschreckt nicht! Jesus sucht ihr, den Nazarener, den Gekreuzigten. Er ist auferweckt worden, er ist nicht hier.
Kommt, seht den Ort, wo er gelegen hat. 7 Und macht euch eilends auf den Weg	Siehe, der Ort, wo sie ihn hingelegt haben. 7 Doch geht,
und sagt seinen Jüngern, dass er aufer-	sagt seinen Jüngern und dem Petrus,

_____   _____
_____   _____
_____   _____

Lukas 24,1–12   *Johannes 20,1–13*
[23,56]   [20,18]

23,56 (Nr. 350, S. 345)
56 Dann kehrten sie heim und bereiteten   _____
wohlriechende Öle und Salben zu. Und am   _____
Sabbat ruhten sie, wie das Gesetz es vor-   _____
schreibt.   _____

▲ (Nr. 350 — 23,50–56 — S. 345)   ▲ (Nr. 350 — 19,38–42 — S. 345)
1 Am ersten Tag der Woche aber kamen   1 Am ersten Tag der Woche kommt Ma-
sie beim ersten Morgengrauen zum   ria aus Magdala frühmorgens, während
Grab und brachten die wohlriechenden   es noch dunkel ist, zum Grab
Öle mit, die sie zubereitet hatten.
                                        _____
_____
_____
_____

2 Da fanden sie den Stein weggewälzt   und sieht, dass der Stein vom Grab
vom Grab.   weggenommen ist.

3 Als sie aber hineingingen, fanden sie   _____
den Leichnam des Herrn Jesus nicht.   _____
4 Und es geschah, als sie darüber ratlos   _____
waren,   _____
siehe, da traten zwei Männer   _____

in blitzendem Gewand zu ihnen.   _____

5 Da wurden sie von Furcht gepackt   _____
und neigten ihr Gesicht zur Erde,   _____
und die Männer sprachen zu ihnen: _____
Was sucht ihr den Lebenden bei den   _____
Toten?   _____
6 Er ist nicht hier, er ist auferweckt   _____
worden. Erinnert euch daran, wie er zu   _____
euch gesagt hat, als er noch in Galiläa   _____
war: 7 Der Menschensohn muss in die   _____
Hände sündiger Menschen ausgeliefert   _____
und gekreuzigt werden und am dritten   _____

weckt worden ist von den Toten,

und siehe, er geht euch voraus nach Galiläa; dort werdet ihr ihn sehen. Siehe, ich habe es euch gesagt.	dass er euch vorausgeht nach Galiläa. Dort werdet ihr ihn sehen, wie er euch gesagt hat.
8 Und sie gingen eilends weg vom Grab mit Furcht und grosser Freude	8 Da gingen sie hinaus und flohen weg vom Grab; denn Zittern und Entsetzen hatte sie gepackt. Und sie sagten niemandem etwas; denn sie fürchteten sich.
und liefen, um es seinen Jüngern zu berichten.	▼ (Nr. 362 — Der kürzere Markusschluss — S. 357)

Tag auferstehen. 8 Und sie erinnerten
sich an seine Worte.

9 Und sie kehrten vom Grab zurück

2 Da eilt sie fort

und berichteten dies alles den Elf und
allen andern.

und kommt zu Simon Petrus und zu
dem anderen Jünger, den Jesus lieb hatte, und sagt zu ihnen: Sie haben den
Herrn aus dem Grab weggenommen,
und wir wissen nicht, wo sie ihn hingelegt haben.

10 Es waren dies Maria aus Magdala
und Johanna und Maria, die Mutter des
Jakobus, und die anderen Frauen, die
mit ihnen waren. Die sagten es den
Aposteln, 11 und ihnen erschienen diese Worte wie leeres Geschwätz, und sie
glaubten ihnen nicht.
12 Petrus aber stand auf
und eilte zum Grab,

20,18 (Nr. 353, S. 349)
18 Maria aus Magdala geht und berichtet
den Jüngern: Ich habe den Herrn gesehen,
und dass er dies zu ihr gesagt habe.

3 Da brachen Petrus und der andere
Jünger auf und gingen zum Grab. 4 Die
beiden liefen aber miteinander; doch
der andere Jünger lief voraus, schneller
als Petrus, und kam als erster zum
Grab.

und als er sich hineinbückt, sieht er
nur die Leinentücher;

5 Und als er sich vorbeugt, sieht er die
Leinenbinden daliegen; doch ging er
nicht hinein. 6 Nun kommt auch Simon Petrus, der ihm folgt, und er ging
in das Grab hinein. Er sieht die Leinenbinden daliegen 7 und das Schweisstuch, das auf seinem Haupt gewesen
war, nicht bei den Leinenbinden liegen, sondern zusammengerollt an einem Ort für sich. 8 Darauf ging nun
auch der andere Jünger hinein, der als
erster zum Grab gekommen war, und
sah und glaubte. 9 Denn noch verstanden sie die Schrift nicht, dass er von
den Toten auferstehen müsse.

und er ging nach Hause, voll Staunen
über das, was geschehen war.
▼ *(Nr. 355 — 24,13–35 — S. 350)*

10 Da kehrten die Jünger wieder zu den
anderen zurück. 11 Maria aber stand
draussen am Grab und weinte. Während sie nun weinte, beugte sie sich vor
in das Grab. 12 Und sie sieht zwei Engel
in weissen Gewändern dort sitzen, wo

_____   _____
_____   _____
_____   _____
_____   _____
_____   _____
_____   _____
_____   _____
_____   _____
_____   _____
_____

26,32 (Nr. 315, S. 310)   14,28 (Nr. 315, S. 310)
28,10 (Nr. 353, S. 349)

353   DIE ERSCHEINUNG VOR DEN FRAUEN

Matthäus 28,9–10   {*Markus 16,9–11*}

[28,7–8]   [16,7]

          {16,9–11} (Nr. 363, S. 357)

          {9 Als er aber frühmorgens am ersten
9 Und siehe, Jesus kam ihnen entgegen   Tag der Woche auferstanden war, er-
und sprach: Seid gegrüsst!   schien er zuerst Maria aus Magdala,
          aus der er sieben Dämonen ausgetrie-
          ben hatte.

Sie aber gingen auf ihn zu, umfassten
seine Füsse und warfen sich vor ihm
nieder. 10 Da spricht Jesus zu ihnen:
Fürchtet euch nicht!
Geht hin und sagt meinen Brüdern,
dass sie nach Galiläa gehen sollen, und
dort werden sie mich sehen.

28,7–8 (Nr. 352, S. 347)   16,7 (Nr. 352, S. 347)
7 Und macht euch eilends auf den Weg und   *7 Doch geht, sagt seinen Jüngern und dem*
sagt seinen Jüngern, dass er auferweckt   *Petrus, dass er euch vorausgeht nach Ga-*
worden ist von den Toten, und siehe, er geht   *liläa. Dort werdet ihr ihn sehen, wie er euch*
euch voraus nach Galiläa; dort werdet ihr   *gesagt hat.*
ihn sehen. Siehe, ich habe es euch gesagt.
8 Und sie gingen eilends weg vom Grab mit   10 Die ging und berichtete es seinen
Furcht und grosser Freude und liefen, um es   Jüngern, die zu Trauernden und Wei-
seinen Jüngern zu berichten.   nenden geworden waren.
          11 Und als sie hörten, dass er lebe und

der Leib Jesu gelegen hatte, den einen beim Haupt, den anderen bei den Füssen. 13 Und die sagen zu ihr: Frau, was weinst du? Sie sagt zu ihnen: Sie haben meinen Herrn weggenommen, und ich weiss nicht, wo sie ihn hingelegt haben.

12: Dieser Vers fehlt in verschiedenen wichtigen Handschriften. Er ist möglicherweise eine später entstandene erzählerische Vorbereitung von V. 34. Vorbild dafür könnte die Erzählung Joh 20,2–10 gewesen sein.

20,17 (Nr. 353, S. 349)

[Lukas 24,10–11]
(Nr. 352, S. 347)

Johannes 20,14–18

10 Es waren dies Maria aus Magdala und Johanna und Maria, die Mutter des Jakobus, und die anderen Frauen, die mit ihnen waren.

14 Das sagte sie und wandte sich nach hinten, und sie sieht Jesus dastehen, sie wusste aber nicht, dass es Jesus war. 15 Jesus spricht zu ihr: Frau, was weinst du? Wen suchst du? Weil sie meint, es sei der Gärtner, sagt sie zu ihm: Herr, wenn du ihn weggetragen hast, sag mir, wo du ihn hingelegt hast, und ich will ihn holen. 16 Jesus spricht zu ihr: Maria! Da wendet sie sich um und sagt auf hebräisch zu ihm: Rabbuni!, das heisst Meister. 17 Jesus spricht zu ihr: Rühre mich nicht an! Denn noch bin ich nicht hinaufgegangen zum Vater. Geh aber zu meinen Brüdern und sage ihnen: Ich gehe hinauf zu meinem Vater und zu eurem Vater, zu meinem Gott und zu eurem Gott.

Die sagten es den Aposteln,

18 Maria aus Magdala geht und berichtet den Jüngern: Ich habe den Herrn gesehen, und dass er dies zu ihr gesagt habe.

11 und ihnen erschienen diese Worte

von ihr gesehen worden sei, glaubten
sie es nicht.}

9: Die Verse 9–20 fehlen in den wichtigsten Handschriften. Sie gehören nicht zum ursprünglichen
Text des Markusevangeliums. Dieses endete mit V.8.

26,32 (Nr. 315, S. 310)   14,28 (Nr. 315, S. 310)

354   DER BETRUG DER HOHEPRIESTER

Matthäus 28,11–15   *[Markus]*

11 Als sie aber weggingen, siehe, da kamen einige von der Wache in die Stadt
und berichteten den Hohepriestern alles, was geschehen war. 12 Und diese
versammelten sich mit den Ältesten
und fassten einen Beschluss, gaben den
Soldaten reichlich Geld 13 und sprachen: Sagt, seine Jünger sind bei Nacht
gekommen und haben ihn gestohlen,
während wir schliefen. 14 Und wenn
der Statthalter davon hört, so werden
wir ihn beschwichtigen und dafür sorgen, dass ihr nichts zu befürchten habt.
15 Sie aber nahmen das Geld und taten,
wie sie angewiesen wurden. Und so hat
sich dieses Gerücht bei den Juden ver-
breitet bis auf den heutigen Tag.

▼ (Nr. 364 — 28,16–20 — S. 358)

355   AUF DEM WEG NACH EMMAUS

[Matthäus]   {*Markus 16,12–13*}
                                        (Nr. 363, S. 357)

                                        {12 Danach aber zeigte er sich in ande-
                                        rer Gestalt zweien von ihnen, die un-
                                        terwegs waren, aufs Feld hinaus.

wie leeres Geschwätz, und sie glaubten ihnen nicht.

▼ (Nr. 356 — 20,19–23 — S. 352)

[Lukas]

[Johannes]

Lukas 24,13–35

[Johannes]

▲ (Nr. 352 — 24,1–12 — S. 347)

13 Und siehe, am selben Tag waren zwei von ihnen unterwegs zu einem Dorf namens Emmaus, das sechzig Stadien von Jerusalem entfernt ist. 14 Und sie redeten miteinander über all das, was vorgefallen war. 15 Und es geschah, während sie miteinander redeten und sich besprachen, da kam Jesus selbst dazu und ging mit ihnen. 16 Doch ihre

Augen waren gehalten, so dass sie ihn nicht erkannten. 17 Er aber sprach zu ihnen: Was sind das für Worte, die ihr da unterwegs miteinander wechselt? Da blieben sie mit finsterer Miene stehen. 18 Der eine aber, mit Namen Kleopas, antwortete ihm: Du bist wohl der Einzige, der sich in Jerusalem aufhält und nicht erfahren hat, was sich in diesen Tagen dort zugetragen hat? 19 Und er sprach zu ihnen: Was denn? Sie sagten zu ihm: Das mit Jesus von Nazaret, der ein Prophet war, mächtig in Tat und Wort vor Gott und dem ganzen Volk, 20 und wie unsere Hohepriester und Oberen ihn ausgeliefert haben, damit er zum Tod verurteilt würde, und wie sie ihn gekreuzigt haben. 21 Wir aber hofften, er sei es, der Israel erlösen werde; und zu alledem ist es heute schon der dritte Tag, seit dies geschehen ist. 22 Doch auch einige Frauen, die zu uns gehören, haben uns in Schrecken versetzt. Sie waren frühmorgens am Grab, 23 und als sie den Leib nicht fanden, kamen sie und sagten, sie hätten sogar eine Erscheinung von Engeln gehabt, die sagten, er lebe. 24 Da gingen einige der Unsrigen zum Grab und fanden es so, wie die Frauen gesagt hatten; ihn aber sahen sie nicht. 25 Da sprach er zu ihnen: Ihr Unverständigen und im Herzen Trägen! Dass ihr nicht glaubt nach allem, was die Propheten gesagt haben! 26 Musste der Christus nicht solches erleiden und so in seine Herrlichkeit eingehen? 27 Und er fing an bei Mose und allen Propheten und legte ihnen aus, was in allen Schriften über ihn steht. 28 Und sie näherten sich dem Dorf, wohin sie unterwegs waren, und er tat so, als wollte er weitergehen. 29 Und sie drängten ihn und sprachen: Bleibe bei uns, denn es will Abend werden, und der Tag hat sich schon geneigt. Und er ging hinein und blieb bei ihnen. 30 Und es geschah, als er sich mit ihnen zu Tisch gelegt hatte, da nahm er das Brot, sprach den Lob-

	13 Und die gingen
	und berichteten es den übrigen; und auch denen glaubten sie nicht.}

Apg 10,41: ... nicht dem ganzen Volk, sondern den von Gott erwählten
Zeugen, uns, die wir mit ihm gegessen und getrunken haben nach seiner
Auferstehung von den Toten.
Apg 13,31: Und er erschien mehrere Tage hindurch denen, die mit ihm aus
Galiläa nach Jerusalem hinausgezogen waren, die jetzt dem Volk gegenüber
seine Zeugen sind.

356   ERSCHEINUNG VOR DEN JÜNGERN
                   IN ABWESENHEIT DES THOMAS

[Matthäus 18,18; 16,19]   [Markus]

preis, brach es und gab es ihnen. 31 Da
wurden ihnen die Augen aufgetan, und
sie erkannten ihn. Und er entschwand
vor ihnen. 32 Und sie sagten zueinander: Brannte nicht unser Herz in uns,
als er unterwegs mit uns redete, als er
uns die Schriften aufschloss? 33 Und
zur selben Stunde standen sie auf und
kehrten nach Jerusalem zurück und
fanden die Elf versammelt und die,
welche zu ihnen gehörten; 34 die sagten: Wirklich, der Herr ist auferweckt
worden und dem Simon erschienen.
35 Und auch sie erzählten, was unterwegs geschehen war und wie er von ihnen am Brechen des Brotes erkannt
worden war.

Lukas 24,36–43

Johannes 20,19–23

▲ *(Nr. 353 — 20,14–18 — S. 349)*

19 Am Abend jenes ersten Tages der
Woche, als die Jünger beisammen waren und die Türen verschlossen hatten
aus Furcht vor den Juden, kam Jesus
36 Während sie aber darüber redeten,　und trat in ihre Mitte, und er spricht zu
trat er selbst in ihre Mitte, und er　ihnen: Friede sei mit euch!
spricht zu ihnen: Friede sei mit euch!
37 Da gerieten sie in Angst und Schrecken und meinten, einen Geist zu sehen. 38 Und er sprach zu ihnen: Was
seid ihr verwirrt, und warum steigen
solche Gedanken in eurem Herzen auf?
39 Seht meine Hände und Füsse: Ich
selbst bin es. Fasst mich an und seht!
Ein Geist hat nicht Fleisch noch Knochen, wie ihr es an mir seht.
40 Und während er dies sagte, zeigte er　20 Und nachdem er dies gesagt hatte,
ihnen seine Hände und Füsse. 41 Da sie　zeigte er ihnen die Hände und die Sei-

_18,18 (Nr. 170, S. 168)_

18 Amen, ich sage euch: Was immer ihr auf Erden bindet, wird auch im Himmel gebunden sein, und was ihr auf Erden löst, wird auch im Himmel gelöst sein.

_16,19 (Nr. 158, S. 156)_

19 Ich werde dir die Schlüssel des Himmelreichs geben, und was du auf Erden bindest, wird auch im Himmel gebunden sein, und was du auf Erden lösest, wird auch im Himmel gelöst sein.

357   ERSCHEINUNG VOR THOMAS

[Matthäus]   [Markus]

aber vor Freude noch ungläubig waren
und staunten, sprach er zu ihnen: Habt
ihr etwas zu essen hier? 42 Da gaben
sie ihm ein Stück gebratenen Fisch;
43 und er nahm es und ass vor ihren
Augen.

▼ (Nr. 365 — 24,44–53 — S. 359)

te; da freuten sich die Jünger, weil sie
den Herrn sahen.

21 Da sprach Jesus wiederum zu ihnen:
Friede sei mit euch! Wie mich der Vater
gesandt hat, so sende auch ich euch.
22 Und nachdem er dies gesagt hatte,
hauchte er sie an, und er spricht zu ihnen: Empfangt heiligen Geist! 23 Denen ihr die Sünden vergebt, ihnen sind
sie vergeben; denen ihr sie festhaltet,
ihnen sind sie festgehalten.

[Lukas]

Johannes 20,24–29

24 Thomas aber, einer der Zwölf, der
auch Didymus genannt wird, war nicht
bei ihnen, als Jesus kam. 25 Da sagten
die anderen Jünger zu ihm: Wir haben
den Herrn gesehen. Er aber sagte zu ihnen: Wenn ich nicht an seinen Händen
das Mal der Nägel sehe und nicht meinen Finger in das Mal der Nägel lege
und nicht meine Hand in seine Seite lege, werde ich gewiss nicht glauben.
26 Und nach acht Tagen waren seine
Jünger wieder drinnen, und Thomas
war bei ihnen. Jesus kommt, obwohl
die Türen verschlossen waren, und er
trat in ihre Mitte und sprach: Friede sei
mit euch! 27 Dann spricht er zu Thomas: Lege deinen Finger hierher und
schau meine Hände an, und strecke
deine Hand aus und lege sie in meine
Seite, und sei nicht ungläubig, sondern

_____   _____
_____   _____
_____   _____
_____   _____
_____   _____
_____   _____

358   ERSCHEINUNG VOR DEN ELF JÜNGERN
                      BEIM MAHL

[Matthäus]   {Markus 16,14–18}
                              (Nr. 363, S. 357)

                              {14 Zuletzt zeigte er sich den Elf, als sie
                              zu Tische lagen, und tadelte ihren Un-
                              glauben und ihre Hartherzigkeit, weil
                              sie denen, die ihn als Auferweckten ge-
                              sehen hatten, nicht geglaubt hatten.
                              15 Und er sprach zu ihnen: Geht hin in
                              alle Welt und verkündigt das Evangeli-
                              um aller Kreatur. 16 Wer zum Glauben
                              kommt und getauft wird, wird gerettet
                              werden; wer aber nicht zum Glauben
                              kommt, wird verurteilt werden. 17 De-
                              nen aber, die zum Glauben kommen,
                              werden diese Zeichen folgen: in mei-
                              nem Namen werden sie Dämonen aus-
                              treiben, in neuen Zungen werden sie
                              reden, 18 Schlangen werden sie mit
                              blossen Händen aufheben, und wenn
                              sie tödliches Gift trinken, wird es ih-
                              nen nicht schaden; Kranke, denen sie
                              die Hände auflegen, werden gesund
                              werden.}

359   ERSCHEINUNG VOR DEN ELF JÜNGERN
                  AUF EINEM BERG IN GALILÄA

[Matthäus 28,16–20]   {Markus 16,14–18}
(Nr. 364, S. 358)   (Nr. 363, S. 357)

16 Die elf Jünger aber gingen nach Ga-   {14 Zuletzt zeigte er sich den Elf, als sie zu
liläa, auf den Berg, wohin Jesus sie ge-   Tische lagen, und tadelte ihren Unglauben
wiesen hatte. 17 Und als sie ihn sahen,   und ihre Hartherzigkeit, weil sie denen, die

gläubig! 28 Thomas antwortete und sprach zu ihm: Mein Herr und mein Gott! 29 Jesus spricht zu ihm: Du glaubst, weil du mich gesehen hast. Selig, die nicht sehen und glauben.

▼ (Nr. 366 — 20,30-31 — S. 360)

[Lukas]

[Johannes]

[Lukas]

[Johannes 14,23]
(Nr. 318, S. 312)

warfen sie sich nieder; einige aber zweifelten. 18 Und Jesus trat herzu und sprach zu ihnen: Mir ist gegeben alle Macht im Himmel und auf Erden.
19 Geht nun hin und macht alle Völker zu Jüngern:
tauft sie auf den Namen des Vaters und des Sohnes und des Heiligen Geistes, 20 und lehrt sie alles halten, was ich euch geboten habe. Und siehe, ich bin bei euch alle Tage bis an der Welt Ende.

ihn als Auferweckten gesehen hatten, nicht geglaubt hatten. 15 Und er sprach zu ihnen:

Geht hin in alle Welt und verkündigt das Evangelium aller Kreatur.
16 Wer zum Glauben kommt und getauft wird, wird gerettet werden; wer aber nicht zum Glauben kommt, wird verurteilt werden. 17 Denen aber, die zum Glauben kommen, werden diese Zeichen folgen: in meinem Namen werden sie Dämonen austreiben, in neuen Zungen werden sie reden, 18 Schlangen werden sie mit blossen Händen aufheben, und wenn sie tödliches Gift trinken, wird es ihnen nicht schaden; Kranke, denen sie die Hände auflegen, werden gesund werden.}

360   JESUS ERSCHEINT DEN JÜNGERN
AM SEE VON TIBERIAS

[Matthäus]   [Markus]

23 *Jesus antwortete ihm: Wenn mich jemand liebt, wird er mein Wort halten, und
mein Vater wird ihn lieben, und wir werden
zu ihm kommen und Wohnung bei ihm
nehmen.*

[Lukas 5,1–11]
(Nr. 41, S. 42)

1 *Es geschah aber, als die Menge sich um
ihn drängte und das Wort Gottes hörte, da
stand er am See Gennesaret 2 und sah zwei
Boote am Ufer liegen. Die Fischer aber waren ausgestiegen und wuschen die Netze.
3 Er aber stieg in eines der Boote, das Simon
gehörte, und bat ihn, ein wenig vom Land
wegzufahren. Er setzte sich und lehrte die
Menge vom Boot aus. 4 Als er aufgehört
hatte zu reden, sprach er zu Simon: Fahr hinaus ins Tiefe, und werft eure Netze zum
Fang aus! 5 Und Simon entgegnete: Meister, die ganze Nacht hindurch haben wir gearbeitet und nichts gefangen; aber auf dein
Wort hin werde ich die Netze auswerfen.*

[Johannes 21,1–14]
(Nr. 367, S. 361)

1 Danach zeigte sich Jesus den Jüngern
noch einmal, am See Tiberias. Er zeigte
sich aber auf diese Weise: 2 Simon Petrus und Thomas, der Didymus genannt
wird, und Natanael aus Kana in Galiläa
und die Söhne des Zebedäus und zwei
andere von seinen Jüngern waren beisammen. 3 Simon Petrus sagt zu ihnen:
Ich gehe fischen. Sie sagen zu ihm: Wir
kommen auch mit dir. Sie gingen hinaus und stiegen in das Boot, und in jener Nacht fingen sie nichts. 4 Als es
aber schon gegen Morgen ging, trat Jesus ans Ufer; die Jünger wussten aber
nicht, dass es Jesus war. 5 Da spricht Jesus zu ihnen: Kinder, ihr habt wohl keinen Fisch zum Essen? Sie antworteten
ihm: Nein. 6 Er aber sprach zu ihnen:
Werft das Netz auf der rechten Seite
des Bootes aus, und ihr werdet guten
Fang machen. Da warfen sie es aus, und

{361}   BERICHT DES PAULUS
ÜBER DIE ERSCHEINUNG JESU

[1.Korinther 15,3–8]

3 Denn ich habe euch in erster Linie
überliefert, was ich auch empfangen
habe, dass Christus für unsre Sünden
gestorben ist, nach den Schriften,
4 und dass er begraben und das er auferweckt worden ist am dritten Tag,
nach den Schriften, 5 und dass er dem
Kephas erschien, dann den Zwölfen.
6 Hernach erschien er mehr als fünfhundert Brüdern auf einmal, von de-

6 Das taten sie und fingen eine grosse Menge Fische; ihre Netze aber begannen zu reissen. 7 Und sie winkten den Gefährten im anderen Boot zu, sie sollten kommen und mit ihnen Hand anlegen. Und die kamen, und sie füllten beide Boote, so dass sie tief im Wasser lagen. 8 Als Simon Petrus das sah, fiel er Jesus zu Füssen und sagte: Geh weg von mir, Herr, denn ich bin ein sündiger Mensch. 9 Denn Schrecken packte ihn und alle mit ihm über diesen Fang, den sie getan hatten; 10 so auch den Jakobus und den Johannes, die Söhne des Zebedäus, die Simons Gefährten waren. Da sprach Jesus zu Simon: Fürchte dich nicht! Von jetzt an wirst du Menschen fangen. 11 Und sie brachten die Boote an Land, liessen alles zurück und folgten ihm nach.

vor lauter Fischen vermochten sie es nicht mehr einzuziehen. 7 Da sagt jener Jünger, den Jesus liebte, zu Petrus: Es ist der Herr. Als nun Simon Petrus hörte, dass es der Herr sei, legte er sich das Obergewand um, denn er war nackt, und warf sich ins Wasser. 8 Die anderen Jünger aber kamen mit dem Boot – sie waren nämlich nicht weit vom Ufer entfernt, sondern nur etwa zweihundert Ellen – und schleppten das Netz mit den Fischen. 9 Als sie nun an Land gingen, sehen sie ein Kohlenfeuer am Boden und Fisch darauf liegen und Brot. 10 Jesus spricht zu ihnen: Bringt von den Fischen, die ihr gerade gefangen habt. 11 Da stieg Simon Petrus aus dem Wasser und zog das Netz an Land, voll von hundertdreiundfünfzig grossen Fischen. Und obwohl es so viele waren, riss das Netz nicht. 12 Jesus spricht zu ihnen: Kommt und esst! Keiner von den Jüngern aber wagte ihn auszuforschen: Wer bist du? Sie wussten ja, dass es der Herr war. 13 Jesus kommt und nimmt das Brot und gibt es ihnen, und ebenso den Fisch. 14 Dies war schon das dritte Mal, dass Jesus sich den Jüngern zeigte, seit er von den Toten auferweckt worden war.

nen die Mehrzahl bis jetzt noch am Leben ist, einige aber entschlafen sind.
7 Hernach erschien er dem Jakobus,
dann den Aposteln allen. 8 Zuletzt aber
erschien er gleichsam als der Fehlge-
burt auch mir.

XVIII   *Ausgang:*
Die Evangelienschlüsse

362   DER KÜRZERE MARKUSSCHLUSS

[Matthäus]   [Markus]

▲ (Nr. 352 — 16,1–8 — S. 347)
{1 Sie aber berichteten sogleich alles,
was ihnen aufgetragen war, denen um
Petrus. Danach sandte Jesus selbst
durch sie vom Osten bis in den Westen
die heilige und unvergängliche Botschaft vom ewigen Heil. Amen.}

363   DER LÄNGERE MARKUSSCHLUSS

[Matthäus]   {Markus 16,9–20}

{9 Als er aber frühmorgens am ersten
Tag der Woche auferstanden war, erschien er zuerst Maria aus Magdala,
aus der er sieben Dämonen ausgetrieben hatte. 10 Die ging und berichtete es
seinen Jüngern, die zu Trauernden und
Weinenden geworden waren. 11 Und
als sie hörten, dass er lebe und von ihr
gesehen worden sei, glaubten sie es
nicht. 12 Danach aber zeigte er sich in
anderer Gestalt zweien von ihnen, die
unterwegs waren, aufs Feld hinaus.
13 Und die gingen und berichteten es
den übrigen; und auch denen glaubten
sie nicht. 14 Zuletzt zeigte er sich den
Elf, als sie zu Tische lagen, und tadelte

[Lukas]

[Johannes]

[Lukas 10,17–20]
(Nr. 180, S. 176)

[Johannes]

ihren Unglauben und ihre Hartherzigkeit, weil sie denen, die ihn als Auferweckten gesehen hatten, nicht geglaubt hatten. 15 Und er sprach zu ihnen: Geht hin in alle Welt und verkündigt das Evangelium aller Kreatur.
16 Wer zum Glauben kommt und getauft wird, wird gerettet werden; wer
aber nicht zum Glauben kommt, wird
verurteilt werden. 17 Denen aber, die
zum Glauben kommen, werden diese
Zeichen folgen: in meinem Namen
werden sie Dämonen austreiben, in
neuen Zungen werden sie reden,
18 Schlangen werden sie mit blossen
Händen aufheben, und wenn sie tödliches Gift trinken, wird es ihnen nicht
schaden; Kranke, denen sie die Hände
auflegen, werden gesund werden.
19 Nachdem nun der Herr, Jesus, zu ihnen geredet hatte, wurde er in den
Himmel emporgehoben und setzte
sich zur Rechten Gottes. 20 Sie aber zogen aus und verkündigten überall. Und
der Herr wirkte mit und bekräftigte
das Wort durch die Zeichen, die dabei
geschahen.}

9: Die Verse 9–20 fehlen in den wichtigsten Handschriften. Sie gehören nicht zum ursprünglichen
Text des Markusevangeliums. Dieses endete mit V.8.

20: Einige Handschriften haben zusätzlich zu den
Versen 9–20 noch den folgenden Text vor V.9 einge-
fügt: «Sie aber berichteten sogleich alles, was ihnen
aufgetragen war, denen um Petrus. Danach sandte
Jesus selbst durch sie vom Osten bis in den Westen
die heilige und unvergängliche Botschaft vom
ewigen Heil. Amen.»

364   DER MATTHÄUSSCHLUSS:
          DER AUFTRAG DES AUFERSTANDENEN
                    (vgl. Nr. 359)

Matthäus 28,16–20   [Markus]

▲ (Nr. 354 — 28,11–15 — S. 350)
16 Die elf Jünger aber gingen nach Galiläa, auf den Berg, wohin Jesus sie gewiesen hatte. 17 Und als sie ihn sahen,

17 Die Zweiundsiebzig kehrten zurück mit Freude und sagten: Selbst die Dämonen, Herr, sind uns durch deinen Namen untertan. 18 Da sprach er zu ihnen: Ich sah den Satan wie einen Blitz vom Himmel fallen. 19 Siehe, ich habe euch die Vollmacht gegeben, auf Schlangen und Skorpione zu treten, und Vollmacht über alle Gewalt des Feindes, und nichts wird euch schaden. 20 Doch freut euch nicht darüber, dass euch die Geister untertan sind; freut euch vielmehr darüber, dass eure Namen im Himmel aufgeschrieben sind.

[Lukas]

[Johannes]

warfen sie sich nieder; einige aber
zweifelten. 18 Und Jesus trat herzu und
sprach zu ihnen: Mir ist gegeben alle
Macht im Himmel und auf Erden.
19 Geht nun hin und macht alle Völker
zu Jüngern: tauft sie auf den Namen
des Vaters und des Sohnes und des Heiligen Geistes, 20 und lehrt sie alles halten, was ich euch geboten habe. Und
siehe, ich bin bei euch alle Tage bis an
der Welt Ende.

365   DER LUKASSCHLUSS:
          LETZTE WORTE JESU, HIMMELFAHRT

[Matthäus]   {Markus 16,15 . 19}
          (Nr. 363, S. 357)

{15 Und er sprach zu ihnen: Geht hin
in alle Welt und verkündigt das Evangelium aller Kreatur.

19 Nachdem nun der Herr, Jesus, zu ihnen geredet hatte, wurde er in den
Himmel emporgehoben und setzte
sich zur Rechten Gottes.}

Lukas 24,44–53

▲ *(Nr. 356 — 24,36–43 — S. 352)*

44 Da sprach er zu ihnen: Dies sind meine Worte, die ich zu euch gesagt habe, als ich noch mit euch zusammen war: Alles muss erfüllt werden, was im Gesetz des Mose und bei den Propheten und in den Psalmen über mich geschrieben steht. 45 Dann tat er ihren Verstand auf, so dass sie die Schriften begriffen, 46 und sprach zu ihnen: So steht geschrieben: Der Christus wird leiden und am dritten Tag von den Toten auferstehen, 47 und in seinem Namen wird Umkehr zur Vergebung der Sünden verkündigt werden allen Völkern. Ihr beginnt in Jerusalem 48 und seid Zeugen dafür. 49 Und siehe, ich sende die Verheissung meines Vaters zu euch; ihr aber sollt in der Stadt bleiben, bis ihr mit Kraft aus der Höhe ausgerüstet werdet. 50 Und er führte sie hinaus bis in die Nähe von Betanien. Und er erhob die Hände und segnete sie. 51 Und es geschah, während er sie segnete, da schied er von ihnen und wurde zum Himmel emporgehoben.

52 Sie aber fielen vor ihm nieder und kehrten mit grosser Freude nach Jeru-

[Johannes]

_____   _____
_____   _____

Apg 1,4–14: 4 Und als er mit ihnen zusammen war, gebot er ihnen, von Jerusalem nicht zu weichen, sondern auf die Verheissung des Vaters zu warten,
die ihr [, sprach er,] von mir gehört habt. 5 denn Johannes hat mit Wasser
getauft, ihr aber werdet mit heiligem Geist getauft werden nicht lange
nach diesen Tagen. 6 Als sie nun zusammengekommen waren, fragten sie
ihn: Herr, stellst du in dieser Zeit für Israel das Reich wieder her? 7 Er
sprach zu ihnen: Euch gebührt es nicht, Zeit oder Stunde zu wissen, die der
Vater nach seiner eignen Macht festgesetzt hat. 8 Aber ihr werdet Kraft
empfangen, wenn der heilige Geist über euch kommt, und werdet meine
Zeugen sein in Jerusalem und in ganz Judäa und Samarien und bis ans Ende
der Erde. 9 Und als er dies gesprochen hatte, wurde er vor ihren Augen
emporgehoben, und eine Wolke nahm ihn auf, sodass er ihren Blicken
entschwand. 10 Und als sie zum Himmel aufschauten, während er dahin-
fuhr, siehe, da standen zwei Männer in weissen Kleidern bei ihnen, 11 die
sagten: Ihr galiläischen Männer, was steht ihr da und blickt zum Himmel
auf? Dieser Jesus, der von euch weg in den Himmel emporgehoben worden
ist, wird so kommen, wie ihr ihn habt in den Himmel fahren sehen. 12 Da
kehrten sie nach Jerusalem zurück von dem Berg, welcher Ölberg heisst,
der nahe bei Jerusalem ist, einen Sabbatweg weit. 13 Und als sie hineingekommen waren, gingen sie hinauf in das Obergemach, wo sie sich aufzuhalten pflegten, Petrus und Johannes und Jakobus und Andreas, Philippus
und Thomas, Bartholomäus und Matthäus, Jakobus der Sohn des Alphäus,
und Simon der Eiferer und Judas, der Sohn des Jakobus. 14 Diese alle
verharrten einmütig im Gebet, mit [den] Frauen und Maria, der Mutter
Jesu, und mit seinen Brüdern.

366   DER ERSTE JOHANNESSCHLUSS

[Matthäus]   *[Markus]*

_____   _____
_____   _____
_____   _____
_____   _____
_____   _____
_____   _____
_____   _____
_____   _____
_____   _____

salem zurück. 53 Und sie waren allezeit
im Tempel und priesen Gott.

[Lukas]

Johannes 20,30–31

▲ *(Nr. 357 — 20,24–29 — S. 353)*

30 Zwar hat Jesus noch viele andere
Zeichen getan vor den Augen seiner
Jünger, die in diesem Buch nicht aufgeschrieben sind. 31 Diese aber sind aufgeschrieben, damit ihr glaubt, dass Jesus der Christus ist, der Sohn Gottes,
und damit ihr dadurch, dass ihr glaubt,
Leben habt in seinem Namen.

367　　　　　DER ZWEITE JOHANNESSCHLUSS:
　　　　　　JESUS AM SEE VON TIBERIAS
　　　PETRUS UND DER LIEBLINGSJÜNGER
　　　　　　　　WAHRHEITSZEUGNIS
　　　　　　　　　(vgl. Nr. 360)

[Matthäus]　　　　　　　　　　　[Markus]

[Lukas]

Johannes 21,1–25

1 Danach zeigte sich Jesus den Jüngern noch einmal, am See Tiberias. Er zeigte sich aber auf diese Weise: 2 Simon Petrus und Thomas, der Didymus genannt wird, und Natanael aus Kana in Galiläa und die Söhne des Zebedäus und zwei andere von seinen Jüngern waren beisammen. 3 Simon Petrus sagt zu ihnen: Ich gehe fischen. Sie sagen zu ihm: Wir kommen auch mit dir. Sie gingen hinaus und stiegen in das Boot, und in jener Nacht fingen sie nichts. 4 Als es aber schon gegen Morgen ging, trat Jesus ans Ufer; die Jünger wussten aber nicht, dass es Jesus war. 5 Da spricht Jesus zu ihnen: Kinder, ihr habt wohl keinen Fisch zum Essen? Sie antworteten ihm: Nein. 6 Er aber sprach zu ihnen: Werft das Netz auf der rechten Seite des Bootes aus, und ihr werdet guten Fang machen. Da warfen sie es aus, und vor lauter Fischen vermochten sie es nicht mehr einzuziehen. 7 Da sagt jener Jünger, den Jesus liebte, zu Petrus: Es ist der Herr. Als nun Simon Petrus hörte, dass es der Herr sei, legte er sich das Obergewand um, denn er war nackt, und warf sich ins Wasser. 8 Die anderen Jünger aber kamen mit dem Boot – sie waren nämlich nicht weit vom Ufer entfernt, sondern nur etwa zweihundert Ellen – und schleppten das Netz mit den Fischen. 9 Als sie nun an Land gingen, sehen sie ein Kohlenfeuer am Boden und Fisch darauf liegen und Brot. 10 Jesus spricht zu ihnen: Bringt von den Fischen, die ihr gerade gefangen habt. 11 Da stieg Simon Petrus aus dem Wasser und zog das Netz

an Land, voll von hundertdreiundfünfzig grossen Fischen. Und obwohl es so viele waren, riss das Netz nicht. 12 Jesus spricht zu ihnen: Kommt und esst! Keiner von den Jüngern aber wagte ihn auszuforschen: Wer bist du? Sie wussten ja, dass es der Herr war. 13 Jesus kommt und nimmt das Brot und gibt es ihnen, und ebenso den Fisch. 14 Dies war schon das dritte Mal, dass Jesus sich den Jüngern zeigte, seit er von den Toten auferweckt worden war.

15 Als sie nun gegessen hatten, spricht Jesus zu Simon Petrus: Simon, Sohn des Johannes, liebst du mich mehr, als diese mich lieben? Er sagt zu ihm: Ja, Herr, du weisst, dass ich dich lieb habe. Er spricht zu ihm: Weide meine Lämmer! 16 Und er spricht ein zweites Mal zu ihm: Simon, Sohn des Johannes, liebst du mich? Der sagt zu ihm: Ja, Herr, du weisst, dass ich dich lieb habe. Er spricht zu ihm: Hüte meine Schafe! 17 Er spricht zum dritten Mal zu ihm: Simon, Sohn des Johannes, hast du mich lieb? Petrus wurde traurig, weil er zum dritten Mal zu ihm sagte: Hast du mich lieb?, und er sagt zu ihm: Herr, du weisst alles, du merkst, dass ich dich lieb habe. Jesus spricht zu ihm: Weide meine Schafe! 18 Amen, amen, ich sage dir: Als du jünger warst, hast du dich selbst gegürtet und bist gegangen, wohin du wolltest. Wenn du aber älter wirst, wirst du deine Hände ausstrecken, und ein anderer wird dich gürten und führen, wohin du nicht willst. 19 Dies aber sagte er, um anzudeuten, durch welchen Tod er Gott verherrlichen werde. Und nachdem er dies gesagt hat, spricht er zu ihm: Folge mir nach! 20 Als Petrus sich umwendet, sieht er den Jünger folgen, den Jesus liebte, der auch bei dem Mahl an seiner Brust gelegen und gesagt hat: Herr, wer ist es, der dich verraten wird? 21 Als nun Petrus ihn sieht, sagt er zu Jesus: Herr, was ist aber mit diesem? 22 Jesus spricht zu ihm: Wenn ich will, dass er

26,30–35 (Nr. 315, S. 310)

14,26–31 (Nr. 315, S. 310)

16,28 (Nr. 160, S. 158)

9,1 (Nr. 160, S. 158)

bleibt, bis ich komme, was geht es dich
an? Folge du mir nach! 23 Da kam unter
den Brüdern die Rede auf, dass jener
Jünger nicht sterbe. Aber Jesus hatte zu
ihm nicht gesagt: Er stirbt nicht, sondern: Wenn ich will, dass er bleibt, bis
ich komme, was geht das dich an?
24 Dies ist der Jünger, der von diesen
Dingen Zeugnis ablegt und der dies
aufgeschrieben hat. Und wir wissen,
dass sein Zeugnis wahr ist. 25 Es gibt
aber noch vieles andere, was Jesus getan hat. Wenn davon eins ums andere
aufgeschrieben werden sollte, so meine
ich, dass selbst die Welt die Bücher
nicht fassen würde, die dann zu schreiben wären.

18,1 (Nr. 330, S. 322)

22,39 (Nr. 330, S. 322)

16,32 (Nr. 328, S. 320)

22,31–34 (Nr. 315, S. 310)

13,36–38 (Nr. 315, S. 310)

8,51–52 (Nr. 247, S. 231)

9,27 (Nr. 160, S. 158)

Das
Thomasevangelium

Dies sind die geheimen Worte, die Jesus der Lebendige sagte und die Didymus Judas Thomas aufgeschrieben hat.

1 Und er sagte: Wer die Interpretation dieser Worte findet, wird den Tod nicht schmecken.

2 Jesus sagte: Wer sucht, soll nicht aufhören zu suchen, bis er findet; und wenn er findet, wird er bestürzt sein; und wenn er bestürzt ist, wird er verwundert sein, und er wird über das All herrschen.

3 Jesus sagte: Wenn die, die euch führen, euch sagen: Seht, das Königreich ist im Himmel, so werden euch die Vögel des Himmels vorangehen; wenn sie euch sagen: Es ist im Meer, so werden euch die Fische vorangehen. Aber das Königreich ist in eurem Inneren, und es ist ausserhalb von euch. Wenn ihr euch erkennen werdet, dann werdet ihr erkannt, und ihr werdet wissen, dass ihr die Söhne des lebendigen Vaters seid. Aber wenn ihr euch nicht erkennt, dann werdet ihr in der Armut sein, und ihr seid die Armut.

4 Jesus sagte: Der alte Mensch wird nicht zögern in seinem Alter, ein kleines Kind von sieben Tagen zu befragen über den Ort des Lebens, und er wird leben; denn viele Erste werden die Letzten werden, und sie werden ein Einziger werden.

5 Jesus sagte: Erkenne das, was vor dir ist, und das, was vor dir verborgen ist, wird dir enthüllt werden; denn es gibt nichts Verborgenes, was nicht offenbar werden wird.

6 Seine Jünger fragten ihn (und) sagten zu ihm: Willst du, dass wir fasten? Und wie sollen wir beten (und) Almosen geben? Wie beachten wir die Frage der Speisen? Jesus sagte: Lügt nicht und, was ihr verabscheut, das tut nicht; denn alles ist offenbar im Angesicht des Himmels; denn es gibt nichts Verborgenes, das nicht offenbar werden wird, und es gibt nichts Verhülltes, das bleibt, ohne enthüllt zu werden.

7 Jesus sagte: Selig ist der Löwe, den der Mensch isst, und der Löwe wird Mensch werden; und verflucht sei der Mensch, den der Löwe frisst, und der Löwe wird Mensch werden.

8 Und er sagte: Der Mensch gleicht einem weisen Fischer, der sein Netz ins Meer warf; er zog es aus dem Meer voll von kleinen Fischen; unter ihnen fand er einen grossen schönen Fisch, der weise Fischer; er warf alle kleinen Fische ins Meer, er wählte den grossen Fisch ohne Anstrengung. Wer Ohren hat, zu hören, der höre.

9 Jesus sagte: Siehe, da ging ein Sämann hinaus, füllte seine Hand (und) warf (die Samen). Ein Teil davon fiel auf den Weg; die Vögel kamen, sie aufzusammeln. Andere fielen auf den Felsen, und sie schlugen keine Wurzeln in der Erde und brachten keine Ähren hervor gen Himmel. Und andere fielen auf die gute Erde, und sie gab eine gute Frucht gen Himmel; sie brachte sechzig des Masses und hundertzwanzig des Masses.

10 Jesus sagte: Ich habe ein Feuer auf die Welt geworfen, und seht, ich wache über es, bis es sich entzündet.

11 Jesus sagte: Dieser Himmel wird vergehen. Und derjenige, der darüber ist, wird vergehen; und die, die tot sind, sind nicht lebendig, und die, die lebendig sind, werden nicht sterben.

In den Tagen, in denen ihr esst von dem, was tot ist, macht ihr daraus, was lebendig ist. Wenn ihr Licht sein werdet, was werdet ihr tun? An dem Tag, da ihr eins gewesen seid, seid ihr zwei geworden. Aber wenn ihr zwei geworden seid, was werdet ihr tun?

12 Die Jünger sagten zu Jesus: Wir wissen, dass du uns verlassen wirst; wer ist es, der gross über uns werden wird? Jesus sagte zu ihnen: Da, wo ihr hingegangen sein werdet, werdet ihr auf Jakobus, den Gerechten, zugehen, für den Himmel und Erde gemacht worden sind.

13 Jesus sagte zu seinen Jüngern: Vergleicht mich, sagt mir, wem ich gleiche. Simon Petrus sagte zu ihm: Du gleichst einem gerechten Engel. Matthäus sagte zu ihm: Du gleichst einem weisen Philosophen. Thomas sagte zu ihm: Meister, mein Mund wird es absolut nicht zulassen, dass ich sage, wem du gleichst. Jesus sagte: Ich bin nicht dein Meister, denn du hast dich berauscht an der sprudelnden Quelle, die ich hervorströmen liess (?). Und er nahm ihn (und) zog sich zurück (und) sagte ihm drei Worte. Als Thomas aber zu seinen Gefährten zurückgekehrt war, fragten sie ihn: Was hat dir Jesus gesagt? Thomas sagte zu ihnen: Wenn ich euch eines der Worte sage, die er mir gesagt hat, werdet ihr Steine nehmen (und) sie gegen mich werfen, und ein Feuer wird aus den Steinen hervorkommen (und) euch verbrennen.

14 Jesus sagte zu ihnen: Wenn ihr fastet, werdet ihr euch eine Sünde zuschreiben; und wenn ihr betet, werdet ihr verdammt werden; und wenn ihr Almosen gebt, werdet ihr Böses an eurem Pneuma tun. Und wenn ihr in irgendein Land eintreten werdet und in den Gebieten wandert, wenn man euch empfängt, dann esst, was euch vorgesetzt wird; heilt die unter ihnen, die krank sind. Denn das, was in euren Mund hineingeht, wird euch nicht beflecken; aber das, was euren Mund verlässt, das ist es, was euch beflecken wird.

15 Jesus sagte: Wenn ihr den seht, der nicht aus der Frau geboren ist, werft euch mit dem Gesicht zur Erde (und) betet ihn an; dieser ist euer Vater.

16 Jesus sagte: Vielleicht denken die Menschen, dass ich gekommen bin, um Frieden auf die Welt zu werfen; und sie wissen nicht, dass ich gekommen bin, Uneinigkeiten auf die Erde zu werfen, Feuer, Schwert, Krieg. Denn es werden fünf sein, die in einem Haus sein werden: drei werden gegen zwei und zwei werden gegen drei sein, der Vater gegen den Sohn, der Sohn gegen den Vater, und sie werden als Einzelne dastehen.

17 Jesus sagte: Ich werde euch geben, was kein Auge gesehen und was kein Ohr gehört und was keine Hand berührt hat und was nicht zum Herzen des Menschen aufgestiegen ist.

18 Die Jünger sagten zu Jesus: Sage uns, wie unser Ende sein wird. Jesus sagte: Da ihr entdeckt habt den Anfang, warum sucht ihr das Ende? Denn da, wo der Anfang ist, wird auch das Ende sein. Selig, wer sich an den Anfang (im Anfang) halten wird, und er wird das Ende erkennen, und er wird den Tod nicht schmecken.

19 Jesus sagte: Selig der, der war, bevor er wurde. Wenn ihr mir Jünger werdet (und) wenn ihr auf meine Worte hört, werden diese Steine euch dienen. Denn ihr habt fünf Bäume im Paradies, die verändern sich nicht, weder im Sommer noch im Winter, und deren Blätter fallen nicht. Derjenige, der sie kennt, wird den Tod nicht schmecken.

20 Die Jünger sagten zu Jesus: Sage uns, was mit dem Himmelreich zu vergleichen ist. Er sagte zu ihnen: Es ist gleich einem Senfkorn, dem kleinsten unter allen Samen; aber wenn es auf

beackerten Boden fällt, kommt aus ihm ein grosser Zweig hervor, der ein Schutz für die Vögel des Himmels wird.

21 Mariham sagte zu Jesus: Wem gleichen deine Jünger? Er sagte: Sie gleichen kleinen Kindern, die sich auf einem Feld niedergelassen haben, das ihnen nicht gehört. Wenn die Herren des Feldes kommen, werden sie sagen: Lasst uns unser Feld. Sie sind ganz nackt in ihrer Gegenwart, damit sie es ihnen lassen und ihnen ihr Feld geben. Darum sage ich: Wenn der Herr des Hauses weiss, dass der Dieb kommen wird, wird er wachen, bevor er kommt; (und) er wird ihn nicht eindringen lassen in das Haus seines Königreiches, um seine Dinge mitzunehmen. Ihr aber, wacht angesichts der Welt; gürtet eure Lenden mit einer grossen Kraft, dass die Räuber keinen Weg finden, um zu euch zu kommen. Denn der Lohn, auf den ihr rechnet, sie werden ihn finden. Wäre (doch) unter euch ein weiser Mann! Als die Frucht gereift ist, ist er sofort gekommen, seine Sichel in der Hand, und hat sie gemäht. Wer Ohren hat, zu hören, der höre.

22 Jesus sah Kleine, die gesäugt wurden. Er sagte zu seinen Jüngern: Diese Kleinen, die gesäugt werden, gleichen denen, die ins Königreich eingehen. Sie sagten zu ihm: Wenn wir also Kinder werden, werden wir in das Königreich eingehen? Jesus sagte zu ihnen: Wenn ihr aus zwei eins macht und wenn ihr das Innere wie das Äussere macht und das Äussere wie das Innere und das Obere wie das Untere und wenn ihr aus dem Männlichen und dem Weiblichen eine Sache macht, sodass das Männliche nicht männlich und das Weibliche nicht weiblich ist, und wenn ihr Augen macht statt eines Auges und eine Hand statt einer Hand und einen Fuss statt eines Fusses, ein Bild statt eines Bildes, dann werdet ihr in das [Königreich] eingehen.

23 Jesus sagte: Ich werde euch er-

wählen (auswählen), einen unter tausend und zwei unter zehntausend, und sie werden dastehen, als wären sie ein Einziger.

24 Seine Jünger sagten: Belehre uns über den Ort, an dem du bist, denn es ist eine Notwendigkeit für uns, dass wir ihn suchen. Er sagte zu ihnen: Wer Ohren hat, der höre! Es ist Licht im Inneren des Menschen des Lichts, und er erleuchtet die ganze Welt. Wenn er nicht scheint, das ist die Finsternis.

25 Jesus sagte: Liebe deinen Bruder wie deine Seele; wache über ihn wie über deinen Augapfel.

26 Jesus sagte: Den Splitter, der im Auge deines Bruders ist, siehst du; aber den Balken, der in deinem Auge ist, siehst du nicht. Wenn du den Balken aus deinem Auge gezogen hast, dann wirst du (klar) sehen, um den Splitter aus deines Bruders Auge zu ziehen.

27 <Jesus sagte:> Wenn ihr nicht fastet gegenüber der Welt, werdet ihr das Königreich nicht finden; wenn ihr den Sabbat nicht feiert wie den Sabbat, werdet ihr den Vater nicht sehen.

28 Jesus sagte: Ich stand in der Mitte der Welt, und ich habe mich ihnen im Fleisch offenbart. Ich habe sie alle betrunken gefunden; ich habe niemanden unter ihnen durstig gefunden, und meine Seele wurde betrübt über die Söhne der Menschen; denn sie sind blind in ihrem Herzen, und sie sehen nicht, dass sie leer in die Welt gekommen sind, leer auch die Welt zu verlassen suchen. Aber nun sind sie betrunken. Wenn sie ihren Wein abschütteln, so werden sie bereuen (Busse tun).

29 Jesus sagte: Wenn das Fleisch zur Existenz gelangt ist wegen des Geistes, so ist das ein Wunder. Aber wenn der Geist (zur Existenz gelangt ist) wegen des Leibes, so ist das ein Wunder der Wunder. Aber ich wundere mich darüber, wie dieser grosse Reichtum in dieser Armut gewohnt hat.

30 Jesus sagte: Wo drei Götter sind,

da sind es Götter; wo zwei oder einer ist, da werde ich mit ihm sein.

31 Jesus sagte: Kein Prophet wird in seinem Dorf aufgenommen, kein Arzt heilt die, die ihn kennen.

32 Jesus sagte: Eine Stadt, die auf einem Berg gebaut ist, erhöht und befestigt, kann nicht fallen, noch kann sie verborgen werden.

33 Jesus sagte: Das, was du mit deinem Ohr (und) mit dem anderen Ohr hörst, verkünde es auf euren Dächern. Denn niemand zündet eine Lampe an, um sie unter den Scheffel zu stellen noch um sie an einen verborgenen Ort zu stellen; sondern man stellt sie auf einen Leuchter, damit jeder, der eintritt und hinausgeht, ihr Licht sieht.

34 Jesus sagte: Wenn ein Blinder einen Blinden führt, fallen sie beide hinunter in eine Grube.

35 Jesus sagte: Es ist nicht möglich, dass jemand in das Haus des Mächtigen eintritt (und) es mit Gewalt nimmt, es sei denn, er bände ihm die Hände; dann wird er sein Haus umdrehen.

36 Jesus sagte: Sorgt euch nicht vom Morgen bis zum Abend und vom Abend bis zum Morgen, mit was ihr euch bekleiden werdet.

37 Seine Jünger sagten: An welchem Tag wirst du dich uns offenbaren, und an welchem Tag werden wir dich sehen? Jesus sagte: Wenn ihr eure Scham nackt gemacht habt, wenn ihr eure Kleider nehmen und unter eure Füsse legen werdet wie die kleinen Kinder (und) auf sie tretet, dann [werdet ihr sehen] den Sohn des Lebendigen und ihr werdet euch nicht fürchten.

38 Jesus sagte: Oft habt ihr gewünscht, diese Worte zu hören, die ich euch sage, und ihr habt keinen anderen, von dem ihr sie hören könnt. Tage werden kommen, da ihr mich suchen (und) nicht finden werdet.

39 Jesus sagte: Die Pharisäer und die Schriftgelehrten haben die Schlüssel zur Erkenntnis erhalten, (und) sie haben sie versteckt. Sie sind auch nicht eingetreten, und die, die eintreten wollten, haben sie nicht eintreten lassen. Aber ihr, seid klug wie die Schlangen und rein wie die Tauben.

40 Jesus sagte: Ein Weinstock ist gepflanzt worden ausserhalb des Vaters; und da er nicht befestigt ist, wird er ausgerissen werden mit seiner Wurzel, (und) er wird verderben.

41 Jesus sagte: Wer in seiner Hand hat, dem wird gegeben werden; und dem, der nicht hat, wird man auch das wenige, das er hat, nehmen.

42 Jesus sagte: Seid Vorübergehende!

43 Seine Jünger sagten zu ihm: Wer bist du, der du uns das sagst? <Jesus sagte zu ihnen:> Von dem, was ich euch sage, wisst ihr nicht, wer ich bin? Doch ihr seid wie die Juden geworden; denn sie lieben den Baum (und) hassen seine Frucht, und sie lieben die Frucht (und) hassen den Baum.

44 Jesus sagte: Wer den Vater lästert, dem wird man verzeihen, und wer den Sohn lästert, dem wird man verzeihen; aber dem, der den Heiligen Geist lästert, dem wird man nicht verzeihen, weder auf der Erde noch im Himmel.

45 Jesus sagte: Man erntet nicht Trauben von Dornsträuchern, noch pflückt man Feigen von Weissdornsträuchern, sie geben keine Frucht. [Denn ein gu]ter Mensch bringt Gutes aus seinem Schatz hervor; ein böser Mensch bringt böse Dinge aus seinem Schatz hervor, der sein Herz ist, und er sagt böse Dinge, denn aus dem Überfluss des Herzens bringt er böse Dinge hervor.

46 Jesus sagte: Von Adam bis Johannes dem Täufer ist unter den Kindern der Frauen keiner höher als Johannes der Täufer, denn seine Augen waren nicht zerstört (?). Aber ich habe gesagt: Wer unter euch klein wird, wird das Königreich erkennen und wird höher sein als Johannes.

47 Jesus sagte: Es ist nicht möglich, dass ein Mensch zwei Pferde besteigt, (noch dass) er zwei Bogen spannt; und es ist nicht möglich, dass ein Diener zwei Herren dient, es sei denn, er ist ehrerbietig gegenüber dem einen, und den anderen verhöhnt er. Niemand trinkt alten Wein und wünscht sofort, neuen Wein zu trinken. Und man giesst nicht neuen Wein in alte Schläuche, damit sie nicht verderben; und man giesst nicht alten Wein in einen neuen Schlauch, damit er ihn nicht verdürbe. Man näht nicht einen alten Flecken auf ein neues Gewand, denn es würde ein Riss entstehen.

48 Jesus sagte: Wenn zwei Frieden schliessen unter sich in diesem einen Haus, werden sie dem Berg sagen: Versetze dich, und er wird sich versetzen.

49 Jesus sagte: Selig die Einsamen und die Erwählten, denn ihr werdet das Königreich finden, denn ihr seid hervorgekommen aus ihm, (und) aufs Neue werdet ihr dahin zurückkehren.

50 Jesus sagte: Wenn sie zu euch sagen: Woher kommt ihr?, dann sagt zu ihnen: Wir kommen aus dem Licht, daher, wo das Licht aus sich selbst heraus geboren ist. Es hat [sich aufgestellt], und es hat sich in ihrem Bild offenbart. Wenn sie zu euch sagen: Wer seid ihr?, dann sagt: Wir sind seine Söhne, und wir sind die Erwählten des lebendigen Vaters. Wenn sie euch fragen: Welches ist das Zeichen eures Vaters in euch?, sagt zu ihnen: Es ist Bewegung und Ruhe.

51 Seine Jünger sagten zu ihm: An welchem Tag wird die Ruhe der Toten eintreten, und an welchem Tag wird die neue Welt kommen? Er sagte zu ihnen: Die, die ihr erwartet, ist gekommen, aber ihr erkennt sie nicht.

52 Seine Jünger sagten zu ihm: Vierundzwanzig Propheten haben in Israel gesprochen, und sie haben alle von dir gesprochen. Er sagte zu ihnen: Ihr habt den vor euren Augen Lebendigen ausgelassen, und ihr habt von den Toten gesprochen.

53 Seine Jünger sagten zu ihm: Ist die Beschneidung nützlich oder nicht? Er sagte zu ihnen: Wenn sie nützlich wäre, würde ihr Vater sie schon beschnitten in ihrer Mutter zeugen. Aber die wahre Beschneidung im Geist hat vollen Nutzen gehabt.

54 Jesus sagte: Selig sind die Armen, denn euer ist das Himmelreich.

55 Jesus sagte: Wer seinen Vater und seine Mutter nicht hasst, kann nicht mein Jünger werden. Und (wer nicht) seine Brüder und seine Schwestern hasst (und) wer (nicht) sein Kreuz trägt wie ich, wird meiner nicht würdig sein.

56 Jesus sagte: Wer die Welt erkannt hat, hat einen Leichnam gefunden; und wer einen Leichnam gefunden hat, dessen ist die Welt nicht würdig.

57 Jesus sagte: Das Königreich des Vaters ist gleich einem Menschen, der eine [gute] Saat hatte. Sein Feind kam in der Nacht und säte Unkraut unter die gute Saat. Der Mensch erlaubte ihnen nicht, das Unkraut auszureissen. Er sagte zu ihnen: Damit ihr nicht geht, das Unkraut auszureissen, (und) den Weizen mit ihm ausreisst. Am Tag der Ernte wird das Unkraut sichtbar werden; man wird es ausreissen (und) verbrennen.

58 Jesus sagte: Selig der Mensch, der gelitten hat; er hat das Leben gefunden.

59 Jesus sagte: Schaut auf den Lebendigen, solange ihr lebt, damit ihr nicht sterbt und sucht, ihn zu sehen und werdet ihn nicht sehen können.

60 <Sie sahen> einen Samariter, der, ein Lamm tragend, nach Judäa ging. Er sagte zu seinen Jüngern: (Was will) dieser mit dem Lamm (tun)? Sie sagten zu ihm: Es töten und essen. Er sagte zu ihnen: Während es lebt, wird er es nicht essen, sondern (nur), wenn

er es tötet (und) wenn es ein Leichnam wird. Sie sagten: Anders kann er es nicht tun. Er sagte zu ihnen: Auch ihr, sucht einen Ort zur Ruhe, damit ihr nicht ein Leichnam werden und gegessen werdet.

61 Jesus sagte: Zwei werden ruhen auf einem Bett, einer wird sterben, der andere wird leben. Salome sagte: Wer bist du, Mensch, wessen Sohn? Du bist auf mein Bett gestiegen und hast an meinem Tisch gegessen. Jesus sagte zu ihr: Ich bin der, der aus dem hervorkommt, der gleich ist; es sind mir Dinge meines Vaters gegeben. <Salome sagte:> Ich bin deine Jüngerin. <Jesus sagte zu ihr:> Darum sage ich: Wenn er gleich ist, ist er voller Licht; aber wenn er geteilt ist, wird er voller Dunkelheit sein.

62 Jesus sagte: Ich sage meine Geheimnisse denen, die [würdig sind meiner] Geheimnisse. Was deine Rechte tut, deine Linke soll nicht wissen, was sie tut.

63 Jesus sagte: Es war einmal ein reicher Mann, der hatte viel Besitz. Er sagte: Ich werde mein Vermögen benutzen, um zu säen, zu ernten, zu pflanzen, meine Speicher mit Früchten zu füllen, auf dass mir nichts fehle. So waren seine Gedanken in seinem Herzen; und in dieser Nacht starb er. Wer Ohren hat, der höre.

64 Jesus sagte: Ein Mann hatte Gäste; und nachdem er das Mahl zubereitet hatte, schickte er seinen Diener, um die Gäste einzuladen. Er ging zum Ersten und sagte zu ihm: Mein Herr lädt dich ein. Der sagte: Ich habe Geld bei Kaufleuten; sie werden heute Abend zu mir kommen, ich werde gehen (und) ihnen Aufträge geben. Ich entschuldige mich für das Mahl. Er ging zu einem anderen (und) sagte zu ihm: Mein Herr hat dich eingeladen. Dieser sagte zu ihm: Ich habe ein Haus gekauft; und man braucht mich für einen Tag. Ich werde keine Zeit haben. Er ging zu ei-

nem anderen (und) sagte zu ihm: Mein Herr lädt dich ein. Dieser sagte zu ihm: Mein Freund wird sich verheiraten, und ich mache das Mahl. Ich kann nicht kommen. Ich entschuldige mich für das Mahl. Er ging zu einem anderen, er sagte zu ihm: Mein Herr lädt dich ein. Er sagte zu ihm: Ich habe einen Bauernhof gekauft; ich werde gehen, den Zins zu erhalten. Ich kann nicht kommen. Ich entschuldige mich. Der Diener kam zurück (und) sagte zu seinem Herrn: Die, die du eingeladen hast zum Mahl, lassen sich entschuldigen. Der Herr sagte zu seinem Diener: Geh hinaus auf die Wege, bring die mit, die du finden wirst, damit sie essen. Die Verkäufer und Händler [werden] nicht den Ort meines Vaters [betreten].

65 Er sagte: Ein ehrbarer Mann hatte einen Weinberg; er gab ihn Winzern, damit sie in ihm arbeiteten (und) er die Früchte von ihnen bekäme. Er schickte seinen Diener, damit die Winzer ihm die Frucht des Weinbergs gäben. Diese ergriffen seinen Diener, schlugen ihn, (und) sie hätten ihn beinahe erschlagen. Der Diener ging davon (und) sagte es seinem Herrn. Sein Herr sagte: Vielleicht hat er sie nicht erkannt. Er schickte einen anderen Diener; die Winzer schlugen auch diesen. Nun schickte der Herr seinen Sohn. Er sagte: Vielleicht werden sie Respekt haben vor meinem Sohn. Diese Winzer, als sie erfuhren, dass er der Erbe des Weinbergs wäre, packten ihn und töteten ihn. Wer Ohren hat, der höre.

66 Jesus sagte: Zeigt mir den Stein, den die Bauleute verworfen haben: er ist der Eckstein.

67 Jesus sagte: Wer das All erkennt, sich selbst (aber) verfehlt, der verfehlt das All.

68 Jesus sagte: Selig seid ihr, dass man euch hassen wird und dass man euch verfolgen wird, und sie werden

keinen Platz finden, wo man euch verfolgt hat.

69 Jesus sagte: Selig sind die, die man verfolgt hat in ihrem Herzen; es sind diese, die den Vater in Wahrheit erkannt haben. Selig sind die Hungrigen, denn man wird den Bauch dessen, der (es) wünscht, füllen.

70 Jesus sagte: Wenn ihr dies in euch erworben habt, wird euch das, was ihr habt, retten. Wenn ihr dies nicht in [euch] habt, [wird] das, was ihr nicht in euch habt, euch sterben lassen.

71 Jesus sagte: Ich werde [dieses] Haus zerstören, und niemand wird in der Lage sein, es [wieder] aufzubauen.

72 [Ein Mann sagte] zu ihm: Sage meinen Brüdern, dass sie die Güter meines Vaters mit mir teilen sollen. Er sagte zu ihm: O Mensch, wer hat mich zu einem Teiler gemacht? Er wandte sich seinen Jüngern zu. Er sagte ihnen: Bin ich denn ein Teiler?

73 Jesus sagte: Die Ernte ist zwar gross, aber der Arbeiter sind wenige. Bittet aber den Herrn, dass er Arbeiter für die Ernte schickt.

74 Er sagte: Herr, es sind viele um den Brunnen, aber keiner ist in dem Brunnen.

75 Jesus sagte: Es gibt viele, die an der Tür stehen, aber es sind die Einsamen, die in das Brautgemach eintreten werden.

76 Jesus sagte: Das Königreich des Vaters ist gleich einem Kaufmann, der eine Ware hatte (und) der eine Perle fand. Dieser Kaufmann war weise. Er verkaufte die Ware, er kaufte die Perle allein. Sucht auch ihr den Schatz, der nicht aufhört und dauert, dort, wo die Motte nicht hinkommt, um zu fressen, und (wo) auch kein Wurm zerstört.

77 Jesus sagte: Ich bin das Licht, das über allen ist. Ich bin das All; das All ist aus mir hervorgegangen, und das All ist zu mir gelangt. Spaltet das Holz, ich bin da. Hebt einen Stein auf, und ihr werdet mich dort finden.

78 Jesus sagte: Warum seid ihr ausgezogen auf das Feld? Um ein Schilfrohr im Winde schwankend zu sehen? Und um einen Menschen zu sehen, der weiche Kleider anhat? [Seht eure] Könige und Vornehmen, diese haben weiche Kleider an, und sie [können] die Wahrheit nicht erkennen.

79 Eine Frau aus der Menge sagte zu ihm: Glücklich der Leib, der dich getragen hat, und die Brüste, die dich genährt haben. Er sagte zu [ihr]: Glücklich sind die, die das Wort des Vaters gehört haben (und) die es bewahrt haben in Wahrheit. Denn es werden Tage kommen, da ihr euch sagen werdet: Glücklich der Leib, der nicht empfangen hat, und die Brüste, die nicht Milch gegeben haben.

80 Jesus sagte: Wer die Welt erkannt hat, hat den Leib gefunden; aber wer den Leib gefunden hat, dessen ist die Welt nicht würdig.

81 Jesus sagte: Wer reich geworden ist, soll herrschen, und wer die Macht besitzt, soll sie aufgeben.

82 Jesus sagte: Wer mir nahe ist, der ist dem Feuer nahe, und wer fern von mir ist, ist fern vom Königreich.

83 Jesus sagte: Die Bilder sind dem Menschen offenbart, und das Licht, das in ihnen ist, ist verborgen im Bild des Lichtes des Vaters. Er wird sich offenbaren, und sein Bild ist durch sein Licht verborgen.

84 Jesus sagte: Wenn ihr eure Ebenbilder seht, werdet ihr erfreut sein. Aber wenn ihr eure Ebenbilder seht, die vor euch existierten, die nicht sterben noch sich offenbaren, wie viel werdet ihr dann ertragen?

85 Jesus sagte: Adam ist aus einer grossen Kraft hervorgekommen und aus einem grossen Reichtum, und er war eurer nicht würdig; denn wenn er würdig gewesen wäre, [hätte] er nicht den Tod [geschmeckt].

86 Jesus sagte: [Die Füchse haben Höhlen] und die Vögel haben [ihr]

Nest, aber der Sohn des Menschen hat keinen Ort, wo er sein Haupt hinlegen [und] sich ausruhen kann.

87 Jesus sagte: Elend ist der Leib, der von einem Leib abhängig ist, und elend ist die Seele, die von diesen beiden abhängt.

88 Jesus sagte: Die Engel und die Propheten werden zu euch kommen, und sie werden euch geben, was euer ist. Und ihr selbst, was in euren Händen ist, gebt es ihnen (und) sagt euch selbst: An welchem Tag werden sie kommen, um zu empfangen, was das ihre ist?

89 Jesus sagte: Warum wascht ihr das Äussere der Trinkschale? Versteht ihr nicht, dass der, der das Innere gemacht hat, auch der ist, der das Äussere gemacht hat?

90 Jesus sagte: Kommt zu mir, denn mein Joch ist angenehm, und meine Herrschaft ist mild, und ihr werdet Ruhe für euch finden.

91 Sie sagten zu ihm: Sage uns, wer du bist, damit wir an dich glauben. Er sagte zu ihnen: Ihr erkundet (prüft?) das Gesicht des Himmels und der Erde, und den, der vor euch ist, habt ihr nicht erkannt, und diesen Augenblick wisst ihr nicht zu erkunden (prüfen?).

92 Jesus sagte: Sucht, und ihr werdet finden; aber was ihr mich in diesen Tagen gefragt habt und was ich euch nicht gesagt habe, jetzt gefällt es mir, es zu sagen, und ihr fragt nicht danach.

93 <Jesus sagte:> Gebt nicht, was heilig ist, den Hunden, damit sie es nicht auf den Misthaufen werfen. Werft keine Perlen vor die Schweine, damit sie sie nicht [...] machen.

94 Jesus [sagte]: Wer sucht, der wird finden, [und der, der anklopft] an das Innere, dem wird geöffnet werden.

95 [Jesus sagte:] Wenn ihr Geld habt, verleiht es nicht mit Wucher, sondern gebt [...] dem, von dem [ihr] es nicht wiederbekommen werdet.

96 Jesus [sagte]: Das Königreich des Vaters ist gleich [einer] Frau. Sie nahm ein wenig Sauerteig, [verbarg] ihn in dem Teig (und) machte davon grosse Brote. Wer Ohren hat, der höre.

97 Jesus sagte: Das Königreich des [Vaters] ist gleich einer Frau, die einen Krug voller Mehl trug. Sie ging [auf einem] weiten Weg. Der Henkel des Kruges brach, das Mehl verstreute sich hinter ihr auf dem Weg. Sie wusste es nicht, sie hatte das Unheil nicht wahrgenommen. Als sie in ihr Haus kam, stellte sie den Krug auf den Boden (und) fand ihn leer.

98 Jesus sagte: Das Königreich des Vaters ist gleich einem Mann, der wollte einen Edlen töten. Er zog das Schwert in seinem Haus, er durchstach die Mauer, um herauszufinden, ob seine Hand stark (genug) wäre. Dann tötete er den Edlen.

99 Die Jünger sagten zu ihm: Deine Brüder und deine Mutter sind draussen. Er sagte zu ihnen: Diese hier, die den Willen meines Vaters tun, die sind meine Brüder und meine Mutter; sie sind es, die in das Königreich meines Vaters eingehen werden.

100 Sie zeigten Jesus ein Goldstück und sagten zu ihm: Die Leute des Kaisers verlangen von uns Steuern. Er sagte zu ihnen: Gebt dem Kaiser, was des Kaisers ist; gebt Gott, was Gottes ist. Und was mein ist, gebt es mir.

101 <Jesus sagte:> Wer nicht seinen Vater und seine Mutter hasst, wird nicht [mein Jünger] werden können. Und wer seinen [Vater nicht] liebt und seine Mutter wie ich, wird nicht mein [Jünger] werden. Denn meine Mutter [...], aber [meine] wahre [Mutter], sie gab mir das Leben.

102 Jesus sagte: Wehe den Pharisäern, denn sie gleichen einem Hund, der in dem Trog der Rinder liegt; denn er frisst nicht, noch lässt er die Rinder fressen.

103 Jesus sagte: Selig der Mensch, der weiss, [in welchem] Teil (der Nacht)

die Diebe kommen werden, dass er aufstehe, sein [...] sammle und sich die Lenden gürte, bevor sie eintreten.

104 Sie sagten [zu ihm]: Komm, lass uns heute beten und fasten. Jesus sagte: Welches ist denn die Sünde, die ich begangen habe, oder in was bin ich besiegt worden? Aber wenn der Bräutigam aus der Brautkammer hinausgegangen sein wird, dann lasst sie fasten und beten.

105 Jesus sagte: Wer den Vater und die Mutter kennt, wird Sohn einer Hure genannt werden.

106 Jesus sagte: Wenn ihr aus zwei eins macht, werdet ihr Söhne des Menschen werden; und wenn ihr sagt: Berg, gehe weg, wird er sich wegbewegen.

107 Jesus sagte: Das Königreich ist gleich einem Hirten, der hundert Schafe hatte; eines, das das grösste war, verirrte sich; er liess (die) neunundneunzig (und) suchte das eine, bis er es gefunden hatte. Danach, als er so viel Mühe gehabt hatte, sagte er zu dem Schaf: Ich liebe dich mehr als die neunundneunzig.

108 Jesus sagte: Wer von meinem Mund trinkt, wird werden wie ich, und ich werde wie er, und die verborgenen Dinge werden sich ihm offenbaren.

109 Jesus sagte: Das Königreich ist gleich einem Mann, der in seinem Acker einen [versteckten] Schatz hatte, von dem er nichts wusste. Und [nachdem] er gestorben war, vererbte er ihn seinem [Sohn. Der] Sohn wusste (da-

von) nichts; er nahm dieses Feld und verkaufte es. Und der, der es gekauft hatte, kam; er pflügte (und) [er fand] den Schatz; er begann, Geld gegen Zinsen zu verleihen an wen er wollte.

110 Jesus sagte: Wer die Welt gefunden hat (und) reich geworden ist, der soll auf die Welt verzichten.

111 Jesus sagte: Die Himmel werden sich aufrollen, ebenso die Erde in eurer Gegenwart, und der Lebendige, (hervorgegangen) aus dem Lebendigen, wird nicht sehen Tod noch <Furcht>, weil Jesus sagt: Wer sich selbst findet, dessen ist die Welt nicht würdig.

112 Jesus sagte: Wehe dem Fleisch, das von der Seele abhängig ist; wehe der Seele, die vom Fleisch abhängig ist.

113 Seine Jünger sagten zu ihm: Das Königreich, an welchem Tage wird es kommen? <Jesus sagte:> Es wird nicht kommen, indem man darauf wartet; man wird nicht sagen: Seht, hier ist es, oder: Seht, dort ist es; sondern das Königreich des Vaters ist ausgebreitet über die Erde, und die Menschen sehen es nicht.

114 Simon Petrus sagte zu ihnen: Mariham soll aus unserer Mitte fortgehen, denn die Frauen sind des Lebens nicht würdig. Jesus sagte: Seht, ich werde sie ziehen, um sie männlich zu machen, damit auch sie ein lebendiger Geist wird, vergleichbar mit euch Männern. Denn jede Frau, die sich männlich macht, wird in das Himmelreich gelangen. Das Evangelium nach Thomas.

Kindheitserzählung
des Thomas

Der Text der Kindheitserzählung des Thomas ist in verschiedenen
Sprachen und unterschiedlichen Versionen überliefert. Konstantin von
Tischendorf edierte im 19. Jh. die in griechischer Sprache überlieferten
Textversionen, wobei er sie in zwei Gruppen einteilte (A und B). Version A
hat sich als Standardtext durchgesetzt. Die neuere Textforschung hat
jedoch gezeigt, dass Tischendorfs A-Text eine relativ junge Textgestalt
bietet. Älter, und für die Rekonstruktion des ursprünglichen Wortlauts der
Kindheitserzählung wichtig, ist die kirchenslawische Tradition. Der vorliegende Text bietet die deutsche Übersetzung von Tischendorf A-Text (A),
ergänzt durch Hinweise auf die gegenüber A umfangreichere kirchenslawische Textversion (*slav.*).

(DES ISRAELITISCHEN
PHILOSOPHEN THOMAS BERICHT ÜBER DIE
KINDHEIT DES HERRN)

1 1 Ich, Thomas, der Israelit, verkündige und mache euch allen, ihr Brüder aus den Heiden, all die Kindheits-
und Grosstaten unseres Herrn Jesus
Christus bekannt, die er in unserem
Lande, wo er geboren wurde, vollbrach-
te. Folgendermassen fing es an.

2 1 Als dieser Knabe Jesus fünf Jahre
alt geworden war, spielte er an einer
Furt eines Baches; das vorbeifliessende
Wasser leitete er in Gruben zusammen
und machte es sofort rein; mit dem
blossen Worte gebot er ihm. 2 Er berei-
tete sich weichen Lehm und bildete daraus zwölf Sperlinge. Es war Sabbat, als
er dies tat. Auch viele andere Kinder
spielten mit ihm. 3 Als nun ein Jude
sah, was Jesus am Sabbat beim Spielen
tat, ging er sogleich weg und meldete
dessen Vater Joseph: «Siehe, dein Knabe ist am Bach, er hat Lehm genommen, zwölf Vögel gebildet und hat den
Sabbat entweiht.» 4 Als nun Joseph an
den Ort gekommen war und (es) gesehen hatte, da herrschte er ihn an:

«Weshalb tust du am Sabbat, was man
nicht tun darf?» Jesus aber klatschte in
die Hände und schrie den Sperlingen
zu: «Fort mit euch!» Die Sperlinge öffneten ihre Flügel und flogen mit Geschrei davon. 5 Als aber die Juden das
sahen, staunten sie, gingen weg und
erzählten ihren Ältesten, was sie Jesus
hatten tun sehen.

3 1 Der Sohn des Schriftgelehrten
Annas aber stand dort bei Joseph; er
nahm einen Weidenzweig und brachte
(damit) das Wasser, das Jesus zusam-
mengeleitet hatte, zum Abfliessen.
2 Als Jesus sah, was geschah, wurde er
aufgebracht und sprach zu ihm: «Du
Frecher, du Gottloser, du Dummkopf,
was haben dir die Gruben und das Wasser zuleide getan? Siehe, jetzt sollst
auch du wie ein Baum verdorren und
weder Blätter noch Wurzeln, noch
Frucht tragen.» 3 Und alsbald verdorrte
jener Knabe ganz und gar. Da machte
Jesus sich davon und ging in das Haus
Josephs. Die Eltern des Verdorrten aber

trugen diesen, sein Jugendalter beklagend, weg, brachten ihn zu Joseph und machten ihm Vorwürfe: «Solch einen Knaben hast du, der so etwas tut.»

4 1 Hernach ging er abermals durch das Dorf; da stiess ein heranlaufender Knabe an seine Schulter. Jesus wurde erbittert und sprach zu ihm: «Du sollst auf deinem Weg nicht weitergehen!» Sogleich fiel der Knabe hin und starb. Einige aber, die sahen, was geschah, sagten: «Woher stammt dieser Knabe, dass jedes Wort von ihm gerade fertige Tat ist?» 2 Da kamen die Eltern des Verstorbenen zu Joseph, schalten ihn und sagten: «Da du so einen Knaben hast, kannst du nicht mit uns im Dorfe wohnen; oder (dann) lehre ihn zu segnen und nicht zu fluchen. Denn er tötet unsere Kinder.»

5 1 Da rief Joseph den Knaben beiseite und wies ihn mit den Worten zurecht: «Warum tust du solche Dinge, dass diese Leute leiden (müssen), uns hassen und verfolgen?» Jesus aber antwortete: «Ich weiss, dass diese Worte nicht die deinen sind, trotzdem will ich deinetwegen schweigen. Jene aber sollen ihre Strafe tragen.» Und alsbald erblindeten die, welche ihn angeklagt hatten. 2 Die es sahen, gerieten in grosse Furcht, waren ratlos und sagten über ihn: «Jedes Wort, das er redete, ob gut oder böse, war eine Tat und wurde zum Wunder.» Als Joseph sah, dass Jesus so etwas tat, stand er auf, nahm ihn beim Ohr und zupfte ihn gehörig. Der Knabe aber war ungehalten und sagte zu ihm: «Genug, dass du suchst und nicht findest, und höchst unweise hast du gehandelt. Weisst du nicht, dass ich dein bin? So betrübe mich nicht.»

6 1 Ein Lehrer namens Zachäus, der in irgendeiner Angelegenheit dabeistand, hörte Jesus solches zu seinem Vater sagen, und er wunderte sich sehr,

dass er, obschon er ein Kind war, solche Aussprüche tat. 2 Und nach wenigen Tagen machte er sich an Joseph heran und sagte zu ihm: «Da hast du einen gescheiten Knaben; er hat Verstand. Wohlan, übergib mir, damit er die Buchstaben lerne, und ich will ihm mit den Buchstaben alles Wissen beibringen und (ihn lehren), alle älteren Leute zu grüssen und sie zu ehren wie Grossväter und Väter und die Gleichaltrigen zu lieben.»

Slav. weicht hier besonders stark von griech. A ab. Auf 6,2 folgt:

3 Und Joseph wurde sehr böse auf das Kind und sagte zu dem Lehrer: «Und wer kann es unterweisen? Meinst du etwa, mein Bruder, es sei ein kleines Kreuz?» 4 Als der Knabe Jesus hörte, wie sein Vater dies sprach, brach er in Gelächter aus und sagte zu Zachäus: «Es ist alles wahr, Lehrer, was (dir) mein Vater gesagt hat. Ich bin hier der Herr, ihr aber seid Fremde. Mir allein ist die Macht gegeben worden, denn ich habe früher existiert und existiere auch jetzt. Ich bin bei euch geboren und halte mich bei euch auf. Ihr wisst nicht, wer ich bin. Ich aber weiss, woher ihr kommt und wer ihr seid, wann ihr geboren wurdet und wie viel Jahre euer Leben dauern wird. Wahrlich, ich sage dir, o Lehrer, als du geboren wurdest, war ich dabei, und vor deiner Geburt war ich schon da. Wenn du ein vollkommener Lehrer sein willst, dann höre mich an, und ich werde dich eine Weisheit lehren, die niemand kennt ausser mir und demjenigen, der mich zu euch gesandt hat, um euch zu belehren. Ich bin tatsächlich dein Lehrer, während du als mein eigener Lehrer giltst, denn ich weiss, wie alt du bist, und wie lange dein Leben noch dauern wird, weiss ich auch genau. Wenn du einmal mein Kreuz siehst, auf das dich mein Vater hingewiesen hat, dann wirst du glauben, dass alles, was ich dir sage, die Wahrheit ist. Ich bin hier der

Herr, ihr aber seid Fremde, denn ich bleibe immer noch derselbe.» 5 Und die Juden, die dabei waren und lauschten, gerieten in Staunen und schrien laut und sagten: «O seltsames und ungehörtes Wunder! Keine fünf Jahre alt ist dieses Kind und spricht derartige Reden, wie wir (sie) von keinem Erzpriester oder Schriftgelehrten oder Pharisäer je gehört haben!» Da antwortete Jesus und sagte zu ihnen: «Ihr zwar wundert euch, aber glaubt nicht, was ich euch gesagt habe. Ich weiss aber genau, wann ihr und eure Väter geboren seid. Ich verkündige euch (noch) etwas Unerhörtes: Ich weiss so gut wie der, der mich zu euch gesandt hat, wann die Welt erschaffen ist.» Als die Juden ihn so sprechen hörten, fürchteten sie sich und konnten ihm keine Antwort geben. Da kam der Knabe und spielte und sprang herum und lachte sie aus und sagte: «Ich weiss, dass ihr Staunens wenig fähig und wenig gescheit seid, denn die Herrlichkeit ist mir zuerkannt worden dem Kind zum Trost.»

6a 1 Da sagte der Lehrer zu seinem Vater Joseph: «Komm, bringe mir dieses Kind in die Schule, und ich bringe ihm die Buchstaben bei.» Joseph nahm Jesus bei der Hand und führte ihn in die Schule. Und der Lehrer fing den Unterricht mit Vertrauen einflössenden Worten an und schrieb ihm das Alphabet auf. Dann begann er es auseinanderzusetzen, indem er mehrmals vorlas, was er aufgeschrieben hatte. Das Kind blieb aber stillschweigend und hörte ihm lange Zeit nicht zu. Dann wurde der Lehrer aufgebracht und schlug ihn auf den Kopf. Das Kind erwiderte ihm: «Du benimmst dich unwürdig; soll ich dich unterweisen oder bist du es eher, der mich unterweist? Denn ich kann schon die Buchstaben, die du mir beibringst. Viele verurteilen dich, weil diese (Buchsta-

ben) in mir sind wie ein tönendes Erz oder eine klingende Schelle, die weder eine vernehmliche Stimme noch die Herrlichkeit der Weisheit, noch die Kraft der Seele und des Verstandes wiedergeben.» 2 Das Kind blieb eine Weile still und trug dann das ganze Alphabet von A bis T eingehend vor. Dann starrte er den Lehrer zornig an und sagte zu ihm: «Warum lehrst du die anderen das Beta, du, der du das Alpha nach seiner Natur nicht kennst? Heuchler! Wenn du (es) kennst, so bringe mir zuerst das Alpha bei, dann glaube ich dir hinsichtlich des Beta.» Und dann begann er, dem Lehrer die Natur des ersten Buchstaben auseinanderzusetzen.

---

* Von hier ab stimmt *Slav.* weitgehend wieder mit Kap. 6,4 der Form *A* (s.o.) überein. Es ist wohl keine Frage, dass in *Slav.* eine ältere Form vorliegt.

---

3 Und er sagte ihm alle Buchstaben vom A bis zum O in langer Aufzählung und eindringlich. Er aber sah den Lehrer Zachäus an und sagte ihm: «Wenn du selbst nicht einmal das A seinem Wesen nach kennst, wie willst du andere das B lehren? Heuchler, lehre zuerst, wenn du weisst, das A, und dann wollen wir dir auch wegen des B glauben.» Darauf fing er an, den Lehrer über den ersten Buchstaben auszufragen, und der vermochte ihm nicht zu erwidern. 4 Vor vielen Zuhörern spricht der Knabe zu Zachäus: «Höre, Lehrer, die Anordnung des ersten Schriftzeichens und achte hier darauf, wie es Geraden hat und einen Mittelstrich, der durch die zusammengehörenden Geraden, die du siehst, hindurchgeht, (wie diese Linien) zusammenlaufen, sich erheben, im Reigen schlingen, drei Zeichen gleicher Art, sich unterordnend und tragend, gleichen Masses; da hast du die Linien des Alpha.»

7 1 Als der Lehrer Zachäus so zahlreiche und bedeutende allegorische Beschreibungen des ersten Buchstabens vortragen hörte, geriet er in Verlegenheit über so viel Verteidigung und Lehre und sagte zu den Anwesenden: «Weh mir, ich bin in die Enge getrieben, ich Unglückseliger, der ich mir selbst Schaden verursacht habe, indem ich dieses Kind an mich zog. 2 Nimm es darum (wieder) fort, ich bitte dich, Bruder Joseph. Ich ertrage die Strenge seines Blickes nicht, noch auch nur ein einziges Mal seine durchdringende Rede. Dieses Kind ist nicht erdgeboren. Das kann auch Feuer bändigen. Es ist wohl gar vor der Erschaffung der Welt gezeugt worden. Welcher Mutterleib es getragen, welcher Mutterschoss es genährt hat, ich weiss es nicht. Weh mir Freund, es bringt mich aus aller Fassung, ich kann seinem Verstand nicht nachfolgen; ich habe mich selbst betrogen, ich dreimal Unglücklicher! Ich habe danach gestrebt, einen Schüler zu bekommen, und ich habe erreicht, einen Lehrer zu haben. 3 Freunde, meine Schande geht mir zu Herzen, dass ich, ein Greis, von einem Kind besiegt worden bin. Ich habe nur noch zu verzweifeln und zu sterben wegen dieses Knaben. Denn in dieser Stunde kann ich ihm nicht ins Auge sehen. Und wenn alle sagen, dass ich von einem kleinen Kind besiegt worden bin, was soll ich dazu sagen? Und was berichten über die Linien des ersten Buchstaben, von denen er mir sagte? Ich weiss es nicht, Freunde; denn ich verstehe davon weder Anfang noch Ende. 4 So bitte ich dich denn, Bruder Joseph, führ ihn fort in dein Haus. Dieser ist irgendwie etwas Grosses, ein Gott oder ein Engel oder was weiss ich, was ich sagen soll.»

8 1 Als nun die Juden den Zachäus trösten wollten, da lachte der Knabe laut und sagte: «Jetzt soll das Deine Frucht tragen, und die Herzensblinden sollen sehen. Ich bin von oben her da, damit ich sie verfluche und nach oben rufe, wie mir der aufgetragen hat, der

mich um euretwillen gesandt hat.» 2 Und als der Knabe mit seiner Rede aufgehört hatte, wurden sofort alle geheilt, die unter seinen Fluch gefallen waren. Und von da an wagte es keiner, ihn zu erzürnen, damit er ihn nicht verfluche und er nicht zum Krüppel werde.

9 1 Und nach einigen Tagen spielte Jesus auf einem Dach auf dem Söller, und einer von den Knaben, die mit ihm spielten, stürzte vom Dach herunter und starb. Und als das die anderen Knaben sahen, flohen sie, und Jesus blieb allein dort stehen. 2 Da kamen die Eltern des Gestorbenen und beschuldigten ihn: «Du hast ihn heruntergeworfen.» Und Jesus antwortete: «Ich habe ihn nicht heruntergeworfen.» Jene aber wollten gegen ihn tätlich werden. 3 Da sprang Jesus vom Dache herab und stand bei der Leiche des Knaben und rief mit lauter Stimme: «Zenon» – so hiess er nämlich –, «stehe auf und sage mir: habe ich dich heruntergeworfen?» Und er stand sofort auf und sagte: «Nein, Herr, du hast mich nicht heruntergeworfen, vielmehr mich auferweckt.» Und die es sahen, erschraken. Die Eltern des Knaben aber priesen Gott für das geschehene Wunder und fielen vor Jesus nieder.

10 1 Nach wenigen Tagen entfiel einem jungen Manne, der in einem Winkel Holz spaltete, die Axt, und sie spaltete ihm seinen ganzen Fuss entzwei, und da er verblutete, war er am Sterben. 2 Als nun Geschrei und Auflauf entstand, lief auch der Jesusknabe dorthin. Mit Gewalt drängte er sich durch die Menge, fasste den verletzten Fuss an, und sogleich wurde er geheilt. Er aber sagte zu dem jungen Mann: «Steh jetzt auf, spalte das Holz und gedenke mein.» Als die Menge sah, was geschehen war, da fiel sie vor dem Knaben nieder und sagte: «Wahrhaftig, der

Geist Gottes wohnt in diesem Knaben.»

11 1 Als er sechs Jahre alt war, gab seine Mutter ihm einen Krug und schickte ihn, Wasser zu schöpfen und nach Hause zu bringen. 2 Im Gedränge aber stiess er an, und der Krug zerbrach. Jesus aber breitete das Oberkleid, das er anhatte, aus, füllte es mit Wasser und brachte es seiner Mutter. Als nun seine Mutter das Wunder sah, küsste sie ihn und behielt bei sich die geheimnisvollen Dinge, die sie ihn hatte tun sehn.

12 1 Ein anderes Mal, zur Saatzeit, ging der Knabe mit seinem Vater aus, um Weizen auf ihr Land zu säen. Und als sein Vater säte, da säte auch der Jesusknabe ein Weizenkorn. 2 Und als er erntete und die Tenne füllte, brachte er hundert Kor ein, und er rief alle Armen des Dorfes auf die Tenne und schenkte ihnen den Weizen, und Joseph nahm, was vom Weizen übrig blieb. Er war acht Jahre alt, als er dieses Wunder tat.

13 1 Sein Vater war Zimmermann und stellte zu jener Zeit Pflüge und Joche her. Nun erhielt er von einem Reichen den Auftrag, ihm ein Bett anzufertigen. Da aber das eine Brett kürzer war als das sogenannte Gegenstück und sie nicht wussten, was tun, sagte der Jesusknabe zu seinem Vater Joseph: «Lege die beiden Hölzer nieder und mache sie von der Mitte aus auf der einen Seite gleich.» 2 Und Joseph tat, wie ihm der Knabe gesagt hatte. Jesus aber trat auf die andere Seite, fasste das kürzere Holzstück an, streckte es und machte es dem anderen gleich. Und sein Vater Joseph sah es und staunte, und er umarmte den Knaben und küsste ihn und sprach: «Selig bin ich, dass mir Gott diesen Knaben geschenkt hat!»

14 1 Als nun Joseph den Verstand des Knaben und sein Alter sah, dass er heranreifte, beschloss er noch einmal, dass er der Schrift nicht unkundig bleiben sollte, und er führte ihn hin und übergab ihn einem anderen Lehrer. Der Lehrer aber sprach zu Joseph: «Zuerst will ich ihn im Griechischen unterrichten, dann im Hebräischen.» Denn der Lehrer wusste von der Kenntnis des Knaben und hatte Angst vor ihm. Gleichwohl schrieb er das Alphabet auf, übte es mit ihm eine ganze Weile, und er entgegnete ihm nichts. 2 Dann aber sprach Jesus zu ihm: «Wenn du wirklich Lehrer bist und die Buchstaben recht kennst, so sage mir die Bedeutung des A, und ich will dir die des B sagen.» Der Lehrer jedoch ärgerte sich und schlug ihn auf den Kopf. Der Knabe aber, dem das weh tat, verfluchte ihn, und sofort wurde er ohnmächtig und fiel zu Boden aufs Gesicht. 3 Der Knabe kehrte ins Haus Josephs zurück. Joseph aber wurde traurig und ermahnte seine Mutter: «Dass du ihn mir nicht hinaus vor die Türe lässt! Denn alle, die ihn erzürnen, sterben.»

15 1 Nach einiger Zeit sprach wieder ein anderer Schulmeister, der ein guter Freund Josephs war, zu ihm: «Bringe den Knaben zu mir in die Schule. Vielleicht kann ich ihm mit gutem Zureden die Buchstaben beibringen.» Und Joseph sprach zu ihm: «Wenn du den Mut hast, Bruder, so nimm ihn mit dir.» Und er nahm ihn mit sich voll Furcht und viel Besorgnis. Der Knabe aber ging gern mit. 2 Und er trat keck in das Lehrerhaus, fand ein Buch auf dem Lesepult liegen, nahm es, las jedoch die Buchstaben, die darin standen, nicht, sondern tat seinen Mund auf, redete im heiligen Geist und lehrte die Umstehenden das Gesetz. Viel Volk aber, das zusammengekommen war, stand dabei, hörte ihm zu, und sie verwunderten sich über die Anmut seiner Lehre und die Gewandtheit seiner Worte, dass er, obwohl er ein unmündiges Kind war, solche Aussprüche tat. 3 Als aber Joseph das hörte, bekam er Angst und lief zum Lehrerhaus; denn er sagte sich, auch dieser Schulmeister könnte nicht auf dem Laufenden sein (könnte ein Krüppel werden?). Der Schulmeister aber sprach zu Joseph: «Damit du es weisst, Bruder, ich habe den Knaben als Schüler angenommen; aber er ist voll grosser Anmut und Weisheit, und im ‹brigen bitte ich dich, Bruder, nimm ihn wieder in dein Haus.» 4 Als der Knabe dies hörte, lachte er ihn gleich an und sprach: «Da du recht geredet und recht Zeugnis abgelegt hast, soll dir zuliebe auch jener Geschlagene wieder geheilt werden.» Und sofort war der andere Schulmeister geheilt. Joseph aber nahm den Knaben mit und ging in sein Haus.

16 1 Joseph schickte seinen Sohn Jakobus fort, Holz zusammenzubinden und nach Hause zu bringen, und der Jesusknabe folgte ihm hinterdrein. Während nun Jakobus das Reisig sammelte, biss eine Natter den Jakobus in die Hand. 2 Und als er hingestreckt dalag und am Umkommen war, trat Jesus hinzu und blies auf den Biss, und sofort hörte der Schmerz auf, und das Tier zerplatzte, und von dem Augenblick an blieb Jakobus wohlbehalten.

17 1 Darnach starb in der Nachbarschaft Josephs ein krankes Kind, und seine Mutter weinte sehr. Jesus aber hörte, dass grosse Klage und Lärm anhob, und lief eilig hinzu; und er fand das Kind tot und berührte seine Brust und sprach: «Ich sage dir, stirb nicht, sondern lebe und sei bei deiner Mutter!» Und alsbald schlug es die Augen auf und lachte. Er aber sprach zu der Frau: «Nimm es und gib ihm Milch und denke an mich.» 2 Und als das umstehende Volk das sah, wunderte es

sich und sprach: «Wahrlich, dieses Kind ist entweder ein Gott oder ein Engel Gottes; denn jedes Wort von ihm ist eine fertige Tat.» Und Jesus ging weg von dort und spielte mit anderen Kindern.

18 1 Als nach einiger Zeit ein Haus gebaut wurde und grosser Lärm war, stand Jesus dabei und ging bis nahe hin. Und er sah einen Menschen tot daliegen, nahm ihn bei seiner Hand und sprach: «Ich sage dir, Mensch, steh auf, tu deine Arbeit!» Und alsbald stand er auf und fiel vor ihm nieder. 2 Als aber das Volk dies sah, wunderte es sich und sprach: «Dieser Knabe ist vom Himmel. Denn er hat viele Leben vom Tode gerettet und vermag sein ganzes Leben lang zu retten.»

19 1 Als er aber zwölf Jahre alt geworden war, gingen seine Eltern der Sitte gemäss nach Jerusalem aufs Passahfest mit den Reisegefährten, und nach dem Passah kehrten sie nach Hause zurück. Und während sie heimwärts zogen, kehrte der Jesusknabe um nach Jerusalem; seine Eltern aber meinten, er sei bei den Reisegefährten. 2 Als sie aber eine Tagereise gewandert waren, suchten sie ihn unter ihren Verwandten, und da sie ihn nicht fanden, wurden sie betrübt und kehrten wieder um in die Stadt, ihn zu suchen. Und nach dem dritten Tage fanden sie ihn, wie er im Tempel mitten unter den Lehrern sass, das Gesetz anhörte und sie fragte. Alle aber achteten auf ihn und wunderten sich, wie er, ein kleiner Knabe, die Ältesten und Lehrer des Volkes zum Verstummen brachte, indem er ihnen die Hauptstücke des Gesetzes und die Sprüche der Propheten auslegte. 3 Seine Mutter aber trat zu ihm und sprach: «Warum hast du uns das getan, mein Kind, siehe, wir haben dich mit Schmerzen gesucht.» Jesus sprach zu ihnen: «Warum suchet ihr mich? Wisset ihr nicht, dass ich in dem sein muss, was meines Vaters ist?» 4 Die Schriftgelehrten und Pharisäer aber sagten: «Bist du die Mutter dieses Knaben?» Sie sagte: «Ja, ich bins.» Da sprachen sie zu ihr: «Selig bist du unter den Weibern, denn der Herr hat die Frucht deines Leibes gesegnet. Denn solche Herrlichkeit, solches Vergnügen und solche Weisheit haben wir niemals gesehen noch gehört.» 5 Jesus aber stand auf und folgte seiner Mutter und war seinen Eltern untertan; seine Mutter aber behielt alles Geschehene bei sich. Jesus aber nahm zu an Weisheit, Alter und Anmut. Ihm sei die Herrlichkeit von Ewigkeit zu Ewigkeit. Amen.

Das Petrusevangelium

(ÜBERSETZUNG DES FRAGMENTS VON AKHMIM)

1 1 Von den Juden aber wusch sich keiner die Hände, weder Herodes noch einer seiner Richter. Und als sie sich nicht waschen wollten, stand Pilatus auf. 2 Und da befiehlt der König Herodes, den Herrn abzuführen, indem er ihnen sagt: «Was ich euch befohlen habe, an ihm zu tun, das tut.»

2 3 Es stand aber daselbst Joseph, der Freund des Pilatus und des Herrn, und als er sah, dass sie ihn kreuzigen würden, kam er zu Pilatus und bat um den Leib des Herrn zum Begräbnis. 4 Und Pilatus sandte zu Herodes und bat um seinen Leib. 5 Und Herodes sprach: «Bruder Pilatus, auch wenn niemand um ihn gebeten hätte, würden wir ihn begraben, da ja auch der Sabbat aufleuchtet. Denn es steht im Gesetz geschrieben, die Sonne dürfe nicht über einem Getöteten untergehen.»

Und er übergab ihn dem Volke am Tag vor den ungesäuerten Broten, ihrem Feste.

3 6 Sie aber nahmen den Herrn und stiessen ihn eilends und sprachen: «Lasset uns den Sohn Gottes schleifen, da wir Gewalt über ihn bekommen haben.» 7 Und sie legten ihm ein Purpurgewand um und setzten ihn auf den Richtstuhl und sprachen: «Richte gerecht, o König Israels!» 8 Und einer von ihnen brachte einen Dornenkranz und setzte ihn auf das Haupt des Herrn. 9 Und andere, die dabeistanden, spien ihm ins Angesicht, und andere schlugen ihm auf die Wangen, andere stiessen ihn mit einem Rohr, und etliche geisselten ihn und sprachen: «Mit solcher Ehre wollen wir den Sohn Gottes ehren.»

4 10 Und sie brachten zwei Übeltäter und kreuzigten den Herrn mitten zwischen ihnen. Er aber schwieg, wie wenn er keinen Schmerz empfände. 11 Und als sie das Kreuz aufgerichtet hatten, schrieben sie darauf: Dies ist der König Israels. 12 Und sie legten die Kleider vor ihm nieder und teilten sie unter sich und warfen das Los über sie. 13 Einer aber von den Übeltätern schalt sie und sprach: «Wir sind ins Leiden geraten um der Freveltaten willen, die wir begangen haben. Dieser aber, der der Heiland der Menschen geworden ist, was hat er euch zu Leide getan?» 14 Und sie wurden zornig über ihn und befahlen, dass ihm die Schenkel nicht gebrochen würden, damit er unter Qualen sterbe.

5 15 Es war aber Mittag, und eine Finsternis bedeckte ganz Judäa. Und sie gerieten in Angst und Unruhe darüber, dass die Sonne schon untergegangen sei, da er ja noch am Leben war. (Denn) es steht ihnen geschrieben, die Sonne dürfe nicht über einem Getöteten untergehen. 16 Und einer unter ihnen sprach: «Gebet ihm Galle mit Essig zu trinken.» Und sie mischten es und gaben ihm zu trinken. 17 Und sie erfüllten alles und machten das Mass der Sünden über ihr Haupt voll. 18 Viele aber gingen mit Lichtern umher, da sie meinten, es sei Nacht, (und) fielen hin. 19 Und der Herr schrie auf und rief: «Meine Kraft, o Kraft, du hast mich verlassen!» Und indem er dies sagte, wurde er aufgenommen. 20 Und zu derselben Stunde riss der Vorhang des Tempels zu Jerusalem entzwei.

6 21 Und da zogen die Juden die Nägel aus den Händen des Herrn und legten ihn auf die Erde. Und die ganze Erde erbebte und grosse Furcht entstand. 22 Da leuchtete die Sonne (wieder), und es fand sich, dass es die neunte Stunde war. 23 Die Juden aber freuten sich und gaben seinen Leib dem Joseph, damit er ihn beerdige, da er ja all das Gute geschaut hatte, das er (=Jesus) getan hatte. 24 Er nahm aber den Herrn, wusch ihn, hüllte ihn in eine Leinwand und brachte ihn in sein eigenes Grab, genannt Josephs Garten.

7 25 Da erkannten die Juden und die Ältesten und die Priester, welch grosses Übel sie sich selbst zugefügt hatten, und begannen zu klagen und zu sagen: «Wehe über unsere Sünden, das Gericht und das Ende Jerusalems ist nahe herbeigekommen.» 26 Ich aber trauerte mit meinen Genossen, und verwundeten Sinnes verbargen wir uns, denn wir wurden von ihnen gesucht als Übeltäter und solche, die den Tempel anzünden wollten. 27 Wegen all dieser Dinge fasteten wir und sassen trauernd und weinend da Nacht und Tag bis zum Sabbat.

8 28 Als sich aber die Schriftgelehrten und Pharisäer und Ältesten miteinander versammelten und hörten, dass das ganze Volk murre und sich an die Brust schlage und sage: «Wenn bei seinem Tode diese überaus grossen Zeichen geschehen sind, so sehet, wie gerecht er war!», 29 da fürchteten sie sich und kamen zu Pilatus, baten ihn und sprachen: 30 «Gib uns Soldaten, damit wir sein Grab drei Tage lang bewachen, damit nicht seine Jünger kommen und ihn stehlen und das Volk glaube, er sei von den Toten auferstanden, und uns Böses antue.» 31 Pilatus aber gab ihnen den Hauptmann Petronius mit Soldaten, um das Grab zu bewachen. Und mit diesen kamen Älteste und Schriftgelehrte zum Grabe. 32 Und alle, die dort waren, wälzten zusammen mit dem Hauptmann und den Soldaten einen grossen Stein herbei und legten ihn vor den Eingang des Grabes 33 und legten sieben Siegel an, schlugen ein Zelt auf und hielten Wache.

9 34 Frühmorgens, als der Sabbat anbrach, kam ein Volkshaufe aus Jerusalem und der Umgebung, um das versiegelte Grab zu sehen. 35 In der Nacht aber, in welcher der Herrntag aufleuchtete, als die Soldaten, jede Ablösung zu zweit, Wache standen, erscholl eine laute Stimme im Himmel, 36 und sie sahen die Himmel geöffnet und zwei Männer in einem grossen Lichtglanz von dort herniedersteigen und sich dem Grabe nähern. 37 Jener Stein, der vor den Eingang des Grabes gelegt war, geriet von selbst ins Rollen und wich zur Seite, und das Grab öffnete sich, und beide Jünglinge traten ein.

10 38 Als nun jene Soldaten dies sahen, weckten sie den Hauptmann und die Ältesten – auch diese waren nämlich bei der Wache zugegen. 39 Und während sie erzählten, was sie gesehen hatten, sehen sie wiederum drei Männer aus dem Grabe herauskommen und die zwei den einen stützen und ein Kreuz ihnen folgen 40 und das Haupt der zwei bis zum Himmel reichen, dasjenige des von ihnen an der Hand Geführten aber die Himmel überragen. 41 Und sie hörten eine Stimme aus den Himmeln rufen: «Hast du den Entschlafenen gepredigt?», 42 und es wurde vom Kreuze her die Antwort laut: «Ja.»

11 43 Jene erwogen nun miteinander, hinzugehen und dies dem Pilatus zu melden. 44 Und während sie noch beratschlagten, sieht man wieder, wie die Himmel sich öffnen und ein Mensch heruntersteigt und ins Grab hineingeht. 45 Als die Leute um den Hauptmann dies sahen, eilten sie in der Nacht zu Pilatus und verliessen das Grab, das sie bewachten, und erzählten alles, was sie gesehen hatten, voller Unruhe und sprachen: «Wahrhaftig, er war Gottes Sohn.» 46 Pilatus antwortete und sprach: «Ich bin rein am Blute des Sohnes Gottes, ihr habt solches beschlossen.» 47 Da traten alle zu ihm, baten und ersuchten ihn dringend, dem Hauptmann und den Soldaten zu befehlen, niemandem zu sagen, was sie gesehen hatten. 48 «Denn es ist besser für uns», sagten sie, «uns der grössten Sünde vor Gott schuldig zu machen, als

in die Hände des Judenvolkes zu fallen und gesteinigt zu werden.» 49 Pilatus befahl nun dem Hauptmann und den Soldaten, nichts zu sagen.

12 50 In der Frühe des Herrntages nahm Maria Magdalena, die Jüngerin des Herrn – aus Furcht wegen der Juden, da (diese) vor Zorn brannten, hatte sie am Grabe des Herrn nicht getan, was die Frauen an den von ihnen geliebten Sterbenden zu tun pflegten –, 51 mit sich ihre Freundinnen und kam zum Grabe, wo er hingelegt war.
52 Und sie fürchteten, die Juden würden sie sehen, und sprachen: «Wenn wir auch an jenem Tage, da er gekreuzigt wurde, nicht weinen und klagen konnten, so wollen wir solches wenigstens jetzt an seinem Grabe tun. 53 Wer aber wird uns auch den Stein, der an den Eingang des Grabes gelegt ist, wegwälzen, damit wir hineingelangen, uns neben ihn setzen und tun, was sich gehört? – 54 denn der Stein war gross – und wir fürchten, dass uns jemand sieht. Und wenn wir es nicht können, so wollen wir wenigstens am Eingang niederlegen, was wir zu seinem Gedächtnis mitbringen, wollen weinen und klagen, bis wir wieder heimgehen.»

13 55 Und als sie hingingen, fanden sie das Grab geöffnet. Und sie traten herzu, bückten sich nieder und sahen dort einen Jüngling sitzen mitten im Grabe, anmutig und bekleidet mit einem hell leuchtenden Gewande, welcher zu ihnen sprach: 56 «Wozu seid ihr gekommen? Wen sucht ihr? Doch nicht jenen Gekreuzigten? Er ist auferstanden und weggegangen. Wenn ihr aber nicht glaubt, so bückt euch hierher und sehet den Ort, wo er gelegen hat, denn er ist nicht da. Denn er ist auferstanden und dorthin gegangen, von wo er gesandt worden ist.» 57 Da flohen die Frauen voller Entsetzen.

14 **58** Es war aber der letzte Tag der ungesäuerten Brote, und viele gingen weg und wandten sich nach Hause, da das Fest zu Ende war. **59** Wir aber, die zwölf Jünger des Herrn, weinten und trauerten, und ein jeder, voller Trauer über das Geschehene, ging nach Hause. **60** Ich aber, Simon Petrus, und mein Bruder Andreas nahmen unsere Netze und gingen ans Meer. Und es war bei uns Levi, der Sohn des Alphäus, welchen der Herr – (vom Zoll weggerufen hatte?).

Parallelenverzeichnis

Hauptparallelen in [eckigen] Klammern, Nebenparallelen *kursiv*	Mt	Mk	Lk	Joh
I Eingang				
Einleitung 1	1,1	1,1	1,1–4	1,1–18
II Vorgeschichte				
Ankündigung der Geburt des Johannes 2			1,5–25	
Ankündigung der Geburt Jesu 4			1,26–38	
Maria bei Elisabet 5			1,39–56	
Die Geburt des Johannes 6			1,57–80	
Der Stammbaum Jesu 8	1,2–17		[3,23–38]	
Die Geburt Jesu 10	1,18–25		2,1–7	
Anbetung des Kindes 11	2,1–12		2,8–20	7,41–42
Die Beschneidung Jesu Darbringung im Tempel 12			2,21–38	
Flucht nach Ägypten Kindermord in Betlehem Rückkehr aus Ägypten 13	2,13–21			
Die Kindheit Jesu in Nazaret 14	2,22–23		2,39–40	
Der zwölfjährige im Tempel 15			2,41–52	
III Vorbereitung				
Auftreten des Täufers 16	3,1–6 *11,10*	1,2–6	3,1–6 *7,27*	1,19–23
Gerichtspredigt des Täufers 17	3,7–10		3,7–9	
Früchte der Umkehr 18			3,10–14	
Das Zeugnis des Täufers 18	3,11–12	1,7–8	3,15–18	1,24–28
Gefangennahme des Täufers 19	[14,3–4]	[6,17–18]	3,19–20	
Die Taufe Jesu 19	3,13–17	1,9–11	3,21–22	1,29–34
Der Stammbaum Jesu 20	[1,1–17]		3,23–38	
Die Versuchung Jesu 22	4,1–11	1,12–13	4,1–13	*1,51*
IV Erste Wirksamkeit Jesu (nach Johannes)				
Berufung der ersten Jünger 24	*4,18–22 16,17–18*	*1,16–20 3,16*	*5,1–11 6,14a*	1,35–51
Die Hochzeit in Kana 26				2,1–11
Aufenthalt in Kafarnaum 27				2,12
Erste Reise nach Jerusalem 27				2,13
Die Tempelreinigung 27	[21,12–13] *21,23–27 26,60b–61*	[11,15–17] *11,27–33 14,57–58*	[19,45–46] *20,1–8*	2,14–22
Jesus auf dem Passafest 28				2,23–25
Jesus und Nikodemus 29				3,1–21
Reise nach Judäa 30				3,22
Der Täufer und der Messias 31				3,23–36
V Wirksamkeit in Galiläa				
Reise nach Galiläa 32	*4,12*	*1,14a*	*4,14a*	4,1–3
Gespräch mit der Samariterin Wirksamkeit in Samarien 32				4,4–42

	Mt	Mk	Lk	Joh
Wirksamkeit in Galiläa 35	4,13–17	1,14b–15	4,14b–15	4,43–46a
	13,57b	6,4	4,24	2,12
		1,21	4,31	
Predigt und Verwerfung in Nazaret 36	[13,53–58]	[6,1–6a]	4,16–30	7,15
				6,42
				4,44
				10,39
Berufung der ersten Jünger 38	4,18–22	1,16–20	5,1–11	1,35–51
Lehrvortrag in der Synagoge zu Kafarnaum 39	4,13	1,21–22	4,31–32	2,12
	7,28–29			7,46
Heilung des Besessenen in der Synagoge 40		1,23–28	4,33–37	
Heilung der Schwiegermutter des Petrus 40	[8,14–15]	1,29–31	4,38–39	
Heilungen bei Kafarnaum 41	[8,16–17]	1,32–34	4,40–41	
Aufbruch aus Kafarnaum 41		1,35–38	4,42–43	
Reisetätigkeit in Galiläa 42	4,23	1,39	4,44	
Berufung des Petrus 42	13,1–3a	4,1–2	5,1–11	21,1–11
	4,18–22	1,16–20		
Heilung eines Aussätzigen 43	[8,1–4]	1,40–45	5,12–16	
			17,11–19	
Heilung eines Gelähmten 44	[9,1–8]	2,1–12	5,17–26	5,1–7
				[5,8–9a]
Nachfolge des Levi 45	[9,9–13]	2,13–17	5,27–32	
			19,1–10	
Die Frage nach dem Fasten 46	[9,14–17]	2,18–22	5,33–39	3,29–30
Ährenraufen am Sabbat 47	[12,1–8]	2,23–28	6,1–5	
Heilung am Sabbat 48	[12,9–14]	3,1–6	6,6–11	
			14,1–6	
Andrang des Volkes 49	[4,24–25;	3,7–12	[6,17–19]	
	12,15–16]		4,41	
Auswahl der Zwölf 50	[10,1–4]	3,13–19	6,12–16	1,42
	5,1			

VI *Die Bergpredigt (nach Matthäus)*

	Mt	Mk	Lk	Joh
Einleitung 51	4,24–5,2	[3,7–13a]	[6,17–20a]	
Seligpreisungen 52	5,3–12		[6,20b–23]	
			6,24–26	
Gleichnis vom Salz 53	5,13	[9,49–50]	[14,34–35]	
Gleichnis vom Licht 53	5,14–16	[4,21]	[8,16]	8,12
Gesetz und Gerechtigkeit 54	5,17–20		[16,16–17]	
Vom Töten und von der Versöhnung 55	5,21–26	11,25	[12,57–59]	
Vom Ehebruch und von der Ehescheidung 55	5,27–32	[9,43–48]	[16,18]	
	18,8–9			
Vom Schwören 57	5,33–37			
Von der Vergeltung 57	5,38–42		[6,29–30]	
Von der Feindesliebe 58	5,43–48		[6,27–28 .	
			32–36]	
Vom Almosengeben 59	6,1–4			
Vom Beten 59	6,5–6			
Das Unservater 60	6,7–15	[11,25]	[11,1–4]	
Vom Fasten 61	6,16–18			
Vom Schätzesammeln 61	6,19–21		[12,33–34]	
Vom Auge als dem Licht des Leibes 62	6,22–23		[11,34–36]	
Vom Dienst zweier Herren 62	6,24		[16,13]	
Warnung vor der Sorge 63	6,25–34		[12,22–32]	
Vom Richten 64	7,1–5	[4,24–25]	[6,37–42]	[7,53–8,11]
	13,12		8,18b	
Von der Entweihung des Heiligen 65	7,6			
Bitten und Empfangen 66	7,7–11		[11,9–13]	16,24;
				14,13–14;
				15,7
Die goldene Regel 66	7,12		[6,31]	
Die enge Tür 67	7,13–14		[13,23–24]	
An ihren Früchten sollt ihr sie erkennen 67	7,15–20		[6,43–45]	
	[12,33–35]			

	Mt	Mk	Lk	Joh
Vom Herr-Herr-Sagen 68	7,21–23	————	[6,46;	————
			13,25–27]	
Vom Haus auf dem Felsen 69	7,24–27	————	[6,47–49]	————
Die Wirkung der Bergpredigt 69	7,28–29	[1,21–22]	7,1; 4,32	7,46
VII *Die Feldrede (nach Lukas)*				
Einleitung 70	[4,24–5,2]	[3,7–13a]	6,17–20a	————
Seligpreisungen 71	[5,3–12]	————	6,20b–23	————
Weherufe 72	————		6,24–26	————
			6,20b–23	————
Von der Feindesliebe 72	[5,38–48]	————	6,27–36	————
	7,12			
Vom Richten 74	[7,1–5]	[4,24–25]	6,37–42	13,16; 15,20a
	12,36–37;	————	————	————
	15,14;			
	10,24–25	————	————	————
Vom Tun des Guten 75	[7,15–20;	————	6,43–45	————
	12,33–35]			
Vom Haus auf dem Felsen 76	[7,21–27]	————	6,46–49	————
VIII *Weitere Wirksamkeit in Galiläa*				
Heilung eines Aussätzigen 77	8,1–4	[1,40–45]	[5,12–16]	————
			17,11–19	
Der Hauptmann von Kafarnaum 78	8,5–13	2,1	7,1–10	4,46b–54
		[7,30]	[13,28–29]	
Der Jüngling von Nain 80			7,11–17	————
Heilung der Schwiegermutter des Petrus 81	8,14–15	[1,29–31]	[4,38–39]	————
Heilungen bei Kafarnaum 81	8,16–17	[1,32–34]	[4,40–41]	————
Menschensohn und Nachfolge 82	8,18–22	4,35	[9,57–62]	————
Der Sturm auf dem See 82	8,23–27	[4,35–41]	[8,22–25]	————
	8,18			
Die Besessenen von Gadara 83	8,28–34	[5,1–20]	[8,26–39]	————
Heilung eines Gelähmten 85	9,1–8	[2,1–12]	[5,17–26]	5,1–7.
				[8–9a]
Berufung des Matthäus 87	9,9–13	[2,13–17]	[5,27–32]	————
			19,1–10	
Die Frage nach dem Fasten 88	9,14–17	[2,18–22]	[5,33–39]	3,29–30
Die Tochter des Jairus				
Die Frau mit dem Blutfluss 89	9,18–26	[5,21–43]	[8,40–56]	————
Heilung von zwei Blinden 91	9,27–31	[10,46–52]	[18,35–43]	————
	[20,29–34]			
Heilung eines Stummen 92	9,23–34	[3,22]	[11,14–15]	7,20; 10,20;
				8,48; 8,52
Die grosse Ernte 92	9,35–38	[6,6b; 6,34]	[8,1; 10,2]	————
Berufung und Aussendung der Zwölf 93	10,1–16	[6,7;	[9,1;	————
	————	3,13–19;	6,12–16;	————
	————	6,8–11]	9,2–5; 10,3]	————
			10,1–12	
Standhalten in Verfolgungen 96	10,17–25	[13,9–13]	[12,11–12;	[13,16]
	[24,9–14]	————	6,40;	16,2b; 14,26;
			21,12–19]	15,20
Mutiges Bekennen 98	10,26–33	————	[12,2–9]	————
Entzweiung und Zwietracht 99	10,34–36	————	[12,51–53]	————
Bedingungen der Nachfolge 99	10,37–39	————	[14,25–27;	[12,25]
			17,33]	
Vom Aufnehmen der Jünger 100	10,40–42	[9,41]	[10,16]	[13,20]
	————	————	————	12,44–45;
	————	————	————	5,23
Fortsetzung der Wanderung 101	11,1	————	————	————
Die Frage des Täufers 101	11,2–6	————	7,18–23	————
Jesus über den Täufer 102	11,7–19	1,2	7,24–35	————
	21,31b–32		[16,16]	————
Weheruf über galiläische Städte 104	11,20–24	————	[10,12–15]	————

	Mt	Mk	Lk	Joh
Lobpreis des Vaters 104	11,25–27	———	[10,21–22]	3,35; 17,2;
	———	———	———	13,3; 7,29;
	———	———	———	10,14–15;
	———	———	———	17,25
Das leichte Joch 105	11,28–30	———		
Ährenraufen am Sabbat 106	12,1–8	[2,23–28]	[6,1–5]	
Heilung am Sabbat 107	12,9–14	[3,1–6]	[6,6–11]	
			14,1–6	
Der Gottesknecht Jesus 108	12,15–21	[3,7–12]	[6,17–19]	
Die dankbare Sünderin 109	[26,6–13]	[14,3–9]	7,36–50	[12,1–8]
Frauen um Jesus 111	9,35	6,6b; [16,9]	8,1–3	
Jesus und seine Verwandten 111	———	3,20–21		
Macht über Dämonen? 112	11,22–30	3,22–27	[11,14–15 .	7,20; 10,20;
			17–23]	8,48; 8,52
Sünde gegen den Heiligen Geist 113	12,31–37	3,28–30	[12,10;	
	[7,16–20]		6,43–45]	
Das Zeichen des Jona 115	12,38–42	[8,11–12]	[11,16 .	
	[16,1–2a . 4]		29–32]	
Von der Rückkehr unreiner Geister 116	12,43–45	———	[11,24–26]	
Die Familie Jesu 116	12,46–50	3,31–35	[8,19–21]	[15,14]
Vom vierfachen Acker 117	13,1–9	4,1–9	8,4–8	
			5,1–3	
Sinn der Gleichnisrede 118	13,10–17	4,10–12	8,9–10	9,39;
	———	[4,25]	[8,18b;	12,37–40
		8,17b–18	10,23–24]	
Deutung des Gleichnisses 120	13,18–23	4,13–20	8,11–15	
Vom Licht und vom Hören 121	[5,15; 10,26;	4,21–25	8,16–18	
	7,2; 13,12]			
Vom Wachsen der Saat 122	———	4,26–29	———	
Das Unkraut unter dem Weizen 122	13,24–30			
Vom Senfkorn 123	13,31–32	4,30–32	[13,18–19]	
Vom Sauerteig 124	13,33		[13,20–21]	
Grund der Gleichnisrede 124	13,34–35	4,33–34		
Deutung des Gleichnisses vom Unkraut 125	13,36–43			
Vom Schatz und von der Perle 125	13,44–46			
Vom Fischnetz 126	13,47–50	———	———	
Abschluss der Gleichnisse 126	13,51–52			
Die Familie Jesu 127	[12,46–50]	[3,31–35]	8,19–21	[15,14]
Der Sturm auf dem See 128	[8,23–27]	4,35–41	8,22–25	
	8,18			
Der Besessene von Gerasa 129	[8,28–34]	5,1–20	8,26–39	
Die Tochter des Jairus				
Die Frau mit dem Blutfluss 131	[9,18–26]	5,21–43	8,40–56	
Ablehnung in Nazaret 133	13,53–58	6,1–6a	[4,16–30]	7,15; 6,42;
	———	———	———	4,44; 10,39
Zweite Reise Jesu (nach Jerusalem) 135	———	———	———	5,1
Heilung am Teich Betesda 135				5,2–47
Aussendung der Zwölf 138	[9,35; 10,1 .	6,6b–13	9,1–6	
	7–11 . 14]		10,1–12	
Herodes und Jesus 139	14,1–2	6,14–16	9,7–9	
Der Tod des Täufers 140	14,3–12	6,17–29	[3,19–20]	
Rückkehr der Jünger 141	14,12b–13a	6,30–31	9,10a	
Speisung der Fünftausend 142	14,13–21	6,32–44	9,10b–17	6,1–15
Der Gang auf dem Wasser 143	14,22–33	6,45–52		6,16–21
Krankenheilungen in Gennesaret 144	14,34–36	6,53–56	———	6,22–25
Das Brot des Lebens 145	———	———	———	6,26–59
Von Reinheit und Unreinheit 147	15,1–20	7,1–23	[11,37–41;	
			6,39]	
Die kanaanäische (syrophönizische) Frau 150	15,21–28	7,24–30	———	
Heilung eines Taubstummen				
(vieler Kranker) 151	15,29–31	7,31–37	———	———
	———	8,22–26	———	———
Speisung der Viertausend 152	15,32–39	8,1–10	———	———

		Mt	Mk	Lk	Joh
Verweigerung eines Zeichens 153		16,1–4 [12,38–39]	8,11–13 ———	[11,16; 12,54–56; 11,29]	——— ———
Das Unverständnis der Jünger 154		16,5–12	8,14–21	[12,1]	———
Heilung eines Blinden 155		———	8,22–26	———	9,1–7
IX	**Der Weg zur Passion**				
Spaltung unter den Jüngern 155		———	———	———	6,60–66
Bekenntnis des Petrus 156		16,13–20	8,27–30	9,18–21	6,67–71
		———	———	———	6,66;
					20,22–23
Erste Leidensansage 157		16,21–23	8,31–33	9,22	———
Nachfolge und Lebensgewinn 158		16,24–28	8,34–9,1	9,23–27	[12,25]
					8,51–52
Die Verklärung Jesu 159		17,1–9	9,2–10	9,28–36	12,28–30
				9,37	
Von der Wiederkunft des Elias 161		17,10–13	9,11–13	———	———
Heilung eines besessenen Knaben 161		17,14–21 17,9a	9,14–29 9,9a	9,37–43a [17,6]	14,9
Zweite Leidensansage 163		17,22–23	9,30–32	9,43b–45	[7,1]
Die Tempelsteuer 164		17,24–27			
Rangstreit der Jünger 164		18,1–5	9,33–37	9,46–48	3,3.5; [13,20]
Ein fremder Dämonenaustreiber 165		[10,42]	9,38–41	9,49–50	———
Anstoss und Verführung 166		18,6–9 [5,13]	9,42–50	[17,1–2; 14,34–35]	———
Das verlorene Schaf 167		18,10–14	———	[15,3–7]	———
Verantwortung in der Gemeinde 168		18,15–18	———	[17,3]	[20,23]
Wo zwei oder drei versammelt sind 169		18,19–20	———	———	———
Vom Vergeben 169		18,21–22	———	[17,4]	———
Der unbarmherzige Knecht 169		18,23–35	———	———	———
X	**Auf dem Weg nach Jerusalem (nach Lukas)**				
Aufbruch nach Judäa 171		[19,1–2]	[10,1]	9,51	———
Verweigerung der Aufnahme in einem Samariterdorf 171		———	———	9,52–56	———
Menschensohn und Nachfolge 172		[18,18–22]	———	9,57–62	———
Aussendung der Zweiundsiebzig 173		[9,37–38; 10,7–16]	———	10,1–12	———
Weheruf über galiläische Städte 175		[11,20–24]	———	10,13–15	———
				10,12	
Wer euch hört, der hört mich 175		[10,40]	———	10,16	[13,20]
Rückkehr der zweiundsiebzig 176		———	{16,17–18}	10,17–20	12,31
Lobpreis des Vaters und Seligpreisungen der Jünger 176		[11,25–27; 13,16–17]	———	10,21–24	3,35; 17,2; 13,3; 7,29; 10,14–15; 17,25
Das grösste Gebot 177		[22,34–40]	[12,28–34]	10,25–28	———
Der barmherzige Samariter 178		———	———	10,29–37	———
Maria und Marta 179		———	———	10,38–42	11,1; 12,1–3
Das Gebet für die Jünger 180		[6,9–13]	———	11,1–4	———
Der bittende Freund 180		———	———	11,5–8	———
Bitten und empfangen 181		[7,7–11]	———	11,9–13	16,24; 14,13–14; 15,7
Macht über Dämonen 182		[12,22–30]	[3,22–27]	11,14–23	7,20; 10,20; 8,48; 8,52
Von der Rückkehr unreiner Geister 183		[12,43–45]	———	11,24–26	———
Zweierlei Seligpreisungen 184		———	———	11,27–28	———
Das Zeichen des Jona 184		[12,38–42]	[8,11–12]	11,29–32	———

	Mt	Mk	Lk	Joh
Vom Licht 185	[5,15]	[4,21]	11,33	
Vom Auge 185	[6,22–23]		11,34–36	
Weheruf über Pharisäer und Gesetzeslehrer 186	[15,1–9]	[7,1–9]	11,37–54	
	23,25–26 .			
	23 . 6–7 .			
	27–28 . 4 .			
	29–32 .			
	34–36 . 13			
Warnung vor dem Sauerteig der Pharisäer 189	[16,5–6]	[8,14–15]	12,1	
Mutiges Bekennen 190	[10,26–33]		12,2–9	
Sünde gegen den Heiligen Geist 191	[12,31–32]	[3,28–30]	12,10	
Der Beistand des Heiligen Geistes 192	[10,19–20]	[13,11]	12,11–12	
			[21,14–15]	
Von der Habsucht 192			12,13–15	
Der reiche Kornbauer 193			12,16–21	
Warnung vor der Sorge 193	[6,25–34]		12,22–32	
Umgang mit dem Besitz 194	[6,19–21]		12,33–34	
Wachsame und nachlässige Knechte 195	[24,42–51]	13,33–37	12,35–48	13,4–5
	25,1–13			
Entzweiung und Zwietracht 197	[10,34–36]	10,38	12,49–53	
Zeichen der Zeit 198	[16,2–3]		12,54–56	
Zeit zur Versöhnung 199	[5,25–26]		12,57–59	
Mahnung zur Umkehr				
Der unnütze Feigenbaum 199	21,18–19	11,12–14	13,1–9	
Heilung der verkrümmten Frau 200			13,10–17	
Vom Senfkorn 201	[13,31–32]	[4,30–32]	13,18–19	
Vom Sauerteig 201	[13,33]		13,20–21	
Von der engen Tür 202	[7,13–14 .	[10,31]	13,22–30	
	22–23];			
	25,41;			
	[8,11–12;			
	19,30]			
Vollendung in Jerusalem 203			13,31–33	
Wehklage über Jerusalem 203	[23,37–39]		13,34–35	
Heilung des Wassersüchtigen 204			14,1–6	
Gäste und Gastgeber 204			14,7–14	5,29
Das grosse Mahl 205	[22,1–14]		14,15–24	
Bedingungen der Nachfolge 207	[10,37–38]		14,25–33	
Gleichnis vom Salz 208	[5,13]	[9,49–50]	14,34–35	
Das verlorene Schaf 209	[18,12–14]		15,1–7	
Die verlorene Drachme 210			15,8–10	
Der verlorene Sohn 210			15,11–32	
Der kluge Verwalter 212			16,1–9	
Von der Treue im Kleinen 213			16,10–12	
Vom Dienst zweier Herren 213	[6,24]		16,13	
Gegen die Pharisäer 213			16,14–15	
Geltung und Grenze des Gesetzes 214	[11,12–13;		16,16–17	
	5,18]			
Von der Ehescheidung 214	[19,9]	[10,11–12]	16,18	
Reicher Mann und armer Lazarus 215			16,19–31	
Warnung vor der Verführung 216	[18,6–7]	[9,42]	17,1–3a	
Vom Vergeben 216	[18,15]		17,3b–4	
	18,21–22			
Aussicht des Glaubens 217	[17,19–21]	[9,28–29]	17,5–6	
Vom Lohn eines Knechts 217			17,7–10	
Der dankbare Samariter 218			17,11–19	
Vom Kommen des Gottesreiches 219	24,23	13,21	17,20–21	
Der Tag des Menschensohnes 219	[24,23 .	[13,19–23 .	17,22–37	[12,25]
	26–27 .	14–16]		
	37–39 .			
	17–18;			
	10,39;			
	24,40–41 .			
	28]			

	Mt	Mk	Lk	Joh
Die furchtlose Witwe 221	———	———	18,1–8	———
Der Pharisäer und der Zöllner 222	23,12	———	18,9–14	———

XI Jesus auf dem Laubhüttenfest in Jerusalem (nach Johannes)

	Mt	Mk	Lk	Joh
Vor dem Laubhüttenfest 223	———	———	———	7,1–9
Reise nach Jerusalem im Verborgenen 224	———	———	———	7,10–13
Reden im Tempel 224	———	———	———	7,14–39
Streit im Hohen Rat 226	———	———	———	7,40–52
Jesus und die Ehebrecherin 227	———	———	———	{7,53–8,11}
Das Licht der Welt 228	———	———	———	8,12–20
Herkunft und Bestimmung Jesu 229	———	———	———	8,21–29
Die Wahrheit wird euch frei machen 230	———	———	———	8,30–36
Schmährede gegen die Juden 230	———	———	———	8,37–47
Jesus und Abraham 231	———	———	———	8,48–59
Heilung eines Blindgeborenen 232	———	8,22–26	———	9,1–41
Der gute Hirte 235	———	———	———	10,1–18
Spaltung unter den Juden 237	———	———	———	10,19–21

XII Wirksamkeit in Judäa

	Mt	Mk	Lk	Joh
Aufbruch nach Judäa 237	·19,1–2	10,1	[9,51]	———
Von Ehescheidung und Ehelosigkeit 237	19,3–12	10,2–12	[16,18]	———
Segnung der Kinder 239	19,13–15 18,3	10,13–16	18,15–17	3,3.5
Der Reiche und die Nachfolge 240	19,16–22	10,17–22	18,18–23	———
Von der Gefahr des Reichtums und vom Lohn der Nachfolge 241	19,23–30	10,23–31	18,24–30 [22,28–30]	———
Die Arbeiter im Weinberg 242	20,1–16	[10,31]	[13,30]	———
Auf dem Tempelweihfest 244	———	———	———	10,22–39
Jesus am Jordan 245	———	———	———	10,40–42
Auferweckung des Lazarus 245	———	———	———	11,1–44
Der Todesbeschluss des Hohen Rates 248	26,1–5	14,1–2; 11,18	22,1–2; 19,47–48	11,45–53
Jesus in Efraim 249	———	———	———	11,54–57
Dritte Leidensansage 249	20,17–19	10,32–34	18,31–34	———
Vom Herrschen und vom Dienen 250	20,20–28	10,35–45	12,50; [22,24–27]	[13,4–5. 12–17]
Blindenheilung (Bartimäus) 251	20,29–34 [9,27–31]	10,46–52	18,35–43	———
Jesus und Zachäus 252	{18,11}	———	19,1–10	———
Das anvertraute Geld 253	[25,14–30]	[13,34]	19,11–27	———
Salbung in Betanien 255	[26,6–13]	[14,3–9]	[7,36–50]	12,1–8
Anschläge der Hohepriester gegen Lazarus 257	———	———	———	12,9–11

XIII Letzte Wirksamkeit in Jerusalem

	Mt	Mk	Lk	Joh
Einzug in Jerusalem 257	21,1–9 21,14–16	11,1–10	19,28–40	12,12–19
Trauer über Jerusalem 259	———	———	19,41–44	———
Jesus in Jerusalem, Rückkehr nach Betanien 260	21,10–17 ———	11,11 [11,15–17]	[19,45–46] 19,39–40; 21,37	[2,13–17] ———
Verfluchung des Feigenbaums 261	21,18–19	11,12–14	13,6–9	———
Die Tempelreinigung 261	[21,12–13]	11,15–17	19,45–46	[2,13–17]
Anschlag der Hohepriester und Schriftgelehrten 262	———	11,18–19	19,47–48 21,37	11,45–53; {8,1–2}
Aussicht des Glaubens 263	21,20–22 21,19b; [6,14–15]	11,20–26	———	14,13–14; 15,7; 16,23

	Mt	Mk	Lk	Joh
Die Frage nach der Vollmacht Jesu 264	21,23–27	11,27–33	20,1–8	2,18–22
Die ungleichen Söhne 265	21,28–32	——	7,29–30	——
Die bösen Weinbauern 265	21,33–46	12,1–12	20,9–19	——
Das königliche Hochzeitsmahl 267	22,1–14	——	[14,15–24]	——
Die kaiserliche Steuer 269	22,15–22	12,13–17	20,20–26	3,2
	——	12,12b	——	——
Die Auferstehung der Toten 270	22,23–33	12,18–27	20,27–40	——
	22,46	12,34b	——	——
Das grösste Gebot 272	22,34–40	12,28–34	[10,25–28]	——
	22,46	——	20,40	——
Der Sohn Davids 273	22,41–46	12,35–37a	20,41–44	——
	——	12,34b	20,40	——
Die Lehre der Schriftgelehrten und Pharisäer Weherufe über Schriftgelehrte und Pharisäer 274	23,1–36	12,37b–40	20,45–47	13,4–5 .
	——	——	11,46 . 52;	12–17
	——	——	6,39; 11,42 .	——
	——	——	39–41 . 44 .	——
	——	——	47–48 .	——
	——	——	49–51	——
Wehklage über Jerusalem 278	23,37–39	——	[13,34–35]	——
Das Opfer der Witwe 278	——	12,41–44	21,1–4	——

xiv *Die synoptische Apokalypse*

	Mt	Mk	Lk	Joh
Ankündigung der Tempelzerstörung 279	24,1–2	13,1–2	21,5–6	——
Anfang der Wehen 279	24,3–8	13,3–8	21,7–11	——
Ankündigung von Verfolgungen 280	24,9–14	13,9–13	21,12–19	16,2; 15,21;
	[10,17–22a]	——	——	14,26
Die grosse Bedrängnis Gericht über Jerusalem 281	24,15–22	13,14–20	21,20–24	——
Das Auftreten falscher Propheten 283	24,23–28	13,21–23	[17,23–24 .	——
	——	——	37b]	——
Das Kommen des Menschensohnes 283	24,29–31	13,24–27	21,25–28	——
Die Nähe des Endes 284	24,32–36	13,28–32	21,29–33	——
Mahnung zur Wachsamkeit (nach Markus) 285	[25,13–15;	13,33–37	21,36	——
	24,42]	——	[19,12–13;	——
	——	——	12,40]	——
	——	——	12,38	——
Mahnung zur Wachsamkeit (nach Lukas) 286	24,43–51	13,33–37	21,34–36	——

xv *Abschluss der Darstellung der Zeit vor der Passion*

1 *Wiederkunftsgleichnisse als Anhang zur Apokalypse (nach Matthäus)*

	Mt	Mk	Lk	Joh
Mahnung zur Wachsamkeit (nach Matthäus) 287	24,37–44	[13,35]	[17,26–36;	——
	24,17–18	——	12,39–40]	——
Der treue und der böse Knecht 289	24,45–51	——	[12,41–46]	——
Die klugen und die törichten Jungfrauen 290	25,1–13	13,33–37	12,35–38;	——
	7,22–23	——	13,25–28	——
Das anvertraute Geld 291	25,14–30	[13,34]	[19,11–27]	——
Das Weltgericht 293	25,31–46	——	——	[5,29]

2 *Zusammenfassende Schlussbemerkung (nach Lukas)*

	Mt	Mk	Lk	Joh
Jesu Wirken in Jerusalem 295	——	——	21,37–38	{8,1–2}

	Mt	Mk	Lk	Joh

3 Schlussberichte (nach Johannes)

	Mt	Mk	Lk	Joh
Die Stunde der Entscheidung 295	16,25; 10,39;	8,35; 10,45;	9,24; 17,33;	12,20–36
	20,28; 16,24;	8,34;	9,23;	————
	26,38–39;	14,34–36;	22,41–{43};	————
	17,5; 3,17	9,7; 1,11	9,35; 3,22b;	————
			10,18	
Die Verblendung des Volkes 297	13,10–17	4,10–12;	8,9–10	12,37–43
	————	8,17b–18	————	9,39
Jesus und der Vater 298	————	————	————	12,44–50

XVI Die Leidensgeschichte

1 Bis zum Gang nach Getsemani

	Mt	Mk	Lk	Joh
Der Tötungsplan des Hohen Rates 299	26,1–5	14,1–2	22,1–2	11,47–53
Salbung in Betanien 300	26,6–13	14,3–9	[7,36–50]	[12,1–8]
Der Verrat des Judas 302	26,14–16	14,10–11	22,3–6	13,2; 13,27;
				6,70–71
Vorbereitung des letzten Mahls 302	26,17–20	14,12–17	22,7–14	13,1
Die Fusswaschung 303	23,6–12	————	22,3; 12,37;	13,1–20
	[10,24;		22,24–28;	————
	10,40]		[6,40]	
	————	————	10,16	
Ankündigung des Verrats 305	26,21–25	14,18–21	[22,21–23]	13,21–30
Das Mahl 306	26,26–29	14,22–25	22,15–20	6,51–59
Ankündigung des Verrats 307	[26,21–25]	[14,18–21]	22,21–23	[13,21–30]
Vom Herrschen und vom Dienen 308	[20,24–28;	[10,41–45]	22,24–30	[13,4–5 .
	19,28]			12–17]
Das neue Gebot 309	————	————	————	13,31–35
Ankündigung der Verleugnung 310	26,30–35	14,26–31	22,31–34	13,36–38
	————	————	22,39	18,1; 16,32
Die entscheidende Stunde 311	————	————	22,35–38	————

2 Abschiedsreden Jesu (nach Johannes)

	Mt	Mk	Lk	Joh
Der Hingang zum Vater 311	————	————	————	14,1–14
Die Verheissung des Parakleten 312	————	————	————	14,15–26
	————	————	————	15,26–27;
	————	————	————	16,5–15
Jesu Frieden 314	————	————	————	14,27–31
Der wahre Weinstock 315	————	————	————	15,1–8
Vom Bleiben in der Liebe 315	————	————	————	15,9–17
Der Hass der Welt 316	————	————	————	15,18–25
Der Beistand des Parakleten 317	————	————	————	15,26–27
Von Verfolgungen 317	————	————	————	16,1–4
Der Geist als Beistand 318	————	————	————	16,5–15
Abschied und Wiedersehen 318	————	————	————	16,16–22
Das Gebet im Namen Jesu 319	————	————	————	16,23–28
Ankündigung des Abfalls 320	————	————	————	16,29–33
Das Abschiedsgebet Jesu 320	————	————	————	17,1–26

3 Gefangennahme, Kreuzigung und Begräbnis

	Mt	Mk	Lk	Joh
In Getsemani 322	26,36–46	14,32–42	22,39–46	18,1
	26,30	14,26	————	[12,27]
	————	————	————	14,31
Die Gefangennahme 324	26,47–56	14,43–52	22,47–53	18,2–12
	————	————	————	18,36; 18,20
Verhör vor dem Hohen Rat 326	26,57–68	14,53–65	22,54–71	18,13–24
	26,69–75;	14,66–72;	22,53; 19,47;	18,25–27;
	26,67–68;	14,65; 15,1;	22,63–65	2,19
	27,1–2;	14,49	————	————
	26,55b			

	Mt	Mk	Lk	Joh
Die Verleugnung 329	26,69–75	14,66–72	[22,56–62]	18,25–27
				18,15–18
Übergabe an Pilatus 330	27,1–2	15,1	32,1	18,28
			22,6	
Das Ende des Judas 331	27,3–10			
Verhandlung vor Pilatus 332	27,11–14	15,2–5	23,2–5	18,29–38
	26,53		23,9–10	
Jesus vor Herodes 333	27,12	15,3–4	23,6–12	
Pilatus erklärt Jesus für unschuldig 334			23,13–16	[18,38b]
Jesus oder Barabbas 334	27,15–23	15,6–14	23,17–23	18,39–40
Ecce Homo 336	[27,28–31a]	[15,17–20a]		19,1–15
	27,26b	15,15b		
Die Verurteilung Jesu 337	27,24–26	15,15	23,24–25	19,16a
Verspottung im Prätorium 338	27,27–31a	15,16–20a		[19,2–3]
Der Weg nach Golgota 338	27,31b–32	15,20b–21	23,26–32	19,16b–17a
	27,38	15,27		19,18
Die Kreuzigung 339	27,33–37	15,22–26	23,33–34	19,17b–27
	27,38;	15,27;	23,38; 23,49	
	27,55–56	15,40–41		
Verspottung am Kreuz 341	27,38–43	15,27–32a	23,35–38	19,18; 19,29;
	27,48; 27,37	15,36a;	23,33b	19,19
		15,26		
Die beiden Verbrecher 342	27,44	15,32b	23,39–43	
Der Tod Jesu 342	27,45–54	15,33–39	23,44–48	19,28–30
			23,36	
Zeugen unter dem Kreuz 344	27,55–56	15,40–41	23,49	[19,24b–27]
Bestätigung des Todes Jesu 344				19,31–37
Das Begräbnis 345	27,57–61	15,42–47	23,50–56	19,38–42
		16,1		
Bewachung des Grabes 346	27,62–66			

XVII *Der Auferstandene*

	Mt	Mk	Lk	Joh
Das leere Grab 347	28,1–8	16,1–8	24,1–12	20,1–13
			23,56	20,18
Die Erscheinung vor den Frauen 349	28,9–10	{16,9–11}	[24,10–11]	20,14–18
	28,7–8	16,7		
Der Betrug der Hohepriester 350	28,11–15			
Auf dem Weg nach Emmaus 350		{16,12–13}	24,13–35	
Erscheinung vor den Jüngern in Abwesenheit des Thomas 352	18,18; 16,19		24,36–43	20,19–23
Erscheinung vor Thomas 353				20,24–29
Erscheinung vor den elf Jüngern beim Mahl 354		{16,14–18}		
Erscheinung vor den elf Jüngern auf einem Berg in Galiläa 354	[28,16–20]	16,14–18		14,23
Jesus erscheint den Jüngern am See von Tiberias 355			5,1–11	[21,1–14]
{ } Bericht des Paulus über die Erscheinung Jesu 356	1. Kor 15,3–8			

XVIII *Ausgang: Die Evangelienschlüsse*

	Mt	Mk	Lk	Joh
Der kürzere Markusschluss 357		{16,1}		
Der längere Markusschluss 357		{16,9–20}		
Der Matthäusschluss: Der Auftrag des Auferstandenen 358	28,16–20			
Der Lukasschluss: Letzte Worte Jesu, Himmelfahrt 359		{16,15 . 19}	24,44–53	
Der erste Johannesschluss 360				20,30–31
Der zweite Johannesschluss: Jesus am See von Tiberias Petrus und der Lieblingsjünger Wahrheitszeugnis 361				21,1–25